北碚年鉴

(2019)

重庆市北碚区人民政府　主办
北碚区地方志办公室　编纂

西南师范大学出版社
国家一级出版社　全国百佳图书出版单位

图书在版编目（CIP）数据

北碚年鉴. 2019 / 北碚区地方志办公室编纂. -- 重庆 : 西南师范大学出版社, 2019.12
ISBN 978-7-5697-0155-5

Ⅰ. ①北… Ⅱ. ①北… Ⅲ. ①北碚区—2019—年鉴
Ⅳ. ①Z527.193

中国版本图书馆CIP数据核字(2019)第297991号

北碚年鉴（2019）

BEIBEI NIANJIAN (2019)

北碚区地方志办公室 编纂

责任编辑：段小佳
责任校对：张昊越
装帧设计：重庆新综艺图文广告有限责任公司
照　　排：重庆新综艺图文广告有限责任公司
出版发行：西南师范大学出版社
　　　　　网址：http：//www.xscbs.com
　　　　　地址：重庆市北碚区天生路1号
　　　　　邮编：400715
　　　　　电话：023-68868624
经　　销：新华书店
印　　刷：重庆荟文印务有限公司
幅面尺寸：210mm × 285mm
印　　张：20.25
插　　页：14
字　　数：653千字
版　　次：2019年12月 第1版
印　　次：2019年12月 第1次印刷
书　　号：ISBN 978-7-5697-0155-5
审 图 号：渝S(2015)013号

定　　价：188.00元

重庆市北碚区人民政府
《北碚年鉴》编纂委员会

顾　问：周　旭　彭　烨　周继超
主　任：何　庆
副主任：江绪容　王　昱

《北碚年鉴》编辑部

主　　编：蒋明洲
执行主编：李　卫
编　　辑：侯玉聆　廖　敏　江　雨

编辑说明

一、《北碚年鉴》坚持以马克思列宁主义、毛泽东思想、邓小平理论、“三个代表”重要思想、科学发展观和习近平新时代中国特色社会主义思想为指导，遵守国家关于保密、著作权、出版等方面的法律、法规或规章，遵守党和国家关于民族、宗教和对外关系等方面的法规或政策，旨在为宣传北碚服务，为民众提供信息，为修志积累史料。

二、《北碚年鉴》为北碚区人民政府主办、北碚区地方志办公室组织编纂的大型公报性年刊。本刊每年编纂一卷，逐年记载北碚区自然、社会各方面的大事、要事、新事，真实全面反映全区改革开放、社会主义物质文明和精神文明建设的基本面貌和发展状况，是一部资料、信息、知识高度密集的综合性工具书。

三、《北碚年鉴（2019）》采取分类编辑法，以部类为单位，单位中按事业、行业设分目，部分分目中设有子目，并按一事一条原则设条目。不同层次的标题和正文用不同的字体、字号加以区别。全书的条目标题用黑体“【】”。书眉为部类名称，提示该部类内容，供读者检索。

四、《北碚年鉴（2019）》设12个部类，（1）特载；（2）大事记；（3）综述；（4）重点经济建设；（5）政治；（6）法治；（7）军事；（8）经济；（9）社会事业；（10）街道 镇；（11）人物；（12）附录。其中，经济部分下设二级部类：①财政、税收②劳动、人事、社保③城建、城管④商业贸易⑤银行、保险、证券⑥交通、邮电、信息⑦工业⑧农业和农村工作；社会事业部分下设二级部类：①教育②科技③文化④卫生、计生⑤社会生活。

五、本年鉴登载内容均由各街镇、各部门及相关单位专人撰写，并经各级领导审核。“统计资料”由区统计局和各街镇及相关部门、单位提供。由于统计口径不同等原因，文中数据不尽一致之处，以统计部门提供的数据为准。

六、本年鉴收录内容，一般以2018年1月1日—2018年12月31日为限，但少数特殊事项记述的时间适当上下延伸，以尽可能地反映事物的全貌。数据增加和减少未说明与某一年份比较的，即为本年鉴记载当年（2018年）与上年（2017年）比较。

七、本年鉴在组稿和编审过程中，得到了各街镇、区属各部门以及在碚各市属部门、单位和各级领导、作者的大力支持，在此谨表谢意，并期盼继续得到各方面人士的关心和支持。

八、本年鉴虽经过多次审核和校对，仍难免有差错或疏漏之处，恳请广大读者批评指正。

《北碚年鉴》编辑部

2019年11月

水土高新园与水土街道接壤处的东环铁路松林湾隧道贯通（谢智强 摄）

6月6日，施工中的北碚蔡家嘉陵江大桥（秦廷富 摄）

12月13日，歇马隧道东干道转体桥施工现场（秦廷富 摄）

对陈家大院保护性修缮（秦廷富 摄）

拆解嘉陵江餐饮船只（秦廷富 摄）

11月19日，神驰机电股份有限公司生产线（秦廷富 摄）

11月20日，正川医药包装材料股份有限公司自动化生产线（秦廷富　摄）

11月17日，在重庆市北碚区职业技能大赛现场，选手进行数控车技能比赛（秦廷富　摄）

10月18日，复兴人民法庭揭牌投用（区法院 供图）

区检察院开办“莎姐谈心室”对未成年人进行心理矫治和疏导（秦廷富 摄）

和欣家园社区综治·网格化服务管理“双中心”示范点（区政法委 供图）

工商窗口工作人员为市民提供咨询服务（秦廷富 摄）

3月3日，10位“最美北碚人”为“十大最美公益项目”代言（邓公平 摄）

第五季“爱在北碚·温暖你我”——2018重庆“福彩有爱，送福到家”资助特困环卫工人公益活动（邓公平 摄）

作孚广场公共直饮水点（秦廷富 摄）

重庆市第四届人生规划大赛主城片区赛在北碚举行（李嘉会 摄）

9月6日，兼善中学学生在开学仪式上朗诵《兼善赋》（秦廷富 摄）

12月28日，北碚历史文化陈列馆开馆

农村书屋（齐宏 摄）

迎春文艺晚会（李嘉会 摄）

全区历届各级劳模代表合唱《撸起袖子加油干》（齐宏 摄）

蔡家岗街道举行百姓大舞台群众文艺之星大赛（秦廷富 摄）

碚金路彩色路面（秦廷富 摄）

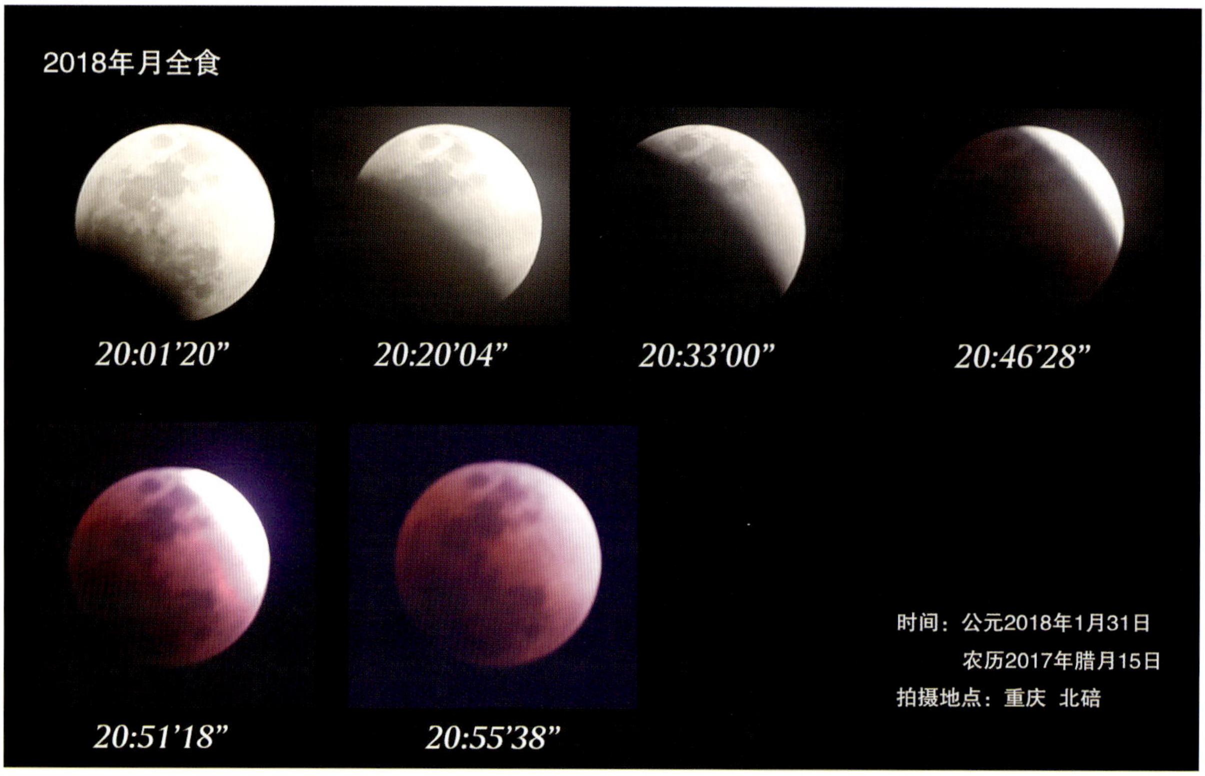

1月31日，在北碚拍摄的月全食（陈飞胜 摄）

目　录

特　载

大事记

综　述

重点经济建设

政　　治

法　　治

军　　事

经　济

社会事业

人　　物

附　　录

特　　载

特　　载

重庆市北碚区人民政府工作报告

——2019年1月15日在北碚区第十八届人民代表大会第三次会议上

重庆市北碚区人民政府区长　何　庆

各位代表：

我代表北碚区人民政府，向大会报告工作，请予审议，并请各位政协委员提出意见。

一、2018年工作回顾

2018年，是全面贯彻落实党的十九大精神的开局之年，也是我区转型升级、爬坡上坎、迈出坚实步伐的重要一年。我们在市委、市政府和区委的坚强领导下，深入贯彻落实习近平新时代中国特色社会主义思想和党的十九大精神，认真落实习近平总书记对重庆提出的"两点"定位、"两地""两高"目标和营造良好政治生态、做到"四个扎实"的重要指示要求，坚持稳中求进工作总基调，贯彻新发展理念，落实高质量发展要求，以供给侧结构性改革为主线，着力打好"三大攻坚战"，实施"八项行动计划"，狠抓缙云山自然保护区综合整治、民营经济发展、校地合作三项重点工作。全年地区生产总值增长5.7%；规模以上工业增加值增长0.5%；固定资产投资增长14.1%；社会消费品零售总额增长5.7%；进出口总额15.38亿美元，增长8.3%；一般公共预算收入41.95亿元，增长9.1%；城乡居民收入分别增长8.4%和8.5%。

一年来，我们主要做了以下工作：

（一）强化责任埋头苦干，三项重点工作成效明显。全面开展缙云山自然保护区综合整治。严格贯彻落实习近平总书记批示精神和市委、市政府决策部署，以最坚决的态度，最迅速的行动、最有力的措施，不折不扣务实推动缙云山综合整治工作。在保护区群众配合参与下，累计调查核实保护区内建筑2192处，拆除保护区内违法建筑5.9万平方米，覆土复耕复绿6.6万平方米，集中整治阶段205个生态环境突出问题基本整治到位，保护区环境秩序有效改善。全面推动民营经济发展。编制民营经济发展规划，出台30余项政策措施，构建"亲""清"新型政商关系典范区。全覆盖开展"集中走访精准服务"民营企业行动，帮助协调解决民营企业发展问题2800余件。加大财政对民营经济支持力度，引导驻碚金融机构服务民营经济发展。举办全国重庆商会会长联席会暨知名企业家北碚行活动。3家企业获评重庆市优秀民营企业，4名企业家获评重庆市优秀民营企业家，颜宏齿轮获中国驰名商标认定。全年新发展市场主体14110户，增长46.5%。我区成为全市唯一的民营经济综合改革示范试点，被中国企业联合会评为"营商环境十佳城市"。全面深化校地合作。与西南大学共建产业技术研究院、国家柑桔公园，打造环西南大学创新创业生态圈，启动校园周边业态升级和环境整治。支持西南大学"双一流"建设，帮助驻区高校解决了一批制约学校发展的问题。承办复旦大学纪念抗战西迁80周年系列活动，中国科学院大学重庆学院落户水土高新园。

（二）大力推动经济结构调整，产业转型升级步伐加快。创新发展成效初显。开展科技创业投资种子基金和知识价值信用风险补偿基金试点，引进重庆航天科创中心等110个信息化项目，大正仪表、和贯科技分别在新三板和重庆股份转让中心挂牌。新增国家级高新技术企业25家（含复审），入库市级科技型企业138家，新增市级高新技术产品(服务)82项，新增市级新型高端研发机构、市级技术创新中心各1个。全社会研发经费支出占GDP比重达到4.2%，万人发明专利拥有量位居全市第三。先进制造业加快发展。京东方第6代柔性显示项目等16个项目开工建设，万国半导体等12个项目建成投产，完成工业固定资产投资89亿元。重庆超硅等6家企业获智能工厂或数字化车间认定。60家数字经济企业产值占规上工业总产值比重达到55%，战略性新兴制造业产值增长13.5%。现代服务业加快培育。天生丽街、滨江路等特色街区启动建设，京东优品、苏宁小店等新零售业态加速布局，必维检测等生产性服务业项目签约落地。服务业规(限)上企业达到305家。休闲度假旅游业集聚发展。举办中国首届温泉与气候养生旅游国际研讨会等节会活动，世温联重庆代表处、亚太温泉与气候养生旅游研究院落户北碚。金刚碑历史文化街区核心区修缮保护、莫氏7度等一批重点文旅项目加快推进。实现旅游实际收入80亿元，增长32%。

(三)狠抓城市建设管理，城市品质稳步提高。坚持规划引领。配合全市新一轮国土空间规划编制，形成全区空间发展研究成果，城市规划空间拓展到139平方千米。强化基础设施建设。持续推进"南下东进"战略，水土大桥等10个重大项目进展顺利，建成城市道路25千米，打通城区断头路10条；建成城市公园4个，新增公共停车位3100个。加强城市管理。常态化推行"马路办公"，提高日常保洁管护标准，开展"百日攻坚"专项行动，整治老旧社区14个，解决了天生新村马路市场等一批城市管理顽疾，完成南京路片区风貌改造和缙云山景区公路等重点区段综合整治，绿化美化荒山荒坡330余万平方米，整治违法建筑97.8万平方米，实施生活垃圾分类试点。

(四)扎实推进"三农"工作，乡村振兴全面启动。农业发展提质增效。新(扩)建农业标准化基地15个，新增"三品一标"认证产品11个，9个系列产品被评为重庆市名牌农产品。建成农村电商综合服务站点9个。静观镇获评全国产业强镇。乡村振兴示范试点镇村启动建设，"三变"改革试点深入推进。农村环境不断改善。建设"四好农村路"180千米，改造提升干线公路56千米。启动62条141千米乡村旅游道路建设，完成3条35千米道路改造工程。开工建设龙凤桥槽上疏干区管网配套工程，建成3个农村饮水巩固提升项目。改造农村户厕4854户。启动首批3个美丽乡村示范村建设，创建绿色示范村庄8个，实现农村垃圾治理全覆盖。天府列入全国第三批重点采煤沉陷区综合治理工程试点。打好精准脱贫攻坚战。实施重点扶贫产业项目6个，改造农村危房220户，贫困发生率降至0.05%，返贫率保持为零。对口支援的巫山县实现高质量整体脱贫摘帽。

(五)持续深化重点改革，发展活力不断增强。国资国企改革扎实推进，公司制改革基本完成，兼并重组、压减层级、提质增效取得新进展。建成区级政务服务"一张网"，全面推行"扫码办事"服务，"最多跑一次"事项达到63%。区政府网站获评2018年度中国政务网站优秀奖。推进"证照分离"改革和工程建设项目审批制度改革试点。行政审批时限总体压缩65%以上。在全市率先推行"住改商"负面清单。实现区级部门预算公开评审全覆盖，强化政府债务管理。深化公立医院改革。启动政府机构改革。

(六)主动融入全市开放大局，开发开放水平有效提升。自贸区蔡家区域加快建设。自贸区现场指挥部、综合服务中心、引道工程建成投用，国际文化艺术交流中心、国际法律服务中心正式运营，累计注册企业1465家。北碚服务贸易特色产业园通过市级验收，入驻服务贸易企业150家，完成服务贸易额1.2亿美元。园区平台加速发展。启动蔡家片区产业升级规划研究，同兴工业园区拓展区启动一期征地，水土高新园12.5平方千米纳入两江数字经济产业园建设范围。清理园区闲置用地，盘活低效用地258亩、闲置厂房8.4万平方米。招商引资取得新突破。新签约复星西南总部等产业项目172个，协议引资1390亿元，创历年新高。建设人才"一站式"服务平台，与西南大学联合举办人才活动周暨"智汇北碚"行动、创新创业成果展，承办"创业英雄汇"重庆站海选活动。

(七)坚持绿色发展，生态文明建设取得新成效。绿色生态本底不断夯实。划定150.3平方千米生态保护红线，完成营造林3.1万亩、土地整治8900亩，建成高标准农田1.8万亩。启动国家森林城市创建。五大环保行动深入推进。建成大气污染防治预测预警网格化体系，全年空气质量优良天数310天，同比增加27天，PM2.5浓度下降9.8%，空气质量综合指数、噪声环境质量居主城区第一。全面落实河长制，建成全市首个湖库自动监测站，开展梁滩河流域横向生态补偿试点。完成梁滩河生态修复一期工程，4条黑臭水体及城市集中式饮用水水源地整治通过国家专项督查。强化土壤污染管控和修复，在全国率先开展第二次污染源普查试点和风险场地管控标准化建设。中央环保督察反馈问题完成整改。建成长滩污水处理厂和水土污水处理厂(二期),新(改)建城区污水管网31千米,建设镇级缺失污水管网7.7千米。完成5艘餐饮船舶拆解,餐饮船舶彻底退出嘉陵江北碚段。开展自然保护地大排查大整治,完成5宗自然保护区采矿权退出工作。

(八)大力发展社会事业,民生保障水平持续提升。坚持教育优先发展。财政性教育投入14.8亿元,朝阳中学新城校区等11所中小学项目加快推进,学前三年幼儿毛入园率达到96%,在园幼儿普惠率提高到64%。2所学校获国家级基础教育教学成果一等奖,获奖数量等次均为全市第一。获评重庆市中小学研学旅行先进区县。加强健康保障。编制"健康北碚2030"规划,开工建设区中医院专科楼,通过全国基层中医药服务先进单位复审。加快推进医养结合,举办中国民族医药协会专家智库成立暨民族医药与康养产业发展大会,引进中国民族医药康养产业研究院。加强食品药品监管,保障人民群众饮食用药安全。促进文化事业蓬勃发展。北碚历史文化陈列馆建成开馆。举办全国部分文化馆联盟优秀合唱团展演暨第二十五届"缙云之声"合唱节等文体活动,政府购买文化服务进基层810场,完成偏岩古镇禹王庙等文物修缮保护工程。强化民生保障。社会救助投入1.2亿元,救助困难群众36.3万人次。城乡养老保险、医疗保险参保率分别稳定在95%、96%。新增城镇就业2.5万人,登记失业率控制在2.5%以内。城乡低保标准分别提高9.2%、17.1%。建成安置房20.5万平方米,完成城市棚户区改造823户5万平方米,配租公租房4680套。新改建社区养老服务中心6个。北碚城区殡仪服务中心建成投用。加强和创新社会治理。开展综治·网格化服务管理"双中心"建设,建成三级公共法律服务体系,"雪亮工程"3500个背街小巷视频投入试运行。深入开展扫黑除恶专项斗争,立体化社会治安防控体系不断完善,社会治安大局持续稳定。入围"全国禁毒示范城市"创建提名。强化信访矛盾问题化解攻坚,一批信访稳定问题得到妥善解决。不断提升应急管理水平,安全生产形势保持平稳。

过去的一年,我们进一步加大全面从严治党力度,坚决肃清孙政才恶劣影响和薄熙来、王立军流毒,大力营造良好的政治生态和从政环境,依法履行政府职能,自觉接受人大、政协监督,严格落实人大决议,认真办理人大代表建议和政协委员提案,扎实推进行政体制改革和管理创新,政府自身建设取得新进展。双拥共建活动深入开展,军政军民团结不断巩固,军民融合稳步推进。第四次全国经济普查顺利完成清查工作。民族宗教、外事、侨务、对台、审计、民防、机关事务、气象、档案、保密、修志等工作取得新成效,妇女、儿童、老龄、青少年、慈善、残疾人等事业取得新进步。

各位代表,过去的一年,全区政治生态和发展环境持续向好,生态优先、绿色发展的意识显著增强,攻坚克难、干事创业的精气神愈加提振,经济发展和社会事业稳步向前。成绩来之不易,值得倍加珍惜!成绩的取得,是市委、市政府坚强领导和亲切关怀的结果,是区委统揽全局、科学决策的结果,是区人大、区政协有效监督、倾力支持的结果,是全区人民团结一心、共同努力的结果。在此,我代表区政府,向全区人民,向人大代表和政协委员,向各民主党派、工商联、人民团体和社会各界人士,向驻碚部队和武警官兵,向离退休老同志,致以崇高敬意!向所有关心支持北碚发展的同志们、朋友们,表示衷心感谢!

回顾过去一年的工作,我们清醒地认识到,北碚区还面临着不少的困难和挑战,主要有:受外部环境深刻变化和发展动能转换等影响,地区生产总值、工业增加值增速等指标没有达到预期;经济总量较小,发展质量效益有待进一步提升;改革力度不够大,园区特色发展、错位竞争,城乡融合、区域协同的体系有待完善,国资国企管理体制机制亟需优化;"三大攻坚战"任务艰巨,教育、医疗、养老、住房、环境等民生领域还有不少短板;部分公职人员服务意识和执行能力有待提高,党风廉政建设和反腐败斗争还需常抓不懈等。

各位代表,中央经济工作会议指出,我国仍处于并将长期处于重要战略机遇期的重大判断没有变,经济发展长期向好的基本面没有变。当前全区经济正处于高速增长阶段转向高质量发展阶段的关键期,信心比黄金更重要,质量比速度更关键。随着全区改革开放不断深入,基础设施不断完善,创新氛围不断浓厚,发展动力不断增强,营商环境不断改善,全区上下坚定信心,保持定力,励精图治,攻坚克难,我们一定能够解决前进中遇到的困难和问题,推动北碚实现高质量发展,创造高品质生活。

二、2019年工作安排

今年是新中国成立70周年,是决胜全面建成小康社会第一个百年奋斗目标的关键之年。政府工作的总体思路是:以习近平新时代中国特色社会主义思想为指导,全面贯彻落实党的十九大和十九届二中、三中全会精神,统筹推进"五位一体"总体布局,协调推进"四个全面"战略布局,紧紧围绕习近平总书记对重庆提出的"两点"定位、"两地""两高"目标和营造良好政治生态、做到"四个扎实"的重要指示要求,坚持稳中求进工作总基调,坚持新发展理念,坚持推动高质量发展,坚持以供给侧结构性改革为主线,坚持深化市场化改革、扩大高水平开放,继续打好"三大攻坚战",实施好"八项行动计划",突出缙云山自然保护区综合整治、民营经济发展、校地合作三项重点任务,统筹推进稳增长、促改革、调结构、惠民生、防风险工作,进一步稳就业、稳金融、稳外贸、稳外资、稳投资、稳预期,提振市场信心,增强人民群众获得感、幸福感、安全感,保持经济持续健康发展和社会大局稳定,为全面建成小康社会收官打下决定性基础,以优异成绩向新中国成立70周年献礼。

今年全区经济社会发展主要预期目标是:地区生产总值增长5.5%左右,规模以上工业增加值增长3%左右,固定资产投资增长8%,社会消费品零售总额增长5%,全体居民人均可支配收入增长8%,空气质量优良天数稳定在300天以上,节能减排降碳完成国家约束性指标。

主要做好以下十个方面工作:

(一)着力促进产业转型,推动经济结构优化升级。

重点发展先进制造业。推动互联网、大数据、人工智能同实体经济深度融合,提速工业互联网、5G等绿色智慧城市新型基础设施建设,加快布局生物医药、新能源、新材料、3D打印等新兴产业。推动以仪器仪表、汽车为基础的传统制造业智能化改造,建成一批智能化工厂和数字化车间。建成工业互联网应用展示平台,推进重庆云制造产业基地和国家级工业大数据制造业创新中心建设。加快建设联创电子(三期)等19个重点工业项目,完成工业固定资产投资90亿元,高技术产业产值占规上工业产值比重达到60%以上。

大力发展现代服务业。加快发展金融、科技服务、检验检测等生产性服务业,助推制造业向价值链高端提升。实施消费升级行动计划,组建商圈管理服务机构,开工建设梨园村等16万平方米商业综合体,有序实施嘉陵风情步行街升级改造和重点区域商业业态优化,扩大服务供给,改善消费环境,提升生活性服务业质量和效益。加快推进自贸区建设,完善基础设施,着力发展楼宇经济和总部经济,精准聚焦文化产品和服务贸易、科创研发等产业方向,加快推动产业集聚发展,落户重大项目10个以上。加快服务贸易产业园建设,完成服务外包示范区离岸服务外包额1.2亿美元。

积极发展休闲度假旅游业。打好"五张牌",唱响"四季歌",加快推进全域旅游。推进恒大国际温泉旅游健康小镇等项目建设,金刚碑历史文化街区试营业,完成北温泉景区设施改造,启动缙云山—北温泉国家级旅游度假区创建工作。办好蜡梅文化节等品牌文旅节会活动,提升北碚休闲旅游度假目的地知名度。

(二)着力深化改革,促进区域协同发展。

深化"三园两城"发展格局。按照"园城带动、街镇联动、协同发展、产城融合"的总要求,推动实施差异化、特色化、品牌化发展战略,加快构建各具特色、相互补充的产业发展体系,形成"两江新区水土高新技术产业园""温泉谷两山生态文旅产业园""江东生态农业产业园""两江新区蔡家智慧新城""缙云人文科技城"错位竞争、优势互补的区域良性互动发展格局。

统筹园城街镇联动发展。优化园城管理体制机制,加快推动园城公司向专业化、市场化转型,发挥园城区域联动发展平台和引擎功能。落实园城片区产业发展和街镇行政区域基层管理主体责任,形成区域发展合力。加快推动园城和街镇经济一体化发展,改革完善考核机制,激发园城、街镇发展积极性,培育区域发展新动能。

推进国资国企改革。进一步规范区属国有企业运营和投资行为,充分发挥区属国有企业在基础性、公益性、带动性领域的引领性作用。建立更有效的机制,理顺事权财权关系,引进培育高端人才,积极推动有条件的区属国有企业进入资本市场,激发区属国有企业发展活力。推动混合所有制改革,积极支持在碚央企和市属国有企业发展。

加强招商引资。优化招商引资工作机制,加强专职招商队伍建设,聚焦先进制造、总部经济、文化旅游、服务贸易等重点方向,培育和发展新的产业集群。力争全年招商签约资金达到1000亿元,引进中外500强企业3家,签约投资50亿元以上的重大项目3个以上,实际利用外资2.5亿美元。

(三)着力提升校地合作水平,增强科技创新转化能力。

深化校地科技合作。建成运营西南大学(重庆)产业技术研究院,持续打造北碚国家大学科技园、猪八戒网创新创业园区、天生创新创业街区等科创平台,加快建设环西南大学创新创业生态圈,大力发展智力增值型经济。设立创新联席会议制度,统筹辖区创新资源,鼓励企业组建创新联盟,强化技术应用合作,建立创新中心、院士专家工作站等。

培育高端创新主体。主动对接重庆科学城建设规划,积极争取重庆高新区扩园,引进市级以上工程实验室、重点实验室、工程(技术)研究中心在碚布局,推出一批科技研发和成果转化示范项目。建立国家高新技术企业培育库,新增高新技术企业 15 家、科技型企业 100 家。

营造创新创业氛围。实施企业研发机构和研发经费"双倍增"计划,全社会研发经费支出占比保持全市前茅。落实中小企业商业价值信用贷款改革试点和科技型企业知识价值信用贷款政策。深入校园开展创新创业指导,持续开展职业培训和"嘉陵创客"创新创业大赛等活动,发放创业担保贷款 2000 万元以上。推进科教兴区和人才强区行动计划,大力引进高层次人才。

(四)着力发展民营经济,激发市场主体创造活力。

进一步优化营商环境。大力推进民营经济综合改革示范试点,在市场准入、融资条件、政府服务、优惠政策兑现、财产保护等方面对民营经济一视同仁、一体对待、同等服务。落实减税降费等政策措施,降低营商成本。推进"全渝通办",强化"双随机一公开"规范事中事后监管。实施提升经济证券化水平行动计划,统筹建立产业引导基金和风险补偿资金池、民营经济专项贴息资金池,丰富金融服务,缓解企业融资难、融资贵问题。落实技术改造投资补贴,鼓励企业改造升级。

实施两项培育计划。根据企业不同成长阶段需求,实施民营企业"顶天立地"和"铺天盖地"两项培育计划。择优选定一批有发展前景的规上企业建档入库,重点帮扶,动态调整,培育行业龙头企业。建设"民营经济创新创业示范园",优先解决一批本土中小企业入园难问题。坚持外引与内培相结合,力争全年新发展市场主体 13500 户、微型企业 3000 家。

激发和保护企业家精神。坚持亲商惠商安商护商,持续开展"集中走访精准服务"民营企业活动,畅通政企交流渠道,构建"亲""清"新型政商关系。依法打击各类侵害民营企业从业人员人身权利和侵害民营企业财产权益的犯罪行为,为民营企业提供精准、高效、便捷的法律服务,打造安全的民营经济发展法治环境。开展"卢作孚光彩奖"评选表彰,营造尊重民营企业家、关爱民营企业的浓厚氛围。

(五)着力深化缙云山整治成果,建设山清水秀美丽北碚。

加快推进缙云山自然保护区综合整治。坚持"保护自然,保障民生"方针,巩固前期整治成果,实现缙云山自然保护区生态环境突出问题清零。统筹推进缙云山自然保护区各项规划编制和落地,积极争取政策和资金支持,启动生态移民搬迁、生态赎买等政策措施,探索建立群众利益联结机制。进一步理顺缙云山自然保护区管理体制机制,加强缙云山景区森林资源保护和旅游秩序管理,引导农家乐规范发展、提档升级。坚持产业生态化和生态产业化,努力实现生态美、产业兴、百姓富的有机统一。

深入推进绿色发展。开展生态红线勘界定标工作,严格执行产业准入负面清单制度,完成"三线一单"编制。推进海绵城市、节能城市建设,发展装配式建筑,推广绿色建筑。推进节约自然资源行动,从源头控制污染物排放。开展主城"四山"保护提升和国土绿化提升行动,实施山水林田湖草系统治理。

打好污染防治攻坚战。严格落实中央环保督察整改要求,着力解决一批突出环境问题。做好大气污染防控工作。开展"清水绿岸"治理提升,完成梁滩河流域(二期)综合治理和马鞍溪下游综合整治,巩固城区湖库和黑臭水体整治成果。推进城镇污水处理设施及配套管网建设。完成 9 处土地土壤环境调查与风险评估。加强声环境管理。集中整治"散乱污"企业,坚决打击环境违法行为。完成全国第二次污染源普查试点工作。

(六)着力强化规建管一体化,推动宜居城区建设。

以科学规划引领城市发展。整合城乡规划、土地利用规划、生态环境规划等,形成北碚区全域空间"一张底图",科学引导和有序调控城市开发建设。完成蔡家半岛片区等重要地段和重要地块城市设计。完成静观、天府等镇总体规划和第三批村规划编制。完成第三次全国国土调查。

以解决交通拥堵为重点补齐基础设施短板。深入实施交通建设"三年会战""缓堵保畅"行动,加快二横线西段、轨道交通六号线支线二期等重点项目建设，力争开工建设轨道交通7号线、渝武高速金开大道至三溪口立交段拓宽改造工程，建成快速路一横线西段。加密建设次支路网，开工建设城市道路40千米，建成20千米。推动“P＋R”等公共停车场（楼）建设。

以“绣花”功夫提高城市精细化管理水平。重点实施街净巷洁、灯明景靓、治乱拆违三项工程，建成城市公园6个、社区体育文化公园3个，实施天生路沿线绿化景观提质工程，新增绿地50万平方米。有序更新市政设施，持续推进生活垃圾分类试点，加强城市排水及污水处理能力建设。

（七）着力推动乡村振兴，加快推进农业农村现代化。

加快农业转型发展。新（扩）建农业标准化基地10个、休闲农业园5个、科技示范基地2个，有效期内“三品一标”达80个以上。打造缙云山、金刀峡精品乡村旅游集聚区。发展农村电子商务，培育农产品电商主体30个以上。与西南大学开展乡村振兴战略合作，抓好示范试点镇村建设。积极推进“三变”改革试点，引进培育新型农业经营主体，发展壮大村级集体经济，增加农民财产性收入。

建设生态宜居美丽乡村。开展村庄清洁行动，推进农村生活垃圾治理，行政村生活垃圾有效治理率达到100%。改造农村户厕4700户。加强污水处理设施配套工程建设，农村生活污水处理率达到66%。建设“四好农村路”村民小组通畅200千米、通达82千米。实施国道351三圣至渝北段、歇浦路等改造86千米，建成江东片区东西山环线旅游道路。

巩固脱贫攻坚成果。聚焦相对贫困村和特定贫困群众，深化教育、医疗、住房等精准扶贫政策措施。注重解决小农户生产经营面临的困难，推动脱贫攻坚与乡村振兴有机衔接，探索建立产业扶贫长效机制，让贫困群众稳定脱贫、逐步致富，全区综合贫困发生率、返贫率分别控制在1%、0.5%以内，稳定实现扶贫对象“两不愁三保障”。继续做好对口支援工作。

（八）着力推进“四城”同创，提升城市竞争力和美誉度。

全面启动创建全国文明城区。以“创建为民、创建靠民、创建利民”为根本要求，以人民群众满意为根本目标，开展创建全国文明城市提名城区活动，提高市民文明素质和城市文明程度，提升北碚城市形象，为2020年力争实现创建全国文明城市提名城区的目标奠定基础。

全力推动创建国家生态文明建设示范区。贯彻“两山论”，坚定“两化路”，在生态空间、生态经济、生态环境、生态生活、生态制度、生态文化6大领域全面实施35项指标达标建设，确保2019年全区创建工作各项措施落实到位，主要指标实现达标，力争在2020年将我区建设成为国家生态文明建设示范区并获得命名。

深入推进创建国家森林城市。以“大地植绿、心中播绿”为重点，加快推进森林生态、产业、文化和支撑保障建设。2019年森林覆盖率达到53%以上，城区绿化覆盖率稳定在45%以上，人均公园绿地面积达到18平方米，力争建成国家森林城市。

持续推进创建国家食品安全示范城市。以提升全区食品安全保障水平为目标，聚焦食品安全领域突出问题，强化餐饮行业食品质量安全监管，建设食品安全示范商圈，推进农贸市场快检室建设和熟食品店改造，完善食用农产品产出准入机制，严厉打击食品安全违法犯罪行为，营造良好社会共治氛围，力争2019年各项创建工作指标基本达标。

（九）着力保障和改善民生，让发展成果更多惠及群众。

加强社会保障。实施就业优先政策，以高校毕业生、退役军人等群体就业为重点，全年城镇新增就业2.5万人。城乡养老保险、医疗保险参保率分别稳定在95%、96%以上。强化社会救助兜底保障功能，建成6个养老服务站和2个市级示范社区养老服务中心，推进街镇敬老院提档升级。强化城区文明治丧管理。加强优抚安置工作，巩固市级双拥模范城建设成果。

发展社会事业。深化教育领域综合改革，提升学前普惠率，优质均衡发展义务教育，加快发展高中教育，实施普通高考综合改革，办好职业教育、特殊教育，规范发展民办教育，加强师资队伍建设。强化学校安全工作，保障师生安全。加快推进兼善中学蔡家校区（二期）等6所中小学建设。推进文化强区建设，强化文化服务供给，承办第七届“百馆联动”等活动。加快推进市九院两江分院等项目。加强医联体建设，强化特色办医，提升基层医疗机构服务能力。推进名医名科名院工程，强化医德医风建设。巩固国家卫生区创建成果。实施健康中国人行动计划，举办北碚区全民健身运动会等赛事。不断优化人口结构，提升人口质量。启动第七次全国人口普查。完成第十一届村(居)委会换届选举工作。

办好民生实事。扎实做好市级重点民生实事,用心办好九件区级重点民生实事。建成投用西南大学附属中学水土校区等6所中小学,区妇幼保健院迁建工程开工,实施2019惠残工程,完成棚户区改造630户,改造农村危房300户以上,建成保障性住房17万平方米,老旧住宅小区加装电梯70部,龙凤桥槽上疏干区管网配套工程投用,建成"邮票广场"14个。

(十)着力防范化解重大风险,保障经济社会平稳有序发展。

防范化解政治安全风险。深入贯彻落实总体国家安全观,依法打击和防范渗透、暴恐、邪教破坏活动。坚持正确的政治方向、舆论导向和价值取向,加强互联网内容建设,健全网络综合治理体系。

防范化解经济金融风险。强化政府投资项目和资金管理,完善投融资机制,防范化解政府债务风险。重点关注互联网金融、电商平台、养老等行业,保持防范打击非法金融高压态势。加大对小贷公司和融资担保公司的风险防控力度,严防高利放贷、暴力收贷等"黑恶"现象。

防范化解社会稳定风险。深化"枫桥经验"北碚实践行动,继续实施"雪亮工程"。纵深推进"扫黑除恶"专项斗争,以"大数据+智能化"模式持续完善社会治安防控体系,依法打击各类违法犯罪活动。深入推进司法行政改革,妥善调处社会矛盾纠纷。强化应急管理,全面深化安全生产领域改革,坚决遏制重特大安全事故,维护社会安全稳定。

三、加强政府自身建设

(一)加强政治建设。深入学习贯彻习近平新时代中国特色社会主义思想,树牢"四个意识",坚定"四个自信",坚决做到"两个维护",以滚石上山的劲头,把习近平总书记对重庆尤其是关于缙云山自然保护区的重要指示精神落到实处。严守政治纪律和政治规矩,坚决全面彻底肃清孙政才恶劣影响和薄熙来、王立军流毒,大力营造良好的政治生态。

(二)严格依法行政。依照法定权限和法定程序履行职责,决不允许法外设权、法外扩权、法外行权。落实机构改革要求,构建简约高效的管理体制。健全重大决策形成机制和工作规则,完善决策实施程序。强化廉洁执法、公正执法、透明执法。完善行政复议制度,提升行政应诉能力,规范行政调解,妥善化解行政争议。自觉接受法律监督、监察监督、审计监督、民主监督、社会监督和舆论监督。

(三)提高执行能力。与时俱进增强高效学习、政治领导、改革创新、科学发展、依法行政、狠抓落实、群众工作、驾驭风险的本领。大兴调查研究之风,提高决策科学性、有效性。认真履职尽责,凡是承诺的事情,都要清单化管理、项目化推进、精细化落实。深化"放管服"改革转变政府职能,提升服务能力,建设创新型政府、服务型政府。

(四)持续正风肃纪。以巡视整改为契机,持之以恒落实中央八项规定精神,坚决反对"四风",紧盯不敬畏、不在乎、喊口号、装样子的问题,严厉整肃庸政懒政怠政行为。完善容错纠错工作机制,充分调动干部干事创业积极性。牢固树立过紧日子的思想,建设节约型机关。加强廉政教育,扎紧制度笼子,不断夯实政府系统公务人员廉洁从政的思想道德基础,推动廉政建设取得新成效。

各位代表!责任激发担当,实干创造幸福。让我们更加紧密地团结在以习近平同志为核心的党中央周围,在市委、市政府和区委的坚强领导下,坚持打基础,利长远,补短板,增后劲,惠民生,以"功成不必在我"的精神境界和"功成必定有我"的历史担当谋事创业,以抓铁有痕、踏石留印的作风强化执行,不图虚名,不务虚功,凝心聚力,砥砺前行,为建成生态宜居城区、高新产业基地、科教文化高地、休闲度假目的地,决胜全面建成小康社会、加快建设现代化城区而努力奋斗!

名词解释

1."两点"定位:2016年习近平总书记视察重庆时指出,重庆是西部大开发的重要战略支点,处在"一带一路"和长江经济带的联结点上。

2."两地""两高"目标:2016年习近平总书记视察重庆时,要求重庆建设内陆开放高地,成为山清水秀美丽之地。2018年全国两会期间,习近平总书记在参加重庆代表团审议时要求重庆在建设"两地"的基础上,努力推动高质量发展、创造高品质生活。

3."四个扎实"要求:2016年习近平总书记视察重庆时提出,要扎实贯彻新的发展理念、扎实做好保障和改善民生工作、扎实做好深化改革工作、扎实落实"三严三实"要求。

4."双一流"建设:指世界一流大学和一流学科建设。

5.数字经济:指以使用数字化的知识和信息作为关键生产要素,以现代信息网络作为重要载体、以信息通信技术(ICT)的有效使用作为效率提升和经济结构优化的重要推动力的一系列经济活动，是继农业经济、工业经济之后的更高级经济阶段。

6.新零售：指企业以互联网为依托，通过运用大数据、人工智能等先进技术手段并运用心理学知识，对商品的生产、流通与销售过程进行升级改造，进而重塑业态结构与生态圈，并对线上服务、线下体验以及现代物流进行深度融合的零售新模式。

7.“三变”改革：指通过“资源变资产、资金变股金、农民变股东”的“三变模式”，把农村集体组织自然资源和经济资源盘活的创新机制，既可以增强农村集体的经济实力，又可以增加农民脱贫致富的渠道。

8.“四好农村路”：2014 年 3 月 4 日，习近平总书记指出“农村公路建设要因地制宜、以人为本，与优化村镇布局、农村经济发展和广大农民安全便捷出行相适应，要进一步把农村公路建好、管好、护好、运营好，逐步消除制约农村发展的交通瓶颈，为广大农民脱贫致富奔小康提供更好的保障。”

9.“最多跑一次”：指通过“一窗受理、集成服务、一次办结”的服务模式创新，让企业和群众到政府办事实现“最多跑一次”的行政目标。

10.“证照分离”改革：指工商部门颁发的营业执照和各相关行业主管部门颁发的经营许可证审批的改革。一是取消审批；二是取消审批，改为备案；三是简化审批，实行告知承诺制；四是提高审批的透明度和可预期性；五是对涉及公共安全等特定活动，加强市场准入管理。

11.“住改商”负面清单：按照深化“放管服”改革要求，我区于 2018 年 10 月出台《北碚进一步放宽市场主体住所（经营场所）登记条件实施方案》，明确提出 12 类经营项目的市场主体不得将住宅作为其经营场所申请工商注册登记。

12.“智汇北碚”行动：指区委、区政府与西南大学联合主办，围绕人才发展体制机制改革导向和北碚发展定位，充分发掘北碚校友、他乡北碚人、北碚历史建设者及各界友人的力量，组织的一次亲人返乡、友人到碚，共商共谋、洽谈合作的活动。

13.“健康北碚 2030”规划：指按照全国卫生与健康大会精神和《“健康中国 2030”规划纲要》和《“健康重庆 2030”规划》，制定的到 2030 年全区卫生健康工作总体规划。

14.“雪亮工程”：即公共安全视频监控建设联网应用，是指以“全域覆盖、全网共享、全时可用、全程可控”为总目标，推动重点公共区域、重点行业、领域的视频监控系统建设，开展视频图像信息在治安防控、城乡社会治理、智能交通、服务民生、生态建设与保护等领域应用，充分发挥人民群众利用视频监控系统在社会治安综合治理和平安建设中的作用。

15.重庆云制造产业基地：在首届中国国际智能产业博览会集中签约仪式上，北碚区与航天云网科技发展有限公司成功签约，双方合作在北碚建设航天科工重庆云制造产业基地，通过工业互联网平台，帮助企业“上云”，推动传统产业转型升级，为北碚推进下一代互联网与智慧城市建设、加速智能产业发展提供强有力支撑。

16.工业大数据制造业创新中心：指以航天云网工业互联网平台为核心，以开展智能化改造为主要工作内容，以企业上云为主要手段，以建设“工业互联网”产业生态为目标，以双创和工业互联网人才队伍建设为支撑，实现大规模的制造资源互联共享，力争建成国家级工业大数据制造业创新中心。

17.“五张牌”：即打好生态牌、温泉牌、人文牌、滨江牌、乡村牌，全力打造一批具有引领性、前瞻性的景区景点，推动全区旅游发展从单一景点景区向综合旅游目的地转变。

18.“四季歌”：即突出“春赏花”“夏消暑”“秋采摘”“冬泡泉”，让全区旅游一年四季都是旺季，没有淡季。

19.“三园两城”：“三园”即两江新区水土高新技术产业园、温泉谷两山生态文旅产业园、江东生态农业产业园；“两城”即两江新区蔡家智慧新城、缙云人文科技城。两江新区水土高新技术产业园。以两江新区国家级开发开放平台政策、科技、创新等优势资源为依托，辐射带动复兴街道、水土街道全域。充分发挥区位优势独特、产业基础良好、城市功能初具等优势，围绕大数据及云计算服务、光电显示、半导体集成电路、生物制药及数字化医疗设备、机器人及智能装备制造等主导产业，努力打造成为我区对外开放门户、创新创业窗口、宜居宜业典范。温泉谷两山生态文旅产业园。以缙云山、十里温泉城为主体，依托独特的人文、自然资源，辐射带动澄江镇、天府镇全域以及北温泉街道、歇马街道、东阳街道部分区域。围绕缙云山生态环境综合整治和天府采煤沉陷区综合治理两条主线，依托北温泉、缙云山、西山坪、金刚碑等景区景点，高水平规划建设集旅游、文化、运动、康养于一体的生态文明示范核心区。江东生态农业产业园。以生态农业园区（台农园）为主体，依托极具特色的乡村旅游资源，辐射带动静观、三圣、柳荫、金刀峡四镇。立足对台交流发展、乡村振兴试验、农旅深度融合，做强特色农业，做精乡村旅游。重点发展生态农业、农产品深加工、农旅融合等产业。两江新区蔡家智慧新城。以蔡家组团为主体，依托自贸区、同兴工业园区等独特的政策资源，辐射带动蔡家岗街道、童家溪镇、施家梁镇全域及同兴工业园区拓展区。围绕先进制造业和现代服务业两大主题，深化城市设计，完善城市功能，夯实产业基础，大力发展智能制造、信息技术、工业互联网、服务贸易等新兴产业，深入开展军民融合，高水平建设产业兴旺、万物互联、生态宜居的现代化智慧新城。缙云人文科技城。以北碚组团为主体，依托西南大学、北碚国家大学科技园等人文、科技、人才资源，辐射带动朝阳街道、天生街道、龙凤桥街道全域以及北温泉街道、歇马街道、东阳街道部分区域。充分利用人文科技荟萃、生态环境优越等优势，深化校地合作，大力发展总部经济，重点打造以天生创新创业街区、朝阳文创大道为核心的环西南大学创新创业生态圈，作孚广场、嘉陵风情步行街等商业商务圈，打造宜居宜业宜游，产城融合、文景融合、科教融合，推窗见绿、出门见景、四季见花的高品质生活示范城区。

20.“全渝通办”：即在重庆全域实现审批服务事项“城乡一体、一网联通、同城通办”，线上线下政务服务城乡无差别。

21.“三线一单”：即生态保护红线、环境质量底线、资源利用上线和环境准入负面清单。

22.“清水绿岸”：2018年5月，习近平总书记在全国生态环境保护大会上提出，对原黑臭水体治理再提升，把原黑臭水体打造成为鱼翔浅底的清澈河流、开放共享的绿色长廊、舒适宜人的生态空间。

23.“P+R”停车场：即换乘停车场，早上驾车停进P+R停车场，然后去换乘地铁抵达工作单位，下班后再坐地铁到达停车场，驾车回家。

24.“两不愁三保障”：“两不愁”即不愁吃、不愁穿，“三保障”即义务教育、基本医疗、住房安全有保障。

25.“四城”同创：指开展全国文明城区、国家生态文明建设示范区、国家森林城市、国家食品安全示范城市四项创建工作。

26.“两山论”：即习近平总书记提出的“绿水青山就是金山银山”。

27.“两化路”：即产业生态化、生态产业化的路径。

28.2019惠残工程：指在2019年度实施残疾儿童康复训练、精神病患者住院和服药救助、残疾人(子女)大学生教育救助、技能培训、托养服务、危房改造、居家无障碍改造、春节走访慰问等惠残项目，提高残疾人民生保障水平。

29.“邮票广场”：指利用面积狭小、形状不规则的空地建设的微型广场，因其面积较小而得名，其目的是装饰街景，提高居民生活质量。

30.“枫桥经验”：20世纪60年代初，浙江省诸暨市枫桥镇干部群众创造了“发动和依靠群众，坚持矛盾不上交，就地解决。实现捕人少，治安好”的“枫桥经验”。之后，“枫桥经验”得到不断发展，形成了“党政动手，依靠群众，预防纠纷，化解矛盾，维护稳定，促进发展”的枫桥新经验。

大 事 记

大事记

1月

1日

△即日起国企大龄职工生活费标准由500元/月调整至546元/月。

4日

△水土高新园区企业莱宝科技有限公司入选2017年重庆市第二批高成长性科技企业——“牛羚”企业。

是日

△北碚区举行第三届社区群众文化艺术节暨广场坝坝舞“星级争霸赛”决赛。

5日

△北碚区启动监察体制改革试点及转隶干部工作。

是日

△由西南大学中国新诗研究所讲师余旸所作《“九十年代诗歌”的内在分歧——以功能建构为视角》和西南大学中国新诗研究所副教授魏巍所作《中国当代少数民族女性诗歌研究》在第七届重庆文学奖评选中，分别荣获“文学理论评论奖”和“少数民族文学奖。”

是日

△北碚区在缙云山健身梯举行“森林城市 幸福家碚”主题迎新登高活动，80支队伍700多名群众市民参与。

6日

△“寻找最美朗读者”重庆市首届诵读大赛总决赛暨颁奖晚会在北碚区举行。

10日

△北碚区残联用筹集的80万元资金，对1600户困难残疾人家庭开展春节慰问。

12日

△北碚区2018年文化科技卫生“三下乡”和社会主义核心价值观入规入约行动在天府镇开幕，区委宣传部部长江绪容、副区长刘永参加活动。

13日

△以“拥抱新时代·共筑新辉煌”为主题的重庆卫视睛彩重庆频道《百姓大舞台》走进蔡家中央大街，副区长陈德川参加活动。

14日

△团区委举办“童心永向党 共圆中国梦”百米画卷活动。

17—19日

△政协重庆市北碚区第十五届委员会第二次会议在区行政中心召开。

17—21日

△重庆市北碚区第十八届人民代表大会第二次会议在行政中心召开。

17—30日

△重庆自然博物馆受邀赴德国法兰克福参加“2018 Paper World”(纸博会)，展示具有中国传统文化、重庆地域文化的文创产品。

20日

△2018年重庆市青少年武术套路锦标赛在区缙云体育中心举行。

21日

△北碚区十八届人民代表大会第二次全体会议

选举区监察委员会主任。区人大常委会任命区监察委员会副主任委员。

22 日

△北碚电视台与央视合作承制的《记住乡愁》第五季《北碚老街 志存高远 敢为人先》在中央电视台中文国际频道播出。

是日

△北碚区监察委员会正式成立，与区纪委合署办公。

是日

△区民政局为 109 个村委会和 73 个居委会颁发《基层群众性自治组织特别法人统一社会信用代码证书》，朝阳街道解放路社区居委会成为首个获颁“身份证”居委会。村委会和居委会获特别法人资格后，可独立自主参与经济社会活动，享有法定权利，承担法定义务和相应民事责任。

23 日

△我们的中国梦——2018 年重庆市“文化进万家”暨“送欢乐下基层”文艺志愿服务活动走进歇马街道，市文联和北碚区相关领导参加活动。

24 日

△以“美在新时代 美在人民心中”为主题的 2018 年迎春书画民间文艺作品展在区美术馆开展。

25 日

△根据渝府〔2018〕1 号文件，撤销歇马镇、水土镇、复兴镇设立歇马街道、水土街道、复兴街道。歇马、水土、复兴 3 个街道行政区域为原镇行政区域，街道办事处为原镇人民政府驻地，原镇相关工作机构的职权、职能，依法履行到街道新机构成立时止。

30 日

△民进重庆市北碚区工委“科技服务基地”正式落户三圣镇卫东村。工委副主委王吉德代表区工委为卫东村“科技服务基地”授牌。西南大学一支部主委、西南大学动物科技学院教授徐恢仲为村民做种养殖技术专题培训。

1 月

△2017 年中国优秀政务平台推荐及综合影响力评估结果揭晓，北碚区政府网站荣获“2017 年度中国政务网站优秀奖”。

是月

△重庆两江艺术团原创舞蹈《风·云》获第七届重庆艺术奖，《丑角》荣获第十一届中国舞蹈“荷花奖”民族民间舞获奖提名。

是月

△北碚区“兼善文化课堂”志愿服务项目在首届重庆市志愿服务项目大赛中获金奖，“龙凤车灯”志愿传承推广项目获银奖，“小星星的自然之旅”助残志愿服务项目获铜奖。

是月

△北碚区推荐的音乐作品《硝烟飞扬》、舞蹈《风·云》、评书《问道》、文艺评论《书法的观念与务实》《小说中的南京大屠杀与民族国家观念表达》在重庆市第七届艺术奖评选活动中获奖。

是月

△“北碚新闻网”正式加入“全国网络举报工作管理系统”。

2 月

1 日

△北碚区举办 2017 年度北碚区最美家庭和平安家庭示范户颁奖仪式。

是日

△国家工商总局商标局下发商标驰字〔2018〕44 号批复，北碚区颜宏齿轮工业有限责任公司使用在商标注册用商品和服务国际分类第 12 类陆地车辆传动齿轮、陆地车辆减速齿轮商品上的第 6215747 号“颜宏及图”注册商标为驰名商标。

是日

△重庆市首家校园驾驶人体检站在西南大学医

院二分院正式运营。

6日

△北碚首个全自助式公益城市书房在万达广场漫书阁书店正式免费对外开放。

7日

△北碚区孝心少年罗倩获评“2017年度感动重庆十大人物”。

8日

△重庆市北碚区人民政府办公室印发《北碚区生活垃圾分类制度实施方案》(北碚府办发〔2018〕17号),加快建立生活垃圾分类投放、分类收集、分类运输的垃圾分类处理体系,形成城乡统筹的生活垃圾分类制度,全面提升全区生活垃圾资源化、减量化、无害化处理水平。

9日

△第三届盛世春光——2018年北碚区美术馆典藏精品新春献礼贺岁展在区美术馆开展。

10日

△2018年非物质文化遗产特色民间艺术迎春会演在缙云文化中心举办。

15日

△区总工会荣获“2017年度全国总工会市级工会财务先进单位”表彰。

2月

△区总工会荣获“重庆市总工会2017年度目标考核一等奖”。

是月

△天府镇获“北碚区2018年非物质文化遗产特色民间艺术迎春会演普及金奖”。

3月

2日

△“我们的中国梦——文化进万家‘曲艺名家闹元宵’10周年”活动在蔡家新区举办,市文联和区相关领导出席活动。

3日

△2018年最美公益行动暨“学雷锋月”活动在马鞍溪湿地公园举行启动仪式,区相关领导出席活动。

6日

△区总工会、区委宣传部、区妇联在区行政中心会议室联合举办“巾帼心向党,筑梦新时代”女职工知识竞赛总决赛。区环保局获一等奖,区宣传部、国税局、北温泉街道3个单位分获二等奖,水利局等4个单位获三等奖。

8日

△北碚区人民政府召开《重庆市北碚区国家森林城市建设总体规划(2017－2026年)》(以下简称《规划》)评审会。国家林业局相关领导、评审专家组、区政府领导和相关部门负责人参加会议。

21日

△朝阳街道奔月路社区代表全区接受市城管局检查背街小巷改造工程。

22日

△区总工会荣获2017年度重庆市总工会财务工作竞赛特等奖。

22—25日

△2018重庆·北碚SLi CS:GO国际邀请赛在缙云体育中心举行,中国、俄罗斯、波兰、新加坡、日本、韩国等8支国内外顶尖世界强队参赛。“SL-i League”是由上海IMBA和乌克兰Starladder联合开创的国际赛事品牌,是全球最高规格第三方电竞赛事之一。该赛事首次登陆重庆。

23日

△区卫生计生委组织区疾控中心、市九院、区中医院、区妇幼保健院以及天生、朝阳、龙凤社区卫生服务中心,云泉路、解放路社区卫生服务站等基层医疗机构,在北碚作孚广场开展国家基本公共卫生服务项目暨家庭医生签约服务主题宣传活动。

是日

△澄江镇举办“美好生活睛采澄江”樱花橘乡农业公园开园暨乡村健康跑活动。

是日

△中国（重庆）自由贸易试验区国际文化艺术交流中心在重庆自贸试验区蔡家区域现场指挥部挂牌成立，市级相关部门领导及区领导参加揭牌仪式。

25 日

△区总工会公布第三批全区劳模创新工作室名单，分别为：重庆市劳模赖志刚板凳龙创新工作室、全国五一劳动奖章董进波创新工作室、全国五一劳动奖章邓力创新工作室（碚工会通〔2018〕6 号）。

27 日

△水土高新园区企业药友制药荣获“重庆市市长质量管理奖”。

28 日

△国家工商行政管理总局通报表扬区工商分局为“2017 年公用企业专项整治工作表现突出单位”（工商竞争字〔2018〕44 号）。

29 日

△区检察院在水土高新园派驻检察室，成为全市检察机关首个在派驻检察室设立的未成年检察工作室。

3 月

△北碚区非遗刺绣项目亮相 2018 韩国冬奥会的中国文化嘉年华活动。

是月

△北碚大学科技园企业重庆珞北文化传播有限公司代表中国参加米兰国际设计周展出。

是月

△蔡家岗街道两江民居社区获全国“最美志愿社区”，市政设施管理处疏浚组获评“重庆市岗位学雷锋示范点”。

是月

△重庆市第九人民医院感染科护士长万荣珍获第 68 期重庆好人榜“敬业奉献”好人，“老消防”周汝明获第 69 期重庆好人榜“见义勇为”好人。

4 月

1 日

△北碚区开出第一张环保税发票，标志着环保费改税正式落地。

是日

△北碚区残联开展视力残疾人精准康复服务工作。组织市第九人民医院眼科，对 6 个街镇开展白内障免费集中筛查工作，对 31 例白内障患者开展免费白内障手术。

4 日

△中共重庆市北碚区委员会重庆市北碚区人民政府印发《北碚区深入推进城市执法体制改革改进城市管理工作的实施方案》的通知（北碚委发〔2018〕7 号），重庆市北碚区市政园林管理局更名为重庆市北碚区城市管理局（简称区城市管理局），不再保留重庆市北碚区综合行政执法局牌子，加挂重庆市北碚区城市管理综合行政执法局（简称区城管执法局）牌子，为北碚区城市管理主管部门。北碚区城市管理监察支队更名为北碚区城市管理综合行政执法支队（简称区城管支队），为区城市管理局（区城管执法局）管理的综合行政执法机构，负责依法接受委托具体承担城市管理行政执法工作。

10 日

△嘉陵江沿线 10 个街镇总河长集体巡查嘉陵江。

是日

△中国科学院大学重庆学院落户水土高新技术产业园。校舍建筑面积近 15 万平方米，计划 2019 年开始招生。

14 日

△金刀峡镇小华蓥村举办第二届重庆金刀峡小

华蓥红樱桃采果节。

17 日

△北碚区 2018 年春季全民健身活动暨第二届"万步有约"职业人群健走激励大奖赛启动仪式在嘉陵风情步行街举办。

18 日

△西南大学举行首届"校园开放日"系列活动之《吴明珠传》首发式暨赠书仪式。中国工程院院士吴明珠、中国工程院院士向仲怀、中国工程院二局副局长王元晶、新疆农业科学院副院长康威、中国农业出版社副总编辑宋毅、中国西甜瓜产业体系首席专家许勇等专家学者出席。

19—25 日

△在广州市残疾人体育中心举行的全国硬地滚球锦标赛中,区残疾运动员严治强获 BC1/BC2 级团体赛金牌和 BC2 级个人赛银牌,娄洪斌获 BC3 级个人赛银牌。

20 日

△市环保局污染源检查领导小组检查天生桥社区环保工作。

21 日

△北碚区开展"同悦书香·共度好时光"亲子阅读活动。

22 日

△纪念 4·22 世界地球日暨"发现重庆之美、传递环保力量"重庆环保形象"渝小环"首发活动在重庆自然博物馆广场举行,活动由市委宣传部、市人大城环委、市环保局主办,重庆自然博物馆承办。

24 日

△"美丽乡村我的家"新华鹰直播活动走进歇马街道虎头村。

24—29 日

△腾讯 2018 TGA 大奖赛在缙云体育中心体育馆举行,24 支队伍参赛。TGA 大奖赛是一项基于腾讯游戏竞技平台的重要品牌赛事。

25 日

△英国华人医疗信息协会执行会长廖晨妤与威尔士国民保健系信息服务人力资源与组织发展主管温迪·迪林、前英国卫生部人才专委会秘书长/英国临床科学家研究院教务处主任保罗在市卫生计生委国际处干事陪同下,到蔡家社区卫生服务中心,就医疗健康信息化建设和大数据运用情况进行交流。

是日

△教育部副部长杜占元一行到西南大学,调研"双一流"建设情况,参观家蚕基因组生物学国家重点实验室、淡水鱼类资源与生殖发育教育部重点实验室。

是日

△区公安分局与联通系统集成有限公司重庆市分公司、中国移动通信集团重庆有限公司、重庆有限电视网络股份有限公司签订北碚区背街小巷视频监控建设项目。

27 日

△第四届"碚城同读一本书"系列活动在兼善中学举行启动仪式。

28 日

△区国税局获 2018 年重庆市五一劳动奖。重庆市第九人民医院重症医学科、重庆歇马机械曲轴有限公司保障部、重庆银鸿铝业有限公司冷轧车间获"2018 年重庆市工人先锋号"称号。区人民路小学蒋华、区城市管理监察大队王凤元、重庆骑龙饮食文化有限责任公司任鸿秀、重庆神驰机电股份有限公司周海英等获"2018 年重庆五一劳动奖章"。

28—30 日

△北碚区参赛代表队在 2018 年重庆市青少年跆拳道锦标赛中获 2 金 1 铜。

4 月

△北碚区在全国率先完成第二次污染源普查清查工作。建立全区普查基本单位名录库,包括 8863

家工业企业,9家规模以上畜禽养殖企业,29台生活源锅炉,200余个市政入河排污口,103家集中式污染治理设施,57家伴生矿企业。

是月

△区委宣传部牛林晓荣获中宣部“舆情信息工作优秀个人”表彰。

是月

△北温泉街道官小玲获第70期孝老爱亲“重庆好人”;复兴小学学生罗倩获“新时代重庆好少年”;但汉国、邓薇、王琳获“最美校长”,赖志刚、罗键、刘波、童莉娅获评“最美教师”,陈秀、刘道菊获“最美班主任”,潘波、邹志宇获“最美乡村学校少年宫辅导员”。

5月

1日

△北碚区办税大厅“一厅通办”工作全面实施。

9日

△西南大学附属中学初三学生马玉龙的科技作品《m^10^b产生b+1位二次广义自生数猜想提出与证明》获“第11届重庆市青少年科技创新市长奖”。

10日

△渝广高速重庆段二期正式建成通车,工程全长近3.6千米,双向6车道,设计时速每小时100千米。

14日

△第二次全国污染源普查办公室主任洪亚雄率队来碚,对北温泉街道、华光社区、重庆嘉陵华光光电科技有限公司等地进行实地调研。

15日

△重庆两江机器人展示中心、重庆市地勘局208地质队地学科普中心、重庆红豆杉产业园和北碚青少年科普实践基地成功入选市级科普基地。至此,北碚区共有13家市级科普基地,数量居全市首位。

16日

△全国人大常委会委员、澳门特别行政区第六届立法会主席贺一诚一行到水土高新技术产业园区,参观京东方、浪潮、两江机器人展示中心。

17日

△ABB机器人重庆应用中心在水土园区挂牌。

18日

△北碚区获华龙网2017年度优秀合作伙伴4个奖项。

是日

△中国西部科学院旧址历史陈列馆全新开放,并推出原创展览《科学魂,强国梦——中国西部科学院旧址历史陈列》。

是日

△在“巴渝工匠杯”第二届重庆市乡村旅游行业职业技能大赛及第八届重庆市农家乐乡村旅游休闲节上,北碚区金刀岭酒店、览江园农家乐荣获“重庆乡村菜名店”称号;览江园农家乐荣获客房整理职业能力竞赛三等奖和星级农家乐服务知识竞赛第一名;红熙休闲度假村、古秀山庄、金刀岭酒店、览江园农家乐荣获“重庆乡村特色名宴”称号;陶乐乡村俱乐部、红熙休闲度假村、缙云小住荣获“重庆市最美旅游民宿”称号。

22日

△在2018年重庆市团干部(中学团干部)岗位实践能力大比武中,北碚区李金龙同学获优秀奖。

23日

△水土高新技术产业园企业京东方重庆区域总经理孙耒来入选2017年“十大重庆经济年度人物”榜。

27日

△北碚图书馆建馆90周年暨走访文化故地活动举行启动仪式。

29日

△国家卫健委基层卫生司副司长高光明一行到北碚区,实地调研蔡家岗街道中心卫生院居民健康档

案开放和运用情况。

31日

△北碚区与西南大学共建的西南大学(重庆)产业技术研究院在北碚国家大学科技园揭牌成立。

5月

△西南大学5名学者入选教育部2017年度“长江学者奖励计划”名单。教授何宗美为特聘教授，教授蔡金法、托马斯为客座教授，教授白显良、邱江为青年学者。

是月

△西南大学教授李加纳获第71期敬业奉献“重庆好人”。

是月

△民进中央、民进重庆市委会开展纪念中共中央“五一口号”发布70周年主题征文活动。区工委专职副主委谭玮撰写的《提升政治素质，履行好参政党职责》获民进中央办公厅三等奖，民进重庆市委会一等奖，工委副主委吕家恪撰写的《传承五一口号精神，加强高素质参政党基层组织建设》获民进重庆市委会三等奖。

6月

4日

△由区残联、区教委、区文化委主办，区特殊教育学校、正翰围棋学校举办的北碚区第三届中小学智障学生围棋比赛在万达广场开幕。

5日

△市委书记陈敏尔、市长唐良智到澄江镇缙云村调研缙云山国家级自然保护区。

6日

△全区启动扫黑除恶专项斗争宣传。

9日

△世界温泉及气候养生联合会副主席古尔纳·乔瓦尼一行莅碚，考察温泉旅游发展，并协议签署，在北碚设立亚洲地区唯一区域办事处、成立亚洲温泉研究院、将北碚作为世界温泉论坛的永久会址。世界温泉及气候养生联合会是世界卫生组织唯一认可世界性温泉组织。

9—10日

△由中国自然科学博物馆协会主办，中国科技馆、上海科技馆支持，重庆自然博物馆与重庆科技馆承办的“2018年全国科普场馆文化创意产品开发研讨会”在重庆自然博物馆举行。全国30个省市自治区、120余家单位、280人参会。

13日

△歇马缙云新居公租房四、六组团竣工验收，该项目建筑面积48万平方米。

是日

△在市公安局指挥下，区公安分局派出警力110人，赴湖北省武汉市、襄阳市，摧毁2个网络诈骗窝点，抓获团伙成员101人，查获涉案电脑125台，作案手机104部，涉案金额1000余万元。

15日

△嘉陵之声《974民生直通》正式开播。

20日

△北碚区企业廉洁联盟挂牌成立，区相关领导及首批80多名会员单位代表参加成立大会。

21日

△全国政协副主席、民进中央常务副主席刘新成率全国政协教科卫体委员会“高校‘双一流’建设存在的问题及建议”专题调研组到西南大学，调研“双一流”建设和思想政治教育建设工作，并考察家蚕基因组生物学国家重点实验室、淡水鱼类资源与生殖发育教育部重点实验室、马克思主义学院。

22日

△中国工程院原院长周济到华数机器人调研，市委副书记、市长唐良智陪同。

24 日

△北碚区对部分重点生态区域马尾松林开展2018年第一次直升机施药防治松墨天牛作业。施药区域主要布局在缙云山国家级自然保护区及中梁山片区的成片马尾松林区，使用8%氯氰菊酯触破式微胶囊悬浮剂2700升，防治松林面积1800公顷。

27 日

△区残联启动“爱心牵手，光明同行”白内障复明项目并向北碚爱尔眼科医院授牌。

28 日

△区公安分局破获一起跨境电信诈骗案。抓获犯罪嫌疑人9人，查获现金、银行卡、假身份证、手机、POS机、电脑等作案工具，涉案金额数千万元。

6 月

△静观镇集真村在“发现重庆之美——百万网民点赞最美乡村”大型主题宣传活动中，入选“2018年重庆十大最美特色乡村”；西南大学教授李加纳获评2018年6月“敬业奉献”中国好人；晏阳初中学教师陈正平，获评第72期“敬业奉献”重庆好人。

是月

△区科协与区委人才办共同承办由重庆市科协、北碚区委、区政府主办的为期3天的“精益智能制造产学研对接会”“知名专家走进北碚座谈会”和“第三届西南地区高分子暨复合材料学术研讨会”，助力引进20名专家纳入区级人才库。

是月

△北碚大学科技园开展2018国家汉办埃及艾因夏姆斯大学创新创业中国行特训营。

7 月

1 日

△即日起，北碚区开始试点应用重庆市市、区(县)城建档案信息一体化管理平台(重庆档发〔2018〕37号)。

3 日

△区总工会举办2018年“千名律师进企业服务职工在基层”工作北碚区启动仪式。各街道、镇、园区工会主要负责人、市总工会招募遴选的10名律师志愿者及区各律师事务所负责人共80余人参加启动仪式。

4 日

△区公安分局与重庆市第九人民医院、区中医院签订公安医疗救助绿色通道项目。

5 日

△国家税务总局重庆市北碚区税务局挂牌，标着北碚区国税地税正式合并，区税务局正式成立。

是日

△国家民政部政研中心副主任付长良一行在市民政局相关处室领导陪同下莅临北碚区第二社会福利院调研养老服务创新工作。

9 日

△北碚区首例行政许可“告知承诺制”事项在区行政服务中心文化委窗口办理。

10 日

△由央视财经频道、区政府和西南大学共同主办的2018年《创业英雄汇》海选重庆站总决选在北碚区举行。

是日

△中国工程院院士、中国矿业大学博士生导师武强做客“含弘讲堂”，作题为“中国能源供给形势分析与地热能源利用”的学术报告。

12 日

△澄江镇缙云山国家级自然保护区生态环境综合整治临时党组织在澄江镇缙云村挂牌成立，区委副书记高洪波授牌。

13 日

△19时20分受上游四川等地连续强降雨影响，嘉陵江北碚段水位持续上涨，据长上局实测，嘉陵江

北碚(三)站出现洪峰水位 197.41 米，超警戒水位 2.91米，低于保证水位 1.59 米。此次洪峰过境全区受灾街镇 10 个，受灾总人口 4466 人，淹没房屋 240 间。农作物受灾面积 222.67 公顷，因灾停工停产工矿企业 3 家，公路中断 18 条，供电中断 12 条，通讯中断 1 条。直接经济损失 1727.75 万元，其中水利设施直接经济损失 540 万元。

14 日

△第九届金刀峡·偏岩古镇消夏文化艺术节活动开幕。

7 月中旬

△区工商分局、区检察院和区公安分局成立联合执法组，赶往贵阳市，对假冒“重庆市骑龙火锅”开设的火锅店进行调查，依法打击侵犯中国驰名商标“骑龙”专用权行为。

16 日

△北碚区优秀剧目《丑角》参加第十二届全国舞蹈展演。

是日

△北碚作为企业名称自主申报改革试点区，从即日起启动企业名称自主申报改革试点工作。

25 日

△由重庆市委宣传部、市妇联、市文明办、市教委主办，市妇女儿童培训活动中心、市青少年社会教育协会承办的关爱儿童“快乐成长营”体验之旅公益活动在重庆自然博物馆开展。来自重庆 18 个深度贫困乡镇近 600 位儿童参与教育活动。

25—31 日

△重庆自然博物馆组织在环球自然日活动中获奖团队及科普辅导员，赴云南西双版纳开展“十万个为什么 & 内林科学探索游”活动。

26—29 日

△北碚区代表队荣获“第 35 届山城杯桥牌等级赛(甲级)冠军”。

30 日

△湖南电视台在天府镇拍摄真人秀节目《勇敢的世界》。

7 月

△国家退役军人事务部权益维护组副组长孙军山一行到北碚区，调研退役军人优抚安置工作。

是月

△西南大学宿管工作人员何淑珍获评第 73 期“敬业奉献”重庆好人，西南大学附属小学学生周丹彤获评“新时代重庆好少年”。

是月

△“澄怀味象——唐楚孝中国山水画师生作品展”及“双北向上——重庆市北碚区渝北区庆祝建党 97 周年·改革开放 40 周年书法篆刻作品联展”开展。

是月

△北碚区成功创建劳动保障监察执法示范区。

是月

△北碚大学科技园企业重庆市菩璞生物科技有限公司、重庆荷西农业科技有限公司和重庆天维绿色建筑技术开发有限公司入选中央电视台二套《创业英雄汇》重庆赛区二十强。

8 月

1 日

△即日起，北碚区失业保险金标准由原来 1050 元/月调整至 1200 元/月。

3 日

△“万达杯”全民健身周系列活动在万达广场启动。

3—15 日

△区残联以“康复健身、展示风采、促进融合、共奔小康”为主题，开展北碚区第八届“残疾人健身周”活动。

6 日

△区委召开江东 4 镇发展工作专题会议，明确定位江东 4 镇为全区“乡村振兴的主战场、生态保护的重要区域、农村改革的窗口、高效农业绿色发展的示范区”。

8 日

△上午，重庆市个人健康信息便民查询交流会在静观镇卫生院召开。市卫计委、市信息中心领导以及南岸区、长寿区、永川区、梁平区、忠县等试点区县卫计委分管领导及北碚区相关单位人员参会。

10 日

△共青团中央、全国青联、全国学联、全国少工委共同发布《关于颁发第十一届中国青少年科技创新奖的决定》。西南大学附属中学校学生马玉龙获得该项荣誉，是全市唯一获奖高中生。

是日

△国家卫生健康委医管中心调研组成员到北碚区，调研基层医疗卫生服务工作。

17 日

△重庆市召开首个“中国医师节”表彰大会，区信访办获“重庆市尊医重卫先进集体”，重庆市第九人民医院主任医师徐中林、金刀峡镇卫生院副主任中医师唐正友获“优秀医师”，重庆市第九人民医院副主任技师廖兵、区中医院九级职员刘忠胜获“优秀医务工作者”。同天，北碚区庆祝首个中国医师节大型义诊宣传活动同时在卢作孚广场和嘉陵风情步行街举行。

是日

△重庆自然博物馆与重庆长江黄金邮轮公司，签署“诗与远方，文旅融合上游轮”战略合作协议，同时在 5 号黄金游轮推出“大地瑰宝地矿精品展”。展出 93 件高质量展品，涵盖矿物、化石、陨石三大类。

20 日

△区总工会举办“金秋助学”资助贫困职工子女上大学仪式，全区共筹集资金 59 万元，资助 118 名贫困职工子女上大学，其中全程救助贫困大学生 6 人。

23 日

△首届中国国际智能产业博览会在重庆国际博览中心开幕。北碚区 25 家企业、单位携 50 多件展品参展，参展企业数量在全市各区县中名列前茅。

24 日

△重庆市第一座采用“代建制”、改革开放以来北碚区新建的第一座城市后备水源工程——丰子岩水库主体工程开工建设。

30 日

△澄江镇迎接国家“绿盾行动”检查。

31 日

△区残联为区内 156 名残疾人机动轮椅车车主发放燃油补贴共计 4.056 万元。

8 月

△区水利局完成中央环保督察组整改，取缔工农水库养鸭和胜天水库游船污染饮用水源水质工作。

是月

△北碚区木雕艺术家陈益勇携作品《盼归》《重庆吊脚楼花瓶》《弥勒佛》，应邀参加“中国印象 秀美重庆”文化艺术国际巡游展。首站展览在法国巴黎举行。

是月

△农业农村部办公厅、财政部办公厅发布《关于批准开展 2018 年农业产业强镇示范建设的通知》，批准全国 254 个镇(乡)开展农业产业强镇示范建设，静观镇入选。

是月

△完成缙云山国家级自然保护区文化资源专项普查工作，共查出缙云山国家级自然保护区文化资源 40 处，跨越唐、宋、明、清、近现代 5 个时期。

是月

△北碚区首个 24 小时自助图书馆正式投入使用。

是月

△北碚区中、初级职称评委会换届调整，首次吸收非公组织专家进入评委会。

9 月

3 日

△北碚电网最高负荷 96.39 万千瓦，较上年同期增长 6.33%，刷新历史纪录。

6 日

△“生态美 · 河长清”北碚最美河湖摄影大赛评选，此次活动共征集摄影作品 200 幅，获奖作品 66 幅，并对获奖作品巡回展览。

是日

△区政协黄欣撰写 2 篇稿件获重庆市政协 2017 年度好新闻（渝政协办发〔2018〕81 号）。

是日

△中国民主促进会重庆市北碚区工作委员会举行成立 10 周年纪念大会。

7 日

△“2018 · 全国重点网络媒体重庆行”走进北碚。

是日

△民进重庆市委会召开第 34 个教师节庆祝大会，表彰重庆市“最美民进教师”。民进北碚区工委西南大学体育学院副教授李兵、朝阳中学教师张群英获“最美民进教师”称号。

11 日

△《中国老年报》第 4593 期重点宣传北碚区在老干部异地避暑、御寒等休养地成立临时党支部，强化制度设置、日益完善临时党支部，精准组织活动、临时党支部作用发挥的典型经验。

是日

△中国工程院副院长、院士邓秀新一行到西南大学，开展重庆市乡村振兴发展战略研究课题讨论。

12 日

△区科协在蔡家岗街道两江名居文化广场举行“2018 年北碚区全国科普日”主场活动。

14 日

△团中央书记处书记奇巴图到水土高新技术产业园，调研华数机器人、两江机器人展示中心工作。

15 日

△重庆自然博物馆参与上海自然博物馆（上海科技馆分馆）活动“我的自然百宝箱——万物 · 家园”活动。

18 日

△由区纪委监委、区委宣传部、区文化委主办的“书香廉韵 清风碚城——北碚区 2018 年廉政书画展”在区美术馆开展。经专家评审，评出一等奖 4 名、二等奖 8 名、三等奖 12 名。

19 日

△北碚区建立全市首支巾帼志愿河长队伍，并举行授旗仪式。

21 日

△区公安分局情报信息支队在“2018 年全市公安机关情报技能比武”决赛中荣获“集体二等奖”，赵奕、向伟铭 2 人荣获“重庆市公安局青年岗位能手”称号，并纳入全市公安情报人才库。

22 日

△2018 年国家统一法律职业资格考试考场在西南大学设立 2 个考点、15 个考场，参考人数 1150 人。

是日

△北碚区开展“创新引领时代，智慧点亮生活”全国科普周活动。

26 日

△全市建设新时代文明实践中心试点工作座谈会在北碚召开，市委宣传部副部长、区宣传部部长参加会议，沙坪坝、九龙坡、北碚等 10 个区县文明办负责人参加会议并发言。

26—27 日

△由市文明办、市财政局、市教委主办的 2018 年重庆市乡村学校少年宫第三片区培训考评工作会在北碚区举行。

28 日

△重庆市社会经济研究会专家团队莅临柳荫，就柳荫镇乡村振兴发展展开研讨。

29 日

△重庆市市长唐良智到澄江镇督查缙云山综合整治工作。

30 日

△区残联投入资金 50.3 万元，资助 199 名残疾人大学生及残疾人子女大学生。区慈善会“圆梦大学”活动救助 9 名品学兼优大学新生，发放助学金 4.5 万元。

9 月

△区商务局荣获重庆市“2018 夜市文化节优秀组织奖”。

是月

△重庆两江艺术团完成中央电视台音乐频道《唱响新时代》国庆特别节目录制。重庆两江艺术团杂技作品《晃管》《力量》和魔术表演《手舞幻彩》精彩亮相德国杜塞尔多夫中国节。

是月

△北碚区执行新的社会救助标准：城市居民最低生活保障标准从 500 元提高到 546 元，增长 9.2%；农村居民最低生活保障标准从 350 元提高到 410 元，增长 17.1%；特困人员救助供养基本生活标准从 650 元提高到 710 元，增长 9.2%。

是月

△区民政局落实专项资金对全区城乡低保户、特困供养对象、城乡孤儿等困难群体开展慰问活动。共发放资金 72.8 余万元，惠及 0.96 万户 1.24 万人。

10 月

1 日

△北碚区在国旗台举行“北碚区点赞公民・千万市民升国旗”活动。

8 日

△北碚法院获“2018 年度全国法院司法宣传先进单位”荣誉称号。

10 日

△重庆市委书记陈敏尔到西南大学检查工作。陈敏尔指出，要认真落实党委领导下的校长负责制，高校党委要对学校工作实行全面领导，承担起管党治党、办学治校主体责任，做好高校思想政治工作，加强高校基层党组织建设；各级党委和政府要关心支持高等教育事业发展，积极帮助解决实际困难问题，为高校建设发展创造良好条件。

是日

△重庆自贸试验区蔡家区域国际法律服务中心挂牌成立，市级相关部门领导及区相关领导参加活动。

15 日

△区总工会通报工会及会员实名制工作情况。截至 2018 年 10 月 15 日，全区完成创建工会组织实名制 402 个，完成录入会员实名制 7211 名。

16 日

△北碚区碚都佳园公租房项目整体竣工验收完成，该项目总建筑面积 89 万平方米。

15—17 日

△中国首届温泉与气候养生旅游国际研讨会在北碚区举行。

17 日

△市人大常委会调研组莅碚，到东阳街道天府民居人之初幼儿园、区缙云幼儿园，调研学前教育工作。

18 日

△区委老干部局举办庆重阳趣味运动会，近 600 名离退休老干部组成 37 支队伍参加运动会。

19 日

△复旦大学抗战内迁 80 周年纪念活动在北碚区举行，复旦大学、市委宣传部以及区相关领导出席会议，复旦大学重庆校友、夏坝中学学生、群众代表等参加纪念活动和座谈会。

19 日

△全国人大常委会副委员长武维华一行莅碚调研。

20 日

△重庆市人力社保局、市工商局联合授予区工商分局缙云工商所“重庆市工商行政管理系统先进集体”(渝人社发〔2018〕204 号)。

24 日

△由区委网信办承办的重庆首届青年网络主播大赛北碚赛区决赛圆满举行。

是日

△中国科学院院士、中国岩溶专家袁道先到西南大学，为师生做题为“丝绸之路的岩溶与环境问题”学术报告。

25 日

△全国部分文化馆联盟优秀合唱团展演暨第二十五届“缙云之声”合唱节在西南大学光大礼堂开幕。中国文化网络电视、文化和旅游部国家公共文化云平台进行同步现场直播。

25 日

△财政部文化司、国家新闻出版广电总局财务司、市财政局、市文旅委调研组一行到北碚区，检查指导广播电视、公共文化服务工作。

26 日

△北碚区举行首次全区村(居)务监督委员会主任培训，180 名村(居)务监督委员会主任和 34 名街镇分管领导、民政办主任参加培训。

27 日

△重庆市“守护青山”主题志愿服务推进活动在北碚区、沙坪坝区、璧山区同时举行。北碚区 400 余名志愿者代表参加现场活动。

是日

△区妇联承办市妇联“情暖童心·相伴成长”困境儿童关爱服务项目团辅活动。

30 日

△北碚区第三届“缙云杯”中小学长跑月活动在职教中心启动。各中小学、中职学校教师代表共 3500 余人参加启动仪式。全区 74 所中小学 7 万余名师生在各中小学、中职学校分会场开跑。

是日

△区妇联开展 2018 年北碚区“守护花季·相伴成长”主题法治巡讲活动。

31 日

△北碚区率先在全市完成全流程电子化招投标，标志着区公共资源交易进入大数据智能化时代。

10 月

△北碚大学科技园企业重庆浦洛通基因医学研究院有限公司获批重庆市 2018 年新型高端研发机构。

是月

△在全区范围内全面开展“敬老月”活动。

是月

△教育部公布 2018 年全国中小学生研学实践教育基地、营地名单，重庆自然博物馆被正式命名为 2018 年“全国中小学生研学实践教育基地”。

11 月

1 日

△由重庆市工商业联合会、北碚区人民政府联合主办，区委统战部、区工商业联合会（总商会）承办，以“创新·合作·共赢——推动民营经济高质量发展”为主题的 2018 年度全国重庆商会会长会议在北碚区举行。全国各省（自治区、直辖市）重庆商会负责人、秘书长参加会议。

是日

△第十五届中国城市友好商会会长会议理事单位会议在北碚区举行。来自江苏南京、山西运城等十多个城市的工商联负责人出席会议。会议审议通过《中国城市友好商会会长会议章程（修改稿）》，确定由北碚区工商联承办第十五届中国城市友好商会会长会议。

5—10 日

△区商务局组织 20 家企事业单位，41 位代表参加首届中国国际进口博览会。

6 日

△重庆市第四届“拥抱新时代　践行新思想　实现新作为”人生规划大赛主城片区赛在西南大学举行。市委宣传部、区宣传部以及西南大学相关领导出席活动。

8 日

△重庆缙云党风廉政研究中心 2018 年度“拥抱新时代　践行新思想　实现新作为　全面加强基层党风廉政建设”主题理论研讨会在西南大学召开。会议向理论征文活动的优秀个人和单位进行颁奖，并公布重庆缙云党风廉政研究中心第二期研究员名单。

9 日

△四川美术学院艺术与乡村研究院·村社艺术基地（柳荫）签约仪式暨中国渠乡“光与音”在地创作工坊开班仪式在柳荫镇举行，同时，柳荫镇政府与四川美术学院签订校地合作协议，四川美术学院组织师生团队在柳荫开展巴渝原乡、“中国渠乡”等在地工坊活动。此次活动还邀请到意大利艺术家弗朗切斯科和日本艺术家小野田贤三参与规划设计。

10 日

△第二届碚城秋韵诗歌笔会在西南大学柑桔研究所举行，傅天琳等 30 余名诗人、作家参加活动。

13 日

△区妇联举办首场中国妇女十二大会议精神宣讲报告会，邀请全国十二次妇代会代表赵玉芳做专题报告。

14 日

△市政协组织专家委员开展“山清水秀美丽之地北碚行”调研活动。

15 日

△参加全球旅行商大会的美国旅行商代表团一行到碚考察温泉旅游项目。

16 日

△重庆市委书记陈敏尔到澄江镇北泉村调研葵莲农家乐生态环境整治工作。

是日

△北碚区举办“巴渝巾帼创业创新·齐聚碚城共谋发展”重庆市女企业家协会北碚行活动，市女企业家协会会长及全区女企业家代表 40 余人参加活动。

19—21 日

△部分城市“一带一路”政协联盟第四次会议在浙江省台州市举行，区政协副主席袁宏参加会议并作交流发言。

21 日

△全区学习贯彻《中国共产党纪律处分条例》《中华人民共和国监察法》知识竞赛决赛在区行政中心举行，全区各级党组织、纪检监察组织 300 余人参加活动。决出一等奖 1 名，二等奖 3 名，三等奖 4 名。

是日

△西南大学举行“向仲怀院士从教 60 周年暨蚕

桑学科发展座谈会”。

22 日

△全市政协委员视察天生街道“老舍旧居”。

23 日

△重庆自然博物馆参加中国自然博物馆协会主办的第八届“中国博物馆及相关技术博览会”(福州),本馆原创展览《熊猫时代——大熊猫的前世今生》在博博会亮相。现场展示熊猫骨架模型、3D 建模复原打印的古熊猫头骨和骨架水晶模型。

是日

△由市委宣传部、市委组织部、市农业农村委、市扶贫办、忠县县委联合主办的“家国大爱 公仆情怀”——重庆市优秀扶贫干部杨骅同志先进事迹报告会在北碚区举行。

23—26 日

△由国家疾病预防控制中心妇幼中心、北京市妇幼保健院保健部及北京市丰台区妇幼保健院组成的相关专家一行到北碚区,监督指导青少年健康与发展项目工作,并现场考察北碚职业教育中心。

24 日

△北碚区第四届人才活动周暨“智汇北碚行动”开幕。360 余名西南大学校友、专家院士、北碚籍企业家等参加活动。

11 月 27 日—12 月 1 日

△完成北碚区农村建筑工匠首次培训。

30 日

△区监委与中铁二十二局集团第五工程有限公司启动全市首例“监企共建”活动,探索有效预防企业管理人员职务犯罪有效路径。

是日

△静观 110 千伏变电站 2# 主变投入运行。

11 月

△全区第四次全国经济普查清查工作初步完成。

是月

△由国家电影局、电影局剧本中心和中国夏衍电影学会共同主办的 2018 年“夏衍杯”优秀电影剧本征集活动证书颁授仪式暨电影编剧论坛在浙江省杭州市举行。西南大学文学院 2002 级电影学专业校友张弛和校影视艺术系主任刘帆联合主创的电影剧本《归程》荣获“优秀电影剧本奖”。

是月

△天府镇志愿服务站评为“北碚区最美志愿服务站(岗)”。

是月

△北碚区举行“庆祝改革开放 40 周年,全民阅读献礼新时代——读名人传记、品北碚历史”第三届“北碚全民读书月”活动。

是月

△区宣传部、区对口办、区旅发委、水土街道等相关部门,应邀参加第十二届中国·重庆长江三峡(巫山)国际红叶节开幕式,并就对口支援深度贫困镇双龙镇开展座谈会,举行捐赠仪式。

是月

△金刀峡镇退休教师王凤炳被市委宣传部、市网信办等部门评为“重庆市十大法治人物”。梅花山小学六年级同学刘卓雨获 2018 年第三季度“新时代重庆好少年”。

12 月

1 日

△区委宣传部、区文明办在重庆自然博物馆广场开展北碚区 2018 年志愿服务先进典型集中展示活动,区林业局守护青山志愿服务队评选为“最佳志愿服务组织”。

4 日

△北碚区 2018 年“宪法宣传周”集中宣传活动在作孚广场启动。

6 日

△区离退休党工委举办第四届离退休干部“正言、正行、正能量”——纪念改革开放四十周年演讲活动，全区 100 余名离退休支部书记、支委们参加活动。

是日

△国家禁毒委委员、国家人力资源和社会保障部副部长张义珍一行在市禁毒委相关人员陪同下到北碚区视察禁毒工作。

是日

△区城市管理局在步行街、公交枢纽站、体育馆和公园等公共区域设置直饮水点 25 个，安装直饮水设备 36 套。

7 日

△区政府、区总工会联合授予重庆川仪分析仪器有限公司李鸿、重庆嘉陵华光光电科技有限公司吕国兵、重庆华虹仪表有限公司吉伟龙、重庆银钢科技（集团）有限公司李宝宝、神驰机电股份有限公司罗照彬、重庆莱宝科技有限公司梁奇美、重庆茂田机电有限公司陈亮、力帆实业（集团）股份有限公司黄国龙、重庆海默尼制药有限公司彭红刚、重庆顺多利机车有限公司牟昱霖等北碚区第二届“碚城工匠”称号。

是日

△原创电影《白云・苍狗》在西南大学举行开机仪式。市委宣传部、中国电影家协会、区委宣传部、西南大学相关领导，以及老艺术家代表参加开机仪式。

18 日

△“民进机器人工作室创新班”在三圣镇中心校乡村少年宫开班。

20 日

△快速路一纵线龙凤溪立交（渝武高速拼宽段）开工建设。该项目起于渝武高速，止于快速路一纵线龙凤溪立交匝道。

21 日

△北碚首届“家”文化博览会开幕。

22 日

△“我和重庆一起飞・走进北碚”中法文化交流周活动在万达广场启动。重庆市政府新闻办、区宣传部相关领导出席启动仪式。

25 日

△西南大学附属中学初一学生周丹彤获评全国“新时代好少年”。

27 日

△由区委、区政府主办，区委宣传部承办的北碚区庆祝改革开放 40 周年经济社会发展成就图片展在缙云广场开展。“翰墨绘辉煌 光影颂改革”北碚区庆祝改革开放 40 周年美术书法摄影展在区行政中心同时开展。

28 日

△北碚历史文化陈列馆开馆。展厅面积 800 平方米，共计展出文物 1000 余件，集中展现自巴国到近现代 2000 余年的北碚历史。

是日

△北碚水井湾 220 千伏变电站 110 千伏送出工程投入运行。

是日

△由华龙网、重庆文化创意产业协会、市旅游协会、市总商会旅游商会、重庆文化艺术品行业协会和重庆网络作家协会共同主办的“发现美丽之地——首届重庆文化旅游新地标寻找与展示活动”收官。重庆自然博物馆荣获“首届重庆文化旅游新地标奖”。重庆自然博物馆恐龙系列产品等共 10 项荣获“首届重庆文化旅游特色产品奖”。

是日

△重庆市女企业家协会举办 2018 年重庆市女企业家年会暨第五届二次会员大会。重庆市女企业家协会北碚分会评为 2018 年度优秀分会，北碚区 3 名女企业家评为第五届理事会优秀会员。

是日

△区公安分局联合区食品药品监督管理局破获“4・20”特大非法经营药品案。

12月

△北碚图书馆历史文献数据库方志板块上线。

是月

△在民进重庆市委会思想政治教育主题年表彰中，民进北碚区工委北碚综合支部获“先进基层组织”称号，会员谭玮获“先进个人”称号。

是月

△金刀峡镇与西南大学首个合作项目签约。

是月

△电视新闻中心与重庆电视台合作，共同完成新闻类大型直播节目——《这里是重庆》北碚专辑。

是月

△区科协在全区71个社区、学校和科普基地一次性投入配套经费35.5万元，安装科普重庆云平台，开展科普文化信息精准推送服务，实现“科普文化重庆云”全覆盖。

综　述

综　　述

概　况

北碚区是重庆市主城区之一。位于北纬 29°39′10″～30°03′53″，东经 106°18′14″～106°56′53″。东连渝北区，南邻沙坪坝区，西接璧山区，北界合川区。全区辖区面积 755 平方千米，其中农业耕地面积 110.16 平方千米，城市建成区面积 71.89 平方千米，森林覆盖率 50.58%。辖 9 个街道，8 个镇。区政府驻地北碚区双元大道 196 号。年末户籍总人口 63.57 万人，比上年增长 0.9%。常住人口 81.1 万人，增长0.6%，城镇化率 83.58%。2018 年出生人口 5361 人，人口出生率 6.62‰，人口自然增长率 0.53‰。

北碚地处重庆市西北部，系西南坳褶带、华蓥山隔挡式复斜状弧形构造区重庆弧的一部分，地形由窄条状山脉和丘陵地组成。由西向东分布有沥鼻山、缙云山、中梁山、龙王洞山 4 条山脉，其涧为宽缓的谷地。属亚热带季风气候，工农业生产对气象条件依赖性强。2018 年平均气温 18.8℃，年降水量 924.7 毫米，年日照时数 1168.4 小时。境内自然资源丰富。土壤类型有 5 个大类，其中水稻土和紫色土占全区土地面积 80%以上，有利于农作物和森林植被生长。矿产资源丰富，非金系矿，品位高、储量大。石膏和地热、石灰石为优势矿种，煤炭资源开发具有悠久历史。境内植被层次丰富，种类繁多。特有植物有缙云四照花、缙云黄岭、缙云琼楠、缙云紫金牛、北碚槭、北碚密树、北碚花椒等，珍稀植物有桫椤树、珙桐、水彬、柳杉、南方红豆杉(美丽红豆杉)、香果树、中华观音莲座、松叶蕨等，是重庆市植物独特资源最多地区之一。有国家 A 级旅游景区 6 个，其中 4A 级景区 4 个，3A 级 2 个，全国农业旅游示范点 2 个。有重庆市自然博物馆，卢作孚纪念馆、四世同堂纪念馆，梁实秋、晏阳初、邓小平、刘伯承、贺龙等名人故居，张自忠烈士陵园，复旦大学、西部科学院旧址等自然人文景观和陪都遗址 104 处。是全国首批风景名胜区、全国优秀旅游城市、国家园林城区、国家卫生区、国家环境保护模范城区、国家生态示范区、森林城市标准化示范区、全国科技进步先进区、国家科普示范区、全国先进文化区、国家公共文化服务体系示范区。2018 年，北碚区获评全国“营商环境十佳城市”，静观镇评为全国产业强镇，澄江镇北泉村被农业部确定为“全国休闲农业和乡村旅游示范村”。

经济发展

2018 年，北碚区生产总值 551.79 亿元，比上年增长 5.7%。其中，第一产业增加值减少 2.1%；第二产业增加值增长 2.4%；第三产业增加值增长 10.7%。三次产业对经济增长贡献率分别为 −1.1%、23.7%和 77.4%。按常住人口计算，全区人均地区生产总值 6.83 万元，增长 4.7%。一般公共预算收入(含水土、复兴片区) 41.95 亿元，增长 9.1%，其中税收收入 35.71 亿元，增长 17%。一般公共预算支出 58.57 亿元，增长 3.1%，其中一般公共服务、教育、社会保障和就业、医疗卫生和计划生育、城乡社区事务等分别支出 5.49 亿元、12.27 亿元、6.35 亿元、6.74 亿元和 3.67 亿元。全年实现金融业增加值 38.5 亿元，增长 6.3%，占全区生产总值 7%。金融机构数 57 家，其中，银行 16 家，保险公司 18 家，证券公司 2 家，担保公司 2 家，小额贷款公司 12 家。年末，银行本外币存款余额 684.07 亿元，较年初增长 6.8%。其中，住户存款余额 456.36 亿元，增长 7.7%；银行本外币贷款余额 554.02 亿元，较年初增长 16.4%。

农林牧渔业总产值 20.45 亿元，减少 1.3%，其中，种植业产值 17.9 亿元，减少 1.4%；林业产值0.28 亿元，增长 3.1%；牧业产值 1.15 亿元，减少 4.4%；渔业产值 1.62 亿元，增长 0.8%；农林牧渔服务业产值 0.5 亿元，增长 6%。主要农产品产量：粮食 4.5 万吨,减产1.9%;油料0.97万吨,减产22.2%;蔬菜20.11万吨,减产4.9%;水果2.46万吨,增产1.8%;牛奶0.09万吨,减产65.6%;肉类0.29万吨,减产5.6%;出栏生猪2.48万头,减产5.4%;出栏家禽55.42万只,减产5.3%;水产品0.49万吨,减产1.4%。新(扩)建农业标准化基地15个,建成农村电商综合服务站点9个。

全年规模以上工业企业252家,工业总产值减少0.3%。规模以上工业企业销售产值725亿元,实现利润总额62.52亿元,实现主营业务收入711.45亿元。分行业看,汽车制造业减少37.2%,摩托车制造业减少16.3%,电子信息制造业增长11.3%,装备制造业减少7.8%,化医行业增长12.6%,材料行业增长30.1%。分经济类型看,国有独资企业增长8.2%,有限责任公司增长1.3%,外商及港澳台商投资企业增长3.3%,私营企业减少9.7%。全年规模以上工业战略性新兴产业产值同比增长13.5%,高技术产业产值同比增长11.1%。主要工业产品产量:发电量15.89亿千瓦·时,增长12.3%;水泥206.96万吨,增长10.8%;铝材2.21万吨,增长23.3%;灯具及照明装置166.97万套,减少45.6%;发动机1309.63万千瓦,增长3.4%;汽车整车1.68万辆,减少59.6%;摩托车整车35.45万辆,增长11.9%;自动化仪表及系统84.05万台,增长9.9%。光学仪器53.21万台,减少29.1%。新增民营经济市场主体1.41万户,新发展微型企业3338家。年底,全区有各类市场主体5.02万户。其中,内资企业1.59万户,民营市场主体4.85万户。京东方第6代柔性显示项目等16个项目开工建设,万国半导体等12个项目建成投产。有服务业规(限)上企业305家。60家数字经济制造企业产值350亿元,占规模以上工业总产值55%。

建筑业增加值76.1亿元,增长8.6%。年末具有资质等级施工总承包和专业承包建筑业企业79家。全年实现注册地建筑业总产值155.22亿元。商品房施工面积1378.94万平方米,增长9.7%;竣工面积297.08万平方米,增长59.2%;实现商品房销售面积269.89万平方米,增长14.8%;商品房销售额255.74亿元,增长54.2%。建成安置房20.5万平方米,完成城市棚户区改造823户5万平方米,配租公租房4680套。

交通运输、仓储和邮政业增加值17.83亿元,增长26.6%。道路通车里程1763.84千米,其中高速公路85.8千米,普通公路1362.04千米(国道128.96千米,省道86.93千米,县道87.08千米,专用公路20.95千米,乡道101千米,村道937.12千米),城市及园区道路316千米。全区118个行政村全部实现通客车。有襄渝、遂渝、渝怀、渝利、兰渝等11条铁路途经北碚区。境内嘉陵江航道里程44.5千米,港口(码头)7个,渡口1处,水上运输企业10家,客运船舶1艘,货运船舶13艘。有航电枢纽1座。交通运输客运量586万人次,减少14%;货运量2114万吨,增长12.5%。交通运输客运周转量2.97亿人千米,减少16.1%;货运周转量22.97亿吨千米,增长7.9%。全区机动车保有量10万辆。道路客运企业5家,客运车辆1506辆。公交线路75条,覆盖相邻各区。班线客运线路86条(包含22条农村客运),辐射全市19个区县,省际班线线路辐射14个地区,主要辐射四川、贵州省,等级客运站5个(其中:一级站1个、二级站1个、四级站3个)。货运业户2893户,货车4935台。出租车公司3家,驻碚经营出租车200辆。有机动车维修企业369家(其中二类以上维修企业73家,三类专项维修242家,二类摩托车维修54家),从业人数2500余人。建成城市道路25千米,打通城市"断头路"10条。建成"四好农村路"41千米,改造提升干线公路56千米。启动62条141千米乡村旅游道路建设,完成3条35千米道路改造。新增人行过街设施2座、公共停车位3100个。水土大桥、歇马隧道东西干道、蔡家大桥、三环高速北碚段等项目加快建设。完成碚东大桥转盘改造和蔡家广场公共人防主体工程。邮电业务总量15.87亿元,增长98.9%。其中,邮政业务总量1.07亿元,增长9.7%;电信业务总量14.8亿元,增长111.3%。年末移动电话用户93.84万户,增长8.1%,其中4G移动电话用户67.62万户,增长8.1%;计算机互联网宽带接入用户28.29万户,增长14.4%。

全社会固定资产投资增长14.1%。其中基础设施建设投资增长148.7%,房地产开发投资减少10.3%。从产业看,第一产业投资减少67.4%,第二产业投资增长3.4%,第三产业投资增长19.1%。

外贸进出口总额101.58亿元,增长5.5%。其中出口额37.66亿元,减少15.9%。实际利用外资4.38亿美元,减少4.9%。

社会消费品零售总额增长5.7%。按行业分,批发和零售业总额增长7.7%;住宿和餐饮业总额减少

3.6%。在限额以上法人企业商品零售额中，石油及制品类增长98.1%；金银珠宝类减少7.1%；日用品类减少5.9%；服装、鞋帽、针纺织品类增长6.4%；汽车类减少21.5%；粮油、食品类减少4.7%；建筑及装潢材料类减少41.2%；家用电器和音像器材类增长27.8%；五金、电料类增长18.5%；文化办公用品类减少20.2%；体育、娱乐用品类增长15.1%；中西药品类增长0.8%。

全区有星级酒店5家。全年接待过夜游客300.36万人次，实现旅游收入80.07亿元，增长31.77%。休闲农业和乡村旅游综合收入1.3亿元。举办中国首届温泉与气候养生旅游国际研讨会，世界温泉及气候养生联合会区域办事处、亚太温泉与气候养生旅游研究院落户北碚。西山坪片区获评2018年全市农旅融合示范区，静观镇、金刀峡镇、三圣镇确定为全市一二三产业融合发展试点镇。举办偏岩古镇猪羊鼎特色民俗活动、西山坪赏花节、蜡梅文化旅游节、乡村健康跑活动、缙云山登山季、静观果蔬采摘节、偏岩古镇消夏文化艺术节、首届“中国农民丰收节”、2018大学生城市定向缙云山徒步节等活动。

社会发展

2018年，全区新增国家级高新技术企业25家（含复审），入库市级科技型企业138家，新增市级高新技术产品（服务）82项，新增市级高端研发机构、市级技术创新中心各1个。新增市级重点实验室3个。新培育1家国家知识产权示范企业、2家市级知识产权优势企业，成立重庆市知识产权服务中心北碚基地。重庆超硅、京东方获市级智能工厂认定，四联光电、莱宝科技等4家企业获数字化车间认定。有国家和市级科技研发平台92家。有效期内高新技术企业93家，新增高新技术产品82个。建成众创空间12个，实施国家级科研项目190项，市级项目329项。科技成果登记数6项。申请专利2658件，获得专利授权1956件。知识产权优势企业2家。专利质押融资6400万元。新增“三品一标”认证产品11个，9个系列产品评为重庆市名牌农产品。新增中国驰名商标1件、地理标志证明商标1件。举办2018年度全国重庆商会会长联席会暨知名企业家北碚行活动。3家企业获评重庆市优秀民营企业，4名企业家获评重庆市优秀民营企业家，颜宏齿轮获中国驰名商标认定。

有普通高校3所，本专科招收学生1.25万人，在校学生4.72万人，毕业学生1.16万人。研究生招收学生0.39万人，在校学生1.21万人，毕业学生0.36万人。有中等职业学校7所，招收学生0.86万人，在校学生1.99万人，毕业学生0.54万人。有普通中学18所，招收学生1.18万人，在校学生3.36万人，毕业学生0.94万人。有小学47所，招收学生0.6万人，在校学生3.31万人，毕业学生0.45万人。新增15所公办幼儿园，公办园占比30%，公办园幼儿占比31.69%。新认定普惠性幼儿园12所，普惠性幼儿园增至60所，在园幼儿普惠覆盖率63.96%。新增一级幼儿园6所，二级幼儿园22所，全区一二级园占比68.3%。2018年，北碚区获重庆市中小学研学旅行先进区县，2所学校获国家级基础教育教学成果一等奖。

有陈列馆8个，文化馆（站）18个，文化大院10个，电影放映单位7家。公共图书馆1个，藏书67.04万册。新建24小时自助图书馆1个、新增优谷朗读亭1个。成立西南大学（北碚）文化产业研究院，建成北碚历史文化陈列馆。举办全国部分文化馆联盟优秀合唱团展演暨第二十五届“缙云之声”合唱节，承办复旦大学纪念抗战西迁80周年系列活动。群舞《丑角》成为全市唯一入选第十二届全国舞蹈展演作品。评书《评彩说礼》荣获第六届重庆市曲艺大赛文学奖和第六届重庆市戏剧曲艺大赛一等奖。美术作品《紫宸蔼瑞》入选全国首届学院派优秀毕业生作品展。北碚广播电视台参与承制的《记住乡愁》第三季作品，获得第二十五届中国电视文艺“星光奖”纪录片大奖。纪录片《携手并肩》获第十二届“纪录·中国”创优评析三等奖。两江艺术团完成德国杜塞尔多夫中国节访演活动，承办“寻找最美朗读者”——重庆市首届诵读大赛、全国青少年足球联赛（U19组）重庆赛区比赛等市级以上文化体育活动。北碚刺绣亮相2018韩国冬奥会中国文化嘉年华活动。

新增公共体育设施面积4.51万平方米，其中新增政府公共体育设施面积4.02万平方米，公共体育设施面积总面积156.35万余方米。公共体育设施免费开放率93.7%。有标准体育场1个、体育馆1个、游泳池（馆）33个，青少年体育俱乐部17个。有等级裁判员650人，等级运动员59人。有街道（镇）体协17个，单项运动协（分）会19个，社会体育指导员110人。社区健身点24个，其中新建7个。健身步道

20 条，其中 6 条获重庆市体育局资助命名。农体工程 136 个、健身路径 353 条。承办重庆市篮球协会第 29 届中老年“体彩杯”篮球比赛、2018 云动重庆杯重庆市羽毛球俱乐部联赛总决赛、2018 全国青少年足球超级联赛 U19 系列活动等。

有卫生机构 371 个，其中医院 24 所、卫生院 11 所、门诊部 9 所、疾病预防控制中心 1 所，妇幼保健院 1 所，卫生监督所 1 所，社区卫生服务中心 12 所，村卫生室 106 所、个体诊所 201 所。卫生机构床位 5243 张，增长 5.6%。其中医院床位 4272 张、卫生院床位 512 张。有卫生机构人员 6783 人，增长 6.5%，其中执业医师和执业助理医师 2232 人，注册护师、护士 2432 人。取消公立医院药品加成，实施“零差率”销售。贫困人口住院自负比例控制在 10%以内。开工建设中医药传承创新工程、启动 2 个社区卫生服务中心项目。区中医院通过全国基层中医药服务先进单位复审。举办中国民族医药协会专家智库成立暨民族医药与康养产业发展大会，引进中国民族医药康养产业研究院。

城镇常住居民人均可支配收入 3.86 万元，增长 8.4%；人均消费性支出 2.73 万元，增长 7.1%。农村常住居民人均可支配收入 1.89 万元，增长 8.5%；人均消费性支出 1.53 万元，增长 11.7%。新增就业人数 2.53 万人，城镇登记失业率 2.1%。年末失业保险参保人数 15.06 万人，征收失业保险金 4962 万元，发放失业保险金 7409 万元；养老保险参保人数 59.92 万人，征收养老金 17.34 亿元，发放养老金 31.45 亿元；工伤保险参保人数 21.25 万人，征收工伤保险基金 7388 万元，发放工伤保险基金 8101 万元。居民医疗保险参保人数 67.06 万人，其中城乡居民合作医疗保险参保人数 43.35 万人。城市居民享受政府最低生活保障 4599 人，农村居民享受政府最低生活保障 4630 人。发放“低保”金 5406.9 万元，其中农村“低保”金 2267.4 万元。有各类社会福利院 22 个，福利床位 2354 张，收养 1043 人。新改建 6 个社区养老服务中心。北碚城区殡仪服务中心建成使用。整治老旧社区 14 个、背街小巷 14 条。完成南京路片区风貌改造和缙云山风景区重点区段综合整治，整治违法建筑 97.8 万平方米。改造农村危房 220 户、改造农村户厕 4854 户。实施重点扶贫产业项目 6 个，贫困发生率降至 0.05%，返贫率为零。

全年空气质量优良天数 310 天，同比增加 27 天，PM2.5 浓度减少 9.8%，环境空气质量综合指数、噪声环境质量居主城区第一。建成全市首个湖库自动检监测站，开展梁滩河流域横向生态补偿试点。建成大气污染防治预测预警网格化体系。完成梁滩河生态修复一期工程和龙滩子水库生态修复工程，马鞍溪等 4 条黑臭水体及城市集中式饮水水源地整治通过国家专项督查。在全国率先开展第二次污染源普查试点和风险场地管控标准化建设。建成长滩污水处理厂和水土污水处理厂（二期），新（改）建城区污水管网 31 千米，建设镇级缺失污水管网 7.7 千米。完成 5 艘餐饮船舶拆解，完成 5 宗自然保护区采矿权退出工作。城镇污水集中处理率和生活垃圾无害化处置率分别为 93.5%和 99%。新建 4 个城市公园，园林绿地面积 3438 万平方米，公园绿地面积 1546 万平方米，新增城市绿地面积 94.83 万平方米，全区绿化提升 87.63 万平方米。建成区绿化覆盖率 40.26%。人均公共绿地面积 26.68 平方米。

经济协作与招商引资

2018 年，北碚服务贸易特色产业园通过市级验收，入驻服务贸易企业 150 家，完成服务贸易额 1.2 亿美元。签约必维检测等生产性服务业项目。开展科技创业投资种子基金和知识价值信用风险补偿基金试点，引进重庆航天科创中心等 110 个信息化项目，大正仪表、和贯科技分别在新三板和重庆股份转让中心挂牌。西南大学（重庆）产业技术研究院、创新创业示范街区、国家大学科技园和国家柑桔公园开工建设。中国科学院重庆学院落户两江新区水土高新技术产业园。两江新区水土高新技术产业园 12.5 平方千米纳入重庆两江数字经济产业园范围。重庆自贸试验区蔡家区域注册企业 1497 家，注册资金 119.85亿元，其中贸易类企业 115 家。全年重点项目建设 188 项，完成投资 487.7 亿元。其中，新开工项目 83 项，完成年度目标任务 47 项。78 项重点产业项目完成投资 347.6 亿元，56 项重点基础设施项目完成投资 94.3 亿元，54 项重点民生项目完成投资 45.9 亿元。纳入市级重点项目 21 项。新签约航天工程研究院、复星西南总部等项目 172 个，签约金额 1390 亿元。

（侯玉聆）

气　象

【概况】 北碚区气象局位于东阳街道石子山。2018年,在职职工23人,其中硕士研究生4人,本科13人;高级工程师4人,工程师8人,助理工程师3人;中共党员14人。下设办公室、防灾减灾科、气象台、气象服务中心、自然灾害预警预防管理办公室和防雷中心。主要负责北碚区内气象事业发展规划制定及组织实施;组织指导气象灾害防御工作;组织管理雷电灾害防御工作;开展气候资源开发利用和保护;负责气象台站和气象设施组建和维护;负责本行政区域内气象监测、预报预警、公共服务管理工作;组织开展气象法制宣传教育等;承担重庆市气象局和北碚区人民政府交办其他事项。

【气候概况】 北碚区地处四川盆地东部平行岭谷,属亚热带季风气候,四季分明,夏季炎热,伏旱严重,雨量时空分配不均,降水多集中在5—9月,气温高,日照少,雨季长,湿度大,霜雪少,气象灾害频繁,工农业生产对气象条件依赖性强。

2018年,全区平均气温18.8℃,与历年平均气温偏高0.5℃;年最高气温42.0℃,与历年最高气温偏低2.3℃;年最低气温-0.9℃,与历年最低气温相比偏高2.2℃。年降水量924.7毫米,与历年平均降水量相比偏少237.2毫米,偏少20%。年日照时数1168.4小时,与历年平均日照时数相比偏多154.3小时,偏多15%。

【气候特点与气象灾害】 全年出现4次暴雨天气过程,分别出现在“5·4”“5·21”“6·11”“9·24”。无大暴雨,未造成严重的灾害。

“7·12”有1次过境洪水。7月9日—12日,四川盆地西部出现强降水。涪江上游江油、安县、绵竹等地普降特大暴雨,沱江上游什邡、新都等地区普降大暴雨到特大暴雨,嘉陵江上游青川、平武、剑阁等地普降大暴雨,造成相关流域水位明显上涨。受此影响,12日嘉陵江北碚段水位明显上涨,13日19时洪峰过境北碚洪峰水位197.41米,超警戒水位2.91米。14日洪水开始消退,15日22时,嘉陵江北碚(三)站水位已下降至183.44米。7月11日—15日,过境洪水影响期间,全区受副热带高压外围气流影响,为多云间晴天气。平均气温30.8℃,日最高气温38.6℃,最低气温24.8℃。本次洪水转移疏散人员407人,转移物资691.6吨,经济损失1648万元,无人员伤亡。

2018年全区出现强降温天气过程3次。

2018年北碚区强降温统计表

开始时间	结束时间	持续天数	72h降幅	程度
4月4日	4月6日	2	8.9	强
4月12日	4月14日	2	11.9	特强
12月2日	12月8日	6	6.4	强

【防雷情况】 2018年开展雷电防护装置安全检测工作,重点对易燃易爆、中小学、主要工矿企业及部分高层建筑防雷防静电装置进行安全检测。完成施工交底2批次,施工监审21次。新建(构)筑物竣工验收226栋。

【气象影响】 全年气温偏高,降水偏少,日照偏多。夏季无大暴雨天气出现,未造成严重灾害。受过境洪水影响,北碚区澄江、龙凤桥、水土、施家梁、东阳、童家溪、朝阳等街镇低洼地带受灾严重,无人员伤亡。交通方面,主要受强降水和大雾天气影响,境内多条高速公路与部分主要干道被迫实行临时交通管制。农业方面,地区热量条件较好、水分偏少,光照条件偏多,土壤墒情比较适宜。农业气象灾害发生偏轻。

【北碚区气象局负责人名录】

党组书记、局　长:徐前进

党组成员、副局长:汪志辉

陈　湘

(吉　莉)

水文水质监测

【水文概况】 区水文管理站于2010年8月成立。2011—2018年,全区新建复兴、歇马两座水文测站、20处遥测水位站、45处遥测雨量站、1处墒情蒸发观测场、1处水文信息中心站、1处山洪灾害预警中心及75处简易雨量站。遥测水位站、雨量站基本实现对嘉陵江北碚段、全区主要河流、水库水位及全区降雨量重要水文要素自动监测和信息传输。复兴、歇马两座水文站开展黑水滩河和梁滩河流域水位、雨量、流量、泥沙、蒸发等重要水文要素监测，为各级防汛决策指挥部门提供水雨情信息和水文情报数据。

水文工程运行维护实行物业化管理，全区水文遥测站点畅通率97.55％，数据传输准确、及时，复兴、歇马水文站运行良好，2站开展降雨量、水位等重要水文要素监测。汛期5－10月，黑水滩河最高水位228.82米，最大日降雨量82毫米；梁滩河最高水位229.20米，最大日降雨量75毫米。5月21日、6月11日、9月24日区域性强降雨和嘉陵江7月4日、7月13日洪峰过境北碚，为防汛指挥部门及时提供第一手水文情报数据。

【水质监测】 2018年，开展全区重要水功能区、农村饮水安全供水工程、农田灌溉用水、“河长制”水质断面水质监测。

全年开展梁滩河、黑水滩河、璧北河、土主河、麻柳河、马鞍溪、后河等7个重要水功能区及2个国家级水源地水质监测，出具水质检测报告144份，监测结果每月按时上报市水利局，由市水利局按月统一发布。水功能区监测成果纳入国家最严格水资源“三条红线”管理考核和市对区经济发展实绩考核。

开展57处人饮工程出厂水、末梢水、水源水枯水期水质监测，出具水质检测报告153份，检测成果纳入市、区两级对各供水工程运行管理考核。开展5个灌区水质监测，出具水质检测报告10份。编制河长制水质断面监测计划，现场踏勘确定采样点位，完成29水质断面监测，出具水质检测报告79份。

（区水利局）

重点经济建设

重点经济建设

重庆市蔡家组团（同兴工业园区）

【概况】 重庆市蔡家组团管理委员会和重庆同兴工业园区管理委员会实行两块牌子、一套班子管理模式。蔡家组团（同兴工业园区）是重庆市城乡总体规划都市圈21个城市组团和大型聚居区之一，是两江新区先进制造业和都市综合功能板块重要组成部分。辖区面积88平方千米，纳入两江新区范围面积66平方千米，1.18平方千米纳入中国自由贸易试验区，控规已批建设用地48平方千米，规划人口61万人，建成区20平方千米，总户籍人口6.73万人，常住人口逾20万人。

管委会内设综合处、财务处、土地利用处、征地拆迁处、规划设计处、建设管理处、招商处、企业服务处、安全维稳办公室、环境保护办公室共10个处室，年末有编制数64个，在编51人。

【主要经济指标】 2018年，蔡家组团（同兴工业园区）完成规模以上工业总产值153.05亿元，固定资产投资121.74亿元；房地产销售面积243.542万平方米，同比增长38.51%。

【招商引资】 超进度完成全年目标任务，正式签约项目27个，签约金额391.48亿元，完成目标任务268%；签订框架协议项目10个，协议引资额280亿元；引进中外500强企业5家，引进投资50亿元以上重大项目3个。

【基础设施建设】 水土大桥、蔡家大桥和宝山大桥进展顺利，园区12千米路网建设有序推进。罗家湾安置房已竣工验收，朝阳小学、公租房中学等学校进展顺利，山王溪黑臭水体治理在环保部专项督查中获得好评。横一路等26条市政道路和嘉悦大桥等10余处重要节点实现“靓化”提档升级，五彩滨江公园（二期）对外开放。自贸区引道工程获评主城区建筑工地形象品质提升优秀示范项目。

【服务民营经济】 提升服务企业质量，营造良好发展环境，强化“人人都是环境，事事关系发展”意识，打造服务企业“一门”工作平台，实施项目服务责任制，建立“1+N”问题解决工作机制，帮助卡斯马、海斯坦普、神驰等企业解决问题82个，按规兑现产业扶持资金4248.4万元。

【要素保障】 全年筹资51.81亿元，融资上账23.75亿元，资金保障到位。出让土地8宗，用地56.57公顷，实现土地价款20.26亿元。征地拆迁继续攻坚克难，实施新征地263.6公顷，拆除扫尾农户74户、企业23家。

【改革发展】 自贸区建设全面提速，现场指挥部建成投用，区行管办正式入驻办公，城市干道建成通车，入驻企业1425家，注册资本金130.54亿元。清理闲置用地，收储闲置用地1宗，督促8宗闲置用地开工，盘活11.87公顷无效用地，腾换34家标准化厂房企业，盘活闲置厂房8.38万平方米。

【重庆市蔡家组团（同兴工业园区）管理委员会负责人名录】

党委书记、主任：陈德川（兼）
党委专职副书记：刘　敏
党委委员、纪委书记：汪　钦
党委委员、副主任：蔡　斌
　　李永辉
副　主　任：匡必福
　　任志刚（10月挂职）

（李晓洁）

北碚新城(大学城)

【概况】 北碚新城(大学城)管委会组建于2007年,由原新城管委会(成立于1999年)和北碚大学城管委会(成立于2004年)合并而成,主要负责北碚新城(大学城)规划布局、开发建设、招商引资及管理等事务。2018年,管委会有正式编制20人(研究生以上学历7人,本科学历11人,专科学历2人),其中党员18人。领导班子1正4副。内设综合处、财务处、建设管理处、土地房屋处、招商处、规划设计处、企业服务处、安监办8个处室。

【主要经济指标】 2018年,实现全社会固定资产投资84.9亿元;完成内资34亿元;房地产投资46亿元,新开工商品房面积100万平方米,开盘销售面积77.44万平方米,建筑业产值63亿元。

【招商引资】 组团内签约项目7个,签约金额66亿元。四大闽系内房股禹洲地产及西安优质国资地产天地源首进重庆入驻新城;全国领先商务运营商亿达中国落地于新城;国有特大型高科技企业航天科工下属航天工研院、外包服务平台猪八戒网、华夏银行入驻科技创业中心;莫氏7度文创园落地东阳街道。厦门禹洲集团股份有限公司投资打造的雍锦府项目落地。

【校地合作】 促成产研院成功挂牌,向西南大学支付6.5万元用于维修西南大学黄树村25栋房屋外墙。整体租赁科创中心。全面介入中心内企业搬迁,加快推进产业研究院建设。主动助推薛荣生教授智能传动系统国家级实验室选址,接洽陈一昕教授大数据+医疗项目等多种方式推动产研院项目落地。完善西南大学周边配套设施、提升城市环境,助推校地合作和西南大学“双创”工作。与西南大学开展桑园土地置换论证,完成西南大学地下隧道工程方案设计。

【土地征收】 出让土地35公顷,实现土地综合收入22.97亿元。推进A29等4宗14.7公顷土地出让工作;取得征地批文6宗106公顷,4宗12.4公顷土地批文办理中。完成长滩污水处理厂13.1公顷土地拆迁交地;实施I分区三期、一纵线、宝湾物流园等4个项目拆迁222.6公顷;完成滨江休闲公园房屋征收,歇马国有土地房屋征收已签186户(预估),完成率90%,完成绕城高速等项目扫尾安置30户。

【民生工程】 3.6万平方米I44地块安置房、6万平方米周家岩安置房完成竣工验收,13万平方米歇马公租房安置房1—6号楼主体施工进行中。朝阳中学装饰装修进行中。滨江休闲产业带建设稳步推进,南京路片区风貌改造工程进入收尾阶段,滨江路下穿道、滨江休闲公园、滨江带状公园加快建设。完成碚东大桥转盘改造及朝阳东路、碚峡北路、八号主干道建设,优化交通,改善下半城交通状况。周家岩次干道、歇马C线道路、文远路延伸段、周家岩龙凤溪桥梁等近3000米道路桥梁工程实施中。

【融资控债】 2018年,向农商行、工行等8家银行融资,获批贷款41.95亿元,上账23.05亿元,调剂资金3.73亿元。

【生态环境】 加强双凤溪河、马鞍溪整治管理,加大污水管网建设及管理力度,完成住建部、环保部黑臭水体专项督查工作。增加冲洗频次,每日机扫车保洁道路12千米,人工保洁面积26万平方米;落实23家施工单位区域“门前三包”责任制度。强化在建工地及渣土车管理,设置规范弃渣场,修复整治“城市家具”。实施绿化提档升级工程,督促管护单位加强绿化管护。清理整治菜地73.3公顷并完成初步绿化,委托保安公司对388公顷已征未用土地进行全天24小时巡护管理,并根据地块情况建设若干个城市社区体育文化公园。21项市政基础设施和19项绿化项目移交区城管局管理。

【服务民营经济】 帮助园区企业解决问题30余个。依托大科园党群服务中心,开展各项政策培训6次,主办主题沙龙活动8期,41家企业获得各项补助资金180余万元,选聘专家教授、知名创客担任首创业导师20余人。配合西南大学、区科委等部门筹集1000万元“种子基金”,提供借款、公益性扶持等企业服务。班子成员“一对一”结对帮扶大科园民营企业。邀请区领导调研园区民营企业发展,通过召开座谈会和现场办公会,解决企业发展中难题。

【大学科技园】 大学科技园年末有企业267家，其中在孵企业208家（包括学生企业87家，教师企业32家，社会企业89家。信息技术类企业64家，文化创意企业57家，特色效益农业企业14家，生物技术企业15家，现代服务业企业36家，智能制造企业22家）。全年新增企业54家，其中学生企业15家，教师企业10家，社会企业29家，15家学生企业中，西南大学学生企业14家。10家教师企业中，西南大学教师创业9家。2018年度毕业企业数21家，近三年累计毕业企业数60家。园区企业注册资金33416.4万元，注册股东468人，从业人员1667余人，党员人数140人（其中大科园公司10人，物业公司7人，入园企业123人）。2018年度北碚大学科技园荣获重庆市创业孵化基地评估优秀等级。

【新城公司】 重庆市北碚区新城建设有限责任公司2017年12月27日挂牌成立，有干部职工65人，其中董事长1人、监事会主席1人、副总经理1人，员工62人。其中大学本科以上20人，党员13人。2018年度，新城公司按照“制度法定、职责明确、协调运转、有效制衡”原则，完善公司法人治理结构。按照人力资源、财务金融风控、工程建设管理、资产运营4个体系完善管理制度60余个。以党建为抓手培育企业文化，统筹思考优化企业经济结构，逐步加大对智力增值型经济投入，加快企业发展转型，盘活现有资产，提升资本运营效率，促进国有资产保值增值。

【北碚新城（大学城）管委会负责人名录】

党委书记、主任：杨泽彬
党委专职副书记：龙　倩（女）
纪　委　书　记：尹　蓉（女）
党委委员、副主任：朱　柯
　　　　　　　　付　尤（3月任职）
副　　主　　任：黄志林（2月离任）

【新城公司负责人名录】

党委书记、董事长：李　辉
党委委员、监事会主席：刘光兵（3月任职）
党委委员、副总经理：黄志林（2月任职）

（雷　瑜）

重庆市生态农业科技产业示范区（台湾农民创业园）

【概况】 重庆市生态农业科技产业示范区（台湾农民创业园）由原重庆台湾农民创业园和原重庆市生态农业科技产业示范区合并组成。园区产业规划面积14平方千米，核心区4平方千米，辐射区包含静观、柳荫、三圣、金刀峡、天府5镇面积200平方千米。园区负责统筹北碚江东花木及旅游农业产业带发展，加强对台交流、统战，统筹江东经济和现代农业发展，加快新农村建设，打造集园艺、花卉苗木、水果、观光、旅游于一体的都市城郊型现代农业示范园。2018年，编制人数15人，在编13人。内设综合处、产业处、规划建设处、用地管理处、环境保护安全生产监督管理办公室、党风廉政建设科等6个处室。

【渝台交流合作】 2018年，园区参加第二届两岸（沪台）休闲农业与三产融合论坛、第二十一届西洽会、赴台经贸考察交流、第十六届农交会、第十届“重庆·台湾周”、海峡两岸乡村振兴培训。在第十六届中国国际农产品交易会上，布置标准展位，推介静观小米、蜡梅花茶、蜡梅护肤品等特色农产品，并与其他省市台创园进行相互交流。组织台创园相关人员赴台湾、北京、上海、杭州、成都、福建等地考察学习。接待台湾农会、农民、农业企业、专家等各界人士参观考察，洽谈合作60余批次，加强台湾同胞对大陆经济社会发展了解，增进与大陆同胞同根、同宗认可度，熟悉重庆市情和投资环境，推进交流合作。

【招商引资】 利用现有资源，接待40余次考察团队，10余批次外出考察招商对象。会同区招商领导小组、市级招商部门开展招商项目。与中投发展责任有限公司签订正式协议，总投资60亿元，面积666.67万公顷，围绕温泉、民宿、特色农业打造静观田园综合体项目；与协信集团签订框架协议，打造集现代农业、田园休闲、度假旅居、健康养生、田园康养社区于一体的协信多利·健康田园小镇，项目总投资130亿元，总占地666.67万公顷；温泉谷项目进行第2次招商，协议引资额15亿元再度开发。

【土地利用】 完成园区48.07公顷征地工作,完成35kVA变电站用地预审手续和13.8公顷征地报件。

【重庆市生态农业科技产业示范区(台湾农民创业园)管理委员会负责人名录】

书　　记:张　铭(12月任职)
主　　任:张　铭(12月离任)
　　　　　唐雪峰(12月任职)
副 主 任:辛　金(3月任职)
　　　　　皮方茂(12月辞职)
　　　　　杨青松(2月离任)
纪检组长:李文栋(8月离任)

(蓝申飞)

两江新区水土高新技术产业园(北碚水土组团)

【概况】 2007年4月,北碚区水土组团成立。核定编制15人,实有人数6人。2010年8月18日,重庆两江新区水土高新技术产业园挂牌成立(简称水土高新园),负责对水土、复兴片区118平方千米进行开发建设。根据两江新区总体发展规划,水土高新园定位为"水土高新生态城"。2018年,正式职工103人(不含政府工作人员和劳务派遣人员)。内设纪检监察审计部、综合部、党群人事部、投资发展部、总工办、安全维稳环境保护办公室(食药监办)、建管部、产业促进服务部、用地部(城乡统筹部)、资产管理部、市政部(综合执法办)、财务部、合同法务部等13个部门。

水土高新园以"两高三心"(即高新技术产业区、高端人群居住区;数据处理中心、医药外包服务中心、电子信息软件研发中心)为发展目标,初步形成大数据及云服务、光电显示、半导体照明、生物制药及数字医疗、机器人五大主导产业聚集区。先后获批建设国家自主创新示范区、国家双创示范基地,是中新(重庆)战略性互联互通示范项目、中国(重庆)自由贸易试验区和两江数字经济产业园核心区。

【主要经济指标】 2018年,水土高新技术产业园完成规上工业产值391.14亿元,同比增长11.3%;实现工业增加值106亿元,工业增加值增速14.9%;完成社会消费品零售总额3.1亿元,增长15.7%;完成一般公共财政预算收入11.57亿元,增长24.1%。完成固定资产投资150.12亿元,下降4.3%;完成工业投资81.5亿元,下降1.9%;完成实际利用外资3.5亿美元,下降16.3%。

【招商引资】 新签约超硅二期、联创三期、东湖高新两江半导体产业园等项目132个,协议投资463.23亿元,协议产值456.77亿元。京东方6代线、中德产业园、发那科等54个项目新开工。AOS、鑫景玻璃、远大印务等58个项目新投产。

【园区建设】 新建万中路等道路12.71千米,建成万福路二、三期等道路10.32千米。石堡大桥等33.6千米路桥和东环铁路等重点项目建设中。江东水厂二期、污水处理厂二期、堕井配气站等设施建成投用。完成110kV新相线和10kV及低压电力线路迁改120.4千米,完成AOS配套路、赵家沟水系等燃气管道迁改。中国科学院大学重庆分院启动建设,国科大附属中、小学和幼儿园完成选址;西南大学附属中学两江校区装修装饰中,江北中学思源校区开工建设;重庆市第九人民医院两江分院完成土石方平场,润之康医院、盈田中西医结合医院投用;交巡警办公用房、社区农贸市场、卫生服务站等民生配套建设中,复兴法庭建成投用。云计算商业街打造中。

【水土高新园负责人名录】

总 经 理:董　伦(7月离任)
副总经理:李洪军
　　　　　郑远安
　　　　　杨　波
　　　　　刘　军
　　　　　李　均(7月离任)
　　　　　余翼龙(7月离任)
纪委书记:冯中成

【水土组团管委会负责人名录】

主　　任:李　均
副 主 任:肖　文
　　　　　聂　刚
　　　　　余德军(2月离任)

(刘德良)

北碚十里温泉城

【概况】 北碚十里温泉城管理委员会负责十里温泉城开发范围内的统筹规划、土地利用、招商引资、开发建设和协调管理。有5个内设机构:综合处、环境安全与安全生产监督管理办公室、土地房屋处和建设管理处。全额拨款事业编制13人。

【招商引资】 2018年,签约引进恒大健康产业集团,打造恒大国际温泉旅游健康小镇,总投资400亿元。10月,世界温泉与气候养生联合会重庆代表处落户北碚,成功举办中国首届温泉与气候养生旅游国际研讨会。

【园区建设】 提出"缙云山—温泉城国家级旅游度假区"总体谋划,启动谋划"缙云山—云雾山"两山之间空间规划研究。建成温泉城C段道路工程、温泉城道路电子监控工程等基础设施建设项目,完善区域基础设施配套。启动区委党校校舍项目、璧北河慢行系统、北温泉公园改造升级等项目建设。研究缙云山整体规划及产业布局,启动局部景观改造工作。推动市环投集团启动澄江污水处理厂二期项目前期工作。

取得温泉城I标准分区等7个征地批文,批准面积75.33公顷,并全面实施63.73公顷土地征收工作。完成土地出让7.2公顷,40公顷土地出让资料准备完毕。

落实安全生产与环境保护工作责任,成立"环境保护与安全生产监督管理办公室"。开展城市综合管理"百日攻坚"行动。围绕环境保护各项工作,启动大众温泉排污专项整治、温泉城零星污水管网、三花石片区污水管网等项目建设。

【北碚十里温泉城管委会负责人名录】

党组书记、主任:冉　华

副　　主　　任:杨青松(2月任职)

　　　　　　　　许利满(女)

　　　　　　　　廖　攀

纪　检　组　长:罗　薇(女)

(刘玉钦)

政　　治

政　　治

中共重庆市北碚区委

【区委十二届四次全会】 4月18日，召开区委十二届四次全会。全会深入学习贯彻党的十九大精神，全面贯彻习近平总书记视察重庆重要讲话和参加重庆代表团审议时重要讲话精神，认真贯彻落实市委五届四次全会精神，听取讨论区委书记周旭代表区委常委会作的讲话，研究部署营造良好政治生态、加强法治和德治工作，审议通过《中共重庆市北碚区委关于营造良好政治生态的意见》《中共重庆市北碚区委关于加强法治和德治工作的实施意见》。

【区委十二届五次全会】 12月13日，召开区委十二届五次全会。全会深入学习贯彻习近平总书记关于深化党和国家机构改革重要论述，深刻领会中央精神和市委要求，研究讨论北碚区机构改革工作，审议通过《重庆市北碚区机构改革方案(送审稿)》。

【经济建设】 坚持稳中求进工作总基调，贯彻新发展理念，落实高质量发展要求，以供给侧结构性改革为主线，着力打好"三大攻坚战"、实施"八项行动计划"，统筹推进稳增长、促改革、调结构、惠民生、防风险各项工作，促进经济持续健康发展。大力发展民营经济，完善政策体系，优化政务服务，弘扬卢作孚企业家精神，精准走访民营企业，加快建设民营经济综合改革示范试点区。深入推进校地合作，搭建合作平台，推动创新创业，支持高校发展，打造校地合作"升级版"。推动重点产业转型升级，加快发展先进制造业，加快培育现代服务业，集聚发展休闲度假旅游业。稳步提升城市品质，全面启动乡村振兴，持续深化改革开放，不断增强发展活力动力。

【政治建设和党的建设】 严格落实管党治党政治责任，全面加强党的建设各项工作，推动全面从严治党向纵深发展。加强思想政治建设，严明政治纪律和政治规矩，抓好市委巡视反馈意见整改，全面彻底干净肃清孙政才恶劣影响和薄熙来、王立军流毒。加强干部队伍建设，出台贯彻落实进一步激励广大干部新时代新担当新作为重要政策措施的实施方案，激励干部担当作为。加强基层组织建设，统筹推进各领域基层党建工作，推行城市网格化党建，成立校地党建工作联盟。加强党风廉政建设，严格落实中央八项规定精神，持之以恒整治"四风"，强化监督执纪问责，巡察利剑作用充分彰显。按照中央、市委部署，稳步推进机构改革工作。加强民主政治建设，扎实开展全面依法治区各项工作。

【文化建设】 坚持围绕中心、服务大局，唱响主旋律，弘扬正能量，文化高地建设取得新进展。严格落实意识形态工作责任制，强化理论武装，壮大主流思想舆论，加强阵地管理，推动习近平新时代中国特色社会主义思想深入人心。培育和践行社会主义核心价值观，深入开展精神文明创建，倡导时代新风，社会文明程度不断提升。加强文艺精品创作生产，实施文化惠民工程，促进文化事业和文化产业蓬勃发展，不断丰富群众精神文化生活。

【社会建设】 坚持以人民为中心的发展思想，扎实做好就业、社会保障、教育、医疗、住房等领域民生工作，公共服务质量和水平进一步提升。扎实办好市、区两级重点民生实事。打好精准脱贫攻坚战，贫困发生率降至0.05%，返贫率保持为零。强化兜底保障，社会救助投入1.2亿元，救助困难群众36.3万人次。加强和创新社会治理，深入开展扫黑除恶专项斗争，完善立体化社会治安防控体系，打好防范化解重大风险攻坚战，有效维护全区社会大局和谐稳定。

【生态文明建设】 坚持生态优先、绿色发展，把保护和建设好主城生态屏障作为全区的重大责任，扎实做好保护、治理、建设、节约各方面工作，生态文明建设水平不断提升。全面打响缙云山国家级自然保护区生态环境综合整治攻坚战，强力推进综合整治，积极创建国家生态文明建设示范区，持续改善景区环境。加强生态环境保护，划定生态保护红线，启动国家森林城市创建，深入推进五大环保行动，空气质量综合指数、噪声环境质量居主城区第一。打好污染防治攻坚战，全面落实河长制，强化土壤污染管控和修复，扎实推进中央环保督察反馈问题整改落实。大力发展绿色低碳循环经济，培育绿色生产生活方式。

【区委书记、副书记、常委名录】

书　记：汪夔万（3月离任）
　　　　周　旭（3月任职）
副书记：黄宗华（1月离任）
　　　　何　庆（1月任职）
　　　　高洪波
常　委：梁亚荣
　　　　江绪容（女）
　　　　吴　萍（女）
　　　　徐运征（11月因公牺牲）
　　　　董　伦
　　　　苟　鹏
　　　　章　榕
　　　　赵玉军（3月任职）

【区委办公室】　中共重庆市北碚区委办公室是区委的综合办事机构（含研究室、督查室、机要局、保密办），内设综合科、秘书科、信息科、行政科、文档法规科、机要保密专用通信科和研究室改革法治科等7个科室。有行政编制25个、工勤编制9个。截至年底，实有干部职工32人。区委办公室紧紧围绕区委中心工作，着眼于参谋有道、协调有方、督查有效、保障有力，不断提高"三服务"水平，全力保障区委工作高效有序运转，推动各项决策部署全面兑现落实。

【区委办公室工作机构负责人名录】

区委办公室
主　任：魏兴贵
副主任：王加维
　　　　李　俊
　　　　陈　放
区委研究室
主　任：谭玉照
副主任：朱成哲
区委督查室
主　任：简　兵
区委保密办
主　任：刘万国
副主任：陈　鹏
督查员：夏　春

重庆市北碚区人民代表大会

【概况】　重庆市北碚区人民代表大会共设立法制委员会、财政经济委员会、教育科学文化卫生委员会3个专门委员会，区人大常委会下设办公室、人事代表工作委员会、城乡建设和环境保护工作委员会、预算工作委员会、信访办公室5个工作部门。区人大常委会设主任1名、副主任5名，区人大常委会机关共有正处级干部16名，副处级干部6名，科级及以下干部10名。

区人大常委会深学笃用习近平新时代中国特色社会主义思想，认真落实习近平总书记对重庆提出的"两点"定位、"两地""两高"目标和"四个扎实"要求，在区委坚强领导下，立足人民代表大会制度的地方实践，围绕全区工作大局，依法履职，较好完成了区十八届人大二次会议确定的各项任务。全年召开常委会会议12次、主任会议14次，任免国家机关工作人员46人次，听取审议专项工作报告21项，做出决议决定6项，形成审议意见16项，开展视察调研和执法检查近50次，聚焦民营经济发展全体代表专题审议，着力乡村振兴开展专题询问，大力推动北碚经济社会发展。

【区十八届人大常委会第八次会议】　1月12日上午，区人大常委会主任、党组书记彭烨主持召开区十八届人大常委会第八次会议。会议应到常委会组成人员33人，实到28人。会议听取和审议人事任免的议案、代表资格审查报告、区人大常委会主任会议关于提请审议调整北碚区十八届人民代表大会第二次会议的召开时间的议案，表决通过《重庆市北碚区人大常委会关于接受黄宗华辞去重庆市北碚区人民政府区长职务请求的决定》《重庆市北碚区人大常委会关于调整重庆市北碚区第十八届人民代表大会第二次会议召开时间的决定》，接受黄宗华辞去重庆市北碚区人民政府区长职务的请求，决定任命何庆为重庆市北碚区人民政府副区长，免去田其勇重庆市北碚区人民法院审判委员会委员、审判员职务，确定区十八届人民代表大会实有代表 239 人，出席区十八届人民代表大会第二次会议的代表应为 238 人。同时，召开会中主任会议，提请常委会审议决定何庆为重庆市北碚区人民政府代理区长的议案，常委会表决通过《重庆市北碚区人大常委会关于何庆为重庆市北碚区人民政府代理区长的决定》。会上，何庆代理区长向宪法庄严宣誓。

【区十八届人民代表大会第二次会议】 1 月 18 日至 21 日召开，会议应到代表 238 人，实到代表 235 人，符合法定人数。会议选举马可、王佾、邓恢林、龙华、吕双燕、刘强、刘吉海、刘艳梅、汤宗伟、杨梅、吴淑红、何庆、汪夔万、陆克华、陈雍、陈和平、胡文容、赵铭、姚参军、徐建民、高文宝、梁亚荣、彭烨、舒立春、童江波为重庆市第五届人民代表大会代表，补选何庆为北碚区人民政府区长，选举梁亚荣为区监察委员会主任，选举张伟、彭伦贵、蒲淑萍为北碚区第十八届人大常委会委员，表决通过关于区人民政府工作报告、计划报告、财政报告以及区人大常委会工作报告、区人民法院工作报告、区人民检察院工作报告的决议和《重庆市北碚区人民代表大会议事规则》。新当选的区人民政府区长何庆、区监察委员会主任梁亚荣、区十八届人大常委会委员张伟、彭伦贵、蒲淑萍向宪法庄严宣誓。

【区十八届人大常委会第九次会议】 1 月 21 日下午，区人大常委会主任、党组书记彭烨主持召开区十八届人大常委会第九次会议。会议应到常委会组成人员 33 人，实到 33 人。会议听取和审议人事任命的议案，任命韩海燕为重庆市北碚区监察委员会副主任、安锋为重庆市北碚区监察委员会副主任、罗玉为重庆市北碚区监察委员会副主任、艾熙为重庆市北碚区监察委员会委员、肖彪为重庆市北碚区监察委员会委员、张峰为重庆市北碚区监察委员会委员、彭祖辉为重庆市北碚区监察委员会委员、黎立为重庆市北碚区监察委员会委员。因撤销重庆市北碚区监察局，韩海燕的重庆市北碚区监察局局长职务自然终止。会上，韩海燕、安锋、罗玉、艾熙、肖彪、张峰、彭祖辉、黎立向宪法庄严宣誓。

【区十八届人大常委会第十次会议】 3 月 23 日，区人大常委会主任、党组书记彭烨主持召开区十八届人大常委会第十次会议。会议应到常委会组成人员 33 人，实到 27 人。会议听取和审议设立北碚区人大常委会歇马、水土、复兴街道工作委员会的议案、人事任免的议案、代表资格审查报告、区人大常委会 2018 年工作要点（草案）的议案、区政府 2017 年度法治政府建设情况报告的议案、区政府 2017 年生态环境保护工作情况报告的议案，表决通过《重庆市北碚区人大常委会关于设立重庆市北碚区人大常委会歇马街道工作委员会、重庆市北碚区人大常委会水土街道工作委员会、重庆市北碚区人大常委会复兴街道工作委员会的决定》《重庆市北碚区人大常委会 2018 年工作要点》，决定任命赵宝江为重庆市北碚区人民政府副区长（挂职）、尹琼为重庆市北碚区农业委员会主任、邓继胜为重庆市北碚区安全生产监督管理局局长、周军为重庆市北碚区统计局局长，决定免去刘清明重庆市北碚区农业委员会主任职务、龙林重庆市北碚区安全生产监督管理局局长职务、尹琼重庆市北碚区统计局局长职务，任命熊斌为重庆市北碚区人大常委会人事代表工作委员会主任、谭述彬为重庆市北碚区人大常委会歇马街道工作委员会主任、朱敬美为重庆市北碚区人大常委会水土街道工作委员会主任、谭其志为重庆市北碚区人大常委会复兴街道工作委员会主任，免去魏光荣重庆市北碚区人大常委会人事代表工作委员会主任职务。因重庆市北碚区旅游局更名为重庆市北碚区旅游发展委员会，重庆市北碚区旅游局局长寇韦弦的职务名称变更为重庆市北碚区旅游发展委员会主任。确定苏文戟的区十八届人大代表资格终止。

【区十八届人大常委会第十一次会议】 4 月 25 日上午，区人大常委会主任、党组书记彭烨主持召开区十八届人大常委会第十一次会议。会议应到常委会组成人员 33 人，实到 26 人。会议听取和审议北碚区发展学前教育工作报告的议案，对区政府发展学前教育工作进行评议。

【区十八届人大常委会第十二次会议】 6月1日，区人大常委会主任、党组书记彭烨主持召开区十八届人大常委会第十二次会议。会议应到常委会组成人员33人，实到27人。会议听取和审议区人大代表辞职的议案、区政府关于落实区人大常委会关于区政府营造良好发展环境工作报告审议意见的情况报告、区政府关于北碚区同兴工业园区歇马片区拓展情况报告的议案、区法院执行工作报告，表决通过《重庆市北碚区人大常委会关于接受王均兰辞去区第十八届人大代表职务的决定》，接受王均兰辞去区第十八届人大代表职务。

【区十八届人大常委会第十三次会议】 7月20日，区人大常委会主任、党组书记彭烨主持召开区十八届人大常委会第十三次会议。会议应到常委会组成人员33人，实到31人。会议补选周旭为市第五届人大代表，听取和审议代表资格审查报告、区人大常委会主任会议关于提请审议《区人大常委会关于加强缙云山国家级自然保护区生态环境保护的决议（草案）》的议案、区政府关于提请审议《重庆市北碚区国家生态文明建设示范区创建规划》的议案、区政府关于提请审议北碚区2018年上半年国民经济和社会发展计划执行情况报告的议案、区政府关于提请审议北碚区2017年财政决算情况和2018年1—6月财政预算执行情况报告的议案、区政府关于提请审议2017年度区级预算执行和其他财政收支审计工作报告的议案、区政府关于提请审议北碚区创建国家食品安全示范城市工作报告的议案，确定康锴、汪夔万、王勇、王均兰的区人大代表职务终止，表决通过《重庆市北碚区人大常委会关于加强缙云山国家级自然保护区生态环境保护的决议》《重庆市北碚区人大常委会关于批准〈重庆市北碚区国家生态文明建设示范区创建规划〉的决定》《重庆市北碚区人大常委会关于批准北碚区2017年财政决算的决议》。

【区第十八届人民代表大会民营经济发展工作专题审议会议】 8月27日，区人大常委会主任、党组书记彭烨主持召开区十八届人大民营经济发展工作专题审议会议。会议应到区人大代表234人，实到215人。会议听取和审议区政府区长何庆所作的《重庆市北碚区人民政府关于全区民营经济发展工作情况的报告》，审议《重庆市北碚区人大常委会关于促进全区民营经济加快发展的决议》，5位代表在会上发言。彭烨主任主持召开重庆市北碚区十八届人大常委会第十四次会议。会议应到常委会组成人员30人，实到27人。听取和审议区人大常委会主任会议关于提请审议许可对区第十八届人大代表杨华采取刑事拘留强制措施的议案、关于提请审议补选区第十八届人大代表的议案、关于提请审议《重庆市北碚区人大常委会关于促进全区民营经济加快发展的决议（草案）》的议案，听取民营经济发展工作专题审议会议分组审议情况汇报，通过《重庆市北碚区人大常委会关于许可对区第十八届人大代表杨华采取刑事拘留强制措施的决定》《重庆市北碚区人大常委会关于补选区第十八届人大代表的决定》《重庆市北碚区人大常委会关于促进全区民营经济加快发展的决议》。在专题审议会议的第二次全体会议上，向全体区人大代表通报大会审议情况和《重庆市北碚区人大常委会关于促进全区民营经济加快发展的决议》及说明。

【区十八届人大常委会第十五次会议】 9月24日，区人大常委会主任、党组书记彭烨主持召开区十八届人大常委会第十五次会议。会议应到常委会组成人员33人，实到32人。会议听取和审议人事任免的议案、市和区人大代表辞职的议案、区政府关于旅游产业发展总体情况报告的议案、区政府关于区第十八届人大二次会议以来代表建议办理情况报告的议案、区检察院关于开展公益诉讼工作的报告，接受舒立春辞去重庆市第五届人民代表大会代表职务的请求，听取区政府关于落实区人大常委会关于北碚区发展学前教育工作审议意见情况的报告并开展了满意度测评，表决通过《重庆市北碚区人大常委会关于接受舒立春辞去重庆市第五届人民代表大会代表职务请求的决定》《重庆市北碚区人大常委会关于接受杨华等辞去区第十八届人民代表大会代表职务请求的决定》，接受杨华、王菲辞去区第十八届人民代表大会代表职务的请求，免去陈国璋重庆市北碚区人民检察院副检察长、检察委员会委员、检察员职务，唐忠重庆市北碚区人民检察院检察员职务。

【区十八届人大常委会第十六次会议】 11月22日下午至23日，区人大常委会主任、党组书记彭烨主持召开区十八届人大常委会第十六次会议。会议应到常委会组成人员33人，实到29人。会议听取和审议区政府关于2018年财政预算调整方案的议案、2018年政府债务余额限额报告的议案、2017年度区级预算执行和其他财政收支审计查出问题整改情况报告的议案、农村基础设施建设情况报告的议案，听取和审议任后监督相关工作报告，表决通过《重庆市北碚区人大常委会关于批准北碚区2018年财政预算调整方案的决定》《重庆市北碚区人大常委会关于批准2018年北碚区政府债务余额限额的决定》，开展农村基础设施建设工作专题询问。

【区十八届人大常委会第十七次会议】 12月17日下午，区人大常委会主任、党组书记彭烨主持召开区十八届人大常委会第十七次会议。会议应到常委会组成人员33人，实到28人。会议听取和审议区人大常委会主任会议关于提请审议召开北碚区第十八届人民代表大会第三次会议的决定（草案）的议案、关于提请审议《重庆市北碚区第十八届人民代表大会第三次会议邀请人员和列席人员范围（草案）》的议案、关于提请审议补选区第十八届人大代表的议案，表决通过《重庆市北碚区人大常委会关于召开重庆市北碚区第十八届人民代表大会第三次会议的决定》《重庆市北碚区人大常委会关于补选区第十八届人大代表的决定》。

【区十八届人大常委会第十八次会议】 12月21日下午，区人大常委会主任、党组书记彭烨主持召开区十八届人大常委会第十八次会议。会议应到常委会组成人员33人，实到24人。会议听取和审议区人大常委会主任会议关于提请审议汪夔万辞去市第五届人民代表大会代表职务请求的议案，表决通过《重庆市北碚区人大常委会关于接受汪夔万辞去重庆市第五届人民代表大会代表职务请求的决定》，接受汪夔万辞去重庆市第五届人民代表大会代表职务的请求。

【区十八届人大常委会第十九次会议】 12月28日下午，区人大常委会主任、党组书记彭烨主持召开区十八届人大常委会第十九次会议。会议应到常委会组成人员33人，实到26人。会议听取和审议人事任免的议案、区人大常委会主任会议关于提请审议重庆市北碚区第十八届人民代表大会第三次会议主席团成员和秘书长等名单（草案）的议案和关于提请审议重庆市北碚区人民代表大会常务委员会工作报告（草案）的议案、区政府关于提请审议北碚区国民经济和社会发展第十三个五年规划纲要实施中期评估报告的议案，决定任命黄礼琴为重庆市北碚区林业局局长，决定免去黎德安重庆市北碚区林业局局长职务。

【区十八届人大常委会领导成员名录】

主　任：彭　烨

副主任：董江民

　　　　王玄德

　　　　黄成万

　　　　胡　湧

　　　　周俐利

【区人民代表大会各专门委员会负责人名录】

区人大法制委

主任委员：杨　洪

副主任委员、办公室主任：柯　波

办公室副主任：苏明成

区人大财经委

主任委员：王大权

副主任委员、办公室主任：章　展

副主任委员、办公室副主任：赖　勇

区人大教科文卫委

主任委员：李爱军

副主任委员、办公室主任：邓志勇

办公室副主任：黄晓阳

【区人大常委会各工作机构负责人名录】

区人大常委会办公室

主　任：黄宇卓

副主任：杨启灵

区人大常委会人事代表工委

主　任：魏光荣

副主任：舒　艺

区人大常委会城建环保工委

主　任：吴远华

副主任：祖金利

区人大常委会预算工委

主　任：林　春

副主任：黄成勇

区人大常委会信访办公室

主　任：熊　莉

重庆市北碚区人民政府

【概况】 2018 年,区政府领导共有 9 名,其中:区长 1 名(1 月任职),常务副区长 1 名(11 月因公去世),区委常委兼区政府党组成员 1 名,副区长 5 名,挂职副区长 1 名(1 月任职)。区政府工作部门 27 个:办公室(加挂政府外事办公室牌子)、发展和改革委员会、财政局、经济和信息化委员会(加挂民营经济发展局牌子)、教育委员会(区委教育工作委员会与教育委员会合署办公)、科学技术委员会(加挂知识产权局牌子)、城乡建设委员会、交通委员会、农业委员会(加挂农业综合开发办公室牌子,区委农村工作委员会与农业委员会合署办公)、商务局[设中国(重庆)自由贸易实验区北碚管理办公室]、民政局、司法局、人力资源和社会保障局、房屋管理局、环境保护局、城市管理局(加挂城市管理综合行政执法局牌子,撤销市政园林管理局)、水利局、文化委员会(加挂体育局牌子)、卫生和计划生育委员会、审计局、民族宗教事务委员会、安全生产监督管理局、统计局、林业局、旅游发展委员会(2 月旅游局更名)、区政府法制办公室、民防办公室;档案局(馆)为局馆合一机构;供销联社为区政府其他机构;政府派出机构 5 个:蔡家组团(同兴工业园区)管理委员会、新城(大学城)建设管理委员会、生态农业科技产业示范区(台湾农民创业园)管理委员会、水土组团管理委员会、十里温泉城管理委员会;政府派出机关 9 个:天生街道办事处、朝阳街道办事处、北温泉街道办事处、龙凤桥街道办事处、东阳街道办事处、蔡家岗街道办事处、歇马街道办事处(1 月设立,撤销歇马镇人民政府)、水土街道办事处(1 月设立,撤销水土镇人民政府)、复兴街道办事处(1 月设立,撤销复兴镇人民政府)。

【区政府十八届二次全体会议】 7 月 11 日召开。会议研究落实区委、区政府重要工作部署及《2018 年重庆市北碚区人民政府工作报告》确定的主要目标任务完成情况,分析 2018 年上半年经济形势,安排部署下半年政府主要工作。会议指出,2018 年上半年,全区项目投资成效明显、工业发展质量稳步提升、生态文明建设和环境保护工作不断加强、社会民生持续改善,招商引资、民营经济、校地合作、城市提升、缙云山自然保护区生态环境综合整治等各项重点工作进展顺利,发展质量效益不断提升,经济社会发展稳中有进。会议要求,2018 年下半年要突出重点,扎实抓好九项重点工作。一是抓实体经济发展,二是抓有效投资,三是抓招商引资,四是抓产业转型升级,五是抓民营经济发展,六是抓营商环境优化,七是抓校地合作,八是抓生态文明建设,九是抓保障和改善社会民生。

【区政府常务会议】 2018 年,区第十八届人民政府共召开 30 次常务会议(第 28 次至第 57 次),审议并原则通过政策性文件及有关事项 210 余项。主要涉及六个方面:一是关于经济发展,研究建立北碚区 2018 年街镇经济社会发展激励约束机制事宜,研究北碚区 2018 年政府投资项目年度投资计划,审议《重庆市北碚区人民政府关于 2018 年上半年国民经济和社会发展计划执行情况的报告(送审稿)》《北碚区民营经济发展规划(送审稿)》《关于重庆市北碚区 2018 年国民经济和社会发展计划执行情况及 2019 年计划草案的报告(送审稿)》《关于推动农村电子商务发展实施意见(送审稿)》等。二是关于改革开放,审议《北碚区民营经济综合改革示范试点方案(送审稿)》《深入推进城市执法体制改革改进城市管理工作的实施方案(送审稿)》《北碚区深化放管服改革推进"最多跑一次"工作实施方案(送审稿)》《编制政务服务事项清单加快推进"互联网+政务服务"实施方案(送审稿)》《重庆市北碚区开展公立医院薪酬制度改革试点工作的实施方案(送审稿)》《北碚区开展农村"三变"改革试点促进农民增收产业增效生态增值实施方案(送审稿)》等。三是关于生态环境,持续研究缙云山国家级自然保护区生态环境综合整治工作,审议《北碚区污染防治攻坚战三年行动计划(2018—2020 年)(送审稿)》《北碚区实施生态优先绿色发展行动计划(2018—2020 年)(送审稿)》《北碚区开展"大棚房"问题专项清理整治行动方案(送审稿)》《关于区人大常委会对区政府 2017 年生态环境保护工作情况报告审议意见落实情况的报告(送审稿)》《重庆市北碚区生态环境损害赔偿制度改革实施方案(送审稿)》等。四是关于城乡规划、建设与管理,审议《重庆市北碚区基础设施建设提升行动计划(交通行动计划)工作方案(送审稿)》《重庆市北碚区国家森林城市建设总体规划(2017—2026)(修编)(送审稿)》《北碚区城市棚户区改造的实施方案(2018—2020)(送审稿)》《重庆市北碚区新建改建住宅小区配置社区组织工作用房和居民公益性服务设施管理办法(送审稿)》《北碚区农村基础设施建设情况报告(送审稿)》等。五是关于社会事业发展和民生保障,研究北碚区第三期学前教育行动计划有关事宜,研究完善蔡家片区义务教育阶段划片招生范围有关事宜,研究北碚区文明治丧相关事宜,审议《北碚区保障和改善民生行动计划(2018—2020年)(送审稿)》《北碚区生活垃圾分类制度实施方案(送审稿)》《北碚区食品安全突发事件应急预案(送审稿)》《重庆市北碚区精准脱贫攻坚战实施方案(送审稿)》《北碚区发展学前教育工作报告(送审稿)》《关于促进儿童事业持续健康发展的实施意见(送审稿)》等。六是关于政府自身建设,传达学习贯彻国务院、市政府第一次廉政工作会精神,研究将环境行政执法权委托给街镇实施相关事宜,审议《北碚区加强镇政府服务能力建设实施方案(送审稿)》《重庆市北碚区政务信息系统整合共享工作方案(送审稿)》《北碚区行政执法公示制度(送审稿)》《重庆市北碚区人民政府关于2017年度区级预算执行和其他财政收支的审计工作报告(送审稿)》等。

【经济发展】 2018年,区政府在市委、市政府和区委的坚强领导下,深入贯彻落实习近平新时代中国特色社会主义思想和党的十九大精神,认真落实习近平总书记对重庆提出的"两点"定位、"两地""两高"目标和营造良好政治生态、做到"四个扎实"的重要指示要求,坚持稳中求进工作总基调,贯彻新发展理念,落实高质量发展要求,以供给侧结构性改革为主线,着力打好"三大攻坚战",实施"八项行动计划",狠抓缙云山自然保护区综合整治、民营经济发展、校地合作三项重点工作。全年地区生产总值增长5.7%;规模以上工业增加值增长0.5%;固定资产投资增长14.1%;社会消费品零售总额增长5.7%;进出口总额15.38亿美元,增长8.3%;一般公共预算收入41.95亿元,增长9.1%;城乡居民收入分别增长8.4%和8.5%。

【三项重点工作】 全面开展缙云山自然保护区综合整治。严格贯彻落实习近平总书记批示精神和市委、市政府决策部署,以最坚决的态度,最迅速的行动、最有力的措施,不折不扣务实推动缙云山综合整治工作。在保护区群众配合参与下,累计调查核实保护区内建筑2192处,拆除保护区内违法建筑5.9万平方米,覆土复耕复绿6.6万平方米,集中整治阶段205个生态环境突出问题基本整治到位,保护区环境秩序有效改善。

全面推动民营经济发展。编制民营经济发展规划,出台30余项政策措施,构建"亲""清"新型政商关系典范区。全覆盖开展"集中走访精准服务"民营企业行动,帮助协调解决民营企业发展问题2800余件。加大财政对民营经济支持力度,引导驻碚金融机构服务民营经济发展。举办全国重庆商会会长联席会暨知名企业家北碚行活动。3家企业获评重庆市优秀民营企业,4名企业家获评重庆市优秀民营企业家,颜宏齿轮获中国驰名商标认定。全年新发展市场主体14110户,增长46.5%。北碚区成为全市唯一的民营经济综合改革示范试点,被中国企业联合会评为"营商环境十佳城市"。

【校地合作】 与西南大学共建产业技术研究院、国家柑桔公园,打造环西南大学创新创业生态圈,启动校园周边业态升级和环境整治。支持西南大学"双一流"建设,帮助驻区高校解决一批制约学校发展的问题。承办复旦大学纪念抗战西迁80周年系列活动,中国科学院大学重庆学院落户水土高新园。

【产业转型升级】 创新发展成效初显。开展科技创业投资种子基金和知识价值信用风险补偿基金试点,引进重庆航天科创中心等110个信息化项目,大正仪表、和贯科技分别在新三板和重庆股份转让中心挂牌。新增国家级高新技术企业25家(含复审),入库市级科技型企业138家,新增市级高新技术产品(服务)82项,新增市级新型高端研发机构、市级技术创新中心各1个。全社会研发经费支出占GDP比重达到4.2%,万人发明专利拥有量位居全市第三。先进制造业加快发展。京东方第6代柔性显示项目等16个项目开工建设,万国半导体等12个项目建成投产,完成工业固定资产投资89亿元。重庆超硅等6家企业获智能工厂或数字化车间认定。60家数字经济企业产值占规上工业总产值比重达到55%,战略性新兴制造业产值增长13.5%。现代服务业加快培育。天生丽街、滨江路等特色街区启动建设,京东优品、苏宁小店等新零售业态加速布局,必维检测等生产性服务业项目签约落地。服务业规(限)上企业达到305

家。休闲度假旅游业集聚发展。举办中国首届温泉与气候养生旅游国际研讨会等节会活动，世温联重庆代表处、亚太温泉与气候养生旅游研究院落户北碚。金刚碑历史文化街区核心区修缮保护、莫氏7度等一批重点文旅项目加快推进。实现旅游实际收入80亿元，增长32%。

【城市品质提升】 坚持规划引领。配合全市新一轮国土空间规划编制，形成全区空间发展研究成果，城市规划空间拓展到139平方千米。强化基础设施建设。持续推进“南下东进”战略，水土大桥等10个重大项目进展顺利，建成城市道路25千米，打通城区断头路10条；建成城市公园4个，新增公共停车位3100个。加强城市管理。常态化推行“马路办公”，提高日常保洁管护标准，开展“百日攻坚”专项行动，整治老旧社区14个，解决天生新村马路市场等一批城市管理顽疾，完成南京路片区风貌改造和缙云山景区公路等重点区段综合整治，绿化美化荒山荒坡330余万平方米，整治违法建筑97.8万平方米，实施生活垃圾分类试点。

【“三农”工作】 农业发展提质增效。新(扩)建农业标准化基地15个，新增“三品一标”认证产品11个，9个系列产品被评为重庆市名牌农产品。建成农村电商综合服务站点9个。静观镇获评全国产业强镇。乡村振兴示范试点镇村启动建设，“三变”改革试点深入推进。农村环境不断改善。建设“四好农村路”180千米，改造提升干线公路56千米。启动62条141千米乡村旅游道路建设，完成3条35千米道路改造工程。开工建设龙凤桥槽上疏干区管网配套工程，建成3个农村饮水巩固提升项目。改造农村户厕4854户。启动首批3个美丽乡村示范村建设，创建绿色示范村庄8个，实现农村垃圾治理全覆盖。天府列入全国第三批重点采煤沉陷区综合治理工程试点。打好精准脱贫攻坚战。实施重点扶贫产业项目6个，改造农村危房220户，贫困发生率降至0.05%，返贫率保持为零。对口支援的巫山县实现高质量整体脱贫摘帽。

【重点改革】 国资国企改革扎实推进，公司制改革基本完成，兼并重组、压减层级、提质增效取得新进展。建成区级政务服务“一张网”，全面推行“扫码办事”服务，“最多跑一次”事项达到63%。区政府网站获评2018年度中国政务网站优秀奖。推进“证照分离”改革和工程建设项目审批制度改革试点。行政审批时限总体压缩65%以上。在全市率先推行“住改商”负面清单。实现区级部门预算公开评审全覆盖，强化政府债务管理。深化公立医院改革。启动政府机构改革。

【开发开放】 自贸区蔡家区域加快建设。自贸区现场指挥部、综合服务中心、引道工程建成投用，国际文化艺术交流中心、国际法律服务中心正式运营，累计注册企业1465家。北碚服务贸易特色产业园通过市级验收，入驻服务贸易企业150家，完成服务贸易额1.2亿美元。园区平台加速发展。启动蔡家片区产业升级规划研究，同兴工业园区拓展区启动一期征地，水土高新园12.5平方千米纳入两江数字经济产业园建设范围。清理园区闲置用地，盘活低效用地258亩、闲置厂房8.4万平方米。招商引资取得新突破。新签约复星西南总部等产业项目172个，协议引资1390亿元，创历年新高。建设人才“一站式”服务平台，与西南大学联合举办人才活动周暨“智汇北碚”行动、创新创业成果展，承办“创业英雄汇”重庆站海选活动。

【绿色发展】 绿色生态本底不断夯实。划定150.3平方千米生态保护红线，完成营造林3.1万亩、土地整治8900亩，建成高标准农田1.8万亩。启动国家森林城市创建。五大环保行动深入推进。建成大气污染防治预测预警网格化体系，全年空气质量优良天数310天，同比增加27天，空气中细颗粒物(PM2.5)浓度下降9.8%，空气质量综合指数、噪声环境质量居主城区第一。全面落实河长制，建成全市首个湖库自动监测站，开展梁滩河流域横向生态补偿试点。完成梁滩河生态修复一期工程，4条黑臭水体及城市集中式饮用水水源地整治通过国家专项督查。强化土壤污染管控和修复，在全国率先开展第二次污染源普查试点和风险场地管控标准化建设。中央环保督察反馈问题完成整改。建成长滩污水处理厂和水土污水处理厂(二期)，新(改)建城区污水管网31千米，建设镇级缺失污水管网7.7千米。完成5艘餐饮船舶拆解，餐饮船舶彻底退出嘉陵江北碚段。开展自然保护地大排查大整治，完成5宗自然保护区采矿权退出工作。

【市级民生实事】 2018年，区委、区政府投入资金7.16亿元，完成18件市级民生实事。(1)2018年一批公办幼儿园建设：红岩小学附属幼儿园等一批幼儿园改造已完工；15个公办幼儿园设施设备采购任务全部完成。(2)实施重庆籍建档立卡贫困家庭大学生资助：2018年实施对重庆籍建档立卡贫困家庭大学生补助学费，共审核通过享受学费资助学生人数238人，资助金额共105.64万元。(3)农村改厕：改造农村户厕4854户。(4)家庭医生签约服务：签约22.6万人，8.6万户。(5)建立医改便民长效机制：提供轮椅、饮水、急救药品、担架、充电服务等，设立哺乳室，除康复医院，其他6家公立医院均已设立便民门诊(挂便民号)。(6)推进社区养老服务"千百工程"：新建社区养老服务站6个，重点打造1个市级示范社区养老服务中心。(7)加强公租房优化利用：北碚区公租房分配率已达到92%。(8)实施老旧居民住宅用水提质工程：完成一户一表共计改造3766户。(9)实施"增绿添园工程"：完成思缘公园等16个，完成绿地面积65.06万平方米。(10)实施主城区交通拥堵治理：在蔡家新建、改造交通信号灯及电子警察，增设违停抓拍系统及高空瞭望；在国道212线增设雷达测速设备及弯道会车预警系统；建设1.9千米公交优先车道；水土片区交通设施升级改造。(11)公共停车场建设：续建状元府第旁地块等8个公共停车场；新建金刚碑停车场。(12)人行步道建设：建成马鞍溪湿地公园步道、滨江带状公园步道等2条人行步道。(13)人行天桥、地通道建设：完成朝阳东路人行天桥建设和曹家湾人行地通道。(14)"四好农村路"建设：建设180千米"四好农村路"。(15)实施免费无线局域网建设：全区35个场点建成公共Wi-Fi，AP总数为359个。(16)景区公厕建设：北泉景区3A旅游厕所2座，面积371平方米。(17)城区公厕建设及社会公厕开放：完成8座公厕新建任务，完成13个社会公厕对外开放任务。(18)公共直饮水点建设：在人流量大的公共区域设置直饮水点共25个，安装直饮水设备36套。

【区政府负责人名录】

区　　长：黄宗华(1月离任)
　　　　　何　庆(1月任职)
常务副区长：徐运征(11月因公牺牲)
区委常委、区政府党组成员：董　伦
副　区　长：刘　永(女)
　　　　　赵小农
　　　　　赵　祺
　　　　　刘小辉
　　　　　陈德川
　　　　　赵宝江

【区政府办公室】 区政府办公室编制共计56名。其中：行政编制36名，事业编制7名，工勤编制13名；实有人员46名。其中行政人员27名，事业编制人员6名，工勤编制人员13名。

区政府办公室内设综合科、秘书一科、秘书二科、政务督查科(挂区政府督查室牌子)、信息调研科、行政科、外事科7个科室。重庆市北碚区信息中心是隶属于北碚区政府办公室的全额拨款事业单位。

重庆市北碚区机关事务管理中心为北碚区人民政府办公室所属正处级全额拨款事业单位。

重庆市北碚区人民政府应急管理办公室在区政府办公室内挂牌，设政务值班室、应急管理科、应急救灾科3个科室(正科级)。

中共北碚区人民政府办公室机关党委，下设4个党支部，2018年有中共党员103名。

【区政府办公室负责人名录】

主　任：廖本涛(区政府党组成员、区政府办党组书记、机关党委书记、兼区外事办公室主任)
副主任：何　江(女)
　　　　杨元凯
　　　　吴　凯
　　　　许　凡(兼)
区纪委监委派驻区政府办公室纪检监察组组长：
　　　　骆海波
督查室主任：王　刚
应急办主任：刘万明

(陈　果、李　丽)

政协重庆市北碚区委员会

【概况】 2018年，中国人民政治协商会议重庆市北碚区第十五届委员会共有委员230人，常务委员会成员46人，其中：主席1人，副主席8人，秘书长1人，常务委员36人。设置25个界别26个界别小组，即中共、民革、民盟、民建、农工党、致公党、九三学社、无党派、共青团、工会、妇联、工商联、科协、侨联、文艺、科技、经济（分设一组和二组）、农业、教育、体育、医卫、社会福利保障、少数民族、宗教、特邀等界别，设有界别联组8个。区政协机关设有提案工作委员会、学习和文史工作委员会、社会事业工作委员会、经济工作委员会、委员联络工作委员会、办公室（内设秘书科、综合科）、社情民意信息中心。

全年共召开区政协常委会议5次、主席会议7次。

【政协重庆市北碚区第十五届委员会第二次会议】 1月17—19日，政协重庆市北碚区第十五届委员会第二次会议在北碚区行政中心举行。会议由大会主席团主持。政协委员应到230人，实到218人，区委、区人大、区政府领导，区法院、区检察院、区公安分局主要领导，区委、区政协区级离退休老领导应邀出席会议，区委各部委、区级国家机关各部门、在碚市属单位、部分街镇负责人，住碚市政协委员，以及有关方面代表人士列席本次会议。1月17日上午，第一次大会（开幕式）在区行政中心三楼多功能厅召开。开幕式由区政协副主席梁萍主持，区政协主席周继超作区政协常委会工作报告，区政协副主席韩燕作区政协常委会提案工作情况报告。会议期间，征集到提案300件，协商讨论区政府工作报告、计划报告、财政报告和区法院、区检察院的工作报告。审议通过政协重庆市北碚第十五届委员会第二次会议决议。

【思想政治建设】 区政协始终坚持把思想政治建设摆在政协工作的首要位置，牢牢把握正确的政治方向，充分认识人民政协的性质定位，深入学习贯彻党的十九大精神，引导各参加单位、广大政协委员和政协机关干部切实把思想统一到党的十九大精神上来，不断增进政治认同、思想认同、情感认同。把维护以习近平同志为核心的党中央权威和集中统一领导作为最重要的政治原则，更加牢固树立“四个意识”，坚定“四个自信”，坚决肃清孙政才恶劣影响和薄熙来、王立军流毒，始终在政治立场、政治方向、政治原则、政治道路上同以习近平同志为核心的中共中央保持高度一致。始终坚持党对政协工作的绝对领导，坚定地把中央决策部署和市委、区委的要求贯彻到政协工作的各方面和全过程，深入贯彻落实《中共北碚区委关于加强和改进新时代人民政协工作的意见》，始终坚持重大问题、重大事项向区委请示汇报，每年主动向区委常委会汇报政协全面工作，自觉把政协工作放到全区工作大局中谋划和推进，围绕全区经济社会发展的重大课题和老百姓关心的热点难点问题，制定年度调研、视察、通报、协商计划，提交区委常委会审议后组织实施。切实加强新时代人民政协党的建设工作，深入贯彻落实区委《关于加强新时代人民政协党的建设工作的实施意见》，切实发挥区政协党组把方向、管大局、抓落实的作用，把区委主张通过民主程序转化为社会各界的思想自觉和行动自觉。不断推进人民政协党的组织和党的工作有效覆盖，成立区政协机关党组，进一步从组织结构、职责功能和作用发挥上确保中国共产党的集中统一领导。将意识形态工作纳入党建工作责任制，全面落实从严治党要求，深入推进党风廉政建设，为政协工作高质量发展提供坚强保证。

【党派团体团结协作】 区政协坚持把团结和民主贯穿于政协工作的始终，大力营造同心同德、携手共进的履职氛围。深化各党派团体团结协作，充分发挥人民政协作为各党派团体和各族各界人士发扬民主、协商议政、团结合作的重要平台作用，通过安排会议发言、开展联合调研、办理党派团体提案、走访慰问等形式，积极为各界搭建有效的履职平台，把增进团结和发扬民主贯穿于政协各项工作之中。坚持开展与党外人士交心谈心，切实加强与党外知识分子、新社会阶层沟通联系，倾听各界呼声，优化履职环境。深入贯彻习近平总书记在民营企业座谈会上的重要讲话精神，积极开展“营造一流营商环境，解放思想大讨论”活动，切实加强对民营企业的服务，区政协主席、副主席直接联系95家企业，根据企业面临的实际问题，分别带领相关部门深入企业走访调研，帮助反映和协调解决企业发展中遇到的困难。关注民族宗教侨务工作，组织开展宗教政策法规宣传、宗教活动场所建设视察等活动，形成《北碚区宗教活动场所规范化建设情况调研报告》，在维护民族和睦、宗教和顺、社会和谐上不断努力，营造团结民主的良好政治氛围。充分发挥界别代表性、专业性和包容性强的优势，围绕校地融合发展、壮大村级集体经济、引进优秀人才、发展农村电子商务、加强村镇供水工程运行管理、提升基层中医药服务能力等，广泛组织开展协商视察调研等各类活动124批次，充分表达社会各界利益诉求。发挥界别联系群众、团结各界的重要桥梁和纽带作用，组织引导委员深入社区、乡村、企业，积极开展社区矫正教育、农村精准扶贫、乡村科技服务、健康宣传和义诊、“两课一站”社会服务、留学生看北碚、大数据促进全域旅游发展等活动，服务各界群众360余批次，不断增进委员与界别群众的感情，切实增强政协的凝聚力和感召力。利用协会组织，广泛开展各项活动，增进社会各界的团结和联系。

【协商议政】 区政协紧扣事关北碚长远发展的重大建设项目、重要民生事项，结合深入推动长江经济带发展，加快建设山清水秀美丽之地，委员履职尽责实践活动的要求，切实发挥政协智库作用，按照年初协商计划安排，组成18个课题组，形成22份协商调研成果送区委区政府，为助推全区经济社会发展贡献政协智慧。根据区委区政府中心工作，将“促进北碚民营经济发展”作为区政协年度大课题，组织政协委员及智库中的专家学者深入100多家企业、10多个地区、80多家与民营经济管理服务相关的单位开展调查研究，召开常委会专题协商加快全区民营经济发展工作，形成50余万字的《北碚区促进民营经济发展情况调研报告》及《成果汇编》，为区委区政府发展民营经济提供重要参考，助推区民营经济综合改革示范试点工作的深入开展。针对产业转型升级、促进乡村振兴、加强招商引资、重大项目前期工作管理等全区重点工作，深入调查研究，召开常委会、主席会专题协商，形成《以大数据智能化为引领，加快我区制造业转型升级创新发展的调研报告》《发展田园综合体促进乡村振兴的调研报告》《关于进一步加强我区招商引资工作的调研报告》和《关于我区重大项目前期工作管理运行机制建设的调研报告》等丰硕调研成果，提出意见建议302条，其中，“中投·静观田园综合体”60亿项目在区政协助推下成功签约。贯彻以人民为中心的发展思想，为保障和改善民生建言献策。开展食品安全视察，针对食品安全长效机制建设、食品安全执法、食品安全监管信息化建设等方面提出建议，助推北碚区“国家食品安全示范城市”创建。围绕群众关心的热点问题，通过实地走访、座谈交流、问卷调查等形式深入调研、协商讨论，形成“我区城镇化发展新区公共文化体育设施规划建设情况”“北碚区乡村产业振兴存在的问题及对策研究”“我区家庭医生签约服务规范化工作”“加快我区学前教育发展”“提升学校教育信息化水平，打造北碚教育高地”“加快我区养老服务业供给侧结构性改革”“北碚区留学归国人员创新创业情况”等专题调研报告，提出意见建议102条，助推全区文化教育、医疗卫生、社会服务等民生事业全方位发展。继续发挥“代表委员调解团”作用，积极参与辖区民众信访难点的化解处置工作，受理调解的信访案件151件，有效化解138件，化解率91.4%，为保护群众利益、维护社会稳定发挥积极作用。参与缙云山国家级自然保护区生态环境综合整治工作，委派1名副主席担任整治领导小组副组长，联系澄江镇并牵头负责北泉村等地的具体整治工作，深入街镇开展“包片蹲村入户”行动；发动广大政协委员和政协机关干部，深入缙云山进行走访调研视察，倾听百姓呼声、了解村民诉求、纾解群众情绪；组织宗教界别委员开展天台寺环境综合整治及规范化建设视察，助推缙云山综合整治工作。全年共组织委员干部走村入户260余人次，撰写社情民意信息38篇，其中《关于对缙云山国家级自然保护区原住民进行搬迁的建议》被市政协专刊采用并呈送市委主要领导；组织政协委员和相关部门负责同志赴甘肃、陕西、吉林、湖南等地，学习借鉴当地国家级自然保护区在保护管理、机构设置、生态旅游开发、居民生产生活等方面的做法与经验，形成《关于借鉴长白山等国家级自然保护区管理经验，加强缙云山国家级自然保护区生态环境综合整治的调研报告》，获区委主要领导批示，为市委、区委科学决策提供有力参考。

【提案工作】 坚持把做好提案工作作为民主监督的重要抓手，充分发挥提案在民主监督中的重要作用。建立健全提案工作机制，进一步优化完善政协提案工作规则，严格提案审查标准、细化提案办理流程，改进重点提案遴选办法，使提案监督有章可循。提高提案办理实效，开展提案办理视察、提案集中办理，将重点提案办理协商与重点调研课题协商有机结合，积极推进提案办理落实。十五届二次会议后共收到提案301件，立案279件，全部办结。委员回复满意的提案270件，满意率96.8％；基本满意提案8件，基本满意率2.9%；回复理解的提案1件，不满意的提案0件。提案中的许多意见和建议已被吸纳到区委、区政府相关决策或部门工作之中，为促进政府决策民主化、科学化和推动全区经济社会发展作出积极贡献。

【社情民意信息工作】　畅通社情民意监督渠道，坚持在做好社情民意工作中有效开展民主监督。通过进一步完善编报流程和沟通反馈机制，畅通反映社情民意渠道，广泛了解民情民意。共收到社情民意信息238件，报送市政协54件，专报区领导15件，转送区级部门52件。其中《关于北碚区天府采煤沉陷区整体搬迁的建议》《关于建设山清水秀美丽之地的建议》《重庆中小民营企业转型升级遇到的困境及建议》等信息被市政协采用，《智博会后几个问题的反映及建议》被市领导批示。《龙凤桥街道新茶路电线杆存在安全隐患的建议》《关于消除校园周边环境安全隐患的建议》等涉及群众切身利益的问题，得到部门及时办理解决，有效发挥社情民意"直通车"的监督作用。

【委员视察评议监督工作】　区政协搭建民主监督有效平台，召开专题会议，通报"解决交通拥堵三年行动计划"工作进展、困难群众帮扶救助一体化工作、开展环保"五大行动"整治突出环境问题等重点民生工作；针对全区征地拆迁工作、水环境污染综合整治、医药卫生体制改革、休闲农业和文化旅游项目建设等情况进行监督视察。切实开展区内水域保护工作，政协领导担任区级河长，作为所辖河流保护管理的直接责任人，统筹协调开展巡河工作；配合区河长办，选聘16名区政协委员作为河库督导长，对河库治理效果进行监督。扎实推进依法治区工作开展，积极参与全区扫黑除恶专项斗争工作，选派16名委员担任政府部门、公检法系统的行风评议和执法监督员，组织委员开展"司法行政公开日"活动，为委员履行民主监督职能搭建更加广阔的平台。

【文史工作】　与西南大学合作，启动《北碚抗战史》编纂项目，与重庆、成都、武汉、南京等地档案馆开展抗战史料对接交流，广泛挖掘抗战文史资源，进一步拓展文史资料收集的线索渠道。

【理论宣传工作】　通过区政协门户网站和各级主流媒体，及时报道政协履职的动态和经验做法，在区级及以上媒体刊发信息168条，其中《培育更多新时代的"卢作孚"》《未完待续的乡村振兴梦》被人民政协报刊载。建立北碚政协微信公众号，推送信息56条，全面、及时、生动地向委员反映政协履职工作动态。召开"关于加强和改进人民政协工作的重要思想理论研讨会"，征集理论研究论文10篇，编印《北碚区政协优秀论文交流选编》1册，向市政协择优推荐论文3篇。其中，《论人民政协对国家政治生态的价值追求与有效调节》荣获市政协理论研究论文一等奖，《中国古代的谏议智慧对政协委员"善议政"的启示》荣获市政协理论研究论文三等奖。

【联系交流工作】　邀请市政协到碚开展"建设山清水秀美丽之地北碚行活动"，莅碚调研的全国政协委员、市政协委员以及相关专家为北碚区生态文明示范区建设和温泉旅游发展把脉护航、建言献策。积极接待全国政协来碚开展"推进宗教领域社会治理创新"视察调研活动，深入参与市政协"历史文化名镇的保护与利用""抗战遗址保护与利用""农村生态宜居化建设"等视察活动以及"关于加强公租房建设管理的建议"重点提案督办，全年共接待全国政协、市政协领导来碚视察、调研、接访等工作10余批次。努力推介北碚经验，加快建设山清水秀美丽之地、推进智慧北碚建设和管理、推进大数据智能化与工业企业生产经营深度融合发展、打好"温泉牌"加快建设温泉旅游目的地等调研成果，在市政协相关会议上进行专题交流。加强同各地政协的交流联系，围绕协商调研计划组织委员赴西安、广州、杭州、贵州、成都等地政协开展考察交流活动；累计接待山东、湖南、广西、内蒙古等地政协来访45批次、236人次，扩大交流合作，增进多方友谊。

【自身建设】　按照习近平总书记提出的"懂政协、会协商、善议政"和提高"四个能力"的要求，切实加强人民政协工作制度化、规范化和程序化建设，不断夯实政协履职基础。大力加强常委会自身建设，修订和完善《政协重庆市北碚区常务委员会工作规则》，不断健全常委会议事的民主程序，使常委会的协商、调研、视察等各项工作制度化、规范化、程序化，提高常委会议的质量和效率。健全主席会议成员联系常委、常委联系委员的机制，团结带领全体政协委员为助推北碚经济社会发展献智出力。进一步完善常委会学习制度，通过会议传达、专题研讨、集中培训等方式，深入学习习近平总书记关于加强和改进人民政协工作的重要思想，人民政协相关理论以及经济、科技、文化等现代科学知识，不断提升常委会履职水平。切实抓好委员队伍建设，根据新修订的《政协章程》，健全完善各项工作制度，修订《委员履职管理工作规则》，建立委员联系社区制度，制定区政协联系服务住碚市政协委员的办法。充分发挥委员履职管理平台的作用，建立委员履职档案，强化委员履职管理动态考勤。调整专委会组成人员构成，将主席会议成员外的其他委员全部纳入5个专委会，有效发挥各专委会基础作用，为履职提供有力保障。积极开展委员、联络员培训，组织委员参加市政协举办的月文化讲坛、《政协章程修正案》讲解等学习活动，坚持把学习与开展调研视察结合起来、与开展理论研究结合起来、与推动政协工作创新结合起来，不断提高委员的履职能力。不断加强政协机关建设，充分发挥区政协党组把方向、管大局、抓落实的作用，全年召开政协党组会议15次，加强理论学习、研究重大问题。发挥机关党组对政协机关的领导核心作用，严守政治纪律和政治规矩，切实把中共中央的决策部署落到实处。认真贯彻中央八项规定，严格规范履职活动，严肃纠正突出问题。支持派驻纪检组履行职责，接受市委巡视组的巡检，加大巡视整改力度，营造风清气正的履职环境。狠抓机关干部队伍建设，通过理论学习、业务知识培训、主题辩论、经典诵读等方式，不断提升机关干部能力素养，努力建设学习型、创新型、研究型、务实型政协。

【重庆缙云书画院】 以重庆缙云书画院为载体，开展文化交流联谊，成功举办“北碚·铜川”两地书画家书画联展、“纪念改革开放40周年美术书法摄影作品展”“缙云问道书法展”“苏渝书坛八家北碚展”等活动，加强与文学艺术界人士的交流沟通，助推北碚文化艺术事业的繁荣和发展。

【区政协党组成员名录】

书　记：周继超
副书记：韩　燕
成　员：梁　萍
　　　　袁　宏
　　　　方　艳

【区政协主席、副主席、秘书长名录】

主　席：周继超
副主席：韩　燕
　　　　秦远好
　　　　梁　萍
　　　　袁　宏
　　　　李　静
　　　　张　奕
　　　　胡昌华
　　　　李　航
秘书长：方　艳

【区政协工作机构及负责人名录】

办公室主任：方　艳
办公室副主任：陈福厚
提案工作委员会主任：曾雪松
提案工作委员会副主任：刘　红
社会事业工作委员会主任：谭　强
社会事业工作委员会副主任：唐　勇
学习和文史工作委员会主任：毛君德
学习和文史工作委员会副主任：肖玉勤
经济工作委员会主任：田河堰
经济工作委员会副主任：王　梅
委员联络工作委员会主任：陈志扬
委员联络工作委员会副主任：张彦艳
社情民意信息中心：陈福厚（主持工作）

纪检　监察

【概况】 中共重庆市北碚区纪律检查委员会和重庆市北碚区监察委员会合署办公（简称区纪委监委）。年初行政编制数60人（含派驻纪检监察组33人），机关工勤1人，事业编制39人（含派驻纪检监察组参公人员31人）。年末实有行政编制数98人（含派驻纪检监察组、派出监察室45人），机关工勤1人，事业编制37人（含派驻纪检监察组参公人员30人），退休17人。内设部室18个，下属事业单位1个，派驻纪检监察组13个，派出监察室4个，设在区纪委的区委工作机构1个。

【监察体制改革】 坚决贯彻落实党中央、中央纪委、国家监委、市委和市纪委监委关于纪检监察体制改革的重大决策部署，认真履行专责，圆满完成区监委、派出监察室、派驻纪检监察组改革任务，扎实推进选聘村（居）监察监督员工作，有效实现监察全覆盖改革目标。合理安排转隶人员岗位，区纪委27名干部与区检察院19名干部全部拉通重组、混合编组,4名检察院转隶干部确定为部室负责人。促进业务融合,全覆盖开展业务学习5期200余人次。制定《北碚区监察委员会工作规则》《北碚区纪委监委机关问题线索处置办法》等10余项规范性制度,形成线索管理、执纪监督、审查调查、案件审理相互分离、相互制约的运行机制。探索派出监察室规范化建设,经验做法被市委办公厅信息专报采用,并报市委主要领导。

【纪检监察基层基础工作】 印发《2018年度北碚区纪检监察业务量化考核办法》,每季度对全区基层纪检监察组织履职情况进行量化考核,对排名靠后的党组织和纪检组织负责人及时约谈。在全区持续深入开展廉政约谈,区四大家主要领导带头约谈区级领导60余人次,全区各级党组织、纪检组织开展各类约谈17600余人次,其中例行约谈1万余人次,专项约谈7000余人次,问题约谈600余人次,形成党风廉政建设和反腐败工作齐抓共管的良好局面。继续在全区推行定责到岗位、定事到人头、定时到节点、定量求实效和以源头、制度、程序、人员、结果监督为主要内容的纪检监察"4+5"工作法,为基层落实"两个责任"提供有力抓手。

【践行"四种形态"】 全年受理信访举报413件,其中检举控告类举报184件。采取"四种形态"处置问题线索371人次,其中,第一种形态299人次,第二种形态50人次,第三种形态18人次,第四种形态4人次,分别占80.6%、13.5%、4.9%、1%。全年立案83件,同比增长84.4%,党纪政务处分84人,其中,处级领导干部11人,科级领导干部12人,一般党员干部61人,依法办理留置案件5件5人。全力配合中央环保督查、土地例行督察,深入开展缙云山综合整治监督执纪问责,处置信访举报和问题线索36件,立案10件,查处党员干部和公职人员157人次,其中,党纪政务处分11人,诫勉15人,通报4个单位20人,批评教育111人。助力扫黑除恶专项斗争,处置涉黑涉恶问题线索36件,其中,立案2件、党纪处分2人,问责6人。坚决惩治扶贫领域的不正之风和腐败问题,共查处扶贫领域问题90件96人,立案14件,党纪政务处分14人,问责、通报35人。

【巡察工作】 配合做好市委巡视组入驻准备、巡视动员、谈话走访、信访受理、专项检查等各项工作。抽调精干力量,组建2个巡察组,扎实开展"巡视带巡察"工作。组建150人巡察工作人才库,全年共开展3轮常规巡察,1轮巡视带巡察,1轮脱贫攻坚专项巡察,对23个单位进行"政治体检",发现问题461个,梳理共性重点问题22个,移交问题线索167条。在全市率先建立巡察信息化管理系统,探索开展的"巡察+"模式得到市委巡视办领导充分肯定。协助区委组建5个督查小组深入各单位开展巡视整改专项督查工作,区管领导班子全覆盖召开巡视整改专题民主生活会。市委巡视组移交的45个整改问题已经整改到位42个,移交的问题线索全部按期办结。建立巡察整改"三方联动"督查督办机制,开展巡察整改专项督查,问题约谈整改不力的单位领导干部6人,巡察利剑作用充分彰显。

【作风建设】 协助区委制定《北碚区委常委会落实中央八项规定精神实施细则》,深入学习解读市纪委监委《落实中央八项规定精神30问》,出台《北碚区公职人员不作为慢作为乱作为责任追究办法》《北碚区构建"亲""清"新型政商关系公职人员正负面清单》等制度规定,作风建设的制度笼子越扎越紧。开展"违规公款吃喝、违规收受红包礼金、违规发放津补贴或福利"等专项整治行动,坚决查纠违规使用公务加油卡、公款充值个人食堂饭卡等隐形变异"四风"问题。在重要节假日开展明察暗访20余次,向党员干部推送廉洁提醒短信1.8万余条。共查处违反中央八项规定精神问题35件,立案17件,党纪处分17人,组织处理23人,党员干部主动上交礼金礼品46人次17万余元。扎实开展"四说"警示教育,举办"书香廉韵·清风碚城"廉政书画展、廉政书法比赛、廉政文艺会演,召开党风廉政建设和反腐败工作新闻通气会等,营造崇廉尚廉的良好氛围。

【区纪委负责人名录】

书　记:梁亚荣
副书记:韩海燕(女)
　　　　安　峰
　　　　罗　玉(女)
常　委:张　峰
　　　　肖　彪
　　　　彭祖辉

区监委

主　任：梁亚荣（2018 年 1 月任职）
副主任：韩海燕（女，2018 年 1 月任职）
　　　　安　锋（2018 年 1 月任职）
　　　　罗　玉（女，2018 年 1 月任职）
委　员：张　峰（2018 年 1 月任职）
　　　　肖　彪（2018 年 1 月任职）
　　　　彭祖辉（2018 年 1 月任职）
　　　　黎　立（2018 年 1 月任职）
　　　　艾　熙（2018 年 1 月任职）

组织工作

【概况】 截至年底，北碚区委组织部班子成员共 11 名，其中部长 1 名（区委常委）、副部长 5 名（含兼职副部长 2 名）、部务会成员 5 名（组织员、考核办主任、非公工委副书记、人力社保局局长、驻部纪检组长各 1 名）。内设办公室、干部科、干部监督科、组织科、干部教育科、人才科、研究室等 7 个科室，区考核工作领导小组办公室、区委非公党建工作中心、区公务员档案管理中心等 3 个事业单位；组织部还设有区委党建领导小组办公室、区委非公经济和社会组织工作委员会。

【干部选拔任用】 建立定期回访和定向走访相结合的班子回访调研机制，把干部政治素质、工作表现、能力特点、性格特质、个人品质全面纳入了解内容。结合巡察对 12 个单位开展选人用人专项检查，结合巡视整改情况督查对 28 个部门和 17 个街镇选人用人突出问题整改情况开展复查，推动基层单位选人用人规范化。

【干部激励】 研究制定《关于贯彻落实进一步激励广大干部新时代新担当新作为重要政策措施的实施方案》，联合区纪委、区人力社保局印发《北碚区加强缙云山国家级自然保护区生态环境综合整治工作激励党政干部担当作为办法（试行）》，不断完善制度保障。分层分类建立年轻干部数据库，坚持基层实践导向，在艰苦环境、吃劲岗位锤炼年轻干部。

【干部监督管理】 结合缙云山生态环境综合整治、民营经济发展、扫黑除恶、环保督察等重点工作推进情况，对 3 个牵头部门党政主要领导及相关班子成员进行提醒，对承担重点工作任务的 46 个单位领导班子开展书面提醒，对牵头部门在推动重点工作中是否存在干部不担当、不作为等情况进行函询，进一步推动“提醒、函询、诫勉”常态化。

【党支部标准化规范化建设】 学习贯彻《中国共产党支部工作条例（试行）》，分领域选择 55 个基层点，以项目化方式指导推进，以点带面，推动党支部建设水平整体提升。建立“支部工作电子工具包”，阶段性制发《基层党建工作任务提醒清单》到支部一级，组织党务干部认真学习，严格执行。区级领导挂点，一支一策持续整顿软弱涣散党组织。

【基层党建】 深化抓党建促脱贫攻坚、促乡村振兴，制定《抓党建促脱贫攻坚》《乡村组织振兴》方案，全覆盖培训村（社区）书记主任、大学生村官、第一书记、驻村工作队 500 余人次，回引农村本土人才 156 名，推动消除“空壳村”66 个。推行城市网格化党建，把党支部（党小组）嵌入城市基层治理网格中，带动 1200 余名党员群众加入楼栋管家。制定《在促进民营经济发展中充分发挥党组织作用的实施意见》，选派 480 余名党员干部担任民营企业党建指导员。发挥组织优势推动扫黑除恶专项斗争，对 1300 余名村（社区）“两委”班子成员，以及村居民小组长、村居务监督委员会成员进行分析研判，稳妥处理前科劣迹人员。

【干部教育培训】 聚焦政治能力、业务能力两大主题，组织干部参加中央组织部、市委组织部调训 98 人次，统筹举办区内培训班 79 期，培训干部 1.1 万人次。围绕全面加强干部的理论素养和党性修养，梯次设置党校主体班 7 期，系统培训党政干部 350 人次；紧扣“三大攻坚战”和“八项行动计划”，开展乡村振兴、脱贫攻坚、民营企业发展等各类专题培训 72 期，培训干部 1 万余人次。

【引才聚才工作】 制定《北碚区科教兴区和人才强区行动计划（2018—2020 年）》，推动人才与发展、教育与产业、科技与经济紧密对接。在高新技术产业领域，新增市级工程技术研究中心、院士专家工作站、博士后科研工作站、海智工作站、市级首席技能大师工作室等高层次人才平台7个，企业新增市级创新创业团队3个，市级人才计划人选5名。开展第四届人才活动周暨“智汇北碚行动”，柔性引进高层次人才70余人。印发《进一步加强党委联系服务专家工作实施办法》，全区各级党组织和党员领导干部为近500名专家人才常态提供生活、事业服务。建设人才一站式服务平台，编写《北碚区人才服务手册》，规范人才服务。

【区委组织部负责人名录】

部　　长：章　榕
常务副部长：罗志慧（女）
副　部　长：刘存琼（女）
　　　　　彭　伟
　　　　　蒲玲华（女，兼）
　　　　　何雪梅（女，兼）
区纪委派驻纪检组长：肖国辉（女）
区委派驻区委组织部组织员：申晓梅（女）
　　　　　　　　　　　　谭　竹（女）

区党建办

主　任：彭　伟

区考核办

主　任：黎　明

区委非公经济组织和社会组织工委

书　记：彭　伟
专职副书记：申晓梅（女）

宣传思想工作

【概况】 区委宣传部内设机构6个，包括办公室、宣传教育科、理论科、新闻科、精神文明建设科、舆情信息科，在职人员16名（均为行政编制），离退休人员4名。下设北碚区委网络安全和信息化领导小组办公室、北碚报社、北碚区文学艺术界联合会、北碚区社会科学联合会4个，其中北碚区委网络安全和信息化领导小组办公室内设机构4个，在职人员12名；北碚报社内设机构2个，在职人员19名；北碚区文学艺术界联合会、北碚区社会科学联合会内设机构1个，在职人员2名。

【中心组学习】 制定习近平新时代中国特色社会主义思想学习清单，优化区委中心组学习，突出党的十九大精神和习近平总书记全国两会期间系列重要讲话、在全国民营企业座谈会上重要讲话等内容，区委中心组集中学习15次。

【理论宣讲普及】 广泛宣讲习近平总书记参加重庆代表团审议时重要讲话精神，开展3个批次、1050场次宣讲，领导干部带头宣讲390场次，向基层党员干部赠阅《习近平新时代中国特色社会主义思想三十讲》《新时代面对面》等理论读物2万余册。《习近平新时代中国特色社会主义思想三十讲》订阅工作获全国先进。积极打造青年党员宣讲队和“碚城说理”宣讲品牌。被中宣部学习出版社表彰为“2018年重点通俗理论读物宣传推广成绩显著单位”，囊括2018年度全市基层理论宣讲先进集体、先进个人、优秀理论宣讲报告等荣誉。

【创新理论研究】 收集编写“百话理论”系列丛书，《全面发力深入学习宣传党的十九大精神》《跟上时代谋创新 对标对表抓落实》等14篇文章在《重庆宣传》《重庆日报》《宣传参考》《重庆学习论坛》《重庆行政公共论坛》等市级刊物刊发。编辑印发《北碚宣传信息》12期。

【解放思想大讨论】 开展“营造一流营商环境，推动高质量发展”解放思想大讨论，强化党员干部“五种意识”，推动理论向实践转化。学习贯彻全国民营企业座谈会精神相关做法被《人民日报》刊载。

【会议精神贯彻落实】 召开常委会会议、部务会、干部职工集体学习会、片区座谈会，传达学习全国、全市宣传思想工作会议和全市外宣工作会议精神，深刻把握新形势下宣传思想工作使命任务，明确工作方向和思路。

【意识形态】 积极配合做好市委意识形态专项巡视组巡视期间各项工作，全面完成巡视反馈意见整改任务。认真落实市委“1＋10”制度，区委专题研究意识形态工作，建立风险研判、清单管理、考核督查机制，2次组织开展区级意识形态专项巡察，着力压紧压实工作责任。完善高校意识形态工作联席会议制度，制定宗教团体、宗教活动重大事项报告等制度，加强网络意识形态工作，重点领域意识形态安全可控。严格执行意识形态场所管控操作流程，严格论坛讲座报告会研讨会审批备案，建立意识形态阵地管理台账。全区意识形态零事故。

【媒体融合】 健全动态中央厨房运行机制，完成区内媒体办公场所整合，探索报台新媒体融合集中策划、采编工作机制。抓好融媒体中心试点各项工作，区委专题进行研究，完成建设方案，推进中心内部机构设置、激励考核机制、人才引进、保障落实等运行前期工作。

【主题宣传】 聚焦打好"三大攻坚战"、实施"八项行动计划"和缙云山综合整治、智博会、发展民营经济、推进校地合作、庆祝改革开放40周年等重点工作，扎实抓好"在行动""看效果"系列宣传报道，举行新闻发布会6次，全年在人民日报、中央电视台等中央媒体推出正面报道15条，在市级以上媒体上稿3000余条次，数量较去年同期翻了一番多。智博会、缙云山综合整治、发展民营经济等重要工作宣传报道有声有色、反响良好。广播外宣在市级台用稿396条，名列全市区县台第一名。

【城市营销】 全面深化与中央和市级媒体联系沟通，长期关注北碚媒体由12家增至33家，到碚采访480余人次以上，30人以上大型集中采访6场次。扎实抓好全市全区旅发大会和"行千里 致广大"宣传报道，举办中国温泉与气候养生旅游国际研讨会、全国重庆商会会长会议、金刀峡溪降国际精英赛、全国文化馆联盟合唱团展演暨重庆北碚第二十五届"缙云之声"合唱节、"文艺名家看北碚"等大型城市推广活动，重庆两江艺术团出访德国杜塞尔多夫市，城市形象进一步提升。

【信息化建设】 认真学习贯彻全国、全市网络安全和信息化工作会议精神，出台《北碚区以大数据智能化为引领的创新驱动发展战略行动计划》，新引进中国航天科工IPV6等一批重点项目，全区数字经济规模以上工业企业产值突破350亿元。

【网络舆论导控】 开展重大网络主题宣传，1篇稿件获评"重庆客户端联盟双十佳稿件"。开展2018"清朗"专项行动，全面清理1902家属地网站，率先在主城区印发《关于推动政务新媒体建设管理的意见》，区属新媒体矩阵受众逾40万，发展舆情网格员420名，紧跟缙云山生态环境综合整治等重点工作做好线上线下处置，网络舆情管控有力。与西南大学深化校地合作，在全市率先探索建设网络素养教育基地。舆情信息工作受到市委宣传部通报表扬，1篇信息获中央领导同志批示。

【网络安全屏障】 动态完善119个关键信息基础设施数据库，扎实开展网络关键信息基础设施安全检查，开设"网络安全课堂"，请西南大学教授、360公司业务骨干组成网络安全讲师团开展网络宣讲8场，全年未发生重大网络安全事件。

【思想道德建设】 持续深化时代新人培育工程，推进基层宣传思想文化创新示范点建设，推动全国示范点两江名居社区提档升级，建成雨台山家文化核心价值观主题公园，开展核心价值观入规入约行动和教育实践活动，基层思想政治工作"导师制"做法被《人民日报》报道。成功承办全市乡村少年宫建设示范观摩和人生规划大赛主城片区赛决赛。

【文明创建】 全面深化"五大创建"，启动"全国文明城区"创建工作。扎实推进"文明在行动、满意在北碚"活动，投入资金124万元开展礼让斑马线文明劝导。组建"守护青山"志愿服务队和"青年河长"志愿服务队等队伍26支，开展"山水之城·美丽之地"志愿服务1800余场次。组建"玉兰"志愿服务团，为国际化活动和赛事提供服务。承办全市"守护青山"志愿服务活动。3个单位个人获得全市学雷锋志愿服务"最美"系列表彰。

【示范引领】 选树宣传各行业先进典型181人次，1人获"中国好人"称号，1人获全国"新时代好少年"称号，29人次获"重庆好人""感动重庆人物"等市级荣誉，举办"榜样面对面"典型报告会130余场。

【文化建设】 巩固深化全国公共文化服务体系示范区创建成果，深化文化体制改革，推进乡村文化振兴，推动艺术中心规划落地和基层综合性文化服务中心规范化建设、文化馆图书馆总分馆制建设，举办全市曲艺名家闹元宵、区迎春晚会、新年音乐会等大型文化活动 100 余场次、政府购买文化服务进基层 800 余场、放映惠民电影 1700 余场次。重庆两江艺术团持续发展壮大，参加市内演出 317 场次、国内演出 56 场次，并走出国门展示中华文化魅力。

推动文旅融合发展，推进金刚碑历史文化街区建设，引进莫氏 7 度文创园等 2 个项目，签约天生溪流文创半岛项目，洽谈非遗特色小镇等 17 个项目，策划储备东阳文创街区等 10 个项目，筹建西南大学（北碚）文化产业研究院，文化产业实现新增长。

推进文艺精品创作，7 件作品纳入市级项目规划，37 件作品纳入区县级项目规划，对 48 件作品重点打造，对 33 件作品专项资助，采取校地合作方式展开《北碚文化系列丛书》编纂。完成纪录片《记住乡愁》第五季《北碚老街：志存高远 敢为人先》拍摄，筹划拍摄纪录片《卢作孚》。

【区委宣传部负责人名录】

部　　长：江绪容（女）
常务副部长：张汝国
副 部 长：肖竞秋（女）
　　　　　黄值山
区纪委派驻纪检组长：刘　伟

区文明办

主　　任：肖竞秋（女）
副 主 任：袁　超

区网信办

主　　任：何　波
副 主 任：孙　超
　　　　　李自平
　　　　　顾　兵（兼）

（区委宣传部）

统战工作

【概况】 中共重庆市北碚区委统战部，截至 2018 年底，有工作人员 11 人（行政人员 7 人，事业人员 3 人，机关后勤人员 1 人），其中处级以上实职 4 人：部长 1 人（北碚区委常委），常务副部长 1 人，副部长 2 人（其中 1 人兼任台侨办主任）。内设办公室、综合科、党派科 3 个科室，有 1 个事业单位即民主党派服务中心。代管民主党派、侨联专职干部 11 人。

【学习贯彻中央和市委统战工作会议精神】 北碚区委书记周旭两次主持召开区委统一战线工作领导小组全体会议，深入学习贯彻习近平新时代中国特色社会主义思想和习近平总书记关于加强和改进统一战线工作的重要论述，传达尤权部长、陈敏尔书记重要讲话精神。北碚区委中心组专题学习习近平总书记关于加强和改进统一战线工作的重要论述。北碚区委常委会先后 13 次研究统一战线工作。

【思想引领】 坚持把深学笃用习近平新时代中国特色社会主义思想和党的十九大精神作为主线，采取北碚区委统战部集中组织与各民主党派、统战团体、系统单位分线组织学习相结合的方式，组织引导北碚区统一战线开展专题学习培训 40 余次、5000 余人次。深入开展统战成员“不忘初心、与党同心”系列教育活动和“学讲做”活动，组织民营企业家深入学习贯彻习近平总书记民营企业座谈会重要讲话精神，举办非公有制经济人士“学讲做”沙龙。引导统一战线坚决彻底肃清孙政才恶劣影响和薄熙来、王立军流毒。召开纪念中共中央发布“五一口号”70 周年座谈会，举办农工党、九三学社、民革区委成立 30 周年和民进区工委成立 10 周年纪念活动，重温多党合作历史。

【多党合作与政治协商】 以深入推进政党协商为重点，北碚区委常委会研究制定年度协商计划，围绕脱贫攻坚、污染防治、乡村振兴、民营经济等重点召开调研协商和专题协商、人事协商、暑期谈心会等各类会议 8 次，60 多条意见建议分办相关部门限期办理并及时反馈。设立“同心讲堂”，邀请党外代表人士围绕新型政党制度、宪法修正案等作专题讲座 2 场。支持各民主党派、工商联、无党派人士积极履职，2018 年共提交各级议（提）案、社情民意 500 余篇，40 余篇党外人士建言被党派中央、市委办公厅和市委统战部采用；开展社会服务 100 余次；民盟区委志愿者服务基地建设、致公党区委“留学生看北碚”活动、九三学社区委设立首个“九三专家工作站”等效果明显，重庆民盟首届教育论坛在北碚区举行；健全完善民主党派对口联系制度，支持民主党派开展“1 党派 1 品牌”实践基地建设，组织民主党派结合定点帮扶龙凤桥街道和助力乡村振兴战略，着力打造“同心 · 乡村院落”；强化民主监督，组织民主党派 2 人参与部门财务预算审查、14 人参与脱贫攻坚督查，16 名民主党派、无党派人士聘任为首批河库督导长。民盟北碚区委等获党派中央表彰。

【党外知识分子与新的社会阶层人士统战工作】 做好无党派人士调整充实暨认定登记工作，将新阶层人士纳入联谊交友范围，由区委书记带头，5位区委常委列名联系5名新阶层人士，统战部班子成员列名联系18名新阶层人士。扎实做好第七批市级新阶层挂职锻炼，充分发挥"同心·新阶层北碚发展助力团"作用，建立助力团成员轮值、市区新阶层人士"一对一"结对联系等制度。开展"同心促发展"活动，举办民营经济创新发展主题沙龙，组织党外知识分子与企业家对接座谈；组织新阶层人士助力西山坪文旅产业、开展温泉采风等活动；组织留学人员、西南大学留学生举行共建"一带一路"精准服务出口企业校地合作座谈会，在服务大局中引领成长。

【助推民营经济发展】 协助出台发展民营经济的意见、民企"直通车"、区领导联系重点企业、民企负责人培训等文件制度。发挥区非公经济联席会作用，建立非公有制经济人士接待日等制度。加强非公企业党的建设，发挥党建作用推动民企发展。开展"党外专家进民企""专家民企携手行"等活动。牵头召开民营经济表彰大会，148个优秀民营企业家、民营企业和个体工商户受市、区政府表彰。联合北碚区纪委监委出台构建"亲""清"新型政商关系公职人员正负面清单20条，成立"北碚企业廉洁联盟"，为企业提供"廉洁锦囊"30余期，指导企业加强内控机制建设，发出企业人员参与构建新型政商关系的"亲""清"八条倡议，促进政企互动。开展"构建'亲''清'新型政商关系在行动"主题宣传活动，以"一园、两街"为重点，着力打造国家大学科技园"亲""清"新型政商关系示范街区。相关做法被人民日报、《中国统一战线》杂志刊发。举办2018年全国重庆商会会长会议暨知名企业北碚行和民营经济高质量发展研讨会，召开第十五届中国城市友好商会理事单位会议和重庆北碚友好商协会座谈会，发起《全国渝商会长重庆倡议》，相关企业与北碚签署投资协议14个，签约金额304亿元。承办央视财经频道《创业英雄汇》海选重庆站活动，开展重庆女企业家商会北碚行、重庆女企业家协会北碚行等系列活动。《人民日报》《重庆日报》重庆电视台和新华网、人民网、光明网等百余家区外媒体、网站对相关情况进行宣传报道。先后与南京市工商联(总商会)、北京重庆企业商会、西南大学校友会、英国重庆商会、澳门德国商会等30多个境内外商协会签订友好协议，建立友好商协会沟通交流机制，整合资源、内引外联。召开民营企业家座谈会，大力发掘和弘扬卢作孚企业家精神，开设"卢作孚讲堂"，为民企授课7场，卢作孚纪念馆接待温州、上海等地商协会企业家和各界人士参观5万多人次。与西南大学联合筹建卢作孚民营经济学院，开展行业专题、高校总裁班、"部门·民企面对面"等各类培训40余期，由区领导带队分三批组织区内100多名重点民营企业家到江浙粤等地学习考察，基本实现重点民营企业全覆盖。拓宽政治参与渠道，11位非公经济人士届中增补为区人大代表、政协委员。

【民族宗教】 开展"共同团结奋斗，共同繁荣发展"民族团结进步宣传周活动，强化外来少数民族流动人员服务管理，做好高校少数民族学生工作。推进民贸民品政策落地，结合精准扶贫帮助龙凤桥街道群兴村加强基础设施建设。召开3次北碚区民族宗教工作领导小组会议，开展新修订《宗教事务条例》宣传教育培训，基本实现街镇分管领导、宗教工作专(兼)职干部和宗教教职人员全覆盖。积极配合缙云山生态环境综合整治，做好辖区寺庙住持和僧众工作。深化和谐寺观教堂创建活动，加强宗教团体、宗教活动场所规范化建设，开展宗教界"爱国爱教"系列主题学习活动，加强宗教界代表人士队伍建设。结合"放管服"改革推进行政审批制度改革，完善33项权力清单和责任清单，指导宗教活动场所建立完善内部管理制度，为宗教活动场所、宗教团体争取排危资金。

【党外代表人士与统战干部队伍建设】 与北碚区委组织部建立统一的党外后备干部名单，健全发现、培养、使用机制，加强党外代表人士梯次培养。召开处级党外干部和党外优秀年轻干部座谈会，举办统一战线深入学习贯彻十九大精神专题研讨班、统战干部培训班和新的社会阶层代表人士培训班等主体班次，赴上海复旦大学举办党外代表人士素质提升培训班，2018年北碚区统一战线培训80余期5000余人次。市级共识教育现场教学基地共接待市内外主体培训班12批500多人次。健全完善区委常委、区人大常委会主任、区政协主席与党外代表人士联谊交友制度，7名党外干部参加第十批区内挂职锻炼，1人参加第十批市级党外代表人士挂职锻炼。做好党外干部实职安排和政治安排。届中增补区政协委员 10 人。

【港澳台统战工作】 积极开展对台交流，审核因公赴台 20 批次 37 人次，接待台胞经贸、基层参访团 6 批次 215 人次，为台湾、香港及澳门同胞办理大陆居住证 58 人。以社区“侨之家”为平台，开展为侨服务公共体系建设，积极开展“精准脱贫光明行”活动，为 26 名相对困难侨眷免费做白内障手术。

【区委统战部负责人名录】

部　　长：吴　萍（女）
常务副部长：江　勇
副 部 长：秦　岭
　　　　胡　强
　　　　范永晖（兼）
　　　　李雪刚（兼）
区委派驻纪检组长：黄　敏（女）
区侨办（台办）主任：秦　岭

机构编制

【概况】 重庆市北碚区机构编制委员会办公室（简称区编办），是区机构编制委员会的常设办事机构，在重庆市北碚区机构编制委员会的领导下负责全区行政管理体制和机构改革以及机构编制的日常管理工作，既是区委的机构又是区政府的机构，列区委机构序列。内设综合科、业务科，下设科级参公事业单位 1 个：重庆市北碚区事业单位登记管理局。

【编制管理】 按照财政供养人员只减不增的总体要求，加强机构编制的动态管理，严格掌握审批标准，确保全区机构设置、人员编制配备和领导职数核定符合规定。结合机构改革，调整优化编制结构，将编制资源主要用于事关中心工作、全局工作的重点领域和关键岗位，重点保障转变经济发展方式、保障和改善民生、创新社会治理等领域用编需求，推动编制资源向基层和一线倾斜。

【区机构编制委员会负责人名录】

编委主任：汪夔万（3 月离任）
　　　　周　旭（3 月任职）
编委副主任：黄宗华（1 月离任）
　　　　何　庆（1 月任职）
编委委员：高洪波
　　　　徐运征（11 月因公牺牲）
　　　　章　榕
　　　　胡　涛（女）
　　　　向　红（女）
　　　　朱吉红

【区机构编制委员会办公室负责人名录】

编办主任：胡　涛
编办副主任：敬自荣

（区编办）

区直机关党建

【概况】 中共北碚区直属机关工作委员会（以下简称区直机关党工委）是区委的直属党组织，负责区直属机关党的建设和思想政治工作。设有中共北碚区直属机关纪律检查工作委员会（简称纪工委）、北碚区直属机关工会联合会（简称联合会）、共青团北碚区直属机关工作委员会（简称团工委）、北碚区直属机关妇女工作委员会（简称妇工委）。经区编委核定，区直机关党工委有行政编制数 7 名，内设机构 1 个办公室。实有 8 人，其中书记 1 名、副书记 2 名、纪工委书记 1 名、正副调研员 4 名。至年底有直属党组织 51 个，其中：党委 10 个、党总支 8 个、党支部 33 个，党员 2368 名。

【政治学习】 区直各机关始终将学习贯彻习近平新时代中国特色社会主义思想和党的十九大精神作为首要政治任务，坚持领导带头学、及时跟进学、结合实际学。各部门党组（党委）理论中心组带学促学，集中学习 530 余次；机关工委编发学习清单 12 期，指导机关各党支部结合“三会一课”、主题党日等，将学习融入日常、抓在经常；组织开展机关党的政治建设专题调研、习近平新时代中国特色社会主义思想微宣讲、庆祝改革开放四十周年机关干部经典诵读大赛等活动，教育引导机关党员干部牢树“四个意识，坚定”“四个自信”，坚决践行“两个维护”，兑现“三个确保”承诺。市委第四巡视组对区委党校、区司法局、区残联等5个单位进行重点抽查，区直各部门聚焦市委巡视反馈意见，召开专题民主生活会全面检视问题和不足，切实加强整改；区委巡察组相继对区委老干局、区水利局、区统计局、区工商联等8个单位开展集中巡察，对学习是否深入、组织生活是否规范、党建责任是否落实等进行严格检查；机关工委按协作组建立分片联系指导机制，按季度开展常态化党建调研督导，协助区纪委查处违纪党员3名。

【党内政治生活】 “三会一课”数量得到全面保证。区直各机关党组织认真落实《关于严格和规范区直机关党的组织生活的意见》，“三会一课”、主题党日等更加严肃认真，领导干部双重组织生活制度有效落实。全年共召开支部大会578次、支委会1685次、讲党课1052次，开展主题党日1786次。组织生活会质量逐步提高。区直各机关党组织紧紧聚焦查找纠正“四风”突出问题，坚决肃清孙政才恶劣影响和薄熙来、王立军流毒，实事求是查找突出问题，真刀真枪开展批评与自我批评，切合实际制定整改措施，体现严的标准、严的纪律、严的要求，总体质量较高。按时足额交纳党费形成习惯。每月按时足额交纳党费的在职党员平均占比达99.5%，杜绝“坨坨党费”现象。

【党支部建设】 坚持抓基层打基础，重规范明责任，切实加强支部规范化建设。“清单管理”责任更明。研究制定《机关党建工作四项基本规范》，及时印发《支部工作清单》《支部主题党日学习重点》《督导问题反馈清单》《党员发展资料清单》等，以清单细化目标责任，推动任务落地落实。全年发展党员18名、转正15名，145名党员及时转接组织关系，区广播电视台、区财政局、区林业局等25个党组织按期换届。“示范带动”作用增强。坚持“书记抓、抓书记”，组织开展支部书记全覆盖集中培训，推动机关党支部书记知责明责，党性修养和履职能力有效提升；坚持以示范点创建推动规范化建设，区人力社保局、区城市管理局、区水利局、区政务服务办、区税务局等党组织结合自身特点，积极开展示范点创建工作，在学习教育、阵地建设、党员作用发挥等方面进行积极探索；机关工委及时组织开展现场观摩、交流学习等活动，以点带面，有力推动机关党支部工作更加扎实规范。

【党建引领】 贯彻落实习总书记对重庆提出的“两点”定位、“两地”“两高”目标和营造良好政治生态、做到“四个扎实”的重要指示要求，围绕全区工作重点，积极服务发展大局。思想解放氛围更浓。围绕解放思想大讨论，机关工委组织开展“学习系列讲话·确保忠诚担当”征文比赛、“解放思想转作风·实干担当促发展”微党课展讲等活动，各直属党组织深入开展党员“亮身份、亮承诺”“双报到双报告三考评”，发扬“马上就办”精神，积极营造“人人都是营商环境，人人争做服务标兵”的浓厚氛围，机关广大党员干部立足岗位、担当作为。服务发展作风更实。围绕全区中心工作，各党组织聚焦重点、破解难题，在助推民营经济发展、深化校地合作、扫黑除恶、两违整治等重点工作中走在前列、主动作为，充分发挥党建的引领促进作用。区检察院开展“保护缙云山生态环境公益诉讼”检察开放日活动，积极服务缙云山环境保护整治工作；团区委组织实施“青锋创业贷”，开展“高校学子北碚行”，助力青年创业创新；区工商分局深化放管服改革，探索推进31证合1及住改商正负面清单制度，市场主体快速发展，服务民营经济发展提速增效。

【区直机关工委负责人名录】

书　记：周小燕（女）

副书记：吴祥鸿（2018年2月离任）

　　　　冉　军（女，2018年2月任职）

　　　　钱　立（女）

纪工委书记：高兴仁

党史研究

【概况】 中共重庆市北碚区委党史研究室内设综合科，编制6人（参公编制5人、工勤1人）。承担和组织全区党史研究、党史学习教育、党史宣传、党史纪念活动、党史资料征编、党史咨询、党史遗址保护和场馆建设，指导红色旅游，党史题材各类作品编辑、审查和出版，党史业务指导。

【编辑出版《北碚改革开放口述史》】 为深入学习贯彻习近平新时代中国特色社会主义思想和党的十九大精神，回顾和总结改革开放四十年以来的深刻变化、历史成就和经验启示，为进一步全面推进深化改革开放提供学习和借鉴，根据党史研究“一突出两跟进”的工作要求，在纪念改革开放40周年之际，区委党史研究室组织编印出版《北碚改革开放口述史》，该书由综合篇、经济篇、社会篇组成，主要收录北碚改革发展中具有北碚特色的重大决策和重要事件的参与者、经历者、见证者的口述回忆资料，从不同的角度口述记录在区委、区政府的领导下，全区改革和发展过程中一些重大决策措施的推进落实，审视总结北碚改革发展所取得的重大成就和成功经验，展示北碚改革开放以来的重大成就，生动展现北碚人民艰苦奋斗、勇于实践、敢于创新的伟大精神。

【党史宣讲】 开展“辉煌四十年，扬帆新时代”纪念改革开放40周年党史主题宣讲，宣讲自9月12日在区委党校举办首场宣讲，历时近两月，走进机关事业单位、镇街社区和村社宣讲近百场，受众上万人，集中宣讲改革开放40周年的光辉历程和伟大成就，引导全区广大干部群众凝心聚力、共谋发展。

【党史宣传】 围绕党史工作根本任务，在党史宣传教育、资政育人的形式和内容上求新、求变，形式多样。开展党史集中宣传展览。为迎接2018年新春，在行政中心举办中国共产党历史图片展览。与区博物馆共同完成北碚历史文化陈列馆中的中共北碚地方历史和北碚三线建设部分的布展。配合龙凤桥街道党委在龙凤社区建立北碚地方党史和龙凤街道党史固定宣传展板，宣传北碚地方党史和街道党的历史，以发生在身边党的历史教育社区群众；充分发挥现代媒体的作用，利用微信公众号、手机短信等平台，多渠道开展党史宣传，营造党史学习氛围，创建“北碚党史”公众号，开通手机短信平台等，发送党史知识、党史人物故事，全年通过微信公众号推送党史宣教文章23篇，手机短信推送党史宣传短信达6000条，广泛宣传中国共产党和中共北碚地方党史；在党史宣传走进学校、社区、村社和机关事业单位活动中，向全区机关事业单位、中小学、社区和村社送《王朴与母亲的故事》光碟350张、免费订阅《红岩春秋》杂志300余份。积极调研，尽力资政，全年共编送4期《党史研究专报》。坚持党史“一突出、两跟进”，完成《中国共产党北碚地方大事记（2017年）》《北碚地方大事记（2012—2017年）》编撰工作。收集曾担任北碚中心县委书记李亚群、蒋可然和北碚学运书记胡友猷、北碚特支书记罗中典资料1.5万字、图片20余帧，为做好编写北碚党史人物打下基础。

【区党史研究室负责人名录】

主　任：徐　玲（女）

副主任：向忠海

党校工作

【概况】 中共北碚区委党校在编教职员工22名，其中参公人员10名，事业人员12名，内设办公室、教研室、培训科、科研资政室共4个科室。2018年，区委党校深入学习习近平新时代中国特色社会主义思想和贯彻党的十九大精神，以“全面深化教学改革创新”为主题，秉承“党校姓党”的根本原则，坚持培训立校、科研强校、人才兴校、制度治校，圆满完成各项工作。

【干部培训】 充分发挥干部教育培训主阵地作用，全年举办各类培训班23期（其中1个月以上班次5期），培训人数达4700余人，其中外培人数达到1100人次。

深化主课主业，坚持正确办学方向，突出理论武装和党性锻炼，以学习习近平新时代中国特色社会主义思想为引领，深入贯彻党的十九大精神，不断优化课程的思想性、时代性和实践性。新开设《学习习近平总书记系列讲话精神，贯彻“四个全面”战略布局》等10余门课程，为学员赠送《习近平的七年知青岁月》等书籍。完善“红色经典导读”品牌，形成“外请名师＋本校师资”掘进式深度导学。深化党性教育五大课程模块，邀请中央党校名师洪向华教授等知名专家讲授党建精品课程，并纳入各级党组织书记培训班课程。紧扣区委、区政府中心工作，举办“实施乡村振兴战略行动计划”“供给侧结构性改革与经济新常态”专题班，较好地服务推动中心工作。党的理论教育和党性教育课时占比达71.3%，习近平新时代中国特色社会主义思想课程占主课比达50%。延伸培训链条，推进“科级月末讲堂”工作，开展党性教育培训，该做法得到市委组织部的充分肯定。

创新教学方式，完善课程体系。全面深化教学改革，制定《关于全面深化教学改革创新的实施意见》，对教学布局、教学内容、教学方式、教学管理等创新。

综合应用"理论教学＋现场教学""静态培训＋动态交流""学员论坛＋特色论坛"等模式，有效提升教学质量。改进教学方式，以专题讲授式教学为统领，拓展情景模拟式教学，完善现场体验式教学，创新案例式教学，深化实践式教学。在主体班次中，采取问题牵引"三段式"教学，即训前明确问题清单、训中研究破解问题、训后拿出解决办法开展教育培训，提高培训实效。中青班教学中，根据训前需求调研确定问题清单、列出分组研究主题、配备老师带组导学，形成《关于建立健全河长制法规体系对策建议》等有质量的调研报告。持续推动领导干部上讲台，邀请领导干部20余人次到校讲课，增强培训的针对性和实效性。

严格学员管理，优化教学秩序。贯彻中组部《关于在干部教育培训中进一步加强学员管理的规定》，落实校领导联系主体班次"五个一"制度，制定出台《主体班次教学组织管理职责分解及任务清单》，提高管理的规范化水平。加强班主任队伍建设，实行班主任全程跟班制度，明确班级管理的底线和红线。坚持在实践中创新，探寻班级"软服务与硬管理"的最佳结合点，创新建立《学员管理重大事项报告请示制度》《考勤及请销假制度》《集体活动安全预案》等10项培训管理制度，充分体现学员主体作用，促进学员管理规范化、科学化、制度化。全年主体班次学员平均到课率达93％以上，教学参评率98.7％。信息化管理方式进一步推进，全面施行数字化考勤、评教、考试等环节，办学效率有效提高。

【科研咨政】 科研成果层次进一步提升。全年各类立项课题4项，其中市统计局规划课题1项、市委党校课题2项；结题22项，其中，市委党校11项，重庆社院1项，《新时代党外知识分子政治引导工作研究》获得优秀课题。全年发表公开刊物35篇，专兼职教师人均发表量达2.3篇。决策咨询功能进一步发挥。服务发展大局、紧扣重点任务，组织教研人员及时开展对策性、前瞻性研究。深度参与全区创新驱动、民营经济、乡村振兴等重大战略计划实施，共编撰上报《国内外创新驱动发展典型案例对北碚区的几点启示与对策建议》《北碚区民营经济发展存在的问题及对策建议》《乡村振兴背景下北碚区乡村旅游发展的对策建议》等13篇资政专报，获得区主要领导肯定性批示5件次，分管领导批示3件次。学术交流影响进一步扩大。为开阔教研人员学术视野，学校积极组织教研人员参与市、区各类学术研讨，参与党校系统理论研讨征文等。《关于干部容错纠错的五点建议》《家庭医生"签而不约"问题及对策建议》在重庆市社科界第五届学术年活动论文评选中获得三等奖，实现该奖项零的突破。加强党务政务信息工作交流，全年上报信息41条，被市委办公厅、区委办公室以及《探索网》采纳信息共计8条，其中《各地建设未来科技城实践经验》获得副市长屈谦的肯定性签批。科研机制进一步改革。建立健全科研激励制度。建立科学规范透明的课题立项机制。完善《科研工作管理办法》，强化科研项目实施过程管理、经费管理，加大课题、学术研讨、论文发表等的经费保障。突出成果导向，以成果质量为核心，建立应用转化评估机制和奖励制度，极大激发教师智力价值。创新建立教研咨一体化学教融合制度，以设立科研项目组方式，全程参与跟进培训班次，整合党校教师的理论优势与学员的实践优势，充分挖掘学员资源，聚焦全区热点难点问题，教师与学员共同开展专题研究，形成质量较高的专题报告11篇。

【队伍建设】 加强教师业务知识学习。安排多名教师分批次外出培训，3名专兼职教师赴中央党校等国家级培训机构参加培训，8名专兼职教师到市委党校、重庆社会主义学院及其他高校参加培训，3名教师分别到区民营经济中心、区委组织部、区纪委挂职锻炼。结合"两学一做"学习教育常态化，列出党性教育最基本15书，要求党校教职工必须读通读懂读透。组织教师深入主体班听课、跟班学习考察和区情调研；组织教师打造精品课程、开展试讲活动等，不断提高教师授课质量。2名教师在2018年片区教学赛课活动中获二等奖。强化兼职师资队伍建设。贯彻执行领导干部上讲台制度。全年区级党政领导班子成员到校授课达12人次，包括区委副书记、常务副区长、纪委、组织部、宣传部、统战部四个常委等。制定兼职教师管理制度，强化优进劣汰，组建包括市委党校、西南大学等著名专家教授以及一批在一线工作且能为学员提供实践指导的部门领导等80人左右的兼职教师优质稳定队伍。从严管理与自主管理相结合。坚持党校姓党，党校教师姓党，以党风带校风促学风，严格落实意识形态工作责任制，严格执行中央"八项规定"。学员管理方面，严格遵守《重庆市干部教育培训学风建设"十不准"》、区委组织部《主体班学员培训纪律及相关要求》等规章制度，坚持对各类班次开展训前廉政约谈工作。教师管理方面，深入开展“解放思想大讨论活动”，从工作理念、工作思维、工作作风、工作状态、工作纪律五个方面着手，以“十破十立”清单为抓手，狠抓教师队伍管理，规范健全《北碚区党校(行政学校)工作规范》。

【党建工作】 落实全面从严治党责任。坚持党建带动各项工作，以从严治校、从严治教和从严治学为载体，不断强化党组织堡垒作用。推进“两学一做”学习教育活动，按照要求不折不扣开展“不忘初心、牢记使命”主题教育活动。加强机关支部和学员支部建设，增强基层支部的政治功能作用。规范和加强党内政治生活，坚持落实“三会一课”等组织制度。加强马克思主义理论宣教。以主业主课突出思想引领，将意识形态工作纳入主体班培训必修内容，旗帜鲜明宣传马克思主义意识形态。积极开展党的十九大精神以及改革开放40周年辉煌成就宣讲12场次，覆盖1000多人次。针对市委巡视组巡视北碚区反馈情况区委党校存在的问题，高度重视，积极整改，于9月全部整改落实到位。严格落实意识形态责任。落实校党委主体责任，将意识形态工作作为校党委落实党建工作责任的重要工作内容，同时纳入中心组学习内容，牢牢把握正确的政治方向。规范外聘教师的意识形态申报、审核和跟班听课制度，建立校内教师新课试讲、评价制度和科研成果审核制度，建立校外单位租用教室意识形态审核制度。坚持落实意识形态责任层层签订。规范公众网、微信号意识形态审核把关制度。

【区委党校负责人名录】

校　　　长：高洪波
区社会主义学院院长：吴　萍(女)
行政学校校长：徐运征(11月因公牺牲)
常务副校(院)长：何雪梅(女)
副校(院)长：侯祖荣
　　　　　　杨　欣(女)

信访工作

【概况】 区信访办内设行政科室4个：综合科、业务科、维稳科、案件督查科，编制数为行政编制11名，工勤1名。所属公益一类事业单位1个(信访投诉受理中心)，设有科室2个：群工科、网络科，编制12名。全办实有干部职工23人，其中，行政人员13人，事业人员9人，工勤人员1人。2018年，区信访办获“集体二等功”和“重庆市尊医重卫先进集体”光荣称号。

【群众信访】 严格按照中央和市委关于信访工作制度改革决策部署，大力推行网上信访，实现办信、接访、网上信访等业务“全覆盖”，畅通运行民生热线、区长公开信箱、电子邮件等诉求表达渠道。改进群众信访登录办理工作，厘清初信初访与重复信访；对群众有效信访事项落实首接首办责任制，做到件件有着落，事事有回音。全区受理群众信访总量7202件(其中，网上投诉4885件，网上投诉率68%)，办结6994件。坚持每个工作日区级领导到来访接待中心公开接访，相关职能部门动态入驻接待中心参与区领导公开接访事项，全年区领导公开接访1141批次2392人次，其中现场解答963件、转办交办相关单位办理178件。

【防范矛盾纠纷】 坚持重大项目和重大决策社会稳定风险评估机制。督促指导相关责任单位开展社会稳定风险评估19件，其中暂缓实施1件，切实做到应评尽评，当缓则缓，从源头防范重大社会稳定风险发生。坚持村(社区)每周、街镇每半月、区级每月矛盾纠纷三级联排工作机制。全区排查各类矛盾纠纷444件，全部交办责任单位限时化解，全年共化解421件。健全信访稳定形势研判机制，每日搜集全区重大信访稳定情况，分析研判突出矛盾纠纷，及时协调处理，并形成《每日维稳要情》专报区委区政府领导。坚持干部接访下访群众工作，全年区领导在区人民群众来访接待中心公开接访1141批次2392人次，现场解答963件、转办交办相关单位办理178件。各级领导约访、走访、下访群众6923件次，解决6336件次。

【信访矛盾攻坚】 开展重点领域、重点群体、重点问题和重点人员排查化解防范工作。“3+2”专项治理即房地产开发建设、涉众型经济案件、环境保护+征地拆迁、物业管理五大领域专项治理，排查50件、化解46件。完成市交办重点群体问题1件、市交办重点问题16件化解任务，成功教育转化市交办重点人员1人，剩下的9人均平稳可控。全区“五个一批”重点工作之“一批重点不稳定因素防范化解工作”，化解15件、稳控20件，成功化解区自排重点问题17件。

【社会稳定】 成立特殊敏感时期维稳工作领导小组，制定特殊敏感时期维稳工作预案，强化源头防范、加强社会风险预警防控、夯实基层基础、切实解决群众利益合理诉求，圆满完成全国“两会”、博鳌亚洲论坛年会、上合组织青岛峰会、中非论坛、上海“进博会”、北戴河暑期安保等特殊敏感节点和智博会、国务院大督查、中央扫黑除恶专项斗争督导组、市区“两会”等重大活动维稳任务，确保北碚区社会稳定。

【队伍建设】 2018 年组织开展机关干部信访业务、政治理论、党纪党规学习培训 40 余次，组织全区信访维稳干部参加信访业务大讲堂专题学习 10 次，举行 2018 年度信访业务培训 1 次。10 月中旬，中央信访工作督察组下沉北碚区区督察，对区信访干部给予“信访干部精神状态好，业务精湛、基础工作规范”的高度评价。

【北碚区信访办公室负责人名录】

主任、党组书记：许　凡

副主任：陈　文（2 月离任）

严　平

曾　亮

蒋治彬

信访督查专员：胡志平

朱荣贵

信访投诉受理中心主任：熊　涛

副主任：彭　涛

杨　萍

（刘　晴）

老干部工作

【概况】 北碚区委老干部局（简称区委老干部局）是区委管理全区离退休老干部的工作机关，归口区委组织部管理。内设一室一科：办公室、离退休干部管理科。有行政编制 4 人，机关后勤编制 2 人，实有人数 6 人。下设一个科级参公事业单位：北碚区老干部活动中心，编制为 6 人（含关工委编制 2 人），实有人数 6 人。

【春节慰问】 1 月 31 日召开 2018 年春节慰问离退休老干部大会，区委副书记高洪波代表区委、区政府向全区离退休老干部表达慰问，并通报全区经济社会发展情况，区委常委、组织部部长章榕总结 2017 年老干部工作情况。春节前夕，区四大家主要领导专程走访慰问部分离退休干部，听取对北碚区各项工作的意见建议。

【思想政治建设】 结合推进离退休干部党组织“两学一做”学习教育常态化制度化，召开离退休党工委工作会 4 次，全面从严治党培训 3 次，编印《学习参考》2 期，发放学习资料 1600 份，组织老同志学习习近平新时代中国特色社会主义思想，引导老干部继续做全面从严治党的坚定支持者和模范践行者。落实好离退休干部参加政治学习、重要会议、阅读文件、参观学习等政治待遇，注意政治上的引导，全年组织参观考察 5 次，召开情况通报会 4 次，形势报告会 2 次，区委书记周旭、区长何庆，区委副书记高洪波，区委常委组织部部长章榕先后通报情况；邀请第十三届全国人民代表大会代表谢德体教授宣讲全国“两会”精神。做好离退休干部队伍稳定工作。加强离退休干部意识形态教育，全年结合党工委工作会、支委培训、形势报告会等向离退休干部开展意识形态专题教育 4 次，要求全体离退休干部牢固树立“四个意识”，坚定“四个自信”，自觉在言行上与以习近平同志为核心的党中央保持高度一致。全年受理离退休干部来信来访 57 人次，较好解决离退休干部反映的实际问题。坚持向 1000 多名老干部赠阅《健康手册》《中国老年》，向区级离退休干部、离退休支部书记、学习小组长赠阅《中国老年报》《老同志生活》。

【党支部建设】 北碚区有离退休干部党支部 41 个，联合支部、学习小组 11 个，异地休养临时党支部 4 个，社团党支部 1 个，覆盖全区 964 名离退休干部党员，为开展支部活动提供组织保障。创新党组织设置形式。在老年诗书画协会设立社团组织党支部，在利川谋道镇、石柱黄水镇、海南省文昌市、通江县空山镇等老干部异地休养集中地成立老干部临时党支部。加大党费对离退休干部党组织活动的支持力度，对离退休党支部缴纳的党费实现全额返还。不断丰富党工委活动内容。推行“线上线下”多维度教育方式，依托老干部工作网站、微信平台等开辟网络教育“微”课堂，推送党的十九大及习近平总书记重要讲话等学习资料 30 余篇；组织离退休支部书记和部分老干部代表开展夏季党校培训，通过“幸福家园”主题党日活动让老干部感受新时代养老产业的发展；积极组织各党组织支部书记参观考察重点项目，切身感受时代发展变化。举办特色鲜明主题活动。举办重阳节大型趣味运动会，1000 余名老干部共庆老年节。举办第四届“正言正行正能量”演讲活动，开展“适应新时代，奋进新时代”主题讲座。坚持举办老干部乒乓球、象棋比赛、文艺展演等活动。6—11 月，开展“我看改革开放新成就”主题征文活动，收到征文 86 篇。开展改革开放系列电影展播，举办庆祝改革开放 40 周年老干部座谈会，举行“见证四十年，奋进新时代”文艺演出，全区离退休干部共同歌颂改革开放新成就。“碚城金秋”微信公众号推送信息 80 余条，全面及时反映离退休支部和老干部畅谈发展变化、展示积极向上的正能量。《重庆北碚异地临时党支部不“临时”》的报道被《中国老年报》第 4593 期采用，中组部老干部局官方微信公众号《离退休干部工作》、重庆市老干部局官方微信公众号《红岩青松》以《北碚区积极探索离退休干部党员“一方隶属、多重管理”》为题先后采用；《老同志生活》等刊物重点宣传北碚区创新党组织形式、强化制度设置、精准组织活动、临时党支部作用发挥的典型经验。《党支部设置“一子落”老党员管理“满盘活”》获重庆市老干部工作系统调研成果一等奖。

【老干部作用发挥】　通过开展老干部为党的事业增添正能量活动，老干部积极发挥优势，为北碚经济社会事业发展增添正能量。李朝富、李立等一批老干部，关心关注北碚发展，积极为全区经济社会建设、创新社会管理建言献策。刘晖、赵宗芳等老同志致力于老干部艺术团的发展壮大，为老同志文化养老做贡献。熊懋仁为重庆市社会经济研究会服务，承担天府镇可持续发展调研报告和北碚区康养服务发展规划两大课题研究。区老年诗书画协会 16 名老同志走进北温泉街道、东阳街道，为群众书写春联 400 多幅。区关工委开展“中华魂”读书主题教育活动及“三心”好少年、好青年评比活动，全年订读本 4.3 万册，组织 6 万余名青少年开展读、写、讲、行比赛活动；卢兆林、周万清、明俊雄等老同志参与老年大学管理、教学工作中，区老年大学开设专业 32 个，教学班 125 个，在校学员达 5900 人次，老年大学办学经验走在全市前列。

【老干部生活待遇】　离休干部“三个机制”运转正常，“两费”得到完全保障；调整“建初干部”生活补贴标准，建立增长机制；规范离退休干部的春节慰问金、重阳节慰问金、健康休养费标准，积极落实离休干部瘫痪护理补助等惠老政策，完成离休干部护理费和长期完全不能自理的离休干部护理费调标工作。开展老干部健康知识讲座 2 次，引导老干部科学健康地生活，真正让老同志身体健康、心情舒畅。

【老干部文化活动】　2018 年，逐渐形成以老干部活动中心、老干部艺术团、老年大学、涉老协会为阵地的老干部宜学宜乐宜为的大平台。通过搭建老干部宜学宜乐宜为的大平台，营造出文化养老的良好氛围，进一步促进老同志自我价值的实现。以老干部活动中心为载体，老干部们积极参加重阳节趣味运动会，乒乓球、象棋、演讲等比赛，书法、诗歌、器乐、舞蹈、合唱等各类文艺活动，举办“三八”妇女节文艺演出、集体“满十”祝寿活动，组织老干部参加重庆市老干部门球比赛、老干部桥牌比赛。以老干部艺术团为平台组建合唱、舞蹈、时装、太极、器乐等队伍，与九龙坡区、大渡口区联合举办“开启新征程 增添正能量”三区文艺演出。

【离退休干部服务】　积极开展利用社区资源做好离退休干部服务管理工作，通过北温泉街道云清路社区及雨台花园社区、朝阳街道解放路社区、天生街道奔月路社区、静观镇兴城社区 5 个“四就近”试点社区，整合各方资源关心照顾老同志。5 个试点社区老干部工作者上门看望老干部 578 人次。社区老干部就近参加政治理论讲座 48 次，健康知识讲座 14 次，接受送学上门 63 次，就近参加文体活动 18 次。21 名老干部为社区经济普查、文明丧葬宣传、环境整治等献计出力。

【队伍建设】　区委老干部局将践行“两学一做”作为深化机关作风建设、推动老干部工作的坚强保障，以认真的态度落实从严要求。制定支部工作制度，对“三会一课”制度、民主生活会、支部组织生活会、发展党员等制度进行完善和规范，严格按制度落实。以“两学一做”学习教育为依托，将加强机关作风建设，与老干部工作相结合，激发全体党员干部积极进取的激情和敢于担当的勇气，推动全区离退休干部工作取得新的成绩。

【北碚区老干部局负责人名录】

局　长：蒲玲华（女）

副局长：刘紫荆（女）

机关事务管理

【概况】 北碚区机关事务管理中心（简称区机关事务中心），内设办公室、资产科、保卫科、节能科，参公管理事业编制20人，下设北碚区公务接待中心，事业编制4人。截至年底，区机关事务管理中心实有干部职工23人。

【服务保障工作】 紧紧围绕区委区政府中心工作，为全区经济社会发展提供服务保障。服务重大会议活动。全年服务保障全区重大会议活动320余场（次），有力保障区党代会、区“两会”、区委全会、区政府全体会及各项专题会议，完成市委书记陈敏尔两次莅碚调研、市委第四巡视组入驻巡视、中央换届考察组莅碚督查、中央环保督察组莅碚督察、中央扫黑除恶督导组下沉督导、国务院大督查、中国首届温泉与气候养生旅游国际研讨会、2018年全国重庆商会会长会议暨知名企业北碚行等重大会议活动服务保障工作。服务全区中心工作。为缙云山国家级自然保护区生态环境综合整治、民营经济发展、校地合作和招商引资等中心工作提供办公用房、用车、会议、公务商务接待等服务保障，为区民营经济促进中心、区工商联解决办公用房问题，完成区审批服务中心、区林业局、区招商引资办公室的办公用房调整保障等工作，服务招商引资会议和接待355场（次）。服务机关高效运转。在区行政中心、区档案科技大楼、云清路77号三大综合办公区开展“净、绿、亮、美”行动，注重细节，融入文化氛围，着力构建整洁、优美、有序的党政机关办公环境。全力配合区行政中心信访维稳工作，加强核心机关秩序管理；实行机关工作卡制度，规范机关人员进出用餐管理秩序；开展机关食堂标准化建设，为机关职工创造规范的就餐环境；规范和完善周转房服务管理。全年开展电梯保养20次，水电及其他日常维修350余次，开展卫生大检查20余次，组织消防培训90余人次，开展消防检查10次，视频监控检查2次，未发生偷盗失窃安全事故。

【“三公”管理】 认真落实中央八项规定精神，按照严格、科学、规范的要求，扎实做好公车、公房、公务接待等相关工作。巩固公车制度改革成果。以制度化搞好公车服务平台建设，保障重点公务用车，规范无车单位日常服务管理。同时，会同区纪委监委开展政策研判、责任约谈、现场督导和巡查暗访，加强节假日公车入库、公车私用、私车公养等情况检查，开展公务加油卡清理专项工作，推动公车管理规范有序。全年按规定审批购置车辆11辆、处置8辆、调剂3辆；开展公车抽查43次；公车服务平台执行出车保障任务4235台/次，安全行驶25.93万千米，用车好评率达100%。从严管控办公用房。建立全区党政机关办公用房台账，办公用房数据翔实，真实准确，坚持“严”字当头，严格控制党政机关办公用房标准，从严核定各单位办公用房面积，安排配置办公用房，推动办公用房调配使用集中统一管理，提高使用效益。严格规范公务接待。坚持公务接待公函制度、公务接待审批制度、接待清单制度等。坚决执行禁酒令，严格接待标准，务实节俭，从严控制接待支出，规范党政机关公务接待管理。

【统筹管理】 把新发展理念贯穿于机关事务管理工作各领域和全过程，培育良好的机制和环境，统筹推进各项工作。推进公共机构节能，持续开展全区节约型公共机构示范单位创建工作，组织区档案科技大楼和区职教中心成功创建2017—2018年国家级节约型公共机构示范单位，完成21家公共机构油烟治理，设置分类垃圾箱1073个，实现全区集中办公区生活垃圾强制分类全覆盖。推进统一集中办公，原竹类博物馆（云清路77号）改建机关集中办公区基本完成，可用办公面积达1.1万平方米，安监局、民宗委、金融办、工商联、招商组、缙云资产管理公司、博物馆等单位入驻办公。麦田租用办公区承接区行政审批中心功能调整，维修改建进度加快，12月底区经信委、区卫计委等3个单位入驻办公，进一步提升北碚区机关单位服务能力。积极推进机关事务信息化标准化建设，探索“互联网＋机关事务”建设，推广使用机关事务微信公众号，实施机关事务标准化规划，提升机关事务信息化工作水平，持续推动机关事务管理由粗放式、经验式向现代化转型。

【巡察整改】 按照市委巡视通报北碚区有关公务用

车、公务接待等方面的问题，根据区委整改意见，积极部署，推进市委巡视反馈意见的整改落实。制定方案，组织整改行动，按照牵头一项配合一项，及时召开党组会议研究整改工作，成立公务用车、公务接待问题整改巡查督查工作小组，分别制定公务接待和公务用车问题巡察整改实施方案。派出检查小组集中一个多月对全区各单位公车管理、公务接待工作进行检查指导，促进各单位完善制度、健全体系，及时整改。标本兼治、长效治理，在公车管理方面，积极对接市里最新的公务用车管理制度精神，制定、完善区内公务用车管理办法；在区行政中心、区档案馆科技大楼、云清路77号集中办公区域车库增设公务用车智能化管理系统，精准、及时、有效进行公务车辆使用情况管理；强化监管，进一步加大对各单位保留车辆的日常监督巡查力度，利用周末、节假日持续开展公车管理情况的暗查暗访。在食堂餐费补贴管理方面，在全区范围内开展清理清退。联合区财政局，就2014年7月以来全区的食堂管理和餐费补贴工作进行清理，重点对2018年6月后仍在发放餐费补贴的单位进行清退。

【从严治党】 牢固树立"四个意识"，始终坚持在思想上政治上行动上同以习近平同志为核心的党中央保持高度一致。按照区委统一部署，把学习贯彻习近平新时代中国特色社会主义思想和党的十九大精神作为首要政治任务，深入学习贯彻习近平总书记对重庆提出的"两点"定位、"两地""两高"目标和"四个扎实"要求，全面落实习近平总书记关于厉行节约反对浪费重要指示精神，紧盯"四风"问题，持续开展办公用房清理整改，配合推进公务用车制度改革、司法体制改革、监察体制改革、放管服改革、机构改革等重点改革任务，健全厉行节约反对浪费制度体系，实现专项治理、改革创新和健全机制有机结合，促进全面从严治党纵深推进。

【党风廉政建设】 落实"一岗双责"，结合内控制度建设，建立健全工程建设、政府采购、资产处置等制度规范，完善"四定五督"工作台账，有效预防和控制廉政风险，推动形成廉政勤政务实的风气。全年完成例行约谈66次，专项约谈40次，问题约谈12次。

【区机关事务中心负责人名录】

主　任：王建勋

副主任：王小华

张燕红

赵和平

行政审批服务

【概况】 北碚区行政服务中心管理办公室（以下简称行管办）位于重庆市北碚区冯时行路308号，面积3000余平方米。行管办为区政府派出机构（正处级），内设综合科、业务科2个机构。主要负责组织、协调、指导、规范区政府各部门及有关单位行政审批服务工作，参与行政审批制度改革工作；负责建立和管理行政审批项目库，推进全区行政审批服务事项集中办理；统筹协调全区、街道及社区等三级服务中心的建设和管理，推进全区服务窗口规范化、标准化建设并进行考核；对三级服务中心窗口工作人员进行培训和日常考核；负责全区行政许可、非行政许可审批和其他服务事项办理进行监督管理和指导服务；宣传和督促落实区政府投资优惠政策以及便民利民措施，受理有关咨询和投诉；负责督导协调重大项目审批业务办理和并联审批；负责全区行政审批、电子监察等电子政务网规划、建设和管理，推进全区"一站式"网上审批服务；协助有关部门开展政务信息公开工作；负责部门及所属单位国资管理工作；负责部门信访稳定及安全生产监督管理工作；承办区政府交办的其他有关事项。

【办件情况】 2018年行政服务大厅受理行政审批事项112149项，办结111698项，办结率99.59%。网上审批办理36345件。群众满意率为100%，无群众举报投诉。中心统一收费处共依法收取行政事业型收费3395369.51元。

【行政审批事项改革】 印发《深化放管服改革推进"最多跑一次"工作实施方案》《代理代办办法》《联合验收办法》《一次性告知》《首问责任》《联审会审制》《缺席默认制》等文中。与区自贸办联合印发在自贸区试行的《告知承诺制》和《会商会审制》，与区发改委印发《规范建设领域审批流程的通知》，与国土分局、不动产登记中心印发《在街镇公共服务中心设立国土登记窗口的通知》。梳理公布"最多跑一次"事项四批

644 项，其中部门三批共 581 项，街镇一批 63 项。按照“马上办、网上办、就近办、一次办”(简称“四办”)事项清单的有关要求，7 月全区第一次梳理“四办”事项 490 项，其中区级权力 465 项、街镇权力 25 项，马上办 38 项、网上办 94 项、就近办 25 项、一次办 410 项；10 月第二次梳理公布大项 646 项小项 820 项(其中马上办 248 项、网上办 702 项、就近办 149 项、一次办 672 项)。推行免费快递证照服务。中国邮政速递物流股份有限公司重庆市北碚分公司中标，5 月 2 日起承担证照类区内、区外，市内、市外和文书类挂号快递业务。北碚区率先推出专门的快递封套，印刷“北碚政务专递”醒目字样和标志，快递表单上加盖“政务专递”印章。深化商事登记制度改革，印发三十八证合一改革方案，6 月 1 日起正式实施。推进“证照联办”改革，在自贸区正在推进“证照分离”改革。企业登记全程电子化、企业名称网上自查自择、“一址多照”、市场主体简易注销、住改商等改革措施已经落地。企业工商营业执照 3 个工作日内办结，自贸区 1 个工作日内办结，个体工商户实现“当场办结、立等可取、异地通办”。9 月 27 日起，企业开办时间压缩到 2 个工作日(营业执照 1 个工作日、公章刻制和申领发票各 0.5 个工作日)，实现“一窗受理、后台流转、两日办结”，成为全市最快的区县。建设领域改革加速推进，企业取得土地使用权到施工许可，政府部门的审批时限压缩到 50 个工作日内，自贸区取消初审审批环节压缩到 40 个工作日内并开展环评、水评、“一本报告管全域”试点。加快推进网上办事大厅建设，协助信息中心正在深化北碚区网上办事大厅功能开发，重点推进各类审批服务事项包括公共服务事项上线运行、申报材料目录化标准化电子化、政务自助一体机、手机 APP 等工作。落实市“全渝通办”实施方案，加快部门业务专网融入，建立“网上大厅共建、职能部门共管、数据信息共享”的运行格局。推进网上办事大厅向街镇、村(社区)延伸。部门上线行政许可 833 个小项，公共服务 345 项；街镇上线公共服务 95 项。行政许可全面推行“扫码办事”服务。强化服务能力建设，进一步向市级部门争取放权，向街镇下放事项。深入推进“三集中三到位”工作，力推各类政务服务事项进实体服务大厅(含各级服务中心)和网上办事大厅。社保、税务、婚姻、不动产登记四个分中心在行政服务中心新设窗口 9 个，进驻服务人员 12 人，进驻事项 24 项 119 小项。配置自助查询机、排队叫号机、智能文印机、护照自助机、社保自助机、手机充电桩、饮水机、自动售卖机、共享书柜等便民设备和网上审批自助区，进一步方便群众。基本完成政务服务事项清单编制工作。推进“物理集中”“一窗受理、集成服务”等改革工作。在行政服务中心设立征信窗口，提供信用查询服务。开展三级服务中心规范化建设和纪律作风整顿，通过设立审批服务投诉中心、畅通企业和群众监督渠道，推行群众评价服务情况、党员亮身份、组织礼仪培训、加强巡查检查等措施，提升服务态度质量，树立“主动办”“马上办”“不为不办想理由，只为办好想办法”等意识，提升审批效率，改善窗口服务纪律作风。

【重庆自贸区蔡家综合服务中心建设】 2 月中旬启动墙建，4 月底结束，5—6 月进行物资设备采购和安装调试，7 月 3 日开始运行。共设 8+6 个服务窗口，其中，部门服务窗口 8 个，包括发改委、工商、公安、税务等 18 个部门，窗口人员由部门派驻和统一招聘方式解决；其他服务如法律、金融、代办、水电气网讯等 6 个窗口，窗口人员以企业派驻为主。计划部门入驻服务事项 50 项以上。具体事项根据需求，建立自贸区服务事项清单，实行动态管理。清理进驻部门和事项，明确可入驻事项 80 余项。

【群工指挥系统运行】 2018 年下发月通报 12 期，督查季通报 4 期。全年群工系统共受理群众事项 9449 件，办结 9362 件，办结率 99%。通过群工系统代办民事事项 158 件，办结 158 件，相关部门发布惠民政策 116 条。

【党建工作】 1—5 月开展党员学习贯彻党的十九大精神专题培训；6—12 月开展“不忘初心、牢记使命”专题教育；每月定期开展主题党日教育。落实“三会一课”制度，落实“双报到”工作。全面加强规范化建设，开展党建示范点建设。加强干部队伍建设，向民营企业派出党建指导员。开展“兴调研转作风促落实行动”，加强作风建设。规范党组议事决策，夯实“一岗双责”。

【行政服务中心管理办公室负责人名录】

主　任：陈居建

副主任：郑定学

（全成刚）

民族宗教事务

【概况】 北碚区民族宗教事务委员会(以下简称为区民族宗教委)是区政府直属工作部门。内设综合科,行政编制4名,机关后勤人员编制1名(领导职数1正1副;科级领导职数1名),下设"北碚区民族宗教事务服务中心",事业编制3名。截至年底,区民族宗教委实有干部职工6人。主要职能:贯彻执行民族、宗教法律、法规、规章和方针政策,督促检查落实情况;履行民族事务管理职责,协调推动有关部门履行民族工作相关职责,依法保护公民宗教信仰自由和正常的宗教活动;协调处理民族关系中的重大事宜和宗教方面的突发事件;防范利用宗教进行的非法、违法活动和抵御境外利用宗教进行的渗透活动等。

【项目扶持】 抓好民贸民品优惠政策、少数民族发展项目资金落实。加强对重庆天润食品开发有限公司的政策扶持和工作指导,帮助落实优惠利率贷款贴息345万余元,为其申报"十三五"期间全国民族特需商品定点生产企业。争取少数民族发展项目资金60万元,结合精准扶贫,帮助龙凤桥街道群兴村加强基础设施建设。

【民族事务管理】 深入开展民族团结进步创建工作,以增强干部群众的民族政策和法律法规意识为抓手,以贯彻执行党的民族政策为依托。加强"外来少数民族流动人员"基本信息库建设,进一步摸排核实在碚少数民族尤其是少数民族流动人员的情况。水土、蔡家岗街道加强公租房少数民族流动人员服务管理。为民族团结进步促进会解决工作经费5万元。建立健全民宗、市政、工商、公安、国保、高效等部门民族宗教信息互通机制和矛盾纠纷调处机制。进一步完善"校地合作"机制,实现信息互通、事务联动的区域民族宗教工作格局。

【宗教事务管理】 贯彻落实学习全国、全市、全区宗教工作会议精神,开展佛教、道教去商业化和伊斯兰教宣讲新"卧尔兹"工作,开展基督教私设聚会点治理和天主教地下势力教育转化工作。加强法制建设,开展宗教政策法规宣传,加大对邪教势力危害的宣传,增强宗教界人士法律意识,引导宗教与社会主义社会相适应。对"三级网络两级责任制"进行动态管理,积极配合各街镇进一步摸清佛、道教基本情况,做到底数清、情况明,形成上下联通、信息贯通、处置畅通的良好局面。

按照新《宗教事务条例》中规定的"保护合法、制止非法、遏制极端、抵御渗透、打击犯罪"工作原则,依法管理宗教事务,引导宗教与社会主义社会相适应。开展和谐寺观教堂创建工作,着重以团体和场所班子建设促和谐,推动队伍建设,严肃教仪。帮助宗教活动场所筹措排危资金,不断加强经费保障。为3个宗教活动场所争取市级排危资金50万元,为8个宗教活动场所解决安全排危经费22.5万元,支持3个宗教团体及缙善路清真寺加强自身建设安排工作经费10万元。2018年区华佗庙积极参与和谐寺观教堂创建活动。

稳步推进爱国宗教团体换届工作,广泛听取意见建议,对各宗教团体推荐的班子成员候选人进行全面深入考察,3个爱国宗教团体顺利完成换届工作。

【宗教问题整治】 坚决遏制佛教道教商业化倾向。积极配合缙云山生态环境综合整治,从解决历史遗留问题的角度出发,协助天台寺完善办理用地及房屋手续。制定下发《关于进一步治理乱建庙宇、滥塑宗教造像工作方案》,制定下发《北碚区进一步推进治理基督教私设聚会点工作方案》,结合"中国真理教会"联动治理,开展基督教私设聚会点治理。

【从严治党】 以学习贯彻习近平新时代中国特色社会主义思想和党的十九大精神为重点,落实全面从严治党责任,全面加强党的建设,营造良好的政治生态。加强党风廉政建设,认真抓好巡视巡察整改落实。

【北碚区民族宗教事务委员会负责人名录】

主　任:李雪刚

副主任:王　燕(女)

民主党派　工商联

民革北碚区委员会

【概况】　区委下设1个总支,10个支部,截至年底党员人数225人,主委1人,副主委4人,区委委员11人。党员中,全国人大代表1人,民革市委副主委1人,市委常委1人,市委委员5人,市政协委员3人,区政协副主席1人,市人大代表1人,区人大代表3人,区政协委员15人(常委3人),担任区政府部门实职2人。

【思想建设】　开展以学习中共中央十九大精神、学习民革中央十三大精神、纪念"五一口号"发布70周年、习近平关于新型政党关系的论述为主题的学习活动。以举办民革北碚区委成立30周年纪念活动为契机,成立纪念民革北碚区委成立30周年活动筹备小组,在全区党员中开展征集党史资料、重要活动照片等活动,采取多种形式做好党员的政治思想工作,对党员进行爱国主义、集体主义、社会主义教育和民革优良传统教育,帮助党员树立正确的世界观、人生观、价值观,鼓励和支持广大党员立足本职岗位建功立业。通过开展"张自忠将军殉国纪念活动"纪念活动、"五一口号"发布70周年系列主题教育活动,组织党员积极参加知识竞赛、征文、座谈、演讲比赛等活动,引导广大民革党员传承和发扬民革优良传统,更加坚定自觉接受中国共产党领导的决心。

【组织建设】　人才队伍建设。严把组织发展质量关,多措并举优化组织的年龄结构和知识结构。加强后备干部培养,组织后备干部及骨干党员参加各类培训90余人次。积极搭建挂职锻炼平台,推荐党员熊强挂职区文化委产业科科长。委员张宗祥完成在中央社会主义学院为期3个月的第39期民主党派干部培训班学习,并获评优秀学员,西大二支部党员魏世强担任国家重点研发项目首席专家,区委副主委、西南大学西塔学院副院长赵玉芳在京参加中国妇女十二次全国代表大会,党员邓志勇在全市统一战线纪念中共中央发布"五一口号"70周年征文比赛中获一等奖,党员唐楚孝、阮斌、王才等参加民革市委会举行的庆祝改革开放40周年书画笔会。

【参政议政】　区委会高度重视政党协商,组织精干力量,经过充分调研,形成《提升城市工作创造高品质生活的建议》《建构农村垃圾长效治理机制 营造生态宜居的乡村环境》《关于加快"民营医院"发展的建议》等调研报告,在中共北碚区委召开的政党协商会上,民革北碚区委的专题发言受到与会领导的充分肯定。

"两会"期间,北碚民革党员中提交集体提案5件、个人提案建议31件。全国人大代表、西南大学总支党员谢德体"打造农村智慧物流供应链体系""农业品牌建设需拓展科普广度深度"等议案受到国家相关部门高度重视;区委主委秦远好在重庆市政协五届一次会议委员建言"乡村振兴"专题记者会上作"从四个方面加速乡村旅游发展"专题发言;区委副主委王佾"提高基层医院水平,缓解看病难"的议案得到大会高度重视,接受《重庆日报》《华龙网》等媒体采访。

2018年,全区民革党员共提交社情民意信息50余条,其中,全国人大代表、西南大学资源环境学院二级教授、党员谢德体撰写的《我市"岩溶生态脆弱区"加大轮作休耕力度的建议》获市政协采用(普刊第18期);党员谢德体撰写的《加大三峡库区环境污染防治与生态保护力度》被《零讯》采用(中央统战部专刊068期);机关支部党员易国荣撰写的社情民意信息《关于加强食用农产品源头监管的建议》被市政协采用;党员邓志勇撰写的《党外人士建言》第186期获市领导批示。

民革北碚区委《农村垃圾处理资源化、市场化运营机制创新设计》调研组先后赴合川、南川、石柱、万盛等地开展实地调研活动。课题调研组采用调研访谈、实地采样分析等手段,获取大量一手资料,撰写翔实的调研报告,为区委、区政府提出可具操作性的建议,为助推北碚区农村垃圾处置积极建言献策。区委承担的市委会重点课题《以大数据促进全域旅游高质量发展的路径研究》,先后召开课题研讨会、培训会8次,开展调研10余次,系统梳理"全域旅游"大数据类型,从建立数据采集系统、加强智能数据采集、减少人工填报依赖等研究路径为全市、全区全域旅游发展中存在的问题寻找解决策略。

【社会服务】　继续与北碚区书法家协会联合开展"弘扬传统文化 建设美丽北碚 书法进万家 送春联贺新年"系列活动,到石柱县中益乡、江津区白沙镇等地开展送春联活动;西大一支部长期开展向金刀峡文化站捐赠图书活动、关爱万盛经济技术开发区石林镇茶园小学贫困生的捐助活动；区委会组织开展义务法律咨询活动，充分发挥民革界别特色和民革党员中社会法制领域人才聚集的优势，民革北碚区委响应民革市委会开展“百名法律专家普法进社区”活动号召，组织北碚区党员中的法律工作者、律师开展义务法律咨询活动，为100余名社会各界人士提供法律咨询服务；九院支部发挥党员医护专业特长，组织党员扶贫济困，到三圣镇、柳荫镇等地开展义诊活动，慰问结对帮扶的困难群众，区委副主委王佾带领市九院6名医疗专家积极参与民革重庆市委助力脱贫攻坚、扶助酉阳县车田乡活动，现场开展健康体检、义务诊疗活动。在民革市委会的协调下，市九院与车田乡医院签订对口帮扶协议，市九院将长期为车田乡医院提供医疗水平提升指导、医务人员培训、进修、学习等专业服务。

帮扶弱势困难群体。区委会坚持开展“进社区知民心”活动，和工商支部一道深入天生社区，为社区贫困群众送去粮油、文具等物资，积极联系基础教育界党员，关怀关心社区贫困家庭孩童成长。区委会组织党员积极开展精准扶贫工作，与龙凤街道贫困家庭结对子，指导贫困户开展经济作物种植、开办农家乐、采摘园等。

【碚台交流】 区委会积极配合、参与渝台之间的交流交往。密切关注两岸和平发展进程中的新情况、新问题，把涉台参政议政作为工作的重点。做好台胞、台属思想宣传工作。区委会以亲情为纽带，积极宣传党的对台方针、政策。做好接待来碚台湾人士工作，积极联系市委会联络处、区台侨办，认真做好来碚投资、学习、寻亲的台湾人士接待工作，进一步加强碚台两地交流。接待民革中央两岸青年创新大联盟合作发展部部长王一欣，民革重庆市委联络处处长黄学军，民革大渡口区委主委、大渡口区政协副主席袁凯明，乐凯影像材料销售有限公司、台湾和盛行科技有限公司负责人洪嘉纬一行到北碚区调研。加强台情研究，继续开展祖统资源调查工作，整合资源，上下联动，多层次、多渠道地做好对台工作，为两岸关系和平发展贡献力量。

【民革北碚区委会负责人名录】

主　委：秦远好

副主委：唐雪峰

赵玉芳（女）

王　佾

洪　玲（女）

民盟北碚区委

【概况】 中国民主同盟重庆市北碚区委员会（以下简称“盟区委”）成立于1993年11月21日。一直秉承与党“肝胆相照、风雨同舟”的政治信念，认真履行党派职能，为地方经济社会发展作贡献。全区盟员501名，由1个基层委员会（下辖4个支部）、13个支部构成。盟员中，重庆市人大常委1人，市政协常委2人，委员3人；北碚区人大代表3人（1人任常委），区政协委员17人（2人任常委）。盟员任重庆市国学院院长1人；区政府副处级实职干部3人；高校任副校长1人，学院院长2人，副院长3人；中学主任级中干3人。

【思想建设】 学习教育广泛深入。民盟区委通过主委会、全委（扩大）会、专题讲座、主题研讨、线上线下交流互动等形式，全面深入学习领会习近平新时代中国特色社会主义思想，中共十九大、民盟十二大及各级“两会”精神，牢固树立“四个意识”，不断增强“四个自信”。为纪念中共中央发布“五一口号”70周年、庆祝改革开放40周年，开展“不忘合作初心，继续携手前进”主题教育系列活动，积极组织盟员参加中共北碚区委统战部组织的知识竞赛和民盟市委的征文比赛、演讲比赛、书画摄影作品展等活动。向民盟市委提交6篇征文、书画摄影作品10件；盟区委荣获“北碚统战知识竞赛二等奖”，荣获“民盟市委演讲比赛三等奖”，8幅摄影作品入选民盟市委纪念改革开放40周年美术书法摄影作品展。

【理论研究】 积极参加市政协、盟市委、中共北碚区委的各类理论研讨活动。《论人民政协对国家政治生态的价值追求与有效调节》获重庆市政协优秀论文一等奖并在市政协理论研讨会作交流发言；《自觉强化参政党建设为我区人民政协事业发展贡献力量》在中共北碚区委加强和改进人民政协工作会议上作书面交流；积极参加盟史研究整理，承担并完成民盟市委第十期《民宪》整理工作。

【宣传工作】 做好重大活动、参政议政、优秀盟员和代表人士典型事迹等的宣传报道工作，报送信息被人民政协网、中央统战网、重庆统战网采用3条，民盟市委采用16条，区委统战部采用15条。

【组织建设】 优化队伍建设促进盟员进步。贯彻全盟“提升质量，保证数量，优化结构”队伍发展方针，积极为盟组织吸纳新生力量，2018年度发展新盟员14人，其中博士学历4人，平均年龄38岁。成立青委会完善民盟区委组织职能。在青委会组织带动下，青年盟员积极参与各项盟务活动，成功申报并完成4项盟市委委托项目，撰写社情民意信息8篇，参加论坛和征文获奖7人次。推荐挂职锻炼培养盟员骨干，2018年度有两位盟员参加市委统战部和区委统战部安排的挂职锻炼。组织活动增强盟员情感认同。民盟区委依托各支部，利用节假日开展丰富多彩的活动增强盟员的组织认同和归属感；围绕主题开展交流活动，同民盟复旦大学委员会、民盟西南大学基层委员会同民盟涪陵长江师范学院支部开展盟务交流活动；组织各种“送温暖”活动，组织看望生病住院盟员和慰问高龄盟员活动。

【参政议政】 区“两会”期间，民盟界别和盟员委员、代表提交提案议案30余件，其中集体提案4件，政协大会发言1篇，被媒体采访报道6次。在区政协常委专题协商会议上，盟区委对“深入实施乡村振兴战略实现农民增收”提出建议对策。民盟界别撰写的《我区学前教育发展现状与对策建议》的调研报告获区政协2018年度优秀调研报告三等奖，同时该报告建议被区教委采纳，有效促进北碚区公办幼儿园和普惠性民办幼儿园的大力发展。集体提案《发展壮大集体经济工作的建议》被区政协列为重点督办提案，《关于设立北碚区小微企业创业种子基金的建议》集体提案被区金融办吸纳，出台优化和完善北碚区小微企业财税扶持政策。为教育发展贡献智慧，以“问题·对策：聚焦教育供给侧改革研讨”为主题，承办重庆民盟首届教育论坛，论坛专家发言和征文成功转化为教育供给侧发展建言献策，受到盟市委高度赞赏，并被人民政协网、中央统战网报道。北碚盟员申报获得民盟市委资助调研课题5项：“关于推进我区生活垃圾分类管理的建议”被确定为区政协十五届三次会议大会发言，完成“民营企业智能化转型升级”“田园综合体建设”“生活垃圾分类处理”等政党协商课题，提出建议得到区领导肯定和采纳。2018年盟区委共收到社情民意60余件，编发报送民盟中央、民盟市委、区政协、区委统战部等30余件，“建议加强益生菌市场监管”“建议加大桥梁护栏设计规范落实力度”被民盟中央采用，“建议建立健全公立医院薪酬改革新机制”“建议建立教育科研数据采集服务平台”等多篇被盟市委、市政协、市委统战部采用。

【服务社会】 精准实施教育帮扶。民盟区委志愿者服务团“纸间绽放——助力特殊儿童思维发展”项目服务团队每周坚持到区特殊学校为孩子们上课。李静主委义务为凉山彝族自治州200多名“一村一幼”教师、广西壮族自治区靖西市300多名乡村幼儿园教师和60多名云南西双版纳傣族自治州乡村幼儿家长举办教育讲座。民盟兼善中学支部到城口县深度家访在校和毕业的“珍珠生”及留守学生，解囊相助贫困家庭学生。扎实开展社区服务。民盟区委联合民盟西南大学二支部到蔡家岗街道两江名居北社区免费为群众书写春联福字；联合西南大学学前教育学院“童樾文学社”志愿者走进两江名居北社区开展订单式社会服务——陪伴社区儿童欢度“六一”儿童节；组织盟员医生到社区讲授急救知识，演示急救方法，免费为老人体检。深入社区矫治所探索参与社区矫治服务。持续聚力脱贫攻坚。民盟区委积极组织盟员专家参与龙凤桥街道龙车村扶贫助困工作，服务地方经济社会发展。梁国鲁、曾凡坤作为市级科技特派员分别助力奉节县六垭村、双店村精准扶贫工作。

【荣誉奖项】 2018年北碚民盟区委获民盟中央思想宣传先进集体、民盟市委2018年先进集体等荣誉，刘铁荣获民盟中央社会服务先进个人，民盟西南大学基层委员会获民盟市委社会服务先进集体表彰，10名盟员荣获民盟市委先进个人。据不完全统计，北碚区盟员承担各类课题100余项，出版著作6部，专利6项，发表核心级以上论文60余篇，获奖励国家级3人次、市级8人次。

【民盟北碚区委负责人名录】

主　委：李　静（女）

副主委：胡岚岚（女）

　　　　曾凡坤

杨忠华
刘　莉(女)
冀开运
刘　华(女)

民建北碚区委

【概况】 截至年底民建北碚区委会下辖9个支部1个总支,全年发展新会员5人,发展率1.6%。全区会员310人,平均年龄56岁。会员中经济界人士占78.8%,市政协委员4人,区人大代表7人,区政协委员29人。

【思想建设】 一年来,在民建重庆市委和中共北碚区委的领导下,在北碚区委统战部的关心和指导下,民建北碚区委坚持以习近平新时代中国特色社会主义思想为指导,深入学习贯彻中共十九大、十九届二中、三中全会精神和民建中央、民建市委的工作要求。认真贯彻落实习近平总书记对重庆提出的"两点"定位、"两地""两高"目标和"四个扎实"要求,不断增强"四个意识",不断坚定"四个自信",不断推进自身"五种能力"建设。继承和发扬民建老一辈的优良传统,团结和带领广大会员,紧紧围绕北碚区"三大攻坚战""八项行动计划"和"一区三地"建设目标,发挥特色优势,履职聚力,为助推全区经济社会持续健康发展作出积极贡献。按照会中央的统一部署,认真开展以"纪念中共中央发布'五一口号'70周年""不忘合作初心,继续携手前进""学讲做"等主题实践活动。组织会员撰写以"纪念中共中央发布'五一口号'70周年"和"纪念改革开放40周年"征文19篇。利用暑期骨干培训会开展"喜迎'七一'暨纪念'五一口号'发布70周年"知识竞赛活动。推荐会员蒋雪莲参加民建市委组织的"纪念中共中央发布'五一口号'70周年"主题演讲比赛并取得了一等奖的好成绩。

【组织建设】 坚持发展、巩固和提高相结合的组织发展原则,共发展5名新会员,新会员平均年龄36岁,转出会员1人、会员去世2人。发展率1.6%,净增长率1%。推荐黄礼琴副主委到万州区天城镇担任副镇长挂职一年,推荐会员高渝勤作为党外新阶层人士到朝阳街道挂职。为优秀会员搭建参政平台。推荐4名会员进入区政协届中增补名单,担任区政协委员,积极推荐黄礼琴副主委到北碚区林业局任主要负责人。通报表彰一批在会务工作综合考核中做出优异成绩的先进集体和优秀会员。歇马支部等4个基层支部被评为2016—2017年度先进支部,王孝明等34名会员被评为优秀会员,何正蓉等7名会员被评为企业家优秀会员。民建重庆市委在9月举行"纪念改革开放40周年大会",唐建川等7名优秀企业家会员获得表彰。新建《民建北碚区委主委接待会员工作试行办法》。

【参政议政】 组织会员参与并撰写各级调研协商报告共17篇,其中:参与民建市委重点课题2篇,撰写民建重庆市委一般课题9篇,区委协商课题3篇,区政协调研课题3篇。市、区"两会"期间共提交市政协个人提案7件;区人大代表建议4件,政协集体提案7件,个人提案31件;收到会员撰写社情民意谏言信息71篇,编辑转发民建重庆市委63篇、区政协68篇、区委统战部58篇。其中:市政协采用6篇,市委会采用24篇,区政协采用41篇。

【理论宣传】 组织会员撰写新闻稿件110篇,利用各种渠道发表、刊登会务信息、谏言信息、理论成果、会员风采等新闻稿件191件次,民建中央网站登载56篇,中共中央统战部网站登载谏言信息2篇。会员赵宾撰写的《制定统一的婚丧假制度》被《人民日报》登载。编辑《北碚民建》第九期出刊。

【社会服务】 依托高校智力优势,发挥农业科技人才资源,践行十九大报告中提出的扶贫攻坚战略。区委会实地调研金刀峡镇五马村,组织西南大学会员、企业家会员与金刀峡镇合作,落实校地合作协议、企业定点帮扶协议。会员余世勇、陈德教授发起并成立重庆金西达农业发展有限责任公司(注册资本300万元),在金刀峡七星洞村租地约20公顷,发展高品质果业,推进乡村振兴战略。会员中以刘芸、张盛林、罗莉等为代表的12位专家教授、科技人才被选派为国家"三区"科技人才和"重庆市进村帮扶科技特派员"分别服务重庆市万州区、彭水县、巫山县、云阳县、巫溪县、忠县和酉阳县等多个区县,为重庆市的科技普及、发展乡村农业经济作出了突出的贡献。

【荣誉奖项】 获民建重庆市委2018年会务工作先进集体一等奖、民建重庆市委2018年参政议政工作先进集体、民建重庆市委2018年反映社情民意信息工作先进集体、民建重庆市委2018年理论宣传报道工作先进集体二等奖。

【民建北碚区委负责人名录】

主　委：周俐利（女）

副主委：曾　劲（专职副主委）

唐建川

李　勤（女）

黄　俊

黄礼琴（女）

（曾　劲）

民进北碚区工委

【思想建设】 民进北碚区工委把深学笃用习近平新时代中国特色社会主义思想作为贯穿全年的首要政治任务，按照民进中央思想政治教育主题年的部署和区委统战部“学讲做”活动的要求，及时召开全委会3次、会员专题学习会4次，各级专项培训260余人次，组织学习习近平总书记关于“四新”、“三好”、新型政党制度等重要讲话精神。加强对各基层组织学习活动指导，及时转发学习资料，营造学习氛围。各支部以会议、参观、座谈等多种形式开展学习教育活动7次。结合纪念中共中央发布“五一口号”70周年、纪念改革开放40周年、学习贯彻中央统战部部长尤权视察重庆统战工作讲话精神、学习贯彻民进中央相关会议精神等，举办征文、知识竞赛、网上竞答等活动。区工委在“北碚区统一战线学习习近平新时代中国特色社会主义思想暨迎七一知识竞赛”中获三等奖。会员谭玮在“纪念中共中央发布‘五一口号’70周年”征文活动中获民进中央三等奖、民进市委会一等奖，会员吕家恪获民进市委会三等奖。会员曹贵康在“习近平总书记关于加强和改进人民政协工作重要思想”理论研究征文活动中在北碚区政协交流会上做大会发言。深入开展参政党理论研究，在民进重庆市委会结集印发的理论研究文集中，民进区工委有6篇理论文章被登载。

扎实开展“不忘合作初心，继续携手前进”主题教育活动。结合区工委成立十周年，开展“不忘初心，薪火相传”主题征文和老照片征集活动，不断收集完善会史档案资料。开展“纪念民进北碚区工委成立十周年”优秀会员评选活动，表彰先进并树立身边的榜样。开展“学习民进章程，争做优秀会员”活动，31名会员参加民进会中央的会章学习竞答。为回顾和总结工委建会以来的工作成绩和宝贵经验，拍摄制作《不忘初心十年芳华，携手前进谱写华章》专题片，组织撰写8篇与工委组织建设相关的文章和人物专访，在《重庆民进》期刊上集中登载，举办“工委成立十周年纪念大会”，在提升组织社会影响力和会内组织凝聚力同时，引导广大会员深化对新型政党制度和民进优良传统的理解认识，牢固树立“四个意识”，坚定“四个自信”，践行“两个维护”，不断巩固团结合作的思想政治基础。

【组织建设】 加强领导班子建设，坚持和完善民主集中制，严格遵循全委会决策议事规则。加强代表性人士和后备干部队伍建设，开展会员任实职情况调查统计，完善会内代表性人士数据库，组织骨干会员参加专题培训12人次。推荐会员曹贵康参加北碚区党外干部挂职锻炼，挂职北碚区教委副主任。按民进界别特色和参政议政人才需要，高质量发展新会员6人（西大总支3人、综合支部3人），区内会员90人，其中西南大学和中科院重庆绿色智能技术研究院高知会员占比61%，具有高级职称的会员占比63.6%。根据综合支部工作需要，按组织流程增补邱崚和冉勇2名会员为综合支部委员。按照“阳光、高效、规范、和谐”的要求加强机关建设。完善工委工作制度，优化工作程序，改进工作作风，不断提高办文、办会、办事效率和服务水平。加强固定资产管理，健全财务规范化、数据化管理，做好档案的整理和电子备份工作，用好管好工委QQ群和微信群，做好会内外宣传工作，积极推介民进中央微信公众号及其精品文章，及时更新民进重庆市委会网站上“区县之窗”栏目，全年在民进中央《团结报》民进重庆市委会、重庆市政协、北碚区委统战部、《北碚报》等相关网站、刊物上发表通讯报道稿件45篇。

【参政议政】 区工委认真履行参政议政职能，2018年参加北碚区委政党协商3次，分别围绕巩固脱贫攻坚、生态文明建设、民营经济发展等专题积极建言。

会员何国田承接民进重庆市委会"关于进一步促进我市智能产业发展"课题研究，以区工委主委黄贤全为主任的民进重庆市委会文化专委会承担"关于推进我市乡村文化振兴的建议"课题研究，以区工委委员吴胜军为主任的民进重庆市委会资源环境专委会承担"关于加强长江洲滩保护的建议"课题研究，均全部结题，研究成果转化为民进重庆市委会参政议政素材。区工委与区政协社事委联合完成的《关于北碚区养老供给侧改革》的调研报告获北碚区政协课题成果二等奖。市、区两会期间，区工委2名市政协委员，1名市人大代表，6名区政协委员、2名区人大代表，根据各自专业特长，在重庆市两会、北碚区两会期间提交市级提案、建议3篇，提交区级个人提案、建议8篇，区工委提交党派集体提案2篇，均被采纳立案，其中《构建社区养老服务体系，加快北碚社会养老事业发展》的集体提案在区政协第十五届二次会议上做大会交流发言。社情民意信息质量得以不断提升，全年向各级部门上报社情民意信息54篇，其中，2篇被民进中央采用，即何国田撰写的《关于构建泛在安防体系建设的建议》，吴胜军、马茂华、温兆飞撰写的《建议加强长江洲滩保护》，5篇建言被重庆市政协采用，3篇建言被重庆市委统战部采用。

【社会服务】 参与北碚区内定点帮扶和脱贫攻坚工作。在北碚区龙凤桥街道槽上开展扶贫专题调研3次，撰写《关于龙凤桥槽上地区现状、问题及发展对策建议》，为龙凤桥街道扶贫攻坚工作积极建言献策。看望走访定点扶贫的张小明家庭4次，为其女儿提供古筝艺术专长学习、图书借阅等文化帮扶。持续开展"春联万家"等文化服务活动。加强社会服务平台建设并力求发挥更大作用。书香服务基地I Love reading图书室阅读活动的丰富性和社会影响力进一步提升，西大总支会员们在图书室开展数独和魔方趣味教育活动，受到孩子和家长们的欢迎。工委在三圣镇卫东村建立"民进科技服务基地"，构建以徐恢仲为主任的科技服务专家组，持续开展科学种养植服务，受到村民好评，服务活动被《团结报》和《重庆市政协报》报道。结合三圣镇中心校需求，在该校设立"民进机器人工作室"，整合会内国家机器人检测中心、重庆市鲁班机器人研究院和西南大学专家资源，为学校免费培训机器人教学师资，开设特色实训课程，助力三圣镇中心校机器人创新班教学，让农村孩子们尽早接触并学习前沿机器人知识、拓展科技视野。加强与区文化委对接合作，会员邹琰持续承担文化委"碚壳"公众号的运营，并为区文化干部做《全媒体背景下新闻宣传和舆论管控》专题讲座，专职干部谭玮多次参加区文化委数字文化建设项目座谈会，参与"碚壳"微信公众号升级项目招标评审，参与文化委联合调研活动和专题文化建设座谈会，对北碚文化建设献计出力。工委会员利用自身专长积极开展微公益服务，会员史慧颖为西南大学附中初三学生做中考考前心理辅导，会员王晓芳长期担任重庆自然博物馆志愿者，钱春、徐恢仲、刘亚敏等科技特派员积极开展科技扶贫工作等。

【荣誉奖项】 会员们立足本职、双岗建业，展现民进人风采。会员何国田荣获"2017年十大重庆经济年度创新人物"称号，"2018年创新创业领军人才"称号。会员李兵率西南大学跆拳道队夺世界大学生跆拳道锦标赛冠军，其本人被国际大学生跆拳道联盟评为最佳教练称号。会员谭玮获民进重庆市委会思想政治教育主题年"先进个人"称号。会员张颖超、常杭花荣获民进重庆市委会成立60周年"先进会员"称号。会员李兵、张群英被民进重庆市委会评为"最美民进教师"。

区工委被民进重庆市委会评为参政议政、参政党理论研究、电子信息化服务三个单项奖。在民进重庆市委会思想政治教育主题年表彰中，北碚综合支部获"先进基层组织"称号，在民进重庆市委会成立60周年表彰中，西南大学总支获"先进基层组织"称号。

【民进北碚区工委会负责人名录】

主　委：黄贤全
副主委：苏延科
　　　　王吉德
　　　　吕家恪
　　　　谭　玮（女）
委　员：张家政
　　　　吕瑜良
　　　　朱荣贵
　　　　刘贤宁
　　　　吴胜军

（黄贤全、谭　玮）

农工党北碚区委

【概况】 中国农工民主党重庆市北碚区委员会(以下简称农工党北碚区委),成立于1988年4月25日。截至年底,全区有党员239人,党员平均年龄为58.7岁,有基层委员会1个,支部8个。

【思想建设】 持续推进“不忘合作初心,继续携手前进”主题教育活动,坚持把思想政治建设摆在首位,深学笃用习近平新时代中国特色社会主义思想,不断强化政治引领,凝聚思想共识。政治理论学习与主题活动相结合。把思想建设作为自身建设的核心,充分发扬农工党自我教育传统,完善学习机制,以主委会、全委会以及支部组织生活会为主要平台,以纪念“五一口号”发布70周年、纪念马克思200周年诞辰大会、改革开放40周年等为载体,学习全国“两会”精神、学习习近平总书记系列讲话精神,开展纪念中共中央发布五一口号70周年征文比赛,参加学习习近平新时代中国特色社会主义思想知识竞赛,参观邓小平故里、农工党中央机关旧址陈列馆,举办农工党发展历程主题讲座等,以区委主委带头讲党课的形式启动“三学一讲”专题活动,不断强化坚定不移跟党走,走中国特色社会主义政治发展道路的政治共识。注重理论和实践相结合,完成理论研究文章《新形势下提高政协协商能力的路径研究——基于政协委员层面的思考》《怎样理解新型政党制度》。王本朝牵头承担中央社院统一战线高端智库课题《民主党派参政议政效能研究》。刘重来撰写《论农工党自觉响应中共“五一口号”的政治基因》、张奕撰写《不忘初心,勇于担当》被《前进论坛》刊载。张奕撰写的《不忘初心,与党同心,加快建设高素质的农工党地方组织》被《重庆统一战线》刊载。寇鹏程撰写的《中共特色社会主义新时代是“体系”治理的新时代》被《中国统一战线》刊登。2018年,农工党北碚区委被农工党市委评为思想宣传先进集体。

【组织建设】 发展党员10名,其中,医疗卫生界占60%,教育界占20%;中级职称占60%,副高以上职称占20%。4月25日,召开农工党北碚区委成立30周年纪念大会,播放反映农工党北碚区委光辉成就的专题片《风雨同舟三十年,同心共筑中国梦》,表彰一批先进集体、党务工作者、优秀党员,为30年以上党龄的党员颁发荣誉证书,老中青三代党员代表发言,进行由支部党员、拟发展党员、班子成员自编自导的文艺表演。召开基层组织交流会,总结区委2018年工作,部署2019年工作,8个支部分别从思想建设、组织建设、参政议政、社会服务、本职工作等方面在会上作交流发言。组织骨干党员赴武胜参观考察农工党四川省委定点联系示范基地武胜昊农现代农业园和农工党四川省委定点联系帮扶村三溪镇箩篼岩村。加强交流,探索联合培训新方式。与江北区委、广安支部、璧山支部等开展交流。9月底,与农工党江北区委联合开展近百人的骨干党员培训。通过细化联系支部分工,加强与党员所在单位的联系,在妇女节、重阳节、教师节、春节走访慰问党员,进一步完善“联系党员零距离”联系网络。2018年,5名党员被农工党重庆市委评为党务工作先进个人。

【参政议政】 在市政协五届一次会议上,委员提交的《关于加快北碚区全国区域性柑橘良种繁育基地建设的建议》提案得到市农委的采纳,获得相应的资金支持。在政协北碚区第十五届委员会第二次会议上提交《关于普及慢性病患者疫苗接种的建议》《建议依托水土高新园打造机器人主题公园》《落实国家生态文明战略,将北碚槽上片区打造为重庆市振兴乡村示范区》《关于将原西山坪农场场部作为北碚区文物保护单位的建议》《以资本为纽带促进北碚区民营经济的发展》等集体提案5件,其中《以资本为纽带促进北碚区民营经济的发展》在政协大会上发言。“两会”期间朱华忠委员、杨晓红代表接受媒体的采访。2018年,提交社情民意22篇,其中被农工党重庆市委采用11篇,市政协采用2篇。根据农工党重庆市委、中共北碚区委的调研课题,完成调研课题5个,其中农工党重庆市委重点课题1个。积极运用调研成果,围绕民营经济转型升级、立体绿化助推北碚城市品质、乡村振兴等重点问题,在政党协商会上积极建言献策。政党协商《关于解决民营企业土地和房屋问题的建议》获区委书记周旭的批示。2018年,农工党北碚区委被农工党重庆市委评为参政议政工作先进集体。

【社会服务】 积极推进“共绘同心圆·共建家乡美”社会服务品牌建设活动。组织开展健康宣传、义诊、送文化进校进企业等活动9次。组织九院支部对口帮扶重庆市第二福利院。开展精准扶贫活动。到酉阳金银花重点生产基地开展金银花病虫害防治及其农药的使用培训。到龙凤桥街道开展健康扶贫。开展环保宣传。在两江名居小学举办“美丽中国·我是行动者”主题宣传活动暨推进学校生活垃圾分类管理启动仪式，通过别开生面的环保课让师生了解生活垃圾分类、机动车尾气、大气污染防治相关知识，以“小手牵大手”的方式，倡导同学们和家人爱护环境。

【农工党北碚区委负责人名录】

主　委：张　奕
副主委：郭　兵
　　　　谢　霞（女）
　　　　李　静
　　　　寇鹏程

（谢　霞）

致公党北碚区委

【概况】 截至年底，致公党北碚区委共有致公党员160人，其中：女党员80人，占50%；具有高级职称党员96人，占60%；具有侨海关系的党员113人，占70.6%；党员平均年龄50.9岁。

【组织建设】 领导班子实行民主决策制度，全年召开主委会6次、全委（扩大）会议4次。组织稳步发展，全年高质量发展王翊等6名新党员。举办骨干党员暑期学习培训会；推荐黄敏、梁学友、李章平3位同志参加区委统战部举办的党外代表人士素质提升培训班，邹祥同志参加重庆市教委高校党外代表人士专题研修班，宋荷同志参加致公党重庆市委专职干部能力提升培训班，韩旭军等10名党员参加致公党重庆市委新党员培训。

加强代表人士建设。4名党员任新一届市人大代表、政协委员，魏沙平为市人大常委会委员，胡昌华、肖丹、田永中为市政协委员；3名党员在致公党中央新一届专委会中任职，胡昌华任医药卫生委员会委员，受邀参加致公党中央举行的“促进医学教育发展”专题座谈会并发言，田永中任生态环境与可持续发展委员会委员，任剑乔任理论与学习委员会委员；推荐邹祥进行挂职锻炼任区经信委副主任、杨柳任北碚区看守所监督员、胥执清任北碚区法院特邀监督员，宋荷、胥执清任北碚区河库督导长。田永中、罗群力获致公党重庆市委优秀党员表彰。

加强组织凝聚力建设。全年开展2次联合组织生活会，春节前走访慰问梁镇纲、张芳慧等10位归侨、80岁以上的老党员，重阳节组织20余名老党员到澄江镇开展活动，增加党员与组织、党员之间广泛交流。

加强基层组织建设。强化制度建设，完善支部工作考核办法；完成致公党西南大学总支、西南大学二支部届中调整工作；增加对外交流，致公党西南大学总支与致公党酉阳县支部就社会服务工作进行交流，与致公党青岛科技大学支部、青岛市市北区基层委员会就基层组织建设等工作进行深入交流，并结为友好组织。各支部创新开展组织生活会，增加党员讲座、交流留学访学体会等内容。10月，致公党中央组织部副部长康凯率基层组织建设调研组一行参与西南大学总支组织生活会，高度肯定形式多样内容丰富的支部生活。致公党西南大学总支被确定为致公党中央“基层组织联系点”。

【参政议政与民主监督】 调研成果。全年完成调研报告5篇。其中：《关于我区老龄服务的调研报告》（西南大学一支部）、《打造城市乡村主题公园，振兴龙凤桥街道槽上地区》（西南大学二支部）、《紧跟经济转型升级步伐，积极推进产业调整优化，促进北碚民营经济跨越式发展》（综合支部）在区政党调研协商座谈会上汇报，获得好评；《关于我区留学归国人员创新创业情况的调研》（西南大学二支部）列为区政协月度课题；田永中撰写的《重庆市乡村振兴的用地保障机制研究》被列为重庆市政协五届四次常委会议发言材料，并获致公党重庆市委“参政议政优秀调研成果奖”表彰。

议政建言。在市、区“两会”上，1名市人大代表、3名市政协委员、2名区人大代表、10名区政协委员认真履职，积极议政建言，发出致公党好声音。在市政协大会上肖丹代表致公党界别做大会发言，区“两会”期间，田永中接受北碚电视台采访、邹祥代表界别联组作题为《关于北碚区乡村休闲旅游发展情况的调研》大会发言，《关于北碚主城交通缓堵保畅的建议》被选作大会书面交流材料，《关于北碚主城交通缓堵保畅的调研报告》（胥执清）、《坚持高度自觉的大局意识提升政协委员政治素养研究》(任剑乔)入选大会印发的《北碚区政协 2017 年度调研报告、理论研究论文集》。

提案建议。围绕市、区经济社会发展,提交市级集体提案 1 件、个人提案 5 件、个人建议 1 件,区级集体提案 5 件、个人提案建议 13 件,均立案办理。其中:胥执清撰写的《关于推进北碚主城智能交通控制及预测诱导系统建设的建议》被列为区重点督办提案,促进北碚区智能交通建设;胡昌华撰写的《关于修编重庆轨道 7 号线规划覆盖北碚城北片区的建议》得到市级部门采纳;肖丹撰写的《关于北碚区打造教育文化高地的建议》被评为北碚区 2017 年度人大优秀建议。

信息工作。全年提交信息共 20 余篇,其中:陈云撰写的《建议加强顶层设计优化投资项目报建审批》、唐燕撰写的《关于职业教育产教融合的几点思考》、田永中撰写的《乡村振兴急需解决农村土地承包权属调整问题》3 篇信息被市委统战部采用,罗群力撰写的《关于规范预防接种管理的建议》被市政协采用。

【宣传思想工作】 集中学习。全年通过召开年度工作总结会、主委会、全委会、支部组织生活会等形式开展集中学习活动 20 余次,参加学习党员约 1200 人次。

专题学习。全年开展专题学习教育活动 3 次:举办"不忘合作初心,继续携手前进"专题教育活动,宣讲北碚区民营经济发展;举办"弘扬优良传统"骨干党员学习培训活动,参观"致西合作"27 年建设成就;举办纪念改革开放 40 周年专题教育活动,学习习近平总书记有关改革开放重要论述。

传统教育。以纪念中共中央发布"五一口号"70 周年为契机,开展征文、座谈会、表彰等系列活动,引导广大党员重温多党合作历史,弘扬优良传统。完成征文 13 篇,5 篇选送致公党重庆市委,3 篇获得表彰,肖丹撰写的《"五一口号"下的新中国制度构建与新时代征程开启》获一等奖并在《重庆致公》刊登、杨明撰写的《从毛泽东改"五一口号"第五条所想到的》、王峥荣撰写的《不忘初心 同心同德 砥砺前行》获三等奖。致公党北碚区委被致公党重庆市委授予纪念中共中央发布"五一口号"70 周年活动"优秀组织奖"。

学习成效。在中共北碚区委统战部举办的统一战线学习习近平新时代中国特色社会主义思想暨迎七一知识竞赛中,由刘倩、叶林梅、王世梨三位党员组成的致公党代表队荣获一等奖。

理论研究。全年完成理论文章 4 篇,其中:肖丹撰写的《新中国制度构建与参政党角色定位》在《重庆政协》刊登,覃朝玲撰写的《探索提高社情民意撰写水平的有效途径》在致公党重庆市委参政议政理论研讨会上做交流发言;任剑乔撰写的《关于加强政协委员与人民群众联系的思考》在区政协组织召开的"习近平总书记关于加强和改进人民政协工作的重要思想理论研讨会"做交流发言,《改革开放 40 年政协界别研究综述》参加市政协庆祝改革开放 40 周年理论征文活动。

宣传报道。全年发送宣传报道 50 余篇,其中:致公党中央网站采用 27 篇,重庆政协报采用 2 篇,重庆统一战线网站采用 2 篇。开展的"留学生看北碚"活动,受到北碚媒体关注跟进报道。致公党西南大学总支积极向学校统战部报送信息,获得学校统战信息工作一等奖表彰。

【社会服务】 开展对口帮扶工作,为龙凤桥街道龙车村 13 户困难群众捐赠 26 件防寒服装,价值约 1 万元,组织专家赴龙凤桥街道凤凰村调研,对其发展提出建议,同时看望慰问对口帮扶贫困户。协办致公党中央"致公科普夏令营"走进北碚活动,组织来自西南贫困地区 60 余位学生、老师参观西南大学图书馆、天文馆、地质馆、重庆自然博物馆。副主委肖丹完成致公党中央精准扶贫项目"重庆市酉阳县英语骨干教师培训"第三年为期一周培训工作。

【侨海特色工作】 创新举办"留学生看北碚"首次活动,组织来自 19 个国家的 33 名西南大学留学生参观体验重庆市两江新区水土高新技术产业园区,宣传北碚经济社会发展成就。举办北碚区留学归国人员交流座谈会。致公党北碚区委、区留学人员联谊组、区侨商会留学归国人员就留学生活、工作、"创新创业"方面进行交流,加强留学人员之间交流联系,助推北碚区创新创业发展。开展海外学术和文化交流。全年致公党员利用到国外访学、访友等机会,宣传推广重庆市和北碚区的发展 20 余次。利用个人身份和单位资源邀请 30 余位海外教授到西南大学开展科学研究和文化交流工作。西南大学总支委员胡琳博士担任泰国孔敬大学孔子学院院长,开展"汉语桥 · 心连心"等主题活动,为中泰文化交流、助推两国友谊积极工作。西南大学二支部主委邹祥教授受邀参加在美国宾夕法尼亚州召开的 2018 年美国化学工程师协会年会并做主题报告。

致公党北碚区委获致公党重庆市委 2018 年“海外联络先进集体”表彰。

【致公党北碚区委负责人名录】

主　委：胡昌华

副主委：柯　波

肖　丹（女）

宋　荷（专职）

田永中

（宋　荷）

九三学社北碚区委

【概况】 截至年底，九三学社北碚区委所属九三学社西南大学基层委员会、8 个支社（九三学社西南大学一支社委员会、九三学社西南大学二支社委员会、九三学社西南大学三支社委员会、九三学社西南大学四支社委员会、九三学社重庆市第九人民医院支社委员会、九三学社重庆材料研究院有限公司支社委员会、九三学社北碚区综合支社委员会、九三学社中国科学院重庆绿色智能技术研究院支社委员会）共有 321 名社员。2018 年发展新社员 16 名。

社员中有社中央委员 1 人（刘云艳）、监督委员会委员 1 人（李航），市政协常委 2 人（李航、罗凌飞）、委员 3 人（曹建、杨大成、彭莉），社市委副主委 1 人（刘云艳）、常委 1 人（李航）、委员 4 人（杨大成、罗凌飞、赵琪、曹建），社市委监督委员会主任 1 人（刘云艳）、副主任 1 人（李航），社参政议政咨询委员会主任 1 人（邱道持），社市委专委会主任 1 人（教育文化委曹建）、专委会副主任 5 人（教育文化委吴岚、医药卫生委曾凯芳、农林委朱利泉、资环委陈宏、海外联络委宋群梁），区人大常委 1 人（唐祖全）、人大代表 1 人（胡军华），区政协副主席 1 人（李航）、常委 3 人（赵琪、胡一珊、谭强）、委员 10 人（杨大成、陈宏、范树迁、赵彦、曹建、曾凯芳、李勇、宋群梁、彭莉、邵智），5 人在区级机关担任正、副处级干部。2018 年社区委被九三市委表彰为“机关建设工作先进集体”、陈瑶被九三市委表彰为“组织建设工作先进个人”、陈栋被九三市委表彰为“机关建设工作先进个人”、吴岚被九三市委表彰为“专（工）委工作先进个人”。

【思想宣传】 2018 年，把深入学习贯彻党的十九大、中央统战工作会议，以及习近平同志系列重要讲话精神，学习贯彻中共重庆市委五届三次全会、社市委五届二次全会、中共北碚区委十二届二次会议精神作为首要的政治任务，把全体社员的思想认识统一到中共十九大、中央统战工作会议精神上来。有 12 篇通讯及文章被社中央网站采用，1 篇报道被市委统战部重庆统一战线网站采用，13 篇通讯及文章被社市委网站采用，10 余篇通讯被北碚区委统战部采用，3 篇通讯被北碚政协网采用。2018 年社区委被九三市委表彰为“参政党理论与社史研究工作先进集体”，彭莉、王云春被九三市委表彰为“参政党理论与社史研究工作先进个人”，胡一珊、陈栋被九三市委表彰为“宣传工作先进个人”。在北碚区统一战线举办深学笃用习近平新时代中国特色社会主义思想暨迎“七一”知识竞赛中，九三学社北碚区委代表队获二等奖。九三学社西南大学基层委员会被社市委授予“荣获坚持和发展中国特色社会主义学习实践活动先进集体”，罗畅、朱琳娜、王小宇被社市委授予“荣获坚持和发展中国特色社会主义学习实践活动先进个人”。社市委 2018 年参政党理论与社史研究成果，彭莉获二等奖，王云春获三等奖，杨承源、唐瑞、王小宇获优秀奖。

【30 周年庆祝大会】 2018 年九三学社北碚区委成立 30 周年，3 月 29 日九三学社重庆市北碚区委召开成立 30 周年庆祝大会。九三学社中央常委、九三学社市委主委、重庆市副市长屈谦，九三学社原中央副主席、九三学社重庆市委原主委、重庆市原副市长谢小军，中共北碚区委常委、统战部长吴萍等领导出席庆祝大会，庆祝会后中共北碚区委书记、西南大学党委书记与九三市委、区委领导交换意见。庆祝大会上表彰 30 名为社区委发展做出卓越贡献的社员，社员们献技献艺，联袂举行一场精彩纷呈的文艺演出；精心制作《缙麓和声——纪念九三学社北碚区委成立三十周年画册》，对区委工作进行图文并茂的总结。

【参政议政】 提出《关于北碚区乡村文化振兴的调研报告》《以生态、人文特质，彰显北碚城市形象品质》《社会信用体系建设大形势下，北碚区民营经济面临的风险分析及建议》，受到区领导高度重视。全年在市级、区级的政协提交提案、议案 20 余件，其中《关于加快产业发展助推乡村振兴的建议》被列为区政协重点提案；在政协全委会闭幕期间提交集体提案《关于北碚区歇马街道野猫岩片区打造为示范街区的建议》，为歇马街道的发展呼吁。张仲明撰写的《坚决打赢扶贫攻坚战，需要开展心理扶贫工程》被市委统战部、市政协、社中央采用，朱利泉撰写的党外人士建言《完善国家实验室运行方式和机制的思考》获得市委统战部采纳。张永撰写的《推动民企建档，促进民企发展》，受到区领导重视。上交40余篇社情民意。2018年，孙道进、王书林被九三市委表彰为“参政议政工作先进个人”、张仲明被九三市委表彰为“社情民意信息工作先进个人”；王书林撰写的《时代呼唤：普通高中语文选修课程模块化改革》《供给侧视阈下新型职业农民培训的困境与对策》获“九三学社中央第一届九三教育论坛二等奖”。

【社会服务】 社区委和各支社发挥自身优势，积极开展社会服务活动。全面推进“九碚合作”。为深入推进北碚“高新产业基地”和“科教文化高地”建设，社区委全面启动“九三两课一站”活动，把“九三传统文化课堂”“九三科技课堂”送进中小学、社区、企业、医院、科研院所等地，把“九三专家工作站”建在社会服务第一线。袁玲教授为全区妇女环保志愿者做“绿色生活，从我做起”科普讲座；李航、曹建、宋群梁等教授在西南大学举办“九三跨学科学术沙龙”；在歇马街道建立“九三专家工作站”，组织九三专家组对歇马街道东风村乡村旅游业、卫星村果树产业发展、野猫岩社区改造利用及第五街区风貌整治进行实地调研，提供规划建言及技术培训服务，并持续关注和支持歇马街道发展，此工作站成为北碚区科协上报市科协的北碚唯一科普工作站。九三区委联合渝中区、渝北区专家资源进入北碚区科委评审专家库。全面推进与对口联系单位歇马街道的合作，继续加强与对口单位北碚区城市管理局、北碚区科委的联系，社区委发挥人才、科技优势，实现双方优势互补、互利双赢。加强对外合作交流。应九三学社昆明市委之邀，组织专家组赴昆明进行联合社会服务，为滇池保护治理“问诊把脉”，曹建为昆明九三及玉溪市澄江县帽天山书画院的书法爱好者们作《二十世纪书法观念与书风嬗变》主题讲座；与九三学社南川区支社开展合作，组织专家组调研南川区山王坪林区，对山王坪林区植被保护情况及乡村建设提出专家建议；组织社会服务专家组赴丰都开展丰都红心柚栽培技术服务，为当地产业发展提供技术支持，促进校地成果转换。2018年袁玲被九三市委表彰为“社会服务工作先进个人”。

【接待调研】 2018年，九三学社北碚区委成为社中央卢柯副主席唯一联系的社基层组织。9月18日，全国政协常委、社中央副主席、中国科学院院士卢柯在社中央原副主席、社重庆市委原主委谢小军，社中央办公厅副主任张魁林、社市委副主委刘云艳、专职副主委杨开奎的陪同下，来社区委进行为期一天的调研，卢主席对社北碚区委工作及九三学社西南大学基层委员会的跨学科学术沙龙活动给予了高度的评价，调研期间卢柯副主席与中共北碚区委书记周旭、社区委主委李航等交换意见。

【社员荣誉】 据不完全统计：发表SCI、A类、核心等各级论文200余篇，主持国家和省部级科研课题30余项，国家自然科学基金3项，国家发明专利授权4项，曹建（第一完成人）参与完成的著作《20世纪书法观念与书风嬗变》获重庆市第九次社会科学优秀成果二等奖，郭其祥（第一完成人）参与完成的《不对称催化合成》获得重庆市自然科学三等奖，王龙昌参与完成的《研究生主文献制度的建构与实践》获重庆市教学成果一等奖，陈宏参与完成的《光炯行动计划创新型人才培养模式研究》获重庆市教学成果三等奖，禹文指导的西南大学独竹漂代表队代表重庆市代表团参加2018年“民体杯”全国独竹比赛获得一等奖（金牌）3个、二等奖5个（银牌）、三等奖4个（铜牌），熊入静指导谢嘉琪获2018第十一届上海国际青少年钢琴大赛全国总决赛师范公开组学生组一等奖、孙乐菲获2018李斯特国际青少年钢琴大赛中国赛区青年B组银奖、2018年11月3日中新国际青少年钢琴比赛一等奖，陈娴敏获2018年亚洲国际青少年钢琴邀请赛重庆赛区专业青年组一等奖。

【九三学社北碚区委负责人名录】

主　委：李　航

副主委：曹　建

胡一珊

赵　琪

唐祖全

赵　彦

北碚区工商业联合会

【概况】 北碚区工商业联合会(简称区工商联)与北碚区总商会(简称区总商会)合署办公,实行"两块牌子、一套班子"工作机制,区工商联(总商会)第十三届执行委员会(简称执委会)有执行委员会委员(简称执委)119 人,其中主席(会长)1 人,常务副主席(副会长)1 人,副主席(副会长)16 人,秘书长 1 人,区总商会副会长 15 人,常务委员会委员(简称常委)54 人。

区工商联机关下设办公室、会员科。机关在编行政人员 6 人,设立党支部、工会等组织。

区工商联(总商会)共有 21 个基层组织,其中 17 个基层街镇商会、2 个行业商(协)会、1 个园区商会及 1 个团体会员。

【非公经济人士政治思想建设】 区工商联(总商会)主持召开非公经济人士喜迎十九大座谈会、全国工商联十九大精神(北碚)宣讲会、学习习近平总书记在民营企业家座谈会重要讲话精神专题学习会、党外人士暑期谈心会、3 次政党协商座谈会、民营企业迎春座谈会和弘扬企业家精神专题培训;积极开展"不忘创业初心、接力改革伟业""守法诚信、增强发展信心"以及"学讲做"等活动;选派 260 名民企党建工作指导员,1300 个民企纳入党组织覆盖,成立党支部委员会;引领企业家履行社会职责,组织开展"武警八支队伍拥军""夏日高温送凉""老兵招聘会""北碚区民营企业家三圣行";获市委、市政府表彰的非公有制人士或企业共 13 名,获区委、区政府表彰共 140 名。

【服务民营企业】 区工商联(总商会)2018 年共计开办《卢作孚讲堂》8 期,培训人次达 2000 余人;开展部门·民企面对面——"营改增"政策专场、"双打促双创"专场、市公安局"服务民营经济发展 30 条"专场、民营经济政策与规划专场、涉外商标培训专场和"以案说法"专场活动;开办中小企业融资与上市专题培训班,组织企业家参加由区经信委在厦门大学开展的企业总裁高级研修班;组织全区 100 余名民营企业家代表赴广州、浙江、江苏等地实地考察,参观华为、阿里巴巴、正威、亨通等世界 500 强企业。

牵头制定《北碚区解决民营企业问题"直通车"制度》(北碚民经办发〔2018〕1 号)、《北碚区区级领导干部联系服务民营企业一览表》(北碚委办〔2018〕9 号)、《北碚民营经济先进评选表彰方案》和《2018〈创业英雄汇〉重庆站海选活动方案》。协助相关部门出台《北碚区构建"亲""清"新型政商关系公职人员正负面清单(试行)》(北碚委统〔2018〕5 号)和《重庆市北碚区民营经济发展规划》(北碚委办〔2018〕44 号)。联合区法院、区检察院、区司法局分别印发《关于建立常态化联络机制促进民营经济健康发展的实施意见》(北碚法〔2018〕71 号)、《服务保障民营经济发展的八条措施》(北碚检察〔2018〕1 号)、《北碚区促进民营经济发展的法律服务措施》(北碚司发〔2018〕25 号),与区司法局联合成立法律服务工作站,组织 30 多位律师为民企服务。

承办央视财经频道《创业英雄汇》活动、"2018 年全国重庆商会会长会议暨知名企业北碚行"活动,发起《全国渝商会长重庆倡议》,活动中共计签约项目 14 个、金额达 304 亿元。

【建立"亲""清"新型政商关系典范区】 配合制订《北碚区打造"亲""清"政商关系典范区实施方案》《构建"亲""清"新型政商关系公职人员正负面清单》《北碚区促进民营经济大发展激励党政干部担当作为办法》《北碚区党政干部容错纠错工作机制》《北碚区公职人员不作为慢作为乱作为责任追究暂行办法》等制度文件。牵头成立全市首个企业廉洁联盟,发出《企业人员构建"亲""清"政商关系八条》倡议。

【民营企业家参政议政】 区工商联(总商会)积极提交人大、政协建议、提案。工商联届别委员民营企业家中向政协上报《关于解决民营企业投资项目问题》建议,并在北碚区政协十五届二次会议中上交《关于在状元府第小区转盘路口修建地下人行通道的建议》《健全农村老年人关爱体系》《大力发展楼宇总部经济的几条建议》等 13 篇提案。开展"委员进民企"活动,组织界别委员视察调研施家梁镇及蔡家园区民企发展困难工作,点对面帮助企业出谋划策,并开展民营企业评价政府部门活动。积极调研、撰写报告,形成《北碚区实体经济发展调研报告》《北碚区民营经济发展报告》《北碚区民营实体经济面临的问题及对策》《着力发展北碚都市楼宇工业的对策研究》《推进重庆自贸区蔡家区域建设策略研究》《着力促进我区制造企业升级发展的建议》等报告。

【商协会改革与建设】 区工商联(总商会)形成课题报告:《关于商协会作用发挥的现状及思考》,制定《北碚区工商联 2018 年“四好”商会建设工作实施方案》(北碚工商联〔2018〕13 号);上报并通过《关于加大对重点基层商(协)会经费支持的请示》;筹备成立全市首个工匠协会。

【对外宣传】 区工商联向区内外有关媒体积极报道北碚区民营经济发展的相关信息共计 190 余条。其中,1 条信息被中央统战部采用,18 条信息被《中华工商时报》采用,16 条被市委统战部采用,有 156 条信息被市工商联采用,45 条信息被区委统战部采用。

【区工商联(总商会)负责人名录】

主席(会长):邓　勇

党组书记、常务副主席:范永晖

专职副主席:明道良

秘书长:吕　鸿

群众团体

北碚区总工会

【概况】 北碚区总工会第四届委员会,委员 35 名,常委 11 名,其中,主席 1 名(区人大常委会副主任兼),常务副主席 1 名(兼区总工会党组书记、主持工作),副主席 5 名(其中,专职副主席 2 名,挂职副主席 1 名,兼职副主席 2 名)。区总工会工会经费审查委员会委员 7 名,其中,主任 1 名(区总工会副主席兼),副主任 1 名,委员 5 名。区总工会女职工委员会主任 1 名。截至年底,区总工会内设机构为两部,一室一中心(基层工作部、服务发展部、办公室和职工服务中心),有工作人员 12 名,其中行政人员 6 名,工勤人员工 1 名。北碚区总工会下属产业,局级工会和基层工会(组织)1605 个(其中,联合基层工会数 128 个),会员 126907 人(其中,农民工会员 71596 人)。

2018 年,北碚区总工会全面贯彻落实“组织起来,切实维权”的工作方针,围绕保持和增强工会组织“政治性、先进性、群众性”这条主线,继续全面实施开展“工会干部提质行动,基层工会提振行动,工会阵地提档行动,工会品牌提升行动和工会管理提效行动”坚持以党建带工建,不断增强工会组织活力,严格执行《工会法》,围绕中心服务大局,全面推进工会改革,认真履行发挥工会代表和维护职工合法权益等职能作用,为促进北碚经济社会持续稳定发展,不断创新工会工作新局面作出积极努力。

【基层组织建设】 做实实名登记,扩大工会组织和会员覆盖率。市总工会布置开展工会组织和会员实名制工作后,区总工会立即确定专项工作人员,下发文件,分级举办实名登记操作培训班 15 期,不定期开展督查,通报工作进展情况。重点开展“八大群体”登记入会工作。新组建“重庆旺顺运输有限公司工会委员会”“重庆裁依家政服务有限公司工会委员会”,指导全区所属医院工会、保安工会和企业工会积极吸纳护士、保洁员和货运司机加入工会。全区其他类非公企业建会、职工入会、农民工输出地登记和“八大群体”人员登记入会均分别达到 50%以上。全区党政机关、国有企事业单位建会率和职工入会率均达到 100%。2018 年新组建工会 13 个,基层工会组建基本实现全覆盖。全区有单独组建工会组织的非公企业 1477 个,联合组建工会组织的非公企业 128 个,涵盖非公小企业 3698 个,职工 200 人以上规模非公企业工会组建率的职工入会率达到 95%以上。区总工会深入基层,联系引导劳动关系领域社会组织 5 个,列名联系劳动关系领域社会组织领军人物 3 名。区总工会投入资金 110 万元,培训工会社会组织工作干部 153 人次,服务职工群众 53655 人次。

督导基层工会全面开展职工之家达标创建工作。在区总工会和各镇街、行业工会的具体指导下,全区各级工会组织围绕强“三性”去“四化”,突出改革创新,以筑造“六有”家园,深化“五家”建设,落实“四化”要求为创建载体,深入推进职工之家建设,涌现一大批组织健全、维权到位、工作规范、作用明显、职工信赖的基层工会组织。全区 1605 个基层工会组织中,符合合格职工之家标准的达到 75%,全区有先进职工之家 70 家,市级模范职工之家 22 家,市级模范职工小家 26 家,全国模范职工之家 6 家,全国模范职工小家 3 家。

落实国家相关法律法规及《重庆市集体合同条例》《重庆市厂务公开条例》,开展创建厂务公开民主管理示范单位活动。北碚区朝阳小学、市第九人民医院、重庆宝迪科技有限公司、北碚职业教育中心 4 家单位获得“重庆市厂务分开民主管理示范单位”。区总工会贯彻《重庆市职工代表大会工作规范》《中华全国总工会深化集体协商工作规划(2014－2018年)》等文件精神，在柳荫镇、龙凤桥、朝阳、天生、歇马等街道举办集体协商工作培训班4期，培训基层工会干部和企业经营者200余人次，指导10家企业新建职代会，督促企业续签集体合同和工资集体协商合同，全区规模以上企业建制率和续签率达95%以上。全程指导策划区饮食行业签订集体合同和工资专项集体合同。

加强工会干部队伍建设，提升履职整体水平。通过举办培训班、选送培训和以会代训等形式，共培训新任基层工会干部、镇(街道)工会主席、群团综合岗和村(社区)群团委员550人，全面完成市总工会安排的调训任务。

【党建工作】 强化政治引领，深入宣传贯彻习近平新时代中国特色社会主义思想和党的十九大精神。全区工会组织通过开展读原文学习、党组织中心组研讨学习、工会干部培训学习等方式，深学笃用习近平新时代中国特色社会主义思想、党的十九大精神和习近平总书记视察重要讲话、关于工人阶级和工会工作的重要记述、给中国劳动关系学院劳模本科班学员回信等精神，加强理论武装，坚定政治方向。通过党组民主生活会，支部组织生活会等方式，坚决肃清孙政才恶劣影响和薄熙来、王立军流毒，增强“四个意识”坚定“四个自信”做到“两个维护”，推动工会系统政治生态持续向好，整体向好。全年开展习近平新时代中国特色社会主义思想和党的十九大精神“进社区，进车间、进班组、进校园”宣讲活动5批次，开展系统作风建设2批次，开展网上宣传、思想互动交流、在线组织活动等13批次。

【重点活动】 弘扬劳模和工匠精神，组织开展“听党话，跟党走”系列活动。区总工会积极引导广大职工会员，开展以社会主义核心价值观为引领的“中国梦、劳动美”主题教育实践活动，传播正能量，丰富职工文化活动。开展宣传劳模、工匠“进企业、进校园、进社区”活动4次，组织开展送文化、送书屋、送电影各1次；组织开展“书香北碚，智慧职工”职工读书征文比赛和朗读大赛各1次，向新申报成功的市级职工书屋发送价值1万元的图书；在“五一劳动节”和“缙云之声合唱节”举办职工文节汇演，组织参加市全民健身活动，与区政法委、区直属机关，区文化委联合举办“平安北碚杯”男子篮球比赛。

以“当好主人翁，建功新时代”为主题，开展劳动技能竞赛活动。围绕重庆市劳动竞赛总体方案，广泛开展以“当好主人翁，建功新时代”为主题的劳动技能竞赛，全区参赛企业1895家，参赛职工11.8万人，覆盖面达88%以上。指导重庆骑龙饮食文化责任有限公司举行第二届技能大赛，指导北碚区环卫处等单位和企业开展岗位练兵比赛，与区人力社保局、区商务局联合举办北碚区2018年美容美发行业职工技能大赛，评选出60名各行各业技术能手。组队参加“2018年重庆市交通建设行业职工技能大赛”“2018年重庆市汽车检测与维修技能大赛”“重庆市2018年卫生护理技能大赛”均获良好成绩。重庆市第九人民医院赵凤娟在“2018年重庆市卫生护理技能大赛”中获心肺复苏竞赛项目二等奖。2018年，北碚推荐评选出“重庆市五一劳动奖章”3人，“重庆市五一劳动奖状”1个，“重庆市工人先锋号”2个。

深化职工劳动创新活动，创建劳模工作室。指导区级劳模创新工作室开展技术创新技术帮扶、技能培训、加强劳模创新工作室的规范化建设，强化对10个已建的区级劳模创新工作室的指导、检查，积极推进劳模创新工作室创新成果的社会化应用。2018年新建区级劳模创新工作室3个，推荐评选重庆市劳模和工匠创新示范工作室1个(北碚区澄江小学赖志刚劳模创新工作室)，劳模创新工作室总数达到北碚区省部级劳模数量的20%。

【维权维稳工作】 积极参与农民工工资清欠工作，确保农民工的合法权益不受侵害，配合区人社局等部门对区内拖欠农民工工资的情况进行全面检查，检查企业447家，涉及职工34567人(其中农民工25814人)，其中被拖欠工资2865人，清欠追回5452万元。

实施女职工“权益维护”工程。与区妇联、区综治办、区司法局等相关部门密切配合，联合开展“三八”节维权系列宣传活动，开展“送法律、送健康、送服务”三送活动，为现场群众提供法律、心理咨询和医疗卫生服务，参加女职工1560人，现场接受法律咨询800人次，发放宣传资料4000余份。把女职工专项集体合同与集体合同一起纳入工会工作，同时布置、统计、考核；推进女职工专项集体合同的签订，提高合同覆盖面和履约率，并做好合同的履约监督检查。会与8个律师事务所签订《重庆市"千名律师进企业服务职工在基层"志愿服务协议》。为女职工免费提供法律援助5件(涉及女职工25人)，挽回经济损失4.5万元。区朝阳中学和重庆市第九人民医院荣获重庆市"爱心妈咪小屋"达标单位。

开展信访维稳工作。进一步健全主席接访日制度。全年区总工会主要领导阅批群众来信4件，接待来访16次，区总工会其他领导在信访接待日接访21起职工、农民工上访，涉及职工23人次。2018年，共接待职工来信、来电、来访155件239人次，其中集体上访5起30人次，职工群众来信来访办结率达100%，上级交办案件办结率达100%，矛盾化解率达100%。

主动参与企事业单位劳动安全事故的调查，1—12月参加安全事故调查15件。配合区有关部门做好安全生产隐患排查和职业病防范检查5批次。

继续推进"千名律师进企业，服务职工在基层"工作，截至11月底，10名受聘志愿服务律师先后在各自联系的街镇(园区)、企业累计举办《宪法》等法律讲座12次，参加职工1320余人；深入企业年内开展法律咨询50余次，咨询的职工人数100人次；帮助82家企业审查劳动合同6000余份；实施法律援助38件次，为职工挽回劳动经济损失95万元；调处劳动争议纠纷17件，为职工挽回劳动经济损失153.21万元。

【职工互助保障】 规范管理，制定工作制度。修订《北碚区总工会2017—2020年困难职工解困脱困工作实施计划》《重庆市北碚区困难职工帮扶中心帮扶资金管理使用办法》《重庆市北碚区困难职工帮扶中心帮扶实施细则》，印发《北碚区总工会关于做好困难职工解困脱困建档立卡工作的通知》，建立分级负责、上下联动的帮扶工作制度。按照"先建档、后帮扶、实名制"的原则健全和完善建档困难职工入库出库的动态电子档案库，明确困难职工(农民工)申报程序，实现帮助困难职工(农民工)解困的全覆盖。

完善档案，确定精准帮扶目标。对全区建档困难职工的档案进行摸排清查。解困脱困存量档案361个(其中返困11户)，增量72人，占到2020年计划解困脱困总人数的80.38%。

生活救助，解决职工生活难问题。帮扶中心坚持开展"六节慰问"活动，对建档困难职工实行全覆盖，针对生活特别困难的职工单独给予一次性生活救助，全年累计救助生活困难职工4100人次，送去慰问金200.42万元。

大病职工医疗救助。多方筹集资金，继续实施"大病医疗救助"项目，帮扶因病致困的建档职工解困。帮扶患大病的建档困难职工(农民工)24人，送去医疗救助金28.1万元。

金秋助学，向困难职工子女送去的关怀。实施"金秋助学"活动，圆建档困难职工(农民工)子女的大学梦。全年资助118名考上大学(高中)的困难职工子女入学，助学金总额达59万元。

引导职工增强自我保障能力。截至年底，全区参加职工互助保险的职工178家，总金额158万余元，续保率达到99.3%，享受理赔和救助415人次，金额64.79万余元，扩大职工互助保障活动在全市范围内的影响力，真正做到为职工服务。

【职工服务】 联合区人力社保局等部门举办"春风行动""民管企业招聘周"现场招聘会和2018年春风行动元宵节专场招聘会及每月的现场招聘会20场次，组织近800家企业参加现场招聘会，为求职人员提供就业岗位3000个(次)，有2400下岗失业职工、进城务工人员、大学毕业生等参加招聘会，累计达成就业意向19450人。

与区法制建设办公室成员单位联合在北碚区文化广场组织开展以"尊崇宪法、学习宪法、遵守宪法、维护宪法、运用宪法"为主题的"北碚区2018年'宪法宣传周'集中宣传活动"，共计接待咨询2000余人次，发放新修订的《中华人民共和国宪法》等各类法制宣传资料、宣传品6000余份。在北碚区环境卫生管理处举行北碚区2018"尊法守法·携手筑梦"服务农民工法治宣传行动启动仪式。行动期内共计举办法治讲座3场，为1900余名职工提供法律咨询，发放《职工维权手册》《"尊法守法·携手筑梦"服务农民工法治宣传手册》等各类普法资料2000余份。

就业培训，实现从"输血"到"造血"的转变。区职工学校大力开展职业技能培训工作，共举办3期培训班，培训学员161人，就业145人，其中，电工培训57人，焊工培训50人，在库困难职工计算机培训54人。协助人力社保、工商等部门举办创业培训班8期，培训325人，引导有创业愿望的建档困难职工(农民工)、大学毕业生创建小微企业264个，为1615名城镇失业人员、大学毕业生提供就业岗位。

【创新活动】 结合全区“一区三地”发展战略目标要求,同区经信委、区人社局、区工商联等部门,倡导成立“北碚区工匠协会”,为各行各业具有绝技绝活的工匠型人才提供一个相互交流、推陈出新、不断创新的平台,将“碚城工匠”评选与“工匠协会”的发展目标相结合,构建“工匠协会+工会”的工匠型人才发掘、培养、选树机制,弘扬“工匠精神”。

区总工会充分利用北碚区总工会职工学校的教学资源,积极与社会办学机构合作,结合区总工会职工劳动技能提升培训“进企业·进社区”活动三年实施方案的总目标,建立“一讲堂三制度”的北碚区产业工人队伍劳动技能提升培训机制,“一讲堂”是通过北碚区总工会职工学校、北碚区总工会基层工会组织QQ群、北碚区总工会网站开办公益性的“碚工讲堂”,免费为广大职工举行政治理论、政策法律、技术技能、安全保障、医疗卫生等方面的知识和技能培训,实现职工劳动技能提升培训线上线下一体化,“三制度”即推行“工会干部任课制”“培训内容订单制”“碚工讲堂流动制”。

按照中央、市委、区委对发展民营经济的部署和要求,北碚区总工会积极行动,开展“聚焦服务,聚力发展”主题工作。向大型民营企业派驻“党建带工建”指导员;为基层工会服务阵地提供一批基层工会组织和产业工人急需的政治、新科技知识、法律法规、安全生产、职业病防治等方面的书籍;加大对困难职工的大病职工的救助力度;加大农民工的法律援助,维护社会秩序、安全生产和职工队伍的稳定;发挥“碚工讲堂”作用,宣传党和国家的大政方针和传授广大职工期盼的新科技知识、先进操作方法。

【工会财务经费管理】 加强工会经费拨款,完成上缴工会经费任务。根据《工会法》《重庆市工会条例》,多种形式宣传计提、拨缴工会经费的法律法规,宣传工会经费税务代征办法、程序和基本政策规定,依托日常税收征管工作,扩大税务代征覆盖面。发放《工会经费、工会等备金征缴问答》宣传资料1万余份,相关文件5000余份。加强与税务部门协调,督促未建会企业建会,让建会与收费同步进行,协助地税部门做好经费代征工作和专项清理工作,做到工会经费缴纳及时。

健全和加强工会财务、资产管理工作。在工会经费开支和工会资产处置上,建立和完善财务收支预、决算和工会资产管理处置制度,坚持实行主管财务工作领导“一支笔”审批制度,重大活动、会议和办公经费开支都通过办公会议研究同意后实施。在资金使用上,坚持服务大局、服务基层、服务群众原则,严格遵守财务制度、财经纪律、依法聚财、科学理财、合理用财,严格执行《预算法》和《工会预算管理办法》,用好工会经费。工会资金使用合规,上级拨付的专项资金按规定使用完毕,未发生违纪违规事件。做到工会资产保值增值,会计核算规范化,未发生工会资金资产流失的情况。修订《北碚区总工会2017—2020年困难职工解困脱困工作实施计划》《重庆市北碚区困难职工帮扶中心帮扶资金管理使用办法》和《重庆市北碚区困难职工帮扶中心帮扶实施细则》

【基层工会经费审计】 根据中央“八项规定”的精神,按照《重庆市基层工会经费收支管理实施办法》区总工会经费查出的问题及时进行纠正和整改。区总工会下发《关于进一步规范工会组织会员＜春秋游＞的通知》和《关于进一步规范工会活动和会员福利的通知》,积极协助区纪委、区委监督室对区总工会和基层工会经费使用情况进行检查督导,确保工会经费使用合理、规范。

【区总工会负责人名录】

主　　席:胡　湧
常务副主席:陆培梁
副 主 席:肖春艳(女)
杨　柳
徐红群(女)
杨君健
强　梅(女)

(傅晓东)

共青团北碚区委员会

【概况】 共青团北碚区委员会(以下简称团区委)有干部职工12人,其中书记1人,副书记1人,挂职副书记1人,兼职副书记2人;内设办公室、组织部、青少年事业发展部3个机构,有直属事业单位青少年活动中心1个。全区有基层团组织783个，专兼职团干部约为2003人，登记在册的团员数为1.2万人，其中学生团员8474人。

2018年，在团市委和区委的坚强领导下，深学笃用习近平新时代中国特色社会主义思想，认真贯彻落实党的十九大和团的十八大精神，坚持“党旗所指就是团旗所向”，努力把共青团改革的各项工作落到实处。区委书记周旭出席“五四”活动，深情寄语全区广大青少年，对北碚共青团工作汇报作出重要批示；区委副书记高洪波亲自安排部署党建带团建相关工作，手把手指导团区委的改革推进；梁亚荣、江绪容、章榕、董江民、刘永、韩燕等区领导先后出席“2018年重庆市青少年迎春晚会”“团干部岗位实践能力大比武”“五四”座谈会和“党建带团建”专题培训班等活动，党建带团建工作得到进一步深化；全市（全团）第一个中国科普博览基地落户北碚青少年活动中心，中科院院士走进北碚少年宫；柳荫中学周润柳获评“全国最美中学生”、西南大学附属中学马玉龙获第11届中国青少年科技创新奖，基层团干获“全国优秀团干部”称号，相关工作得到新华社、重庆日报、重庆电视台等媒体报道28条次。

【青少年思想引领】 承办2018年重庆市青少年新春晚会，全市2000名青少年汇聚一堂，共谱“童心向党”，晚会网络直播平台观看量323万人次，图片直播点击量15.7万人次。举办“不忘初心跟党走，青春建功新时代”北碚区各界青年纪念五四青年节座谈会，区委书记周旭同志出席并讲话。开展“扬青春正气·倡廉洁新风”青春倡廉主题教育活动，邀请区委常委、区纪委书记、区监委主任梁亚荣同志与青年干部交流人生的走向，帮助团干部扣好第一颗“清廉扣子”。组织近100名基层团干参加区“不忘初心跟党走·青春建功新时代”团干部岗位实践能力“大比武”活动，并在市级比赛中荣获一等奖1名，三等奖2名，优秀奖2名；组织40名基层团干部赴延安接受党性教育，近距离感知延安精神，帮助团干部筑牢信仰之基，补足精神之钙，把稳思想之舵。加强党对青年工作的领导，与组织部联合举办“党建带团建”专题培训2场，邀请团市委书记张继军来碚授课，实现各街镇、各部门、各村社区党团干部全覆盖。拓展工作方式，在非公企业青年高度集中的蔡家园区管委会、国家大学科技园，由团区委副书记兼任园区非公党工委副书记，直接参与园区党建工作，更好地将团的工作融入进去。不断加强对青年社会组织的联系引导，青年社会组织联席会成员单位达到22家，覆盖青年6000余人。牢记全团带队的政治责任，成立全市首个红领巾理事会，建立少先队干部学校，加强政治启蒙。策划“9·30”烈士纪念日广播专题节目，全区66所中小学6万余名青少年集中收听并开展主题队日活动，成为全市共青团思想教育的典型案例。

【组织建设】 推动区委出台《加强民办学校党的建设工作的实施意见》等文件，联合区委组织部印发《关于进一步加强非公组织团组织组建工作的通知》，将团组织建设要求纳入《2018年全区非公有制经济组织和社会组织党建工作要点》，不断加强区内顶层制度设计，营造各级各部门重视团组织和青年工作的良好氛围，让非公组织团员青年有人管、有人问。注重评选表彰、推优树优等机制激励，在“两红两优”“十大杰出（优秀）青年”等评选活动中，大量非公组织优秀青年脱颖而出。特别是为“十大杰出（优秀）青年”评选组织的网络票选中，收获了165万次点击量，有力引导广大非公组织青年增强岗位建功信念。“沉下身”将工作贴近非公组织青年、将服务送到非公组织青年，先后开展“幸福大讲堂”“真人CS运动健身”“情往北吹·缘分加碚”等活动10余场，将活动送到园区、企业和非公组织团员青年身边，不断提升非公组织青年获得感、幸福感。

【青年志愿者服务】 在大科院党群服务中心开设“暑期课堂”，解决缙云山整治攻坚涉及街镇干部职工家庭孩子暑期管理真空难题。定期组织青年志愿者到缙云山等景点开展环境保护、文明引导、秩序维护等志愿服务活动。组织100余名高校“蓝精灵”青年志愿者参与中国首届温泉与气候养生旅游国际研讨会、全国重庆商会会长会议、“智汇北碚”人才活动周的接待和服务工作。

【青年创新创业创优】 实施青峰创业贷，争取区财政支持50万元，政府风险铺底资金扩大到100万元，资金池放大到450万元，全年支持30位创业青年300万元。组织创业沙龙，依托“青创吧”阵地，开展创业巡诊、创业沙龙、创客英语等活动30余场，覆盖创业青年群体500余人。开展创客发布，开设“青创超市”

项目，发挥团区委官微关注度高、覆盖面广的特点，搭建推广平台，整合辖区青年初创企业产品集中展示，联合电商渠道协助推销。联合西南大学携手6家优质企业，举办第十一季UBO职场精英挑战赛，促进青年大学生职业能力提升。

【少先队总队建设】 组建北碚区红领巾理事会，“量身定制”理事会工作章程和各部门职责，通过多元化的竞岗方式在全区66所中小学中产生2届共计42名红领巾理事会委员。建立北碚区少先队干部学校，每年开展3～5天的少先队干部课程培训，加强少先队干部的政治启蒙、能力提升、素质培养，进一步建立和完善党—团—队三级培养体系。创办《碚蕾队刊》，聚焦少先队工作的新方向、新要求，展示北碚区各级少先队组织活力、倾听辅导员的心声、碰撞少先队员的思维，为全区的少先队员和辅导员搭建一个沟通、交流、学习、展示的平台，队刊连续出版3期，向全区66所小学1057个中队，累计发放10000余册。开展特色品牌活动，利用建队日、烈士纪念日和五四青年节等法定节假日，深入开展“喜迎十九大——我向习爷爷说句心里话”“穿越时空对话英烈”9·30烈士纪念日广播特别节目等主题队日活动。

【青少年活动中心建设】 2018年重庆市第一个中国科普博览基地落户北碚区青少年活动中心；市教委将北碚区青少年活动中心命名为“重庆市中小学社会实践教育基地”；重庆市校外联首场青少年新春晚会在北碚举行；语言班学员肖钦予以286∶1的竞争比例从7000余名学生中成功考入中央戏剧学院播音主持专业；开展院士大讲堂、创意发明大讲堂等公益活动，邀请中国科学院院士冯小明、台湾籍“全球顶尖三大发明家”邓鸿吉教授为全区青少年讲课；相关工作得到新华社、光明网、《重庆日报》等国家级媒体和市级以上主流媒体宣传报道16条(次)。

【共青团北碚区委员会负责人名录】

书　记：王冬妮(女)

副书记：徐继龙

夏学准

张　瑜(女)

何云涛

(王　瑜　朱恒宇)

北碚区妇女联合会

【概况】 北碚区妇女联合会(以下简称区妇联)有行政编制6个，事业编制3个。在职干部9名，其中，主席1名，副主席2名，内设办公室和发展部2个科室，下属北碚区妇女儿童活动中心1个事业单位；全区有基层妇联组织55个，其中街镇妇联17个，机关妇委会31个，机关妇工委7个。

2018年，在市妇联的指导支持下，在区委的领导下，北碚区妇联深入学习贯彻习近平新时代中国特色社会主义思想和党的十九大精神，及时学习宣传贯彻中国妇女十二大精神，按照习近平总书记对重庆提出的“两点”定位、“两地”“两高”目标和“四个扎实”要求，围绕区委“一区三地”建设，团结带领全区妇女干部和妇女群众，凝心聚力，开拓创新，真抓实干，推进妇女工作和妇联改革取得新进展和新成效，为推进全区经济社会发展作出积极贡献。

【思想建设】 宣传贯彻十九大。以“巾帼心向党·建功新时代”为主题，认真学习贯彻党的十九大精神，组建由各级妇联干部、巾帼志愿者、女性人才等组成的宣讲队伍，开展“百千万巾帼大宣讲”活动，深入开展“榜样面对面”宣讲活动，举办“巾帼心向党·筑梦新时代”女职工学习贯彻党的十九大精神知识竞赛系列活动。

宣传贯彻中国妇女十二大。扎实开展学习宣传中国妇女十二大精神，邀请全国十二次妇代会代表赵玉芳作专题报告，拟定《北碚区妇联关于开展“中国妇女十二大精神进基层”大宣讲活动的实施方案》，印发《关于认真学习宣传贯彻中国妇女十二大精神的通知》(北碚妇发〔2018〕26号)，组建三级中国妇女十二大宣讲队伍18支200余人，深入各村(社区)、两新组织等开展中国妇女十二大宣讲200余场，以微信推送的形式，学习《习近平关于妇女儿童和妇联工作论述摘编》，印发《北碚区中国妇女十二大精神宣讲资料》300份。

【宣传载体建设】 利用全国妇联“精彩女性享学吧”平台，有注册学员373名，充分利用全国妇联“妇联通”APP，有注册学员870人。

做实新媒体工作，搭建全区妇联组织与妇女群众良好的交流沟通平台，“北碚妇联”微信公众号全年发布信息300余条，其中原创信息182条，公众号分设“巾帼风采”“组织建设”“身边律师”“家庭教育”“关爱行动”等宣传栏目，建立各级各类微信、QQ群矩阵200多个，建立网评网宣员队伍78人，积极转发“女性之声”“重庆女性”“北碚发布”微信公众号发布内容，宣传妇女工作、宣传先进典型、宣传妇女工作政策、宣传党和政府的温暖关爱，宣传社会主义核心价值观，团结凝聚全区广大妇女听党和跟党走。新开设“拇指YOYO”0～3岁早期家庭教育公益微信平台，为0～3岁宝宝们的家长提供家庭教育指导性文章分享家教经典案例，传播科学的家教理念。

【主题活动】 结合遍布城乡的线上线下妇女之家，实现线上线下联动发声，突出“碚家有爱”“碚家有情”“碚家有理”“碚家有教”“碚家有美”等工作品牌，开展“巾帼心向党建功新时代”主题活动，开展“百千万巾帼大宣讲”“争做好网民”等形式多样的宣传活动500余场，形成传统媒体与新媒体、线上与线下全方位、立体式的新闻大宣传工作态势。

开展“点赞改革开放·她记忆”活动。线上线下相结合，微信展播分北碚篇和街镇篇共计18期，用图片、H5、视频等形态对北碚在改革实践中发生的与女性发展相关的重大事件、重要地点、关键人物及家庭衣食住行的变化、好家风好家训的传承等内容进行呈现，通过微信、QQ等平台积极转发，阅读量1万余人，点赞1000余次。

组织全区52个单位近1000名各行各业的妇女代表和家庭参加趣味运动会、亲子羽毛球比赛、钓鱼、游泳比赛等系列庆“三八”系列体育竞技活动，充分展示广大妇女儿童团结协作、健康向上的精神风貌。

组织近50名区、街镇、社区村三级妇联执委参加在重庆市巾帼园开展的女性素养能力提升培训，努力提高妇联执委的能力水平，增强妇联组织的凝聚力和战斗力。

组织全区17个街镇、40余个单位和部门参加“巾帼心向党·筑梦新时代”党的十九大精神知识竞赛，进一步强化学习贯彻党的十九大精神的自觉性和积极性，提升妇女维权意识和综合素养，激发妇女姐妹努力建功新时代。

开展“碚家有爱·让爱流动”亲子教育公益讲座，100余名家长通过学习科学的家教理念和方法提高与孩子沟通交流的能力。

举办第二届“流动的美丽”之女性书画作品展，通过女性独到的艺术表现温暖人、鼓舞人、启迪人，唱响主旋律，弘扬正能量，展示碚城巾帼风采。

【巾帼讲堂】 全年开展4次以女性素质提升、企业政策宣讲、家庭教育普及和生态环境文明建设等主题的“巾帼讲堂”。将“巾帼讲堂”向基层延伸，融入各基层开展好村社区“讲习所”。打造“网络巾帼讲堂”，让广大妇女便捷高效参加学习，不断提高妇女建功新时代的能力。

【助力乡村振兴】 扎实开展脱贫攻坚结对帮扶工作。坚持扶贫和扶智相结合，发动广大妇女巾帼助力脱贫攻坚。广泛发动妇联组织和爱心人士，深入开展“爱心妈妈”与“困境儿童”结对帮扶和“送温暖”活动开展贫困母亲两癌救助、母亲邮包、母亲健康快车、春蕾圆梦行动等服务项目，组织区女企业家参与脱贫攻坚活动。机关全体干部每月结对帮扶。坚持每月对金刀峡小塘村9户机关干部结对帮扶户进行入户走访、慰问、宣传政策等，了解其生产生活状况及稳定增收情况，掌握贫困户思想动态和帮扶需求。发放帮扶结对连心卡，建立双向沟通机制。定期与金刀峡镇小塘村干部联系，全面掌握结对贫困户生活、思想动态。传统佳节开展走访慰问，“面对面”接触、“心连心”交流。对口联系东阳街道桃花山村。对口帮扶东阳街道研讨会讨论通过对桃花山村进行2万元资金帮扶，开展改善农村生产生活条件工程。桃花山村妇联班子由11名执委组成，其中主席1人，兼职副主席2人，有19个妇女小组，19名妇女小组长，区妇联积极指导村妇联开展工作，发挥妇联组织作用，引领妇女积极参与桃花村建设中。

巾帼志愿服务进乡村。以“巾帼志愿者进乡村”为主题，广泛深入开展弘扬好家风、传播好文明、洁净进万家、健康新生活等多形式活动132场，1.5万余人次参与活动。在“三下乡”活动、“学雷锋日”、新春佳节之际，组织巾帼志愿者进社区开展家庭教育、健康义诊、维权咨询、变废为宝、剪窗花、趣味游戏、入户慰问等活动132场，吸引1254人次参与。组织1名女性参加全国妇联“乡村振兴巾帼行动”美丽家园建设(辽宁)专题培训班。

【关爱帮扶】 开展“送温暖”活动。广泛发动妇联组织和爱心人士，元旦春节期间投入6.7万元，慰问困难妇女儿童210人；端午节期间，投入13500元，慰问困难妇女儿童135人。中秋节，区妇联集中慰问童家溪镇、北温泉街道等7个街镇，全区妇联系统共为全区157名困难妇女儿童送去价值1.57万元的慰问品。

开展服务项目。为25名“两癌”妇女争取“贫困母亲两癌救助金”25万元。为困难母亲发放母亲邮包70个，价值2万元。开展“微爱行动·一件冬衣的温暖”为47名留守儿童送去价值4700元的冬衣。

关爱困难儿童。儿童节期间，到澄江希望小学慰问275名儿童，送去价值1.8万元的节日礼物。开展春蕾圆梦行动，为8名高中生送去8000元资助金。开展困境儿童团辅项目。以困境儿童心理抚慰为重点，7月13日和10月27日，开办北碚区妇联“公益暖童年·爱心伴成长”困境儿童爱心妈妈与心理辅导员结对关爱团辅讲座2期，吸引14个街镇困境儿童和60多名爱心妈妈、片区督导和家长前来参加。进一步推动和打造“1+1+N”儿童关爱模式，建立每1位困境儿童与1位心理辅导老师结对帮扶模式，逐步构建以村社妇联干部为主体，家庭监护、学校教育、社会关爱多方参与的关爱网络。组织困境儿童与爱心妈妈参加市妇联举办为期5天的关爱儿童“快乐成长营”体验之旅公益活动。

【家庭文明建设】 寻找“最美家庭”。开展2017年度北碚“最美家庭”暨平安家庭揭晓仪式，为2017年度70户“最美家庭”和188户区级“平安家庭”示范户颁奖。启动2018年寻找北碚“最美家庭”活动，通过线上线下互动共产生北碚区最美家庭77户，全国最美家庭1个；区级文明家庭评选出50户。探索“家岗”对接。充分发挥各级巾帼文明岗的示范带动作用，通过巾帼文明岗与村社儿童之家“家岗”对接方式，在天府镇、东阳街道和天生街道分别开展3期“同悦书香·共度好时光”暑期系列阅读活动。促进全民阅读。围绕“流动的美丽”主题开展系列读书活动，区内2户家庭获“重庆最美书香家庭”称号，组织7户家庭参加重庆市“书香润万家”家庭阅读活动，3户家庭在“让诵读走进家庭用声音温暖你我”活动中分别荣获一、二、三等奖。

传承好家教，推进文明行为进万家。与区社区教育学院联合开展社区教育精品课程项目“0～3岁早期家庭公益讲座”5场，参与人数400余人，发放资料600余份，以社区(村)为基地，以家庭为核心，逐步扩大家庭教育的覆盖面，把正确的家庭教育理念传递到千家万户。启动“亲亲宝贝”志愿者服务项目，与以静心理咨询室联合每月开展一场家庭教育公益活动，结合线上、线下等多种形式，为家长开展公益讲座、网络微课堂、体验沙龙等公益活动，全年开展12场，吸引1000余名家长参加，发放资料800余份。运用线下与线上资源，以“家庭教育流动学校”为载体、妇女儿童活动中心为阵地，开展家庭教育讲座，抓好区级讲师团的授课。与区社区进修学院联合打造北碚区心理健康及家庭教育讲师团。开展“共同养育·幸福成长”主题活动3场，邀请国家二级心理咨询师、市优秀巾帼志愿者分享亲子沟通经验，参与人数400余人，发放资料500余份。市妇联主办，北碚区妇联承办的“百场讲座进万家”聘请家庭专家深入社区(村)开展咨询讲座活动3场，参与人数400余人，发放宣传资料600余份。

弘扬好家风。启动“共护缙陵山水·同圆巾帼梦想”绿色生活主题活动，全区近300名巾帼志愿者参加活动，依托多种媒介，开展宣传口号征集活动，有100条口号启动仪式上发布。邀请西南大学资源环境学院教授、博士生导师为巾帼志愿者带来绿色生活环保知识。同时，在马鞍溪河边邀请河长办专家对巾帼志愿者进行现场指导，开展实作演练培训。开展十大绿色巾帼志愿服务公益项目招募活动。通过妇联微信公众号向社会发布“姐妹同行·文明你我”活动、“建巾帼林·护母亲河”活动、“变废为宝”活动、寻找“最美阳台”“最美庭院”活动、“美丽乡村·从我做起”活动、“巾帼彩绘·靓化街区”活动、“我的阳台笔记”征集活动、“旧物换绿”活动、“垃圾分类——我是行动者”环保活动、“衣旧情深”闲置衣物再利用活动十大绿色巾帼志愿服务公益项目征募活动。在重庆市“最美阳台”“最美庭院”创评活动中，全区共有6户家庭被评为重庆市百佳“最美阳台”“最美庭院”。

绿色生活巾帼志愿服务队伍。组建17支街镇绿色生活巾帼志愿者服务支队、4支绿色生活巾帼志愿者服务特色支队(绿色生活家庭巾帼志愿服务支队、绿色生活巾帼专家志愿服务支队、绿色生活巾帼河长志愿服务支队和绿色生活巾帼城管志愿服务支队)和12支行业巾帼志愿河长小分队(人大代表巾帼志愿河长队小分队、政协委员巾帼志愿河长队小分队、领导干部巾帼志愿河长队小分队、三八红旗集体巾帼志愿河长队小分队、公安干警巾帼志愿河长小分队、税务员巾帼志愿河长队小分队、教师巾帼志愿河长队小分队、医生巾帼志愿河长队小分队、企业家巾帼志愿河长队小分队、巾帼文明岗巾帼志愿河长队小分队、北碚区妇联执委巾帼志愿河长队小分队、企业职工巾帼志愿河长队小分队)，围绕"共护缙陵山水·同圆巾帼梦想"主题，开展"绿色理念我倡导""绿色行动我参与""绿色生活我践行"等13项专题活动，不断提高广大妇女和家庭的绿色环保意识。

培育志愿服务组织。在全区"文明在行动·温暖在北碚—北碚区志愿服务先进典型集中展示活动"中，"0～3岁早期家庭教育公益服务项目"荣获最佳志愿服务项目，"心理健康及家庭教育讲师团"荣获最佳志愿服务组织。与志愿者团队I Love Reading公益图读室合作，开展"学会垃圾分类，变废为宝"环教活动，全年开展6场，参与人数200余人。

【服务民营经济】 推选、宣传先进典型。注重在民营女企业家中培育三八红旗手、三八红旗手标兵、巾帼建功标兵等先进妇女典型，共有28人次获得殊荣。推荐1人参与市级三八红旗手评选。开展"点赞改革开放·她记忆"微信展播活动宣传各界优秀妇女创业先进事迹。同时，利用"北碚妇联"微信公众号和微信矩阵群，大力宣传优秀女企业家典型，展示优秀企业家精神。

搭建交流平台。开展市女企业家协会北碚行活动。配合区委统战部开展以"巴渝巾帼创业创新·齐聚碚城共谋发展"为主题的重庆市女企业家协会北碚行活动，40余位重庆市知名女企业家齐聚北碚，助力北碚招商引资。开展梁平女企业家北碚行活动。接待梁平区女企业家协会近50人参观考察北碚重庆市自然博物馆、天润食品有限公司和大学科技园等地，当场购买菩璞有限公司中国味道产品近5万元。开展婚恋交友活动。为创业青年人才解决后顾之忧，5月18日联合团区委开展"爱千寻·邂逅美好"交友培训活动，来自全区30个机关企事业单位以及教育、医疗等系统的80余名单身青年参加此次活动。11月11日联合团区委开展"牵手双11·水土来相聚"交友活动，来自企事业单位50对青年男女参加活动。指导、协调服务北碚区女企业家协会工作，7月12日，联合区民营经济促进中心、区人力社保局、区工商分局举办北碚区"创业创新巾帼行动"现场推进会，北碚区女企业家、北碚区微型企业女业主共70余人参加活动，与会女性创业代表讲述创业经历，分享创业酸甜苦辣。11月30日，联合区工商联、区女企业家协会开展以"诵读经典·美丽人生"为主题的女企业家展魅力风采读书活动，女企业家协会会员、部分女领导干部、区妇联执委、机关妇委会主任及基层妇联干部约70人参加活动。

深化巾帼建功。在全区范围内开展巾帼文明岗的创建和复查工作，参与创建的岗组21个，复查岗组116个，复查出需撤销荣誉的13个。

【组织建设】 拓展组织覆盖。巩固村"会改联"、街镇区域性妇联改革成果，在"北碚区微企协会"和重庆市丰江医院等一批两新组织中建立妇联组织。

规范妇女儿童活动阵地建设。按照"有人员、有场所、有制度、有活动、有经费"五有要求和"一室多用、配套建设、资源共享"的原则，全区183个村(社区)全部建有妇女之家，覆盖面100%。印发《关于开展北碚区优秀"妇女之家"创建活动工作的通知》(北碚妇发〔2018〕10号)文件，按照"七个有"标准创建8个区级优秀妇女之家和儿童之家。申报成功5个市级优秀妇女之家。

12月18日，在歇马街道华伟社区召开北碚区妇女儿童活动阵地建设现场会，参观社区便民服务中心、妇女之家、儿童之家，对市区13个优秀妇女之家颁发奖牌，5个基层妇联分别就妇女儿童活动阵地建设、"城市提升·巾帼行动""乡村振兴·巾帼行动"和"脱贫攻坚·巾帼行动"等工作做经验交流发言。

发挥执委作用。充分凝聚全区200名妇联主席、502名副主席、2387名执委力量，建立"主席、副主席——执委——街镇妇联主席——妇女代表——妇女群众"联系制度，进一步延伸妇联组织服务的手臂，打通服务妇女群众最后一千米。印发《北碚区妇联执委工作制度(试行)》，建立执委学习、调研、联系等制度。坚持每季度召开一次执委工作座谈会，每半年召开一次街镇妇联主席座谈会，确保各项工作任务落实到位。

注重统战联络。命名区级三八红旗手20名，三八红旗集体5个，推荐市级优秀巾帼志愿者、三八红旗手、巾帼文明岗等各级各类先进个人(集体)60余个。区妇联党组联系服务女性专家及重点服务对象7人，召开联系座谈会，建立微信群，征求妇女工作意见建议。加强与女委员代表联系联谊。全区有女委员66名，政协妇联界别小组有女委员10名，其中党外人士6名，由妇联副主席任组长，妇联的相关活动、座谈等都注意邀请她们参加，积极听取她们的意见建议，全年开展小组活动8次。全区有女人大代表73名。吸纳部分民主党派会员进入妇联执委。积极服务指导女企业家协会工作。以女企业家协会为载体，加强与非公有制经济妇女代表的联系，通过组织开展培训、讲座、调研等提供政策法律服务，拓宽妇联工作，北碚区女企业家协会会员64人，女企业家协会分会被评为重庆市优秀会员单位。注重联系引导女性社会组织。在女企业家协会和微企协会建立妇女组织。区妇联主要联系服务的社会组织是“重庆市北碚区碚城义工协会”和“重庆市北碚区启明星社会工作服务中心”。2018年，碚城义工协会承担区妇联四个活动项目，分别是“共护缙陵山水同圆巾帼梦想”绿色生活主题活动之“旧物换绿”“绿色三部曲”“我的阳台笔记”和“衣旧情深·爱在循环”活动。启明星社会工作服务中心主要承担了蔡家岗镇两江名居社区“妇女之家”和“儿童之家”建设等等。

【妇女维权】　健全维权机制。健全区、街道（镇）、村（社区）三级妇联信访工作网络，有妇女信访代理室200个，妇女信访代理信息员1387人，代理员200人，全年区妇联系统接待来信来访来电160件（其中市妇联4件），提供个人心理辅导30人次；在信访信息系统中录入信访件3件，领导下访件6件，办结率100%。建立和完善区、街镇、村社区三级婚姻家庭纠纷人民调解机制，建立婚姻家庭矛盾纠纷调解室193个、吸纳调解员207人，在区法院设立婚姻家庭纠纷诉调对接工作室，聘请有高度的责任心、调解经验丰富的调解员，为当事人开展人性化的调解工作，全年调解婚姻家庭纠纷905件（其中诉调对接87件）。争取公、检、法、司、民政、综治等职能部门的大力支持，通过建立联防、联动、联建、联调、联审、联创的“六联”机制，协同做好婚姻家庭矛盾纠纷预防化解工作。借助西南大学法学院、心理学院的优势资源，市妇女儿童心理咨询服务团、区妇女儿童维权法律服务团、巾帼维权志愿者等专家团队力量，开展心理辅导和维权帮扶，为婚调工作提供智力支持。

开展普法宣传。举办知识竞赛，内容涉及十九大报告、妇女儿童法律法规等方面的知识，全区28个单位的84名人员参加竞赛。举办“关爱儿童·反对拐卖”——重庆市2018年“六一”反拐宣传进校园活动，为全校200多师生送去节日祝福、反拐知识和自身保护技巧。多形式开展“感恩生命·健康生活”2018年禁毒宣传活动。利用妇联QQ工作群、妇联微信公众号等新媒体，编辑微信《国际禁毒日，让我们对毒品说不》和《感恩生命·健康生活|禁毒宣传，巾帼在行动》；以“我向毒品say no”为主线，征集到禁毒剪纸作品“被网住的幸福生活”“珍爱生命·远离毒品”“别被外表迷惑”等；开展“6·26”禁毒集中宣传活动，发放禁毒宣传资料100余份；以家教流动学校为平台，深入到天生街道奔月路社区和柳荫镇，分别开展以“感恩生命·健康生活”和“不让毒品进我家·禁毒宣传你我他”为主题的禁毒宣传活动，发放宣传资料和宣传用品800余份。开展暑期宣传活动。以家教流动学校为平台，以儿童之家为载体，深入东阳街道磨心坡村、天生街道荷花池社区、奔月路社区等地，为200余名家长和孩子们发放宣传资料，在妇联微信公众号上发布《防溺水，这个夏天这样更安全》，全区妇联系统共开展暑期儿童安全和法治活动48场2456人。10月13日、10月30日、11月1日，先后在区妇女儿童活动中心、复兴小学、澄江希望小学开展2018年北碚区“守护花季·相伴成长”主题活动，邀请“莎姐检察官”、家教流动学校讲师做防性侵等报告，发放《未成年人保护教育读本》200册。10月12日，在天生街道碚峡路社区开展“送知识、送健康、送温暖、送服务”主题“敬老月”活动。开展普法宣传进村（社区）活动。到东阳街道丹阳社区开展家庭教育宣传、妇女维权咨询、健康义诊、变废为宝和剪窗花技能培训等服务，发放家庭教育、禁毒、防邪教、维权等宣传资料300份；在城南公交车站开展以“有家·有爱·有梦想”为主题的“梦想驿站”活动，发放宣传资料500份，维权咨询服务30人；到复兴街道太山社区，发放宣传资料200余份，接待咨询群众36人次；到云清路社区与妇女群众开展共学活动，通过有奖知识抢答赛的形式学习党的十九大精神和妇女儿童维权相关知识。举办妇女婚姻家庭财产权益的法律保护主题的“千万妇女大学法”法治宣讲活动，邀请西南政法大学民商法学院教授授课，来自街（镇），村（社区）、妇委会及各行各业的妇女代表共计200余人参加。

做实援助服务。在北碚区妇女儿童活动中心设立家庭暴力庇护所、心理咨询室、法律援助站、人民调解室、亲职教育点，积极开展法律咨询和帮扶服务。与区司法局联合下发《关于进一步加强妇女法律援助工作的通知》（碚司发〔2017〕6 号），要求区法律援助中心、各街镇司法所和妇联组织扩大法律援助覆盖面、强化妇女法律援助便民服务、加强妇女法律援助监督指导，切实加强妇女合法权益的维护和保障，2018 年共申请全国法律援助 9 件。

【“平安家庭”建设】 强化组织领导，注重部门联动。联合区综治办和区妇联下发《深化创新开展“平安家庭”建设工作方案》，要求各街镇和相关部门要高度重视，注重部门协同配合，进一步巩固和扩大试点工作成效。强化动态管理，注重帮扶转化。坚持做到一户一个帮扶计划，落实好一帮一或多帮一的帮扶转化措施，确保精准施策、精准发力、精准转化。截至年底，643 户问题家庭中，有 328 户问题家庭得到有效改善，改善率 51%，有 179 户问题家庭得到明显转变，转变率达 27.8%。强化督导落实。平安家庭建设工作纳入社会治安综合治理和平安建设考核内容，由区综治办进行督查考核。凡因工作不落实，发生重大“民转刑”命案等重大问题的街镇，将严格按照相关规定进行责任倒查和责任追究。

【妇女儿童发展纲要实施】 加强领导。区委区政府高度重视妇女儿童工作，将《规划》确定目标纳入全面建设小康社会总体目标和政府工作重要议事日程，为实现各项妇女儿童发展目标提供有力保证。科学监测。区妇儿工委监测评估小组扎实开展纲要（规划）监测统计和评估工作，召开北碚区纲要（规划）监测统计培训会，区统计局形成监测分析报告，区妇儿工委办形成年度监测评估报告。攻坚克难。区政府制定《北碚区免费婚前医学检查实施方案》，明确部门职责，建立相关制度。截至年底在 171 个城乡社区（村）建设儿童之家，覆盖率达 93.44 %，按照《进一步推进儿童之家规范化建设的意见》（渝妇发〔2018〕76 号）对基础型儿童之家“七有”建设标准的要求已经建有 171 个社区（村）儿童之家，占 100%。加大宣传。加大男女平等基本国策宣传力度，营造全社会关心支持妇女儿童事业的良好氛围，开展走访慰问、宣传咨询、主题庆祝等活动。

【区妇女联合会负责人名录】

主　　席：潘　红（女）
副 主 席：刘雪莲（女）
副 主 席：孔祥梅（女）
挂职副主席：贾　利（女）
兼职副主席：唐丽娜（女）
兼职副主席：黄若琴（女）

（漆巨红）

北碚区科学技术协会

【概况】 重庆市北碚区科学技术协会（简称区科协）为正处级群团单位。是党领导下的人民团体，政协成员。内设办公室、综合发展科 2 个机构，有行政编制数 5 人。2018 年召开北碚区科协第七次代表大会，选举出区科协第七届委员会和新一届领导班子，其中，专职主席、副主席 3 名，挂职副主席 1 名，兼职副主席 2 名。常委、委员、代表中基层一线科技工作者比例分别达 20%、40%、80%。

【重要荣誉】 区科协被中国科协评为“2018 年全国科普日优秀组织单位”、被市科协评为“第三届重庆市科协改革研讨会优秀组织单位”“第 33 届重庆市青少年科技创新大赛优秀组织单位”“首届重庆市青少年 STEAM 科创大赛优秀组织单位”“第 28 届和第 29 届（上半年）重庆市青少年科技模型大赛优秀组织单位奖”“参观科技展览有奖征文暨科技夏令营活动优秀组织单位奖”“庆祝中国科协成立 60 周年科技摄影大赛优秀组织单位”“市科协考核特等奖”。

【团结服务科技工作者】 区科协干部深入到 58 个学会、园区（企业）科协、街道（镇）科协、农技协等协会，以“问需求”方式开展服务基层联系结对活动；在“全国科技工作者日”来临之际，区领导带队走访慰问 20 名科技工作者，听取科技工作者们的心声和意见建议；区科协向市科协推荐区农技协联合会为先进典型，被市科协推荐为“全国科技助力精准扶贫先进团队”，环保战线科普志愿者李波被推选参加全市“最美科普志愿者”评选活动。

【搭建科技创新服务平台】 2018年北碚区科协与重庆市产学研合作促进会对接，同区委人才办共同承办为期3天的“精益智能制造产学研对接会”“知名专家走进北碚座谈会”和“第三届西南地区高分子暨复合材料学术研讨会”，助力引进20名专家纳入区级人才库。区科协寻找学会与地方发展的结合点，邀请全国学会和市级学会智力资源深入北碚区促进社会经济发展，经科协积极作为，成功获批为“重庆市科协创新驱动助力工程示范区”。

指导重庆海浦洛自动化科技有限公司成立科协；2家民营企业（神驰机电股份有限公司、重庆海浦洛自动化科技有限公司）成功获批市级海智工作站；2家企业（中科院重庆绿色智能技术研究院、重庆浦洛通生物信息技术有限公司）获批市级院士专家工作站。市级院士专家工作站、海智工作站建站企业：重庆浦洛通生物信息技术有限公司，力帆实业（集团）股份有限公司，分别获得区委人才办10万元和5万元的人才平台建设奖励资金。组织北碚区9家企业的一线工程师参加2018年度重庆市一线创新工程师培训。

通过编印发放《创新驱动发展企业服务指南》、举办科技信息推送培训会、走访慰问等形式服务企业，成功申报市科协“科技信息企业推广服务站C类推送任务”项目，同时对北碚区129家科技信息使用企业开展数据库使用情况进行调查摸底，及时更新科技信息数据库企业名单，开展数据库使用培训、采集应用成果典型案例等服务。

【构建“大科普”工作格局】 9月12日，区科协在蔡家岗街道两江名居文化广场举行“2018年北碚区全国科普日”启动仪式，重庆科技馆、区医学会、区图书馆等单位以及社区群众1000多人参与活动。9月15—16日，区科协联合重庆市蚕业科博园科普基地在雄风广场开展蚕桑科普活动，展示利用桑叶、桑果、蚕蛹、茧丝资源加工制作出的一系列健康产品，同时以触摸、赏玩、显微镜下观察蚕宝宝的互动体验方式进行有奖知识竞答。9月1—30日全国科普日期间区科协联合西南大学天文地质馆、重庆自然博物馆、团区委、区教委等单位举办科普展览、科普讲座、VR体验、科技模型制作、科学实验、智能书桌机器人展示、魔方比赛等活动，为全区人民献上丰富的“科普大餐”，被中国科协评为“全国科普日优秀组织单位”。

联合全民科学素质成员单位组织参加首届重庆市公民科学素质大赛，获主城片区赛二等奖；联合区委宣传部、区科委、区防邪办等部门开展“三下乡”“科技活动周”“防灾减灾应急疏散演练”“崇尚科学、反对邪教”宣传活动；编印发放2万册口袋书《生活中的科学》，购买《公民科学素质问答与测试》读本1000册发放到各成员单位，不断提升全民科学素质公共服务能力；联合西南大学心理学部开展“城市居民利他行为的调查分析及其培养方案”项目，采用调研方式了解全区居民心理状况；投入资金近12万元，邀请近50名专家及科普志愿者深入16个社区科普大学教学点为3000多名群众普及300余次中西医保健、心理健康、环境保护等课程；每月定期安排16名心理工作志愿者到社区心理工作室开展心理咨询辅导活动，向群众普及心理健康知识；邀请心理学专家到天府中学排解初三学生中考压力及人际交往问题，预防学生心理问题，维护学生健康成长。区科协心理工作室被区委宣传部、文明办评为2018年度“最佳志愿服务项目”。

【科普信息化建设】 推动“科普中国”应用落地，建设科普中国e站、购置“科普网络书屋”，为科技工作者和群众提供广阔的学习园地；在全区71个社区、学校和科普基地一次性投入配套经费35.5万元，安装科普重庆云平台，实现“科普文化重庆云”全覆盖与科普文化信息精准推送服务；与北碚广播电视台联合开办《科学伴我行》电视栏目，每周播放《科普大篷车》、科普中国V视中有关自然科学、生活常识、健康养生的内容；在《北碚报》开设“提高全民科学素质”“科普之窗”专栏，每月定期刊发科普知识宣传；利用区科协网站、微信公众号、科普之窗等多媒体进行主题宣传；根据不同季节，为全区各街镇、村社区的100块科普宣传栏配发科普资料，全年配发科普资料400多套。

【助推乡村振兴】 2018年开展“基层科普行动计划”，评选出区级先进农技协2个、科普带头人1名、科普示范社区2个，给予奖补资金3.3万元。北碚区农技协联合会被中国科协评为“全国基层科普行动计划先进单位”，获奖补资金20万元；被市科协推荐为“全国科技助力精准扶贫先进团队”。

在区科协的积极争取下，静观镇素心村评为全市科协系统“村会合作助力乡村振兴”示范点，落实市级资金3万元、乡村科普馆1个（市级专项资金15万）；

区科协给予三圣镇贫困村春柳村帮扶资金1万元，组织农技协专家到村开展花木种植技术、养蜂技术与市场营销培训。区科协联合重庆老科协在素心村开展多次调研，制定《重庆市老科技工作者协会助推北碚区素心村乡村振兴实施方案》；10月，邀请重庆市老科协、市花卉协会、市农科院等相关专家们，围绕素心村蜡梅休闲园和花卉市场2个建设项目开展调研、座谈，助力乡村振兴。邀请农技协专家开展技术培训10余次，培训农户500余人，助推农民增收致富。

【青少年科技创新工作】 发挥区青少年辅导协会和科技辅导员的作用，加强青少年科普工作。区科协开展科技辅导员业务培训活动5次（创客教育、模型和电子制作、STEAM科创活动、七巧科技创意、科技教师能力提升），培训学生300余人次；开展科普大篷车进校园、参观西南大学天文地质馆、重庆市蚕业科学技术研究院；推荐24篇优秀论文参加第26届重庆市青少年科技辅导员论文征集评审，获一等奖3篇、二等奖7篇、三等奖7篇，提升科技辅导员综合素质。

联合区教委举办北碚区青少年科技创新大赛、北碚区青少年科技模型大赛，评选、表彰北碚区青少年科技创新区长奖和提名奖。参加全国无线电测向大赛、全国青少年电子制作大赛、市级青少年科学素养大赛、科技模型大赛等，在各级青少年科技活动中，获全国奖项60个、市级奖项343个（其中：1人荣获“第11届重庆市青少年科技创新市长奖”，2人荣获“第11届重庆市青少年科技创新市长奖提名奖”），组织参加市科协“参观科技展览有奖征文暨科技夏令营”活动，推荐456篇作品参赛，荣获一等奖1个、二等奖4个 、三等奖32个。

【建言献策】 撰写《北碚区社区青少年心理健康》《城市居民利他行为调查报告》上报区委区政府；组织科技工作者撰写《提高全民科学素质的路径研究》《浅谈科普活动进校园的重要性和实施方法》等6篇论文参加重庆市科协第三届科协改革研讨会，其中1篇荣获优秀论文奖，区科协荣获“全市优秀组织单位奖”；组织参加第十一届海峡两岸科普论坛，其中《AI教育在中学的实施探究》等3篇论文被采用，并在大会上进行交流发言。发挥科协界别委员作用，提交提案9件、社情民意2篇。

【基层科协组织建设】 开展基层科协组织建设“3＋1”试点工作；指导静观镇科协召开第二次代表大会，选举3名科协兼职副主席；指导区芦荟科学研究学会、区工程师协会完成换届选举，选举产生新一届理事会；选派2名同志作为区农技协联合会和区工程师协会党建指导员；成立北碚区反邪教协会，选举产生北碚区反邪教协会第一届理事会、监事、会长、常务副会长及秘书长，组织开展形式多样的“崇尚科学、反对邪教”宣传活动。

【区科协负责人名录】

党组书记、主席：吕春燕（女）
党 组 副 主 席：龙革新
韩巧英（女）

（区科协）

北碚区归侨侨眷联合会

【概况】 2018，北碚区归侨侨眷联合会（以下简称区侨联）认真贯彻执行《中华人民共和国归侨侨眷权益保护法》和《重庆市实施〈中华人民共和国归侨侨眷权益保护法〉办法》，根据群团改革精神，团结广大归侨侨眷和海外侨胞，充分发挥侨务资源优势，维护侨益，凝聚侨心、发挥侨力。认真履行“服务经济发展、依法维护侨益、拓展海外联谊、参政议政、弘扬中华文化、参与社会建设”六大基本职能，为地方经济社会发展做贡献。

截至年底，区侨联共有委员17名，其中，专职主席1名，兼职副主席7名，秘书长1名。

【学习培训】 6月4—10日，侨联主席陈珏宇参加“2018年重庆市侨联系统干部培训班”学习；9月5—9日参加重庆市委统战部举办2018年港澳台侨统战干部培训班学习；10月21—27日参加北碚区党外代表人士素质提升培训班。

【凝聚侨心】 继续开展“澳大利亚魏基成天籁列车”慈善项目活动，为区内听障患者免费发放助听器；帮助侨联委员撰写去世父亲的墓志铭。

【汇集侨智】 为广泛地凝聚侨界力量，区侨联创立

"汇侨智讲坛"系列讲座，讲坛主要围绕党的理论政策方针，结合侨界关注的热点及难点问题，设置经济、政治、社会、文化、生态等若干专题。6 月 29 日开讲，邀请全国政协领导下的丝路规划研究中心副理事长、丝路产业与金融国际联盟理事长蒋志刚博士讲课《金融创新与一带一路》，受到侨界群众一致好评。

【发挥侨力】 积极参与推进由市侨联主办、市爱尔眼科医院具体承办的"精准脱贫光明行——走进重庆"贫困眼疾患者公益救助活动，对全区各乡镇（街道、场）进行健康普查义诊活动，全面了解居民特别是贫困人群眼疾现状，进而为符合白内障手术条件的患者提供免费救助手术，有澄江、蔡家岗、歇马计 28 人报名，5 人接受手术。

【维护侨益】 组织侨联界别小组政协委员、北碚区侨联委员、北碚区侨商会成员 20 余人到龙凤桥街道槽上开展普法宣传，发放资料 300 多份。

【社会服务】 组织侨资企业开展慈善活动，实施"侨爱心"工程活动，引导侨界群众爱国爱乡、热心助人，打造侨务公益品牌，回馈社会；组织会员到龙凤桥槽上购买困难复员军人农产品；持续关心支持"珍珠班"的发展，帮助区内特困家庭的学业优秀高中生顺利完成学业（珍珠班每年本科升学率在 98%以上，重本升学率达 75%以上）。

【关心侨眷】 对困难归侨侨眷，开展扶贫济困活动。在春节、端午、国庆、中秋等传统佳节看望慰问侨界群众，并发放慰问金和慰问品；给天津路社区养老中心送去 60 件棉衣。组织全区老归侨参加市侨联举办的"百名老归侨回娘家"活动。

【参政议政】 2018 年，区侨联界别小组 4 名政协委员认真履行政协委员职责，做好参政议政工作，深入调研侨联工作和全区经济社会发展密切相关的问题，积极建言献策，完成集体提案 1 件、个人提案 4 件、社情民意 2 件。

【申报基地】 区侨联向中国侨联申报"北碚历史文化遗址群"为中国华侨国际文化交流基地。北碚历史文化遗址群是由卢作孚纪念馆（国保）、晏阳初纪念（国保）、四世同堂纪念馆（市保）、梁实秋纪念馆（市保）、国立复旦大学重庆旧址（市保）、荣誉军人自治实验区旧址（区保）等 7 处名人纪念馆组成，占地总面积为 8832 平方米，展厅面积 1962.5 平方米，藏品总量 1.5 万件（套）。主要展示抗战时期 3 千名流汇聚北碚留下的宝贵遗址及对北碚作出的重大贡献。9 月 8 号，中国侨联文化交流部部长刘奇考察北碚历史文化遗址群中的卢作孚纪念馆、四世同堂纪念馆、梁实秋纪念馆。

【社会活动】 以侨联界别小组、"侨商会"为抓手，开展丰富多彩的活动，进一步加强侨联界别政协委员与其他界别委员、侨商、侨企职工以及界别群众的沟通联系。组织会员参观两江新区金渝大道的威力纳尔车艺术博物馆；组织会员参观第 21 届重庆渝洽会；组织会员参观首届重庆智博会；参加会员单位名第集团的开业典礼；组织侨界人员赴璧山区参观考察养老产业，考察位于璧山青杠的重庆医科大学附属第一医院护养中心，增进对国家发展养老产业政策和璧山区在养老产业发展中的建树的了解；10 月 18 日，组织全区老年会员参观新兴养老产业——优侍高龄社，喜迎"重阳节"。

【考察活动】 侨联界别小组参加政协的系列考察活动：北碚区实施乡村振兴战略、促进农业提质增效的调研活动，对鑫峰生态休闲园、"伴烟翠"田园综合体项目和紫气东来休闲农庄考察调研；与经济二组联合视察老城及城南片区交通、市政基础设施建设和管理情况；参加联组专题视察调研梁滩河整治情况。

【培训活动】 为进一步提高侨界人士素质，3 月 7—8 日，北碚区侨联举办"侨联、侨商会 2018 年春季培训会"，区侨联委员及侨商会会员 30 多人参加培训。

【联谊活动】 加强联络联谊活动，11 月 13 日，北碚区侨联与巴南区侨联联合开展民宿调研，并签订友好侨联协议。

【宣传工作】 北碚区侨联立足发展抓宣传、抓好宣传促发展，2018 年工作信息被市侨联网站采用 5 条，《新华侨》杂志第 3 期采用陈珏宇理论文章 1 篇。

【区侨联负责人名录】
主　席：陈珏宇（女，专职）
副主席：魏沙平
柯　波
伍　渝（女）
范先斌
陈　岢
胡昌华
童缙嘉
秘书长：梁夏夏

（陈珏宇）

北碚区残疾人联合会

【概况】 北碚区残疾人联合会（简称区残联）是中国残疾人联合会的地方组织，代表残疾人的共同利益。其职责是维护残疾人合法权益；团结教育残疾人，为残疾人服务；履行政府赋予的职责，管理和发展残疾人事业。

截至年底，区残联内设1个办公室、1个业务科，直属1个正科级事业单位残疾人综合服务中心。核定编制7人，实际在编9人，其中理事长1人，副理事长2人。

【残疾人康复】 2018年，加大康复救助力度，投入资金150万元开展贫困精神病救助，其中，贫困精神病患者免费服药救助1000多人（720元/人·年），重症贫困精神病患者免费住院治疗救助209人（4000元/人·年），减少精神病人肇事肇祸率；整合区内公办民办资源，依托市九院、北碚区奔月铁路幼儿园等康复机构对62名0～6周岁孤独症、智力、脑瘫等儿童进行抢救性康复训练；投入10万元对50名北碚区户籍的在训残疾儿童给予康复训练补贴；投入资金10.5万元，新建21个残疾人村（社区）康复室；对全区182个村（社区）康复协调员进行系统培训；认真开展盲人定向行走训练；大力开展大小腿假肢、助听器筛查和转介工作，为118名听力残疾人适配120只助听器，为33名肢体残疾人免费装配假肢，捐赠200多件残疾人轮椅、拐杖等基本型辅具；联合市九院开展白内障复明手术筛查，并对32名复筛合格对象进行免费白内障手术。与北碚爱尔眼科医院合作，免费实施白内障青光眼等眼科手术500余例；科学利用残疾人精准康复系统，全区有效需求残疾人康复服务率达99.71%，辅具适配率达99.47%（截至12月10日）。

【残疾人教育就业】 与区教委配合，开展适龄残疾儿童少年摸底调查工作，全区残疾儿童入学率持续保持稳定；投入资金50.3万元，对199名贫困残疾人大学生及残疾人子女大学生进行入学和生活救助。

创新开展残疾人职业技能培训工作，着重培训残疾青年，以就业技能和创业知识为重点，分别在三圣镇和金刀峡镇开展2期农村实用技术残疾人职业技能培训，培训140人；依托北碚区红枫职校培训小面调味师40人，叉车、盲人按摩等项目10人，投入30万元为60名残疾人开展机构托养和辅助性就业工作。拓展残疾人就业渠道，扶持10家盲人按摩机构，支持12名盲人就业，投入9.6万元对32户残疾人创办的养殖业、个体、企业，根据生产规模、家庭经济状况等因素，一次性给予扶持资金，激发残疾人创业热情。配合开展按比例安排残疾人就业工作，以按比例安排残疾人就业年审为抓手，加大对各用人单位检查监督力度，审核用人单位220多家。

【残疾人组织联络】 举办4期街镇残联干部培训班，2期村（社区）残疾人工作者培训班，村（社区）残疾人工作者远程教育培训率达100%；全年新办残疾人证145个，累计持证人数13974人。对13863名残疾人开展数据动态更新调查，掌握基本需求和服务状况，入户率达到94.4%。加强对智精协、肢协、聋协和盲协的指导，协助肢协完成社会团体注册工作。支持4个残疾人专门协会结合自身实际，开展朗读比赛、象棋比赛、观看电影等形式多样、扎实有效的活动，使残疾人和残疾人组织在社会上更加活跃。

【残疾人信访维权和扶贫】 为4名残疾人发放C5驾照补贴0.4万元，为153名残疾人发放机动轮椅车燃油补贴4万元，协助下肢残疾人车辆办理重庆绕城高速及以内六条射线高速套餐免缴事宜。实施农村贫困残疾人危房改造“阳光安居工程”项目，投入186万元，对57户农村贫困残疾人进行危房改造，受益群众159人；实施智力、精神和一二级肢体残疾人托养工程，投入54万元，对450户符合条件的开展居家托养；投入实施贫困残疾人居家无障碍改造工程，投入

18万元，对60户贫困残疾人进行无障碍改造；投入19万元，在天生街道试点开展为重度残疾人购买居家上门服务；开展春节走访送温暖活动，投入80万元慰问1600户贫困残疾人。建立残疾人突发事件处理预案，妥善应对各种突发状况，抽调专人参与全区摩托车综合整治工作，维护全区社会稳定。

【残疾人宣传文化】 指导全区开展第28次"全国助残日"系列活动，区残联在北碚区残疾人综合服务中心开展"全面建成小康社会，残疾人一个不能少"为主题的助残日启动仪式；联合重庆扬航商贸有限公司开展家电捐赠仪式和惠残家电特惠活动；联合区特殊教育学校开展学生技能比赛；全区17个街道、镇结合本地实际情况，相继开展丰富多彩的助残日活动；指导盲、肢、聋、智、精等残疾人专门协会组织开展各类别残疾人活动。

多形式广泛宣传残疾人事业，在各级媒体上发布残疾人事业有关图文消息200条。北碚区残工委联合北碚残联、北碚爱尔眼科医院和小米熊儿童医院在北碚爱尔眼科医院开展"残疾预防，从我做起"为主题的宣传活动，发放《残疾预防及残疾人康复条例》等宣传资料600余份，展出各类展板约25块。开展"残疾人文化周"活动，组织残疾人参加全民阅读月活动，丰富残疾人文化生活。做好残疾人事业的年报、快报和台账统计工作，按时准确上报数据。认真管理维护好《重庆市残疾人综合信息管理系统》，及时动态更新数据。

【残疾人体育】 开展残疾人特奥活动，成功举办北碚区第三届中小学特殊学生围棋比赛。做好市级硬地滚球训练基地日常管理工作，出台《北碚区残疾人文体艺术人才及相关人员补助奖励的暂行办法》，落实残疾运动员在训补贴。认真做好优秀后备残疾人体育运动员选拔工作，完成各项残疾人比赛组队、集训、参赛工作。参加2018年重庆市残疾人游泳锦标赛，获11金、3银、2铜的好成绩。严治强参加全国硬地滚球锦标赛BC1/BC2级团体赛和BC2级个人赛，获得团体金牌，个人银牌；娄洪斌参加BC3级个人赛，获得银牌。董琳参加BC1/2级团体赛，获得金牌。参加全国残疾人田径锦标赛，李江红获T36级800米决赛第三名。

【区残联负责人名录】

理 事 长：冯　鸿

副理事长：王鲜明

　　　　　潘光银

（陈　佳）

法　治

法　治

政法工作

【概况】　中共重庆市北碚区委政法委员会(简称区委政法委),有区委常委、政法委书记1人,常务副书记1人,副书记4人;内设科室7个:办公室、政治处、执法督查科、基层指导科、社会治安管理科、宣传教育科(国安科)、政法信息中心;有在编干部职工18人(其中,行政编制12人,事业编制5人,工勤1人)、挂职领导1人、纪检组长1人。

2018年,把政治建设摆在首位,持之以恒强化理想信念和党性教育。结合“两学一做”学习教育常态化制度化,把学习宣传贯彻习近平新时代中国特色社会主义思想和党的十九大精神作为首要政治任务,通过收看聆听报告、集中学习、主题党日、宣讲、座谈等多种形式,引导全体政法干警牢固树立“四个意识”、坚定“四个自信”。坚持每季度向区委常委会汇报政法工作、每季度召开政法委员会例会、政法各部门党组(党委)重大事项向区委及区委政法委请示报告的“两会一报告”制度;实行政法系统“周清月结”制度,区政法各部门每月定期向区委政法委报送本月重要工作、重大活动和下个月工作安排。举办政法领导干部培训班,有效拓宽干部视野和思路。组织干部实地学习“枫桥经验”,干部专业化能力进一步提升。严格落实《中国共产党党内监督条例》《中国共产党问责条例》,对干部苗头性、倾向性问题早发现、早提醒、早纠正。在节假日等重要时期,通过支部微信群、短信等方式,反复强调廉洁自律各项规定,进一步规范干部管理。

【社会治安管理】　扎实推进社会治安重点地区排查整治工作,整治地区全年刑事案件立案同比平均下降40%,未发生重大或影响恶劣的案事件和治安灾害事件,整治地区全部顺利摘牌;积极推动“雪亮工程”建设,按照相关文件要求向中央政法委申报2020年重点支持城区,建设方已初步通过专家评审;扎实开展肇事肇祸等严重精神障碍患者服务管理工作,积极协调解决工作中遇到的难点,适时组织相关部门开展联合督查,并形成督查通报,压实各级工作责任,确保了全区2018年未发生影响恶劣的严重精神障碍患者肇事肇祸案事件;进一步加强社区专职治安巡逻队伍自身建设,在全区平安建设中发挥积极作用,全年专巡队共接受群众报警求助15751次,提供案件线索138条,协助公安机关抓获违法犯罪嫌疑人28人、直接捉获9人,调解纠纷1073起,做好人好事2527件,辖区群众满意度高,巡防队伍形象良好。

【执法督查】　进一步发挥司法体制改革专项小组组织领导和统筹协调作用,建立健全月例会和工作台账制度,开展诉讼制度改革和公安改革专项督察,有力推进全面深化改革工作。开展“营造一流营商环境,推动高质量发展”解放思想大讨论,牵头统筹协调政法机关服务民营经济工作,制定《政法机关服务民营经济发展工作任务分解方案》,充分发挥政法机关司法保障和服务职能。严格执行领导干部干预司法活动、插手具体案件处理的记录、通报和责任追究规定和司法机关内部人员过问案件的记录和责任追究规定,加强执法监督。

【信息中心】　拓展巩固《法制日报》《重庆日报》《重庆法制报》《重庆商报》《重庆晚报》《华龙网》重庆科教频道、北碚广播电视台、《北碚报》、北碚手机报、北碚政府网等一批有效的宣传载体;开通“北碚政法”微信公众号开展政法宣;围绕中心工作开展扫黑除恶专项斗争、缙云山生态环境整合、服务民营经济发展、“雪亮工程”、“双中心”建设、“平安北碚杯”男子篮球赛、平安北碚建设集中宣传活动等一系列特色宣传活动;挖掘、宣传2018年度北碚区“十佳平安卫士”、一批先进典型;强化意识形态工作,加强重点人员管理,全年无涉意识形态事件发生;协调处置和稳控几起涉法涉诉涉稳网络舆情。

【扫黑除恶】 2月13日，北碚区召开扫黑除恶专项斗争工作会议，安排部署全区扫黑除恶专项斗争工作。6月6日，北碚区开展一场以“扫黑除恶，北碚在行动”为主题的集中宣传活动。6月27日，北碚区召开扫黑除恶专项斗争半年工作推进会，对半年来全区扫黑除恶专项斗争工作进行小结，安排部署下半年重点工作，区委书记周旭出席会议并讲话。7月16日—7月30日，市扫黑除恶专项斗争第10检查指导组检查指导北碚区扫黑除恶专项斗争工作。8月30日，全区扫黑除恶专项斗争问题整改工作汇报会暨配合中央扫黑除恶专项斗争督导工作部署会召开，会议由区委副书记、区长何庆主持，区委书记周旭出席会议并讲话。9月8日，中央扫黑除恶专项斗争第9督导组下沉北碚区督导扫黑除恶专项斗争工作，区委书记周旭，区委副书记、区长何庆，区委常委、政法委书记苟鹏，副区长、区公安分局局长赵小农参加活动。10月31日，召开全区安全稳定工作会议，区委书记周旭、区长何庆出席会议，会议对全区扫黑除恶专项斗争工作进行安排部署，对中央扫黑除恶第9督导组反馈问题建议整改工作进行强调。

【区委政法委负责人名录】

书　　记：苟　鹏
常务副书记：余　兵
副 书 记：费开印(女)
贺　江(兼)
陈　华(兼)
刘　伟(挂职)
政治处主任：王　蓉(女)
区纪委派驻纪检组长：童福玲(女)
区综治办主任：陈　华
区防邪办主任：贺　江

政府法治工作

【概况】 北碚区人民政府法制办公室(简称区政府法制办)，内设综合科和复议应诉科2个科室，下设北碚区法律事务中心。有行政编制7个，事业编制3个，机关后勤服务人员事业编制1个，截至年底，实有人数10人。

【法治政府建设】 按照《重庆市北碚区法治政府建设实施方案》，建立全区2018年法治政府建设任务台账，明确各责任单位2018年需完成和长期坚持的28项工作任务、66项具体措施。对2018年法治政府建设任务台账进行动态管理，及时了解工作进展情况、收集存在的问题，确保法治政府建设有抓手、有实效。建立考核机制，将法治政府建设任务完成情况纳入对部门、街镇的2018年度经济社会发展实绩考核内容，强力推进法治政府建设。

【政务服务事项清理】 按照市政府对全市公共服务清理及标准化工作的要求，开展公共服务事项“三级四同”工作，在本区清理的公共服务事项基础上进行调整规范。全区共清理出区级部门行政权力事项4642项，街道办事处行政权力事项131项，镇政府行政权力事项260项，形成“两单一表一图”。认领公共服务事项三级通用事项352项，北碚区特有事项2项，全部上网运行。

【证明事项清理】 开展证明事项清理工作，共清理出86项证明事项。其中，国家设定的证明事项40项，重庆市设定的证明事项46项，无区级设定的证明事项。

【“双随机一公开”监管改革】 推进“双随机一公开”监管改革，在全市率先建立区级统一的“双随机一公开”跨部门联合智能监管平台，实现“双随机”抽查全过程留痕和检查结果的及时公布。平台于10月投入运行，开展全区集中双随机抽查1次，抽查单位596家，效果良好。完善“双随机一公开监管”机制，制定《北碚区“双随机一公开”抽查实施办法》，对抽查范围、频次、比例，执法事项清单、执法人员清单等内容作详细规定。结合工程建设领域行政审批制度改革，制发北碚区《全面推行随机抽查机制加强工程建设项目事中事后监管的通知》。

【规范性文件管理】 严格按照“立、改、废”相结合原则，定期开展全区规范性文件清理工作。组织对全区涉及著名商标、军民融合、产权保护和生态环境保护、民营经济发展的规范性文件开展专项清理工作，清理出需废止的政府规范性文件5件。强化规范性文件备案工作，截至12月，向市政府报备规范性文件43件，备案37件，6件正在审查中；区级有关部门和街镇报备9件规范性文件，完成备案审查。

【行政执法三项制度】 制定实施《北碚区行政执法公示制度》，建立健全行政执法事前、事中、事后公开机制，明确执法公示的范围、内容、载体、程序、时限要求、监督方式和保障措施等事项，加大行政执法公示力度。全面推进重大执法决定法制审核制度和建立执法全过程记录制度的建设和完善。

【执法人员轮训和抽考制度】 2018年，按比例从全区随机抽取130名已取得行政执法资格的人员进行轮训，并组织开展行政执法基础知识考试。

【行政执法证件管理】 全面开展全区行政执法证件清理工作，对已不在执法岗位的执法人员证件、过期作废证件、执法种类变化证件进行注销、变更处理。对139名新进执法人员开展综合法律知识培训并办理执法证件。

【行政执法案卷评查】 通过部门自查、集中抽查的方式，对全区2018年度行政处罚案卷进行全面评查。集中评查案件37件，针对存在的问题做出行政执法监督建议书5份。

【行政应诉】 进一步落实《关于进一步加强和改进行政应诉工作的通知》，促进和规范行政应诉工作。切实推进行政负责人出庭应诉，明确行政机关负责人必须出庭应诉的各类情形，量化考核指标。2018年，行政机关负责人出庭应诉26件，占开庭案件的55.31%。加强与法院沟通衔接。与区法院定期召开联席工作会，研究、探讨行政执法中遇到的难点、热点和疑难问题；建立企业破产处置工作协调机制。建立案件报送制度，各涉案单位需将本单位行政诉讼材料和法院生效裁判书及时报送区政府，由区政府法制办对各单位依法应诉情况进行指导督促。

【行政复议制度】 加大行政复议制度宣传力度，设立专门的行政复议接待场所，规范行政复议接待程序。积极推进行政复议应诉信息化建设，将符合公开条件的行政复议决定书在区政府门户网站上予以公开。2018年，共收到行政复议申请24件，受理21件，审结21件。与法院建立定期的行政复议与行政审判工作交流、协调机制，对行政复议与行政诉讼中有关受理、审理的标准问题进行交流。加强对行政机关的指导、监督作用，对在行政复议应诉案件办理中发现的执法问题，及时向行政机关反馈并要求整改。

【征地补偿安置协调】 2018年，收到并办结征地补偿安置争议协调申请38件，有效化解征地补偿安置中的争议。

【政府法律顾问制度建设】 深化和加强法律顾问制度建设，进一步调整充实政府法律顾问团，聘请的法律顾问不仅为区政府及其部门单位、街镇提供法律服务，同时为区人大常委会、区政协、区监委、区委各工种部门、群团和各街镇党委提供服务，实现法律顾问服务“全覆盖”。

【区政府法制办负责人名录】

主　任：赵　芹（女）

副主任：阳　俊

公　安

【概况】 2018年，北碚区公安分局全面深化公安改革，开展扫黑除恶专项斗争、“渝警行动2018专项工作”、“严防范、强打击、保安全”百日专项整治行动、社会面大巡防等重点工作。全年，破获刑事案件2335件，比上年上升15.8%，侦办恶势力团伙6个，扫黑除恶专项斗争通过中央督检。可防性案件立案连续3年下降，全区连续15周无两抢类警情，2天零发案，连续2年未发生较大交通亡人事故。学习“枫桥经验”，试点推行律师入所调解，荣获“全国公安信访调研联席点”称号。打造学习型、服务型、创新型党支部示范点，开展“以案四说”，全市政法系统测评：群众安全感、满意度、执法公信力3项指数连续5年上升，调研、禁毒、网安、审计、交巡警等工作获公安部肯定，7项工作排名全市第一，获得区委区政府及市公安局主要领导肯定批示20余次，中央媒体报道102次，分局干警荣获重庆公安十佳青年、百优青年等先进称号。

2018年，区公安分局内设机构46个，其中派出所21个:警令处、政治处、纪检监察室、警务保障处、指挥中心、警务督察支队、情报信息支队、特警支队、国内安全保卫支队、治安管理支队、出入境管理支队、禁毒支队、经济犯罪侦查支队、法制支队、科技信息化科、人口管理支队、交通巡逻警察支队、网络安全保卫支队、反恐怖工作支队、刑事侦查支队、校园安全保卫支队、内部安全保卫支队(警卫处)、看守所、拘留所、强制隔离戒毒所、桃园派出所、红石派出所(该两个派出所为高校派出所)、朝阳派出所、天生派出所、燎原派出所、黄桷派出所、西山坪派出所、文星派出所、蔡家派出所、童家溪派出所、施家梁派出所、歇马派出所、北泉派出所、澄江派出所、缙云山派出所、水土派出所、静观派出所、柳荫派出所、复兴派出所、三圣派出所、金刀峡派出所。民警编制1227人,在编民警1184人,警务辅助人员859人。

【公共安全监管】 启动社会面大巡防,结合网格化巡防和二级加强防控部署,每日投入警力163人常态巡逻;组建"渝警骁骑"队伍,整合优化城区巡防队和特警3人处置小组,构建立体化巡防体系,巡逻捉现103人,可防性案件立案688件,同比下降16.5%。挂牌整治各类重点地区7个,逮捕涉黄涉赌违法犯罪18人、行政拘留149人,7个地区全部摘牌。推进缙云山综合整治、西南大学校中村整治,处置各类群体性聚集392起。督促整改暴恐隐患57起。

推进道路交通专项整治和调度行动,保持严管重罚,查处交通违法23万余起。加强寄递物流、散装汽油、枪爆危物品管理,会同万盛等区县局破获部督"206"全国性网络贩枪专案,查破刘某改装加油车销售危险物质案。参与大型活动、重要节日会议安保工作130起,规范活动审批备案、风险评估、隐患督查整改等措施。

【网络监管】 开展24小时网上巡查,化解敏感网络舆情事件267起,落地查控136起。推进"净网2018"专项行动,侦办案件37起,抓获嫌疑人160人。荣获"全国公安机关网安部门互联网监控工作优秀单位"称号。

【打击刑事犯罪】 开展"三打击一整治"、今冬明春集中打击整治等系列专项行动。侦破"4·2"特大跨国电信诈骗案等大要案,挽回经济损失千万余元。破获现行命案6件,破案率100%。侦破"9·16"故意杀人案,获市级领导批示肯定。

【打击经济犯罪】 保持对经济犯罪高压打击,做到破案与追账同步进行,引导受害群体正当维权。受理经济犯罪案件13起,破案6起,移送起诉17人。协同工商、食药监、烟草等部门联合执法,确保食药安全。

【打击毒品犯罪】 围绕"禁毒2018两打两控专项行动",创建全国禁毒示范城市两项重点。全年,移送涉毒犯罪嫌疑人242人、强制隔离戒毒176人,破获部督目标案件1起、市级目标案件2起,缴毒20余千克。成立创建全国禁毒示范城市工作组,区长何庆任组长。通过区政府常务会、专题推进会等方式推动创建工作,在全区开展3轮全覆盖督检。投入200万元用于基础建设、宣传发动等工作,成立全市首家易制毒行业协会,按20∶1比例补充配备禁毒专职社工172人。社区戒毒报到率、执行率均为100%,数字化平台学校注册率超过90%,禁毒工作水平全面提升,得到公安部表扬。连续5年未发生制造毒品案件或者制造制毒物品案件;连续10年以上未发生影响较为恶劣的吸毒人员肇事肇祸事件或脱管失控吸毒人员引起的重大违法犯罪案件;连续14年实现毒品原植物"零产量"。

【民生服务】 落实服务民营经济"30+10"措施,侦办涉企刑事案件315起,追赃挽损146.65万元,市委书记陈敏尔调研区服务民营企业工作予以肯定。开展"集中走访精准服务"等5个专项走访行动,民营企业走访率47%,个体工商户走访率20%。出台服务学校"1+2+4+6"机制,经验获全市推广。开展学校安全隐患大排查,在西南大学设立全市首家校园驾驶人体检站。建立旅游景区治安管理联席会议制度,协助开展缙云山风景区综合整治工作,处置警情79起。出入境推出免费拍照业务,边境证办理权限下放至派出所。获评"2018年度全市公安出入境示范窗口"。车管所实现"四免"服务,户籍人口城镇化率64.83%,超2020年全市50%目标。推出"警保联动"模式,提高交通事故理赔效率。

【信息化建设】 建成集研判、调度、应急为一体的交通指挥中心,打造智能交通。3500个背街小巷视频监控镜头基本建完，推动“雪亮工程”。自主研发“出行帮”，获公安部基层技术革新三等奖、市局二等奖；“脸谱通”方案入选公安部“100个畅通大数据服务基层渠道专项工作”。

【规范执法】 落实执法办案区“四个一律”和涉案财物管理要求，印发《执法办案场所办案区专项迎检工作方案》。制定《受立案工作考核办法》，巡查6361件警情，巡查中发现、纠正违规受立案1017件。规范执法办案区“四个一律”和涉案财物管理，完成智能案卷管理柜招投标流程。

【监所管理】 看守所收押监管对象1330人，拘留所收拘613人，深挖犯罪获取线索139条，协助破案71起，未发生监管安全事故。看守所落实过渡管理、在押人员双人值班、群进群出和监室内全面禁烟等安全管理制度，与重庆市第九人民医院开展社会化协作，通过市公安局监管总队等级评定。拘留所制定分级管理制度，建立“五个一”管理模式、矛盾调解“三步法”、停访息诉“内外联动法”。

【内部管理】 建立包含党建、党风廉政、思想政治和日常队伍管理等“大队建”督检工作机制，规范党组织生活，以党建促队建、促业务。压实“两个责任”，强化正风肃纪和监督执纪，规范网上督察和民意回访，主动查处队伍问题。受理信访举报投诉连续3年下降，受党纪政纪处分人数连续2年下降。推进公安机关人民警察职务序列改革。开展23期警衔晋升、警种业务以及辅警入职等全警大培训，完善“教、学、练、战”一体化人才培养模式。

围绕扫黑除恶专项斗争和创建全国禁毒示范城市等重大事项拍摄北碚公安宣传片，开展10余场“平安课堂”主题活动，以及“110”“4·15国家安全日”“6·26国际禁毒日”等专题宣传。“两微”全面发力，平安北碚微博发布1058条，阅读量160余万次，平安北碚微信订阅号发布信息357余条，阅读量60万人次。全年，集体16个次、个人353人次受到各级表彰奖励。

慰问基层单位34个次、民警183人次、辅警34人次，为45名民警申报住院津贴互助保障并领取互助金。开展2018年“工会杯”系列警体活动，参加市公安局第三届“前卫杯”足球比赛、区“平安北碚杯”篮球比赛等。出台政策为辅警同志落实体检和带薪休假问题。

【典型案例】

“4·2”特大跨国电信诈骗案　2018年4月2日，区公安分局接到澄江镇一科技公司被诈骗报警。经初步侦查，该案系一起依托虚拟钓鱼银行网站进行信用卡诈骗的系列跨境诈骗案件，犯罪团伙分布中越两国。公安分局专案组多次往返全国10余个城市，历时2个多月，查明涉案团伙成员20余人，涉案金额数千万元。6月25日，区公安分局会同市公安局刑侦总队赴广西壮族自治区东兴市，通过中越双边警务合作机制与越南警方达成共识。6月28日，越南警方在越南芒街抓获6名犯罪嫌疑人，并移交中国警方。同时，分局专案组在湖北孝感、武汉分头抓捕，三地共抓获犯罪嫌疑人12人，查获现金6.5万余元、银行卡200余张等涉案物品。

“9·16”故意杀人案　2018年9月16日，静观镇万全村村民孙某合被人杀害，区公安分局接警后启动命案侦查机制，在市公安局刑侦总队指导下，通过走访摸排、技术调查，发现村民邓某彬有重大作案嫌疑，于10月22日对犯罪嫌疑人邓某彬实施抓捕。后经审讯，犯罪嫌疑人邓某彬供述9月15日晚22时许以拿钱为名将被害人骗至一鱼塘边进行杀害的犯罪事实。

“11·7”赵某特大团伙贩毒案　2016年10月，区公安分局在工作中发现以赵某为首的特大贩毒团伙，长期从云南等地进购大量毒品回重庆贩卖。区公安分局成立专案组，于2016年11月21日报公安部禁毒局批复确立该案为部级目标案件。专案组多次前往云南、广东、四川等省以及綦江、南岸、巴南等区县侦查，查明其渝滇、渝粤、川渝地区的3条地下运毒通道。2016年11月至2018年7月，专案组协同市公安局禁毒总队，抓获犯罪嫌疑人31人，收缴各类毒品24.6千克，缴获运毒轿车5辆、毒资61万余元。

【消防概况】 2018年，支队共接警出动2613起（其中火灾252起，抢险救援345起，社会救助1465起，其他551起），抢救被困人员177人，疏散人员2345人，抢救财产价值2640万元，未发生较大以上火灾，无人员伤亡。

全年召开党委会15次，按照报审制度向总队报送“三重一大”请示12项，并严格按照总队批复指示执行实施，研究落实118个决议。落实党委成员定点联系基层制度，人均深入基层联系点超过30天，为官兵解决实际困难9件。重视典型培树工作，城东中队消防员曾令华代表总队参加“东盟地区论坛城市应急救援消防运动会”获两项第一、荣获市局记一等功一次、并被评为“感动重庆十大人物”。城北中队党支部荣获先进基层党组织，城南中队团支部荣获全市唯一消防“优秀青年文明号”，并命名为“示范基层团组织”。1人获评优秀党务工作者，1人获总队演讲比赛二等奖，5人荣立三等功，45人嘉奖，2人考入军校。成立兴趣小组、购置专业文体器材，开展“消防卫士杯”篮球联赛、“改革强消杯”足球比赛。开展“不忘初心跟党走，青春建功新时代”主题授课比赛，参观马克思200周年诞辰图片展。以“不忘初心，逐梦警营”为主题，组织官兵拍摄《听声·木兰情》微视频。落实“两个责任”，制定党风廉政建设责任清单，通过定期观看警示教育片、节假日发放廉政短信、配发禁令铁规手册等措施，筑牢全体人员思想堤坝。按照总队规定扎实开展审计工作，累计完成审计项目34项，审计金额261.7万元，审减节约资金19.9万元。

【作风建设】　开展条令条例学习月、五无创建和纪律作风整顿等专项活动，狠抓“人车酒、网电密”等部队管理重点环节，坚持“逢节必察”原则，组建专项督导组，对值班在位、执勤备战、队伍管理等情况开展实地督察，下发督察通报12期，整改纠治问题50余处。紧盯机构改革方案出台、集体退出现役、职级套改、迎旗授衔等重要时间节点，专题学习传达党中央决策部署和各级领导讲话重要指示精神。以各类会议学习、基层代表公开承诺、录制表态视频等形式统一思想，明确工作措施。党委成员深入基层实地蹲点掌握情况，发放调查问卷326份，谈心交流172人次，座谈了解11次。开展各类主题教育、集中教育整训和学习宣贯授旗训词等活动，各党支部先后组织专题学习484次，主题讨论56次。召开3次会议专题听取管理教育形势报告，研究管控措施，对重点对象因人施策、一事一册。依托辖区资源，联合西南大学心理学院打造EAP心理健康关爱项目并在总队推广。

【消防安全监管】　区委区政府主要领导先后带队检查全区消防安全12次，区常委会、区政府常务会专题研究消防工作7次，批示肯定消防工作15次。区长何庆主持召开全区消防工作会，下发《2018全区消防工作意见》，将消防工作纳入政府目标考评和领导任期政绩考核。区消防安全委员会每季度定期召开例会，区政府督查室每月通报全区工作开展情况，区各部门开展行业消防安全标准化管理，社会单位全面加强“四个能力”建设。争取专项资金904万元用于北碚区消防安全远程监控系统建设。新建沿江消防取水设施4处，推广安装独立式烟感报警器1200个，电气火灾监控系统10套，简易喷淋5套，完成率100%。全区71家火灾高危单位开展消防安全评估并购买火灾公众责任险，283家二级重点单位全部实行户籍化及四个能力管理，做到隐患自查，责任自负。持续开展电气火灾、电动自行车、大型商业综合体、文博单位、低端商贸市场、人员密集场所、守护生命安全通道等消防安全专项行动。全年，检查单位5166家，发现隐患1.07万处，整改隐患1.04万处，办理行政处罚案件222件，罚款96.02万元，责令“三停”101家，临时查封159家，拘留13人，提请区政府挂牌整治重大火灾隐患1处，整改消除2017年遗留重大火灾隐患3处。年底，全区重大火灾隐患均按期整改销案。

【消防内务管理】　结合区情特点，优化整合资源，修订完善各类预案修订262份，建立健全消防水源台账，完善消防水源登记册。开展“六熟悉”4651人次，实战演练4333人次，投入10万余元维修及增设中队训练设施设备，聘请专业体能教练员指导中队体能训练开展，制定出台《执勤岗位练兵考核实施办法》。完成网终端IP地址迁移，将网络IP地址纳入总队统一规划。升级调整支队通信基础网络，改造高清视频监控系统，新购置4G通信指挥车投入执勤使用。新招录政府专职消防员60人，强化政府专职队伍管理，队员离职率从上年29.9%下降至19.8%。投入100余万元对中队篮球场、地面进行改造，满足基层生活训练需求。完成歇马特勤消防站及支队级训练基地建设项目选址工作，占地面积3.33万平方米。采购2辆整车进口城市主战消防车，确保每个中队均配备一台全进口城市主战消防车。新采购900套防护服装，确保防护服装适体率100%。完成人员职务等级、警衔级别基础信息数据和集体转改人员退役数据、财务基础数据、固定资产数据和营房系统数据统计。完成

29 辆消防车、19 辆行政车牌照改挂，36 名持有部队驾驶证人员均转为地方驾证。

【区公安分局负责人名录】

党委书记、局长、督察长：赵小农

党委副书记、政委：杨跃宁

党委委员、副局长：覃于伟

何　军

肖　毅

顾　兵

党委委员、政治处主任：刘　云

党委委员、纪委书记、副督察长：杨　杰

（蒋　爱）

检　察

【概况】　2018 年，北碚区人民检察院（简称区检察院）有干部职工 78 人，内设机构 8 个：检察一部、检察二部、检察三部、检察四部、检察五部、检察六部、办公室、政治部。

2018 年，区检察院围绕全区“三大攻坚战”，实施“八项行动计划”，依法履行检察职能，提供有效司法保障。办理提请批准逮捕案件 396 件 514 人，审查移送起诉案件 789 件 968 人，办理民事行政诉讼监督案件 218 件，办理各类控告申诉信访 226 件次，审查法院判决及执行决定 3000 余件，监督监外执行及看守所羁押人员 2837 人次。办理公益诉讼案件 38 件。

【扫黑除恶】　制定《开展扫黑除恶专项斗争工作方案》，开展案件研讨、专门学习 30 余次。利用检察新媒体发动人民群众举报涉黑涉恶犯罪线索，入户宣传 1100 余户，发放资料 3400 份。梳理 2014—2018 年 490 余件团伙、暴力犯罪案件，发现可能涉黑恶线索 11 件。提前介入涉黑涉恶案件 6 件 13 人，批准逮捕 6 人，起诉 8 人，其中追诉 2 人。重点打击危害人民群众生命财产安全犯罪。依法批准逮捕故意杀人犯罪嫌疑人贺某、运输毒品 3 千克犯罪嫌疑人肖某、持刀抢劫犯罪嫌疑人郭某等 10 余人。起诉故意伤害、强奸等严重暴力犯罪 47 人，起诉“黄赌毒”等犯罪 193 人，起诉“两抢一盗”等侵财、多发性犯罪 301 人。参与打击整治枪爆犯罪专项行动，起诉非法制造枪支犯罪嫌疑人刘某等 7 人。践行“枫桥经验”化解矛盾防范风险。创新社会治理路径。针对客车超载、校园周边售卖“水晶泥”等向相关部门发送检察建议 37 份。加强“莎姐大普法”工作，检察长担任朝阳中学法治副校长，“莎姐”检察官到社区、学校、企业开展各类宣传教育 20 余次。为未成年犯罪嫌疑人申请法律援助、聘请合适成年人 41 人次。对涉罪未成年人 5 人决定附条件不起诉，引入司法社工开展帮教，5 人均已回归学校或成功就业。

【法律服务】　开展“营造一流营商环境，推动高质量发展”解放思想大讨论，检察长带队走访民营企业并与民营企业家座谈交流，解答法律问题。报送《关于服务民营经济发展情况的报告》得到区委主要领导批示肯定。与区工商联联合印发《关于服务保障民营经济健康发展的八条措施》，成立服务民营经济发展办公室，建立检察官联系民营企业制度，印发服务民营经济文件汇编。针对“骑龙火锅”全国驰名商标被全国多家企业不法侵害，涉嫌侵犯知识产权犯罪，提前介入并督促相关行政执法机关立案进行前期调查、取证，帮助企业成功维权。《人民日报》《检察日报》对区检察院服务重庆民营经济创新举措进行专题报道。起诉涉民企犯罪 23 人，对盗窃公司财产 29 万元犯罪嫌疑人依法批准逮捕。办理两江新区鑫景公司案，涉案金额 7000 多万元，检察官异地取证，制作各类报告 10 余万字，补侦提纲 72 条，26 次听取被害单位意见，检察长多次向上级院请示汇报，最终起诉，法院一审判处被告人有期徒刑 7 年。起诉非法吸收公众存款、合同诈骗、非法经营等破坏市场经济秩序犯罪 18 人。办理全国“扫黄打非”办、国家版权局、公安部、最高人民法院、最高人民检察院挂牌督办的《龙之传奇》私服游戏涉嫌侵犯著作权案，促成犯罪嫌疑人 5 人对被侵权公司进行诉前赔偿。

【公益诉讼】　成立检察五部负责公益诉讼工作。共发现案件线索 60 余条，立案办理行政、民事公益诉讼案件 38 件。其中生态环境类 25 件，资源保护类 10 件，食品药品安全类 3 件。发出公益诉讼诉前检察建议 26 件，行政机关整改完毕并书面回复 24 件。参与缙云山生态环境综合整治，开展“保护缙云山生态环境公益诉讼”专题活动，发放宣传资料 2000 余册。监督取缔水土和复兴 2 个街道多年非法垃圾场，督促相关部门先后对30余万方垃圾进行无害化处理并恢复绿化。先后开展“保护长江母亲河”“保障千家万户舌尖上的安全”等公益诉讼专项行动。推动区域嘉陵江沿线8个老旧码头检测评估与升级改造，恢复毁损河道河堤4处，办理沿江危害生态环境、非法捕捞水产品等公益诉讼案件18件，全部监督整改完毕。非法捕捞水产品刑事附带民事公益诉讼一案，人民法院已依法判决，责令放流鱼苗8万尾。针对“美团”“饿了么”等外卖平台违规经营行为，督促区食药监分局对4家违规经营者及第三方平台进行依法处理，并建议开展网络餐饮食品安全专项检查。

【法律监督】 检察长2次列席人民法院审判委员会。监督立案、撤案38件，追捕11人，纠正侦查活动违法27件。追诉漏犯、漏罪37人（条）。提出抗诉3件，2件已审结并得到采纳。督促行政执法部门移送案件18件27人。向办案机关书面提出对在押人员23人变更强制措施建议得到采纳。纠正刑期计算错误案件6件6人。审查在押人员档案材料2470份，纠正执法违法案件31件，财产刑执行不当10件。对审判机关暂予监外执行的提请、决定严格把关，办理暂予监外执行提请、决定4人次。办理218件各类民事行政诉讼监督案件，受理迟某借贷纠纷案向区人民法院提出再审检察建议并获裁定再审。通过支持起诉为70人农民工讨回被拖欠工资315万余元、为自闭症儿童郑某等未成年人6人追讨抚养费。

【司法体制改革】 开展习近平新时代中国特色社会主义思想和党的十九大精神大学习大讨论。举办“营造良好政治生态”专题论坛。加强党风廉政建设，制定严格因私出国（境）管理等整改措施79项，已全部整改到位。针对检风检纪，开展常态性检务督查52次，例行廉政约谈90余人次，做到全覆盖。落实检察官一线办案要求，院领导全年办理各类案件83件，审批案件146件，流程监控、评查案件313件。完善检察官和检察官助理年度司法档案190份。完善认罪认罚从宽制度，提高诉讼效率，适用认罪认罚从宽制度办理案件612件698人。深化监察体制改革，受理区监察委员会职务犯罪案件4件，起诉3件，成功办理移送的首例职务犯罪案件伍某行贿案，法院已判决。推进内设机构改革，内设机构从12个减少到8个。针对性开展检察一体化岗位练兵，连续十年举办精品案件、优秀笔录等业务竞赛。1名干警荣获“全国刑事执行检察业务能手”。3名检察官进入重庆市人民检察院专业办案团队，涌现出“全市检察业务专家”等先进个人。一件国家赔偿个案分析报告被最高人民检察院评为优秀，是全市唯一获奖报告。公开发表论文15篇，参加国家、省级学术会议、理论研讨10次。

【检务公开】 定期向区人大、区政协专题报告贯彻落实全市检察长会议精神、公益诉讼等工作推进情况，检察长向人大代表介绍公益诉讼工作。开展“检察开放日”等活动10余次，邀请全国、市、区人大代表、政协委员、人民监督员参与案件公开审查、观摩岗位练兵、来院视察工作100余人次。为人大代表、政协委员赠阅《检察日报》，及时通报检察工作，听取意见建议。办理人大代表、政协委员意见建议和提案16件。推进12309检察服务中心建设，以网站、微信公众号、手机客户端、热线电话为依托，构建信、访、网、电四位一体接待平台，接待律师、安排阅卷220人次。审核公开各类法律文书、案件程序性信息2576份。推出“扫黑除恶”“护航非公”等主题原创微信39期。

【区人民检察院负责人名录】

检　察　长：戴　萍（女）
副 检 察 长：杨怀平
郑富钰（女）
陈国璋（9月离任）
胡朝晖
政治部主任：陈国璋（兼，9月离任）
纪检组组长：徐继强

（杨　杰）

法　院

【概况】 2018年，北碚区人民法院（以下简称区法院）由政治处、纪检监察室、办公室、研究室、审判管理办公室、司法警察大队、立案庭、刑事审判庭、未成年人案件综合审判庭、民事审判第一庭、民事审判第二庭、民事审判第三庭、行政审判庭、审判监督庭、执行局（下设执行管理科、执行实施科、执行裁决科）、静观法庭、柳荫法庭、复兴法庭等18个部门组成，其中人民法庭3个。全院有在编干警169名，其中员额法官

64名。全年共受理各类案件2.61万件，审执结2.4万件，同比分别增长28.7%和30.3%，结案标的金额37.3亿元。员额法官人均结案369件，同比增长19.0%。被最高人民法院评为“全国法院司法宣传先进单位”。3名干警分别被评为北碚区十佳平安卫士、十大杰出青年、三八红旗手。

【审判工作】 区法院依法惩治刑事犯罪，受理刑事案件752件，审结723件，同比分别下降5.1%和3.6%，判处罪犯858名，同比下降7.1%，依法对30名罪行严重被告人处以5年以上有期徒刑。加强未成年人司法保护，封存犯罪记录26件31名，帮助未成年罪犯改过自新。妥善审理民事纠纷，受理民事案件1.14万件，审结1.05万件，同比分别上升50.1%和49.6%，结案标的金额4.4亿元。坚持依法全面平等保护各类市场主体合法权益，保障各种所有制经济健康发展。审结商事案件4356件，结案标的金额24.9亿元，同比分别增长11.0%和37.4%。支持和监督依法行政，受理行政诉讼类案件265件，审结260件，同比分别上升18.8%和21.5%。审查行政非诉案件330件，同比上升54.8%。推动行政机关负责人出庭应诉，行政机关负责人出庭应诉共68人次，同比增长36.0%。

【司法服务】 为保障重庆自贸试验区蔡家区域建设出台实施意见，落实重点保护和服务机制，依法保障和推动内陆开放高地建设。出台民营经济司法保护意见12条，运用司法手段鼓励支持引导民营经济发展壮大。与区工商联建立常态化联络机制，精准服务民营经济综合改革示范试点。依法打击侵犯民营企业合法权益犯罪，妥善审理涉民营企业金融借款、融资租赁、民间借贷等案件239件。发挥破产法关于企业重整、和解、清算功能作用，加强民营企业市场救治和退出市场司法保障，推动供给侧结构性改革。强化执行兑现，执结民营企业申请执行案件792件，为企业追回债权3.1亿元。依法服务和保障乡村振兴战略实施，严惩脱贫攻坚领域腐败犯罪，妥善审理各类涉农案件869件。践行新时代“枫桥经验”，探索自治、法治、德治“三治融合”乡村治理新路径。在区委区政府支持下，复兴人民法庭建成投用。3个人民法庭依法妥善化解各类案件纠纷2434件。

【执行工作】 全年受理执行案件8229件，执结6937件，执行到位金额6.4亿元。深化执行措施运用，完善网络执行查控系统，先后开展“迅雷”“夏季风暴”“铁拳”等专项执行活动。开展网络司法拍卖409次，成交220件，成交额24.1亿元，溢价率38.1%。推进联合惩戒机制建设，执行失信被执行人名单制度，依法将251名失信被执行人在辖区商圈及“北碚发布”等新媒体平台公示曝光，将3077名纳入失信被执行人名单，依法限制高消费，实现“一处失信、处处受限”。打击拒执违法犯罪，实施搜查348次，拘留34人次，移送追究刑事责任5名，1753名被执行人迫于压力主动履行义务，1名因恶意逃避债务行为依法判处拒不执行判决、裁定罪。区委办、区政府办出台实施意见，将执行工作纳入全区平安建设和社会治安综合治理督查。加强执行指挥中心建设，健全执行快速反应机制。完善财产保全工作，从源头防范“执行不能”。深化执行公开，强化执行监督，规范执行行为，消除消极执行、选择性执行、乱执行情形，构建解决执行难长效机制。

【司法体制改革】 推进司法责任制，推进以法官为中心、以业务需求为导向的审判执行团队建设，科学配置58个团队。推进院庭长办案常态化，院庭长单独或参与审结案件6200件，发挥示范引领作用。完善审判委员会工作机制，审委会研究案件62件、事项73件。召开专业法官会议51次，为176件案件提供咨询意见。建立改判发回重审评析机制，提升裁判质量。开展繁简分流机制改革，平均审理时间同比缩短10.9%，被市高法院评为“繁简分流机制改革优秀业务成果法院”。深化以审判为中心的刑事诉讼制度改革，组织召开庭前会议5次，证人、侦查人员、鉴定人出庭作证34件次。深化认罪认罚从宽制度改革试点，共适用认罪认罚从宽制度审结刑事案件648件，占同期结案总数89.6%，平均审理时间7.1天，认罪认罚从宽制度实施效果显现。为76名被告人指定辩护律师，律师辩护全覆盖工作稳步推进。推进“智慧法院”建设，建设标准化科技法庭15个，打造庭审直播法庭12个。开通“易审”“易诉”“易解”平台，实现智能化辅助办案。加强职业保障机制建设，落实三类人员分类管理，规范聘任制书记员管理和考核，薪酬及配套待遇保障制度逐步落实。组建法官权益保障委员会，严格区分审判质量瑕疵责任与违法审判责任。

落实立案登记制，保障当事人诉权。深化诉讼服务智能化建设，为当事人网上立案 336 件，提供网上缴费、电子送达等服务 737 次。保障律师执业权利，发出律师调查令 510 余份。强化困难帮扶，为 399 名困难群众缓、减、免交诉讼费 47.2 万元，向 9 名特困当事人发放司法救助金 117.7 万元。完善矛盾纠纷多元化解机制，依托诉讼服务中心搭建 5 大诉调对接平台，诉前成功调处案件 1032 件。推进司法公开，开展庭审直播 841 次，上网公开裁判文书 1.33 万份，依法应公开文书公开率 100％。人民陪审员参审案件 2833 件。加强法院"两微一网"新媒体建设，通过"公众开放日"、公开庭审等方式，邀请社区群众、学生等走进法院参观、旁听庭审 890 余人次。开展"执行总攻・决战重庆"活动，邀请媒体现场直播活动实况，累计观看达 13 万余人次。依托"庭审六进"活动开展巡回审判 24 次，通过消费者权益日、国家宪法日等开展法治宣传 16 次，累计参与群众 7500 余人次。回应企业发展对司法新需求，院长带头走访民营企业 13 次。参与缙云山生态环境综合整治工作，依法执行涉缙云山违建案件 3 件。坚持院庭长接访制度，接待群众来访 821 人次，处理涉法涉诉来信 92 件。充分发挥院长邮箱民意沟通功能，办理院长邮箱信访事项 33 件。

【党建工作】 坚持党对法院工作绝对领导，严格落实意识形态工作责任制。抓好"回头看"反馈意见整改落实，坚决肃清孙政才恶劣影响和薄熙来、王立军流毒。推进党建与审判执行有机融合，在诉讼服务中心和执行服务大厅设立"党员示范岗"。落实"三会一课""主题党日"等制度，党组书记为全院干警讲党课 4 次。开展"不忘初心、牢记使命"主题教育活动，开展"微党课"展讲。通过干警沙龙、一线磨砺等机制，为青年干警搭建成长平台，建好法院人才梯队。落实全面从严治党"两个责任"，改进司法作风。开展专项督察、审务督察 51 次，扎实做好案件回访工作。班子成员认真开展述职述廉，全院干警层层签订廉政责任书。加强对干警职工日常教育、监督和管理，全年开展廉洁谈话 223 人次，发放倡廉书、助廉书 500 余份，发送廉政短信 2600 余条。开展"以案说纪、以案说法、以案说德、以案说责"警示教育，运用监督执纪"四种形态"，惩治违纪行为。

【监督管理】 自觉接受区人大及其常委会监督，主动向区人大及其常委会报告法院工作，专题汇报"基本解决执行难"工作。逐条梳理"两会"期间代表意见建议，并及时回复，建议和提案办理回访满意率 100％。开展多种形式代表委员联络活动，先后邀请三级人大代表和政协委员 130 余人次见证重大执行活动、旁听重大案件庭审、参加审务进园区等活动 6 次。依法接受检察机关法律监督，邀请检察长列席审委会 2 次。召开新闻发布会 5 次，主动接受新闻媒体、社会各界监督。

【区人民法院负责人名录】

院　长：吴佳斌
副院长：杜　利（女）
　　　　黄荣松
　　　　杨斌华（女）
政治处主任：廖英伟
纪检组组长：邓　伟（女）
执行局局长：郑洪明

（王新亮）

司法行政

【概况】 2018 年，局机关编制 23 名，局长 1 名、副局长 3 名、科级领导职数 5 名。局机关内设办公室、法制宣传教育科、法律服务管理科、基层工作管理科、特殊人群管理科（矫正帮教管理服务中心，同时加挂北碚区社区矫正管理局牌子）5 个科室，直属北碚区法律援助中心（参公）、北碚公证处（事业）2 个单位，下辖 17 个司法所，管理全区 17 家法律服务所、11 家律师事务所、4 家司法鉴定所。

2018 年，完成首届国家统一法律职业资格客观题考试北碚考区考务工作，成功试点国家统一法律职业资格主观题机考工作，荣获国家司法考试先进单位。水土街道和欣家园社区人民调解委员会获"重庆市优秀人民调解委员会"表彰。静观司法所所长、静观镇人民调解委员会调解员李康、区道路交通事故纠纷人民调解委员会调解员罗娟获"重庆市优秀人民调解员"表彰。天府司法所所长评为"2017 年度北碚区十佳平安卫士"。

【普法依法治理】 落实"谁执法谁普法"工作责任制。印发《关于贯彻落实国家机关"谁执法谁普法"普法责任制的实施意见》和《北碚区2018年全民普法守法工作要点》，定期督促检验普法成效，推进普法依法治理工作。开展“七五”普法中期评估。制定《重庆市北碚区法治宣传教育第七个五年规划考核评估指标体系（试行）》，组成联合检查组对全区重点普法成员单位和17个街镇进行“七五”普法中期检查评估。接受市“七五”普法中期检查第二组专项检查，得到充分肯定。开展系列法治宣传活动。突出乡村振兴战略等中心工作，以“三月法治宣传月”“宪法宣传周”等为载体，开展“千万市民学法律”“法润乡村——服务乡村振兴战略行动”等主题法治宣传活动75场次，发放宣传资料6万余册，提供法律咨询1400余人次，开展法律志愿服务140余人次。突出宣传普法重点内容。抓好宪法学习宣传，开展“宪法八进”活动，组织全区5.7万余人参与“点赞公民—千万市民学宪法”网络知识竞赛，开展“我与宪法”微视频征集活动，选送代表作品4个。在《掌上法治园》专题推送《宪法》《监察法》17期，宣传习近平新时代中国特色社会主义法治思想。推进“2＋3＋1”普法专项计划。完成20名春季新提任领导干部法治理论知识考试，全区1.2万余名干部参加网上法治理论知识考试，抽考149名副处级以上领导干部，参考率、合格率均为100％，并组织领导干部开展法庭旁听；开展“我执法我普法”演讲比赛，1名选手入获重庆市二等奖。为全区180余所中小学校配备法治副校长、法治辅导员，组织“青少年法制教育宣讲团”进校园举办模拟法庭、法治辅导报告会78场次。在北碚手机报推送44期《掌上法治园》。推进法治文化建设。打造“法治·德治”主题文化公园1个，创建“法治小区”1个。

【法律服务】 全年律师、基层法律工作者办理各类案件1257件，担任法律顾问312家；司法鉴定机构办理案件141件；办理公证5126件。将28项行政审批事项逐项编制政务服务事项清单，实行一次性告知制度，所有行政审批事项压缩审批时限至少60％，推出复审全程代办制度，落实“最多跑一次”。

在区公共法律服务中心开设民营企业服务窗口，优先受理涉及民营企业法律事务。落实公证行业减证便民12项措施，强化便民服务举措。成立北碚区民营经济法律服务团，在区工商联设立民营经济法律服务工作站，做好法律服务。完善行政复议、行政裁决、行政调解、人民调解、诉调对接的商事纠纷多元化解机制，加大民营经济主体间的民商事纠纷调处力度。为民营企业新增提供知识产权保护公证、债权公证和提存公证，办理“一带一路”公证、融资借贷、证据保全203件。开通“北碚公证”微信公众号，实行网上查询、申请、受理公证业务。

完成司法鉴定名册编制以及律师、公证、基层法律服务年度考核。完成人民监督员增选、培训工作。开展“双随机一公开”案卷质量检查和司法鉴定“双严十二条”规范执业专项检查，规范行业监管。树立行业典范，4家司法鉴定机构评为重庆市司法鉴定行业诚信执业单位，2份司法鉴定文书获重庆市优秀司法鉴定文书三等奖。调查处理8起信访投诉，未发现有效投诉。

组织10家律师事务所主任到沙坪坝区司法局开展“律师行业管理与发展”主题交流学习，提升律师行业发展能力。完成司法鉴定机构、司法鉴定人和人民监督员在重庆法网上数据录入，为公共法律服务提供人才保障。组织律师参与涉法涉诉信访值班98次，试点律师参与认罪认罚案件755起，为全区177个村（居）指派法律顾问工作。办理歇马旧城及配套道路改造、两江新区水土公司农转非定向商品房安置公证600余个，分批为三圣镇、静观镇农村危改房困难群众提供上门公证服务。拓展金融公证业务，同比增长921.5％。

【人民调解】 2018年，全区各人民调解组织排查矛盾纠纷161次，预防矛盾纠纷214件，防止群访和集访案件29件涉及672人，调解纠纷6116件，调解成功6004件，成功率98.17％，实际履行5296件，涉案金额5482.96万元，司法确认1148件。春节前，水土镇调委会成功化解一起上千名农民工欠薪案，涉案金额3528万元。完成17个司法所和177个调委会“双规范化”建设。组织人民调解员参加司法部“人民调解大讲堂”4期；以街镇为单位，举办“人民调解进基层”专项培训17场次，实现人民调解培训全覆盖。加强人民调解指导工作力度。重点围绕农村土地承包经营权确权登记颁证与公租房、农转城安置房、老旧小区等社会综合治理任务较重区域，完善人民调解参与机制有机衔接。推广“巴渝和事佬”手机APP和法院“易诉易解”平台，形成线下与线上相结合纠纷调解新模式。启动“金牌人民调解”专项行动，在蔡家岗街道两江名居北社区开展“法润社区·司法同行”试点工作。

【社区矫正和安置帮教】　全年开展社会调查评估37人次，新接收社区服刑人员299人，期满解除314人，在册329人。对不遵守社区矫正管理规定给予警告处分62人次，建议决定机关撤销缓刑收监执行1人，变更居住地32人，无脱漏管。新接收刑满释放人员312人，在册780人，其中重点帮教人员189人。试点探索监狱、戒毒民警参与社区矫正安置帮教试点工作，实行“1＋1＋1”(1名司法行政干部＋1名戒毒民警＋1名协管员)片区负责制，具体联系、指导、督促片区内各司法所社区矫正日常工作。建立季度片区交流会制度，召开片区交流会4次，开展专项培训2次，进一步适应新时期社区矫正工作要求。建立联席会议制度，明确12个成员单位主要职责和工作规则，健全完善社区矫正工作制度。执行“五个一”监管措施，对全区新接收社区服刑人员开展11次初始集中教育活动，加强服刑人员纪律意识。投入110万元完成司法行政内网三级网络改造、社区矫正应急指挥中心和远程视频督察系统建设，对社区服刑人员实施GPS手机定位全覆盖，实现社区矫正信息化精准管控。做好刑满释放人员安置帮教工作，及时核查服刑人员信息，核查率和回执率100%；刑满释放人员帮教率100%，重点人员实行必接必控，确保重新犯罪率持续控制在较低水平。帮助刑满释放人员落实低保14人，落实责任田96人，解决临时救助109人。

【法律援助】　建成北碚区公共法律服务中心，将法律援助、法律咨询、公证等列入首批公共法律服务项目。在街(镇)建成公共法律服务工作站17个，在村(社区)建成公共法律服务工作室(窗口)177个；接入“12348公共法律服务热线”，在区公共法律服务中心落实专人座席服务；接入“重庆市公共法律服务网”，实行网上查询、解答、受理、指引司法行政法律服务事项；实现公共法律服务“一站通”“一线通”“一网通”。做好司法行政(法律服务)案例选编工作，5篇入选司法部司法行政(法律服务)案例库。办理法律援助案件681件，为受援人挽回和避免经济损失959.09万元，其中为农民工挽回经济损失757.35万元。联合团区委、区妇联试点打造“法援惠民生·关爱未成年人”“法援惠民生·关爱妇女”法律援助品牌，加强特殊群体法律援助工作。

【扫黑除恶】　围绕缙云山生态环境综合整治工作，组建3个工作小组进村入户1141户开展专项法治宣传，发放宣传资料3404份，张贴宣传画854套。规范律师执业行为。建立健全律师参与黑恶势力犯罪案件辩护代理工作机制，严格执行涉黑涉恶刑事犯罪案件律所集体研究制度和及时报备制度。2018年，全区律师参与涉黑涉恶案件代理8件，其中2件已判决，6件处于侦查阶段。对全区社区服刑人员和刑满释放人员涉黑涉恶情况进行全面摸排，全覆盖、多途径深挖黑恶势力犯罪线索，最大限度预防社区服刑人员和刑满释放人员被黑恶势力引诱、拉拢和重新违法犯罪。

【机构改革】　接收3名监狱戒毒民警参与社区矫正执法试点工作。完成律师协会分会改革，成立北碚区律师工作联络办，选出新一届班子成员。有序推进公证改革。

【队伍建设】　以“十个一”为载体，持续开展党的十九大精神宣传贯彻。落实“三会一课”，按期开展主题党日活动和“双报到双报告三考评”工作。成立局党委和律师行业党总支，选派党建指导员，加强社会组织党建指导。完善意识形态工作制度，签订工作责任书，更新场所、阵地管理台账，对律师代理群体性、敏感性案件严格实行备案制。严格对照市委“十破十立”要求，彻底肃清孙政才恶劣影响和薄熙来、王立军流毒，营造风清气正良好政治生态。修订“四定工作法”责任清单，签订党风廉政建设责任书和廉洁从政承诺书，开展兴调研转作风促落实行动，推进解放思想大讨论和“转作风强服务助推民营经济发展”专题教育。开展巡视整改工作。制定专项整改方案，召开专题民主生活会，逐项整改落实。加强干部队伍建设。分批推进临聘人员劳务派遣制，完善社会工作者队伍规范化建设。全年无违规违纪行为发生。

【区司法局负责人名录】

党组书记、局长：毛　兵

党组成员、副局长：李劲松

刘微观(女)

副局长：胡岚岚(女)

军　事

军　事

国防建设

【概况】 2018年，全区武装系统学习贯彻习近平新时代中国特色社会主义思想和强军思想，贯彻落实中央军委、国防动员部、警备区党委全会精神，抓好党的十九大精神和全国“两会”精神学习贯彻、练兵备战、文职人员转改、民兵调整改革、潜力调查、兵员征集、“四治”专项整治、防范重特大安全事故等重点工作，区人民武装部建设稳步推进，圆满完成各项工作。荣获警备区“安全稳定工作先进单位”，天府镇民兵连长杨顺超在警备区“三长”比武竞赛中获综合成绩第一名。

【组织建设】 组织党委中心组带机关理论学习4次，召开党委会10次，抓好“不忘初心、牢记使命”和“传承红色基因、担当强军重任”主题教育。结合民兵整组、兵役登记等，深入基层开展民兵政治教育。引导官兵职工自觉增强“四个意识”、坚定“四个自信”、做到“三个维护”。参与庆祝改革开放40周年活动，创作3幅书画作品参加警备区展览，组织干部职工观看专题片，做好军兵种交流干部转改文职人员相关工作，及时组织试用考察等。开展国防教育，组织人员参加重庆市国防教育优秀教员比武竞赛。

【队伍建设】 定期召开党委会研究民兵调整改革、联考联评、“三长”比武、军事训练考核等内容，对标对表警备区年度工作要点，制定年度军事训练计划。坚持重大节日、特殊敏感时期战备教育制度，落实应急分队轮流战备值班，组织应急分队进行战备拉练。1月，组织开展唱强军战歌、宣民兵誓词、考军事技能、练动员集结等内容的训练，主官全程参训，全体专武部长观摩训练。5月，联合区民防办开展民防专业军地联训；针对全市第三轮军地联考联评，考核选拔120名应急民兵集中训练实弹射击、森林灭火、水上救援、城市排涝、战术基础动作、三千米越野等科目。10月，对照重庆市考核标准，组织103名应急民兵进行军地联考联评强化训练。12月，联合区民防办组织重要经济目标防突袭专项演练；完成17名街镇武装部长4个科目军事考核。

【国防工作】 围绕国防动员主责主业打基础抓落实，2次组织召开民兵调整改革任务部署会。组成3个工作组，由班子成员带队深入全区基层武装部和编兵单位进行检查调研，对民兵调整改革给予现场指导，完成基干民兵编组、体检、政治考核等工作。规范民兵预建党组织建设和营连部阵地建设，配齐应急连携行物资、抢险器材等。抓好国防潜力调查，调整健全国动委领导成员，部党委召开专题会议研究部署任务，指定专人负责，安排专项经费用于各类保障。

【征兵工作】 作为年度阶段性大项任务，及早安排部署征兵工作，及时研究措施办法，抓好各环节工作落实。1月，召集专武部长进行总体部署。2月，启动兵役登记和适龄青年动员摸底，专题召开兵役登记座谈会。4月，兵役登记率100%；出台大学生入伍激励机制，从2018年起从北碚参军入伍大学生给予奖励5000元/人，西南大学对该校入伍大学生给予奖励5000～7000元/人。5月初开始在区内媒体开展征兵宣传，6月走村入户面对面宣传，结合西南大学“双选会”组织同期同场宣传3次。体检中采取封闭式管理，推行单科目现场复检办法，让应征青年少跑一趟路，平均每天合格率提高8%左右，《中国国防报》给予报道。增加体检费10万元，对特定地区65名预定新兵增加头颈部血管瘤CT项目，减少退兵隐患。联合公安、教委等单位工作人员合署办公，集中组织征兵政治考核。对大学生政治考核提前部署，减少后期工作量。针对西南大学新疆籍应征青年，派出西南大学和相关派出所工作人员到应征青年入学前户籍地调查了解相关情况。8月，组织双合格应征青年开展役前训练，让应征青年早适应军营生活，早摸准入伍意愿，早发现体检中无法暴露的问题。9月召开定兵会。征兵工作无不廉洁征兵情况反映。

【学生军训】 健全军训组织领导，成立区学生军训领导小组，制定学生军训三年规划和军训工作计划。召集全区中学领导召开军训工作专题会议，安排部署军训工作。组织退役军人参加警备区军训骨干训练和本区集训，挑选素质过硬人员作为军训教官。挑选专武部长到相关学校全程跟训，负责管理协调工作。全年，共军训学生1.2万余人。

【参建参治】 落实双重领导制度。部领导带领机关及相关单位深入相关部门、街镇开展调查研究，深入民营企业宣传政策规定、解决实际问题。做好军地平安共建和涉军维权工作，配合警备区和公安部门查处“西子园工程建设项目”假军队工程，维护国防利益和军人军属合法权益。做好扶贫攻坚工作，对区内2户贫困军属和潼南区3户贫困军属进行重点帮扶；指导三圣镇茅庵村开展扶贫工作。协调牵头驻碚部队和民兵预备役人员参加经济社会建设，组织官兵职工、民兵参与维护社会稳定、抢险救灾等。7月，洪峰过境期间，组织民兵600余人帮助群众转移物资、值守巡查。

【区人民武装部负责人名录】

部　长：赵玉军

政　委：罗天刚(8月任职)

副部长：李再新

(赵永明)

武　　警

【中国人民武装警察部队重庆市总队机动支队】 按照军队规模结构和力量编成改革调整，在原中国人民武装警察部队重庆市总队第七支队基础上，合并中国人民武装警察部队重庆市总队第八支队，组建中国人民武装警察部队重庆市总队机动支队，2017年12月16日筹备，2017年12月31日挂牌成立。支队分南、北2个营区，机关驻复兴街道云武路66号，主要担负执勤处突、反恐维稳、抢险救援、防卫作战、跨区增援等任务。

2018年，支队围绕“122”奋斗目标，确立新标准、建立新秩序、倡导新风尚，部队建设稳步向好发展。组织党委中心组理论学习、年度主题教育和学训词专题教育，开展“大谈心、大走访”活动，开展红岩魂广场宣誓、演讲比赛、歌咏比赛、烈士祭奠、八一军民联欢、晋升警衔仪式等文化活动。2人获总队“十大强军标兵”，2人获总队十佳“四会”政治教员。以迎接军委和武警部队战备拉动为契机，规范编携配装，开展战备演练，落实党委议训，抓新大纲落实，用好考比拉抗载体，组织比武集训、野营拉练和“魔鬼周”“卫士”演习等演训活动，完成智博会安保、“留置”看护、“2·27”专项行动等重大任务。参加武警部队“突击”火力分队比武获第五名。2人分别获武警部队“优秀支队指挥员”“优秀分队指挥员”。巩固深化《纲要》培训成果，规范职能、下放权力、强化督导，落实责任，“强大队建中队、靠大队抓中队”抓建格局基本形成，2个中队实现“脱贫摘帽”。组织“条令年”活动，紧盯在外人员管控、违规外联、枪弹车辆安全等重难点问题，开展安全隐患排查整治，提升安全系数。突出应急保障力量建设，开展“一组五队”“战勤编组”综合演练，参加总队后勤教练员比武获第二名，应急保障能力经受野营拉练、“卫士”演习等大项任务检验。解决遗留问题，完成武警部队装备日常管理试点任务，提升后装建设规范化水平。制定问题“总台账”，召开第一次党代会。开展政治能力训练，抓好房张对照检查案件专题教育。纠治“微腐败”，在提升干部、选晋士官、发展党员、立功受奖等敏感问题上，坚持公开公平公正。

【武警总队执勤二支队北碚中队】 武警总队执勤二支队北碚中队驻守北碚区看守所，主要担负看守所外围武装警戒、看守，北碚区反恐维稳、处置突发事件、抢险救灾等急难险重任务。中队先后荣获武警重庆总队“正规化执勤优秀单位”、“基层建设先进单位”、支队“安全工作先进单位”称号，11人荣获三等功，4

次荣获集体三等功，2018 年担负重庆总队“智慧磐石”试点任务，中队用科技强勤有效防止在押犯暴狱脱逃，看守所目标单位安全稳定。先后完成上级赋予各项任务，得到部队领导和北碚区委肯定。全年担负辖区内武装押解临时勤务 120 余起，出动兵力 550 余人次，押解犯人 1200 余人。中队积极参与地方文化建设，先后与翡翠湖小学、梨园小学、朝阳小学、轻工业学校、消防中队、刑警大队以及唐家社战训基地等单位共建共育，是翡翠湖小学“行为规范实践基地”。中队情系孤寡老人，累计出动官兵 10 余次，义务劳动 10 余天、资助贫困户资金、物品总计 7000 余元。中队依托自身优势与朝阳中学开展国防教育、读书活动并荣登腾讯网、《人民日报》、光明日报等媒体。通过国防教育及训练，提高中小学生、辖区人员国防意识和自身素养。

【中国人民武装警察部队重庆市总队执勤第二支队执勤三大队执勤十中队】 2018 年，按照习主席“军是军、警是警、民是民”重要指示精神，中队施行新指挥体系、新编制体制，划归党中央、中央军委集中统一领导，番号由原中国人民武装警察部队重庆市总队第一支队三大队四中队变为中国人民武装警察部队重庆市总队执勤第二支队执勤三大队执勤十中队。中队驻扎缙云文化体育中心，主要担负北碚区武装巡逻和应急抢险等各类任务。

开展组织建设、政治教育、军事训练、执勤战备、安全管理和后勤保障等重点工作，部队发展安全稳定。完成武警重庆总队军事训练新《大纲》试点、新《条令条例》知识竞赛、年终军事训练考核等任务。抓实战化军事训练，先后完成两会及各重大节假日等节点期间武装巡逻防控，获部队和地方各级领导以及驻区人民群众肯定。荣获总队基层建设先进单位、正规化执勤优秀单位，荣获执勤第二支队先进党支部、先进团支部，执勤一班荣立集体三等。2 人荣立个人三等功、17 人获嘉奖、1 人获优秀党务工作者、1 人获优秀共产党员、1 人获优秀共青团干部、6 人获得优秀共青团员、2 人获得优秀基层干部、8 人获优秀士官、10 人获优秀义务兵、1 人获安全工作先进个人。

民　　防

【概况】 北碚区民防办公室（区国动委人防办）是区政府直属机构，是区国动委常设办事机构，受军地双重领导。内设综合科、工程科，下设北碚区人防指挥信息保障中心、北碚人防工程开发实业公司。

【工程建设】 推进重点公共人防工程建设。蔡家广场公共人防工程主体结构已完工，全区结合民用建筑修建防空地下室批建个数和面积均比 2017 年有所增长。利用现有人防工程、防空洞开展“百日纳凉送爽”活动、举办红岩讲座等，平战一体融合发展水平进一步提高。全年收取平战结合使用费、人防易地建设费均有所增长。加强安全生产监管，对辖区内的重点人防工程进行定期安全检查和专项检查 34 次，确保全年安全事故零发生。

【应急指挥】 完成全区“6·5”警报试鸣放工作，确保参与鸣放警报台鸣响率 100%。指挥信息系统显示系统高清改造项目完工，累计完成通信保障训练 191 次，为平台正常运行提供可靠保障。开展应急训练，完成 2018 年第八周期军地联训、战地医疗救护专项脱产训练。组织天生街道新星路社区等 7 个防空防灾一体化社区 1000 余群众参与防空疏散演练，提升人民防空战斗水平。推进重要经济目标防护工作，完成 2018 年重要经济目标防空袭专项演练。应急研究工作初见成效，推动与西南大学校地合作，战时心理防护课题研究取得阶段性理论成果，启动相关专著编纂。建立人民防空疏散基地，完善相关配套建设，促进人防设施军民兼用，服务全区经济发展。

【宣传教育】 民防知识宣传教育走进校园，与学校的军训、安全教育工作相结合，受教中学生 5300 余人，大学生 1.1 万余人。结合“6·5”警报试鸣日，加强与媒体等组织的合作，通过北碚区电视台、北碚地下商场、云清路社区、雄风商场 LED 屏滚动播放民防专题片，强化宣传效果。

【法治建设】 深化“放管服”改革，提高依法行政效能。清理完成"只跑一次""马上就办""全区通办"事项清单并上报公布,行政审批事项全部完成标准化建设上网公开,实现一个窗口办理。办理土地招拍挂前置手续人防设施征询件、同步清理其他服务事项并全部纳入网上办事大厅。协助市民防办完成执法检查12次,确保全年无行政执法不作为和错案或执法过错责任。

【队伍建设】 2018年,通过多种形式组织开展学习交流,提高全办干部职工政治责任意识。对照市委十破十立要求和区委工作部署,坚决彻底肃清孙政才恶劣影响和薄熙来、王立军流毒。推进巡视、巡察整改工作。对照巡视整改意见,建立整改任务清单,对标对表,逐一落实整改责任,立行立改,建立完善制度11个,推动全面从严治党制度化、规范化。

【区民防办公室负责人名录】

党组书记、主任:辛国民

副主任:朱　勇

杨忠华

驻办纪检组长:易　鑫

（何苗苗）

经 济

经　济

发展　改革　物价

【概况】 2018年，北碚区发展和改革委员会编制44名，其中行政编制30名、参公事业编制3名、事业编制9名、工勤编制2名。年底，在职39人(行政空编4名，参公空编1名)。内设12个科室(7科2室1所2中心)。

【规划编制】 完成全区"十三五"规划纲要中期评估。按照全市统一部署和要求，以2018年6月30日为评估时点，围绕主要指标完成情况以及重点项目、重点任务实施情况，开展中期评估，提出调整和修改建议。围绕全区经济社会发展重点、难点和热点问题，形成《北碚区现代服务业三年行动方案》《北碚区先进制造业三年行动方案》等研究报告。编制完成2018年国民经济和社会发展年度计划，对全区主要指标及发展形势开展监测、分析，提出措施建议。向区人大常委会报告2018上半年计划执行情况及全年计划执行情况。牵头制定《北碚区乡村振兴战略规划(2018－2022年)》《关于实施乡村振兴战略加快江东片区发展的实施意见》《北碚区江东片区乡村振兴战略规划(2018－2022年)》《北碚区2018年新型城镇化工作要点》，推进统筹城乡相关工作。牵头起草《北碚区民营经济发展规划》《中共重庆市委办公厅重庆市人民政府办公厅关于推动北碚区开展民营经济综合改革示范试点的实施意见(代拟稿)》等文件，争取政策、资金支持；牵头制定《重庆市北碚区民营经济发展规划》《中国(重庆)自由贸易试验区产业发展规划(2018—2020年)》等发展规划。

【经济发展】 推进有效投资和重点项目建设。全年全区固定资产投资同比增长14.1%，增幅排名主城九区第3位，超额完成人代会确定的增长7%目标任务；安排重点项目188项，年度计划投资483.1亿元，实际完成投资487.7亿元，完成年度目标任务101%。56项重点基础设施建设项目有序推进，全年完成投资4.26亿元。全区规模以上工业综合能源消费量75.58万吨标准煤，同比减少3.69%。

推进缙云山国家级自然保护区综合整治。组建现场拆迁、政策支持2个小组，推进综合整治相关工作；代区政府起草《关于给予缙云山国家级自然保护区生态环境综合整治有关政策支持的请示》，得到市政府支持性批复；牵头起草《北碚区缙云山国家级自然保护区生态搬迁实施方案》；向市发展改革委争取共建国家生态文明建设示范区支持。

支持和推动战略性新兴产业和先进制造业集聚发展，优化审批程序，依法限时办结，做好项目审批、核准和备案工作，提高服务水平。支持符合产业发展政策企业做大做强，为10家相关企业出具《西部地区鼓励类产业项目确认书》。开展"集中走访精准服务民营企业"活动，协调解决民营企业发展难题。

推进天府采煤沉陷区综合治理工作。向国家发展改革委申报天府采煤沉陷区综合治理工程，编制完成《重庆市北碚区重点采煤沉陷区综合治理工程实施方案》，策划包装39个项目，共计28.46亿元，并通过评审答辩。国家发展改革委已下达2019年中央预算内投资计划5020万元。

【社会民生】 牵头起草《北碚区保障和改善民生行动计划(2018－2020年)》，按照项目化、清单化要求，落实月调度、季督查工作机制。2018年市区两级民生实事完成投资38.59亿元，其中市级7.16亿元，区级31.43亿元。重庆市朝阳中学新城校区、朝阳小学蔡家分校区、罗家湾安置房、背街小巷视频监控系统建设(雪亮工程)等项目已完工，重庆市第九人民医院两江分院、歇马农转非安置房、北碚滨江休闲带(一期)等项目有序推进。为区中医院中医重点专科综合楼、北碚组团Ⅰ标准分区雷打石片区基础设施、北碚组团Ⅰ标准分区高石坎片区基础设施、周家岩片区龙凤溪桥梁工程和椿萱大道北碚段快速路前期工作5个项目共申请中央资金8080万元。

【招投标监管】 2018年，全区工程建设类项目共计完成交易229起，交易金额27.38亿元，节约资金1.16亿元，节约率4.2%。全年发现异常情况线索6起，调查完成6起，共处罚金274万元，没收254万元投标保证金。牵头制定《关于建立招标投标活动现场监督制度的通知》《重庆市北碚区工程建设项目招投标制度监督实施细则》《北碚区非必须招标国有投资工程建设项目备选承包商随机抽取实施细则》等文件。推进标后监督检查，会同区交委开展北碚区农村小康路等乡村公路建设项目专项检查，会同相关行政监督部门对部分重点单位招投标情况进行专项检查，并将问题线索移交相关行政监督部门调查处理。

【油气管道安全监管】 全年检查辖区内长输油气管道及LNG企业场所75家次，发现管道隐患79项，已整改69项，整改率87.34%。协调解决新建设工程与管道交叉施工问题7起，行政处罚3起；全年未发生长输油气管道及LNG安全事故。

【行政审批】 整合审批环节，优化审批程序，小型社会投资项目审批时间压减至35个工作日以内、带方案出让土地项目审批时间压减至20个工作日以内、一般工业项目从取得土地后至开工建设前建设审批总时间压缩至15个工作日内。拟定《北碚区产业投资项目行政审批代理代办工作实施细则（试行）》和《北碚区产业基本建设项目竣工联合验收实施办法（试行）》，提高政府服务效率，减轻企业负担。推进《北碚区一般工业建设项目推行“拿地即开工”审批模式实施办法（试行）》落地，通过推行提前介入、告知承诺、区域评估等工作模式，实现项目单位拿地即拿证（施工许可证）。

【供给侧结构性改革】 淘汰钢铁、煤炭、电解铝、平板玻璃、水泥、造纸等落后产能。建立健全债务管理机制，明确化债时间表、路线图、措施及责任清单，强化新增债务管理。落实减免税等各项政策措施。停征免征涉企收费项目4项，为11户企业退还增值税4328万元，73家企业获得重庆市中小企业贷款贴息补助587万元。取消电网企业部分垄断性服务收费项目，对转供电环节收费进行全面清理规范。先后3次降低一般工商业及其他用电销售电价，为工商用户节约用电成本1741.4万元。抓好清费减负工作，贯彻国家、全市行政事业性收费停征、免征、降低标准政策，减轻企业负担。巩固扶贫攻坚成果，贫困发生率0.1%。

搭建信用平台，构建信息枢纽。完善公共信用信息平台和“信用北碚”门户网站，采集企事业主体信息10.33万条，信用信息5.05万条。开设信用修复专题培训会，为企业家提出针对性建议；在行政服务大厅开设信用信息查询窗口，企业可免费查询信用情况；以双创活动周为契机，在大学科技园进行以信用体系建设服务高水平创新、高质量发展为主题大型宣传活动。

【物价管理】 2018年，全区价格总体水平基本稳定。抓好重要商品价格调控，降低流通成本。构建蔬菜价格稳定长效机制。全面清理、规范涉企及民生收费项目。农产品流通方面，在用水、用电、用气及通行上给予相应优惠政策。

加强市场价格监测预警，重点加强对容易诱发价格总水平过快上涨和引发社会不稳定商品价格监测预警，维护市场价格秩序。全年价格监督检查实现清退给消费者1266.08万元，其中转供电政策性退款1208.08万元、含转供电主体单位退款135.25万元，其他价格维权退款58万元。

做好涉案财物价格鉴定、涉纪、涉税等扣押物品认定工作，全年受理涉刑事案件财物价格鉴定318件，认证金额276.6万元。介入政府采购审价20件，审结7749.4万元，审减607.5万元。受理国资委委托价格认证81件，认证金额7.72亿元。

【区发展和改革委员会负责人名录】

党组书记、主任：李成银

副主任：周　军（2月离任）

唐富强（2月任职）

徐雪梅

陈　云

纪检监察组长：李凤英

（王婷婷）

公共资源综合交易

【概况】 北碚区公共资源综合交易中心于2011年4月成立，是全区区域性公共资源交易集中统一交易平台。主要负责为各类交易活动提供信息发布、交易场所、交易见证、档案管理等综合性服务，负责组织实施招标投标和政府采购等国有公共资源交易活动。区交易中心地址冯时行路308号。2018年底，在编职工12人。其中：主任1人、副主任2人，科级领导职数5人。内设信息档案科、交易一科、交易二科、公告发布科、监督科等5个科室。

【公共资源交易】 2018年，完成工程建设和政府采购交易项目477宗，交易金额近30.92亿元，节约资金1.69亿余元。其中工程项目交易226宗，交易金额近27.31亿元，节约资金1.09亿余元，节约率3.85%，政府采购项目交易251宗，交易总额3.6亿余元，节约资金5979.61万元，节约率14.23%。国有产权租赁项目58宗，最高溢价率125%。10月31日，蔡家D分区便道拓宽改造工程成为区县首个利用市级电子招投标系统进行全流程电子化交易项目，重庆电视台、北碚电视台等媒体进行专题报道。

【交易规范管理】 8月份取消收取交易服务费，并对2018年已收取交易服务费实行全额退还，为企业减负近200万元。参照微型企业标准免除小型企业标书工本费。优化投标保证金退还流程，推行以银行保函方式缴纳投标保证金，缓解企业现金流压力。取消入场登记环节对交易项目资料进行再复核、再确认程序，实行行政主管部门一次性审批即可进入招投标程序制度。优化工程招投标、政府采购、门面租赁三大业务交易流程，缩减业务流程10余项。

在全市率先建立并实施入场人员自行封存随身携带通信工具举措。加强对代理机构人员管理，实行代理机构人员事先备案并在开标现场核验身份等新举措。

【专项整治】 严格履行“发现违法违规行为，保留证据并及时向行政主管部门报告”的法定职责，对交易现场发现弄虚作假、围标串标等行为第一时间报送主管部门查处，全年共报送10余起。报送异常情况7起，其中工程建设项目5起，政府采购项目2起。通报代理机构执业不当问题7起，督促代理机构对相关责任人进行处理。

【制度建设】 协助区发改委开展非必须招标项目政策文件制定，将竞争性比选变更为随机抽取制度及在预算控制价基础上进行二次下浮，该文件已通过区政府第55次常务会议审议。制定完善中心内控制度10余项。新修订完善开标区、评标区管理暂行规定，实行《评标专家告知书》制度。保证全区民生领域采购项目以及自贸区、中央环保督查、“四好”农村路、重大基础设施等项目正常交易。

【党建工作】 制定党风廉政全年工作计划，履行党风廉政主体责任、监督责任和“一岗双责”。加强党风廉政宣传教育，集中学习教育17次，中心领导上专题党课3次，开展党规、党纪学习47次440人次，开展廉政约谈3次。规范廉政工作台账建立和管理，构建风险排查、监测、处置廉政风险防控长效机制，抓好重点对象、重点事项、重点环节、重点任务。按照巡察整改要求，召开巡视整改专题民主生活会，从政治站位、意识形态、选人用人、政治纪律、从严治党等7个方面进行班子及个人对照检查，并形成整改方案，不断细化巡视巡察整改措施并形成长效机制。

【区公共资源综合交易中心负责人名录】

主　任：杨小汝

副主任：刘鹏宇

　　　　袁云川

派驻纪检组长：李凤英(女)

(田　甜)

工商行政管理

【概况】 2018年，重庆市工商行政管理局北碚区分局(简称“区工商分局”)获得区主要领导肯定性批示10条，人民日报、重庆新闻联播、当代党员等市以上主流媒体宣传报道30余条。2018年底，内设机构12个：办公室、组织人事科、法规科、财务装备科、非公有制经济组织党建工作科、微型企业发展监督管理科、企业注册登记科、企业和个体私营经济监督管理科、市场监督和消费者权益保护科、商标和广告监督管理科、合同和中介监督管理科、监察室。1个直属机构重庆市北碚区工商行政管理经济检查执法支队，10个派出机构(基层工商所)，1个直属事业单位重庆市北碚区消费者权益保护委员会。在编职工102人，其中：公务员87人、事业单位人员6人、工勤人员9人。

【市场主体发展】 实施“多证合一”改革，累计换发“一照一码”营业执照2.46万张。开展“证照分离”改革，执行“双告知”“双反馈”制度，共享4534条市场主体工商登记信息给相关行政许可审批部门。推进“互联网＋政务服务”，实现互联网办理企业设立、变更和注销登记，累计受理全程电子化登记661件。压缩企业开办时间，率先在全市实现从注册登记、刻制印章和领取发票2个工作日办结。实施市场主体简易注销改革，对个体工商户和未开业、无债权债务企业推行简易注销制度，简易注销各类市场主体993户。全年新发展市场主体10069户(不含镇街备案)，其中内资企业3906户，个体工商户6121户，农民专业合作社31户，外资企业11户。全区各类市场主体共计50278户，其中内资企业15914户，个体工商户33706户，农民专业合作社542户，外资企业116户。

【微型企业发展】 培育211户微型企业入选重庆市成长型微型企业培育库，42户获成长奖励210万元，32户获创业担保贷款570万元，1户荣获重庆市优秀微型企业荣誉称号，1户荣获重庆市第三届微型企业创业大赛创业之星二等奖，10户获得市级“守合同重信用”微型企业，38户获得区级“守合同重信用”微型企业。新认定重庆龙凤三号科普文创微企园为区级微企孵化园，兑现建设资金补助30万元。全区累计打造微企孵化平台8个，入驻微型企业474户。新发展微型企业3338户，带动就业2万余人。全区累计发展微型企业12274户，带动就业7.9万余人。

【消费者权益保护】 以“品质消费 维权共治 美好生活”为主题，开展北碚区“3·15”国际消费者权益日宣传活动。扩大消费投诉信息公示范围方面，运用消费者投诉信息公示制度，约谈商场超市、通信行业3次17家单位，并进行公示。推进放心消费创建活动，开展放心消费示范单位创建工作，2018年成功创建重庆市首批放心消费示范单位1户，创建北碚区放心消费示范单位112户。推进消费维权社会共治，发挥消费维权部门联席会议制度作用。全年受理消费者投诉举报1680件，解决率100%，为消费者挽回经济损失675万元。

【市场主体监督管理】 健全跨部门跨行业监管机制，推进“双随机一公开”抽查，抽查区内各类市场主体2414户，按照相关规定在国家企业信用信息公示系统(重庆)和信用重庆网站公示抽查结果。推进市场主体年报，至6月30日，企业年报率89.97%，个体工商户年报率48.0%，农民专业合作社年报率71.26%。开展缙云山自然保护区及城郊接合部等各类专项整治15项，立足工商职能加大对辖区非煤矿山、危险化学品、寄递、食品药品、消防等行业领域，以及网吧、旅馆等人员密集公众场所监管力度。

【商标监督管理】 实施商标强区战略，推动区政府出台商标品牌提升计划，兑现商标奖励44.98万元。全年注册商标申报1239件，新核准商标1690件，新增驰名商标1件、地理标志证明商标1件。全区注册商标总量为10584件，驰名商标总量达到9件，地理标志证明商标3件。以驰名商标、地理标志、涉外商标、老字号注册商标为重点，从严从重打击侵犯商标专用权行为，维护商标权利人和消费者合法权益。

【广告监督管理】 2018年，新增广告经营单位239户，其中新增广告公司58户，广告经营额8950万元，比2017年度同期增加15.3%。全区广告经营单位1821户，其中：广告公司435户，广播电视台1户、期刊2户，登记媒体10个。加强重点领域广告监管，开展教育培训类广告、房地产广告、违背社会良好风尚广告、互联网金融广告等专项整治，维护广告市场秩序。

【合同监督管理】 围绕民生热点和重点行业，整治汽车维修、房地产等行业，对消费者投诉集中的美容、健身、教育培训等预付式消费领域格式条款问题进行治理和企业约谈。格式合同备案115件，下达《责令改正通知书》7份、《合同格式条款修改建议书》8份，行政约谈企业12户次。开展2016－2017年度守合同重信用公示活动，公示重庆市2016－2017年度守合同重信用企业23户、微型企业10户，北碚区2016－

2017年度守合同重信用企业69户、微型企业38户。

【中介服务管理】 发展市场中介组织，2018年新发展中介组织1008户、农村经纪人53户。全区现有市场中介组织4769户，其中农村经纪人1136户。全面推行经纪执业人员网上备案，中介组织认领分类准确率99%。突出重点整治中介行为，开展人力资源市场秩序、房地产中介、车管业务代理代办中介、信用卡不良中介等行业整治。以防范风险为重点监管民办教育培训市场，全区登记注册民办教育类市场主体227户。

【市场规范管理】 加强流通领域商品质量监管，完善全年抽检重点商品品种计划，组织开展针对烟花爆竹、消防产品、服装、成品油、电动自行车、农资、装饰装修材料等类商品抽检136组，完成案源移交、录入工作。落实食品安全、粮食安全、野生动物保护、"限塑"、旅游等市场规范化管理职责，开展红盾护农等专项行动。

【电子商务监督管理】 开展2018网络市场监管专项整治，检查网站、网店1421个次，实地检查网站、网店经营者521个次。开展网站认领排查，排查686个，认领有效网站62个。开展建库建档，建库115个。开展网络巡查619次，检查及时率95.15%，完成率100%。电子标识发放率稳步推进，电子标识发放率94.93%，帖置率94.43%。

【企业信用体系建设】 加强信用监管，强化涉企信用信息归集，全年归集信息13288条，出具信用报告235份，共享应用全区法人信息数据5.13万条。开展联合惩戒，对27名失信被执行人实施市场准入和任职资格限制，将380户企业通过市局列入严重违法失信企业名单并公示。

【经济检查执法】 组织开展防范传销进校园、进社会等宣传教育活动，依法打击涉传行为。开展重点领域执法行动，开展打击侵犯知识产权和制售假冒伪劣商品、会议营销、非法集资等专项整治。加大执法办案力度，严肃查处不正当竞争、虚假宣传、假冒伪劣产品等各类经济违法案件29件。

【非公党建工作】 细化党员"三亮"，推进"双帮双培双带"以及党员摸排和日常管理工作。指导29户非公党组织，查找"小个专"党员64个，协助新建党组织3个，新增党员"三亮"经营户67户累计306户。指导非公党组织阵地规范化建设2户，打造北碚区微企协会党支部为市级党建示范点。

【区工商分局负责人名录】

局长、党组书记：刘　洪

副局长、党组成员：段红兵

袁远华

黄　力

纪检组长、党组成员：刘永生

（刘明霞）

食品药品监督管理

【概况】 2018年，重庆市食品药品监督管理局北碚区分局围绕食品药品安全中心任务，开展各项工作，全区食品药品安全形势总体平稳可控，未发生较大及以上食品药品安全事件。

【日常监管】 "三品一械"各环节均按要求进行全覆盖检查。完成"三品一械"监督抽检3462批次、食品和化妆品快检2860批次，完成率100%以上。开展风险隐患排查，排查食品药品生产经营单位8946家，覆盖率88%。开展针对性专项整治16项。完成食盐质量安全监管职能平稳移交。全年立案查处食品药品违法违规案件250件，其中重大案件4件，罚没款357.71万元，移送公安9件，行政复议2起、行政诉讼1起，无败诉案件。

【行政许可】 深化"放管服"改革，审批时限在法定基础上总体压缩60%以上；申请材料减少率30%以上；将零售药店筹建选址审批，预包装食品销售和不含生食类食品制售、裱花蛋糕、肉类冷食食品制售的小微型餐饮服务等食品经营许可改为告知承诺；对经营条件未发生变化的变更、延续等许可予以一次性马上办理。全年办理"三品一械"许可、备案4587件。

【创建工作】 首批8个农贸市场食品快检室和14个

熟食品店标准化建设完工投入使用。采购配发 8 台电动执法巡逻车，实现全区基层所执法车辆全覆盖。创建 1 个市级“放心肉菜示范超市”，1 个区级食品安全示范商圈及 42 家餐饮食品安全示范单位（食堂）。完成 18 家餐饮单位和学校食堂食品安全责任保险试点工作。与区电信和广电合作，通过套餐置换＋政府补贴方式，初步实现明厨亮灶和网络监管双重目标。

【队伍建设】 以检查员队伍建设和基层一线实作能力为重点，组织开展全区食品药品执法人员培训 400 余人次，启动执法人员和专职协管员“双专业”培训 31 人次。以提升从业人员素质、落实食药安全责任为重点，开展学校食堂、食品生产企业、保健食品专营等各环节企业负责人和从业人员培训 15 次，累计培训 2600 余人次，督促落实食药安全主体责任。

【智慧监管】 创新在日常监管系统中建立村（社区）协管员模块，设置配套检查表单，配备协助执法移动终端，实现现场实时调取往期监管数据，动态记录实时检查情况，提高巡查效率，为后期大数据分析提供基础数据支撑。探索建立外卖平台证照识别系统，通过数据抓取、证照识别、信息比对、区域定位等方式，准确鉴别外卖网站公示信息真伪，为线下实体店检查提供线索，极大减轻手动搜索和线下铺排检查工作量，初步实现对外卖商户精细化监管。

【民营经济】 结合分局工作，牵线重庆辉州药业有限公司与复兴街道、天府镇合作，探索引进中药材种植项目，助力当地群众增收。通过现场开办公会形式为民营企业搭建平台，服务辖区药品、医疗器械生产企业，收集并解答、协调解决各类问题 40 余项。集中走访 9 家民营企业，助推民营经济发展。通过校地合作机制平台，引入西南大学食品学专家为百周饮食文化有限公司提供技术指导和咨询服务，打造北碚地方特色食品“卤兔头”品牌。

【校地合作】 与西南大学药学院、法学院、食品科学学院、附中分别签订合作框架协议，就教学实习基地建设、人才共享与培训、科技项目合作、科普知识宣传、校一地一企合作等达成共识，集中优势、合力聚推理论与实践融合，为企业发展提供智库支撑，为科研成果提供转化基地。校企双方在教学实习、课堂教学、人才培训、科普宣传、产研合作等方面开展合作 9 次，其中全市首个学校（西南大学附属中学）食堂食品快检室已验收投入使用。

【社会共治】 组织开展各类宣传活动 60 余次，在国家、市、区级媒体报道 76 条次，发放宣传资料 60 万余份，接受群众咨询 2 千余人次。与区老年大学合作，定点投放宣传资料，提升宣传深度。在人流量大的食品药品经营企业设立宣传展台，扩大群众获取食品药品知识途径。开展食品药品“五发现五报告”活动，发动“朝阳群众”参与食品药品监管。用好投诉举报线索，全年受理 598 件，均按时办结，其中转化案件 34 起，累计奖励线索提供者 67 人次共 1.465 万元。

【重庆市食品药品监督管理局北碚区分局负责人名录】

局长：张　奕

党组书记、副局长：李　昂

党组成员、副局长：刘博辛

孙　立

党组成员、纪检组长：王国华

（食药监分局）

质量技术监督

【概况】 北碚区质监局成立于 1974 年，于 2000 年改名为现名。主要承担辖区质量振兴、食品相关产品和特种设备安全监管以及计量、标准化、认证认可的日常监督管理和打击假冒伪劣产品违法行为等主要职能职责。2018 年，在编职工 27 名，离退休人员 6 名。内设：质量科、特种设备安全监察科、法制科、行政许可管理科、计量标准化管理科、认证认可监督管理科、办公室、执法大队。

【质量监管】 牵头拟定《北碚区人民政府关于开展质量提升行动加快建设质量强区的实施意见》。全区市级监督抽查合格率 94.1%。新培育 13 家企业 17 个产品申报“重庆名牌”。使用自有资金，聘请西南大学专业团队，对区民营企业质量状况进行专题调研，形成《北碚民营企业产品质量及品牌培育改革创新发展情况专题调研报告》。开展对标达标行动，自我声明备案标准 130 项，跟进重庆耘嵘科技有限公司标准化示范项目;邀请标准化工作专家对7家企业标准进行监督检查。完成《2018年全市认证"双提升"活动行动计划》。起草《重庆市北碚区人民政府贯彻落实〈重庆市人民政府关于加强质量认证体系建设促进全面质量管理的实施意见〉的工作方案(征求意见稿)》。1家机构实施精益管理方法,取得初步成效。建立和创新认证机构主体责任倒查机制,已倒查认证机构8个,送达《认证机构认证主体责任质询书》9次。

【安全监管】 开展各类安全监管。对全区街道镇乡安全监管人员、特种设备使用单位管理人员、作业人员170人进行特种设备安全培训。开展发电厂、充装站、长输管道高后果区特种设备风险信息识别、评估、防控工作。制定《北碚区特种设备安全隐患排查治理工作方案》,检查企业197家次,发现隐患448条,督促整改448条,处理投诉举报20个。印发《重庆市北碚区质量技术监督局关于进一步做好安全稳定风险隐患大排查大整治大执法大督查工作的通知》,检查企业46家,发现安全隐患89条,下达责令改正通知书1份,下达安全监察指令书19份,未发现特种设备重大风险隐患。

【民生服务】 完成2018年基层医疗机构计量器具免费检定,一次检定合格率97.02%。出台"双随机一公开"实施方案,编制随机抽查事项清单,建成检查对象名录库和执法检查人员名录库,建立检查结果公开机制。制定"最多跑一次"工作实施方案,完善6个大项行政许可事项清单及服务指南信息,并在重庆市网上行政审批平台上关联发布。积极配合工商部门推进"多证合一",落实"证照分离"。全年办理网上行政许可4057个,在用特种设备数据完整率99.92%,在用特种设备定期检验率97.93%。

【党建工作】 组织集中学习12次,中心组学习16次,领导班子上党课5次。制定出台《北碚区质监局首接首问制度》《北碚区质监局工作纪律》《北碚区质监局廉政建设制度》以及《北碚区质监局财务管理办法》等机关内部管理制度。严格落实"两个责任",认真履行"一岗双责",形成一级对一级负责的党风廉政工作机制。加强干部队伍管理,全面开展廉政约谈43次。利用微信等现代传媒手段,发送廉政教育短信80余条。组织观看廉政教育片2次。

【区质量技术监督局负责人名录】

局　长:陈茂怀

副局长:何仕名

黄　华

任红缨(女)

张义仕

(区质监局)

安全生产监督

【概况】 北碚区安监局成立于2001年,主要负责全区安全生产政策的制定和规划、指导协调全区安全生产工作、组织区政府安全生产大检查和专项督查、安全生产监察执法以及生产安全事故应急救援和调查处理等。2018年,局机关整体搬迁至云清路77号。区安监局机关、事业单位编制45人(其中行政编制10人,行政执法专项编制13人,事业编制22人)。在编43人。内设办公室、安全巡查督查科、非煤矿山科、危险化学品科、职业安全健康科、工商贸科、法制宣教科等7个科室。下属3个事业单位:北碚区煤炭管理局、北碚区安全生产监察执法大队(参公)、北碚区安全生产应急救援指挥中心。

2018年,全区事故起数和死亡人数呈"稳中有降"良好态势,连续11年未发生重大以上事故,连续18年荣获全市安全生产工作"先进单位"称号。

【机构建设】 落实"党政同责、一岗双责",区委常委会、区政府常务会、区长办公会共研究部署安全生产工作25次。区委、区政府主要领导及其他区级领导参与3轮安全生产综合督查。区政府调整领导分工,由区委常委、常务副区长分管安全生产,提升安全监管能力。督促各街镇(园区管委会)安监办创建基层标准化办公室,对工作突出5个街镇分别给予5万元专项资金补助。

【安全生产改革】 印发《中共重庆市北碚区委员会重庆市北碚区人民政府关于推进安全生产领域改革发展的实施意见》,梳理出57项主要任务,拟定分工方案,明确责任单位和完成时间,确保改革措施落实。

推进供给侧结构性改革，淘汰不符合产业政策高耗能企业和落后生产能力、工艺、设备及产品。注销非煤矿山企业安全生产许可证20家。将绕城高速公路以内和城区纳入烟花爆竹禁放区域，烟花爆竹经营零售点数量压缩至109个。煤矿矸石山治理全部验收合格。完成加油站地下油罐防渗漏改造50家。

【安全监管】 每月组织召开安全生产形势研判会议，分析当前重大安全风险，明确责任单位和工作措施，督促工作落实。落实警示约谈工作机制，对发生事故单位实施约谈，强化警示作用。建立区政府领导包案督办机制，挂牌整治安全生产“急难险重”问题。加大“一案双查”“三责同追”力度。完成调查处理事故5起，罚款166.6万元，移送公安机关追究刑事责任2人，纪律追究9人(企业5人、政府部门4人)。

推进企业安全标准化建设，工商贸领域创建安全标准化企业42家，完成工贸企业技术服务体系样板企业16家；危险化学品领域成危化从业单位标准化复评工作27家；启动职业卫生基础建设企业10家，已达标10家。

推进安全生产大排查大整治大执法工作，落实企业主体责任。2018年，全区检查各类生产经营单位9223家，排查一般隐患16950条，执法处罚2555起，关闭取缔5家，责令停产停业133家，暂扣或吊销营业执照4个，罚款739.746万元(不含事故处罚)。开展道路交通领域严重违法行为专项整治，查处货车违法16789起，面包车违法4619起，拖拉机违法152起。开展城郊接合部工贸领域综合整治行动、嘉陵江1千米范围内工业企业安全评估工作、粉尘防爆专项整治、反“三违”及有限空间作业专项整治，排查整治企业777家，关闭取缔120家，搬迁13家，规范整治463家，立案查处73起，行政罚款31.5万元。开展电动自行车消防安全综合治理、大型商业综合体消防安全专项治理、“守护生命安全通道”专项行动，立案查处200起，责令“三停”96家，临时查封155家，罚款90.71万元，拘留13人，挂牌整治重大火灾隐患1处。查处非法储存经营烟花爆竹行为32起，收缴非法经营油漆15桶、非法烟花爆竹215件，取缔烟花爆竹经营点2个，取缔非法储存柴油罐4个。

2018年，城区人口密集区域化粪池气体安全监测预警系统安装率80%；大型桥梁在线监测率100%；新安装道路“生命工程”20千米；新建6座市政消火栓，重大火灾隐患政府挂牌整改率100%，所有火灾高危单位城市消防远程监控系统接入率16%。

【应急管理】 编制完成全区“安全生产风险源分布和高危行业风险等级图”及风险清单。开展应急救援联合操演，安全事故综合应急演练桌面推演。开展应急资源普查工作，规范52家企业应急预案备案，非煤矿山、危险化学品、烟花爆竹批发企业应急预案备案率100%。开展预案“三化一卡”优化工作专题培训，参训人数326人。

【安全宣传培训】 每月编发《安全生产信息》，对全区安全生产重大事项、各单位安全生产典型工作予以通报。发挥QQ群、微信群、公众号等信息平台作用，发布各类信息233条。开展安全生产月及宣教“七进”活动，参加全市“安全在我心中”“安全伴我行”等比赛。从监管层面和企业层面开展培训，培训执法人员131人、行政执法务实培训396人、特种作业人员全年约4664人、企业主要负责人和安全管理人员1072人。

【区安全监督管理局负责人名录】

党组书记、局长：邓继胜(2月任职)
龙　林(2月离任)
党组成员、副局长：杨宗国
王万智
王鲜明(11月离任)
党组成员、煤管局副局长：郑　伟
副局长：甘世新(11月任职)

(吴华军)

统　计

【概况】 2018年，区统计局内设办公室、综合统计科、工商统计科、能源统计科4个机构，下属社会经济调查队(副处级，含内设机构服务业统计科)、统计执法检查队2个参公事业单位和社情民意调查中心事业单位。编制36人，其中行政编制11人，工勤编制1人，参公事业编制14人，事业编制10人；设局长1人、副局长3人，社会经济调查队队长(副处级)1人，科级领导职数12人。年底，在编人员33人，其中行政9人，事业23人(含参公事业13人)，机关工勤1

人。荣获2017年度区县统计工作考核一等奖。

【统计改革】 建立健全新经济统计调查体系。开展新经济统计调查工作，围绕供给侧结构性改革、"三大攻坚战""八项战略行动计划"等重点工作加强统计监测。协助区民营经济中心建立全区民营经济监测指标体系；做好绿色发展监测评价；修订全面建成小康社会监测指标体系；做好全区国家级生态文明建设示范区创建统计相关工作。推进核算改革任务。掌握地区统一核算工作机制和方法，同步跟进全市自然资源资产负债表编制试点工作；开展旅游产业单位认定及核算工作。创新开展重要制度方法改革。探索交通运输大数据分析运用；初步实现遥感技术（无人机）在农产品测量中运用；推进全区住户调查记账电子化，搭建覆盖全区的电子记账平台；开展高质量发展评价研究；完善《两江新区北碚片区统计调查制度》《北碚区综合统计报表制度》，提高部门及两江统计工作规范性。

【普查及大型统计调查】 完成第三次全国农业普查数据审核评估、处理汇总、公报发布、资料汇编等工作，启动11个"三农普"课题。做好第四次全国经济普查前期筹备工作，完成经费预算、机构搭建、两员选聘和培训，经费和人员落实到位，完成全区6万余家单位和个体户清查工作，正式普查登记工作筹备中。推进1%人口抽样调查、住户调查、统计信息化、规下工业等48项常规统计调查和各项重要专项调查。组织2017年岁末城乡居民满意度调查和2018年中期调查，收集相关领域意见建议，为区委、区政府决策以及部门提供参考。

【统计服务】 加强数据服务和统计信息化建设。编印《北碚区国民经济和社会发展统计公报》《领导干部手册》及《北碚统计年鉴》等统计资料，加强对外数据服务质量。完成"数据北碚"手机APP项目优化及推广，数据查询便捷度、及时性大大增强。强化经济运行预警分析。与市统计局组队参加2018年全国统计建模大赛获二等奖；全年撰写各类统计信息167篇，统计分析调研报告33篇，其中区领导批示8篇，《重庆统计》采用2篇，在2018年全市优秀统计分析评比中，2篇获得一等奖，连续7年获一等奖，刷新全市同一区县连续获奖年份、获奖篇次记录。与西南大学签订课题合作协议，提高统计科研水平。

【统计执法】 领导班子带头落实各项法律法规，做到尊法学法守法用法。利用"法制宣传月"和"宪法宣传周"，制作法制宣传手册和环保袋进行街头宣传。全年印制1000册《统计法律法规学习读本》、购买200本统计法律领导读本，发放给区领导，部门、街镇领导以及统计业务人员。协调组织部和党校，将《统计法》纳入区委党校主体班必修课；《统计法实施条例》《统计违纪违法责任人处分处理建议办法》等法律法规学习宣传已延伸到全区各个层面。学习、专题部署落实中央《关于深化统计管理体制改革提高统计数据真实性的意见》、重庆市《实施意见》和北碚区《实施办法》各项任务要求，落实各项任务部署，取得阶段性成果，依法治统日渐形成合力。强化统计执法监督。加大"双随机"执法检查力度，严肃查处统计违法行为。建立法律事务告知制度和签到制度，下发2000余份法律事务告知书；开展统计执法培训和"数据造假 以数谋私"专项治理行动，对2家违法企业给予处罚，保障源头统计数据质量。推进诚信制度建设。清理和梳理政务服务清单和实施清单，信用北碚和政务服务网审平台完成相应工作。按照全市部署和要求，对全区工业部分存量企业、所有新上规企业签订诚信承诺书，推进在库企业统计数据质量承诺。

【党建工作】 做好"双报到双报告三考评"工作和脱贫攻坚工作。党支部及党员按要求到蔡家街道灯塔等社区开展志愿活动为社区建设发展建言献策。贯彻落实区委、区政府《关于深化脱贫攻坚完善扶贫开发长效机制的实施意见》要求，实施对口帮扶，定期慰问基层调查户、贫困户和困难党员。做好城乡居民收入调查、月度劳动力调查等相关统计监测为全区脱贫攻坚提供数据保障。

【区统计局负责人名录】

党组书记、局　长：周　军（3月任职）
　　　　　　　　　尹　琼（女，3月离任）

党组成员、副局长：刘道武

党组成员、副局长：陶竹莲（女）

党组成员、社会经济调查队队长：姜晓琴（女）

（李雪松）

审　计

【概况】 北碚区审计局内设办公室、法规审理科、整改督查与内审管理科、财政审计科、企事业审计科、投资审计科、经济责任审计科、电子数据审计科、审计中心。2018 年，编制 32 人，在编 31 人。

2018 年，北碚区审计局完成审计项目 120 个（不含市局牵头 5 个行业审计项目），查出违规金额 6.5 亿元，管理不规范金额 242.67 亿元，上缴财政金额 6.49亿元，审减工程投资 1.23 亿元。移送处理事项 10 件，其中：移送纪检、司法机关 7 件（已立案 2 件），其他部门 3 件。提出并被采纳审计建议 204 条，推动相关部门出台规章制度 23 个。

【跟踪审计】 围绕重大项目投资、创新驱动发展战略、民生 扶贫实事、优化营商环境、涉企减税降费等重大政策措施，推动各项重大政策、重点改革措施、重点项目、重要资金落实到位。完成 2018 年前三季度重大政策措施落实情况跟踪审计，抽查部门（街镇）21 个、企事业单位 31 个、重大项目 9 个，涉及财政资金 7655 万元，发现科技创新券兑现不及时、项目进程缓慢、政策落实不到位、涉企收费清理不到位等问题 18 个，提出审计建议 18 条。

【财政审计】 运用“集中分析、筛查疑点、分类核查、统一处理”大数据同步审计方式，加强资源统筹，促进成果共享，构建全区财政审计“一盘棋”模式。涉及区级单位 1 个（沙坪坝区）、街镇 3 个、国有企业 6 家、部门 13 个。在沙坪坝区财政审计中，围绕 32 期动态、30 余万条疑点，利用“大数据”技术收集业务数据 6 大类，查出虚增财政收入 9.2 亿，收回结转结余资金 5.7 亿，部门隐匿财政资金 6419 万元。12 个部门财政审计中，利用“大数据”技术克服数据容量大、种类多等问题，查处 5 大类、76 个问题，涉及金额 7408 万元、非金额计量问题 10 个。

【经济责任审计】 按照“党政同责、同责同审，应审尽审、凡审必严”要求，注重任中审计与离任审计结合，推行同类对象同步同时段大数据审计。全年完成经济责任审计项目 17 个，涉及区级部门、街镇及学校等 10 个单位 23 名党政领导干部，查出违规金额 1300 万元，管理不规范金额 1.93 亿元，促进被审计单位增收节支 594 万元，移送案件线索 3 件。落实经责审计联席会议制度，推进经责审计结果与干部监督、廉政建设、责任追究等各项制度有机衔接。

【公共投资审计】 深入贯彻落实《重庆市公共投资建设项目审计办法》（市政府令第 319 号）和审计署《关于进一步完善和规范投资审计的意见》，坚持突出重点、量力而行、规范发展、确保质量。完成工程竣工决算审计项目 1 个，送审金额 819.58 万元；完成工程竣工结算审计项目 72 个，送审金额 21.05 亿元，审减 1.23亿元，综合审减率 6.21%。

【专项审计】 重点关注自然资源、扶贫领域、文化发展、征地专项资金等各项民生政策、资金落实情况和实施效果，开展专项审计调查 15 个。围绕生态文明建设，促进执行最严格生态环境保护制度，首次开展领导干部自然资源资产离任审计，涉及 2 个单位 3 名党政领导干部，查处违规金额 200 多万元，移送案件线索 1 件；制定《北碚区河长制执行情况审计工作方案》，开展全区河长制执行情况审计。制定《北碚区扶贫资金审计工作方案》，按市局安排对丰都县进行扶贫资金审计。完成保障性安居工程跟踪审计，查出问题 7 个，提出审计建议 3 条，移送案件线索 5 件。

【大数据审计】 推动大数据审计运用，推进数字化、系统化审计方式，同步完成多部门预算执行审计项目；在领导干部自然资源资产离任审计中，利用 GIS、Google Earth 等工具进行数据分析挖掘、图形匹配比对，揭示自然资源资产管理和生态环境保护中违纪违法问题。建立区级数据定期采集报送机制，收集近 3 年全区自然资源资产数量、质量、分布、开发利用等数据，采集全区 245 个单位 2017 年财务及业务数据 76.7 Gbps，提交规划库数据 13.15 Gbps。全年各类项目中共计提供查询及分析结果 9.45 万条。

【审计管理】 强化与区纪检监察、区委组织部、区委区政府督查等部门协调配合，推进整改工作。2018 年审计发现问题整改率达 93.5%，收到较好的整改实效。按照“一个项目一套整改台账”原则，推进整改事项全覆盖和全过程动态管理，促进审计整改长效工作机制。提高内部审计业务技能，全年组织内审人员集中培训交流270余人次，实施内审项目278个，审计监控资金23.71亿元，为单位增收节支1.33亿元，提出建议被采纳186条。

落实党组主体责任，履行党组书记“第一责任人”职责，落实班子成员“一岗双责”。根据职责分工制定党风廉政建设9类15项责任分工，通过党组定期研究部署、廉政约谈、责任书等方式，抓好分管范围党风廉政和反腐工作，责任到科室、到项目、到人头。全年开展党纪党规等廉洁宣传教育1717人次，组织各类约谈130次203人次，廉政提醒20次、纪检督查13次、发现问题18个，建立纪检监察纪实台账16个，全局未发生重大违纪违法现象。

【区审计局负责人名录】

党组书记、局　长：李厚杰

党组成员、副局长：唐小勤（女）

廖振华

党组成员、纪检组长：侯相红（女）

副局长：张渝玲（女）

党组成员、区经责联席会议办公室主任：张筱枫（女）

（马洪涛）

金融协调与管理

【概况】 北碚区金融工作办公室成立于2008年6月，是财政全额拨款正处级事业单位，下设综合科和业务科2个科室。区金融办主要职责是研究国家金融法律法规及政策，实施全区金融业发展规划，制定、完善和落实全区金融政策，帮助、解决金融企业发展中的困难，政府性重点项目筹融资和债务管控，帮扶企业改制上市，宣传和防范打击非法金融活动，实施对地方性金融机构的监管，收集金融信息，引进各类金融机构。

【主要经济指标】 至2018年末，辖区银行贷款余额553.6亿元，同比增长16.25%；存款余额679.78亿元，同比增长8.16%，存贷款余额合计同比增长11.65%；存贷比为81.4%，较去年同期上升1.4个百分点；保险公司累计保费收入20.97亿元，同比增长14.73%；小额贷款公司累计发放贷款5.56亿元；担保公司为132家企业提供90笔融资担保，担保金额3.33亿元。金融机构总体保持平稳健康运行。

【金融服务】 出台《北碚区破解民营经济发展“融资难”问题专项工作方案》（北碚府办发〔2018〕134号），从营造良好服务环境、帮扶企业上市挂牌、发挥财政引导作用和依法维护金融稳定4个主要方面，制定15项具体措施。针对融资过程中政银企信息不对称问题，编印《普惠金融服务指南》、出版《北碚区金融发展动态》、开通“北碚金融”官方网站、引入直融科技数据公司等方式，畅通银企信息渠道。支持企业走向资本市场，提升企业家金融意识。举办包含企业上市挂牌、股权融资专场培训、政银企对接会、普惠金融进北碚、民营企业走进深交所等专题活动8场，参与企业和金融机构超过100家；制定出台《北碚区关于进一步推进企业改制上市挂牌工作的实施方案的通知》（北碚府办发〔2018〕27号）及3个配套文件。全区已上市挂牌企业9家，启动上市挂牌计划并纳入拟上市挂牌企业储备库企业10家。建立企业融资“靶向对接”机制，对有融资需要小微企业，由相关部门择优推荐不少于2个针对性金融产品和机构。2018年，推荐企业超过50家，提供融资方案超过1亿元；邀请10余家在碚银行业金融机构入驻区行政审批政务服务大厅，为企业提供免费金融服务，并承诺在5个工作日内完成基本账户开设和启用；开展“特色产品助民企”专场推介会活动，为民营企业详细介绍产品并提供“一对一”贷款办理咨询服务。全年集中举办专场推介会6场，参与企业超过150家次。

【金融精准扶贫】 联合区扶贫办、农行北碚支行启动精准扶贫小额信用贷款工作，设立规模500万元风险补偿基金，按照基金规模10倍进行放大，为区内符合信贷条件建档立卡贫困户提供1万～5万元3年期免担保、免抵押、免利息信用贷款。至12月，已获得贷款农户23户，贷款余额115万元。

【金融风险管控】 建立健全工作机制。出台《2018年北碚区非法集资专项治理工作方案》《北碚区非法集资举报奖励实施细则》等多个防范金融风险文件。落实部门责任分工，完善地方金融风险防范机制。加强风险排查。按照全市统一部署，对辖区内企业开展比特币等数字货币“挖矿”业务排查，“云联惠”非法集资风险排查，互联网金融风险专项整治等系列工作，约谈企业3家，处置风险线索7条。加大宣传教育力度。举办3次集中宣传活动，接待群众近万人；向全区17个街镇发放各类防非打非宣传手册与宣传品3万余份；推送防范非法集资公益短信6万余条，播放电影映前公益广告80场，电视公益广告1条。编制防范非法集资情景剧，举办防范非法集资专场演出。做好案件处置和信访维稳。接待来访群众2批次50人次，主动约访群众1次，加强与各部门沟通协调，推进陈案化解和信访应急处置工作。全年无新增非法集资案件。

推动城乡居民人身保险工作，发挥财政资金杠杆效益，增强中低收入人群抗风险能力。2018年发放保费补贴56.7万元。“改补为保”，巨灾保险签约起保，发挥商业保险公司风险管理优势，优化财政投入，提高政府防灾减灾救灾能力。严格落实分级监管职能，开展现场检查，加强对辖区内小贷公司和融资性担保公司风险防范，引导合规经营。

【区金融工作办公室负责人名录】

主　任：洪　梅（女）

副主任：曾　静

（区金融办）

民营经济工作

【概况】 北碚区民营经济发展促进中心（以下简称为“民经中心”），成立于2017年11月，为区经济信息委所属正处级全额拨款公益一类事业单位，内设办公室、经济发展科、创业指导科3个内设机构，核定编制10名，实有在编人员4名。2018年7月成立重庆市中共北碚区民营经济发展促进中心党组。

【数字民营经济】 全年新发展市场主体14110户，增长46.5%。民营经济增加值总额300亿元；民营经济增加值增速3.7%；民营经济增加值占GDP比重为54%。

【优化环境】 出台《关于全面优化营商环境促进民营经济发展的实施意见》《关于进一步营造企业家健康成长环境弘扬优秀企业家精神更好发挥企业家作用的实施意见》，制定《关于贯彻落实“三个率先一个努力”推进民营经济综合改革示范试点工作方案》《北碚区民营企业“铺天盖地”“顶天立地”发展五年培育计划》等60多个政策措施。

梳理公布“最多跑一次”事项四批644项，全区审批服务事项审批时限总压缩率67%，其中行政许可压缩65%，“最多跑一次”事项占比63.9%。大力推进政务服务“一窗式”改革，建立帮办代办服务机制。在全市率先启动“三十一证合一”改革、建设政务服务一体化平台（北碚区三级服务网）和推行证照免费快递服务。企业开办审批时间压缩到2个工作日。在自贸区范围内推行项目建设手续平行办理模式，企业办理手续时间平均节省60%以上，该模式被纳入重庆市自贸区第一批改革试点和创新典型案例。在全市率先建立区级统一的“双随机一公开”跨部门联合智能监管平台。

发布全市首个规范公职人员与企业交往正负面清单20条，企业构建新型政商关系“‘亲’‘清’8条”，鼓励公职人员坦荡真诚与民营企业接触交往，坚定不移支持企业发展。成立“北碚企业廉洁联盟”。倡导会员企业守法经营、廉洁经营、诚信经营，为82家会员企业提供“廉洁锦囊”40余期。打造国家大学科技园“亲”“清”新型政商关系示范街区，选派一批“亲”“清”特使与40家重点企业进行常态化对接服务，帮助企业解决在发展中遇到的现实问题。

【精准服务】 开展集中走访精准服务民营企业活动，充分发挥民营企业困难问题“直通车”作用处理困难问题4000多件。建立走访服务长效机制，搭建民营经济智能服务平台，推进直通车制度线上运行。打造顺多利机车、日联科技等首批30个民营企业党建示范点，顺多利机车有限公司党员攻坚队研发申请技术专利20余项，其中6项新品量产。

建立首期规模为1000万元的转贷应急周转资金池，预计每年能为区内近50家民营企业解决约2.4亿元的转贷应急周转资金问题。率先启动北碚区商业价值信用贷款，落实中小企业商业价值信用贷款改革试点工作，73家企业获得预授信，共计9692.69万元，企业获得预授信数量暂列全市第一。通过知识价值信用贷款，帮助19家企业获得合计1920万元贷款。

为小微困难企业落实社保降费14847.75万元；

发放技能提升补贴583人114.52万元，将民营小微企业贴息比例由基础利率50%提高到100%，为80户微企发放创业担保贷款1553万元，贴息99.51万元。对辖区内67户重点企业、行政机关和事业单位，开展点对点上门辅导。通过抽样调查显示，减税465.22万元的，减税比例达50.53%。

【市场主体培育】 重点推进"双高"、科技型企业培育工作。通过孵化提升、众创培育等方式做强一批以高新技术企业和高成长性企业为核心的科技型企业。积极组织广仁铁塔、乾泰生物等科技型企业申报创新方法试点企业。全区民营国家级高新技术企业80家；市级民营科技型企业达到近380家；民营科技型企业科研平台达到12个。

设立嘉陵创客种子投资基金，实施"碚有引力"产业聚才计划，统筹设立人才引进发展专项基金，构建环西南大学创新生态圈，成立西南大学（重庆）产业技术研究院，促进创新发展、科研成果转化和创新互动。引进重庆航天科创中心等110个信息化项目，7家企业获智能工厂、数字化车间认定，80余家数字经济企业产值占全区规上工业产值比重达到55%。全区有效期内的民营国家级高新技术企业占比达85%以上；市级民营科技型企业占比达90%以上。

成功筹备2018年度全国重庆商会会长联席会暨知名企业家北碚行活动、举办首届世界温泉与气候养生研讨会等大型活动，引进近20个项目，签约金额达420亿。

【产权保护】 推进"信用北碚"建设，充分发挥企业信用信息综合监管服务平台作用。成立北碚区总商会人民调解委员会，建立健全全区总商会、基层商会和规模以上企业商事纠纷三级人民调解网络。组建民营经济法律服务团，设立服务民营经济法律工作站，开设民营企业免费法律咨询解答窗口，设立重大矛盾纠纷人民调委会驻法院调解室等，拓展民营企业法律服务渠道。深入企业开展"法律体检"活动。2018年妥善审理涉民营企业金融借款、融资租赁等案件239件，审结破坏市场经济秩序案件17件40人，办结民营企业申请执行案件792件，为企业追回3.1亿元；紧急止付和快速冻结一级账户8个，为民营企业追赃挽损349.35万元。

【荣誉】 2018年度北碚区被中国企业联合会评为"营商环境十佳城市"。

【北碚区民营经济发展促进中心负责人名录】

主任、党组书记：张纯辉

副主任、党组成员：邓玉芬

财政　税收

财　政

【概况】 北碚区财政局为正处级单位。内设 9 个科室:办公室、预算科、国库科、行财科、农财科、社保科、经建科、债务科、产业发展科。行政编制 28 名,在编 28 名;机关后勤服务人员事业编制 2 名,在编 2 名。直属事业单位 6 个。其中,参公事业单位 3 个:区国有资产监督管理办公室(副处级),编制 10 名,在编 10 名;区政府采购管理办公室(副处级),编制 5 名,在编 4 名;区财政国库支付中心(正科级)编制 6 名,在编 5 名。全额拨款事业单位 3 个:区金融工作办公室(正处级),编制 10 名,在编 7 名;区财政预算评审中心(正科级),编制 6 名,在编 4 名;重庆市中华会计函授学校北碚分校(正科级),编制 8 名,在编 6 名。

【主要经济指标】 全区一般公共预算收入 41.95 亿元,增长 9.1%。其中:区金库一般公共预算收入完成 30.38 亿元,增长 4.4%,与经济发展总体趋势基本协调。区金库税收收入保持两位数增长,税收收入占一般公共预算收入 81%,较上年提高 8 个百分点。受房地产业发展带动,城镇土地使用税、土地增值税、耕地占用税和契税完成 15.25 亿元,占区级税收 62%,拉动区级税收增长 11 个百分点,成为支撑税收增长主要动力。

【民生福祉】 民生支出占一般公共预算支出70.4%。安排社会保障和就业支出 4.32 亿元,主要用于保障社保、就业、民政、残联等社会事业发展。落实城乡低保、城乡特困供养、退役士兵安置(含管理教育)和优抚对象抚恤待遇财政补助政策,扶持重点群体就业创业。支持帮助建档立卡贫困人口、低保对象、特困人员等困难群体参加城乡居民基本养老保险。支持残疾人事业发展。安排教育支出 12.27 亿元,主要用于全面改善义务教育薄弱学校基本办学条件。支持实施第三期学前教育行动计划和高中阶段教育普及攻坚计划。完善职业教育和培训体系,推进产教融合、校企合作。支持朝阳中学新城校区及职业教育实训基地建设。安排文化体育与传媒支出 6484 万元,主要用于促进文化、体育、广播电视、新闻出版等事业发展。支持群众文体活动开展,实现基本公共文化服务体系全覆盖。建立文化产业发展专项资金,支持北碚历史文化专题展,加大文物修缮保护工程。支持文体场馆向社会免费开放。安排医疗卫生和计划生育支出 6.62 亿元,主要用于保障卫生、计生和食品药品监管等事业发展。落实城乡居民医疗保险和基本公共卫生服务财政补助政策。支持公立医院改革,落实政府投入责任。支持区中医院中医重点专科综合楼建设。提高基层医疗卫生机构能力建设。推进创建国家食品安全示范城市,保障群众饮食用药安全。

【城乡建设】 实施乡村振兴战略,推动美丽乡村建设,改善农村环境。完善扶贫信贷机制,设立风险补偿基金,对扶贫资金实施全流程动态监控。实施市政园林设施提档升级,提升城市环境品质。保障蔡家大桥、歇马隧道、重庆铁路枢纽东环线等一批重点基础设施项目建设。安排农林水支出 2.48 亿元,主要用于保障农业、林业、水利、扶贫和农业综合开发等投入。支持乡村振兴,打造美丽乡村,推进农村"三变"改革,壮大村级集体经济。支持国家森林城市创建。加大中小河流综合治理、水土保持、农村居民饮水巩固提升、病险水库除险加固、农田水利设施维修养护等工作投入力度。推进街镇供水工程建设。安排城乡社区支出 3 亿元,主要用于保障重大基础设施和公益项目建设。实现城乡规划全覆盖,保障餐厨垃圾收运及统筹城乡垃圾清运。支持城市主干道绿化提档升级和市政园林设施建设。安排交通运输支出 3.54 亿元,主要用于交通管理、农村公路建设等。支持干线公路、"四好农村路"和乡村旅游公路建设。落实城市公交、农村客运、水路客运成品油价格改革财政补贴政策。加强公路治超管理。

安排节能环保支出1.66亿元,主要用于提升城市生态功能、优化城乡环境。开展污水、土壤、大气、噪音等环境污染问题整治。建立梁滩河流域横向生态补偿机制,完成山王溪、马鞍溪等黑臭水体治理。开展全国第二次污染源普查试点工作。支持城区生活垃圾处理和农村人居环境环卫垃圾收集。补助辖区内5艘餐饮船舶引导上岸,保护嘉陵江水环境。安排公共安全支出4.71亿元,主要用于保障公安、司法等部门依法履职,维护公共安全。保障政法部门执法办案、应急处置、基础装备等经费需求。提高辅警职业保障水平,保障应指工程建设及维护,设立扫黑除恶专项经费。

【经济发展】 落实减税降费政策,清理规范行政事业性收费,停征或免征行政事业性收费6项,全年为企业减免税费11.03亿元。开展缙云山自然保护区综合整治,保障资金调度,建立横向工作动态联系机制,205个生态环境突出问题基本整治到位。为创建国家生态文明建设示范区争取生态环境保护专项资金2.03亿元。启动民营经济综合改革示范试点,争取中小微企业发展专项资金6000万元,统筹资金5000万元重点扶持民营企业,制定扶持措施,开展科技创业投资种子基金和知识价值信用风险补偿基金试点。深化校地合作,联合西南大学、重庆市科技投资公司设立嘉陵创客科技创业种子投资基金。安排资金2000万元,实施校园周边业态升级和环境整治,打造环西南大学创新创业生态圈。支持产业转型升级,研究制定企业扶持政策,落实产业扶持资金1.46亿元。完善园区财务管理办法,服务自贸区蔡家区域建设,支持园区平台发展。设立10亿元产业引导股权投资基金,支持经济结构调整和产业升级。

【监督管理】 完善基本支出定额标准体系,实施项目绩效目标管理,编制滚动财政规划,强化预算对财政资金使用约束。健全预算执行考核机制,提高财政资金使用效益。制定和完善投资评审、政府采购等11项制度办法。对30个项目2.23亿元财政资金开展重点绩效评价。优化政府投资项目财政评审流程,全年送审金额16.39亿元,审减率4.9%。加大财政国库资金清理力度,统筹收回存量资金3.04亿元,用于偿还政府债务和全区重点项目支出。完善财政监督机制。推进全区行政事业单位内部控制制度建设,强化对内部权力运行制约。优化政府采购业务管理流程,加强政府采购绩效考核,全年政府采购节支率15.6%。

【债务管控】 健全政府性债务管理机制,制定《政府债务违约风险专项治理方案》《重庆市北碚区政府性债务风险应急处置预案》等制度。清理、统计隐性债务规模、举债时间、期限结构等。制定防范化解地方政府隐性债务风险实施方案,明确化债时间表、路线图、措施及责任清单。健全区属国有公司债务月报告制度,对存在债务风险单位及时预警。经市财政局下达和区第十八届人大常委会第十六次会议批准,2018年全区政府债务限额76亿元。至2018年末,政府债务余额76亿元。

【改革创新】 推进预算管理改革,完善协税护税机制,建立大数据经济运行分析和预警平台,提升收入分析及征管水平。完善转移支付分配体系,建立街镇经济社会发展激励约束机制,加大对困难街镇转移支付力度,一般性转移支付同比增长143.6%。国库集中支付电子化改革实现全覆盖。组建"第三方"专家评审组,对65个区级部门1034个项目实现预算公开评审全覆盖。推动国资国企改革,盘活存量国有资产,优化配置区属国有企业经营性资产。整合重组67户区属国有企业,出台《区级党政机关和事业单位所属企业集中统一监管实施方案》等11项改革配套制度。

【区财政局负责人名录】

局　长:向　红(女)
副局长:王　进(女)
　　　　王忠荣
　　　　詹　疆(女)
区国有资产监督管理办公室主任:潘俊华
区人民政府采购管理办公室主任:裴祥柯
区纪委监委驻区财政局纪检监察组组长:龚相国

(曾小玲)

缙云资产公司

【概况】 重庆缙云资产经营有限公司于2003年8月6日成立。主要负责区委、区政府授权范围内国有资产多种形式经营、城市基础设施建设、交通建设、工业园区建设、旧城改造以及土地整治等。公司内设综合管理、财务资金、运营管理、工程管理、审计监察等5个部门,直属全资子公司重庆市同心中小企业融资担保有限责任公司、重庆市蔡家组团建设开发有限公司、重庆市同兴工业园区开发建设有限公司、重庆市北碚区新城建设有限责任公司、重庆北泉温泉开发有限公司、重庆海峡两岸农业发展有限公司、重庆市北碚区保安服务有限责任公司。

2018年,按照现代企业管理制度要求,建立健全法人治理体系,完善内部规章制度,坚持工作例会,实施民主化、透明化经营决策。修订制定人事、财务、车辆管理等19个管理制度。制定党委党风廉政建设有关制度,明确责任,推动廉政责任落地,巩固良好政治生态环境。成立集团党委、缙云第一支部、保安公司支部、筹建交发司和缙和支部,开展专项活动,加强员工思想政治教育。

【资产经营】 融入资金,保障园区基础设施建设。集团公司累计融入资金364亿元,存量158亿元,新组建缙云集团存量144亿元(含缙碚、碚城和交发司),2018年完成融资43亿元,为其他公司提供担保融资31亿元。拓宽融资渠道。通过公司整合、资产整合、现金流整合等资本运作方式对缙云公司进行整合,获得外部主体评级AA良好效果,创新企业债券、PPN、中期票据、债权融资计划等直接融资模式,拓宽信托、租赁、银行票据、账款质押、并购基金等间接融资渠道,优化融资结构,控制融资成本。加大资本运作力度,增强融资实力,为财政创收。至2018年,通过资本运作为财政创造税收收入6亿元。

【国资国企改革】 完成企业平稳移交。对新增3家部门移交8家公司实施多轮摸底考察,与有关人员深度座谈,了解各方现状及诉求、近期发展规划及存在困难,确定“坚持大原则,争议后解决”整合策略,制定并报国资同意后签订企业移交备忘录,通过移交企业改革重组方案,完成移交企业股东和法定代表人工商登记变更等手续。移交企业实现平稳过渡,未发生1起人员信访稳定事件。

探索盘活国有资产有效途径。配合国资委做好资产清理工作,发挥国有资产在国企之间优化配置作用。对90处行政事业单位资产进行实地考察,并召开专题会议研究,根据资产使用状况按是否可经营进行分类,为区属国有一级公司资产配置提供依据。及时评估入账,发挥资产降低负责率效应。对已移交可经营性资产,推进确权过户或评估入账工作,改善公司资产结构,降低负债率,并做好资产租赁工作。积极招商,探索盘活国有资产有效途径。按照区委区府精神,与旅发委共同策划编制同兴老街及澄江老街局部打造方案;利用焦家沟闲置房屋,与天府矿业公司谈合作,联合开发康养项目。

【缙云资产公司负责人名录】

董事长、总经理:范先斌

副总经理:辛旭东

(吴春生)

税　收

【概况】 2018年,国家税务总局实施国税地税征管体制改革。在区委机构改革协调小组税务专项小组和国家税务总局重庆市税务局统一领导下,成立北碚区税务机构改革工作小组,设置4个综合协调组和8个专项工作组,负责改革期间各项具体工作。7月5日,原区国税局与原区地税局正式合并,组建国家税务总局重庆市北碚区税务局(以下简称“区税务局”)。9月30日,国家税务总局重庆市北碚区税务局领导班子、内设机构、派出机构领导班子和干部全部到位。原地税局局长朱伟钦改任区税务局党委副书记、副局长,原地税纪检组长陈鹏改任区税务局副局长,其他领导班子成员不变。2018年底,全局在册干部职工408人,其中在职干部职工277人,离退休131人。下设18个科室,10个税务所,2个事业单位。

【组织收入】 2018年,区税务局收入总体平稳,全年累计组织各项税费总收入97.4亿元,同比增长16.0%;其中,税收收入63.8亿元,社会保险费及非税收入33.6亿元。税费收入稳定增长，为服务地方经济发展和落实各项改革任务提供财力保障。

【减税降负】 落实各项税收优惠政策，累计办理各类退税5.9亿元，同比增加1亿元，增长20.5%；其中出口退税累计办理2.7亿元，其他各类政策性退税等3.2亿元。全年落实各类政策措施共计减免税10.37亿元，其中享受增值税小微企业、征前减免税款3.39亿元；企业所得税享受西部大开发、小微企业等税收优惠减免税款2.1亿元；享受契税、土地增值税、城镇土地使用税、房产税等税收优惠减免税款4.88亿元。深入辖区民营企业开展“问需求、查短板、助发展”大走访活动，召开民营企业座谈会12场，186户企业参会，走访调研385户，发放问卷8000余份，收集梳理问题160余个，及时解决企业困难，600余户民营企业切实受益。

【纳税服务】 以深化“放管服”改革为契机，推广增值税发票集中核定，实现办税服务厅发票核定和领用“一站式”服务；实现出口退税“网上办理”“电子流转”；完善预约办税，纳税人可通过网上、掌上、现场等多种方式预约办税；为办理涉税事项时间过长纳税人开辟绿色通道；统一退抵税流程，退抵税业务前台集中受理、后台审核业务前置，实现“一站式”办理；与中国邮政开展合作，为纳税人提供免费寄递发票服务，减免邮寄费用近2万元；实行简易注销程序，针对定期定额户，优化企业税务注销流程，实行税务注销免办、容缺即时办、一般注销套餐办等，简并办理流程和减少资料报送；严格落实清单式服务，细化梳理“最多跑一次”清单7大类167个事项、“全程网上办”清单6大类191个事项；推进“银税互动”，拓宽民营企业融资途径。通过建设银行“云税贷”服务为301户纳税人发放贷款，合计贷款金额1.27亿元。

【增值税改革】 继续做好“营改增”后续工作，促进产业升级、企业发展和就业创业，助推全区供给侧结构性改革。推进深化增值税改革三项举措。对一般纳税人清册等数据多次维护，对疑点数据进行核实，及时纠正税率适用错误。落实4172户增值税一般纳税人增值税降率；办理一般纳税人转登记为小规模纳税人376户；为区内11户企业办理增值税留抵税额退税4328万元。开展宣传引导、走访调研，加强纳税人培训辅导，解决纳税人困难和问题，确保纳税人充分享受改革红利。

【个人所得税改革】 成立个税改革领导小组，设6个专项工作组，细化工作方案，制定《北碚区个人所得税改革总体方案》《任务分解方案》，责任到岗到人，工作措施紧密部署。安排5名业务科室骨干、20名税务所骨干，分行业、分板块开展纳税人培训。开展30场《个人所得税专项附加扣除暂行办法》专项培训，涵盖区内有税扣缴义务人3688户，各税源管理所分片区培训扣缴义务人6100余户，实现全区个人所得税扣缴义务人培训全覆盖。开展“送政策”上门服务，对辖区内重点企业、行政机关和事业单位等重点单位67户，开展点对点上门辅导。

【党建工作】 压实党委主体责任，发挥以上率下、示范引领作用，明确班子分工及基层联系点。履行党委书记“第一责任人”责任，定期分析研判全面从严治党新形势、新问题；党委委员严格履行“一岗双责”，抓好分管领域党建工作，确保把管党治党责任抓在手上、落到实处。严肃党内政治生活，推进“两学一做”学习教育常态化制度化，严格落实“三会一课”、党员领导干部双重组织生活、主题党日活动等基本制度，建立完善党委理论学习中心组学习制度，每月至少组织开展1次党委中心组学习，全年开展党委中心组集中学习12次，班子成员作为普通党员参加支部组织生活135人次。健全联动协调机制，成立党建工作领导小组和党风廉政建设领导小组，配套建立例会制度和各单位情况及时通报、问题集中研究、力量统一调配的协作机制；发挥双重领导体制优势，自觉接受区纪委监委、组织部、宣传部、机关工委等部门领导指导，开展“双报到双报告三考评”活动，党员和党组织到社区报到，认领志愿服务项目，形成与地方党委协同共管、优势互补、资源互享、联动互促党建工作格局。

【群团活动】 10月31日，区税务局召开干部职工代表大会、团员大会和妇女代表大会，选举产生第一届机关工会、第一届团委和第一届妇委会。新群团组织充分履行职能，开展全员拓展活动、篮球赛、青年干部座谈会、“不忘初心 牢记使命”主题演讲比赛、“缙云之声”合唱比赛等活动；开展“辉煌四十年、扬帆新时代”党史主题宣讲、先进典型宣传、文明家庭评比、精神文明创建等活动。参演重庆市税务系统“奋进新时代，建功新税务”主题活动。

【区税务局负责人名录】

党委书记、局长：宋　彬

党委副书记、副局长：朱伟钦

党委委员、副局长：张　鹏

陈　立

张建华

黄　焱

张　翼（女）

王　磊

卢　嘉

陈　鹏（女）

党委委员、纪检组长：张士杰

党委委员、总经济师：王晓琳（女）

党委委员、总会计师：杨　熙（女）

（黄晓波）

劳动　人事　社保

【概况】 北碚区人力资源和社会保障局(以下简称区人力社保局)是主管全区人力资源和社会保障行政事务的职能部门。办公地点位于云华路168号(海宇大厦4—6层)及缙善路100号(2楼)。局机关内设:办公室(信息科)、法制科(信访科)、公务员管理科、事业单位管理科(挂重庆市北碚区引智办公室牌子)、劳动保障监察科、劳动关系科、社会保险管理科(挂"北碚区劳动鉴定委员会办公室"牌子)、工资退休管理科(挂"北碚区机关事业单位技术工人等级岗位考核办公室"牌子)、就业促进科(挂北碚区职业技能鉴定所牌子)、基金财务科、审计监督科等11个科室。下设9个事业单位:社会保险局、就业和人才服务局、农村劳务开发管理办公室、劳动保障监察大队、劳动人事争议仲裁院、军队转业干部服务中心、人力资源和社会保障局考试中心、职业培训鉴定中心、事业人员档案管理中心。2018年,在编145人。领导职数1正3副,纪检组长1人,社保局1正3副,就业和人才服务局局长(副处)1人。

【就业创业】 搭建平台,突出就业服务,抓好高校毕业生、农民工、4050人员等群体就业工作。与西南大学政治与经济管理学院签订《共建就业实习基地协议书》《合作备忘录》,组织大学生148人到69家单位开展实习;提供265个岗位开展大学生暑期带薪实习,到岗239人,发放薪酬31.61万元;新增高校毕业生就业见习基地26家,累计建立高校毕业生就业见习基地165个,承接就业见习补贴审核由市调整到区办理;年末,离校未就业高校毕业生已全部实现就业或参加到就业准备中。全年农村富余劳动力转移就业12.8万人,新增农村富余劳动力转移就业2121人,市外务工农民工4901人,市外返乡创业就业875人。加大农村贫困劳动力政策扶持力度,全区未脱贫农村贫困劳动力50人,已实现转移就业40人。组织元宵节专场招聘会,116家企业提供3200余个岗位。建立健全"零就业家庭"就业援助机制,开展精准帮扶,确保"零就业家庭"动态为零;收集开发公益性岗位,累计开发公益性岗位4085个,新托底安置就业困难人员350余人;审核发放社保补贴2089万元,促进5638人次各类就业困难人员实现就业再就业;发放公益性岗位补贴15.8万元,促进18人就业;审核发放低保就业补贴45.9万元,促进低保人员255人就业。

【扶持创业】 在大学生创业孵化基地,为高校毕业生创业者提供全方位创业服务,开展创业沙龙及政策宣讲活动6场;全区在孵企业172家,带动就业近700人;2018年,市财政、市人社授予大学生创业孵化基地为市级优秀创业孵化基地,获30万元补助,并落实创业孵化补贴16万元。审核发放创业担保贷款2450.5万元,为139户微企、个体工商户及企业缓解困难。组织参加"渝创渝新"创业大赛,推荐6个项目参赛,1个项目获决赛优秀奖;举办第二届"嘉陵创客"创业大赛,70个项目参赛,12个项目("初创组"6个、"成长组"6个)进入决赛,瑞希生物医药获"初创组"一等奖,炼金匠产业互联网平台获"成长组"一等奖。

【失业保险】 失业保险年末参保人数15.06万人,全年征收失业保险费4962万元,支出4967万元。落实社会保险减负政策,阶段性降低失业保险费率,从2%降至1%;支持企业发展,为997家企业发放稳岗补贴1355万元,稳定7.59万个就业岗位;鼓励失业人员再就业创业,375人发放一次性就业创业补助499万元;保障失业人员基本生活,1.64万人次发放失业保险金1825万元,代缴医疗保险费680万元,709人失业农民工发放一次性生活补助金440万元;传统节假日为领取失业金人员和国企大龄下岗职工发放送温暖经费28万元。

【职业培训】 精选11所培训学校、79项职业技能工种和专项能力进行认定备案，方便劳动者自主选择培训机构和工种；开展职业培训，累计培训3731人次。成功申请乡村旅游服务员、网店运营师、数码设计创作师等3个职业技能培训特色工种，引导鼓励相关从业机构开展培训。召开北碚区2018年企业用工和失业动态监测业务培训会，对103家监测企业人力资源部负责人、监测数据采集工作人员共201人进行业务培训。完善培训机构、家服企业、人力资源公司、基层劳动就业服务平台联席合作机制，开展家庭服务从业人员专项培训班17期，培训669人。培育壮大农村劳务经纪人队伍，培训151人。以公租房小区、安置房小区为重点，对进城务工农民工及随迁家属子女等群体开展农民工新市民培训89期，培训4912人。

劳动维权

【劳动报酬保障】 联合区级有关部门开展农民工工资支付等4次专项执法检查。立案查处各类案件152件，办结案件158件，涉及371人劳动者工资532.62万元；督促6个单位办理社保登记；责令限期整改11件，行政处理3件，行政处罚3件，处罚金额0.85万元。排查欠薪矛盾隐患46件，其中建设领域32件，化解欠薪矛盾隐患22件，进入司法程序5件。化解处置欠薪矛盾纠纷213件，涉及农民工3249人，协调解决工资5823.37万元。

【劳动关系管理】 2018年，受理劳动人事争议案件1413件，不予受理375件。结案1415件，结案率91.41%。裁决847件，终局裁决460件，终局裁决率54.31%。调解撤诉案件563件，调解率39.79%。撤销案件4件。

首批20家示范点企业自查通过市协调劳动关系三方委员会验收，成功创建劳动保障执法示范区。指导区内企业签订集体合同。全年新签订集体合同25份，涉及企业46户，涉及职工1.77万人；其中签订行业集体合同1份，涉及企业30户，涉及职工3000人。

【法治建设】 落实行政机关负责人出庭制度，行政机关负责人及分管负责人出庭率63.3%。全年被申请行政复议案件5件，维持5件；一审行政诉讼案件38件，无1件因程序瑕疵和行政行为错误导致败诉。清理政务服务事项清单160项、公共服务清单95项、下放镇街公共服务事项52项。开展“双随机一公开”活动。组织执法检查工作2次，检查监管对象20家。

人事 人才

【人才队伍建设】 2018年，注重从基层一线、从具有工作经历人员中招录干部，从全区优秀村(社区)干部公开考试录用乡镇公务员2人，录用选派大学生村官2人。面向社会公开考试录用参公人员17人，其中，具有基层工作经历7人。组织开展内设机构负责人培训班、普通干部培训班、新录用人员培训班各1期，培训科级领导干部43人、普通干部138人。常态化举办科级干部月末培训班8期，培训科级干部3020人次。严格科级非领导职务职数管理，根据科级领导职务调整情况，及时报市级部门审批增核科级非领导职务。实施县级以下公务员职务与职级并行制度，累计137人正科级干部晋升副处级。强化公务员身份管理，结合公务员年度统计，开展全区公务员登记清理，配合解决9人原暂缓登记人员遗留问题，对13人新调任领导和58人新录用人员进行登记。

组织区属事业单位赴北大招聘，签约香港大学、悉尼大学等高学历人才8人。完成生产经营类事业单位改革人员分流。组织开展全区机关事业单位工人晋升技术等级工作，其中初级工报名1人，通过评审1人；中级工报名18人，通过评审18人；高级工报名28人，通过评审28人；技师报名19人，考评合格18人。

【单位人事管理】 贯彻落实《重庆市深化职称制度改革的实施意见》，抓好中、初级评委会换届调整，推动职称评审社会化，吸收部分非公组织专家进入工程类评委会。落实乡镇基层事业人员职称考试降分政策。包片赴民企调研，编印发放《北碚区民营企业专业技术人才职称评审规程》。协调市通信管理局、重庆邮电大学等单位为22人办理跨区委托评审。组织重庆浦洛通生命科技有限公司申报市级博士后专家工作站，招聘博士后1人。落实事业单位绩效工资政策，各单位制定事业单位绩效考核分配方案，测算绩效工资理论值、核定各主管部门绩效工资总量。落实“总量管理、自主分配”原则，指导事业单位绩效工资分配工作。与区财政局、区卫生计生委共同研讨出台《重庆市北碚区开展公立医院薪酬制度改革试点工作的实施方案》,将北碚区中医院纳入公立医院薪酬改革试点。按照全市统一部署,对63户国有企业开展情况调查,涉及企业基本情况、企业人工成本情况和劳动者工资薪酬状况等相关内容。

社会保险

2018年,全区社会保险扩面征缴完成市局下达目标。

2018年社会保险扩面征缴情况表

险　种	参保扩面			基金征缴		
	计划/人	完成数/人	完成率/%	计划/万元	征收/万元	完成率/%
职工养老	175466	235521	134.2	140224	173357.5	123.6
居民养老	164402	161412	98.2			
职工医保(含生育保险)	229378	237139	103.4	95800	105753.79	110.4
居民医保	434800	433482	99.7	8560	8877.96	103.7
工伤保险	165427	212526	128.5	6290	7388.11	117.5

2018年社会保险基金支出情况表

险　种	支出/万元	同比/%
职工养老	236805.23	9.6
居民养老	9337.32	17.9
职工医保	85137.07	24.3
居民医保	28964.23	35.5
工伤保险	8101.46	0.4

【养老保险】 2005—2018年连续第14次调整养老保险,惠及全区6.35万企业退休职工、5.2万农转非及超龄领取待遇人员,调整后全区企业退休人员人均养老金标准2991元/月,农转非及超龄人员人均养老金达1327元/月。城乡居民养老保险基础养老金最低标准从原95元/月提高至115元/月,惠及5.2万人。

6月,启动社保扶贫工作。为1041人困难群体代缴居民养老保险费,资助各类困难群体参加居民医疗保险对象4.14万人,实现应保尽保。

开展困难企业、困难行业及小微企业社保费率调整工作。阶段性降费政策降费1.29亿元,小微企业降费1.78亿元,困难行业企业降费3.03亿元,共计降费6.1亿元。代发各类特殊群体社保补贴。涉及军转干、17号文建初干部、121号文未参保集体企业、幼职成教、村干部社保补贴、民办教师、农机(技)员和放映员、乡企办、乡村医生、林业员等生活补贴和医疗补贴发放工作,共发放2606万元,惠及2683人;在三大传统节日开展"送温暖"活动,慰问困难企业退休人员6574(次),发放慰问金33.64万元。

【医疗保险】 建立"医保专员"制度,坚持日常检查、专项检查和交叉检查力度。组织开展民营医疗机构、特病及肾透析等专项检查,处理违规协议医药机构93家次,暂停5家定点医药机构网络结算,暂停4家定点医药机构医保基金支付。重庆市第九人民医院、区中医院、区第二精神卫生中心3家医疗机构开通跨省异地就医联网直接结算。将高价抗癌药物为主的17种国家谈判药品纳入医保报销范围。职工医保政策范围内住院报销比例83%,居民医保二级及以下政策范围内住院报销比例75%。

【工伤保险】 推进工伤保险"同舟计划",确保151个在主管部门登记备案的建设项目全部参保,参保人数7.52万人;加强医疗机构监管,对9家违规协议医疗机构扣除工伤医疗费用不合理支出;减轻参保企业工伤医疗费用垫付压力,协调11家工伤保险定点医疗机构与参保企业签订工伤职工住院医疗费用垫付协议。

【区人力资源和社会保障局负责人名录】

党组书记、局长:朱吉红
党组成员、纪检组长:王小华
党组成员、副　局　长:刘婧渝
　　　　　　　　　　曾继宏
　　　　　　　　　　张　蕾

【区社会保险局负责人名录】

党组成员、副局长:陈光锐
副局长:陈　莉(女)
　　　　李智勇
　　　　刘　峰

【区就业和人才服务局负责人名录】

党组成员、局长:唐　建

(段波涛)

城建　城管

规　划

【概况】 北碚区规划分局于2001年9月在原北碚区规划管理办公室基础上组建而成。是重庆市规划局派出机构，受重庆市规划局直接领导和管理。分局内设办公室、规划编制管理科、市政规划管理科、建筑规划管理科和规划监察执法大队5个科室。2018年，在编人员22人，聘用职工9人。

【规划编制】 从战略定位、重大功能设施布局、重大交通设施完善以及新增发展空间拓展等方面着手，开展北碚区重大空间支撑专题研究。研究面向2035，展望2050年，谋划北碚区发展战略定位和下一步发展思路。开展北碚区“四山”分区规划编制工作。完成“四山”管制规划范围内项目梳理，细化北碚区“四山”管制提升实施方案。推进控规编制及修改。完成北碚组团H、M标准分区（歇马片区）控规新编，推进蔡家组团P标准分区，北碚组团J标准分区（长滩片区）、北碚组团F标准分区（东阳片区）控规编制工作，保障城市发展空间。推进北碚组团E14－18（嘉陵村）、北碚组团A21－1地块、北碚组团B13－3地块，蔡家组团B25地块等11项控规修改工作。开展镇村规划编制工作。推进三圣镇、柳荫镇、金刀峡镇总体规划修编工作，启动天府镇、静观镇总体规划编制工作；完成《重庆市北碚区北温泉街道人民村村规划》编制，为缙云山巴渝民宿建设提供规划保障。

【规划建设】 开展蔡家P17－13地块城市设计、蔡家南部半岛居住片区、蔡家南部半岛东区、蔡家南部半岛西区详细城市设计，推进蔡家组团片区总体城市设计。开展金刚碑历史文化街区保护修缮工作。确定北碚区第二批历史建筑名录5处，并配合划定紫线，梳理第三批历史建筑预备名录，共8处；启动澄江镇老街保护利用规划编制工作，开展《偏岩历史文化名镇保护与利用规划》编制。全年北碚区拟建设10个体育文化公园均完成选址意见书办理，开工4个体育文化公园已办理建设工程规划许可，第二批2个公园已办理用地许可；做好在建体育公园现场指导。优化“南下东进”新通道，促进区域互联互通，完成水土大桥、蔡家大桥、歇马隧道东西干道等项目规划手续，审定快速路一纵线北碚段、快速路二横线西段、渝武高速（金开—三溪口）拓宽等项目方案。完成长滩污水厂（一期）规划许可手续；开展金刀峡、静观等江东片区综合管网改造研究，对静观、金刀峡等污水处理厂提标改造等提出规划建议。

【规划整治】 配合做好缙云山北碚区国土空间规划编制工作，通过市级部门审查和市规划局审查。牵头开展缙云山重点整治片区风貌设计学生竞赛活动，并组织实施。制定《缙云山农房坡屋顶建造导则》，指导缙云山自然保护区范围内违法搭建屋顶拆除后屋顶规范建设。

配合开展天台寺手续办理和原三益公司项目收回工作。全面核查缙云山区属范围内国有用地上建筑情况。依法查处6起国有用地上违法建筑基础，对57处国有用地上建筑情况进行逐处逐栋拍照、实测、比对，分类建立台账。

【建设项目审批】 2018年，办理规划条件函66件，用地面积256万平方米；选址意见书44件，用地面积188万平方米；建设用地规划许可证52件，建设用地面积275万平方米；方案审查49件，建筑面积399万平方米；建设工程规划许可证79件，建筑面积560万平方米；建设项目规划核实47件，建筑面积320万平方米。办理市政项目选址意见书54件，建设用地规划许可证31件，方案审查意见函36件，建设工程规划许可证22件，办理市政项目规划核实12件。

【重庆市规划局北碚区分局负责人名录】

局　长：张　亮

副局长：代清明

范　颖
欧　吉
（重庆市规划局北碚区分局）

城乡建设

【概述】 2018年，区城乡建设委员会围绕主城区“解决交通拥堵”三年行动和北碚区“南下东进”融城战略，推进基础设施项目建设，牵头重大城市道路建设项目17个（总投资178.4亿元），其中10个项目已纳入《2018年市级重点建设计划》（渝府办发〔2018〕12号）。全年完成在地建筑业产值200.39亿元，同比下降22.7%；完成商品房销售面积269.89万平方米，增长14.8%；建筑业和房地产业实现入库税金34亿元，占全区入库税金53.3%。

争取市政府支持将轨道交通七号线从状元碑站向北延伸4千米到缙云山索道，为北碚区增加投资近20亿元。推进快速路一纵线北碚段、蔡家大桥、水土大桥、歇马隧道东西干道、水土大桥南引道、快速路二横线西段（含礼嘉大桥和土主隧道）等重点工程。推进城市建成区黑臭水体整治，建设城市污水管网31.382千米，建设镇级缺失污水管网7.66千米。开工建设城市道路51.55千米，建成26千米，开工建设城市未贯通道路12条，打通10条；建设公共停车场12个，新建消火栓83个，新建成人行过街设施2座。累计完成城市棚户区房屋改造964户共6万平方米，完成农村贫困户危房改造222户，创建绿色示范村庄8个和美丽宜居示范村庄1个。不断规范全区建筑行业管理、行政审批、招标投标、建筑工程质量监督等工作，行业管理水平进一步提升。推进扬尘控制，开展城市建设施工现场形象品质提升3年行动。开展大排查大整治大执法工作，建筑施工安全总体稳定。全区建设工程质量稳步提升，北碚万达广场入选“2018—2019年国家优质工程奖”，西南大学出版社大楼获重庆市2017年度“三峡杯优质工程奖”。

2018年，全区房地产开发企业82家，其中一级资质1家、二级资质26家、三级资质16家、暂定资质39家。全区完成房地产开发投资172.41亿元，下降10.3%；新开工面积412.1万平方米，增长55.3%；施工面积1378.94万平方米，增长9.7%；竣工面积297.08万平方米，增长59.2%；商品房销售面积269.89万平方米，增长14.8%；商品房销售金额255.74亿元，增长54.2%。

【组织机构】 区城乡建设委员会人员编制91人，其中机关行政编制17人、参公事业编制19人、全额拨款事业编制55人。局机关设置主任1人，副主任3人；党委书记1人（由主任兼任），专职副书记1人；科级领导职数9人。区纪委驻区城乡建委纪检组行政编制5人。区城乡建设委员会机关设置内设机构7个：党政办公室（挂法制科牌子）、财务人事科、村镇建设科、勘察设计管理科、建筑管理科（挂行政审批科牌子）、住房建设科（挂区城乡建设综合开发管理办公室牌子）和城市基础设施建设科。下属参公事业单位1个：区建筑施工安全监督管理站，编制19人；全额拨款事业单位5个：区建设工程质量监督站（编制28人）、区建筑管理服务中心（编制14人）、区城建监察大队（编制6人）、区城乡建设开发服务中心（编制5人）、区城乡建设档案室（编制2人）。

2018年，区城乡建设委员会机关事业单位人员实有85人，其中机关行政编制人员实有16人，下属事业单位实有69人，即区建筑施工安全监督管理站实有19人（参公）、区建设工程质量监督站实有24人、区建筑管理服务中心实有14人、区城建监察大队实有6人、区城乡建设开发服务中心实有4人、区城乡建设档案室实有2人。另区纪委驻区城乡建委纪检组4人。

【基础设施建设】 2018年，建设公共停车场12个，泊位数1954个；开工建设城市道路51.55千米，建成26千米，打通城市“断头路”10条；建成曹家湾人行地通道、朝阳东路人行天桥2座人行过街设施。

【重点工程建设】

1.快速路一横线中梁山歇马隧道　隧道工程全长4.2千米，2016年9月12日隧道双洞全面贯通，2017年12月18日隧道土建工程完工验收合格，2018年11月底开始进行涂装及机电设备施工。

2.快速路一横线歇马隧道东西干道　是市级重点项目，连接快速路一横线歇马隧道两侧。全长6.7千米，设计为双向6车道，含1座互通式立交，12座桥梁，全线涉及北碚区和沙坪坝2个区，建设总用地面积73.67公顷，其中北碚区52.67公顷。该项目于

2017年4月26日正式开工建设，目前施工进展顺利。

3.蔡家嘉陵江大桥 是连接水土、蔡家、礼嘉及主城核心区南北向重要通道，沿线串联水土、蔡家、礼嘉、大竹林等多个重要组团，是渝武高速分流通道。工程设计全长3.42千米，双向8车道，设计车速每小时60千米。全线包含跨嘉陵江特大桥1座(蔡家嘉陵江大桥)、立交桥2座(金山寺立交、小湾立交)。现施工顺利进展中。

4.快速路二横线西段 (包括土主隧道、礼嘉大桥) 西起于桃家院子立交东，穿中梁山、跨嘉陵江，止于两江新区礼白立交，横贯沙坪坝区、北碚区和两江新区。项目全长14.4千米。全线主要含土主中梁山隧道、礼嘉嘉陵江大桥、互通式立交4座(王家坪立交、回龙坝立交、童家溪立交、礼白立交)、简易立交1座(物流园立交)；主线为双向6—8车道(部分路段为双向6车道＋双向4车道辅道)，全线设计车速每小时80千米。SPV公司已拨付PPP融资征地款到区财政局，2018年7月13日快速路二横线公司已取得该项目征地批复，涉及渝富集团储备地童家溪镇政府已完成拆迁并交付施，现施工顺利进展中。

5.水土嘉陵江大桥南引道 北起水土云汉大道，南止蔡家江家坪立交，全长5.03千米，双向6车道，设计车速每小时60千米。其中南引道长2.45千米，穿越北碚区和城投集团储备地，该项目已于2017年12月25日开工建设，现施工顺利进展中。

6.快速路一纵线北碚段 起于快速路一横线狮子岩立交，止于龙凤大道，双向8车道(其中部分双6＋双4)，包含1座互通和3座简易立交。2018年持续推进项目征地拆迁工作，已移交2号桥磨滩河左、右岸和渝武高速匝道节点性工程用地，进行土石方施工；企业征地完成95%，并开展其余用地补偿拆迁安置工作。

【农村危房改造】 完成农村C、D级危房改造222户，解决农村贫困户住房安全问题，改善农村贫困户住房条件。

【环境整治】 按照《重庆市人民政府办公厅关于推进特色小(城)镇环境综合整治的实施意见》，推进金刀峡偏岩街街区环境综合整治项目。全面完成市级下达美丽庭院创建任务450户、村庄亮化工程路灯或庭院灯安装2000盏。市建委和市环保局下达镇级缺失污水管网建设任务7.66千米，实际完成7.7千米，超额完成任务。完成澄江镇北泉村美丽宜居示范村庄创建工作。完成龙凤桥街道龙车村、东阳街道西山坪村、静观镇大坪村、三圣镇德龙村、北温泉街道金刚村、童家溪镇建设村、施家梁镇施家梁村、澄江镇民权村8个绿色示范村庄创建任务。

【建筑管理】 推动行业结构调整，推进绿色建筑、节能降耗与建筑产业现代化发展，健全各项扶持激励机制，营造良好市场发展环境，增强建筑业核心竞争力。编制印发《关于打造一流环境精准服务企业进一步促进建筑业改革与持续健康发展的实施意见》《关于大力发展装配式建筑的实施意见》。全年完成建设工程发包168件，总金额82.79亿元。辖区内工程建设项目入场交易率，应招标工程招标率均为100%。办理施工许可111个，建筑面积541.9万平方米，合同总造价79.05亿元。办理竣工验收备案证64个，建筑面积325.18万平方米，合同总造价53.26亿元。与区建筑业协会联合评选出2017年度先进建筑企业22家、建筑业科技创新先进单位2家、缙云杯优质工程奖9个、建筑施工安全文明工地4个、建筑企业优秀经理22人、建筑企业优秀项目经理9人、建筑企业先进安全工作者4人、优秀监理工程师5人。

配合区人社局处理拖欠投诉120起，涉及工程款5796.37万元，其中工资5318.37万元，涉及农民工2888人，处理率100%。完成施工现场中级工培训鉴定1135人，高级工培训鉴定2人。

推进建设工程项目行政审批制度改革试点工作。优化审批阶段，按照工程建设项目审批流程，在施工许可阶段和竣工验收阶段由区城乡建委牵头，明确审批事项、顺序、时限等，并建立相应并联审批协调机制，一般社会投资施工许可阶段实行施工图联合审查、建筑工程施工许可与质量安全报监合并办理，审批时限压缩至8个工作日；竣工验收阶段实行质量、消防、人防、规划、档案等联合验收，审批时限压缩至12个工作日。精简审批事项和资料，取消房屋建筑和市政基础设施工程施工合同备案，将区城乡建委行政许可事项需提供材料修订与市建委统一，实现企业跨区办理无差异，利用“互联网＋政务”执行所有事项电子化审批。推行告知承诺制。在自贸区推行建筑业企业资质审批、房地产开发企业资质审批；取消建设工程施工报建、招投标备案、施工许可等审批事项中各类证明材料，改为承诺制；办理施工许可手续时，对工伤保险、建设资金等申请材料采用承诺制。创新审批服务，在全市率先试点，项目业主取得用地相关手续后，允许建设单位先行办理土石方项目的建设手续，先期进行土石方施工；本着“主动服务、一次告知”原则，采用超前集中服务方式，切实降低企业时间成本。

【勘察设计管理】 完成初步设计审批49项，其中，房建工程35项，建筑面积403.84万平方米，市政道路工程14项，长度32.63千米；施工图审查备案79项，其中，房建工程60项，建筑面积548.72万平方米，市政道路工程19项，长度28.32千米；勘察外业见证抽查率11.6%。全面推进精细化设计，强化勘察设计企业动态管理。年底，实行施工图联合审查，将消防、人防、气象、城市管理等部门技术审查并入施工图设计文件审查。优化初步设计管理，社会投资项目不再进行初步设计审批。组织有关单位参加市级部门装配式建筑设计、信息模型技术宣贯，对政府投资、主导建设项目，加快BIM技术在设计阶段应用。组织市级专家组开展施工图审查质量专项检查，完成工程建设标准实施专项检查。

【节能管理】 完成建筑节能核查48项，建筑面积481万平方米；绿色建筑专项审查33项，面积403.9万平方米；能效测评348栋，面积269.43万平方米。不断扩大绿色建筑标准强制执行范围，新建民用建筑执行一星级绿色建筑标准。发展高星级绿色建筑，推广墙体自保温技术体系，优化绿色建筑测评与标识审查工作。参加第十七届中国国际住宅产业暨建筑工业化产品与设备博览会，组织有关单位参加绿色建筑与节能网络培训。金科、万科、龙湖蔡家项目等被授予绿色生态住宅小区设计标识，面积330万平方米；朝阳中学新城校区项目被授予二星级绿色建筑设计标识，面积8.95万平方米；重庆富皇建筑工业化制品有限公司等企业生产的预拌混凝土、烧结页岩空心砖、玻化微珠无机保温板等被纳入重庆市2018年绿色建材性能认定产品目录。

【建筑市场管理】 2018年，累计完成在地建筑业产值200.39亿元，同比下降22.7%。全区完成注册地建筑业总产值155.22亿元，降低22.7%。实现建筑业增加值76.10亿元，增速8.6，占GDP比重13.8%。全区建筑企业共计229家（其中施工总承包企业70家：一级17家，二级13家，三级40家；专业承包企业134家：一级3家，二级29家，三级28家，不分等级74家；劳务企业25家）。全区一级、二级建造师累计注册共计1264人（其中一级322人，二级942人）。办理施工许可证111个，建筑面积541.9万平方米，合同总造价79.05亿元，施工许可证个数、面积、造价分别增加30.59%、45.52%、55.86%。农民工工资保障金收取率100%。2018年，办理竣工验收备案证64个，建筑面积325.18万平方米，合同总造价53.26亿元，备案个数、面积、造价分别增加25.49%、78.54%、113.55%。全年完成合同履约行为评价6轮，累计评价项目为518次，评价合格率100%。

【工程质量管理】 严格执行工程建设有关法律法规和工程建设强制性标准，落实质量管理措施，受监工程质量总体稳定，工程主体结构施工质量稳步提升，精细化、智慧化、产业化施工水平提高，未发生结构垮塌和重大工程质量事故。监督在建项目213个，其中房屋建筑项目182个，建筑面积1217.57万平方米；市政项目31个，工程造价11.98亿元。新办理工程质量监督登记项目87个，其中房屋建筑项目80个，建筑面积518.81万平方米，市政项目7个，造价3.3亿元。竣工项目65个，其中房屋建筑项目44个，建筑面积258.12万平方米，市政项目21个，造价4.4亿元。报建工程质量监督覆盖率100%，应监理工程实施监理率100%，竣工验收合格率100%。开展质量安全提升行动，在全面巡查基础上，采取“双随机一公开”方式，分3次随机抽取共47个项目进行执法检查，并下发书面意见反馈书，对42人次项目经理质量安全违法违规行为进行记分处罚。

【工程安全管理】 贯彻落实上级部门精神，加强施工现场安全监管，全年未发生较大及以上安全生产事故。监督项目213个，房屋建筑167个，建筑面积1173万平方米；市政项目29个，造价14.1亿元，土石方项目25个，造价2.2亿元。新办理工程安全监督登记项目121个，其中房屋建筑项目82个，建筑面积548.77万平方米；市政项目19个，造价5.4亿元；土石方项目20个，造价1.20亿元。开展质量安全提升行动，日常检查及专项检查发现违法未批先建、起重机械手续未办理、施工现场隐患整改不及时等违法行为，移交立案78起，罚款金额151万元。开展污水排放及扬尘污染防治工作，全年累计派出检查人员800余人次，检查项目1000个次，对20余个存在扬尘污染问题项目进行责令整改，对9个项目进行移交处罚。创建市级文明工地1个，扬尘示范工地20个，智慧工地30个。

【城建档案管理】 全年接区收入库城乡建设管理业务档案3706卷；市级接收2018年89个项目档案移交，计1.43万卷，返回电子光盘91张。自7月1日起实行把建设前期文件、监理文件、施工文件、竣工图装订成册形成相应案卷目录、SIP文件作为工程档案验收必备条件，以保证验收申请数量与移交数量一致，并且严格在一体化综合管理平台进行，全年发出整改意见通知单63份、建设工程档案专项验收意见59个。接待查阅927人次、利用档案986卷/件。

【城建监察】 坚持依法行政，进一步规范执法程序和执法行为，立案查处建筑工程领域违法违规案件100件，处罚款513.55万元。

【房地产管理】 加强房地产开发企业管理和业务指导，加强房地产开发行为全过程动态监测，配合相关部门规范房地产市场秩序。2018年，全区房地产开发企业82家，全区重点房地产在建项目48个；房地产用地出让13宗，面积102.65万平方米，土地出让金额69.77亿元；完成房地产开发投资172.41亿元，下降10.3%；新开工面积412.1万平方米，增长55.3%；施工面积1378.94万平方米，增长9.7%；竣工面积297.08万平方米，增长59.2%；商品房销售面积269.89万平方米，增长14.8%；商品房销售金额255.74亿元，增长54.2%。房地产入库税金29.24亿元，增长44.3%；商品房库存面积37.01万平方米，去化周期1.57个月。

【开发管理】 严格实施行业准入管理，加强企业资质审查，建立企业退出机制，清理“僵尸企业”和“空壳公司”，全年依法清退开发企业9家。有效促进劲扬与奥园、大庆巨豪与奥园、上善与阳光城完成兼并重组。推进行业信用体系建设工作，加强事中监管，加强不良行为定期信息收集和综合运用工作。深化民营企业服务工作，深入调研全区房地产开发企业，培育“亲”“清”和谐新型政商关系，听取企业意见建议，依法依规帮助企业解决困难。

加强房地产开发过程监管，着力提升开发项目管理水平。加强对《重庆市城市房地产开发经营管理条例》执行情况的监督检查，规范房地产开发建设行为，着力抓好房地产开发建设数据统计收集及分析。强化项目建设方案备案管理。强化项目手册的填报和审核。强化项目资本金和预售资金的监管。依法实施“双随机一公开”制度，强化房地产开发建设全过程事中事后监管，严格执法。

【项目招商】 招商小组先后赴北京、上海、成都、海南等地考察地产标杆企业及特色小镇、智慧新城等项目，成功引进世界500强企业恒大和阳光城，恒大健康城、启迪协信、禹洲、天地源、阳光城等项目相继落地或签订投资协议，房地产全年签约项目16个，合同预计签约金额279.88亿元，完成全年目标任务233.23%。

【棚户区改造】 修订完善《北碚区城市棚户区改造实施方案（2018—2020）》《2018年北碚区城市棚户区改造工作责任及任务分解》《北碚区城市棚户区改造资金管理办法》等指导性文件，明确目标任务和各部门职能职责。全年累计完成棚户区改造964户、6.08万平方米。

2018年北碚区获得市、区级以上表彰项目表

获奖项目	工程名称	施工单位
国家优质工程奖	北碚万达广场	中国建筑一局（集团）有限公司
重庆市三峡杯（2017年度）	西南大学出版社大楼	重庆建工第二建设有限公司

获奖项目	工程名称	施工单位
北碚区政府表彰优质工程	北碚万达广场	中国建筑一局(集团)有限公司
	光亮、金港国际一期	重庆灯塔建筑工程有限公司
	上城中央二期(1－9＃楼、1＃车库)	重庆灯塔建筑工程有限公司
	重庆旅游文化创意产业园二期(L22号地块)	垫江县耀桦实业有限公司
	东原蔡家中学	重庆庆华建设工程有限公司
	上实·海上海	中国华西企业股份有限公司

2018年度重庆市建筑安全文明工地

工程名称	施工许可证编号	施工单位	项目经理	建设单位	监理单位
北碚区蔡家组团B标准分区B32地块农转非安置房	500109201801100201	重庆教育建设(集团)有限公司	杨东毅	重庆市蔡家组团建设开发有限公司	重庆市永安工程建设监理有限公司

2018年度重庆市扬尘示范工地

工程名称	施工单位	项目经理	建设单位	监理单位
万科蔡家项目(M14、M15－01地块)	重庆中通建筑实业有限公司	肖连柱	重庆星畔置业有限公司	重庆华兴工程咨询有限公司
水土嘉陵江大桥南引道	重庆建工市政交通工程有限责任公司	毛　弘	重庆市城市建设投资有限公司，重庆市建筑科学研究院	重庆公诚建设监理有限公司
光亮·天润城(一期)一标段	重庆昌林建筑工程有限公司	何承毅	重庆市丰沛房地产开发有限公司	重庆兴隆建设工程监理有限公司
蔡家组团N标准分区朝阳小学工程	重庆金渝建设工程有限公司	张　沛	重庆市蔡家组团建设开发有限公司	四川省众信建设工程监理有限公司
名流印象44、45、46、53号楼及地下车库	中国建筑第二工程局有限公司	郑良权	重庆名流置业有限公司	重庆大地建设监理有限责任公司
保亿丽景(二期)A区	中铁建设集团有限公司	刘庆贺	保亿置业(重庆)有限公司	重庆市建永工程监理有限公司
重庆龙湖北碚新城项目二期二组团	重庆祥瑞建筑安装工程有限公司	慕小彬	重庆龙湖德卓地产发展有限公司	重庆联盛建设项目管理有限公司
重庆旅游文化创意产业园(中央大街)17号地块	垫江县耀华实业有限公司	李　彬	重庆旅文建设开发有限公司	江西中祥建设监理有限公司
金科蔡家P分区M23－2/03地块三标	重庆先锋建筑工程有限公司	孙　涛	重庆金佳禾房地产开发有限公司	重庆市永安工程建设监理有限公司
金科蔡家M分区项目M52－01/05号地块一标段C1＃－C9＃楼及车库C17＃对应部分、C18门岗	中建八局第三建设有限公司	唐田雨	重庆金佳禾房地产开发有限公司	重庆新鲁班工程监理有限责任公司
歇马“缙云新居”公租房项目配套小学及幼儿园工程	重庆建工第二建设有限公司	王贞祥	重庆市城投公租房建设有限公司	重庆建新建设工程监理咨询有限公司
海宇学府江山1号地块1/3/5号楼及地下车库	重庆渝中建筑工程公司	矫　健	重庆海宇置业集团有限公司	重庆建新建设工程监理咨询有限公司
西南大学出版社大楼工程	重庆建工第二建设有限公司	杨永峰	西南大学	重庆亚太工程建设监理有限公司
渝能·嘉湾壹号二期N12/02地块(北区C组团)(二标段)	重庆建工住宅建设有限公司	陈亚玲	重庆上善置地有限公司	重庆市工程管理有限公司
北碚组团B标准分区B33－1/01地块商住楼工程一标	重庆市北碚建筑安装工程有限公司	严知川	重庆海宇集团有限公司	重庆新鲁班工程监理有限责任公司

工程名称	施工单位	项目经理	建设单位	监理单位
中庚城 B 地块(G18－1/04)地块	重庆天生建设工程有限公司	官琨云	重庆中庚建设工程有限公司	重庆宏都建设工程监理有限公司
西南大学化工与药学实验楼	重庆建工住宅建设有限公司	戴祖荣	西南大学	河南省育兴建设工程管理有限公司
北碚区蔡家组团 B 标准分区 B32 地块农转非安置房	重庆教育建设(集团)有限公司	杨东毅	重庆市蔡家组团建设开发有限公司	重庆市永安工程建设监理有限公司
鲁能・北渝星城(一期)	中国建筑第八工程局有限公司	钟　磊	重庆鲁能开发(集团)有限公司	中煤科工集团重庆设计研究院有限公司

2017 年度北碚区安全文明工地

项目名称	建设单位	监理单位	施工单位
西南大学化工与药学实验楼	西南大学	河南省育兴建设工程管理有限公司	重庆建工住宅建设有限公司
蔡家组团 L 标准分区农转非安置房(一期)工程	重庆市蔡家组团建设开发有限公司	重庆市永安工程建设监理有限公司	重庆建工住宅建设有限公司
北碚区周家岩片区农转非安置房项目	重庆市北碚区新城建设有限责任公司	重庆市中泰工程监理有限公司	重庆灯塔建筑工程有限公司
上城中央二期	重庆新丰能置业有限公司	重庆市中泰工程监理有限公司	重庆灯塔建筑工程有限公司
海宇学府江山 7、8、9、26 号楼及 4 号楼车库	重庆海宇置业(集团)有限公司	重庆建新建设工程监理咨询有限公司	重庆腾宇建设工程有限公司
北碚区组团 I 标准分区 I44－01/03 地块农转非安置房	重庆市北碚区新城建设有限责任公司	重庆同致诚工程咨询有限公司	重庆坤飞建设(集团)有限公司
蔡家组团 B 标准分区 B32 地块农转非安置房	重庆市蔡家组团建设开发有限公司	重庆市永安工程建设监理有限公司	重庆教育建设(集团)有限公司

【2017 **年度北碚区建筑十强企业**】

重庆坤飞建设(集团)有限公司
重庆灯塔建筑工程有限公司
重庆巨能建设集团路桥工程有限公司
重庆天生建设工程有限公司
重庆腾宇建设工程有限公司
重庆广路建筑工程有限公司
重庆天府建筑安装工程有限责任公司
重庆市北碚区富利建筑劳务有限公司
重庆澄江建设工程有限公司
重庆市北碚建筑安装工程有限公司

【2017 **年度北碚区成长型专业承包企业**】

重庆正蓝装饰有限公司
重庆苯特钢结构有限公司
重庆洁晋保温建材有限公司

【2017 **年度年产值 20 亿元以上的建筑企业**】

重庆坤飞建设(集团)有限公司
重庆灯塔建筑工程有限公司
重庆庆华建设工程有限公司

【2017 **年度北碚区专业承包资质晋升(二级晋升为一级)的建筑企业**】

重庆千牛建设工程有限公司(隧道)

重庆巨能建设集团路桥工程有限公司(钢结构)

重庆倍广建筑工程有限公司(电子与智能化、建筑机电安装、建筑装修装饰、消防设施)

重庆宜特装饰工程有限公司(建筑装修装饰)

【2017 **年度北碚区优质建筑工程**】

北碚万达广场[中国建筑一局(集团)有限公司承建]

光亮・金港国际一期(重庆灯塔建筑工程有限公司承建)

上城中央二期(1－9＃楼、1＃车库)(重庆灯塔建

筑工程有限公司承建）

重庆旅游文化创意产业园二期（L22号地块）（垫江县耀桦实业有限公司承建）

两江实验中学（重庆庆华建设工程有限公司承建）

【2017年度北碚区先进建筑企业】

重庆坤飞建设（集团）有限公司
重庆灯塔建筑工程有限公司
重庆巨能建设集团路桥工程有限公司
重庆天生建设工程有限公司
重庆广路建筑工程有限公司
重庆市北碚区富利建筑劳务有限公司
重庆腾宇建设工程有限公司
重庆市北碚建筑安装工程有限公司
重庆天府建筑安装工程有限责任公司
重庆澄江建设工程有限公司
重庆庆华建设工程有限公司
重庆正蓝装饰有限公司
重庆市西园建筑工程公司
重庆和博建筑工程有限公司
重庆紫东建设工程（集团）有限公司
重庆市北碚区园林市政建设公司
重庆佳缘建筑工程有限公司
重庆苯特钢结构有限公司
重庆洁晋保温建材有限公司
重庆欣耀建设工程有限公司
重庆市渝集建筑工程有限公司
重庆倍广建筑工程有限公司
上实·海上海（中国华西企业股份有限公司承建）

【2017年度北碚区建筑业科技创新先进单位】

重庆千牛建设工程有限公司
正南（重庆）实业有限公司

【2017年度北碚区缙云杯优质工程奖】

上城中央二期（重庆灯塔建筑工程有限公司承建）

新建荣昌区青少年活动中心（重庆天生建设工程有限公司承建）

华安钢宝利汽车板加工工程（重庆澄江建设工程有限公司承建）

渝北区图书馆文化馆装饰工程（重庆和博建筑工程有限公司承建）

悦秀上东一期二标4#楼（重庆庆华建设工程有限公司承建）

永川职教综合实训基地[重庆坤飞建设（集团）有限公司承建]

沱江（濑溪河）流域大足段防洪护岸综合治理工程绿化景观建设（重庆市北碚区园林市政建设公司承建）

垫江污水处理厂二期工程（重庆腾宇建设工程有限公司承建）

重庆新华万通汽车职业技能培训装饰改造工程（重庆正蓝装饰有限公司承建）

【2017年度北碚区建筑施工安全文明工地】

北碚区周家岩片区农转非安置房项目（重庆灯塔建筑工程有限公司承建）

上城中央二期（重庆灯塔建筑工程有限公司承建）

海宇学府江山7、8、9、26号楼及4号楼车库（重庆腾宇建设工程有限公司）

北碚区组团I标准分区I44－01/03地块农转非安置房[重庆坤飞建设（集团）有限公司]

【2017年度北碚区建筑企业优秀经理】

谢和理　罗　建　陈海鹰　吕钟禄　邵文峰
何仁富　何　鹏　陈　灿　蒋大富　李永江
江礼华　刘　兵　胡建伟　陈　利　余四海
朱　华　唐绪明　谭兴奎　龙月泉　孙刚友
修绪前　唐毓华

【2017年度北碚区建筑企业优秀项目经理】

肖国兵　刘　静　廖述成　王　琳　王　明
陈道金　吴　艳　肖丽佳　王　均

【2017年度北碚区建筑企业先进安全工作者】

肖国兵　刘昌华　潘光云　谢东廷

【2017年度北碚区优秀监理工程师】

封达伦　匡淑娟　游定全　吴庆琳　吴金球

【重庆市区城乡建设委员会负责人名录】

党委书记、主任：王森林
专职副书记：刘　冰

纪检组长：邹修蓉（女）
副主任：唐雪峰
　　　　陈　劲
　　　　陈祖三

（冯　建　王选彬　刘承耀　陈小菊
黄　建　孙　红　蒲苏毅）

房屋管理

【概况】 北碚区房屋管理局（以下简称区房管局）具有北碚区公共住房保障、物业管理、房屋安全管理、房政执法监察、房屋征收管理等行政职能。局机关内设党政办公室（挂房政执法监察科）、房屋征收管理办公室、住房改革保障科、物业管理科（挂房屋安全管理科和区危险建筑管理办公室牌子）、财务科等5个科室。下属事业单位5个：北碚区房屋住用安全鉴定中心、北碚区公共保障住房管理中心、北碚区国有土地上房屋征收与补偿安置中心、北碚区房屋管理所、北碚区房屋测绘管理所。

区房管局人员编制共计202人，其中机关行政编制14人，事业编制188人。局机关设局长1人，副局长3人；科级领导职数8人。区纪委驻区房管局纪检组行政编制3人。全额拨款事业单位2个，编制共计60人，分别是：区公保中心（编制50人）、区鉴定中心（编制10人）；差额拨款事业单位3个，编制128人，分别是：区征收中心（编制21人）、区测绘所（编制10人）、区房管所（编制97人）。2018年，区房管局机关事业单位人员在编173人。其中，机关行政编制人员11人、区公保中心39人、区鉴定中心9人、区征收中心17人、区测绘所9人、区房管所88人。另区纪委驻区城乡建委纪检组1人。

【房屋征收】 全年实施7个征收项目，计24.58万平方米、1354户，完成96%征收工作。其中，完成滨江休闲带、梨园村棚改、原文星中学等3所学校3个项目18.27万平方米、842户房屋征收；完成郭家沱棚改、歇马老街棚改、歇马旧城3个项目共5.21万平方米、509户，余21户；继续推进西南大学校中村2.98万平方米房屋改造项目。

【民生工程】 提升全区保障性住房管理和居住总体水平。全区建设3个公租房小区、4.3万套公租房。其中，蔡家两江名居1.72万户公租房运行顺利，保障大学毕业生、外来务工人员、新就业人员等“夹心层”群体5万余人；歇马缙云新居1.3万户、蔡家南碚都佳园1.35万户已成功摇号配租4680套房源。从碚都佳园公租房中争取1188套住房作为青年人才公寓并配套补贴。推进公廉并轨，盘活115套富余廉租房资源，促进国有资产保值增值。争取市级资金1100万元，针对两江名居公租房排污管网和消防管网遗留问题进行改造升级。争取市级资金1960余万元，实施14个廉租房小区环境和设施设备提档升级改造，已完成投资911万。全区廉租房保障城镇低收入住房困难群体1678户。继续实施直管公房C、D级危房解危改造工程，投资777万元，完成23幢、124户。争取市级整治补助资金1300余万元，推进D级危房搬离。投入搬离资金4122万元，完成1260户D级危房搬离工作。直管公房保障城镇住房困难家庭5000户、1.4万余人。

推进南京路片区风貌改造。完成17栋房屋、20万平方米外立面改造，地面及地下工程基本完工。投资176万元，实施天生综合批发市场消防修复工程。牵头完成各街镇4层及以上老旧住宅摸底，出台《重庆市北碚区老旧住宅增设电梯建设管理工作实施方案》。启动实施缙云山拆违工程，组织人员对缙云山沿线彩钢棚及违法建筑进行拆除，累计派出900余人次，拆除“两违”建筑及设施2.4万平方米。

【物业管理】 出台《北碚物业小区矛盾纠纷调处化解职责分工》，对29类矛盾精准细化责任分工。指导全区物业企业抓好“环境治脏、设施治破、绿地治杂、秩序治乱”4项重点工作，提升小区居住品质。推动国企职工住房物业分离移交工作。全区涉及市属国企50家、住户1.52万户，央企10家、住户3473户，落实移交房屋及环境整治资金7000余万元，已到位5000余万元，市属国企启动维修改造1.33万户，占比88.05%，央企启动维修改造3350户，占比96.46%，完成目标考核任务。开展“小区智管、小区细管、小区众管”物业主题活动，完成8个市级智能物业示范小区培育。引进成都万科、华润置地、广东碧桂园、阳光城、江苏中南物业等全国一流物业企业进驻北碚区。

【房政管理】 规范物业专项维修资金管理。全年归集3.64万户维修金2.36亿元，审批使用维修金957万元；启动维修金历史数据清理、挪用追收工作，清理小区200个、追收到位600万元。完成辖区各类房产确权测量500余万平方米,收入250余万元。完成5个国有企业1966户、14.85万平方米移交房屋鉴定;完成853户农房安全鉴定和检测工作;完成26栋、1.35万平方米城镇房屋安全鉴定。开展房产中介市场整治。联合相关职能部门进行集中检查,查处结案1件、协商解决7件,移送其他部门线索1件,涉及金额23.55万元,立案查处金额4万元。做好住房货币化补贴工作。完成全区232个单位、1.5万名职工住房补贴审批工作。

【房屋安全】 有效化解矛盾纠纷,按期办结204件来信来访,办结率100%。开展“3+2”信访突出问题小区物业专项治理,排查矛盾21件,全部化解。未发生进京、到市上访事件。加强社会城镇房屋使用安全监管,排查房屋900余栋。完成204栋危房动态监测“一栋一方案”编制。完成162栋7.1万立方米新增疑似危房复查,对124栋确认危房,已函告各街镇消除住用安全隐患。开展扫黑除恶专项斗争,组建专项工作领导小组,制定下发《扫黑除恶专项斗争工作方案》。

【区房屋管理局负责人名录】

党委书记、局长:周中平

党委委员、副局长:贺玉珍(女)

杨波涛

副局长:李　静

党委委员、区纪委派驻纪检组长:雷再碧(女)

(刘耀凯)

市政管理

【概况】 北碚区城市管理局,加挂城市管理综合行政执法局牌子。2018年,机关行政编制16人。其中:局长1人(兼党委书记)、副局长3人、党委专职副书记1人;科级领导职数10人。机关后勤服务人员事业编制1人。

【市政设施管护】 完成2.23万米城市道路隔离设施整治。在全市率先完成30座人行天桥、跨线桥、隧道(下穿)整治工作,完成外墙涂装6.9万平方米。加强人车行道及地下管网整治。完成双元大道、缙云大道、云开路等城市道路整治,车行道改造8.5万平方米,人行道改造19.4万平方米,升级花岗石道沿石6千米,完成东阳、蔡家岗、施家梁3个街镇截污干管建设8千米。新建路灯111组,恢复36组,涂装1250根,亮灯率98.5%以上。新建渝南路、双元大道部分夜间景观灯饰,安装各类洗墙灯、投光灯、线条灯1034套,对行政中心、高速路出口周边楼宇灯饰进行全面维护,恢复23座楼宇灯饰运行。完成3766户“一户一表”改造工作和25个直饮水点(36套直饮水设备)建设任务。

【环境卫生】 开展环境卫生专项整治行动,全域整治高速公路沿线、过境公路沿线、空地荒坡、河岸滩涂、背街小巷等卫生死角,突出加大主次干道环卫冲洗频次,加大背街小巷和重点区域帮扶冲洗力度,提高精细作业水平。完成14个背街小巷升级改造,新建公厕8座,完成6座公厕提档升级,对外开放社会厕所13座。完成《北碚区生活垃圾分类制度实施方案》制定,确定北温泉街道、天生街道为城区分类试点实施街道,确定东阳街道西山坪村、歇马街道虎头村、金刀镇胜天湖村、澄江镇北泉村、施家梁镇施家村共5个村为农村垃圾分类试点行政村,展开第一批次试点工作。做好农村垃圾收运治理全国验收准备工作,筹齐农村人居项目资金680余万元,为涉农街镇增配农村环卫基础设施已全部配发到位。按照“五有”标准,坚持开展“以奖代补”考核,对15个涉农街镇、109个行政村进行地毯式全域排查,确保全域整治到位。开展环卫绿化作业服务外包试点。严格落实“河长制”,清理漂浮物777吨,清理河库垃圾(含退水遗留淤泥)近7600吨。与蔡同片区200余家餐饮单位签订餐厨垃圾收运协议,全区全年累计收运餐厨垃圾3.03万吨,日均收运量83吨。累计向同兴垃圾焚烧处理厂运输生活垃圾15.16万吨(其中农村垃圾5.63万吨),日均清运生活垃圾415吨/天,城镇无害化处理率98%以上。

【园林绿化】 实施增绿添园项目,新建城市公园4个,新增绿地面积94.83万平方米。完成双元大道、碚青路、碚峡路、蔡家岗立交、北碚立交等首批市级重点项目,绿化提升10.5万平方米,实施空地绿化36.15万平方米。实施区级项目34个,绿化提升40.98万平方米,全区累计绿化提升87.63万平方米。开展行道树修剪、补栽、断头树、干枯枝清理等,绿地、树池、花台内裸露土补植、恶性藤蔓清理等日常绿化管护工作。集中清理死树、枯树376株,枯枝修剪

4889株，歪树、弱树927株，完成团山堡片区、龙凤路、龙溪环城路等6100余株行道树修剪工作。

【城管执法】 深化城市管理执法体制改革，对新成立歇马、复兴、水土、蔡家4个街道派驻城管执法队伍，8个镇全部签订委托执法协议，组织开展2次全区性专题培训。开展蔡家公租房片区、天生碚峡路农贸市场等区域占道经营专项整治，全年累计查处经营性占道行为2041起，暂扣占道经营物品1479件。加强停车秩序规范，张贴温馨提示卡1万余张，查处占道车辆4265起，加强摩托车停放管理，施划500余处摩托车临时停放点，逐步规范停车秩序。严厉打击跨区乱倾倒、冒撒漏滴等违法违规运输行为，立案查处192起，其中查处违章运渣车165辆，查处违规施工工地27起。加强"牛皮癣"专项整治，收缴小广告1万余张，处罚17起，暂停电话号码78个。加强对违规露天烧烤、焚烧树叶、焚烧垃圾现象管控力度，劝导、制止露天烧烤摊114个，规范烧烤摊点93个。劝导、制止露天焚烧件数115件。加强户外招牌审查备案管理，开展违规户外广告和户外招牌等专项整治，拆除一店多牌、不规范指路牌、户外广告、道旗广告等1942块。

【信息化建设】 依托航空遥感影像地图，以城市管理区域为单位，研发《北碚区城市管理区域责任图》软件，清晰界定街道、部门、管委会管理区域和边界，防止出现管理"真空"，完成100余处管理争议区域责任确权和问题整改。研发北碚城市管理信息平台、化粪池监控系统、环卫作业GPS监控系统等智慧城管平台，开发"三全"城市管理APP，开通北碚城管微信公众号，为群众提供找公厕、去停车等精准化、便捷化服务。对"三全"城市管理综合治理考核方案进行修订，考核对象由原来17个街镇，扩展至11个区级部门、5个园区管委会。在云清路、碚峡路、和平路口、康宁路4个路内停车场试点智能车牌识别系统、车牌识别无人值守系统、地锁式智能停车系统。数字城管365天不间断运行，实现监督时段全覆盖。2018年办结各类案件57494件，受理"12319"热线投诉1128件，网络舆情138件，按期办结率保持100%。

【重点区域整治】 2018年，将城市提升延伸拓展至城乡接合部、区与区交界处、过境公路沿线等区域。缙云山沿线完成违规广告店招拆除工作，完成沥青路面、违规开设路口封闭、人行道改造、彩色沥青人行道铺设、行道树修剪、挡墙修建和停车场改造。完成银翔大道北碚段道路升级改造。加大过境货车联合执法力度，完成人行道改造2.4万平方米、车行道改造2.2万平方米、栽植香樟476株。对212国道沿线开展综合整治工作，治理脏乱差，完善基础设施，栽植花草苗木，开展秩序治理，提升北碚南大门对外形象。完成群星路雨污管网建设2千米，新建人行道1万平方米。

【区市政园林管理局负责人名录】

党委书记、局长：罗承福

党委委员、专职副书记：杨明芳（3月任职）
　　刘光兵（3月离任）

党委委员、派驻纪检组长：易　鑫

党委委员、副局长：刁　雷
　　吕玉春

副局长：赵　祺（2019年1月离职）
　　聂　刚（兼）
　　蒋　娅（2019年1月任职）

党委委员：王文友（2019年1月离任）
　　周　君
　　张　泳（3月离任）

（徐玉强）

环境保护

【概况】 区环保局内设办公室（内设监察室）、总量环评科、综合管理科、固管科、污染防治科（挂农村生态环保科）等5个职能科（室），下属环境监察支队、环境监测站（环科所）、环境宣教信息中心、环境监理所、环境辐射监督管理站等事业单位。人员编制79人，实际在编在岗75人。

2018年，区环保局评为全市环保系统政务信息工作先进集体，重庆市环境执法大练兵表现突出集体。2018年班子考核结果为优秀。

【环境质量】 2018年，嘉陵江北碚段总体达到Ⅱ类水质，梁滩河水质1—12月平均达到Ⅴ类水体要求，城市饮用水源地水质达标率100%；空气质量优良天数310天，同比增加27天，提前30天完成2018年蓝天目标任务，空气中细颗粒物（PM2.5）平均浓度为37微克/立方米，同比下降9.8%，可吸入颗粒物（PM10）平均浓度59微克/立方米，同比下降6.3%，实现增蓝天降浓度双目标。

【中央环保督察】 印发《重庆市北碚区环境保护督察工作领导小组办公室关于做好2018年中央环保督察反馈意见整改工作的通知》(北碚环督办发〔2018〕2号),推进6大工程整改。巩固2017年整改成果,为“回头看”做好准备。

【“蓝天行动”】 全年巡查建筑工地2100余次、涉气企业300余次,查处冒黑烟车、运渣车1000余辆,路检车辆1万余辆,查处扬尘污染等项目48个,督促70家餐馆安装油烟净化设施,完成5家企业挥发性有机物治理,创建和巩固扬尘示范工地20个及扬尘示范道路20条。与区气象局建立人工影响天气协作机制、信息共享机制、数据科研合作机制和措施经费保障机制,全年开展预警预报120余次,启动重污染天气预警5次,实施人影作业29次,发射增雨火箭弹87枚。在全市率先建成“大气污染网格化监测预警体系”,新增50套微型空气质量监测站和30套高架源高清可视系统,形成延伸至村(社区)4级大气网格化监测监管系统,实现街镇空气站全覆盖。同时辅以配有4K高清摄像头无人机开展巡查工作,发现污染问题数量同比增加30%以上,有效解决区域大气污染问题。

【“碧水行动”】 通过全国城市集中式饮用水水源地两轮现场督察并完成7项整改任务。完成天府镇水口山山坪塘等4个水源地规范化建设。加强地下水污染防治,完成43家加油站防渗改造工程。完成国家黑臭水体督查,各项指标均达到考核要求,是唯一连续2次零问题通过专项督查区县。完成梁滩河生态修复一期工程,集中解决城南片区生活污水、畔溪名都片区底泥污染等重点问题,梁滩河生态修复二期工程方案已完成编制和评审。建立梁滩河跨区域横向生态补偿机制,作为市级首批签约区县完成集中签约。启动编制梁滩河流域各街镇生态补偿机制,已完成初稿。开展龙滩子水库来水整治工程,建立全市首个湖库自动监测站。

【“田园行动”和“绿地行动”】 印发并实施《北碚区土壤污染治理与修复规划》,完成重庆顺安爆破有限公司地块等4个地块治理修复。争取市级资金450万元,完成重庆日月医疗设备有限公司等23个地块调查评估。开展农用地和重点行业企业用地详查工作,完成农用地和农产品采样和送样工作,重点行业企业用地详查入户核查工作进行中。通过国家“清废2018”专项行动督查。以中央环保督察反馈意见问题整改为抓手,推进城镇污水管网建设专项整治等12大专项整治工程,重点解决突出环保问题,全面提升全区环境质量。

【生态文明示范创建】 按照党的十八大、十九大精神和党中央、国务院及市委、市政府关于加快推进生态文明建设决策部署,全面落实“绿水青山就是金山银山”和“生态优先、绿色发展”理念,进一步深化缙云山国家级自然保护区整治成果,全面统筹推进国家生态文明建设示范市创建工作。已完成《北碚区国家生态文明建设示范区创建规划》,并通过区政府常务会、区人大常委会及区委常委会审议。

【全国第二次污染源普查】 北碚区作为全国14个全面试点单位之一,采用“两上两下”模式在全国率先完成清查建库工作。经过入户调查最终完成2341家工业企业数据采集工作,整体进度全国领先。

【行政审批】 实施产业准入负面清单制度,从源头上把好新污染源控制关,杜绝不符合环保要求建设项目落户。完成“三线一单”编制工作,指导全区产业布局、发展规模和开发强度。充分发挥规划环评作用,从严控制污染物新增排放量。严控嘉陵江岸线“1千米”和“5千米”2条空间红线,加强产业园区管理,合理布局相关产业。2018年,审批环评项目94个,新建工业项目全部进入工业园区,并符合园区准入规定,无一例越级审批、违规审批情况。

【环境执法】 严格环境行政执法、行政处罚,结合双随机抽查和日常执法监管,集中力量严厉打击环境违法行为和环境犯罪行为,遏制环境违法行为。全年实施环境行政处罚230件,处罚金额1109.9万元,查封14件,限产13件。积极联系协调公安、法院、检察机关进一步建立健全行政执法与刑事司法衔接机制,形成打击环境污染犯罪行为合力。2018年,全区移送法院申请强制执行89件,开展联动执法40余次,出动警力共计180余人次,实施行政拘留1件,移送公安1件。

强化环保“专项督办—挂牌督办—移交追责”程序,定期开展环保专项督查,对发现问题以督办函形式督促相关责任单位限期整改,限期未整改到位单位由区环督办挂牌督办限时完成，若在限期内仍未完成移交区纪委和区委组织部启动追责程序，确保每项问题整改落实到位，逐项销号。2018 年，开展现场督查 10 次，区环督办下发督办函 33 份，区委组织部下发提醒函 16 份。

【环境宣传】 在国家级、市级和区级媒体上发布新闻采访报道 434 篇，北碚环保官方微博发布消息 2916 条，北碚环保微信共发布消息 615 条。重庆电视台、重庆日报、华龙网、新华网等主流媒体对龙滩子水库整治、第二次污染源普查、大气污染防治、中高考期间环境噪音管理、缙云山国家级自然保护区等工作进行专题报道，营造全民重视、参与、践行环境保护氛围。

【党风廉政建设】 局党组将“两个责任”落到实处，结合 2018 年工作要点及人员变化，制订 2018 年“4＋5”工作清单，明确 17 个方面责任内容。通过“4＋5”工作法对在职人员进行全面监督，明确领导干部和科室廉政建设岗位职责，明确各个时段重点工作、落实措施、完结时限和工作效果。结合年底述职述廉工作会，全局 10 名科级干部开展述职述廉，接受全局职工现场测评。开展行政权力清理规范工作，清理行政审批、行政处罚、行政征收、行政强制、行政裁决、行政规划等 11 个方面廉政风险点 40 个，对排查确定廉政风险点，制定防控措施 56 条。开展“4＋2＋2”例行约谈 149 次，开展专项约谈有 73 次，开展问题约谈 28 次，开展党风廉政教育 1424 人次，其中围绕违规吃喝问题、违规收送“红包”礼金问题、违规发放津补贴及福利问题开展专题教育 468 人次。

【区环境保护局负责人名录】

党组书记、局长：覃　林

副局长：李　波（女）

　　　　李　勤

　　　　黄肖波

环境行政执法支队支队长：孙　卫

（赵婵媛）

城乡供水

【概况】 北碚水厂分为老厂及红工水厂 2 个供水系统，2 套供水系统管网均能通过联络闸阀进行连通，供水覆盖人口 30 万人左右，取水地周围共设饮用水水源保护区标牌 4 处。北碚水厂对车间进行优化整合和生产工艺大规模改造，实现自动化和半自动化，其中红工新厂实现生产全自动化控制，供水有效率 90％以上，水质综合合格率 100％。出厂水水质指标全部严格按照国家《生活饮用水卫生标准》要求执行，出厂水合格率 100％。

【供水保障】 对全厂 4 个车间 23 套机组，81 面高、低压柜，7 台变压器等重要设备进行预防性检修。对新老厂 19 口滤池进行采样测试，并对全厂加氯、加药等重要生产辅助设备进行检修。对全厂 21 套水质在线仪表、4 台流量计进行校验维护。对新老厂 10 口滤池进行采样测试，并对加氯、加药及全部 18 个遥测站点水位、压力变送器、线路等重要生产辅助设备进行检修。完成 7 口清水池及高位调节水池清洗消毒作业，确保水质安全。2018 年预检工作发现隐患缺陷 11 处，现场消缺整改 9 处，对不能及时进行整改问题上报公司相关管理部门，逐一进行整改。在设备预防性检修期间，结合 2018 年大修对影响安全生产工程项目进行更改实施，更换红工新一级 1、2＃老旧电机，改造新一级车间电气设备，改造老红工加氯设施，老一级深井泵大修等工程，确保高峰期间供水安全。

强化管网巡视力度，对辖区内 7 个片区、DN100 以上 200 多千米管道及附属设施进行定人、定线、定责、划分区域管理，并对管网 1319 套阀门以及 673 套消火栓进行预防性检修。由专人负责管理闸阀、消火栓日常维修、维护，对闸阀、消火栓卡片资料及时进行更新、维护，共更换环城路沿线 DN100 以上老旧阀门 19 套。先后完成老厂滤池添加滤料、老一级 3 号深井泵大修。6 月初，对新一级车间进行提能改造，提前完成 3＃机组更新工作。对全厂应急物资进行清理，科学储备碱铝、次氯酸钠、高锰酸钾、活性炭、吸油棉等应急物资，对设备备品备件等及时进行清理，将过期物资及时进行处理、对不足物资、备件及时进行补充。

结合高峰保供主要难点和关键节点，对供水辖区进行科学分区，因地制宜制定相应供水方案，不断优化高峰时段供水布局。实行科学调度，高温期间各调节池、清水池保持高水位运行，热备红工老系统，适时开展老厂及红工两系统供水互调互补；发挥北碚新科园调节池保水调水能力，确保末梢供水区域水量、水压充足。确保接到爆管消息后 15 分钟内到达现场处理，全年开展DN100及以上抢修33次（其中DN100管道17处、DN150管道1处、DN200管道10处、DN300管道2处、DN500管道3处），DN100以下管道维修400余次，抢维修有效投诉率为零。

规范二供设备管理，加大二供设备设施管理力度，确保管理运行工作顺利开展。安排专人每月对辖区48套二供设备进行定期巡视并做好设备运行记录、查抄二供电表、统计二供水量，进行隐患排除和能耗分析，保证二供设备经济可靠运行。

【供水市场】 巩固供水管网优化布局，出动专人276余人次对青路DN500管道安装工程，龙滩子水库DN600管道安装、新世纪酒家小管安装、火车站"三供一业"小管安装等20余处重点工程进行巡视督促，保证安全文明施工，项目按期推进。安排工作人员对澄江、东阳、歇马等供水辖区周边区域展开用水情况市场调查；与政府部门展开协调，寻求支持；宣传政策，对周边乡镇及自备水厂运行数据进行收集整理，为开展市场拓展工作进行潜在用户积累。依托向沙坪坝区青凤工业园供水为平台，发展周边用户。沙坪坝区凤凰镇已同意向八字桥村提供转供水，该项目相关工作进行中。做好待实施项目前期工作。树立市场拓展与供水提能"双同步"意识，开展供水产能大摸底工作。推进中南设计院对新深井建设及红工水厂二期扩建项目。

【水质监测】 从原水入手，强化监测巡视，水源地专人定期巡视制度实现一日四巡，保护区域内洗衣、洗澡等违规现象减少。加大与环保巡查人员对接力度，消除污染于苗头阶段，改善水源保护地水质情况，从源头上有效降低原水水质污染。加强与上游草街电站及沿江水厂沟通联系，巩固和发展上游原水预警协调机制，为本厂及下游水厂有效应对原水变化赢得时间。在年初低温低浊及蓝绿藻和绿藻爆发期间，采取预氧化措施，加大投药量、加强排泥、控制滤池负荷等有效措施，确保出厂水质控制在公司标准要求以内，出厂水质合格率100%。

利用水质在线监测系统，科学布局水质监测网点，把好各环节水质关。结合水质管理新规，加强水质化验、生态鱼监测及各类报表填写检查力度。根据适时水质变化，指导制水车间合理配比、投加制水剂。健全危化药品管理制度，做到规范设置，有效管控。完善水质投诉台账建立，及时处理耐心解答用户各类水质诉求，水质方面有效投诉率为零。

【民生项目建设】 加快各施工项目建设及通水速度，完成紫薇雅苑、朝阳中学、缙云山居三标段、学府江山等重点项目通水计量。优化改造方案，完成308家属区至三级加压站DN600管道1000米左右，缓解西南大学及周边片区高峰时段部分用户缺压问题。新增周家岩次干道至万科金域华府DN600管道1000米左右，确保周家岩片区新建楼盘的用水需求。配合滨江路改造，新增滨江路DN1000管道500米。加大供水管网、重点商圈及辖区消防设施检查力度。做好高峰供水、多供水同时，完成2018年高考、大学科技成果转化项目专题对接会、全国高校巡回引才活动及中国首届温泉与气候养生旅游国际研讨会等重大会议和活动供水保障任务。以解决西南大学部分高处地区缺压问题为契机，设计从缙云大道DN900管道上分出一根DN600管道连接西南大学内原有DN500管道的方案，为降低运行管理成本奠定基础。

【社会服务】 制定《绩效工资考核管理办法（试行）》《用户工程管理办法（试行）》《施工管理考核细则（试行）》等工作举措，并结合公司下发的《精准服务方案》和《用户用水工程服务流程管理办法（试行）》相关要求，切实精简办理环节、严格节点流转期限、提升服务工作水平、提高工作效率。完善GIS系统、推广APP线上客服端、建立精准服务用户前期资料数据库、停水公告内容进一步细致、精确，减少办事程序、降低用户成本、更新服务内容，切实拉近企业与用户间距离。消费者权益保护日及世界水日期间，组织职工开展上街宣传活动，共计发放各类宣传资料500余份，现场办结用户诉求12件。全年接到"阳光重庆""市长公开信箱""12319城市服务热线"等各类市、区级交办单36份，办结率和用户满意率100%。1－9月，"966886"远程座席收到工单1784份，办结率100%。

【行业管理】 加大抄收催欠工作力度，确保水费回收率保持在良好水平。结合《绩效考核细则》每月定期对工作人员水费回收率完成情况进行考核，促进职工责任心及工作效率提升。全年共收到水费5499.06万元，完成水费回收率99.94%，比计划增加0.94%，户数回收率99.82%，比计划增加1.32%；收回往年欠费8.79万元，比计划增加4.79万元。各项成本费用控制在计划以内，超额完成任务。提高水表计量准确性和可靠性，全年共换周检水表5440只。其中：DN15-25表5410只，DN40-50表15只，DN80表以上15只。优化稽查片区划分、完善巡查记录更新，确保辖区用水稽查工作巡视无死角，全程有记录，执法有根据。1—9月，稽核水表2.32万只，稽核卡片1.96万张；用水稽查415人次，改变用水性质93户(其中低改高17户，收益8912.06元)；在特种行业巡视中，稽查新增洗浴洗足行业5户、洗车行业4户，增加收益6919.1元。推进新版供用水合同签订工作，对辖区用户进行全面清理，与用户面对面做好新合同签订宣传解释工作。完成外包单位补签585户，补签70%，自管大用户330户，已完成补签90%。

【内部管理】 出台《北碚水厂关于规范统一合同编号的通知》《北碚水厂用户工程管理办法(试行)》《北碚水厂误餐费报销管理办法》《北碚水厂班组长选用、管理办法》《北碚水厂库房物资管理办法》《工程劳务施工考核管理细则(试行)》等管理举措。推出《北碚水厂用户工程审核会签表》《北碚水厂大修项目进度跟踪表》《用户工程推进表》《用户用水工程服务节点跟踪表》等，确保各项工作全过程跟踪督办，提升施工效率、现场管理和服务工作效率。

结合“三重一大”决策制度，严格按照议事规则开展集体决策，同时在会后形成会议纪要，分人分项目进行跟踪督办，实现决策公开透明，确保全厂各部门工作有效联动和工作任务如期完成。对所有需施工项目从邀标、评标、签订施工合同、项目实施、项目验收等各环节，严格按照相关内控要求执行。对物资采购程序进行全面梳理，完善物资请购、比价、采购、领用等一系列工作流程，杜绝材料浪费、冒领等情况。减少各类不必要成本生成，严格执行“成本月考机制”，建立完善“定额成本体系”，从设备管理、供水转换、调度运行等方面狠下功夫，将“降本”工作做到极致。规范材料管理。对厂库房进行全面盘点和清理，对货架标签进行全面更新，对各类淘汰产品以及即将报废物品进行清理。严格落实《物资采购办法》，采取公开招投标方式对办公用品、广告宣传等类别实现定点采购。对全厂设备设施全面进行摸底调查，对一些安装使用时间较长，时常出现故障，影响安全供水老旧设备设施进行建档登记。并将存在安全隐患设备设施上报公司，申请进行大修。对无须更换设备设施做好保养维护工作，建立保养维护档案。

【机构改革】 贯彻落实国资改组〔2014〕16号文件精神，开展“三供一业”分离移交相关工作，每周定期将工作开展情况统计上报公司。通过与相关街道、规划部门及供电局等多家单位沟通协调，团山堡130号供电剥离进入尾声，团山堡130、菜市街151-153、石岩村80正在进行物业整改相关事宜，待整改结束后，开展移交工作。对125名退休职工面对面传达政策，年初实现退休人员整体移交。9月，根据公司关于安装企业试点工作要求，完成新民公司北碚项目部人员及工作职能接收工作。

【党建工作】 学习贯彻党的十九大精神，开展“两学一做”“党员主题活动日”等形式，组织全体党员开展十九大学习、思考、交流、研讨等活动，带动职工积极完成各项生产经营任务，提升全厂职工思想认识。开展反腐倡廉工作。严格贯彻落实党中央“八项规定”，并通过立足企业实际，突出工作重点，对各敏感岗位、风险人群进行针对性学习教育，强化领导班子和职工队伍建设，加大党员干部及位低权实人员廉政教育和管理，开展“小金库”及工程建设领域专项治理活动。开展交心谈心活动及时掌握职工思想动态，全年共开展职工探丧慰问2次，生日慰问120余次，开展职工谈话活动9次，组织开展十九大知识答题、十九大知识竞赛、青年职工拓展训练、职工技能竞赛等活动。深入基层开展交心谈心，了解职工思想动向，解决职工实际困难，确保内部稳定。

【安全管理】 贯彻安全生产责任制，坚持“一岗双责”，严格执行各项安全管理规定。推进标准化建设和职安健管理，迎接外审工作。召开专题会议，强化职工安全意识。强化管控措施，加强保安24小时巡逻密度和24小时连续摄像监控，检查记录和视频资料按要求进行保存。严格落实来访人员登记制度，对来访及办事人员证件、办事事由及人数进行登记，由保安统一带入和带离厂区。

全厂开展综合性安全检查30余次，重点针对用氯、用电、户表及管网施工、车辆驾驶、构筑物改造、边坡防护、排水设施、水质应急物资、电力专线、安防设施器材、劳务外包等重点环节，实现检查工作全面覆盖。对全厂安防设施，如视频监控系统、电子围栏系统、新系统新换漏氯回收装置、各加氯间应急逃生门、防爆灯、洗眼器、漏氯应急抢险工具等进行逐一检查维护，并组织相关人员进行安全培训，每周对全厂设施设备、电力专线、供水管道、危岩堡坎、排水沟槽、施工现场、车辆等进行检查，对新老厂运行车间进行职安健尘毒噪检测。全年查出漏点18处，其中DN100以下管道3处，DN100管道9处，DN150管道1处，DN200管道4处，DN500管道1处，供堵漏水量8.2万立方米。向各用水大户、在建工地发放供水法规宣传资料200余份，对存在违规施工或用水单位及个人发送公函3份，整改通知书5份，出动人数500余人次，受教育人数270人次，对开发商施工工地发放供水法规宣传资料175份。对辖区内7处危险管段进行定期巡查，对查出问题及时进行整改，保证生产运行安全。对全厂各类应急预案进行修订并完善。开展以“生命至上，安全发展”为主题宣传活动，悬挂安全横幅2幅、安全海报10幅。组织车间班组、施工单位及劳务外包单位进行安全培训，先后开展突发性爆管、漏氯、原水微污染、防洪防汛、车辆消防、治安反恐等预案演练工作。开展防暑降温和职工健康保障工作，配备防暑降温药品，开展职工职业病体检及车间尘毒噪检测，人员参检率100%。

【重庆市自来水有限公司北碚水厂负责人名录】

书　记：王　微（11月任职）
　　　　黄维斌（11月离职）
厂　长：罗　鑫
副厂长：朱　科
　　　　简　伟（1月任职）

（李　洁）

城乡供电

【概况】 国网重庆市电力公司北碚供电分公司（简称国网重庆北碚供电公司）供区面积1384平方千米，客户48万户。2018年，北碚区用电37.71亿千瓦·时，同比增长11.57%；工业用电27.03亿千瓦·时，同比增长11.01%；水土园区用电16.04亿千瓦·时，同比增长12.04%，蔡同园区用电3.73亿千瓦·时，同比增长8.68%。

2018年，公司2个质量管理小组活动成果荣获“市质量协会一等奖”；在重庆市电力公司2018年“安康杯”安全知识竞赛中荣获“团体二等奖”；员工程满荣获“国家电网有限公司青年演讲比赛总决赛二等奖”，刘玉河荣获“重庆五一劳动奖章”；公司核算班荣获“重庆市工人先锋号”。

【电网建设】 2018年，220千伏梅花山变电站属地化运维移交公司。静观110千伏变电站2#主变顺利投入运行。完成张家沟二期还建房小区143户非采集老旧居民表计更换，实现智能电能表全覆盖。水井湾220千伏变电站110千伏送出工程投入运行。结合北碚区发展规划，确定1+2电网建设思路，优化电源布局和线路走向。配合自贸区蔡家区域规划调整，启动110千伏石岭变电站前期工作。推进歇马片区110千伏双元变电站、铁路东环线水土牵引站建设，加快110千伏静观变电站主变增容改造，投运110千伏北碚变电站主变增容项目，新增主变容量18.9万千伏安。农村电网改造投资8200余万元，120余立项，新建、改造配电变压器200余台，线路1100余千米，保障客户2.7万余户。完成110千伏万国半导体专用站外线电源建设、蔡家南公租房外线电源建设、鲁能北渝星城一期、蔡家B32还建房、滨江路线路迁改等重点民生配电工程。

【服务创新】 优化营商环境举措，助力北碚民营经济发展。开展业扩报装专项行动，制定18项工作措施，平均办电时长压减167天；严格执行一般工商业电价降价要求，3次累计降低7.93分/千瓦·时，降价幅度10.27%。清理规范转供电环节不合理加价行为，完成70户转供主体政策告知及督促工作，涉及终端客户6016户，降价金额2398余万元；推进市场化交易模式，量身定制合理化建议书，指导客户开展电价对比分析，降低客户用电成本6215万元。对接热点区域，增强园区服务水平。选派技术骨干充实水土供电服务中心，服务半径覆盖蔡家片区、水土园区；增设碚南服务中心，重点提升北碚城区服务质量水平；联合园区管委会，开展供电保障专题调研，建立园区重要（高危）客户用电档案，做实客户经理“一对一”服务举措；推广直供电，提供“一户一策”节能方案。选择水土园区12平方千米核心区域中20条线路作为2018年配网不停电作业示范区建设，示范区内业扩工程带电搭火率、缺陷不停电消缺率均为100%。搭建电力“连心桥”，共建和谐用电氛围。营造安全用电环境，排查人身触电隐患10774项，治理6632项；发现电缆及通道隐患209项，整治205项；开展“不忘初心、真诚服务”客户交流会，答疑解惑，增进互信。以“产业发展，电力先行”为主题，走进花农身边，解决用电诉求，服务静观镇花木产业发展。

【党的建设】 贯彻党的十九大精神，落实全面从严治党要求、“旗帜领航 三年登高”计划，从制度健全、组织完善、活动创新等方面，提升党建管理基础。推进体制机制和管理创新，开展基层党组织标准化建设，实行量化计划管理；围绕公司“三项制度”改革、优化营商环境、政策理论学习等重点内容，开展党日活动、民主生活会，执行质量纳入月度通报。开展党支部结对共建，推动蔡家所与蔡同园区、机关与丰都公司、碚南中心与黄桷所结对共建，实现政企、兄弟单位、专业之间互联互通。坚持产研结合，配合市公司完成《电网企业基于“三无四当”主题活动的党员责任区建设》以及十大管理创新项目和卓越案例申报。

【国网重庆市电力公司北碚供电分公司负责人名录】

总经理、党委副书记：胡　忠（3 月任职）
　　　　　　　　　　李福昌（3 月离任）
党委书记、副总经理：刘英建
副总经理、总会计师：陈　渝
副总经理：唐贞祥
　　　　　李志勇
　　　　　熊　磊（7 月任职）
　　　　　杨　晞（女，1 月离任）
党委副书记、纪委书记、工会主席：柯世斌

（王赛飞）

城乡供气

【概况】 重庆燃气集团股份有限公司北碚分公司始建于 1983 年 12 月，2011 年 3 月更名重庆燃气集团股份有限公司北碚分公司。地址金华路 116 号。2018 年底，在职在岗员工 263 人，其中专业技术人员 39 人，取得中级以上职称员工 26 人。设 13 个科、室、站，有中山路营业厅、城北营业厅、蔡家营业厅 3 个服务站点，为供区范围内用户提供天然气规划、设计、安装、输配和供应销售管理等服务工作。

【供气管网】 建成青峰山至北碚、井口至北碚、两路至水土、合川至北碚（未投运）等 4 条气源管线，外环都市管网 D711 北碚段主体完工，新增下载站点 3 处，供区涵盖北碚城区、蔡家组团、水土高新园区等区域，实现全区 5 街道 12 镇及 2 个国家级开发园区天然气全覆盖，在“镇镇通”基础上推进“村村通”建设。分公司拥有配套齐全的贮、输、配气站 1 座，贮气量 2.4 万立方米，担负全区高峰期调峰、文星湾 CNG 站供气以及主城区、澄江、西师附中等片区供气任务。有区域配气站 8 个，CNG 加气站 1 座，供气主干管阀 120 余座，主干管 710 余千米，形成集“贮、输、配、管、罐、站”配套齐全供气网络系统。2018 年北碚分公司实现供气总量 1.66 亿立方米，管理户数 28 万户。

【安全管理】 强化责任担当，坚持“党政同责、一岗双责、齐抓共管、失职追责”责任制度，建立健全和落实全员安全生产责任制，由上至下逐级签订《安全管理目标责任书》，修订完善分公司安全生产相关管理办法 21 个和生产安全事故综合应急预案。重视日常安全生产工作检查。每月组织开展由党政领导、安全总监、各分管领导带队，职能部门参与的日常安全检查排查和专项安全检查。加强安全宣传和培训，坚持开展燃气安全进万家、进校园、进社区等宣传活动，提升客户安全用气意识和知识，推进老旧社区及重点客户户内隐患整改，发放安全使用宣传资料宣贯天然气管理条例、安全管理办法、安全用气常识、安全自救小措施等内容，普及燃气用户安全用气常识。

【服务管理】 始终秉承“诚信、利民、安全、创新”企业精神，打造窗口服务形象和品牌，向服务要效益，坚持“首问责任制”和电话回访，主动为客户解难，先后荣获 2017 年度重庆市消费维权诚信单位、2017 年度重庆市燃气行业协会安全生产管理先进单位、燃气集团 2016 年度信访稳定工作先进集体、燃气集团 2017 年度优质服务优胜奖、燃气集团零伤害示范单位。

【重庆燃气集团北碚分公司负责人名录】

总经理、党委副书记：向　亮（1 月任职）
　　　　　　　　　　苏文戟（1 月离任）
党委书记、副总经理、工会主席：徐志宏
安全总监、纪检书记：姜　何（8 月任职）
　　　　　　　　　　何　敏（8 月退休）
副总经理：李　贞
　　　　　姜　何（8 月离任职）

（重庆燃气集团北碚分公司）

国土资源

【概况】 局机关内设5科2室:办公室、财务科、规划耕保科、权籍资产科、地质矿产科、法制监察科、纪检监察室。直属事业单位2个:重庆市北碚国土事务中心、重庆市北碚地质环境监测站。派出机构(国土所)6个:北温泉国土所、歇马龙凤国土所、蔡家国土所、东阳国土所、静观复兴国土所以及柳荫国土所。

【耕地保护】 落实耕地保护制度,确保市政府下达的永久基本农田红线不突破。改进耕地占补平衡管理方式,出台《重庆市北碚区加强耕地保护改进占补平衡实施方案》,通过缴纳耕地开垦费、合格证抵充、使用地票等方式对新增建设用地占用耕地430.13公顷实现耕地占补平衡。加强农村建设用地复垦,完成户改退地农村建设用地复垦1.3公顷,通过区级验收。完成静观镇中华村等土地整治项目3个,新增耕地64.97公顷,建成高标准农田593.51公顷。开展"大棚房"问题专项清理整治行动,完成问题项目外业整改工作。

【用地保障】 全年取得新增建设用地指标8个,面积64.79公顷;上报征地33宗775.03公顷,获批征地39宗789.91公顷(其中2017年上报2018年获批8宗,面积124.91公顷),保障快速路二横线、丰子岩水库等重点项目用地。全年累计供应土地61宗(不含两江新区水复片区),面积345.13公顷,实现土地价款69.04亿元,其中:出让土地12宗98.73公顷,实现土地价款44.55亿元;划拨土地49宗256.4公顷,涉及划拨价款24.49亿元。

【土地利用管理】 规范集体土地上规划建设管理,牵头制定《关于加强和规范农村集体土地上房屋规划建设管理的通知》(北碚府办发〔2018〕128号)。处置土地受让人开竣工违约,完成40宗竣工违约遗留问题、6宗开工违约处置,收取开竣工违约金2351.33万元,实现房地产项目陆续新开工建设284.89万方,获得市规划自然资源局肯定并在全市范围发文推广。开展国有建设用地使用权转让、出租、抵押二级市场试点工作,通过市级验收。启动2009—2015年批而未供和闲置土地整改专项工作,整改批而未供土地251.6公顷,督促闲置土地开工2.33公顷,收回土地使用权11.8公顷,完成市局任务。完成城镇低效用地摸底调查和标图建库工作,首批利用边角地建设4个社区体育文化公园竣工开园。

【生态建设】 开展缙云山国家自然保护区生态环境综合整治工作。落实中央环保督察整改要求,完成5宗涉及自然保护区采矿权退出并通过市、区检查验收。推进绿色矿山建设,完成北泉温泉开发公司澄江地热绿色矿山建设工作,富皇张家凼、缙云山矿泉水、水天花园地热等建设工作有序进行。推进历史遗留和关闭矿山恢复治理工作,完成29个历史遗留及关闭矿山生态修复,修复面积60.12公顷。争取市级资金300余万元,启动皮家山煤矿—皮家山河沟硫铁矿生态恢复和土地复垦项目,完成项目规划设计方案和施工招标。组织完成龙凤桥街道、天府镇山水林田湖草整治项目初步方案设计,牵头向市规划自然资源局申报北碚区山水林田湖草生态修复试点项目,争取到中央资金1.73亿元。全年办理采矿权变更登记初审3宗,建设项目压覆矿产资源手续6宗。

【权籍调查】 启动北碚区第3次国土调查,完成童家溪镇试点工作,逐步开展金刀峡、柳荫等镇集体土地所有权范围权属核查和调绘工作。开展农村宅基地、集体建设用地和农村房屋上图入库和确权登记工作,完成试点村歇马街道虎头村上图入库工作,启动全区上图入库工作。

【地质灾害防治】 落实地质灾害防治"四到位",全年实现零伤亡目标。及时发布地质灾害气象预警信息13次4482条,筹集资金统一更换全区298处地质灾害隐患点警示标志,严格执行"三查"制度,确保汛期地质灾害群测群防上报率100%。全年出动应急人员23人次,开展应急处置11次。开展各类地质灾害防治培训16场、单点应急演练298次、区级演练1次,利用4·22、5·12及安全生产宣传咨询日发放宣传资料2000余份。推动地质灾害分类处置工作,完成48户124人搬迁避让,启动工程治理10处(其中已完成治理项目4处),完成重大地灾隐患点自动化监测预警建设4处,完成国家特大型地质灾害治理项目及4个三峡库区后续规划项目勘察设计。

【执法监察】 注重源头防范,创新巡查方式,从5月3日起正式运行国土资源执法监察“两网化”,发现提交违法线索55条,有效遏制新增违法行为。保持土地、矿产违法查处高压态势,全年立案查处土地违法案件33宗,责令拆除违法建筑1.73万平方米,没收移交建筑面积2.64万平方米,罚款21.07万元;查处矿产资源非法开采案5起,罚没款8.89万元;按照“市政府282号令”查处在建违法建筑38宗,建筑面积1.17万平方米。完成2017年度卫片执法并通过市规划自然资源局验收,推进2016年土地例行督察挂账问题整改。

【党建工作】 制定《分局加强纪律建设的若干规定(试行)》,以“负面清单”形式,从政治纪律、组织纪律、廉洁纪律、群众纪律、工作纪律、生活纪律6个方面43项进行监督规范,约谈通报干部职工8人。抓好廉政风险防控工作,清理分局186项岗位事权职权,共排查各类风险点386个,制定相应防控措施432条。配合原市国土房管局第一巡察组巡察工作,抓好巡察组反馈5类44项问题整改,已整改到位30项。

【区国土资源管理分局负责人名录】

局党组书记、局长:牟跃进

副 局 长:徐　湛

　　　　韩晓嫚(女)

纪检组长:岳　斌

国土事务中心主任:蔡　丹

(谢世海)

不动产管理

【概况】 北碚不动产登记中心系重庆市规划和自然资源局直属副处级事业单位。依法承担辖区内土地(含土地承包经营权)、房屋、林地的登记与信息化建设工作,负责房地产交易和不动产登记档案整理、保管、利用以及主管部门委托其他登记工作。2018年,中心内设9个科室。在编职工33人,其中专业技术职称人员8人。有研究生学历5人,大专及本科学历28人。有中共党员21人,有退休职工21人。

【不动产管理】 2018年,经重庆市规划和自然资源局(原重庆市国土资源和房屋管理局)新批准商品房预售许可252个,其中:普通商品房项目95个,花园洋房项目64个,别墅项目61个,非住宅项目32个。批准总面积339万平方米,同比上涨92%,其中住宅供应量295万平方米,非住宅供应量44万平方米,预售商品房住宅24667套。全年共办理房地产交易、权属登记案件124672件,同比上涨22.8%。商品房总成交39901套,同比上涨51%;成交面积357万平方米,同比上涨57%;成交金额近322亿元,同比上涨48%;建面均价9020元/平方米,同比上涨23%。存量房总成交量为10417件,同比上涨7.3%;总成交面积97万平方米,同比上涨2.1%;总交易金额近46.5亿元,同比上涨13.6%;成交均价5044元/平方米,同比上涨17%。

【北碚不动产中心负责人名录】

主任、党支部书记:吴　炜

副主任:高　姝(女)

党支部副书记:刘方兰(女)

(北碚不动产登记中心)

土地征收管理

【概况】 北碚区人民政府征地办公室为正处级全额拨款事业单位,编制19人,在编18人,内设综合科、财务科、征地拆迁一科、征地拆迁二科、建设管理科5个内设机构。主要负责完成全区征地拆迁任务及安置房建设管理等工作。

【征地拆迁】 2018年,全区结转和新增征地项目38个,涉及征地937.67公顷,完成征地280.4公顷,拆除农房533户、企业28家。完成童家溪流转对接项目、澄江中石盘项目、三圣加油站项目、轻轨六号线补征地项目、G351道路升级改造工程、郭家沱三期项目、台农园项目交地工作。完成温泉城二期Ⅰ标准分区项目、澄江党校项目、丰子岩水库项目、歇马中坝二期项目土地移交工作。

【安置房建设】 全年涉及统建安置房和定向回购安置房项目5个，建筑面积52.22万平方米，计划建成20万平方米。已建成罗家湾、高石坎2个项目20.48万平方米，完成年度目标任务。

【区征地办公室负责人名录】

党组书记：牟跃进（兼）

党组副书记、主任：江世刚

党组成员、副主任：胡泽洪

向　晖

（孔银峰）

土地整治储备

【概况】 北碚区土地整治储备中心为区政府直属财政全额拨款正处级事业单位。中心核定事业编制16名：其中，主任1名，副主任2名，科级领导职数6名（4正2副），设综合科、土地储备科、土地整治科、土地融资科4个内设机构。

【土地整治】 2018年，完成三圣镇德圣等4个村市级山水林田湖草综合整治前期和金刀峡镇皮家山煤矿硫铁矿关闭矿山市级复垦示范项目争取工作，总投资分别为5000万元和400万元。完成东阳街道东阳等(2)个村、澄江镇柏林村和静观镇中华村等3个项目建设，总投资1140万元，建成高标农田593.53公顷，新补充耕地63.6公顷，分别占年计划178%、190%。实施首个户籍制度改革土地复垦项目，涉及澄江等8个街镇、史家等23个村、52个复垦片块、54户退地农户，总投资99万元。完成金刀峡、三圣、水土等7个街镇108户2.47公顷地灾搬迁户前期测绘工作，将40户纳入首批项目包装。结合街镇产业规划，新选址3个区级项目（金刀峡镇小华蓥和响水村、柳荫镇合兴和永兴村、三圣镇德龙和是平村），规划建设高标农田666.67公顷、新补充耕地76.67公顷。年内，向新城管委会等5家单位提供建设项目占补平衡耕地指标22.87公顷，交易金额1561万元。配合缙云山综合整治，实施原缙云山小学国有土地收回。

【土地储备】 会同国土、管委会供应储备土地27.4公顷，其中出让22.47公顷、划拨4.93公顷，为年计划110%，土地出让综合价金11亿元。推动港湘龙、碚城公司等5宗10.87公顷土地收储。截至12月底，全区储备土地1320公顷，其中中心储备量696.8公顷，占比53%。对2002—2018年全区储备土地运营情况开展清理统计和上图建库工作。强化年度土储筹融资债务偿还，提前1年还清历年筹融资债务，累计偿还贷款本息26.633亿元，其中贷款本金22.938亿元。

【扶贫工作】 结对帮扶童家溪同兴村，因地制宜落实帮扶举措；协助同兴村将闲置房纳入同兴老街整体风貌改造规划；支持同兴村闲置房改造项目资金3万元，与区级资金打捆使用，拆除旧房450平方米，新建平房7间350平方米和新修90米长泥结碎石道路1条；结对帮扶慰问11名贫困党员，送慰问金及物品6000多元。

【服务民营企业】 上门与8家民企对接商谈，完成对重庆港湘龙机械公司2.75公顷闲置工业用地收购，向企业注入土地收购资金1592.46万元；向亿达公司、天地源公司、禹洲鸿图公司等3家民企供应优质储备土地18.16公顷用于项目建设。成立工作组走访正大建筑等7家民营企业开展服务，宣传国家、市、区推动民营经济发展政策举措，听取民企情况反映，收集问题建议18个，办理办结18个。

【党建工作】 以“党建＋”为抓手推进中心党建工作。将党建工作纳入目标考核。完善“三重一大”事项集体决策机制。出台《内部控制工作实施方案》，建立健全预算、收支、资产、合同、政府采购、土地整治储备项目等6项内控管理制度机制，确保规范高效使用财政资金。自办《北碚土储》学习交流刊物。完善支部组织体系，推选5名青年党员进支部履职担当，引导1名年轻干部向党组织靠拢；组织党员干部到市廉政教育基地、渝中江北文创街区、水土高新产业园等地开展体验式学教活动；中心领导开展工作调研20多次，党员干部“亮身份、亮承诺”持续改进作风；坚持抓“常”抓“长”开展经常性廉政教育10次，分4批次开展廉政约谈全覆盖，党员干部自觉遵守党的“六大纪律”；接受区委巡察整改督查，获得“党组织突出责任担当，推进巡察整改有力”评价，以87.59分排十二届区委首轮6个被巡察单位第一名。

【综合管理】 以“清单”方式将48项目标任务分解落实到人，实行共性与个性指标相结合差异量化绩效考核机制，与绩效工资挂钩，促进党员干部立足岗位做好工作。创刊《北碚土储》双月刊，编发6期，中心党员干部采写各类文章图片121篇，其中调研文章12篇，受到市土储中心好评。建立党员学习室加强学习型支部建设，开展职工读书活动编印《书香土储》文集收录读书心得19篇。强化公车安全、费用、服务监管，规范物业等后勤服务标准，落实节假日安全检查常态化，完成重庆众为公司整体移交重庆缙融集团管理等工作，综合服务保障有新面貌。

【区土地整治储备中心负责人名录】

主　任：李　辉

副主任：蒋碧辉（女）

黄亚敏（女）

（宋海花　杨　芳）

商业贸易

商贸管理

【概述】 区商务局于2014年12月成立，由原区商业委员会、区对外贸易经济委员会和区粮食局整合而成。主要负责推进全区商贸流通业发展、招商引资、协调整顿和规范市场经济秩序等工作。局机关内设10个科室：党政办公室、商业发展科、市场运行科、市场秩序科、招商科、新兴产业服务科、外经贸科、自贸运行科、安全监督管理科、商圈管理科。2018年底，局机关行政编制22名。下设3个事业单位：北碚区投资促进中心、北碚区粮油质量检测中心、北碚区商业网点建设管理办公室，事业编制21名。

【外经外贸】 开展北碚区内陆开放高地课题研究，起草《北碚区深化对外开放战略行动计划（2018—2020）》，形成全方位、多层次、宽领域开放新格局。开展领军企业、成长型企业等主体培育行动，2018年累计拨付外经贸发展促进资金2905余万元。支持18家企业对外开展投资、贸易，争取重庆市境外投资专项资金967万元。实行负面清单，提升外商投资便利化程度。协调解决货运公司征收“大坝拥堵附加费”等问题。完成北碚服务贸易特色产业园建设，并通过市级验收。

【招商引资】 完成招商机制的调整优化，安排6名干部前往北京、上海、深圳等经济发达地区驻点招商。2018年，全区新签招商引资项目172个，投资总额1390亿元。组织20家企事业单位，41位代表参加首届中国国际进口博览会，涉及意向进口近2.03亿元。牵头修改完善《北碚区招商引资产业扶持政策》，制发《北碚区企业扶持政策一本通》，实现产业扶持政策一次告知、公开透明。围绕电子信息、汽车及汽车零部件、高端装备制造等产业，接待拜访重点企业1576家，签约复星西南总部及金融科创中心、航天云网云制造产业基地、加望来新能源充电桩等项目。

【行业规划】 出台《重庆市北碚区人民政府办公室关于推动农村电子商务发展的实施意见》，推进贫困村电商综合服务站点建设。出台《缙云山国家级自然保护区北碚辖区农家乐管理办法（试行）》，制定完善《北碚缙云山产业规范提升总体方案》。编制《西大周边商业业态概念性规划》，梳理提出《西大周边商业业态指导目录》。撰写完成《关于缙云山农家乐有关情况的报告》。

【行业管理】 加强加油站站点指标清理完善，启动成品油国标六升级换代工作。推进粮食流通体系建设，加快“粮安工程”建设，建立区级粮食储备体系，落实粮食安全行政首长责任制和2018年度粮食清仓查库任务。强化市场保障供应，天润食品开发有限公司获市级应急能力提升项目40万元。

针对非洲猪瘟蔓延，做好肉类供应保障。对雄风超市、宜客乐超市、好客万家超市、重百一店、二店、新世纪城南店、永辉超市双元大道店、新城农贸综合市场经营部、高润商贸等重点商贸企业开展猪肉监测工作。

深化“放管服”改革，燃气经营许可、拍卖企业分公司设立审批、粮食收购资格认定等成为全区第一批审批服务“最多跑一次”事项。完成再生资源行业规划，整合再生资源经营行为，集中对212沿线再生资源行业进行清理，管理网点及企业30余家。推进肉菜追溯体系建设。做好渔塘湾、双柏、新城、城北菜市场日常维护工作。

开展诚信主体宣传活动，开通本区“12312”商贸投诉电话。为20多家企业举办促销活动，完成60余次点对点专项对接。为10多家企业办理货车通行证进行协调，对万达广场、碚峡路新世纪超市、一斗火锅、永辉超市、国泽生活广场、雄风百货广场、贝乐嘉、海上海等企业停车难、举办活动难、开业难等问题组织协调相关部门召开20多场协调会，办结率100%，企业满意率100%。支持韭家餐饮参加伦敦中国美食节活动。

【商圈建设】 通过政府引导、市场主导、政策鼓励等方式，开展天生街道天生丽街、朝阳街道滨江路、北温泉街道九号商业街建设试点工作。举办北碚区第三届夜市文化节、九号好吃街美食节、万达广场周年庆等节庆活动，获评“重庆市夜市文化节优秀组织奖”。组织参加“西洽会”“渝交会”等，搭建企业商品展销平台。支持商贸企业开展主题促销活动50余次，在全区范围内组织开展3次大型商圈联动促销活动，活动累计销售额6亿元，拉动相关消费近30亿元。支持传统商贸企业转型升级，新华书店、苏宁易购等重装开业。雄风百货完成停车场升级改造。苏宁小店、京东优品等新业态布局北碚，红星美凯龙、协信、九街商业、贰厂文创等知名企业对接建档入库。支持韭家餐饮参加伦敦中国美食节活动。组织红熙山寨、金刀岭等星级农家乐参加第八届重庆市农家乐乡村旅游休闲节，获得重庆乡村名厨、名宴等称号。

【安全工作】 加强节前安全检查工作，多次对大型商场、超市等人口密集场所开展特种设备、消防设施等专项检查。强化对经营液化石油气单位安全生产责任制落实情况监管，完成友华燃气公司“二甲醚”充装技改工作。严厉制止和打击非法途径销售行为，查处龙凤桥街道醇基燃料库房及蔡家岗街道非法经营液化石油气行为。启动并完成加油站防渗漏改造。抓好散装汽油管理，推动柴油汽车配用尿素产品销售。全年出动执法人员650余人次，重点检查辖区内大型商场、超市、液化石油气充装站等商贸流通企业250余家，排查整改安全隐患444个。

【主要商贸企业】

重庆雄风百货广场有限公司　位于嘉陵风情步行街商业核心区，是集团公司在西南地区零售连锁发展总店。公司2014年启动调整创新升级，向购物中心化转型升级。2018年，超市整体调整完毕，引进“晓秧锅”鲜菜火锅。百货大楼整体营业，4月新进驻巴黎春天、贝壳烘焙、淘乐世纪旗舰店、七星瓢虫艺术培训、美斯特机器人培训等大型儿童项目及床品、成熟女装等。

重庆骑龙餐饮文化有限责任公司　公司于2000年成立400多家连锁店遍布全国，帮助2万多人就业创业。已形成食品研发、连锁经营、酒店管理、美丽乡村建设等为主多元化发展格局，满足和服务不同层次消费群体需求。先后荣获“中国餐饮百强企业”、“中国火锅二十强”、“国际餐饮名店”、美食节最高奖“金鼎奖”、“商贸流通五十强”、“重庆市优秀民营企业”、“全国就业与社会保障先进民营企业”、“全国商贸流通服务业先进集体”“最受消费者欢迎奖”、“最佳连锁品牌奖”等荣誉称号，是中国火锅代言品牌。董事长任鸿秀先后荣获“全国饭店业优秀企业家”“重庆餐饮十大风云人物”等荣誉百余项。

【区商务局负责人名录】

书记、局长：张　谐

专职副书记：周洪军

副局长：陈　苛（10月离职）

　　　　王　敏（女）

（吴　进）

供销合作组织

【概况】 北碚区供销合作社联合社（以下简称区联社），系参照国家公务员法管理的处级事业单位，所需经费纳入同级财政预算。内设党政办公室、资产财会科、业务发展科3个职能科室。2018年，编制14人，在职14人。

【主要经营指标】 2018年，完成销售总额15.36亿元，同比增长16.18%；农产品销售额6.64亿元，增长20.09%；连锁销售额5.63亿元，增长14.33%；再生资源回收额3.03亿元，增长29.4%。完成汇总利润1271万元，增长15.65%；资产总额1.64亿元，增长14.03%；所有者权益1.17亿元，增长13.62%；净资产收益率10.77%。

【组织建设】 全年争取上级财政资金100万，用于基层社示范社和农民合作社服务中心建设。引领发展专业合作社12个，全区累计发展农民专业合作社543个；新型股份合作社55个，联合社5个。建成村综合服务社20个。已形成区供销联社直属社、参股社，供销社改制后,村综合服务社和专业合作社为主体基层供销组织体系。

【社企管理】 因地制宜、分类管理。强化对直属和控股企业管理。加强对直属和控股企业财务管理,将区联社10余家全资、控股企业财务全部交由区农民合作社服务中心代账。注重对参股企业和其他供销企业业务指导。按照内控制度开展重大事项决策。配合朝阳街道做好滨江路夜市延伸段门面提档升级工作。

【乡村振兴】 将供销工作融入全区乡村振兴战略实践中。开展社会化服务,召开春耕备耕工作会,加强对农资质量和价格监管。完成市总社下达13吨农膜回收任务。参与农村改革。在澄江镇五一村成立基层示范供销社,并将示范社建设融入农村"三变"改革中。对口帮扶屋基村6户贫困户脱贫;推进三圣镇是平村村综合体建设;选派1名职工到柳荫镇永兴村驻村开展脱贫攻坚工作,1名干部到对口帮扶巫山县农业农村委挂职副主任。

【安稳工作】 完成全区84个烟花爆竹专营零售网点布点工作,参与"打非治违"工作。坚持安全隐患排查整改同步进行,开展检查38次,发现隐患6起,下达整改通知6份,整改6起。自筹资金10余万元,消除部分危旧房屋安全隐患。妥善处理复兴供销社原职工和金龙综贸公司解聘职工上访工作。

【党建工作】 学习习近平新时代中国特色社会主义思想、党的十九大精神以及全国、全市和全区组织工作会议、扫黑除恶、推动缙云山综合整治要求等。按照党的"六大"纪律教育管理监督干部职工,落实《党支部工作条例(试行)》,加强基层支部规范化建设。机关支部1名预备党员实现按期转正。党委班履行意识形态工作主体责任。层层签订党风廉政建设责任书。联社党政班子坚持"三重一大"事项按照民主集中制要求进行决策。按照党政主要领导约谈分管领导、分管领导约谈基层企业负责人、科室负责人的要求,共进行2轮42次廉政约谈。

【区供销联社负责人名录】

党委书记、主任:朱发春

副主任:王　涛

　　　　秦先宁

(祝　倩)

中央储备粮重庆直属库有限公司

【概况】 2018年末,重庆直属库有限公司有合同制员工39人,其中:大专以上学历占95%,党员17人、占44%,内设综合科、轮换购销科、仓储保管科、财务科、监管科等机构。公司控股公司中储粮重庆江津仓储有限责任公司有合同制员工12人,其中:大专以上学历11人,占在岗员工总数92%;党员4人,占在岗员工总数33%,内设综合部、业务部、财务部3个部门。

【粮食储备管理】 公司有高大平房仓18栋(22个敖间)、立筒仓2栋、油罐7座,可进行现代化粮食装卸和储藏,配套1.07千米铁路,可快速接发转运散粮,并接发全国各地火车运输货物。铁路货运站台7200平方米,建有钢结构彩钢板罩棚,确保粮食及其他货物全天候安全装卸和堆放。

控股公司中储粮重庆江津仓储有限责任公司有高大平房仓10栋、浅圆仓8栋。二期5万吨建仓项目正在建设中。

【中央储备粮重庆直属库有限公司负责人名录】

执行董事、书记、总经理:范　威

副总经理:蓝　勇

　　　　肖卫华(5月任职)

　　　　胡德新(5月离任)

总会计师:石志祥(8月任职)

(何　睿)

烟草专卖管理

【概况】 中国烟草总公司重庆市公司北碚分公司、重庆市北碚区烟草专卖局组建于1985年12月。分公司下设办公室、政工科、综合管理科、财务审计科、专卖监督管理科、专卖内管与法制监督科和客户服务部等7个职能部门。2018年，在岗员工(不含内退)81人。分公司依据《中华人民共和国烟草专卖法》等国家及行业法律、法规，按照"统一领导、垂直管理、专卖经营"烟草专卖管理体制要求，负责北碚辖区内卷烟经营及专卖管理工作。

【卷烟营销】 2018年，累计销售卷烟3.19万箱，比上年增长0.44%；实现卷烟销售收入(不含税)8.97亿元，增长4.53%；单箱销售收入2.81万元，增长4.07%；实现税利1.79亿元，增长35.18%；其中上缴税金1.54亿元，增长3.31%，实现利润2487.9万元，增长18.48%。

【专卖管理】 2018年破获"3・16"和"11・28"两起国家级假烟网络案件，全年共查获各类涉烟违法案件116起，查处违法卷烟5695.5条，案值179.73万元，注销违规许可证2户。

【中国烟草总公司重庆市公司北碚分公司负责人名录】

党组书记、局长、经理：郭　敏

党组成员、副局长：文　彬

党组成员、纪检组长、工会主席：冉　霞(女)

党组成员、副经理：邹　鹰(女，12月任职)

(李泓姝)

银行 保险 证券

工商银行北碚支行

【概况】 中国工商银行股份有限公司重庆北碚支行位于北碚区康宁路60号。截至2018年末，北碚支行内设机构6个，辖内营业机构13个，其中营业部1个，二级支行12个。支行共有在岗职工208名，离退休职工256名。工商银行北碚碚峡路支行被重庆市银行业协会评选为2018年度重庆市银行业“文明规范服务优秀营业机构”。

【主要经营指标】 2018年，支行本外币各项存款余额109.5亿元，其中：储蓄存款余额71.86亿元，对公存款余额37.59亿元；本外币各项贷款余额91.13亿元，其中：公司贷款余额48.10亿元，个人贷款余额43.03亿元。

【主要工作】 2018年北碚支行积极拓展源头性资金，对北碚区辖内优质企业进行重点营销突破；密切银政合作；坚持网点服务优化，夯实网点阵地增存；增大外拓营销力度，加强对新客户的拓展；擅用大数据分析，开展精准营销。

北碚支行综合考虑实体经济需求和国家政策导向，全力做好普惠金融，将有限的信贷资源更多投向民营和小微企业；加大对基础产业投放，给政府提供优质信贷服务；优先支持生态保护、清洁能源、节能环保等优质项目，有效控制环境敏感行业、产能过剩行业融资总量占比。

北碚支行坚持以人为本，以员工利益为优先，组织召开了第十一届一次职工代表大会，职工代表履行了民主管理权利；开展多种文体活动；为蔡家支行、园区支行、水土支行添置了微波炉、电饭锅、电冰箱等员工生活必需品；高温期间为全行员工购买防暑降温药品和各类清凉饮料。2018年，支行按照《中国工商银行重庆市分行特殊困难员工救助办法》积极对困难员工展开救助，开展了员工救助慰问51人次。

【风险管控】 工商银行北碚支行把防控风险与服务实体经济较好地结合起来，不断深化对风险演变特征和规律的再认识，落实全面风险管理，确保稳健经营。支行坚持“从严治行”，夯实基础管理，强化管理人员“一岗双责”和案防主体责任，狠抓工作落实和违规问责，提升内控案防管控能力，实现了“零案件、零监管处罚、零重大风险事件”工作目标。

【金融宣传】 北碚支行坚持做好服务提升六大工程。3月组织开展了“消费者权益宣传”和“学习雷锋”宣传活动，9月开展“金融知识进万家”“金融知识进校园”等宣传教育活动。活动以“普及现代金融知识”为主题，引导金融消费者增强“权利 · 责任 · 风险”意识，提高对非法金融等诈骗活动的识别能力，树立更理性的消费观念。以实际行动诠释中国工商银行“您身边的银行，可信赖的银行！”

【工商银行北碚支行负责人名录】

行　　长：文革兵
副 行 长：钟　明
　　　　　胡雅灵（女）
纪委书记：马　强

（张正艳）

农业银行北碚支行

【概况】 中国农业银行股份有限公司重庆北碚支行地址现位于重庆市北碚区城南云清路99号。截至2018年，北碚支行内设机构5个，辖营业机构15个，其中营业部1个，二级支行14个，在职员工229人。

【主要经济指标】 2018年，农行北碚支行主要经济指标完成情况:2018 年,本外币各项存款余额 93.23 亿元,比 2017 年增加 0.39 亿元,存量市场份额居区内同业第 3 位。其中:储蓄存款余额 70.45 亿元,比 2017 年增加 4.03 亿元,存量市场份额提升 0.03 个百分点,居区内同业第 3 位。各项贷款余额(含贴现)58.43 亿元,比上年增加 8.25 亿元,存量市场份额提升 0.56 个百分点,居区内同业第 4 位。实现中间业务收入 4068 万元,拨备前利润 19120 万元,拨备后利润 20430 万元。

【主营业务】 牢固树立"存款立行"理念,全力稳存增存,各项核心存款日均余额增量 2.31 亿元,增幅 2.53%。紧抓机遇,攻坚克难,全年贷款保持良好增长态势,较年初增加 8.25 亿元,其中个人贷款 44.89%的增幅,创历年新高,成为推动全行主体业务突破式发展的重要一极。同时,紧跟中央及上级行党委部署,大力发展普惠金融,助力金融脱贫,对公条线和个人条线完成央行口径普惠金融贷款计划。

持续强化"两收"意识,落实市分行"5535"中间业务发展思路,通过创新思路、齐抓共管,中间业务持续提升。营业收入、中间业务收入、净利润分别比 2017 年增加 3809 万元、267 万元、5527 万元,增幅分别为 16.07%、7.02%、49.59%。拨备前、拨备后利润较年初增加 3119 万元、5560 万元。

狠抓信用风险管控及不良贷款清收,不良贷款持续"双降"。2018 年全行不良贷款(含信用卡)较 2017 年下降 12937 万元,不良贷款占比 0.69%,较 2017 年下降 2.69 个百分点。按照市分行党委部署,深入推进市场乱象整治工作,通过成立专项领导小组、召开专题研究会议,分解落实各项重点工作,各项工作有条不紊推进,成为全行突破式发展的坚实保障。

落实市分行 6S 固化工作要求,全面加强基层营业网点 6S 及环境管理,网点标准化、智能化的服务环境进一步改善。完成龙凤支行原址改造,规划开展歇马支行、朝阳支行原址装修,逐步推进网点建设实现经济效益和社会效益的统一。加强运营指标管控,推进运营新体系建设,运营工作质量得以有效稳固。全年运营质量考核排名系统第 3 位。万元以上支付密码覆盖率 97.91%,电子对账签约率 97.02%,分别较年初提升 1.25 个、0.44 个百分点。

【企业文化建设】 组织开展全行员工"学制度、做承诺、树合规"等专题活动、开展合规文化暨警示教育大宣讲,发挥"三线一网格"管理系统监督管理职能,通过一系列专项活动的开展,全行员工合规意识进一步增强。组建成立乡村振兴和招商引资两大金融服务团队,优选配备团队成员,动态管理、严格考核,充实和完善支行外拓营销队伍力量,队伍建设进一步推进。举办覆盖全行员工的精准培训,提升员工服务意识和专业素质,员工凝聚力进一步提升。推进暖心工程建设,举办员工趣味运动会、主题演讲比赛、青年员工登山联谊活动、每月生日会以及各类兴趣小组活动,和谐"家"文化进一步营造。

【农业银行北碚支行负责人名录】

行　　长:罗　翔(1 月任职)
　　　　　周　杰(1 月离任)
副 行 长:杨仁人(7 月任职)
　　　　　谢羽纱(女)
纪委书记:邓　华(7 月任职)
调 研 员:翁　平(2 月任职)

(刘贺坤)

中国银行重庆北碚支行

【概况】 中国银行重庆北碚支行成立于 1989 年 4 月,支行本部位于重庆市北碚区胜利街 1 号,地处北碚区的商业、贸易及文化中心。中国银行北碚支行拥有 7 个营业网点(包括营业部、复兴支行、西大支行、歇马支行、城南支行、蔡家支行、云汉路支行),2018 年,支行共有在岗职工 116 人。

【经营管理】 2018 年末,支行人民币存款余额(时点)40.46 亿元,人民币存款余额(日均)38.78 亿元;贷款余额 33.08 亿元,其中公司贷款 17.61 亿元,个人贷款 15.47 亿元;全年实现净利润 8833.29 万元,其中,中间业务收入 2436.89 万元。

【主要工作】 中国银行坚持存款立行,负债业务稳步推进。持续抓好贷款投放,优化贷款结构。抓好中间业务,收入水平有所提高。支行从抓客户、抓产品入手,广开渠道,拓展业务,提升利润贡献度。抓好客户扩展,不良清降,资产质量全面提升。支行全力推进不良资产清收化解工作，实行清单式管理，用好、用足保全清收政策，对不良贷款的清收做到有督促、有通报，具体项目有跟进、有落实，全力打好资产质量保卫战，本年度，支行公司贷款和零售贷款较2017年均实现了不良余额和不良率的双降。

2018年，中国银行结合本行2018年经营计划和工作重点，加强理论学习，优化考核机制，根据总分行绩效考核导向，优化完善了绩效考核方案及中层管理人员三项业务激励与约束方案。完善内控建设，强化体制机制建设。调整支行内控管理委员会组织架构，落实案防主体责任。逐级签订了《党风廉政建设责任书》《安全保卫责任书》以及《消防安全责任书》，通过开展“知敬畏.合规教育伴我行”暨案例警示教育实践活动，签订《恪守职责承诺书》112份，明确了干部员工责任，保证和促进了内控案防工作的有效落实。切实践行以人为本，队伍建设呈现新活力。做好人才选拔工作。本行积极落实市分行员工八项计划，深耕“挖潜计划”，激发了队伍活力。选拔中层管理干部6名，提拔4人为中级经理，通过公开竞聘方式选拔7人充实到支行各部门，将网点柜台操作人员共计11名员工聘任到网点客户经理助理、大堂经理助理等营销岗位。做好员工关爱工作。支行根据总、分行党委的要求，认真传达贯彻员工工作会议精神，把员工关爱工作作为一项重要工作内容抓紧抓实，包括开展各项主题教育活动、改善员工工作体验，增强了员工归属感。

【企业社会责任】 中国银行北碚支行在发展过程中始终秉承“饮水思源，用心经营”的发展理念，为西南大学众多贫困学生办理助学贷款、向重庆西南大学教育基金会“和风关爱基金”捐赠30万元、开展“学雷锋活动月”献血、购买贫困山区农副产品等系列公益活动。

【中国银行重庆北碚支行负责人名录】

行　　长：陈乾平
副 行 长：倪永凌
　　　　　方　渝
纪委书记：王　津

（谢　春）

建设银行北碚支行

【概况】 中国建设银行股份有限公司重庆北碚支行成立于1972年，之前名称为中国建设银行重庆北碚办事处。1972—2004年9月间，名称为中国建设银行重庆北碚支行，2004年9月正式更名为中国建设银行股份有限公司重庆北碚支行。2018年，建行北碚支行共有营业网点11个，在职员工157人，员工平均年龄37岁，本科以上学历100人，其中研究生8人，AFP中国理财师10人，CFP国际金融理财师1人，内设部门7个。

【经营业绩】 截至2018年12月31日，本外币一般性存款日均余额85.23亿元，居同业四行第三位，新增3.23亿元，居同业第1位；各项贷款余额69.72亿元，居同业第二位，新增5.37亿元，列同业四行第一位；实现中间业务收入0.82亿元，拨备前利润2.3亿元；不良贷款额、不良率均完成上级控制计划。

【主要工作】 学习“习近平新时代中国特色社会主义思想”“党的十九大精神”，提升支持实体经济服务能力，加强市场调研和客户走访，推进总分行各项战略部署在支行落地。开展纠正“四风”、反对形式主义和官僚主义，严格执行党规党纪和《建行重庆市分行党委贯彻落实中央八项规定和实施细则精神的办法》，在支行培养形成风清气正的良好工作氛围。

2018年建行推进落实总行蓝海项目，研究市场情况，结合区域实际制定工作措施，加快住房租赁业务的拓展。通过拓宽房源，合作优质中介机构平台共享，营销高校学生公寓、企业职工宿舍房源上线，租赁企业及中介公司交易平台等网络进行产品宣传，树立“要租房到建行”新品牌，联动网点开展“CCB建融公寓APP”下载，拓展注册用户，扩大租客群体。2018年，累计房源上线4369套，租客支付成交73套，注册用户8345户，房源核验8167套。

支行成立金融科技部，围绕社会需求痛点，以平台搭建、新一代应用作为重点，通过科技赋能，解决客户金融非金融需求。2018年，支行实现20个客户党群平台、14个公益教育平台、276个智能撮合平台及1个同业平台的搭建，同时正在积极拓展安心养老、智慧政务、宗教事务等平台应用，有力地促进公司及机构条线获客活客能力提升。

2018 年，北碚支行对关键客户精准营销，做到分层管理、大中小并举、挖潜新增共进、监测到户，运用单位理财产品、大额存单、特色存款等产品组合提升资金留存率；积极开展平台、商圈拓展，抓好零售消费资金批量归集商圈，形成对存款增长有力支撑；全面开展信贷、投行、资管等业务，推进新型业务的尝试及成果转化，加深银政、银企合作，努力提升市场份额；持续深化分离式保函业务，保持中收稳定增长。

深化公私联动，抓好代发工资、奖金、对公经营性资金承接；以大额存单、聚集财产品等特色产品加强客户维护，促进客户的提档升级；多策并举实现中收增长。强化信用卡分期、商户拓展等战略性业务营销组织，应用及移动支付场景，开展 1 分钱乘校车、龙支付 5 折惠等线上营销活动。

继续开展二手房中介的合作，保持商业性个人住房贷款投放稳定增长；以“快贷”为重点着力发展消费贷款，制定一户一策营销方案，开展精准营销。

2018 年，支行通过“普惠金融”优惠政策吸引以及做好政府公共交易招投标平台客户营销等工作，实现加权有效客户新增 695 户，单位人民币结算账户新增 799 户。以产提升金融资产、提高新开户质量促进个人有效客户增长。2018 年，支行个人全量客户同比增加 42.4%，客户结构进一步优化。全年，建行北碚支行普惠金融贷款新增 2.34 亿元，贷款客户新增 300 户，客户增长幅度 201.34%，信贷资产结构进一步优化。

【风险管控】 2018 年，支行围绕风险管理和内控合规两条主线，落实“全面管、党委管、主动管”及“五个到位”的风险管理要求，认真组织开展监管部门深化市场乱象治理工作和市分行“合规管理年”“操作风险管理年”活动，切实加强信用风险和操作风险管理、监控、检查监督以及发现问题的整改，紧跟监管要点，坚持问题导向，推进不良贷款风险化解和处置，资产质量得到巩固和提升。

持续加强产品合规销售，切实维护金融消费者合法权益；坚持每月以销售资质、“双录”规范性为重点的检查制度，对发现的问题及时进行问责整改。

【惠民工作】 2018 年，支行按照两江银监分局、区金融办及相关职能部门工作部署，开展了打击电信网络关于转发打击电信网络新型违法犯罪宣传月活动、“金融知识普及月 金融知识进万家”暨“提升金融素养 争做金融好网民”“防范非法集资”“清理校园周边金融环境秩序”等活动；在全辖网点建设“劳动者港湾”，为环卫工人、交警等普通劳动者提供饮水、热饭、入厕、手机充电等服务，履行好国有商业银行社会责任。

【建设银行北碚支行负责人名录】

行　长：郑寒冰（4 月任职）
副行长：谢　晶
　　　　易笑竹（女）
　　　　龚　兵（5 月任职）

（建行北碚支行）

交通银行北碚支行

交通银行北碚支行 2018 年有在册职工 35 名。

【主要经济指标】 2018 年末，支行存款时点 18.38 亿元，其中对公存款 5.92 亿元，个金存款 12.45 亿元；支行日均存款 17.81 亿元，其中对公存款 54502 万元，个金日均存款 123627 万元；支行贷款余额 111677 万元，其中对公 68538 万元，个贷 43139 万元，全年实现经营利润 1645 万元，经济利润 807 万元。

【业务发展】 交通银行北碚支行以资产业务为切入点大力发展对公客户；多渠道扩大对公存款的增长源；转变思路服务好实体经济，并通过“系统掘金”增加客户的黏合度；多层面、多渠道联动营销促进零售业务的发展。

【内控管理】 交行北碚支行加强对员工教育、管理和监督。制定《北碚支行内控管理制度》《北碚支行服务管理考核办法》等。按照总分行的相关规定办理，定期对前台业务、重空管理及现金进行检查，使支行各项业务操作都能防范操作风险。

增设了网点联系卡、注意提示、标识牌等设施，注重客户的体验，并制定了严格的服务规范奖惩制度，建立了服务管理长效机制。

定期开展安全、消防知识的学习，强化各种预案演练，提高员工对突发事件的应急处理能力，消除安全隐患，对支行、网点安防、案防、技防工作的软、硬件进行自查整改和完善。

【交通银行北碚支行负责人名录】

行　　长：唐　莉
副 行 长：车　轮
行长助理：杨胜伟

中国农业发展银行重庆市北碚支行

【概况】 中国农业发展银行重庆市北碚区支行（简称农发行北碚区支行）。2018 年末，全行职工 25 人，大专以上文化程度 25 人，占比 100%，是一支高素质的干部职工队伍。

【主要经济指标】 2018 年各项涉农贷款 30.88 亿元，实现利润 2249 万元。其中不良贷款为 0，案件和事故为 0。

【主要工作】 农发行业务领域涵盖：服务国家粮食安全、农业现代化、城乡发展一体化及国家区域发展战略。具体业务包括：支持粮棉油收储、农业规模化经营、新兴城镇化建设、涉农棚户区改造、农村路网建设、易地扶贫搬迁等。2018 年，支行向中央储备粮北碚直属库发放贷款 7.41 亿元，支持了中储粮北碚直属库收储、轮换粮计划的完成和代保管中央储备油的轮换，确保了国库粮油收储、轮换的资金需求。支行严格执行收购资金“购贷销还，库贷挂钩，封闭运行”原则，保证国家粮食安全。

【服务三农】 支行累计于 2018 年向客户发放贷款 1.9亿元，积极落实市分行审批的蔡家整体城镇化项目成功转型，有力支持了地方农村基础设施建设，推动了当地农业、农村经济发展和农民增收致富，受到政府好评。

【企业文化】 农发行北碚区支行企业文化建设从“三重视四结合”上入手。“三重视”即重视培养员工深刻理解农发行核心理念、重视激发员工的主人翁精神和服务意识、重视员工的仪表和企业的视觉形象统一。“四结合”即搞好企业文化建设与提高职工政治思想素质相结合、搞好企业文化建设与银行经营管理任务相结合、搞好企业文化建设与精细化管理相结合、搞好企业文化建设与职工教育培训相结合。把企业文化建设作为长期工程来抓。对通过自学获取各种资格证书的员工进行奖励，让学习成为员工的自觉行为。为农发行发展打下良好的人才基础。

【中国农业发展银行北碚支行负责人名录】

党支部书记、行长：窦廷建

重庆农村商业银行股份有限公司北碚支行

【基本概况】 重庆农村商业银行股份有限公司北碚支行（以下简称“农商行北碚支行”）成立于 2008 年 6 月，前身是重庆市北碚区农村信用合作联社，位于北碚区碚峡西路 20 号，目前下辖营业网点 27 个。2018 年，北碚支行在岗员工 285 人，其中本科及以上学历 207 人，占比 72.63%。

【主要经济指标】 2018 年，农商行北碚支行各项存款余额 136.44 亿元，市场份额占比 19.94%；各项贷款余额 135.74 亿元，市场份额占比 24.5%。存、贷款市场份额在区内金融机构中均排名第一。2018 年纳税总额 9909 万元。

【助推民营经济】 符合国家政策的民营企业、小微企业，进行利率下调 5 个百分点；部分优质制造业实行基准利率。同时，明确贷前调查、审查审批、支用出账等各环节办贷时限，制定差异化的限时办贷规定。企业贷款 3～5 天完成审批、放款，微型企业最快 1 天资金便能到账。运用订单贷、税易贷、增信贷、医保贷、知识价值信用贷款等产品，满足民营企业多元化金融需求。全年民营企业贷款余额 43.48 亿元，占总贷款 32%。

【网点建设】 农商行在歇马和静观设立乡村振兴专营机构，支持农业产业化龙头企业，抓好土地收益、三权抵押贷款等服务，配合企业开源节流，推广“农村一二三产业”融合贷款，全年投放“一二三产业”融合发展贷款25笔，金额7900万元。

【社会服务】 2018年开展防范和打击电信网络新型违法犯罪、非法集资、非法放贷、金融诈骗等宣传教育活动，全年共计开展实地宣讲74场次，实施宣传的营业机构27个，实现网点100%全覆盖，惠及群众约5万人。设置小面额预约对换窗口，为客户提供小面额人民币兑换服务，并加大零破钞兑换和残损券回收力度。全年，支行共兑换小面额现钞超1356.45万元，回收残损人民币2.43亿元。

【重庆农村商业银行北碚支行负责人名录】

行　　长：张国玺(8月离任)
　　　　　郎兴云(8月任职)
副 行 长：刘　波
行长助理：李雅翀(女，4月任职)

（潘美霖）

邮政储蓄银行北碚区支行

【概况】 2018年，中国邮政储蓄银行股份有限公司重庆北碚区支行在册职工76人。其中研究生学历3人，大学本科学历48人，大专学历25人。大学本科及以上学历占67.11%。支行内设3个部门，即综合管理部、公司业务部及个人金融业务部；下辖4个自营网点，即支行营业部、中山路支行、黄桷支行和歇马广场支行，另有邮政代理网点28个，覆盖全区各街道，镇乡、离行式自助银行4个。

【主要经济指标】 2018年，存款余额56.96亿元，其中支行自营存款余额11.66亿元。各项贷款结余笔数4084笔，结余金额13.76亿元，其中发放再就业贷款99笔，结余金额1715.87万元。

【主要业务】 支行结合点多面广、网络顺畅等特点，为全区社会低保金、社会养老金提供发放平台。2018年代发社会养老金97.91万笔，代发金额15.57余亿元，代发金额增长3%，有效保障全区社会低保金、社会养老金发放工作顺利完成。积极开展“强网点”战略，促进网点转型发展，加强人员培训和增配自助机具设备，大力推广网上银行、电子银行和微信银行，提升客户体验。通过改善网点营业环境、增配运营设备，加快电子渠道建设、金融系统升级改造、规范营业人员服务等措施，为客户创造良好金融服务环境。开展了“10元洗车”“8元观影”“加油返现”等活动，推广邮储银行信用卡，回馈客户，着力打造用卡环境。并以进社区、进校园、进商圈、网点驻点宣传等形式，开展了内容涉及打击非法集资、打击电信犯罪、反假币、反洗钱、个人征信、消费者权益保护等方面的金融知识宣传活动。

【内控案防管理】 2018年，北碚区支行开展“强履职、治顽疾”“操作风险管理年”等专项整治活动，开展“内控提升年”“走基层、促平安”等活动，强化合规文化建设，全年未发生资金案件和安全责任事故，完成“零案件”工作目标；落实案防合规知识常态化的每季考试机制；开展员工行为排查、人员轮岗、换岗、人员定向联系等工作，加强前后台人员分离，落实岗位互控制度。

【邮政储蓄银行北碚区支行负责人名录】

行　长：田红红(女)
副行长：万旭志(9月任职)
　　　　陈　丽(女)(4月离任)
　　　　冯泽毅(9月离任)

（万雪霏）

重庆银行北碚支行

【概况】 重庆银行股份有限公司北碚支行有员工76人，下辖5个二级支行网点，内设业务一部、业务二部、小微业务部、零售业务部、营业部、风险管理部、综合部(保卫部)等7个职能部门。

【主要经营指标】 2018年末，重庆银行北碚支行各项存款时点73.22亿元，较年初增长10.25亿元；存款日均66.90亿元，较2017年增长11.68亿元；各项表内外贷款余额33.76亿元，较年初增长6.05亿元。

【业务发展】 2018年，重庆银行北碚支行在总行的带动下实施"五轮驱动"(产品拉动、平台联动、保障催动、激励撬动、服务推动)专项行动,走访民企67户,总行党委书记、董事长带队赴蔡家工业园调研,与企业交流座谈,此外支行还组织宣传100多场,推出5大类共60余个专属产品,支持民企贷款余额约10亿元。支行成功营销主承销业务25亿元;成功给予市属国有大型贸易公司贸易融资授信2亿元,储备大型贸易公司贸易融资授信3亿元,对公存款7.2亿元。重庆银行北碚支行向各小微企业推出"好企贷",借贷余额1.74亿元,在所有开展"好企贷"业务的支行中,支行继续保持全行第一。支行由风险部牵头推进不良资产的集中管理和处置,清收化解全年清收化解问题授信2949万元。

【内部管理】 2018年,重庆银行北碚支行坚持推行"制度化、标准化、精细化"建设出台重点工作管理办法,探索实践涵盖内控服务、反洗钱、消保、声誉风险等领域的自评估,根据评估情况提出措施和方案,开展"授信风险指引学习""法律知识培训"安全"七个一"等系列活动。在总行2018年"合规展业 严守底线"合规知识竞赛中支行荣获团体第三名。

2018年9月23日,重庆银行智慧心脏——新一代核心系统正式上线。支行选派2名员工进入核心项目组,在上线前后做好系统测试、客户公告与服务、上线运行等阶段性工作,为新核心系统上线保驾护航,实现"零投诉、零案件"。

【人才队伍建设】 全年,采取行政办公会讨论及公开竞聘的方式进行员工内部提升,通过发布通知、接受员工报名、资格审查、组织笔试和面试、单位内部公示等流程。全年,新招聘员工4名,新转岗员工2名。

支行通过员工意见采纳、部门经理探讨、行政办公会解析等各种方式进行了多次绩效考核办法细节性条款的修改,并进行2次以上办法修订。

根据总行人才战略规划,支行不断优化人才结构,在职工大会上对本行员工职业发展通道相关办法进行了2次宣讲,分条线建立员工成长档案,帮助员工提升综合素质能力。在2018年总行已完成的相关序列职级评聘中,支行有3名员工评定为高级,9名员工评定为中级。

今年,支行对员工进行生日慰问达100人,生育慰问3人、生病探望7人。同时,支行还通过开展"员工厨艺大比拼""为世界杯喝彩""青春飞扬"等喜闻乐见的活动来释放员工的压力和提升支行的凝聚力。

【党建工作】 2018年,支行党支部选派1名骨干前往井冈山革命基地封闭培训。支行党支部经总行党委审批通过,完成新一届支部委员会的改选工作,增选一名年轻骨干成为支委,支委会35岁以下骨干成员占比60%,选派1名积极分子前往市委党校学习,1名预备党员按期转正,新发展1名预备党员,收到8人的入党申请书。

支部书记及纪检委员建立定期及不定期开展廉洁从业约谈机制,了解思想动态,全年完成各类谈话谈心约20余次。支委会通过"廉洁信箱""扫黑除恶信箱""直通车信箱"等接收各类信息线索。全年无一例腐败或违规违纪问题发生。

【支行荣誉】 北碚支行员工荣获重庆银行"十九大专题学习征文比赛"一等奖、"我与监察法同行征文比赛"二等奖和三等奖、"重庆市银行业文明规范服务优秀个人""北碚区十大优秀青年";支行荣获重庆银行"先进基层党组织""中国梦·劳动美"字符录入二等奖、全国"巾帼文明岗"、全国"金融系统文化建设先进单位"等荣誉,实现了精神文明和物质文明的双丰收。

【重庆银行北碚支行负责人名录】

行　　长:张　鹰

副 行 长:易朝华

行长助理:高林杰

(刘　婕)

重庆三峡银行北碚支行

【概况】 重庆三峡银行北碚支行内设机构3部1室。2018年底有正式职工20人,其中大学本科学历18人,大专学历2人。

【主要经济指标】 2018年末,北碚支行各项时点存款余额19.78亿元,其中公司存款余额15.10亿元,个人存款余额4.68亿元。支行各项贷款余额为37.07亿元。

【支持地方发展】 推动普惠金融建设，积极开展一系列宣传工作，为“税 e 贷”“小额抵押贷”等小微贷款金融产品的介绍推广等，在社区、商圈开展资防范非法集资、普及金融知识、反假货币、征信、优化企业开户、支付结算、防范电信诈骗等宣传服务。2018 年北碚支行实地走访、调查了解区内重点企业、入园企业、规模以上企业、中小企业近 20 户，北大医药重庆大新药业股份有限公司、重庆市碚圣农业科技股份有限公司、重庆碚圣生物医药等，有力支持了区域内企业的发展，与客户共同成长。

【内控管理】 支行将案防和安全作为工作的第一责任，让每位员工树立“安全第一”的经营理念，确保零案件目标。

【企业文化】 充分发挥支部、工会等组织的作用，组织开展好各种企业文化活动，搞好软硬件建设，继续、深入开展创先争优工作。

【重庆三峡银行北碚支行负责人名录】

党支部书记：苏　涛

行　　　长：曾建琨

行长助理(见习)：谢　举 (9 月任职)

(陈　艳)

北碚稠州村镇银行

【概况】 重庆北碚稠州村镇银行股份有限公司(以下称“北碚稠州村镇银行”)位于重庆市北碚区嘉陵风情步行街云华路 214 号、216 号、218 号、200 号附 10、11、12、13、16 号，由“全球银行 500 强”的浙江稠州商业银行(以下称“发起行”)发起成立，注册资金 1 亿元。截至 2018 年 12 月 31 日，北碚稠州村镇银行下设分支机构(水土支行)1 个，在岗员工 42 人。

经中国银行业监督管理委员会重庆监管局批准，北碚稠州村镇银行主要从事吸收公众存款；发放短期、中期和长期贷款；办理国内结算；办理票据承兑与贴现；从事同业拆借；办理银行卡业务；代理发行、代理兑付、承销政府债券；代理收付款项及代理保险业务；以及经中国银行监督管理机构批准的其他业务。

北碚稠州村镇银行以支持北碚经济发展和金融繁荣为己任，服务于当地民生和地方经济建设发展，是北碚人民自己的银行。

【经营情况】

截至 2018 年 12 月 31 日，北碚稠州村镇银行资产总额 57127 万元，各项存款余额 44796 万元，各项贷款余额 28333 万元，资本充足率为 40.32%。

【重点工作】 北碚稠州村镇银行围绕发起行提出的“坚持‘稳中求进’总基调，突出主业，严防风险”经营思路，结合北碚地区经济发展的实际情况继续推进落实“存款立行、管理优行、人才兴行、科技强行”的战略重点，经营情况有一定程度的改善。

2018 年，北碚稠州村镇银行以“稳存量、促增量、抓储蓄”为方向，确保全行存款的稳定成长。在总结过去业务发展的基础上，结合北碚区实际，进一步对产品进行调整，主推“公积金贷”和“市民贷”两个主打产品，信用和抵押业务齐头并进。在业务拓展方向上，明确“公积金贷”产品主要针对国家机关单位、事业单位、上市公司和国企央企等编制内员工，以信用业务为主；明确“市民贷”产品主要针对中小微企业、个体工商户、农户等，主推抵押模式，有效助推业务发展。

【内控管理】 北碚稠州村镇银行严格按照 2018 年工作计划推进全行内控管理工作，完善制度架构，深入开展整治银行业市场乱象工作，加强从业人员管理、非法集资排查、扫黑除恶专项斗争工作。通过“严准入、重管理”做好员工的管理工作，通过常规的行为排查、全员家访、网络查询、谈话等方式做好员工的日常行为管理。2018 年，北碚稠州村镇银行积极组织业务技能、合规知识、发起行组织的视频、现场学习，组织全员参观长寿区预防犯罪法治教育基地，提升员工职业素养，使合规理念融入日常工作。

2018 年，北碚稠州村镇银行在监管部门的组织下，开展以银行业金融知识、消费者权益保护、预防电信网络诈骗、非法集资、反洗钱、反假币工作为主题的宣传教育活动，通过现场讲解、发放宣传单等方式，提高公众的金融知识及辨别非法金融活动的能力，营造良好的经营环境。

【北碚稠州村镇银行负责人名录】

董事长：曹　宁

行　长：李红权

副行长：周必成

　　　　李　皓

（袁金鹏）

民生银行北碚支行

【概况】 中国民生银行股份有限公司重庆北碚支行位于重庆市北碚区双元大道35、47号。是经中国银行业监督管理委员会重庆监管局批准，于2015年10月落户于北碚区。2018民生银行北碚支行有正式员工12名，实习员工11名，后勤员工1名，其中行领导3名，厅堂员工5名，客户经理4名。

【主营业务】 2018年民生银行北碚支行存款总额10亿元，累计投放贷款4.13亿元。

服务小微企业，推广“小微宝”“云抵押”“云快贷”等贷款产品，解决小微企业小额资金的需求问题；民生银行推出“全贷款”，满足小微企业期限一个月内的资金需求，进一步盘活了客户资产，使有限的资源得到更多使用。

2018年，民生银行根据小微企业的结算特点，集合传统POS和其他第三方支付终端产品的优点，推出“乐收银”、EPOS设备，提高小微企业的结算效率，增强企业在资金管理方面的自我平衡能力。开发出专门针对小微企业的网乐贷，根据客户在民生银行北碚支行结算情况给予相应授信，大幅增加客户的资金使用灵活性。

小微账户管理专门面向小微企业推广“小微账户通”产品，通过关联企业对公账户和法人代表个人账户，增加了客户资金周转的便利性，促使客户选择民生银行作为主办行归集结算资金，提高存款规模。

【惠民服务】 民生银行以“便民、利民、惠民”为目标，打造1.5～2千米现代金融生活服务圈，通过销售理财、消费贷款、便捷支付、特惠商户、寓教于乐、移动运营等多种形式的金融和非金融服务，全方位、多角度地满足居民的各类金融需求。2018年，全行投入大量人财物重点在居民小区内进行多种方式的宣传营销活动，推进社区金融服务计划；为方便居民的便捷支付，分享现代金融工具带来的便利。民生银行专门成立新型业务团队重点推广“跨行归集、手机银行”等免费收支类金融产品；为小区周边个体工商户布放POS机400多台，零距离服务社区居民，享受实惠；投入大量财力支持举办社区晚会、养生大讲堂等寓教于乐活动，开展圣诞、春节、元宵节等慰问及各种讲座多达30多场，惠及北碚区10多个大型社区。

【民生银行北碚支行负责人名录】

行　长：姜　涛

副行长：樊　萍

　　　　皮婧婕（女）2018年5月任职

（朱光谱）

浦发银行北碚支行

【概况】 上海浦东发展银行股份有限公司重庆北碚支行于2012年2月16日正式对外营业。地址：北碚区云华路240号。2018年浦发银行北碚支行在册职工13人。

【主要经济指标】 浦发银行北碚支行为浦发银行重庆分行下辖的一级支行，经营有对外开展的本、外币存、贷款业务，办理票据承兑与贴现，提供信用证及担保，办理国内外结算，提供资信调查和咨询服务，经营业务品种齐全。2018年，北碚支行各项存款余额4.37亿元，较2017年增长1.72亿元，增幅64.86%。其中对公存款3.26亿元，较2017年增长1.39亿元，增幅74.24%；储蓄存款1.11亿元，较2017年增长3322万元，增幅42.45%；贷款余额6.53亿元，较2017初增长2548万元，增幅4.06%。其中，对公贷款4.09亿元，较2017年减少3919万元，降幅8.74%；个人贷款2.44亿元，较2017年增长6467万元，增幅36.06%。4季度在个人贷款方面，支行对房抵快贷和个人经营性贷款等小微企业融资产品加大投入，有较高的增长。

【服务社会】 2018年，浦发银行北碚支行依托金融专业优势，形成具有浦发银行特色的责任竞争力，主动承担经济、社会、环境责任，促进自身和利益相关方共同可持续发展。北碚支行积极响应"发展普惠金融,助推民营经济"的号召,聚焦回归本源、服务于实体经济这一基本方针,努力做好普惠金融工作。支持实体经济发展,扶持民营企业,回归本源;进一步加强内控管理搭建支行领导班子,成立年轻有朝气的管理团队;健全支行考核体制,明确公平的激励分配原则;高度重视案件防控和安全保卫工作,获得监管部门和总、分行的认可。

【转型发展】 浦发银行北碚支行以优化创新产品结构为突破口,大力支持北碚区经济社会发展,努力支持当地政府进一步改善基础设施条件;围绕中小微企业需求,加大小微企业信贷投放,服务实体经济能力进一步提高。

【浦发银行北碚支行负责人名录】

行　长:叶建兵

平安银行北碚支行

【概况】 平安银行重庆北碚支行成立于2008年10月,现经营地址为:重庆市北碚区康宁路56号,是经人民银行批准设立的股份制商业银行,有正式员工10人,外包员工10人,其中大学本科学历占员工总数65%。

【主要经济指标】 2018年末各项存款余额1.94亿元,贷款余额0.98亿元,实现利润96.17万元。

【业务发展】 2018年,是平安银行决胜转型关键的一年,支行已于9月进行重装升级,经过变革、创新、发展、转型,平安银行在业务规模、盈利能力、产品服务、经营效率等方面均实现跨越式进步,存款增速持续领先同业,利润快速增长,经营效益实现质的提升,品牌形象正逐步深化。

【优质服务】 平安银行重庆北碚支行2018年定期进行员工技能比赛,不定期开展服务培训,按月进行服务质量考核。主要通过聘请三方公司暗访、明访,内部现场检查,调取监控等方式进行厅堂人员服务检查评比,并将服务质量纳入人员工资绩效考核。支行坚持优质服务,科技兴行,在2018年,支行在分行的带领下,开展"金融知识进万家""夏日送清凉"等多次金融服务活动。在支行长的带领下全行员工走进西南大学、歇马社区等,向周围民众积极宣导金融知识,如何识别金融骗局,如何杜绝校园贷等。支行还加大硬件设施的投入,办公、营业全面实现网络化,为客户提供快捷、方便的金融服务。

【平安银行北碚支行负责人名录】

行　　长:陈丽雅

行长助理:杜晓华

兴业银行北碚支行

【概况】 兴业银行股份有限公司重庆分行北碚支行(以下简称兴业银行北碚支行)始建于2013年3月6日,是经人民银行批准设立的股份制商业银行。行内设有公司业务部、零售业务部、运营部三个部门:在职员工13人,大学本科占员工总人数92%。兴业银行北碚支行经营地址为重庆市北碚区嘉陵风情步行街8号。

【主要经营指标】 兴业银行北碚支行作为兴业银行重庆分行下辖的一级支行,经营有对外开展本、外币存、贷款业务、办理银行承兑汇票与贴现,提供信用证及担保,办理国内外结算,提供资信调查和咨询服务,经营业务品种齐全。截至2018年底,各项存款余额6.55亿元,各项贷款余额14.27亿元。

【主要工作】 加强考核,充分调动每位员工主动性,最大限度发挥每位员工营销作用,脚踏实地做好营销工作。加强对政府以及当地龙头企业存款营销,积极对北碚各乡镇进行深入拓展,着重对北碚小微企业进行拓展。通过大力宣传,增进与当地居民互动,让当地居民了解兴业银行,带动兴业银行北碚支行储蓄存款增长。认真分析市场,集中精力引入符合市场准入条件贷款项目。培养良好企业文化,稳定员工队伍,重视对员工人性化管理,引导员工积极向上,建立良好企业氛围和干群关系,促进企业文化良好养成,使每位员工都有归属感,并以行为家,以行为荣。树立良好银行信誉,提高社会认知度。积极主动采取多种形式广泛宣传兴业银行北碚支行性质、经营战略、服务对象、自身优势和个性化金融产品等，让广大中小微企业和老百姓认识并真正了解认可兴业银行。通过对银行标志、营业厅网络个性化设计，利用银行网点向客户发放宣传册等方式进行形象宣传，从而达到提升股份制商业银行社会认知度的良好效果。

【内控管理】 支行将案防和安全作为支行工作第一责任，让每位员工树立“安全第一”经营理念，特别强化内控管理，确保零案件目标，保证全行稳健运行。

【兴业银行北碚支行负责人名录】

行　长：程长宇

（蒲云迪）

安诚保险北碚支公司

【概况】 安诚财产保险股份有限公司重庆分公司北碚支公司于2014年12月经重庆保监局批准成立，2015年1月正式开业，截至目前，北碚支公司设有总经理室、综合管理部、业务管理部、直销渠道业务部、车商渠道业务部、个人代理渠道业务部，截至2018年底在职员工11人，皆为大专及以上学历。

【经营业绩】 安诚保险北碚支公司2018年实现保费收入1094万元，累计上缴税收86万元，各项赔款支出759万元。

【社会活动】

2018年9月6日，一堂具有“兼善教育，兼善天下”文脉底蕴的开学典礼在重庆市兼善中学体育场拉开帷幕。在开学典礼上，学校党委书记、校长潘松向全体师生娓娓道出兼善中学“穷则独善其身，达者兼善天下”的办学理念，随后开展了珍珠班授牌仪式，该校珍珠班项目是经重庆市教委、市侨联批准承办的第一所重点中学，也是主城区唯一的一所珍珠班承办学校。典礼现场，为真诚感恩社会，积极回馈社会，主动践行国企社会责任，安诚保险向珍珠班品学兼优、家庭贫困的学生捐赠现金15000元用于兼善中学珍珠项目活动的开展。

【安诚保险北碚支公司负责人名录】

总经理：邓雯媛（女）

中国平安财产保险北碚支公司

【概况】 中国平安财产保险股份有限公司重庆市北碚支公司（简称平安产险北碚支公司），位于双柏路37号新华花园5楼。2018年，有员工37人，其中内勤员工19人，外勤员工18人。内设9个部门。

【主要经营指标】 2018年，主营业务收入近1.2亿元，纳税总额540万元，净利润1200万元。

【队伍建设】 年内开展各种培训和员工活动。针对新员工、普通员工和干部制定一系列培养规划，包括专业知识面授培训、线上培训和机构自主学习，为公司梯队建设提供人才储备。坚持快乐工作健康生活原则，组织羽毛球、篮球和登山活动，提高员工身体素质，丰富员工业余生活。

【中国平安财产保险北碚支公司负责人名录】

总 经 理：李　维

副总经理：罗　英

马　帅（7月离任）

何俊锐（7月任职）

（刘章龙）

中国平安人寿保险北碚中心支公司

【概况】 中国平安人寿保险股份有限公司重庆市北碚中心支公司（以下简称：平安人寿北碚中心支公司）成立于2003年6月4日。内设运营部、培训部、销售管理部、销售企划部、财务室、人事行政室、银行保险室等职能科室。下辖渝北支公司、回兴营业部、碚南路营业部、两江新区营销服务部。2018年，中心支公司有内勤员工132人，外勤员工3375人。

【经营业绩】 2018年，中心支公司保费收入13.07

亿元，同比增幅17.8%；赔付支出1.7207亿元，同比增幅35.4%。

【经营管理】 平安人寿北碚中心支公司立足于业务长期稳定发展，将稳健的可持续成长作为经营管理的第一要务。在业务发展的同时，提升公司的风险管控能力，搭建合规组织架构，持续完善各项管理制度，积极主动防范、识别、化解各类风险，确保公司合规经营、稳健发展。

【优质服务】 中心支公司积极参与社会活动，举办了客服节新生活运动健步跑活动、"保险进社区"活动。完善各项考评制度，加强定点医院管理，中心支公司有效规范经营风险，开展反洗钱等合规培训和宣传，改善服务质量，完善服务功能。

【平安人寿北碚中心支公司负责人名录】

总经理：李艾遐

（王 垚）

中国人民财产保险北碚支公司

【概况】 中国人民财产保险股份有限公司重庆市北碚支公司是重庆市分公司直属支公司。地址：奔月路100号。公司内设总经理室、直销业务部、车商业务一部、车商业务二部、中介业务部、地面续保团队、商业非车险团队、蔡家营销服务部、歇马营销服务部、城南营销服务部、理赔分部、综合部。公司从业人员47人，其中管理人员4人，展业人员23人，后台支持人员20人。

【主要经营指标】 2018年，保费收入9209.62万元，其中：车险7738.08万元，财产险328.31万元，船货险43.05万元，责信险596.37万元，意健险503.81万元。赔款支出4997.02万元，实现利润1014.49万元。

【主要工作】 2018年，承保北碚区"精准脱贫保"项目，覆盖全区贫困人口3000余人，提供风险保障逾20亿元；承保北碚区"惠民济困保"项目，为全区低保户、特困人员、孤儿及部分享受国家定期抚恤补助的优抚对象等共计15226人提供风险保障逾120亿元；承保北碚区"医疗责任险"项目，为区内三甲及二级医疗机构提供保险保障；承保北碚区"公务用车车辆保险"项目，为区内480台公务车提供保险保障。

【中国人民财产保险北碚支公司负责人名录】

总 经 理：张廷文

副总经理：戴邓敏

总经理助理：戴月萍

向 鹏

（邓睿华）

中国人寿保险股份有限公司重庆市北碚区支公司

【概况】 中国人寿保险股份有限公司重庆市北碚区支公司系中国人寿保险集团下设区县级机构。地址：双柏路37号附6、7号。支公司内设6个部门（个险销售部、培训部、银行保险部、团体业务部、综合部、客户服务中心），下设9个营销服务网点。2017年有合同制员工37人，代理合同制人员1800余人。

【经营业绩】 2018年，全年共实现总保费2.68亿元，同比增长16.13%。

【业务发展】 强化"夯实基础，提升品质，走高质量发展道路"的理念，围绕公司三年发展规划，在业务发展上提质增效，总保费连续保持两位数的增长。

【队伍建设】 充分利用队伍建设相关政策，对城区职场及各营销服务部职场，按标准化对硬件设施进行高品质改良，使销售人力在2017年的基础上进一步增长，达到1800余人，同时加强新增人员培训，提升销售队伍综合素质。

【风险防范】 着力开展行业"治乱打非"专项行动，继续保持"打击非法集资"高压态势，切实履行反洗钱义务，认真做好大额可疑交易数据排查及报送工作，高筑风险防范之墙，坚守不发生系统性风险的底线。

【党建工作】 学习贯彻十九大精神，落实上级党委关于加强党的建设的要求，抓住党要管党、从严治党这一关键；进一步明确支部书记第一责任人职责；推进党建工作重点项目制运作。继续贯彻执行《准则》和《条例》，全面落实党风廉政建设；严格遵守中央“八项规定”，坚持不懈纠正“四风”，切实改进工作作风；开展并完成总部“三亮三比三评”党建活动。

【中国人寿北碚区支公司负责人名录】

总 经 理：陆　旭

副总经理：周　黎（2008 年 6 月任职）

何　彬（2017 年 3 月任职）

陈　淼（2017 年 4 月任职）

中国太平洋财产保险股份有限公司重庆市北碚支公司

【概况】 中国太平洋财产保险股份有限公司重庆市北碚支公司（以下简称太保北碚支公司），太保北碚支公司内设总经理室、综合管理部、非车险业务部、车险业务部及理赔服务部 4 科室；设党支部、团支部及工会，在职职工共计 36 人。

【经营业绩】 2018 年，太保北碚支公司共实现保费收入 25185.6 万元，其中：车险类保费收入 9116.9 万元；非车险类完成 3068.7 万元；大额保险保费收入 13000 万元（其中：赔付支出达 14000 万元，赔付率为 107%）；上缴税费（北碚税收）511 万元。全年处理大小案件数达 10271 件，赔款金额 11000 万元，结案率 94.6%。

【团队建设】 中国太平洋财产保险股份有限公司重庆市北碚支公司党支部遵循党的十九大总体要求，以“党建也是生产力”为要义，坚持党支部指导团支部，组织“五·四”演讲比赛、青年论坛、全员培训等活动，全体党员签订“传帮带”责任状，担任支公司专业化团队的团队长。

【中国太平洋财产保险北碚支公司负责人名录】

总　经　理：刘文斌

副 总 经 理：陈　玲（女）

总经理助理：刘永东

太平洋人寿保险北碚支公司

【概况】 中国太平洋人寿保险股份有限公司重庆北碚支公司是一家集传统营销、服务营销、顾问营销、法渠为一体的综合性寿险公司。公司地址北碚城南嘉陵风情步行街 16 号，办公面积近 2000 平方米。2018 年，有内勤员工 14 人，各层级营销人员近千人。

【主要经营指标】 2018 年，太平洋人寿北碚支公司实现保费收入 13791 亿元，给付支出 3743 万元 。

【主要业务】 太平洋人寿北碚支公司在办的主要险种：分红保险、重大疾病保险、传统寿险，人身意外伤害保险、人身健康保险、学生保险、建工保险、补充工伤保险、年金保险等。

公司响应总公司科技赋能，战略转型，推进“e 生相伴.客户俱乐部”各项客户关爱活动，受邀参加保监会在行业内进行展示。2018 年公司推动新技术，运用新技术提升客户体验活动。2018 年公司推出太 e 赔项目，使客户感受新技术的服务好理赔快，并大规模向客户推广太平洋寿险 APP 和官方微信，建立公司端与客户端良好有效互动。2018 年，太保北碚支公司解决近千人的就业问题，并向社会人士赠送高达 50 亿左右的人身意外伤害保障。

【太保人寿保险北碚支公司负责人名录】

总经理：吴　唯（5 月任职）

王高安（5 月离任）

团险合川片区总经理：刘春林

（王　瑜）

中华联合财产保险北碚中心支公司

【概况】 中华联合财产保险股份有限公司重庆分公司北碚中心支公司，成立于 2005 年 7 月，于 2013 年 3 月重庆保监局批准改建为北碚支公司，2014 年 12 月重庆保监局批准改建为北碚中心支公司，并将潼南支公司和合川支公司纳入北碚中心支公司进行管理。公司业务规模从成立之初的200余万元发展到2018年底3600万元。截至2018年底，北碚中心支公司设有总经理室、综合管理部、业务管理部、中支营业部，含潼南支公司、合川支公司、铜梁支公司共有在职员工28人。

【经营经绩】 2018年北碚中心支公司保费收入3646.95万元，综合赔率54.04%，其中北碚本部保费收入1595.38万元，综合赔付率49.27%。

【主要工作】 2018年，公司继续推进移动端建设，通过官网、微店可实现方便快捷投保，关注公司官方微信可实现快速理赔等功能。2018年，中华保险通过努力构建独具中华财险特色的服务链，已逐步形成一系列特色鲜明、内涵丰富有吸引力的创新服务举措。

【中华联合财产保险北碚中心支公司负责人名录】

总经理：熊崇文(2月离任)

纪元强(3月任职)

(赵　杉)

幸福人寿保险北碚支公司

【概况】 幸福人寿北碚支公司于2011年12月31日落户北碚，业务范围覆盖北碚所辖金刀峡、柳荫、偏岩等乡镇。2018年末，有从业人员33人。

【经营业绩】 2018年实现保费收入111.10万元，新增理赔案件30件，新增理赔支出金额45839.7元。

【经营管理】 幸福人寿北碚支公司致力于强基础、促发展、合规经营、保证品质，提高队伍素质，打造优质营销队伍，实现经营的良性循环。北碚支公司不断完善各项制度，积极开展反洗钱、非法集资等合规经营培训和宣传，完善服务功能，提高市场竞争力。

【幸福人寿保险北碚支公司负责人名录】

总经理：彭　超(11月离任)

唐松(12月任职)

(范黎黎)

阳光财产保险北碚支公司

【概况】 阳光财产保险股份有限公司重庆市北碚支公司(简称阳光产险北碚支公司)，地址北碚区碚峡路130号，是一家经营财产保险的专业保险公司。公司内设直管业务部、综合开拓业务部、经代业务部、银保业务部、客户服务部、综合管理部、电销业务部等部门。截至2018年底，从业正式员工16人，其中内勤员工5人，外勤员工11人，本科学历6人，大专学历10人。

【经营险种】 承保的主要险种有：财产损失保险、责任保险、法定责任保险、信用保险和保证保险、农业保险、其他财产保险业务、短期健康保险和意外伤害保险及上述保险业务的再保险业务。

【经营业绩】 2018年，阳光产险北碚支公司实现保费收入2123万元，支付各类赔款共计1193万元；累计上缴税收139万元；实现利润570万元

【发展战略】 以阳光文化为指引，培育杰出的风险管理能力、强大的市场拓展能力和卓越的客户服务能力，形成优势品牌，实现具有市场影响力和高盈利性的可持续发展。阳光产险北碚支公司依托集团优势，以人文、科技为驱动，一直努力挖掘国内财产保险市场的潜力，研发满足客户各种保障需求的新型保险产品，并着重为企业客户提供合理的风险管理方案，帮助企业提高风险管理意识和风险识别水平。

【阳光产险北碚支公司负责人名录】

副总经理：彭　华

(阳光产险)

西南证券重庆北碚证券营业部

【概况】 西南证券股份有限公司重庆北碚证券营业部成立于1993年，原位于重庆市北碚区胜利路29号四楼，于2017年8月18日搬迁至重庆市北碚区嘉陵风情步行街28号附23号(雄风新天地四楼)。2018

年，在册员工22名，其中研究生3名、本科生18名、大专1名，平均年龄37岁。

【主要经济指标】 截至2018年末，北碚营业部现有账户数6.31万，全年累计证券交易额349.13亿元，营业收入2395.18万元。

随着经营上战略转型的需求，营业部已从单一经济业务盈利模式转型为综合业务盈利模式，建立起涵盖经纪、资管、股权、债券、场外等业务领域的综合业务平台。

2018年，公司为提高员工素质，开展多项专业岗位和知识培训，结合客户自身情况，以客户需求为导向，竭尽所能满足客户日益增长多元化金融理财需求。

【风控管理】 2018年，营业部合规管理工作不断完善，除做好日常合规管理外，重点放在了客户适当性管理、严禁代客理财、员工合规培训等合规管理上，并通过技术手段来实现实时监控。营业部内部合规管理做到了精细化，各项工作均按公司相关规定合规、有序地开展。

【投资宣传】 2018年，在协会和公司的组织下，营业部开展了丰富多彩的投教活动，走进高校、走进社区宣传投资者保护知识，用微电影、漫画、海报等多种形式普及投资者自我保护意识，引导投资者理性投资。

【西南证券重庆北碚证券营业部负责人名录】

总 经 理：万　姝（女，2018年4月离任）

李　戟（2018年4月任职）

副总经理：易　琼

（西南证券）

光大证券重庆北碚证券营业部

【概况】 光大证券重庆碚峡西路证券营业部成立于2012年，坐落于北碚老城区中心天奇广场旁碚峡西路15号，2018年底从业人员13人。

【主要业务】 经中国证券业监督管理委员会重庆监管局批准，营业部为个人与机构投资者提供传统证券经纪业务、融资融券服务、证券投资基金代销业务、代销金融产品。依托光大证券研究所、财富中心、营业部投资顾问多层次投资咨询力量为广大客户提供全方位投资咨询业务；为企业团体提供投资银行咨询服务；为客户提供创新理财产品及平台服务。为满足客户多元化金融投资及资产配置需求，依托光大集团全球化的强大金融平台为广大客户提供国际化金融投资通道服务。

【光大证券重庆北碚证券营业部负责人名录】

总经理：郑　何

（光大证券）

交通　邮电　信息

交　通

【概况】　北碚区交通委员会是负责全区交通基础设施建设和管理的行政机关。领导班子1正3副，专职副书记抓党建，纪检组长由区纪委派驻。机关内设科室6个：党政办公室、安全监督科、计划财务科、规划建设养护管理科、法制运输管理科（行政审批服务科）、重大项目办公室。委属事业单位4个：公路局（副处）、道路运输管理处（副处，参公事业单位）、港航管理处、公路工程质量监督站。区临时机构：治超办、农路办、重庆市北碚区铁路项目建设指挥部、重庆市高速公路项目建设指挥部。

截至2018年底，公路方面：全区道路通车里程1763.84千米，其中高速公路85.8千米，普通公路1362.04千米（国道128.96千米，省道86.93千米，县道87.08千米，专用公路20.95千米，乡道101千米，村道937.12千米），城市及园区道路316千米。全区符合条件的118个行政村全部实现通客车。外环高速、渝武高速、中环快速路、国道212线以及区内的国省县乡道等形成了辖区公路网络。铁路方面：目前有襄渝、遂渝、渝怀、渝利、兰渝等11条铁路途经北碚区。水路方面：境内嘉陵江航道里程44.5千米，港口（码头）7个，渡口1处，水上现有运输企业10家，客运船舶1艘，货运船舶13艘。全年完成货运量24.8万吨、货运周转量7175万吨千米。航电枢纽1座。道路运输方面：全区机动车保有量10万辆。现有道路客运企业5家，客运车辆1506辆。公交线路75条，覆盖相邻各区。班线客运线路86条（包含22条农村客运），辐射全市19个区县，省际班线线路辐射14个地区，主要辐射四川、贵州省，等级客运站5个（其中：一级站1个、二级站1个、四级站3个）。货运业户2893户，货车4935台。出租车公司3家，驻碚经营出租车200辆。全区共有机动车维修企业369家（其中二类以上维修企业73家，三类专项维修242家，二类摩托车维修54家），从业人数达2500余人。

【党建工作】　2018年发展党员5名，组织关系转接5名；完成全年党报党刊征订、党员干部远程教育续订等工作。压实全面从严治党主体责任。修订《区交委党委会议事规则》，制定《区交委基层党组织标准化规范化清单》，完成党建工作综合、专项调研4次。扎实开展党风廉政建设。督察重点工程、治超站点等重点领域，严格执纪问责，全年开展例行约谈班子成员2批，集体约谈中层以上干部2批次，专项约谈4批次。丰富青年干部队伍培养内容，组织39名青年干部到治超一线实岗锻炼。切实做好信访工作，维护行业稳定。全年共办理群工系统、重庆市信访系统等渠道来信件共计430件，办理人大建议、政协提案共计69件，积极化解矛盾，解决群众生产生活中的实际困难。组织机关党员干部到金刀峡镇、静观镇、龙凤桥街道慰问贫困户63人次，送去慰问品和慰问金共计6000余元，给龙凤桥街道拨付2万元建档立卡扶贫基金。深入开展脱贫攻坚工作，落实交通扶贫项目，对接帮扶8户，牵头龙凤桥街道集团帮扶，派遣人员驻村帮扶金刀峡镇小华蓥村，接受区委脱贫攻坚专项巡察。整合党建资源，确立书记创新抓书记抓基层党建创新项目1个。

【运输管理】　公交车584线运力由13台增加为17台，599线运力由4台增加为5台；对北碚至缙云山（520）线6台车辆进行提档升级；963线运力由10台增加到18台；调整506线北碚—灯塔线路走向，连接轨道6号线向家岗站；调整576线走向，连接碚都家园公租房和轨道向家岗站；开行571区间、572区间车。新增开行967路（龙子堡—和泰家园）。江东片区新开行的4条线路新增19个站点（包含2个招呼站），调整3个站点的位置；针对即将入住的蔡家碚都佳园公租房及缙云新居公租房项目，确定了6组12个公交停车港湾及2个首末站场的位置。制定了《北碚区公交客运发展研究规划》。

【维修企业管理】 加强资质审核，严把审批关口，严格按照国家相关文件精神，对新增机动车维修企业准入资质逐项对照审核。全年受理新增二类维修企业1家，三类维修企业30家，许可变更为备案后，申报备案8家。场地变更1家。注销二类维修企业1家。至目前为止，我区一、二类以上维修企业共73家，三类专项维修242家，一、二类摩托车54家。全面完成全区一、二类共计71家维修企业机动车维修电子健康档案系统建设和对接工作，企业维修数据上传率达80%，上传数据质量满分企业73.24%。开展“非法改装、维保造假”专项整治行动。共督查企业20余家，下达整改通知(安全检查表)11份。推动辖区300余家维修企业与具有正规危险废物回收企业签订了回收合同，在生产场所建立了相应的危险废物临时存放点。

【驾培企业管理】 积极开展驾驶培训机构安全服务质量及信用评价考核，全区13所审批许可驾校进行2017年度安全服务质量考核工作，考核结果为：四星级驾校7家，三星级驾校4家，合格2家。加强驾培市场监管工作，充分发挥交通“96096”监督举报投诉电话在驾培市场监管中的作用，维护驾培行业秩序和方便广大群众舆论监督。建立学员投诉制度，全年投诉2起。严格把好教练车、教练员、科目一、二、三学时的审验工作，全年新增教练车10辆，下线5辆，完成学时审核18133人次。督促辖区13所驾培机构对所有达标场地、教练车设备安装与电子围栏建设，并于10月份投入使用。

【安全服务质量考核】 组织辖区客、货、危运输企业召开2018年度安全服务质量考核，并专门抽调人员，结合实际情况，采取“听、看、查、评”等方式，围绕经营服务行为、安全生产、服务质量、社会责任、社会评价等方面对辖区4家客运企业、46户普通货运企业、5家危险品运输企业进行了全面的安全服务质量考核，监督企业对发现的问题立即进行整改。通过考核，辖区共有2家企业达到3A标准，分别为：渝运集团七分公司、货运企业：公运集团北碚分公司。

完成全年反恐工作，督促各运输企业落实安全责任，加强对港口码头、客运站场等重点部位监管，完成党的十九大期间安保稳定工作。

【法制工作】 完成重庆籍65～70周岁交通敬老卡集中办理工作。组织30余人交通法制干部进行行政处罚裁量基准专题培训。开展普法宣传教育，发放宣传资料600余份。

【行政审批】 开展“放管服”工作，完成因法律、法规、规章的制定、修改、废止或“放管服”改革而发生变化的行政权力事项的调整及公共服务规范事项要素目录清单，完成16项公共服务事项办事指南编制工作，并全部录入行政审批电子平台。建立“双随机一公开”两库一单。推行信用交通工作，“信用北碚”电子平台涉及交通共计96项权力清单，完成2014年1月—2018年6月各项数据的梳理及具体事项的分条录入。全年共分3批公布“最多跑一次”和“一次不跑”的项目共71项，调整取消2项行政许可事项(“机动车维修经营许可”和“外商投资道路运输业立项审批”)。全年通过行政服务中心交通窗口共办理行政许可284件。

【公路养护】 每月按照计划对国道212线、缙云山、S108、仪北路、文干路等重要干线加大清扫频率，加密养护人员，加配清扫设备，保证清扫车、洒水车每天各清洒两次以上，人工清扫工作时间不间断，全面实现清扫保洁质量“三无”目标。全年共计完成路面小型坑凼修补8426.7平方米，G212线、碚东大道、土两路、堕复三路等进行季节性保畅修补破损路面3.47万平方米，修补路面裂缝3.84万平方米，按计划完成S110线仪北路段微表处4.05万平方米。

拆除道路沿线违规搭建棚栏64处，占道地面积1.01万余平方米，拆除招牌148户592块，约2700余平方米，拆除违建棚32处，面积约480平方米，清理乱张贴小广告380余幅。对三花石至缙云山景区大门段加大保洁力度，洒水车冲洗路面共81台次，养护工清扫路面共344人次，清除沿线垃圾29车，清扫车83台次，清洗反光膜80平方米，清理枯树27棵，修剪行道树21处，修复安全标志牌3块，更换27块，新安装凸透镜8套，柔性护栏25米。

按时完成21座桥梁、4座隧道定期检查及朝阳桥、金刀峡隧道特殊检查，开展对朝阳桥、草街电站大桥等5座桥梁的变形观测和渝合高速跨线桥等7座桥梁的特殊应急检查工作，及时完善桥梁养护管理系统。

完成安防设施维修420处，新增波形护栏1238米，防护墩716米，防撞墙116米，警示桩65根，警示灯10套，人行道栏杆37米，标志标牌256套，广角镜13套，新划标线3.18万平方米。

【路政管理】 每周定期对国、省、县道公路开展巡查，全年共计路政巡查1760人次，查处公路路产损失案件33件，已赔偿32件；发现违法行为78起，督促现场整改62起，向执法大队送达协查通知书21份。利用微博、微信、LED显示屏等信息媒体深入宣传活动开展情况，宣传活动共出动执法人员198人次、执法车辆52台，悬挂宣传横幅8条，发放宣传资料1万余份，接受群众咨询70余人次。

【治理超限运输】 全年共计检测车辆107.63万台次，发现超限运输车辆735台次，现场整改高栏板车辆155件，现场督促车辆密闭运输1144台次，卸载7874.08吨，征收公路补偿费133.05万元，每月超限率均控制在1%以内。

东阳碚东大道治超点升级改造，原有的便携式检测设备改为动态检测设备。在仪北路与碚东大道路口增设了限高龙门架和禁行标志，大幅减少从仪北路通行碚东大道的货运车辆。撤销了团结桥治超站，解决了龙凤大道至槽上公路道口车辆拥堵问题。争取了市治超办配套经费20万元，对施家梁站进行了大力改造，完善了配套设施和后勤保障设施。完善各站监控系统。

【港航管理】 结合2018年嘉陵江实际情况，修订了2018年汛期工作方案，布置汛期工作，开展安全检查和应急救援演练，执行24小时防汛值班制度，在毛背沱水域开展了“2018年北碚区水上交通安全暨环保应急演练”，储备足够防汛物资。全年成功应对嘉陵江洪峰过境，确保了汛期安全形势稳定。汛期共计开展应急处置19次，成功救助打流船舶1艘、搁浅船舶4艘。

加大对冬季防雾战枯和三峡175米蓄水期间工作的宣传力度，及时发布水位气象信息，保证安全出航。强化现场安全管理，开展多种形式安全检查。形成“一盯一”现场管理、企业自查、行业督查、海事管理与执法大队联合执法的管理格局。

从全区防污染工作大局出发，为从源头排除餐饮船舶对水体环境的污染和安全隐患，完成辖区5艘餐饮趸船拆解工作，嘉陵江实现了餐饮趸船污染“零排放”目标。落实“河长制”，完成庙耳溪码头、字库码头、牛屎沱码头问题整改落实，联合属地乡镇政府对三家码头进行专项检查。推进“清河一号”专项行动，对辖区7个码头、6家港口企业进行了专项检查，未发现超许可经营情况。

全年共检开展验各类船舶17艘，4569总吨。其中，特别检验2艘，839总吨；中间检验5艘，1250总吨；年度检验3艘，840总吨；附加检验7艘，1640总吨。完成辖区内10艘砂石运输船舶图纸档案进行逐船清查。

【质量监管】 全年监督公路水运项目98个182.68千米。其中包含市级重点项目及干线公路8条52.02千米、农村公路80条130.66千米、1个地灾抢险项目，1座隧道改建工程，8座危桥改建项目。全年总体实现了在建工程监督覆盖率100%、工程质量合格率100%、质量“零容忍”、安全“零事故”的目标。开展质量安全日常巡查211次，专项检查11次，发出监督意见书2份，办理质量(安全)备案通知书59份，出具质量鉴定报告(交工检测意见)33份，责令返工项目3个。排查安全隐患97处，整改率100%。

【安全管理】 全年无较大及以上责任安全事故。发生2起公交车行车事故致使乘客受伤(无重伤或死亡)，发生2起道路营运亡人事故(死亡2人，2起事故均为次责)；水上交通、交通建设保持“零”事故，安全生产形势总体保持平稳。

开展“大排查大整治大执法”“公路水路危险货物运输”“平安交通建设”“道路运输平安年”“有限空间作业安全生产”“安全生产月”等专项行动。开展安全检查580余次，发现问题338个，全部整改落实，整改率100%。

开展“2018年水上交通安全暨环保应急演练”和“公路水毁应急抢险演练”。发放宣传资料4000余份。组织开展行业安全人员培训，参训人员220余人次。

【交通基础建设】 重庆铁路枢纽东环线　北碚境内线正线总长度约21千米，静态投资约19.4亿元，占地约890亩，临时用地1380亩，2018年完成投资9亿元，已交付土地987亩，其中，正线552亩、临时用地435亩；建安工程完成7%、路基土石方工程完成22%、特大大中桥工程完成7%、涵渠工程完成21%、隧道工程完成43%。

市郊铁路重庆至合川段一期工程（北碚段）总投资14亿元，涉及北碚区用地约900亩，完成勘界及征地拆迁包干协议签订工作。改工程目前因中建交通（社会投资人）未注资，工程实体建设处于停滞状态。

按照市交委《关于北碚区铁路设站及渝合铁路建设现场调研会会议纪要》（渝交委纪要〔2017〕21号）精神，由中铁二院重庆分院编制的北碚设站方案，增设石子山客运站，通过市交委初步审查。积极争取市交委支持，将设站费用纳入开行公交化列车站场改扩建项目。

【高速公路建设】 三环合长高速北碚区境内15.3千米，与渝广高速共用段8.9千米，在建约6.4千米，投资约11亿元，占地733亩，建设工期3年半。2018年完成投资2.5亿元，2月14日，三圣、静观2处互通建成通车；向阳枢纽完成投资79%；主线路基完成投资64%；三圣特大桥完成投资35%；三圣隧道完成投资3.5%（因涉及相国寺地下储气库安全问题，目前三圣隧道施工项目处于停工阶段）；鱼家堡大桥完成投资42%；学家堡大桥完成投资40%；临建工程完成投资89%。

绕城高速渝武立交龙凤大道跨线工程起于渝武高速已建D匝道预留口，上跨龙凤大道，新建桥梁138米，与龙凤大道交会，总投资约2000万元，2018年开展招投标前期工作。总投资约8000万元，于2018年12月20日开工建设，预计2020年6月建成通车。

渝武高速扩能（渝北至合川）纳入《重庆市基础设施建设提升战略行动计划（交通行动计划）工作方案》，完成可研初稿。6月29日，区委书记带队与市交委负责人座谈，就渝武扩能澄江方案进行沟通，澄江方案纳入可研方案中，落实了澄江大桥桥位事宜。配合渝勘院完成北碚段关于规划、国土、环保、水利等意见收集工作，委托渝勘院同步开展渝武高速公路合璧津连接线方案研究，力争在澄江新增高速公路通道。

渝遂高速扩能（北碚段）境内新建正线约4千米，年内开展前期工作，区交委配合完成可研和初设审查，确定采用碚青路可直接上下一横线和绕城高速公路的方案。市交委对初步设计进行审查，与一横线建设业主歇马SPV公司协商确定渝遂高速和一横线建设界面划分。

【地方公路】 G351东阳至合川界段路面改造工程起于东阳街道胜利村，止于合川交界，全长约10千米，为既有三级道路路面改造，路基宽度7.5米，总投资约3300万元，于2018年5月开工建设，10月建成通车。

S108静观至金刀峡段升级改造工程起于云汉大道静观段终点，止于金刀峡镇，长约16千米，为既有道路升级改造，局部截弯取直，按二级公路标准建设，路基宽8.5米，总投资约8000万元，于2017年10月开工建设，2018年8月建成通车。

S108金刀峡至小塘村段路面改造工程起于金刀峡场镇，止于小塘村，全长约10千米，为既有三级道路路面改造，路基宽度7.5米，总投资约3700万元，2018年9月开工建设，12月建成通车。

北金路老屋社段道路扩宽工程起于龙凤大道与北金路交叉口，止于殡仪中心，全长约600米，为既有三级公路拓宽改造，总投资约900万元。项目于2018年3月开工建设，11月建成通车。

东阳连接线天府丽正至仪北路段改建工程起于天府丽正，止于仪北路，全长约1.22千米，拓宽车道722米，路面改造500米，总投资约1500万元，于2018年10月开工建设，年内主要开展用地清理及管网施工，预计2019年6月建成通车。

G212澄江至沙坪坝界段路面改造工程于11月完成施工图设计，开展招投标前期工作；G351三圣至渝北段改建工程优化施工图设计；G244澄江至璧山通过公开招标确定设计单位为华汇工程设计集团股份有限公司，开展施工图设计工作；G244东阳至大田坎段路面改造工程于12月完成施工图设计，开展招投标前期工作；S536金刀峡加至大风垭、S108小塘村至莲花堡于12月完成初设审查；柳三路等23个重要连接道项目完成方案设计。

【农村公路建设】 2018年"四好"农村路建设目标任务180千米，完工41千米，开工建设139千米。剩余两年计划项目108千米完成前期工作，具备招投标条件。完成年初市交委下达的20千米农村危险路段安保工程任务，实际完成33千米，提前超额完成。

【区交通委员会负责人名录】

党委书记、主任：杨　辉

党委专职副书记：王鲜敏

副主任：张宗祥

　　　　洪　毅

　　　　李春虹（女）

纪检组长：王　瑜（10月离任）

运管处长：王　春

公路局长：张选泽

邮　政

【概述】 中国邮政集团公司重庆市北碚区分公司位于北碚区朝阳路21号。2018年从业人员284人。区分公司现有职能管理部门6个（即综合办公室、市场营销部、金融业务部、寄递事业部、文化传媒业务部、渠道平台部），下辖32个邮政支局、所。区分公司共有自办汽车邮路4条，邮路总长度（单程）360千米，邮政汽车51辆，摩托车（含电动三轮车）39辆，投递段道68条，邮政服务通达全区所有街镇。

服务面积755平方千米，服务人口77万人。自有房屋面积约1.53万平方米。

【主要工作】 2018年，完成邮政业务收入9726万元，增幅7.84%，是地方经济增速水平的1.42倍。全年实现营业利润2657.43万元，增幅2.07%；人均营业利润9.23万元，增幅34.74%；全员劳动生产率35.11万元，增幅17.98%。

2018年，开展寄递业务改革工作，整合原包裹业务部、速递物流公司，新成立北碚寄递事业部，统一负责快递、物流、电商包裹的寄递工作。整合支局数量，根据业务发展需要撤销天澄支局，将原6个支局调整为5个。

落实邮政普遍服务和特殊服务工作，开展“六大歼灭战”“情系万家”等各项服务质量提升专项活动。邮政乡镇网点全面覆盖，建制村直接通邮率100%，63个村邮站全部挂牌运营。文件失密丢损率为0，机要通信质量保持29年全红；平常邮件服务质量得到提升，实现普通包裹按址投递工作，各类邮件全程时限率达管理标准。

新邮件处理中心建设的审批手续办理基本完成。能力建设全年投入152.65万元，完成局房整修2处；新建电商服务站72个，邮乐购店中店2个；新配（换）各类营业设备398套（台）；安装2块橱窗LED广告屏；更换安防设备181套（台）。争取政策支撑，全年新增各类车辆7辆。建立农村电商渠道，新建邮乐购店101个，邮乐购店中店2个，累计注册邮乐小店8400个。

全年无重大安全生产事故发生。分公司成功开发柳荫猕猴桃、槽上萝卜2个助农项目，实现销售额25万元。出台北碚邮政绿色邮政建设行动实施方案，制定绿色邮政三年发展目标、细化落实措施，落实包装减量、胶带瘦身等工作，塑造绿色品牌形象。

【党建工作】 全年召开党委理论中心（扩大）组学习11次、召开党委会30次。抓好党员教育培训，党建工作创新“书记项目”——“书山有路以知促行”系列读书活动，党委书记带头讲党课；组织广大党员参加党建学习和考试，参考率和合格率均为100%。组织召开坚决肃清孙政才恶劣影响和薄熙来、王立军流毒专题民主生活会。做好巡视整改“后半篇”文章，查摆问题40个，制定具体的整改措施79项，坚持巡视整改例会制度，基本完成巡视整改工作。

【队伍建设】 9月全面解决28个网点异地值守问题，成为全市第一批实现异地值守的单位。关心爱护员工生产生活，全年租赁支局职工公寓4处；新建职工食堂1处；开展员工“生日‘邮’你·祝福满满”生日活动；开展“送清凉”“暖冬计划”活动、发放节日实物福利。持续为员工办实事、办好事，继续为员工购买大病和意外补充保险；开展为重病员工募捐活动，为特殊困难员工成功申请医疗救助。搭建员工沟通平台，每季度收集员工意见和建议，逐条落实责任部门进行办理，营造同心同德、奋发向上的碚邮新风貌。

在全国邮政代理金融争创“十强百优千佳”专项评选中，蔡家营业所被授予“千佳网点”称号。荣获全市标快攻坚先进单位、优秀营销团队以及寄递业务百户千佳优秀营销团队等奖项。

【中国邮政北碚分公司负责人名录】

党委书记、总经理：刘光鸿（任职）

　　　　　　　　　王　勇（离任）

副总经理：周　兵

中国移动通信集团重庆有限公司北碚分公司

【概况】 中国移动通信集团重庆有限公司北碚分公司位于北碚区碚南大道156号，隶属于中国移动通信集团重庆有限公司。北碚分公司内设综合部、党群纪检部、建设维护部、销售部、集团客户部4个职能部门和老城、新城、歇马、东阳、蔡家、静观、水土、西大8个分局。分公司有员工140人，研究生占7%，本科生占69%，平均年龄36岁，分公司中共党员共44名。

【4G建设与用户发展】 2018年，北碚移动继续致力于4G网络建设，提升移动网络质量，网络覆盖区域囊括北碚城区5个街道、12个场镇及两江新区蔡家、水复板块，境内108个行政村已实现4G覆盖，行政村4G覆盖率达100%。城区下载速率49.12M bps，VLOTE、CSFB全程完好率100%，4G网络覆盖率99.04%。2018年，北碚共有4G基站超2900个，移动宽带用户数达8.3万户，4G用户达31.2万户。2018年，移动4G建设和4G用户快速发展，在行业内处于领先水平。

【"宽带中国"建设】 为进一步落地"宽带中国"战略，加快北碚区信息基础设施建设步伐，北碚移动采取多项措施，着力推进网络和宽带基础设施建设。2018年新建100M pbs接入能力光纤宽带，实现区内全部109个行政村4G覆盖及光纤宽带接入，移动100 Mbps光纤接入比例达98%，平均接入速率达90 Mbps。

【集团信息化】 2018年北碚移动在集团信息化应用方面成效显著，一是依靠丰富的有限资源为社区网络监控提供了1300余条传输监控线路，有力保障了社区的综合治理。二是全区各镇街建设了视频会议应急调度指挥系统，提升会议效率，降低会务费用。三是响应国家提速降费为水土园区20余家中小入驻企业提供优质高性价比的网络通信服务。

【水土云计算中心】 中国移动(重庆)数据中心是重庆市云计算互联网大数据产业的重点工程之一，建筑面积超过12万平方米。一期建成5万平方米，约4000个机柜，后期将达到10000个机柜。水土云计算中心作为重庆市推动云计算产业发展的重要举措，该项目投资超过100亿元，是国家级互联网骨干直连接点和重庆市规模最大的数据中心。水土云计算中心具备服务器托管、机柜租用、深度代维、云主机和云空间租用等服务功能。

【5G规划】 5G是面向未来的融合网络，上网速率可达10Gbps，是4G的100倍，既能解决人与人、人与平台沟通的"超快"需求，又能解决物与物、人与物连接的"超稳"需求，真正形成万物互联的形态。国家基于"网络强国"战略，预计2020年实现规模商用。2018年北碚移动公司开展5G建设前期工作，规划2019年启动5G网络建设，实现北碚城区、水土、蔡家核心区域5G网络连续覆盖，2020年实现区内各大场镇连续覆盖。在5G应用推广方面，北碚移动积极推进政府及相关主管部门合作，推广典型示范应用落地，规划在区内配套建立5G网络客户体验区，持续打造智慧城市。

【中国移动北碚分公司负责人名录】

党支部书记、总经理：雷　亮(11月离任)
郭朝斌(11月任职)
副总经理：田　源(11月任职)
陈　同(11月任职)
总经理助理：陈　灿(11月任职)

中国联合网络通信有限公司重庆市联通北碚分公司

【概况】 中国联合网络通信有限公司重庆市北碚区分公司(简称"北碚联通")是中国联合网络通信有限公司在北碚区设立的分支机构，负责中国联通在北碚地区的网络建设、业务拓展和通信服务工作。北碚联通办公室现位于北碚区康宁路188号附35号、36号，公司内设办公室、销售部、建设维护部、政企客户部4个部门，另设老城、新城、水土乡镇、蔡家、校园、存量6个网格营销服务中心，在编人数78人，2018年累计完成收入8300多万元。

【业务发展】 提升和优化网络质量,2018 年移网建设投资近 1000 万,深度覆盖重要场地及小区室内的信号覆盖;加快老小区光改,公租房建设,提升网络带宽及视频业务发展,促进家庭互联网市场规模发展;针对不同产品不同阶段进行重点宣传,就提升宽带服务水平,北碚联通持续开展"装维服务质量提升竞赛"的活动,严格落实首问责任制。

【创新业务】 实现集团市场向专业领域及行业运用的转型,北碚联通加强对集团行业应用业务拓展,如集团背街小巷、公安应指监控项目等新业务。在 IDC、ICT 及云计算业务方面,以信息化应用为抓手,持续优化固移融合产品,深化开展行业 B2B2C 合作,聚焦云安全平台、互联网企业、电子政务云,借助互联网平台,打造智慧工地、智慧传媒应用;在大数据方面,持续提升大数据基础能力,跟进各传统行业龙头企业转型节奏,加快实现行业转型。

【客户服务】 北碚联通为用户提供优质通信服务,做到消费请客户放心,服务让社会满意。通过按区域属地化建立"营销服务中心"的模式,让销售与服务更加地贴近用户;通过实体营业厅、网上营业厅、手机营业厅等系统化服务体系,全方位实现业务受理、交费、营销、业务演示、客户体验、客户关怀、品牌形象传播、咨询和投诉等多种客户服务功能。在 VIP 客户服务上,执行客户经理"一对一"关怀服务。针对区内新老用户推行本地便捷客户服务热线"86037057"为用户提供更加便捷、贴心的优质服务,深受用户青睐和好评,时刻倡导在服务客户中发挥"工匠精神",将服务工作做细、做实。

【党团建设】 北碚联通公司每季度不定期开展各种工会活动、员工关怀慰问、生日贺卡等各类活动,丰富员工业余生活,使员工感受到集体的温暖,提升企业凝聚力。学习习近平新时代中国特色社会主义思想和党的十九大精神,坚持党建与经营工作同部署、同落实。2018 年北碚联通被重庆联通评为"优秀基层党支部"。

【中国联通北碚分公司负责人名录】

总经理:王忠平(8 月任职)
　　　陈安全(8 月离任)
副总经理:陈杰新
　　　　郑小川

中国电信股份有限公司北碚分公司

【概况】 中国电信股份有限公司北碚分公司(简称中国电信北碚分公司)是特大型国有综合智能信息服务通信主导企业。承担全区普遍通信服务、党政专用通信、保密通信、应急通信等重要信息通信保障任务,是辖区内最具资源和品牌优势及发展实力的全业务运营商。分公司内设 6 个二级部门,9 个专班,19 个支局,81 个服务门店,从业人员 419 余人。

【企业建设】 2018 年,分公司先后获得重庆市 2016—2017 年度"守合同重信用"企业、2017 年度驻地网建设管理单位优秀奖、2018 年度后端划小先进成果、中国电信"生态创新"单项奖、重庆现场综合化维护技能竞赛(团队)优秀分公司二等奖、2017 年度先进基层工会、重庆公司 2017 年度先进党组织。3 个团队荣获市公司及以上表彰;1 名同志获得 2018 年警通联合打击整治通信网络违法犯罪专项行动表彰;1 名同志获得公司级技术能手、优秀个人奖(营业厅店长/助理)一等奖、优秀门店店长多项奖章;在重庆电信"火眼金睛"劳动竞赛中,分公司共有 5 人次获得荣誉奖章;11 人次获得市公司级技术能手、分公司级标兵及优秀个人;3 人次在现场综合化维护技能竞赛中取得获奖;分公司连续多年业绩排名全市前三。

【光网城市】 北碚电信紧紧围绕"网络强国""国家大数据""互联网+"行动、"中国制造 2025"国家战略,以大力推进光纤到户,"百兆普及、千兆引领"规模为主要目标,推动构建"光网城市""无线城市网"建设,实现了北碚城区、村镇、景区和重要交通干线连续覆盖,城镇区、人流密集区、校园、交通枢纽等重点区域的 4G 网络有效覆盖。光宽带覆盖用户数达到 63.3万户,端口能力达到 28.4 万个,光纤覆盖率城镇达到 100%,农村达到 92%,用户占比达到 96%。

【无线网络建设】 2018 年新建 FTTH 端口 2.9 万

个，末级光端口数达到31.1万个，新建室外站99个，室分站38个，基站数量达到616个，扩容出口带宽240G，总出口带宽达到520G，率先实现了满足全区物联网发展的基础设施建设。下阶段将继续做好5G建设准备，规划22个综合业务区，加强农村800兆区域数据分析，重点优化重耕后导频干扰等问题，提升用户感知，真正实现无线网络无缝连接，与全区人民共享美好生活。

【智慧引领综合信息服务】 2018年，中国电信积极引入SDN、NFV、云网一体等新技术，推进网络重构，积极打造5G智能生态，着力构建智能连接、智慧家庭、互联网金融、物联网、DICT等五大业务生态圈。截至目前，中国电信物联网用户数已突破1亿，智能连接（移动＋宽带＋固话）的用户规模已超过5.7亿，智慧家庭用户规模超过1.1亿，互联网金融的月均活跃用户达3800万，DICT服务各类政企客户规模达2300万，合作平台数量超过220个，共同为客户提供丰富多彩的智能应用。

2018年，北碚电信在碚累计建设投入约2700万元，并参与北碚的行业云、大数据应用系统建设，大力推进“互联网＋ ”行动计划（包括政务民生、协同制造、现代农业、智慧医疗、普惠金融、智慧旅游、智慧交通、智慧能源、智慧教育等方面），与区政府部门、机关事业单位、企业加强合作，规划部署重点“互联网＋”项目，开展公共信息服务合作建设，改进公共信息服务方式与手段，拓展信息水平以及服务。为进一步打造北碚经济发展和智慧城市建设创造了良好的环境。

【中国电信北碚分公司负责人名录】

总经理、党委书记：曾善文

副总经理：彭光勤

　　　　　王　建

（凌　静）

重庆广播电视信息网络有限公司北碚分公司

【概况】 重庆广播电视信息网络有限公司北碚分公司（简称北碚广电）于2010年8月经重庆市广播电视集团（总台）及北碚区人民政府共同出资批准成立。经过多年快速发展，北碚分公司由过去建设运营的视音频节目传送转变为能提供有线数字电视、互联网接入服务、DVB＋OTT、智慧城市、智慧小区及相关增值服务的综合信息服务提供商。

北碚广电建成骨干光缆3600多千米，各类光接入点45868个，覆盖全区17个街镇、107个行政村和74个城镇社区，广播电视达到“村村通、户户响”广电总局考核目标要求，“最后一千米”传输由HFC持续向FTTH光纤到户升级转变，为全区用户提供数字电视及互联网接入；先后建成北碚区“应急联动”“党政专网”“医保专网”“智慧交通”“背街小巷”等光缆专网3086条，提供高品质、安全可靠的大数据及视音频实时传输服务。

【信息化网络建设】 2018年，北碚广电与天生街道荷花池、泉外园两大社区签订网格社区化协议，合作范围涉及约500栋居民楼。建设“重庆市公安局北碚区分局背街小巷视频监控系统”项目。签订《金刀峡镇智慧社区》《柳荫智慧社区》等战略合作协议，实现基层党委政府与小区物业、社区居民的连接，融合了政务发布、居民报事、社区党建、社区活动、生活服务等功能，提升了社区居民生活品质。推动童家溪、天府综治网格双中心平台建设。通过平台系统对综治管理“六要素”聚集整合结合移动端APP的便捷应用，进一步提升社区综合治理工作的管理效率和效果。

【文化惠民】 2018年，北碚广电持续将文化惠民政策落到实处，整合海尔、海信等优质家电品牌，拓展文化惠民渠道，持续将实惠送给用户。

【优质服务】 2018年，北碚广电加强前后端主动服务意识、提升服务保障指标，优化流程机制、技术革新，优化网络结构，提升传输质量，采用新技术提升用户体验，增强市场竞争力。

北碚广电朝阳营业厅被重庆市妇女联合会授予重庆市“巾帼文明岗”荣誉称号；北碚分公司被重庆市工商行政管理局北碚区分局、重庆市北碚区消费者权益保护委员会评为“北碚区放心消费创建示范单位”。

【重庆广播电视信息网络有限公司北碚分公司负责人名录】

总 经 理：余　路

副总经理：鞠裕智

薛　岑（3 月离任）

总经理助理：袁成敏（3 月任职）

信息中心

【概况】 北碚区信息中心隶属区政府办公室，正式编制 7 人。主要负责北碚区电子政务外网建设、维护和管理，区政府网站制作和发布，负责机关人员办公自动化知识的培训。

【智慧北碚建设】 2018 年，北碚区信息中心积极推进智慧城市建设前期工作，在全区信息化调研摸底基础上，立足区位特点，依托云政务平台建设基础，科学编制《关于推进智慧北碚建设的工作方案》和《智慧北碚总体规划编制工作方案》，稳步启动《北碚区智慧城市总体规划（2019－2021）》编制工作。出台《关于进一步规范信息化项目建设工作的通知》，为有序推进智慧北碚建设工作奠定基础。起草《重庆市北碚区政府投资信息化项目管理办法》，加强政务信息系统集约化建设和统筹管理，提升财政资金使用绩效。统筹处理全区信息化建设需求，协调推进“雪亮工程”“智慧河长”“智慧工地”等系列项目。

【“最多跑一次”改革】 2018 年，北碚区信息中心按照《北碚区深化放管服改革 推进“最多跑一次”工作实施方案》要求，开展项目调查研究，编制《北碚区网上办事大厅建设方案》，规范进行公开招投标。参照浙江最多跑一次事项梳理模式，配合区行管办，对接部门责任清单梳理工作，全面清理部门权力事项。加快推进平台开发。围绕一窗综合受理平台、电子证照共享服务平台、三级政务服务体系和专项并联审批应用等四个功能板块，结合部门需求调研，已开发电子证照、政务 e 站、手机 APP 等应用，推进政务服务线上线下一体化运行，努力实现“一窗受理、一号申请、一端服务、一门审批”。北碚区网上办事大厅已于 12 月底完成建设。

【政务数据开放共享】 编制《重庆市北碚区政务信息资源目录（2018 年版）》，涉及 35 个部门、45 类资源、696 个信息项，形成涉税信息、信用体系等 34 个主题信息资源目录。加快区级共享平台建设，共计 35 个区级部门信息资源接入市共享平台，归集政务信息资源达 45 类并实现实时共享，区级部门累计调用数据超 60 万条，基本实现部门信息系统在线接入市共享平台并进行数据共享的目标。将自然人、法人、地理空间、投资项目数据库在线接入市共享平台，社会治安综合治理数据库正提速建设。自然人数据库已整合 2 个部门、15 项事项、共 56 万条有效信息；法人数据库归集全区 4.8 万户法人基础信息和相关涉企信息；基于 755 平方千米的底层基础空间地理信息，地理空间数据库已整合道路、土地、房地产、市政设施、城市网格化的相关数据；投资项目数据库汇集企业投资项目信息共 200 余条。

【电子政务保障】 2018 年，北碚区信息中心印发《北碚区协同办公系统电子公文管理暂行办法》，进一步推进北碚区协同办公系统的管理应用，实现电子公文交换传输的规范化、制度化和科学化。全市信息惠民试点项目进入正式运行。全区街镇视频会议系统顺利建成。电子政务数据中心机房后备电源改造项目正有序建设。开展全区政务网络带宽扩容和行政中心政务网络设备升级项目前期可行性研究，推进政务网络高效稳定运行。协助区机要局如期完成涉密信息化国产品牌替代工作。

【区信息中心负责人名录】

主　任：刘　刚

副主任：钟　雪（女）

（北碚区信息中心）

工　业

综　述

2018年，北碚工业发展已形成门类齐全、综合配套工业经济体系。涉及电子核心部件、汽车摩托车、装备制造、仪器仪表、医药化工、光学电子等48个行业，100多个门类，2万多种品种。年产值超亿元工业企业93户，超2亿元工业企业53户，超5亿元工业企业25户，超10亿元工业企业8户，规模以上工业企业252户，小微工业企业2000余户。拥有同兴工业园区、水土工业园区、大学科技园等发展平台，是全国三大仪表生产基地和三大玻璃制品生产基地之一。全区工业经济发展以六大支柱产业为主，分别是电子、汽摩、装备、材料、仪器仪表、医药。2018年是全区转型升级重要一年，北碚工业和信息化落实习近平总书记对重庆提出的“两点”定位、“两地”“两高”目标和营造良好政治生态、做到“四个扎实”重要指示要求，坚持稳中求进工作总基调，贯彻新发展理念，落实高质量发展要求，以供给侧结构性改革为主线，着力实施以大数据智能化为引领的创新驱动发展战略行动计划，实现规上工业产值728.42亿元，战略性新兴制造业增加值增长5%左右。

全年规模以上数字经济制造企业实现产值413亿元，占全区规上工业产值比重56.7%，同比增长11.4%。牵头制定《北碚区以大数据智能化为引领的创新驱动发展战略行动计划（2018－2020年）》。15家企业55件展品参展智博会，参观人数超过10万人次。11个项目在机器换人、技术改造等方面获得市级支持。重庆超硅、京东方获得市级智能工厂认定，四联光电、莱宝科技、川仪自动化、华邦制药获得数字化车间认定。全区（含水土）高新技术及先进制造业专业招商小组正式签订合同项目97个。其中，区属板块13个，水土板块84个。区经信委重点在谈项目8个。在“专精特新”“贷款贴息”“楼宇产业园运行绩效”“小升规”“技术创新”等项目中，为企业争取到市级奖补资金1142万元。市级转贷应急平台为27家企业转贷33笔，转贷金额1.89亿元。向中小企业发放流动资金贷款贴息和设备购置补助730万元。以航天云网国家级工业互联网平台为核心，以企业上云为主要手段，推动北碚产业生态体系重构及企业转型升级。全区15个产品获得重大新产品认定，28家企业进行研发准备金备案，7家企业申报企业技术中心，5个项目获得技术创新指导性计划立项。51家企业61个项目获得8738万元工业和信息化专项支持，其中大数据智能化项目支持6144万元，占比70.31%。推进企业商业价值信用贷款试点，帮助三圣实业、安波福、神驰机电等20余家企业解决发展难题，组织举办重点企业高管厦门大学高级研修班、中小企业高管人员培训班、制造类企业班组长培训班、股权融资培训班等。坚持工业良好发展，同时做好生态环境整治，对缙云山沿线、龙凤桥街道、天生街道等15处通讯管线重点隐患点开展集中整治。拟定《北碚区园区外工业企业搬迁转型若干政策实施办法》，待报区政府常务会审定。推动园区外28家企业入园，动员新兴齿轮搬迁。引导校地校企合作，推进西南大学与歇马曲轴、卓康食品合作进行成果转化。

汽摩制造及配件业

【行业概况】 汽摩产业出现分化。以力帆、银钢等龙头企业为主导，辅以卡斯马、考泰斯、顺多利等零部件配套企业。2018年，汽摩市场整体运行状况不佳，汽车产业规上工业产值较2018年下降37.2%，摩托车产业规上工业产值较2018年下降16.3%。

【主要产品】 客车、专用汽车；摩托车整车及发动机、启动器、电器仪表、汽缸体、发动机箱体、壳体、消声器、灯具、齿轮、曲轴、车架、轮毂、橡胶件、铸铁件、压铸件等。

【企业简介】

力帆实业(集团)股份有限公司

2018年1月,力帆摩托首款拉力车KPT 200上市。次月,全新太子车V16正式推向市场。3月,力帆汽车举行"新力帆、新征程"新品发布会,力帆轩朗和X80双车上市,开启力帆汽车家用7座多功能车市场。4月,国家工信部发布公示,建议恢复力帆申报新能源汽车推广应用推荐车型资质,随后,力帆三款新能源汽车进入2018年第4批《新能源汽车推广应用推荐车型目录》。7月,广州市伍明汽车有限公司与力帆新能源汽车有限公司签订购车协议,采购力帆620EV2用于出租车运营,力帆新能源汽车正式进军广州出租车市场。

电子产业

【行业概况】 全区电子产业快速发展,已成为全区第一大支柱产业。2018年,电子产业规上工业产值同比增长11.3%。京东方、莱宝高科是电子产业龙头企业。

【主要产品】 液晶面板、光电子器件、路由器等。

【企业简介】

重庆京东方光电科技有限公司

创立于1993年4月,是全球领先的半导体显示技术、产品与服务提供商,产品广泛应用于手机、平板电脑、笔记本电脑、显示器、电视、车载、数字信息显示等各类显示领域。京东方(BOE)重庆第8.5代TFT-LCD生产线位于水土高新技术产业园,于2013年7月17日开工建设,采用京东方(BOE)ADSDS技术及Oxide TFT技术,主要产品包括平板电脑、笔记本电脑、显示器和电视显示模组。2014年7月31日项目主体结构顺利封顶,2014年12月开始主工艺设备搬入,2015年3月投产,并向首批客户进行产品交付。2018年12月8日,京东方科技集团股份有限公司在重庆开工建设一条第6代AMOLED(柔性)生产线。生产线投资465亿元,是继第8.5代TFT-LCD生产线、智慧电子系统智能制造生产线、显示照明系统生产线项目后,京东方在重庆布局又一重大项目。

装备制造业

【行业概况】 全区装备制造业以神驰、广仁等为龙头企业。2018年发展呈下降趋势,装备制造业规上工业产值同比下降8.2%。

【主要产品】 通机、电力铁塔、机器人等产品。

【企业简介】

神驰机电股份有限公司

始创于1990年,已发展成为全球小型发电机行业中最大产销量供应商。公司建立市级技术中心1个、区级创新研发中心1个,设有机械、电气、物理、化学试验等综合检测实验室各1个,在中国同行业中唯一拥有发电机核心技术发明专利,是国家高新技术企业。主导产品覆盖发电机、汽油机、汽(柴)油发电机组、燃气发电机组、水泵、微耕机、草坪机、高压清洗机、消声器等通机九大系列,具备150万台发电机和80万台发电机组生产能力。先后通过ISO 9001:2008质量体系认证,美国UL、ETL、EPA、CARB,欧盟CE、ROHS、EuroⅢ、PAHS、GS,加拿大CSA等认证。拥有国家发明、实用新型、外观专利及国外专利等373项。在美国、英国、德国、加拿大、日本等120多个国家和地区申请多类商标注册保护。2018年,神驰机电公司获重庆市2018年高新技术企业称号,并成为拟上市重点企业,正在IPO排队。

重庆广仁铁塔制造有限公司

是重庆广怀实业(集团)有限公司投资控股全资子公司。位于同兴工业园区,拥有750kV铁塔最高生产资质,是从事特高压和智能电网输配电装备制造高科技企业,主要制造和销售750kV及以下输电线路角钢铁塔、线路金具、非标金具及紧固件、钢结构产品等,年产铁塔能力10万吨以上。公司引进绝缘技术知名专家、中国工程院雷清泉院士团队,在重庆市民营企业中第一个设立院士专家工作站,还与重庆大学签订战略合作协议,参与国家"973"项目铁塔覆冰实验研发,开展超高压、特高压输变电关键技术合作研究。拥有20多项专利技术,其中4项发明专利,是同行业自主知识产权最多企业,多项产品被国家电网选用,成为其主要供应商。

材料产业

【行业概况】 全区材料产业产品主要以建材、金属材料制品等为主。受建材产品价格上涨影响，2018 年，材料产业规上工业产值同比增长 30.1%。

【主要产品】 水泥制品、贵金属压延加工、其他建筑材料。

【企业简介】

重庆三圣特种建材股份有限公司

成立于 2002 年 5 月，总部位于三圣镇。公司专注于石膏资源综合利用研究和产品开发，已形成从石膏开采到深加工业务循环体系及基于石膏综合利用多元业务协同发展模式。主营业务是研发、生产、销售商品混凝土及外加剂等新型环保建筑材料，以及硫酸、硫化工产品。是重庆市建材行业重点企业和重庆市优秀民营企业。“三圣”牌商标是中国驰名商标。公司运用硬石膏制硫酸联产水泥工艺进行规模化生产，是重庆市最大外加剂生产企业和第三大商品混凝土制造商。公司“硬石膏制硫酸联产混凝土膨胀剂技术应用项目”被列为国家火炬计划项目，研发生产的减水剂广泛应用于工业与民用建筑、高速公路、铁路、桥梁、隧道、机场和水利水电等重点工程，拥有与硬石膏制酸及其深化研究领域相关 9 项专利技术。2018 年，在埃塞俄比亚投资的三圣药业有限公司一期项目竣工投产。

重庆富皇建材有限公司

始建于 1971 年，集团下设全资及控股的重庆富皇水泥(集团)有限公司、重庆富皇混凝土有限公司、重庆富皇矿业有限公司、重庆富皇环保工程有限公司、重庆富皇科技有限公司等。拥有员工 2200 余人，能同时生产水泥、混凝土骨料、商品混凝土，年产水泥 200 万吨，商品混凝土 150 万立方米。

重庆银鸿铝业有限公司

成立于 1995 年。公司拥有先进铝加工系列设备，年生产能力达 4 万吨，主要产品有铝板、装饰板、空调箔、PS 板、电缆带、食品及医药包装铝箔等。2014 年获得国家高新技术企业。2018 年，已形成以重庆银鸿铝业有限公司为龙头，下辖 4 家全资子公司，以铝业加工为主、石材加工为辅多元化产业集团。并通过中国质量认证中心 ISO 9001 质量管理体系认证。

重庆长江造型材料(集团)股份有限责任公司

成立于 1993 年，专业生产覆膜砂、再生砂、铸造辅料和树脂覆膜支撑剂。在重庆北碚、湖北十堰、湖北仙桃、江苏昆山、江苏金坛、四川成都、四川大邑、四川宜宾、山东济南、云南昆明、内蒙古科左后旗等建有生产基地，拥有 42 条自动化覆膜砂生产线、树脂覆膜支撑剂生产线和铸造废旧砂再生生产线，年产覆膜砂、树脂覆膜支撑剂和再生废旧砂能力超过 100 万吨。公司拥有中国知名专家和博士科研队伍，与清华大学共建有“先进环保铸造材料技术中心”、与西南大学共建有“联合实验室”。公司作为中国铸造材料标准化委员会副主任委员单位，协助起草、修改部分行业和国家标准。2018 年，“长江”赛特铸造用人工砂、特种铸钢覆膜砂、特种钢盖覆膜砂、铸造用硅砂、3D 打印砂、铸造废旧砂再生、涂料等绿色铸造材料参展中国铸造工业展。

重庆材料研究院有限公司

始建于 1961 年，是原机械工业部直属一类研究所，1999 年转制进入中国机械工业集团有限公司。现址蔡家组团工业园区，占地面积 13.33 万平方米。有科研生产设备仪器 760 多台，固定资产原值 4870 万元，职工总数 384 人，专业技术人员 260 人，其中教授级高级工程师 14 人，高级工程师 50 人。公司专门从事功能材料共性基础技术、工程化技术研究与产业化开发，是全国仪表功能材料行业自律性组织和学术、技术组织的挂靠单位。重材院在测温材料及元件、高性能特种合金材料及元件、传感器敏感材料及元件研究开发方面具有较强技术优势，先后取得科技成果近 1000 项，获得国家级奖励 12 项，部、省级科技成果奖近 300 项。2018 年，王华和刘奇 2 名教授获得“国务院政府特殊津贴”殊荣。

仪器仪表业

【行业概况】 仪器仪表业以四联集团为龙头企业，2018 年实现规上工业产值同比下降 0.4%。

【主要产品】 水文仪器、安全仪器、光学仪器、分析仪器、计量衡器、试验设备、电工仪表、仪表元件、仪表材料、自动化仪表、智能仪表、工业控制计算机、分散型控制系统、现场总线控制系统等十几个大类产品。

【企业简介】

重庆川仪自动化股份有限公司

设立于1999年11月，前身为四川热工仪表总厂。公司主要生产和经营工业自动化仪表及控制装置，工业自动控制系统装置制造业跨装备制造和电子信息两大领域，是高新技术改造传统产业、推进新型工业化、实施智能制造、实现产业升级以及促进节能减排、环境保护、转变经济发展方式重要技术手段和支撑，是21世纪大国竞争的基础性、战略性产业。产品主要服务于石油、电力、冶金、化工、建材等国民经济支柱产业以及核电、市政环保、城市轨道交通等新兴领域。2018年，川仪获大庆石化大检修优质保供供应商称号。

重庆泰捷仪器仪表有限公司

是浙江华立仪表集团麾下核心业务公司，主要产业致力于智能电网量测领域产品的研发、制造、销售和服务，是西部最大电能表、互感器以及电表配件生产企业。公司主要产品获中国驰名商标、中国名牌产品、出口免验产品等荣誉。2018年，重庆泰捷仪器仪表有限公司生产的电能表产品在全国处于前4名，市场占有率15%左右。

化医产业

【行业概况】 化医产业北碚区传统产业之一，2018年，化医产业实现规上工业产值增长12.6%。

【主要产品】 化学药品原料药、炸药及火工产品。

【企业简介】

北大医药重庆大新药业股份有限公司

创建于1941年。已发展成为以生物科技为导向、以原料药和药物制剂并重的综合型制药企业。主要生产心血管类、抗生素类、免疫调节类、代血浆类等原料药、药品制剂及医药中间体，共计120余个品种和规格。公司全面通过国家GMP认证，其中妥布霉素等5个原料药通过美国FDA认证。2010年在水土高新园建设医药制造基地，现完成投资10亿元，建成面积15万平方米，已正式投产。2018年，大新药业参加世界制药原料（欧洲）展览会（CPHI Europe 2018），参展产品主要涉及血脂调节、免疫抑制、抗生素及兽用药等原料药。

重庆顺安爆破器材有限公司

始建于1956年，前身为国营八四五厂，是国家民用爆破器材专业生产骨干企业。企业曾先后隶属于重庆煤管局、重庆煤炭工业公司、重庆煤炭工业局、重庆煤炭集团公司。2007年成为重庆市能源投资集团公司全资子公司。现址复兴镇复兴街845号，占地52.33万平方米。公司现拥有总资产10亿元，职工1500余人，各类专业技术人员252人。主要产品有工业炸药和工业雷管两大系列，具有年产1.2万吨铵油炸药、3.6万吨乳化炸药、1.5万吨混装炸药、1.2亿发工业雷管生产能力。2018年，顺安爆破器材有限公司铜梁厂区正式运营。

能源产业

【行业概况】 北碚能源产业2018年规上工业产值同比增长7.9%。

【主要产品】 主要对水、电、气的生产和供应。

【企业简介】

华能重庆两江燃机发电有限责任公司

成立于2013年5月17日，由华能国际电力股份有限公司全资控股。位于水土高新技术产业园。华能重庆两江新区天然气冷热电三联供项目规划5台F级燃气机组，装机容量2000MW，先期建设2台机组。项目于2012年12月27日正式开工，2014年11月、12月正式投产发电。2018年，华能两江燃机电厂每发电1亿千瓦·时，相较于传统燃煤电厂，可以减排氮氧化物22.2吨，相当于3.7万辆小汽车一年排放量；可减排二氧化硫63.4吨，相当于2.3万吨煤炭的排放量；减排二氧化碳5.1万吨，以平均每亩树林减排1.336吨二氧化碳折算，相当于植树3.8万亩。

消费品产业

【行业概况】 北碚消费品产业主要以食品、纺织、包装、玻璃为主导，2018年规上工业产值同比下降19.8%。

【主要产品】 包装纸板、豆制品、纺织品等。

【企业简介】

重庆瑞丰包装股份有限公司

成立于2001年，是专业从事中高档瓦楞纸箱、瓦楞纸板、彩箱、彩盒包装企业。公司总资产3亿多元，员工500余人，有5个全资子公司。拥有3条纸板生产线及各种制造、检测设备100余台套。产品领域涉及IT电子、食品饮料、机械仪表、医药化工等多种行业，为宏碁电脑、茅台集团、泸州老窖、华润集团、重啤集团、川渝中烟、贵州中烟、百事可乐、乌江榨菜、海信冰箱、爱拓利仪表、长江轴承、康明斯发动机、渝江压铸、银翔摩托和大家化医等数百家客户提供配套服务。公司通过ISO 9001:2008质量管理体系，拥有省级企业技术中心，是国家高新技术企业，重庆市包装协会会长单位、重庆市经信委“两化融合”示范单位。2018年，荣获中国纸包装50强企业、中国包装百强企业、中国纸包装50强企业称号。

重庆天润食品开发有限公司

成立于2002年8月，是以豆制品研发、生产与销售为主的大型综合性食品企业，主要产品为“一生缘”系列休闲豆腐干和“天润豆品”系列生鲜豆制品，同时生产与豆制品相关休闲肉制品、调味品、饮料等。公司注册资本6600万元，现有员工1200余人，其中专业技术人员100余人。公司创建“一生缘”“忆生缘”“玎玎豆”“天润甘”“豆香厨”等5大品牌，其中“一生缘”获评为“中国驰名商标”。公司营销网络覆盖全国30多个省市中心城市，部分产品出口日本、新西兰及东南亚等国家和地区。公司通过ISO 9001:2008与HACC质量管理体系认证，是西南大学食品学院教学科研基地。2018年，生产与豆制品相关休闲肉制品5000吨，调味品3000吨，饮料1500吨，已成为西南地区产能、市场规模较大，技术最先进专业豆制品生产企业。

信息产业

【行业概况】 全区围绕集成电路、液晶面板、物联网、机器人、新材料、新能源及智能汽车、生物医药、节能环保装备8大战略性新兴产业，推进工业化与信息化深度融合。主要从工业产品研发设计信息化、工业生产过程自动化、企业和行业管理信息化、产品流通和市场信息化等推动企业转型升级，促进企业可持续发展。在推进中小企业信息化建设方面，鼓励企业加快应用电子信息技术步伐，提高生产过程自动化、控制智能化和管理信息化水平，重点推广ERP、SCM、CRM等管理信息系统。

【企业简介】

一、电信运营企业

区境内电信运营企业主要有中国移动、中国联通、中国电信以及广播网络公司等4大家。企业内容介绍详见交通邮电信息板块。

二、重庆两江国际云计算产业园

位于水土高新技术产业园，于2011年4月6日正式挂牌成立。园区占地11.4平方千米，其中可建设用地8.6平方千米。有新加坡太平洋电信、中国联通、中国电信、中国移动、腾讯、浪潮、斐讯等7个数据中心项目签约入驻，总投资332.7亿元，其中外资1.5亿美元。2018年，重庆两江数字经济产业园近日正式开园，共有34个项目入驻，总投资额183.18亿，包括阿里巴巴等系列来自大数据、智能化、绿色环保、物联网等数字经济产业及与数字经济有关联龙头企业代表签约入驻。

三、软件服务企业

重庆林木森科技工业有限公司

1995年，由重庆市科委批准成立高科技股份制企业，注册资金1000万元，主要从事企业全面信息化系统开发设计和实施。地址北碚大学科技园。公司拥有国内知名专家、教授，软件开发人员学历均为本科及研究生。已经发展成为中国煤炭行业最大专业软件供应商，有山西、贵州等分公司，是重庆智能化研究所、西南大学合作单位，是中国第一批通过信息产业部认证双软企业。2018年，加强全面信息化理念，发展无代码式信息化软件开发平台，一套软件满足企业全部需求。

重庆炳卓科技有限公司

是重庆市双软企业和软件信息服务外包企业，主要承接ITD、BPO等外包服务项目。现有员工专职20余人、兼职30余人，公司团队50%成员具有博士学位和硕士学位，80%以上成员具有学士学位，6%成员为海归博士、硕士。是重庆市计算机与信息技术及服务外包实训基地，是西南大学等高校校外实训基地和毕业生就业实习基地。

重庆大唐科技股份有限公司

成立于2009年，注册资金5180万元，专注于为客户提供专业的数据采集、分析设备和运营支撑系统。公司拥有专利40余项，其中发明专利10余项，另获得软件著作权4项。是重庆市中小企业技术研发中心和重庆市载重车智能监控企业工程技术研究中心。公司属于国家级高新技术企业、软件企业，多次承担国家级、省部级科技项目，参与起草“动态公路车辆自动衡器一整车式”国家标准。产品多次评为国家级重点新产品、重庆市优秀重点新产品和重庆市高新技术产品。公司是重庆市首批创新型试点企业、重庆市十强高新技术企业、重庆市物联网产业发展联盟常务理事单位、2012年度重庆市科技系统先进集体、重庆市2011、2012、2013年度优秀物联网单位。2018年，大唐科技在江苏省高速公路经营管理中心整车称量动态汽车衡设备采购及安装项目招标中中标JS-CG-3合同段，中标金额323.5616万元。

四、生产制造企业

重庆四联光电科技有限公司

是中国四联仪器仪表集团有限公司在成功收购美国霍尼韦尔公司蓝宝石工厂基础上，于2008年7月组建而成。公司主营业务为人造蓝宝石及其晶片、LED封装器件及LED照明产品的研发、生产和销售。公司自主研发6英寸蓝宝石衬体晶片，成功通过philips外延生长测试，成为世界领先水平大尺寸晶片制备技术和水准企业。封装产品技术水平达国内先进水平，成功与显示屏、手机背光、照明行业客户建立合作关系。在LED路灯、LED日光灯、LED轨道交通信号提示灯、LED隔爆灯、LED工矿灯等领域申请专利80余项，授权专利50余项。相关产品已通过CE、ROHS及防爆认证，产品技术指标优于国内同行水平。公司依托LED节能产品资源优势，引入合同能源管理模式，开展节能产品及工程的技术研发、改造及相关技术服务，市场份额快速提升，成为国内节能服务领域骨干企业。四联光电“城市LED智能照明控制”荣登重庆市首批物联网十大应用案例。四联光电在收购美国霍尼韦尔蓝宝石工厂及技术后，已占领半导体散热技术全球制高点。

重庆川仪自动化股份有限公司

主要从事工业自动控制系统装置及工程成套的研发、生产、销售、技术咨询、服务等业务。主要业务是工业自动控制系统装置及工程成套，包括单项产品和系统集成及总包服务，单项产品主要包括智能执行机构、智能变送器、智能调节阀、智能流量仪表、温度仪表、控制设备及装置和分析仪器等。公司经济规模连续多年位居行业第一，先后荣膺重庆工业50强、国家信息产业基地龙头企业、全国机械工业职工技术创新优秀组织单位等荣誉称号。

【区经济和信息化委员会负责人名录】

党委书记：雷建国
主　　任：徐建民
副 主 任：胡　勇（2019年1月任职）
　　　　　朱子华
　　　　　程　俊
　　　　　张海妮（女，2019年1月离任）

（张晟宽）

农业和农村工作

农　业

重庆市北碚区农业委员会(以下简称区农委)有班子成员7名,其中区委农工委书记、区农委主任、区农业综合开发办公室主任(兼)1名、区委农工委专职副书记1名、区纪委监委驻农委纪检监察组组长1名、区农委副主任3名、区扶贫开发管理办公室主任1名。全委在职职工207名,退休职工296名:其中农委机关工作人员89名,退休职工77名;场所职工63名,退休职工178名;13个街镇兽医派出机构工作人员55名,退休职工41名。

【乡村振兴】 立足区情实际,坚持工业农业一起抓、城市农村一起抓,认真谋划、扎实推进乡村振兴各项工作。完善领导体制机制。加强乡村振兴工作领导,成立实施乡村振兴战略工作领导小组,由区委书记任组长,区长任第一副组长,成立领导小组办公室和6个行动组,推动乡村振兴工作的总体规划、统筹协调和督促落实。落实街镇、村(社区)书记第一责任和相关部门齐抓共管职责,建立乡村振兴实绩考核和年度述职制度。因地制宜细化措施。对标对表落实中央、市委要求,通过区委、区政府专题会议和领导小组会议,研究制定《北碚区实施乡村振兴战略行动计划》《关于聚焦乡村发展难题精准落实"五个振兴"的实施意见》《重庆北碚区乡村振兴战略规划(2018—2022)》等文件,结合实际明确北碚乡村振兴战略工作的目标任务、重点工作和保障措施。分层分类开展试点。按照整体推进、重点突破、试验探路的思路,选择2个镇、8个村,下拨资金863万元开展试验示范。积极争创全国、市级示范点,静观镇成功申报全国产业强镇。

种植业

【粮油】 2018年,全区粮食9282.27公顷4.49万吨。较2017年,粮食面积减少2.8%、亩产增加0.93%、总产减少0.65%。其中:水稻2606.27公顷减少1.37%、亩产471.48千克增加0.36%、总产1.84万吨减少1%;玉米3499.2公顷减少2.59%、亩产333.87千克增加0.44%、总产1.75万吨减少2.16%;红苕2363.53公顷减少3.52%、亩产223.26千克增加0.72%、总产0.79万吨减少2.84%;豆类801.73公顷减少6.29%、亩产88.7千克增加7.04%、总产0.11万吨减少5.61%;小麦5公顷减少21.45%、亩产205千克减少5.14%、总产0.0015万吨减少24.59%。

【蔬菜】 2018年,蔬菜产量20.11万吨,较2017年下降4.9%。成片种植3公顷以上22家,种植面积413公顷。食用菌生产大户及企业(年产鲜菌50吨以上)7家,年产食用菌0.65万吨,其中重庆瑞洲食用菌有限公司经过5年的发展,现基地面积120亩,温室大棚6500平方米,恒温冷库建筑面积1万平方米,年产菌包500万袋,各种菌类产品年总计3500吨。大力发展设施农业,充分利用市农业产业发展资金和蔬菜专项资金,善基础设施满足生产,注重基地形象建设,按照现代农业发展标准新(扩)建蔬菜标准化生产基地8个。

【水果】 在林果产业发展中,推进标准化果园建设,支持龙头企业扩大基地规模,2018年全区打造标准化果园6个,果园面积2922公顷,水果产量1.85万吨,产值1.4亿元,主要栽植品种为葡萄、猕猴桃、柑橘、桃子、李子、樱桃等;完成北碚区柑橘区域性良种繁育基地五年规划编制,高优果苗基地267公顷,年产优质苗木2000余万株(含接穗),产值达2亿元。

【花木】 2018 年，全区花木面积 3854 公顷，形成绿化苗木、盆景、鲜切花、草皮等 4 个系列共 900 余个品种，花木年销售额约 5.03 亿元。全区有花卉专业市场 2 个，花卉企业和专业合作组织 463 个。其中，面积大于 3 公顷或年营业额 500 万元以上的大中型企业 116 个，花木产业市级龙头企业 4 家，区级龙头企业 11 家，花农 13055 户，从业人员 24542 人，花卉专业技术人员 491 人。

【休闲农业】 2018 年，全区新增休闲农业园 4 家。全年推出精品休闲旅游路线 12 条，推荐的云雾山赏花线路被中央电视台《朝闻天下》栏目宣传报道；举办“北碚区首届农民丰收节”等休闲农业节庆活动 10 余次；东升村、素心村等被评选为“北碚十大最美乡村地”。联合大渝网开展“素心蜡梅采摘”“云雾山赏李花 ”“西山坪樱桃采摘”“张飞古道绘画写生”“帮盛农庄采摘蓝莓”“鑫峰吃烤羊摘红心柚”6 次休闲农业整体营销活动。全年休闲农业接待人数 200 万人次，接待收入 1.3 亿元，其中附带销售农产品 0.21 亿元。

养殖业

【渔业】 2018 年，北碚区水产养殖面积 662 公顷，全区水产品产量 0.489 万吨。在柳荫镇明通村打造休闲渔业标准化示范基地，面积 2.5 公顷。位于复兴街道的重庆琦水农业开发有限责任公司的草鱼、黄颡鱼、鲫、鲤、鲢、青鱼、胭脂鱼和鳙 8 个水产品获得无公害农产品认证。在嘉陵江产卵场投放 5×2.5 米规格人工鱼巢 130 个，共计 1625 平方米，50×30×4 厘米规格的人工鱼礁 70 个。在嘉陵江北碚施家梁段开展 2 次渔业资源增殖放流活动，共放流白鲢、花鲢、瓦氏黄颡鱼、胭脂鱼、岩原鲤、厚颌鲂、中华倒刺鲃等鱼苗 71 万尾。

【畜牧业】 2018 年，全区大牲畜存栏 323 头，生猪饲养量 6.74 万头，其中存栏 2.31 万头，出栏 4.43 万头。山羊饲养量 2.79 万只，其中存栏 1.1 万只，出栏 1.68 万只。家禽饲养量 84.22 万只，其中存栏 30.06 万只，出栏 54.16 万只。禽蛋产量 1864 吨，肉类总产量 4206 吨。牛奶产量 362 吨。箱饲养量为 14582 箱。

【春季动物免疫】 全年免疫猪口蹄疫 2.56 万头，猪瘟 2.55 万头，猪蓝耳病 1 万头，免疫牛口蹄疫 0.06 万头、羊口蹄疫 1.04 万头。免疫羊小反刍兽疫 0.52 万头只，免疫鸡新城疫 9.79 万羽，鸡禽流感 31.12 万羽，鸭禽流感 7.17 万羽，免疫狂犬病 0.66 万只。实现应免尽免，免疫率和持证率均达到 100%。

【检疫监管】 全年生猪产地检疫 1.4481 万头，检出病畜 16 头。生猪屠宰检疫 8.2 万头，检出病猪 91 头，检疫家禽 29.07 万只，检出病禽 0.32 万只，无害化处理 100%。

【非洲猪瘟防控】 8 月我国发生非洲猪瘟疫情后，区畜牧兽医局加强“外堵内防”有效防止非洲猪瘟在北碚区发生。组织 12 个畜禽调运执法组 24 小时值守加强畜禽调运监管，防止外疫传入；加强辖区生猪养殖疫情排查和消毒灭源工作，防止非洲猪瘟疫情发生；于 11 月 10 日前全面停止辖区餐厨剩余物养猪，切断非洲猪瘟传播重要途径。2018 年，北碚区未发生非洲猪瘟疫情。

农业综合开发

【农业综合开发】 完成农业综合开发高标准农田建设项目 6.2 平方千米，总投资金 1488 万元。共新建机耕道 7176.4 米；新建生产便道 6731.2 米；新建沟带路 6125.6 米；新建排灌沟 634 米；新建蓄水池 25 口。项目建设完成后，新增灌溉面积 126.67 公顷，改善灌溉面积 153.33 公顷，新增除涝面积 126.67 公顷，改善除涝面积 153.33 公顷，扩大良种种植面积 206.67 公顷，优质农产品种植面积 560 公顷，年新增主要农产品生产能力 93 万千克，新增种植业总产值 360 万元，项目区农民收入比开发前增加 280 万元。

【农业产业化】 农业产业化财政专项资金投入 323 万元，新发展市级龙头企业 2 家，新发展区级龙头企业 12 家，全区共有市、区级龙头企业 39 家，其中市级龙头企业 11 家，区级龙头企业 28 家。

农村扶贫

【精准识别】 2018年通过年底动态管理后，全区共有建档立卡贫困户1089户3041人，其中未脱贫38户95人，已脱贫（继续享受政策）1051户2946人；未脱贫38户贫困户中，28户为因病、因残致贫，占比未脱贫户的73.68%；2018年度完成脱贫68人，超额完成市级下达的60人脱贫计划，无返贫现象发生。

【精准施策】 为全面深化脱贫攻坚工作，有效激发贫困群众自我发展的内生动力，帮助农村贫困群众提高生产生活水平，实现持续稳定增收，制定《北碚区2018年度农村贫困群众帮扶实施方案》（北碚扶领办〔2018〕8号），落实产业扶持、危房改造、教育资助、就业帮扶、医疗救助、基础设施建设和产业项目发展等帮扶措施。2018年全年共投入财政专项扶贫资金855万元，其中市级以上财政专项扶贫资金355万元，区级财政专项扶贫资金500万元，2018年实施到人到户补助项目6个，基础设施项目3个，产业发展项目2个。

农村改革

【农村集体产权制度改革】 稳步推进农村集体产权制度改革试点。为探索农村集体所有制有效实现形式，创新农村集体经济运行机制，维护农民群众集体资产权益，增加农民财产性收入，选取17个村开展农村集体产权制度改革试点。通过全面深化改革，构建归属清晰、权能完整、流转顺畅、保护严格的农村集体产权制度。科学确认农村集体经济组织成员身份，明晰集体所有产权关系，发展新型农村集体经济。

【农村“三变”改革】 确定澄江镇五一村为农村“三变”改革试点，以打造“股份农民”为核心，以产业发展为支撑，以合股联营为关键，实施“资源变资产，资金变股金，农民变股东”的农村“三变”改革，深入挖掘资源要素，加速激活“沉睡”资源，激发农业农村发展新动能，促进农民增收、产业增效、生态增值。

农　　机

【农业机械拥有量】 2018年，农业机械总动力25.02万千瓦，其中柴油发动机总动力12.47万千瓦，汽油发动机总动力6.29万千瓦，电发动机总动力6.26万千瓦；拥有各类变型拖拉机219台；微耕机2562台，稻麦联合收割机26台，水稻插秧机18台；秸秆粉碎还田机6台，农副产品加工机械11539台，农用排灌机械17636台；渔业机械2782台；畜牧业机械1530台。全年发放农机购置补贴资金13.02万元，推广各类补贴农机具206台套。农业机械化耕、种、收综合水平达45.90%，比2017年增长2.31%。

【农机化投入及作业】 2018年农机化总达投入302.3万元，其中农机推广及安全监理投入26万元，基本建设投入238万元，农业机械购置投入38.3万元。全区机耕作业面积1.85万公顷；机电灌溉面积5800公顷；机械植保面积1.6万公顷；完成水稻机收面积745公顷；机械化脱粒2.56万吨。农机维修厂及维修点6个；农机经销点5个；2018年农机化培训299人次。

【区农委负责人名录】

农工委书记、区农委主任：尹　琼

区委农工委专职副书记：曾　锋

区纪委驻区农委纪检监察组组长：刘玉芳

区农委副主任：李成林

林　洪

肖　云

区扶贫开发管理办公室主任：周光田

（左佩巾、余茂涵、刘　静、张红琳、刘明亮、万　莉、刘忠全、唐晓星、黄彦铭、曾　涛、颜庆蓉）

林　　业

【概况】 林业系统有机关和基层单位共11个（区林业局机关、区森林公安局、区森林病虫防治检疫站、区林业科技推广站、防火办、区绿化委员会办公室、区观音峡林场、区嘉华林场、区茅庵林场、区林木种苗站、区林产品经销公司）。编制129人（机关行政12人、公安政法 7 人、参公事业 3 人、机关工勤 1 人，其他事业 106 人），实有在职 112 人（机关和参公人员 21 人，事业编制 91 人），空编 17 人。根据区编办及人社局岗位设置，全系统共设置科级以上实职 31 人（处级实职 5 人:1 正 3 副＋1 名六级职员，科级实职 26 人）。实职岗位情况为处级实职 4 人，科级实职 21 人。

全区共有森林面积 38140 公顷（其中国有林约 6726.67 公顷），森林覆盖率 50.58%，居主城之首。4 个自然保护区：缙云山国家级自然保护区和小三峡、金刀峡、茅庵 3 个县级自然保护区。

【缙云山综合整治】 加强组织领导，提高政治站位。区林业局党组高度重视缙云山生态环境综合整治工作，严格按照区委、区政府的安排部署，成立北碚区林业局缙云山生态环境综合整治领导小组和 2 个驻村工作小组，现场配合相关街镇对保护区违法建筑依法拆除。认真对接联系，做好统筹协调。加强与市林业局关于缙云山综合整治的对接联系，协调沟通区委、区政府与市林业局和相关街镇就总体规划修订与设计单位市林业规划设计院交流意见。同时抽调骨干同志到区整治办参与信息报送、资料收集、内业整理等工作。积极参与协助，搞好拆违复绿。按照区委、区政府“净化、洁化、绿化、美化”工程要求，区林业局先后拨付 503 万元用于开展生态环境植被恢复和覆土复绿工作。加强森林管护，抓好资源管理。扎实开展自然保护地大检查大整治，切实加强缙云山森林防火和林业有害生物防治，保护缙云山国家级自然保护区森林资源安全。

【国家森林城市创建】 积极开展国家森林城市创建工作，科学编制《北碚区森林城市建设总体规划(2017—2026)(修编)》，通过区政府常务会审定。同时按照规划拟订《北碚区创建国家森林城市工作实施方案》，落实创建责任。国家森林城市 40 项评价指标中，市域森林覆盖率、新造林面积、城区绿化覆盖率等 30 项硬性指标基本达标，待评估和未达标指标有 10 项。

【国土绿化提升】 全区发动和组织 18.56 万人参与义务植树活动，尽责株数 50.8 万株。春季开展全区集中义务植树互动，5 个市级部门和区“四大家”、区级各部门 1200 余人参加义务植树，建立 2 个义务植树基地，植树 1.1 万余株，义务植树尽责率 92%。牵头制定《2018 年北碚区国土绿化实施方案》，完成 2018 年营造林任务约 2526.67 公顷。组织编制《2018—2020 年国土绿化提升行动规划》，计划到 2020 年森林覆盖率达到 55%以上。在主城建成区、高速公路两侧、缙云山麓、荒坡山头进行绿城区荒山荒坡绿化工作，对 54 个点进行摸底调查。

【森林资源管理与保护】 加强森林防火工作。认真贯彻“预防为主，积极消灭”的工作方针，扎实开展森林防火工作，缙云山连续 56 年未发生森林火灾，全区连续 5 年未发生森林火灾。全力推进重庆市北碚区森林火灾高风险区综合治理项目。计划投资 1485 万元（其中国家投资 1188 万元、区级配套 297 万元）安装林火视频监控系统 20 套、新建森林防火专业队营房 1600 平方米、防火物资储备库 300 平方米、车库 300 平方米、修建消防水池 30 口、购买部分防火机具，将项目设计方案上报市林业局审批等待批复和国家资金下达。加强林业有害生物防治工作。经秋季枯死松树普查发现大面积枯死松树，松材线虫病防控形势严峻，成片发生面积为 1027.59 公顷，枯死松树 29409 株。组织各涉林街镇、国有林场有序开展枯死松树除治和松材线虫病防治工作。有序开展森林督查和自然保护地大检查大整治工作。森林督察上级下达全区遥感图斑 447 个，其中误判图斑 337 个、已办理林地手续的 61 个图班，未批先占林地图班共 49 个（其中 1 个属于应急抢险工程，可先行使用林地），未批先建涉及林地面积 20.5162 公顷，督促相关街镇（园区）尽快完善手续。自然保护地大检查大整治共排查出问题点位 285 个（不同保护地类型之间存在交叉重叠），按所在自然保护地类型划分：在自然保护区内的有 250 个，在森林公园内的有 26 个、在风景名胜区内的有 144 个；缙云山 159 处点位整治完成，其余点位在整治推进中。依法履职开展专项行动。积极查处打击盗伐国有林林木、违规占用集体林地等违法犯罪行为，确保森林资源安全。

【党建工作】 以“不忘初心、牢记使命”为主题，认真开展党组理论中心组专题学习，深入贯彻学习党的十九大精神和习近平新时代社会主义思想，坚决肃清孙政才恶劣影响和薄熙来、王立军流毒。加强党风廉政建设，严格落实党风廉政建设“两个责任”，通过例行约谈、专项约谈、问题约谈和专题学习相结合的方式，教育和引导干部职工牢固树立廉政意识、政治意识、规矩意识。

【意识形态安全工作】 林业系统认真学习贯彻关于意识形态工作的重大部署和基本要求。印发了《北碚区林业局党组贯彻落实意识形态工作责任制实施方案》。局党组对全系统开展意识形态工作进行了具体明确的指导，使此项工作从此更加有章可循、有规可遵、有人来抓，使大家对“意识形态是什么样、为什么抓、怎么抓”更加明晰，推动形成“知责明责、守责履责、担责尽责，严格制度执行”的工作格局，确保了全年意识形态领域的安全。

【北碚区林业局负责人名录】

局党组书记：黎德安

局　长：黄礼琴

副局长、党组成员：费世军

刘思华

（谭小刚）

水　利

【组织机构】 北碚区水利局根据区政府和区编委批准，设4个内设机构，分别为办公室、财务科、水利科、河道科，另设局直属2个参公事业单位，7个全额拨款事业单位，1个自收自支事业单位（农机公司）。局机关行政编制10人，参公编制数16人，事业编制数53人。年末，我局实有职工69人，其中公务员10人，参公人员14人，事业单位人员45人，职工中具有高级职称3人，中级职称16人。实际配备处级领导干部4人，处级非领导干部3人，科级领导干部14人。

【基层组织和党员】 党总支1个，设总支书记1人、副书记1人，组织委员、宣传委员、纪检委员各1人；下设支部3个（机关一支部、机关二支部、退休支部），共有正式党员50人（机关一支部21人、机关二支部15人、退休支部14人）。碚江水务有限公司支部于8月13日整建制转出至中共重庆缙融资本运营管理有限公司委员会 。

【防汛抗旱】 北碚区2018年汛期（5—10月）降雨总量为623.9毫米，较多年平均雨量相比减少31%。汛期先后出现“5·21”“6·11”“9·24”三次强降雨天气过程，最大降雨量为112.3毫米。7月下旬至8月上旬，出现高温伏旱天气，8月累计降雨量为60.8毫米，较常年同期偏少近58%，导致部分地区出现轻度干旱。

2018年，落实以行政首长负责制为核心的防汛安全责任制，及时公示各类防汛责任人。强化演练实效，按照“两坚持、三转变”的要求，以洪水威胁区群众为主体，送防汛演练进村社、院落，切实增强村民的防灾避险能力，在柳荫镇、澄江镇开展演练。强化安全检查，对全区防汛抗旱准备工作全面检查，对发现问题责令限时整改。强化应急处置，加强监测预警，坚持24小时值班值班制度和领导带班制度，严肃工作纪律。成功应对嘉陵江“7·13”洪峰过境，实现人员零伤亡目标。

【项目建设】 投入各类防汛抗旱资金730万元，投资261万元完成北碚区2018年度山洪灾害防治非工程措施项目建设任务。

【河道管理】 开展涉河项目审批及监管工作；开展河道日常巡查工作，严厉打击河道内非法采砂、非法生产和违法建设行为；完成2017年河道管理范围划界抽检及验收工作；取缔重庆昌皇建材有限公司碎石加工厂等嘉陵江河道内非法从事生产的行为；开展打击非法采砂专项行动、河道“清四乱”专项行动、“清河一号”专项行动及全区固体废物排查工作。

【水资源利用】 2018年北碚区水资源总量为42294万立方米，比上年减少4750万立方米。总供水量为22781万立方米，其中：蓄水6309万立方米，占27.7%；引水1289万立方米，占5.7%；提水14702万立方米，占64.5%；地下水供水量481万立方米，占2.1%。总用水量为22781万立方米，其中：农田灌溉用水量2833万立方米，占12.4%；林牧渔畜用水量679万立方米，占2.9%；工业用水量9035万立方米，占39.7%；城镇公共用水量3090万立方米，占13.6%；居民生活用水量5761万立方米，占25.3%；生态环境用水量1383万立方米，占6.1%。总耗水量为11413万立方米，其中：农田灌溉耗水量2317万立方米，占

20.3%；林牧渔畜耗水量617万立方米，占5.4%；工业耗水量2901万立方米，占25.4%；城镇公共耗水量1389万立方米，占12.2%；居民生活耗水量2936万立方米，占25.7%；生态环境耗水量1253万立方米，占11.0%。单位GDP用水量为41立方米/万元。

【农田水利基本建设】 2018年累计完成土石方4万立方米，混凝土2万立方米，整治渠道10千米，整治塘坝10处，新增、恢复蓄水能力1.2万立方米，新增、恢复灌面100平方米。开展灌溉水有效利用系数相关测算工作，全区农田灌溉水有效利用系数达到年度目标值0.4931。

【农村饮水安全】 稳步推进农村饮水安全巩固提升工程建设，1万人口受益，建档立卡贫困人口饮水问题基本得到全面解决，通过市财政局农村综合试点资金建设项目完成金刀峡镇胜天湖村等3处饮水安全巩固提升工程建设，争取渝广高速华蓥山隧道疏干补偿资金完成静观镇中华村饮水安全巩固提升工程建设，以区财政垫资的形式启动龙凤桥街道槽上疏干区配套管网工程建设，整合铁路隧道疏干补偿、移民后扶、防汛抗旱等各类资金开展东阳街道西山坪村等5处饮水安全巩固提升工程前期工作，共计落实农村饮水安全巩固提升工程资金约1500万元。加强农村供水安全监管，全面落实安全生产"三个责任人"，全年供水水质监测合格率70%。全年落实农村饮水安全工程维修补助和运行补贴资金262.29万元，其中：维修补助129.5万元，运行补贴132.79万元。连续第5年集中组织农村饮水安全工程运行管理人员开展持证上岗培训工作。

【水政执法监察】 2018年，依法调处水事违法案件20余件，立案查处9件，罚款17.5万元。申请法院对昌皇建材有限公司非法占用河道进行碎石加工进行强制司法执行；做到及时依法查处水事违法案件，查案率和调解率均达100%，立案案件从立案审批、调查取证、告知听证、作出决定、送达直至执行等认定事实清楚，证据确凿充分，程序合法。行政处罚主体合法，无超越授权或委托权限的案件，运用裁量权恰当，文书格式规范。全年共办理行政审批39件，行政征收158件，收缴行政规费340.5万元，审批率和满意率均达100%。

【水库管理】 6月北碚区率先启动7座水库物业化管理，通过政府采购，招标确定物业化服务单位，服务内容包括日常安全管理和日常维修养护，全区水库管理水平得到进一步提升，项目投资150万元/年，其他街镇(园区)管理单位做好日常管理和防汛调度等工作。东湖、美丽湖2座一般小(二)型水库病险水库除险加固工程全面完工，项目完工验收，2座水库除险加固项目总投资207万元。至年底，全区完成2座中型水库、4座小(一)型水库、20座重点小(二)型水库、2座一般小(二)型水库的除险加固工程工作。

【三峡移民工作】 2018年，累计投入三峡移民资金676.32万元，其中直补资金0.36万元，三峡困难移民补助2.96万元，三峡库区基金93万元。累计实施三峡库区基金项目2个，为挑水河沟大塘增效扩容项目和北碚区胜天水库西干渠竹林沟段整治工程。启动实施2018年三峡后续项目童家溪污水管网工程，完成三峡后续专项资金投资580万元。完成北碚区三峡水库消落区综合治理项目规划申报工作，规划项目共13个，估算总投资约18.69亿元、申请专项补助资金约14.98亿元。

【大中型水库移民后扶工作】 2018年，投入移民直补资金97万元，其中，直补人口501人，兑付资金30.06万元。启动实施直补结余项目1个，为金刀峡镇胜天湖村神仙洞分散供水工程；投入基础设施项目扶持资金455万元，金刀峡镇小塘村小塘路通畅工程、金刀峡镇小塘村小塘路延伸段通畅工程和北碚区金刀峡镇五马村小五路通畅工程主体工程完工，启动2018年大中型水库后期扶持基础设施项目1个，金刀峡镇场镇建成区环境综合整治项目——团新桥建设工程。

【水土保持】 2018年共监督检查生产建设项目19个；发出限期办理水土保持方案通知8个，水土保持补偿费缴费通知书20份；审批水土保持方案24个，水土保持设施自主验收2个；依法征收水土保持补偿费237万元。编报完成《重庆市北碚区水土保持规划(2018—2030年)》。

【河长制工作】 河长体系更完善。实行"双总河长"，设立区级河长25人，街镇级河长128人，村社区河长

140 人。聘请河库督导长 16 人，招募"河小青"青年志愿河长 350 余人，组建全市首支巾帼河长志愿服务队，建立河湖管护人员 251 人。各级河长履职到位。2018 年全区各级河长共开展巡河 14025 次，其中区级河长 60 次，街道(镇)级河长 1712 次，村社级河长 12253 次。巡河发现并解决问题 126 个。创新集体巡河制度。统筹考虑上下游、左右岸、干支流关系，在嘉陵江建立集体巡河制度，对发现的问题现场交办、现场处置。2018 年共开展集体巡河 4 次，发现并解决问题 41 个。落实资金保障。将河长制工作经费纳入财政年初预算，统筹考虑，切实落实河长制工作资金保障。2018 年落实河长制工作经费 1300 余万元，持续加大河库治理投资，河库环境质量持续改善。制定河长制考核办法，制发《北碚区 2018 年河长制工作考核办法》，区对街镇、区级责任单位实行倒扣分制，明确考核内容为三类，细化评分细则九项，切实保障河长制各项工作有序推进。开展水质断面监测。在全区重要河库断面开展水质监测，全年对 84 个断面监测 130 次。签订跨界河流联防联控合作协议。与沙坪坝区等 4 区签订跨界河流合作协议，打破过去跨界河流治理各管一段等配合难、执法难的状况，共同维护跨界河流生态安全。开展河长制专项督查。全年开展 2 次专项督查，共计排查出问题 119 个，整改问题 110 个。着力解决"四乱"问题。开展"清河一号""清四乱"专项行动，强化部门联动，全年出动 400 余人次，强制拆除嘉陵江非法碎石加工点 3 处、违章建筑 1 处；清理垃圾 8000 余吨，整治无环保证件企业 24 家，处罚违规行为 170 余件，整治危险废物管理单位 14 家，清理非耕地种植面积约 26.67 公顷。提升河库智慧管理水平。运用智能手段，积极推进全区河长制信息化建设，依托河长制信息化管理系统，整合各部门的视频监控站点 30 处、自动水位站 7 处、自动雨量站 13 处等资源信息，试点建设胜天自动水质监测站、视频监控 4 处等。培育治水社会共识。加大"北碚河长"微信公众号推广力度，关注人数达 1500 余人，推送河长制有关消息 200 余篇次；印发区级河长制工作简报 13 期，中国水利部、重庆日报、重庆晚报、华龙网、人民网、重庆频道、市政府门户网站、重庆广电等主流媒体报道 21 篇次，北碚报、北碚电视台报道 25 篇次；组织"发现北碚之美——点赞家乡最美河湖"的主题宣传活动，制作 10 条精美图文短视频，在手机台、大渝网等平台展播；征集摄影作品 200 幅，评选出获奖作品 62 幅，并对获奖作品组织巡回展览。受理群众举报 18 件，办结 17 件，对核查属实的举报给予奖励。

【中小河流治理】 完成重庆市北碚区壁北河重点治理工程年度建设任务，综合治理河道长 3 千米，完成投资 780 万元。完成重庆市北碚区黑水滩河重点治理工程、重庆市北碚区梁滩河系统治理工程前期工作，下达市及市以上投资计划 6286 万元。

【水利规划】 配合市水利局完成渝西水资源配置工程涉及北碚区相关规划工作。编制完成《重庆市北碚区防汛抗旱水利提升工程规划》。

【区水利局负责人名录】

党组书记、局长：张建军(女)

副局长：唐世银

王　丽(女)

胡锦标

(张　燕、徐　典、何世民、邓自强、雍　双、王欣玲、张　亮、殷艳妮、唐元先、赵婧如、常志博)

社会事业

教　　育

概　　述

2018年，北碚教育坚持以习近平新时代中国特色社会主义思想为指导，贯彻党的十九大精神和党的教育方针，坚持"立德树人"根本任务，紧紧围绕建设重庆市基础教育高地目标，全面加强党的领导，不断深化教育综合改革，稳步推进教师队伍建设，教育质量显著提升。全年共获区级以上荣誉及奖励15项，《重庆日报》等主流媒体6次对北碚教育进行专版宣传报道。是年，全区有各级各类学校191所，比上年增加12所，增加6.7%；在校学生100752人，比上年增加6757人，增长7.2%；有教职工8112人，比上年增加308人，增长3.9%。全区学校占地238.3414万平方米，比上年增加17.4565万平方米，增长7.9%；校舍建筑面积152.2188万平方米，比上年增加18.2611万平方米，增长13.6%。全年教育经费总收入160181万元，比上年增长22744万元，增长16.5%；总支出158262万元，比上年增长18425万元，增长13.2%。

2018年北碚区教育事业情况表

单位：所、人

	学校数	毕业生数	招生数	在校生数	教职工数	
					计	其中专任教师
总计	191	24850	30828	100752	8112	6559
中等职业教育	5	4994	7991	18383	723	558
普通高中	9	4498	5171	15277	1274	1161
普通初中	9	4908	6606	18290	1567	1506
普通小学	47	4521	5985	33109	2216	2156
特殊教育	1	15	8	109	30	25
学前教育	120	5914	5067	15584	2302	1153

注：此表数据含民办教育，来源于《2018—2019年学年初北碚区教育事业统计综合报表》

2018年北碚区办学条件情况表

单位：万平方米、万册、亿元、万GB、台

	占地面积	校舍面积		运动场地面积	固定资产值		图书		教学用计算机
		计	其中教学行政用房		计	其中教学仪器设备值	计	其中电子图书	
总计	238.3414	152.2188	98.9614	76.412	15.2206	2.2871	203.2681	2907.1402	11701
中等职业教育	47.1670	31.2309	16.0948	5.9952	4.4482	0.9798	31.701	15.7176	2839
普通高中	40.1516	29.3830	19.3783	17.3927	3.4121	0.4061	46.6094	360	2187
普通初中	54.5451	38.2654	21.373	18.9363	3.7415	0.3915	46.3844	360	2345
普通小学	73.7843	38.2461	30.0938	26.0095	3.6188	0.5097	60.9788	1880	4330
特殊教育	0.5374	0.4663	0.261	0.31			0.192	40	
学前教育	22.1560	14.6271	11.7605	7.7683			17.4025	251.4226	

注：此表数据含民办教育，来源于《2018—2019年学年初北碚区教育事业统计综合报表》

2018 年北碚区教育经费及办学水平情况

单位:万元、%、人、年

类别	数量	类别	数量
教育经费总收入	160181	每万人口在园幼儿数	223
其中:国家财政性教育经费	148324	每万人口在校小学生数	473
社会捐、集资办学经费	125	每万人口在校初中生数	258
事业收入	11657	每万人口在校高中阶段学生数	217
教育经费总支出	158262	学前三年毛入园率	96
其中:事业性经费支出	157867	小学适龄人口入学率	100
基本建设投资项目支出	1627	初中适龄人口入学率	100
一般公共预算教育经费占一般公共预算支出的比例	20.95	高中阶段教育入学率	99.8
一般公共预算教育经费增长高于财政经常性收入增长(百分点)	8.74	小学毕业生升入初中比例	100
小学生均预算内教育事业费	12299.77	初中毕业生升入高中阶段教育比例	99.8
初中生均预算内教育事业费	18702.63	教育人口占总人口的比例	23.5
普通高中生均预算内教育事业费	15791.76	人均受教育年限	12.8
中等职业学校生均预算内教育事业费	15615.89		
小学生均预算内公用经费	3428.41		
初中生均预算内公用经费	4294.73		
普通高中生均预算内公用经费	4438.32		
中等职业学校生均预算内公用经费	5255.33		

注:此表数据含民办教育,数据来源于《2018 年教育经费统计报表》以及《2018—2019 年学年初北碚区教育事业统计综合报表》

【组织机构】 2018 年,区委教育工委、区教委设办公室、组织干部科(挂党建科牌子)、教育督导室(挂区政府教育督导室牌子)、基础教育科、财务基建科(挂教育产业办公室牌子)、综合教育科、人事科、安全保卫科 9 个内设科室。直属事业单位 6 个,分别为教师进修学院、教育内部审计中心、教育事务管理中心、学生资助管理中心、中小学卫生保健所和教育后勤管理中心。代管单位 1 个,区教育考试中心。

【群团建设】 人民路小学蒋华同志被市总工会评为"最美娘家人""重庆市五一劳动奖章"称号;澄江小学赖志刚"板凳龙创新工作室"被市总工会评为"2018 年重庆市劳模和工匠人才创新示范工作室";文星小学、晏阳初中学被市总工会评为"重庆市模范职工之家";朝阳中学被市总工会评为 2018 年"爱心妈咪小屋"建设达标单位;兼善中学心理辅导室、缙云幼儿园被市妇联评为"重庆市巾帼文明岗"。教育团工委实行"一人一号"编号严控团员增量与存量,成立非公团支部 3 个,66 所中小学完善少先队组织建设,30 所中小学建立少工委组织。打造新一届"北碚区红领巾理事会"。编发第三期《碚蕾队刊》。扎实开展"团支部书记岗位实践能力大比武"等 30 多项相关工作。获评全国新时代好少年 1 人、最美中学生 1 人、优秀少先队辅导员 1 人、优秀"动感中队"11 个;市级新时代好少年 2 人、优秀少先队辅导员 3 人、优秀少先队员 2 人、优秀团干 1 人;市级辅导员职业技能大赛二等奖 3 人。

【社区教育】 整合各类资源指导街镇社区教育学校开展市民喜闻乐见的社区教育活动。开展社区教育精品课程评选活动,评选出 79 个区级社区教育精品课程。积极培育社区教育特色项目和品牌。退休教师周鸣鸣被评为市级百姓学习之星,三圣根书艺术被评选为重庆市特色课程。北碚区 2018 年全民终身学习活动周开幕式在万达广场隆重举行。

【德育工作】 利用校园文化、常规管理、课堂教学、主题活动、实践活动、家校共育六大载体深入推进落实社会主义核心价值观教育。开展"少年传承中华美德"等我们的节日系列传统文化主题教育,3 所学校开展书法、武术、京剧、汉服等优秀传统文化展示,"寻根乡愁·记住年味——九童圆梦狗年春节行动"获奖 18 个。开展"碚城同读一本书"等系列读书活动,获评重庆市书香校长、教师、少年、家长共 25 人,李梦童同学征文被国家新闻出版广电总局办公厅评为优秀作品。开展"多元心理辅导手段在家校共育中的应用"心理健康校园行活动，朝阳中学、三圣小学荣获第三批重庆市心理健康教育特色学校。举办2018年北碚区家校共育大讲堂，出版家校共育读本《周末走走手册》《蓓蕾之家》，在2所家校共育示范校打造家校共育实体互动场景文化，"教师访万家"活动走访家庭6.3万余人次；朝阳小学《以家长义工为载体的家校共育立德树人教育方法与教育途径实践研究》被教育部评选为全国中小学德育工作典型案例。加强中小学社会实践暨研学旅行教育管理、指导学生社团建设、加强劳动教育，评审第四批社会实践教育项目学校5所、中医药文化进校园先进学校5所，北碚区被市教委评为重庆市中小学研学旅行先进区县。2名选手参加重庆市第八届中小学班主任基本功竞赛获个人单项和综合类所有一等奖共6个。西南大学附属中学初一学生周丹彤入选全国新时代好少年（全国共10名学生）。

【劳动教育】 出台《关于进一步加强中小学劳动教育的通知》，指导学校结合学科课堂特点，挖掘劳动教育因素开展劳动教育，开设劳动教育校本课程。组织学生参与校园卫生保洁和绿化美化工作；充分利用劳动教育实践基地、综合实践基地等资源，安排学生参加农业生产、工业体验、商业和服务业实习等劳动实践；给学生布置力所能及的家务劳动作业。翡翠湖小学龙钰娜同学荣获"重庆市十佳劳动小能手"。

【食品卫生】 坚持指导学校营养师制订本校带量食谱，落实学校食谱月报制和区级抽查制。加强食品安全和卫生工作日常监管，与各学校签订食品安全责任书，联合区食药监分局和卫计委开展春秋两季食堂食品安全、传染病管理、饮水卫生、环境卫生拉网式大检查。对全区学校、幼儿园食堂食品原料各供应商进行摸底，进一步提升中小学幼儿园食品安全和卫生工作管理水平，全年食品卫生安全零事故。以全域创建国家食品安全示范城市为契机，出台教育系统推进城市综合管理"百日攻坚"行动工作方案，主要对校园及周边环境、卫生、设施、绿化等进行全面整治。与区委宣传部等5个部门共实施学校生活垃圾分类管理工作。持续开展绿色学校、绿色园丁、绿色使者系列评选活动，凤林小学被评为市级绿色学校。出台文件进一步加强学校传染病防控工作，评选出区级卫生示范校5所和第二批区级食品安全示范学校22所，将《学生应急与避险知识》读本（中小学版）纳入各学校地方课程，提高学生应急与避险能力。

【装备与信息化建设】 "全面改薄"工作完成天府中学等23所义务教育学校的设备采购391余万元。投入737万元，为恢复办学的15所小学附属公办幼儿园采购设施设备。加强中小学图书室建设。完善义务教育学校数字校园，推进智慧校园建设。完成北碚区教育城域网招标工作。开展网络安全培训与演练。组织开展信息技术装备管理与应用研究和能力提升培训，将信息技术应用纳入教学常规管理意见，推进信息技术与学科教学的深度融合。举办全区电子白板应用比赛和"一师一优课，一课一名师"赛课活动。西南大学附属中学校为教育部第一批教育信息化试点单位；12月，北碚区职教中心、西南大学附属中学校、重庆市兼善中学蔡家校区、北碚区状元小学被确定为重庆市第一批智慧校园建设示范学校。

【队伍建设】 选聘区外在职骨干教师24人，选聘重点高校优秀毕业生63人，社会公招教师54人补充教师队伍缺口。新评审正高级教师1人，副高级教师43人，中小学一级教师74人。评选重庆市特级教师4人，北碚区教书育人楷模10人、乡村骨干教师293人，壮大名师骨干队伍。加强师德师风常态化建设，全年发放师德师风问卷调查4500余份，签订师德师风承诺书6000余份，开展第三届重庆好教师演讲比赛。择优推荐市级项目参训学员105人和国培项目参训学员426人，保质完成区级项目20个，共投入500余万元，累计培训3852人次，促进教师快速成长。多措施促进师资均衡发展，择优遴选18名高端人才流动站学员和12名教育名师工作室主持人，招收98名名师工作室学员，深入开展教育名师工程研学课程，总结乡村教育特色岗位工作室工作，带动片区和学校发展。动态调整编制，向开发区学校倾斜，满足学校师资基本要求。开展名师特级教师送教培训3个项目，全年交流450余名教师，有效辐射带动乡村学校和开发区学校建设。

【基本建设】 新建朝阳中学新城校区1所学校，占地面积124623平方米，校舍面积116963平方米，完成投资约3.3亿元，规划办学规模90个班，可容纳4500人；新建职教中心实训中心，校舍面积17878平方米，总投资约3600万元。

【教育督导】 牵头抓好重庆市基础教育高地建设工作，督促学校完成5个“五年行动计划”年度任务。牵头做好教育领域综合改革、教育体制改革、教育公共服务供给改革等工作。核准公办中小学幼儿园章程。接受市级义务教育基本均衡区复查和市级学前教育督查。完成北碚区第七届兼职督学聘任、教育督导责任区调整和督学公示牌更换工作。牵头修订完善2018年学校素质教育督导评估暨教育事业单位绩效考核工作方案，开展学校素质教育督导评估暨绩效考核工作。完成“中西部教育发展工作督导评估”“规范幼儿园办园行为”“春秋季开学工作”等专项督导。牵头制定《北碚区第三期学前教育行动计划实施方案》，努力提升区内公办幼儿园在园幼儿占比和普惠覆盖率。广泛开展社情民调宣传工作，抓好经济社会发展实绩考核和基础教育统计工作。

【教育科研】 出台《关于进一步加强中小学教学管理的意见》《北碚区第三期学前教育行动计划质量提升工作方案》，落实教育部《义务教育阶段学校管理标准》，提高学校依法办学、科学管理水平。承办重庆市第三期农村中小学“领雁工程”初中语文优质课竞赛。组织朝阳小学、朝阳中学等8所区内学校和市级优质学校签订携手共建协议，全面提高区内学校育人质量。2018年，“一师一优课、一课一名师”活动收集497节优课，推荐100节(限定数量，全市共800节)，获市级优课80节，部级优课31节，市级先进个人3人及优秀组织奖。荣获重庆市教学成果奖共有12个(基础教育6个、职业教育6个)，国家级教学成果奖5个(基础教育3个、职业教育2个)，其中一等奖2个(全国共50个、重庆市共3个)。重庆市教育科学“十三五”规划2018年度申报市级课题23项。做好100项在研课题的管理工作，小学段在研课题57项，高中段在研课题41项。

【校园安全】 召开全区校园安全工作会暨培训会5次，专项培训分管安全领导、安保科长、幼儿园园长600余人次。加强学生安全教育，认真落实安全法治教育课程，抓好学生防溺水、森林防火、交通、消防、法治、禁毒、防校园欺凌等专题教育。第三届“学宪法讲宪法”活动获市级团体二等奖。举办区级法治、消防安全赛课，2名教师参加市法治教育优质课大赛均获一等奖。加强三防建设，投入近500万元资金对37所学校视频监控进行改造升级。组织全区5000余名教职工参加法治考试。开展春秋2季校园安全大检查，中小学幼儿园覆盖率100%。继续实施“北碚区学生体育运动人身伤亡险”和“校方责任保险”保障学校和学生利益。开展区级防溺水专项活动，全年未发生学生溺亡事件。

【学生资助】 全年免除家庭经济困难儿童保教费和生活费621人次195.037万元。发放义务教育阶段困难寄宿生及非寄宿建档立卡贫困学生生活费补助3423人次207.925万元。高中教育阶段，发放家庭经济困难学生国家助学金5817人597.825万元；建档立卡贫困户等家庭经济困难学生减免学费654人次72.36万元；为建档立卡贫困户学生免费提供教科书2685人次53.7万元。6所中等职业学校免学费、免住宿费和国家助学金272459人次，累计发放资助资金4115.802万元，其中，减免学费186298人次2784.896万元，免住宿费学生31830人次138.666万元，发放国家助学金54331人次1192.24万元，减免碚籍中职学生学费5732人次24.2422万元。补助重庆籍建档立卡贫困家庭大学生学费238人次105.64万元；“新生入学路费资助”资助家庭经济困难高校新生125人8万元；“泛海助学行动”碚籍家庭经济困难高校新生19人9.5万元；972名家庭经济困难高校学生办理生源地信用助学贷款，16名建档立卡和低保家庭大学生办理补充助学贷款，累计发放贷款727.59万元，还贷率连续9年保持100%，无违约情况出现。

【内审工作】 审计实施做到“三必须”：该禁止的必须禁止，该清退的必须清退，该移交的必须移交。全年内部审计涉及委属单位53个，审计单位覆盖率94.6%；完成审计项目80项，其中校长经济责任审计5项，工会主席经济责任审计8项，财务收支审计2项，专项审计调查4项，审计咨询12项，建设工程审计49项(与中介机构合作完成)；出审计成果文件78个，其中审计报告66个，审计意见书12个。全年审计资金5.7亿元，增收节支254万元，提出改进建议并采纳180多条，为推进我区教育系统党风廉政建设和保障教育改革与发展做出了贡献。审计案例获市教委一等奖3个，三等奖1个。

【学前教育】 出台《北碚区第三期学前教育行动计划实施方案》，落实《北碚区2018年加快发展普惠性学前教育工作方案》，新增15所公办幼儿园，公办园占比达30%,公办园幼儿占比达31.69%。新认定普惠性幼儿园12所,普惠性幼儿园增至60所,在园幼儿普惠覆盖率达63.96%。深化学前教育集团联盟,新增一级幼儿园6所,二级幼儿园22所,全区一、二级园占比提高到68.3%。开展幼儿园"小学化"专项治理,落实幼儿园常规细节,强化教育管理,规范幼儿园办园行为,提高幼儿园科学保教水平,促进幼儿身心健康发展。

【初级教育】 义务教育阶段小学实行"三对口"入学;初中招生,各街镇实行"划片招生,对口入学",城区实行"多校划片,抽签派位"入学。9月发布《蔡家片区义务教育阶段划片招生范围》《北碚区公办小学招生办法》。6月29日,城区12所小学,共1882名小学毕业生全部抽签派位到城区4所中学。合理安排高层次人才子女、军人子女入学,7784名进城务工人员随迁子女、278名适龄残疾少年儿童顺利入学,为34名残疾儿童提供送教上门服务。64名留守儿童受到就读学校精心关爱。全区义务教育阶段入学率保持100%,巩固率达到100%。初三上期阶段性测试、70%指标到校综合测试、中招联招等考试工作"零失误、零事故、零投诉"。

【中级教育】 建立区级普通高中课程创新基地3个,精品选修课程5门,学生示范社团2个,教学改革研究项目重点课题2个,一般课题5个。获市级立项普通高中课程创新基地建设项目3个,精品选修课程7门。5月,承办重庆市"高中教育发展促进计划项目推进现场会"并作题为《切实强化工作举措,促进高中特色发展》交流发言。组织普通高中英语等11个学科课程标准全员网络培训,组织全区高中学校教学副校长、教研组长、教师进修学院中学教研员共计70人,赴山东开展适应新高考分层分类学习培训。

【职业教育】 继续推进中职与应用本科对口贯通"3+4"分段人才培养改革试点工作,招录"3+4" 41人。争取市级资金,建设市级中职专业实训基地1个,北碚职业教育中心获得市级高水平学校建设项目。对5所中职学校开展设置状况现场复核,改善办学条件。完成3个市级专业(重点)验收工作,配合市教委做好2014—2018年实训基地建设绩效评价工作。持续推进市级双千双师交流计划,组织教师到企业挂职、企业技师到学校兼职任教,提升教师教学能力和信息化教学能力。完成2018年毕业生就业质量评价工作,学生参加重庆市第10届中职技能大赛获奖61人次。全区中职学校2018年毕业生4000余人,就业率达97%以上,其中在区内直接就业学生1000余人。

【民办教育】 进一步优化民办教育审批服务。开展民办培训机构和民办幼儿园专项整治工作,拉网式检查50余次,个别约谈20余次。加强对校外培训机构办学资质的审核、检查,把校舍安全、学科培训和教师资格纳入重点审核内容,签订《北碚区校外培训机构行业自律责任书》,发放《告(幼儿)家长书》,在北碚报公示幼儿园、培训机构情况,指导家长谨慎选择幼儿园、培训机构。全年审批民办幼儿园14所,民办培训机构6个,办理民办学校办学许可证变更事项28件。加强民办幼儿园和民办非学历教育培训机构监管,及时向社会公示年检结果,88所民办幼儿园和22所民办非学历教育培训机构年检合格,1所民办非学历教育培训机构年检基本合格,3所民办非学历教育培训机构年检不合格,5所培训机构未招生。

【体育艺术科技教育】 坚持为每位学生购买体育运动意外伤害保险,拨付生均器材专项经费。寄宿制学校早操制度、体育家庭作业制度全面落实;远足、长跑月活动持续开展;体育课、体育活动课、大课间规范实施,学生在校1小时体育锻炼时间得到有力保证。区级学生篮球、足球、特殊学生围棋等比赛,体育联盟级、校级比赛有序开展,全年区内各级比赛累计参赛人数达到2.3万余人。推广实施中小学生身体素质提升项目,学生身高、肺活量等体质健康指标均有所提升。高考体育类考生专业测试本科上线24人,专科上线20人。学生参加2018年全国、全市啦啦操、跳绳、足球、排球、武术获得优异成绩,共获市级及以上获奖131项。

开展中小学生新年音乐会、艺术月活动及艺术展演活动、传统戏曲进校园活动、第25届"缙云之声"合唱节中小学专场展演、第二届青少年才艺大赛等,全区中小学生参加班级、校级艺术实践活动实现全覆盖,2000余名学生参加区级展示活动。参加重庆市第八届中小学生艺术展演活动获奖62个,首届重庆市中小学戏曲小梅花展演获3个一等奖,2篇美育改革创新案例获市级一等奖并被市教委推送至教育部参评。开展学校美育改革和发展实验第二轮教师培训，200 余人参加培训。

建立区级科普气象站 2 个，建设智能机器人实验室 86 个。召开北碚区青少年科技辅导员协会年会 1 次。举办区级科技教师培训 6 次，研讨会 10 次；参加市级以上相关培训 11 次，合计培训教师 300 余人次。开展科技骨干教师送课下乡活动 5 场。开展市区级课题研究 8 项，“家校形成合力培养学生创造力”“农村中学科技创新教育探究”等 7 项市区级课题。开展科普教育实践活动 8 次，区级科技比赛 15 次。参加市级及以上活动 22 次。全年获全国奖 54 项，市级奖 343 项，优秀组织奖 5 项。获市中小学科技教育先进集体 4 个，市中小学科技教育先进个人 5 人。

【学校布局调整】 修改完善《北碚区中小学幼儿园布局规划》，独立建制 28 所幼儿园，恢复 15 所小学附设幼儿园办学。新建重庆市北碚区陵江小学、重庆市北碚区思源小学和重庆市北碚区朝阳小学金兴校区建制。将重庆市北碚区朝阳小学附属幼儿园、重庆市北碚区水土镇小学校、重庆市北碚区水土镇大地查懋声小学校、北碚区复兴镇大树小学校分别更名为重庆市北碚区缙云幼儿园、重庆市北碚区水土小学、重庆市北碚区两江云顶小学、重庆市北碚区大树小学。

【大中专招生考试】 圆满完成年度教育招生考试工作任务。全年组织各类考试 10 次，考试规模 45023 人（科）次。普通高考报考 5817 人，重本上线保持 2000 人以上；研究生招生考试报考人数 5122 人，比去年增加 19.5%；成人高考报考人数 3640 人，比去年略有减少；全年举行自学考试 2 次，合计 18859（科）次，比去年增加 25.27%；教师资格考试笔试 2 次，共 8797 人参加考试，比去年增加 11.96%，面试 2 次，共 2500 人参加考试，比去年增加 15.9%。编制北碚区 2018—2020 年标准化考点建设方案，投入 389.9 万元完成重庆市兼善中学、重庆市江北中学标准化考点升级换代工作。北碚区教育考试中心获全市教育招生考试机构年度工作考评一等奖。

【区委教育工委、区教委负责人名录】

区委教育工委书记、区教委主任：杨　平

区委教育工委专职副书记：潘传林

区委教育工委委员、区纪委监委驻区教委纪检组长：陈胜玲（女）

区教委副主任：饶　英（女）

区委教育工委委员、区教委副主任：罗　菁（女）

区教委副主任：曹贵康（8 月挂职）

区委教育工委委员：丁建庆

区政府副处级督学：周　亮

区政府副处级督学：聂建华

（周惊宇、杨　平）

西南大学

【概况】 2018 年，西南大学有在校学生 52214 人，比上年增加 477 人，增长 0.92%；有教职工 5060 人，比上年增加 55 人，增长 1.10%。开设本科专业 105 个，与上年同。全校占地 5336074 平方米，与上年同；校舍建筑面积 1726922.15 平方米，比上年减少 8459.13 平方米，降低 0.49%。全校教育经费总收入 381289.85 万元，比上年增加 32746.07 万元，增长 9.40%；总支出 394947.36 万元，比上年增加 37825.19 万元，增长 10.59%。

2018 年西南大学基本情况

单位：人、个、万元、平方米、万册、小时、台、篇

项目	数量	项目	数量
在校学生数	52214	博士后流动站	22
其中：博士研究生	1914	博士授权点数	28
硕士研究生	10219	其中：一级学科博士点	28
普通本科生	39033	二级学科博士点	0
外国留学生	1048	硕士授权点数	55
		其中：一级学科硕士点	51
当年招生数	15030	二级学科硕士点	4
其中：博士研究生	418	本科专业数	105

项目	数量	项目	数量
硕士研究生	3464	专科专业数	39
普通本科生	9892	其中：市级特色专业	17
		市级三特专业	27
外国留学生	1256	国家级特色专业	20
当年毕业学生数	18194	国家级精品开放课程	42
其中：博士研究生	263	学校占地面积	5336074
硕士研究生	3364	其中：绿化用地面积	1186218
普通本科生	9395	运动场地面积	179103
成人及其他高等教育学生	4136	校舍建筑面积	1726922.15
外国留学生	1036	其中：教学及辅助用房	639346.8
教职工数	5060	图书馆面积	70945.27
其中：专任教师	3131	纸质图书	435
正高级职称教师	652	数字资源	
副高级职称教师	1204	其中：电子图书	40.12
		电子期刊	19.06
		学位论文	63.33
		音视频	186496
博士生导师	428	本科教学实验室	40
硕士生导师	1062	其中：国家级实验教学示范中心	4
享受国务院政府特殊津贴教师	73	国家级虚拟仿真实验教学中心	3
国家级突出贡献中青年专家	9	重庆市级实验教学示范中心	9
教育部新世纪优秀人才		教学用计算机	32404
重庆市百名海外高层次人才	0	全年教育经费总收入	381289.85
巴渝学者特聘教授	4	其中：国家财政性教育经费	199215.3
重庆市学术技术带头人	105	社会捐、集资办学经费	703.45
重庆市特支计划人选	11	事业收入	148774.64
长江学者	5		
千人计划入选者	6	全年教育经费总支出	394947.36
国家万人计划专家	7	其中：事业性支出	393477.23
国家优秀青年基金获得者	1		

注：此表数据主要来源于2018—2019年高等教育事业综合统计报表和财务决算报表。

【组织机构】 学校设马克思主义学院等40个教学单位，其中，人工智能学院成立于12月25日。学校设党委办公室、校长办公室等47个机构部门。其中，创新创业学院成立于7月19日，为学校二级直属单位，正处级建制，其党组织关系归入直属业务单位党总支。巡察工作办公室成立于9月30日，挂靠纪委办公室。督查室成立于11月12日，挂靠党委办公室。督查室下设督查工作管理科，是学校开展督查工作的专门机构。政策研究室成立于11月12日，挂靠发展规划处。组建政策咨询专家组，由校内外从事高校管理的专家学者构成，开展决策论证咨询工作。

【理论学习】 认真学习贯彻习近平新时代中国特色社会主义思想和习近平总书记关于教育的重要论述。重点围绕学习宣传习近平总书记在北京大学师生座谈会上的讲话、在纪念马克思200周年诞辰大会上的讲话、在庆祝改革开放40周年大会上的讲话和全国宣传思想工作会议、全国组织工作会议、全国教育大会、全国高校本科教育工作会议等精神，召开5次理论学习专题常委会，聚焦理论武装系统开展理论学习、宣讲、对谈和理论阐释工作。全面推进习近平新时代中国特色社会主义新思想“三进”工作，设立学习新思想教学专题，举办“学习新思想千万师生同上一堂课”专场活动。举行纪念马克思200周年诞辰、庆祝改革开放40周年系列活动。着力用好网络新媒体新平台，在校园网开辟学习习近平新时代中国特色社会主义思想专栏。

【党建工作】 加强政治建设，召开11次党委理论学习中心组学习会，加强政治理论武装，坚决肃清孙政才恶劣影响和“薄、王”流毒，牢固树立“四个意识”，切实增强“四个自信”，坚决做到“两个维护”。全面修订和完善学校基层党建和干部队伍建设制度，强化政治规矩和政治纪律。坚持和完善党委领导下的校长负责制，严格遵守党委全委会、党委常委会、校长办公会等议事规则，规范“三重一大”决策机制和权力运行。出台巡察工作和督查工作办法，强化上级党委和学校党委重大决策部署贯彻落实。

加强意识形态工作，落实党委常委会、书记办公会、部门联席会定期研究研判意识形态工作制度，全年召开5次常委会意识形态专题会。加大意识形态工作督查力度，开展首次内审内巡工作，各教学科研单位、各重点职能部门和直属单位落实意识形态工作进行全面自查；成立12个专门工作组，对52个教学科研单位、重点职能部门和直属单位落实意识形态工作责任情况进行巡查，发现问题，分析原因，及时整改。在评优评奖、考核评议、干部选任、党员发展、教师聘用等工作中严把意识形态关，实行一票否决制。抓紧重点领域，筑牢守好意识形态工作阵地。守好课堂“主阵地”，出台《课程思政建设实施方案》，把价值引领融入专业课程，规范教材选用，强化课堂纪律，妥善处置个别教师课堂不当言论舆情。加强意识形态监管，严格讲座、报告、论坛“一会一报”“一事一报”，出台《网络意识形态工作责任制实施细则》《新媒体群组管理办法》《举办国际会议管理办法》。严格落实社团活动申报制，修订《学生社团管理办法》。

加强基层党组织建设，严格党员发展标准、程序、纪律，全年共发展党员2050人，培训入党积极分子6000余人。全面提高党建信息化水平，学校12371党务平台上线并投入使用。全面提高党校办学质量。切实发挥党建与思想政治工作研究基地支撑功能。实施“对标争先”计划，推进基层党建示范创建和质量创优，开展基层党建工作专项检查，1个教师党支部书记入选全国首批100名“双带头人”工作室，1个教师党支部书记工作案例入选全国基层党组织书记案例，1个教师党支部入选全国党建工作“样板支部”培育创建单位名单，2个党支部获教育部“两学一做”支部风采奖。

加强党风廉政建设，强化党委主体责任和纪委监督责任，开展党委书记抓全面从严治党述职工作，分别向教育部党组、市委教育工委书面汇报党委书记抓党建和思想政治工作、意识形态工作、党风廉政建设等情况2次。落实领导班子成员全面从严治党“一岗双责”，建立领导班子成员党风廉政建设责任分工制度，领导班子成员在年终民主生活会和述职评议会上报告“一岗双责”履职情况。做好二级党组织书记抓基层党建述职评议考核全覆盖，加强结果运用，做好意见反馈。学校党委书记对2017年度二级党组织书记抓基层党建述职评议考核排名靠后的3名二级党组织书记进行约谈和提醒，限期整改。

【队伍建设】 完成行政换届工作，4位校级领导因年龄和任期退出领导班子，3位同志进入校级领导班子。健全规范学校中层干部选拔任用工作制度体系、工作机制和操作办法，修订《领导人员选拔任用工作实施办法》《领导人员管理规定》等文件。构建严管和厚爱、激励和约束有机统一的干部工作机制，出台《关于进一步激励广大干部新时代新担当新作为的实施办法》。完成部分处级领导人员交流调整、空缺处级岗位补充和试用期考核工作。切实加强干部教育培养，举办“学习党的十九大精神”处级干部专题培训班。完成202名领导人员个人有关事项报告，不如实报告率13.33%，与往年相比明显下降；强化个人事项报告抽查结果运用。全面从严管理干部，加强干部出国(境)审批和兼职管理。

【贯彻执行中央八项规定精神】 认真贯彻落实习近平总书记关于作风建设的重要指示精神，印发《关于认真学习贯彻习近平总书记重要指示精神 进一步纠正“四风”加强作风建设的通知》。严格执行学校《贯彻落实中央八项规定精神及实施细则的实施办法》，抓住关键节点，注重日常监督，密切关注享乐主义、奢靡之风新动向新表现。

【巡视整改工作】 4月16日—5月25日，教育部对学校进行第二轮巡视，并于7月反馈巡视意见。随后学校向教育部党组上报巡视整改方案并立即推进巡视整改落实。针对97项整改任务，学校坚持标本兼治，逐项落实。以整改为契机，在改善政治生态、学科专业调整、公房有偿使用等重难点问题上取得进展。

【统战群团工作】 发挥政党协商民主优势，修订党外人士双月协商座谈会制度，支持民主党派人士履职尽责。注重提升人才质量，创新举措加强党外优秀年轻干部发现和培养工作。加强民族团结教育，促进少数民族学生成长成才。

发挥工会、教代会民主管理和监督功能，召开第三届四次"两代会"。开展"劳模精神"主题教育，举办"劳模工匠进校园"专场报告会。切实做好人文关怀和节日慰问。完善工会内部管理，获评全国2017年度"市级工会财务先进单位"。聚焦主责主业，发挥共青团思想引领功能，"青年马克思主义者培养工程"获市领导肯定性批示。构建"1＋1＋X"志愿者工作格局，2个项目获全国第四届中国青年志愿服务项目大赛银奖。创新团基层组织建设，1个学院团委获评"全国五四红旗团委"、2个团支部入选全国高校"活力团支部"、学校学生公共政策宣讲团入选"全国百强学生社团"。加强学生民主管理，召开第五次学生代表大会。发挥社科联和科协联络功能，开展科学普及工作。

【思想政治教育】 全面贯彻落实全国高校思想政治工作会议精神，构建"1＋16"制度框架体系，推进"三全育人"和"十大育人体系"建设，启动首批4个"三全育人"综合改革试点院（部）。切实办好思想政治理论课，认真落实"高校思想政治理论课教师队伍建设年"各项任务，全面使用新版思政课教材，推进形势与政策课程改革，落实领导干部为学生讲形势与政策课制度。全面落实与市委宣传部共建马克思主义学院工作重点任务，全力推进全国重点马克思主义学院申报工作。实施教师思想政治工作质量提升工程，成立师德建设委员会，出台《教师师德失范行为处理规定（试行）》。

实施大学生思想政治工作"六个好"工程。加强文化育人工作，举办第四届玉兰文化节、首届校园开放日暨校庆日系列活动，推进高雅艺术进校园，发挥校史资源育人功能，"夏布艺术工作坊"获全国第五届大学生艺术展演活动大学生艺术实践工作坊二等奖、获批教育部首批中华传统文化传承基地。加强实践育人工作，搭建五级梯队275支社会实践团队，实施好"千百硕博进基层"工程和"百所山村小学计划"，学校获评2018年全国暑期社会实践活动优秀单位。构建全方位资助体系，全年为学生发放奖助学金共3.3亿元，入选全国学生资助工作"优秀单位案例典型"和"优秀个人案例典型"；办好阳光心理学校，提供心理咨询2231人次，危机干预149名学生，获评全国"2015—2018年度大学生心理健康教育工作先进集体"，2人分别获评优秀工作者和优秀青年工作者。落实研究生导师立德树人主体责任，出台《加强研究生导师立德树人职责的实施办法》。建强用好思想政治工作力量，1人获全国高校辅导员年度人物入围奖，2人分别获评重庆市年度辅导员、优秀辅导员，1人获重庆市优秀辅导员择优资助计划资助，1人获重庆市第六届高校辅导员素质能力大赛决赛二等奖。

【综合改革】 优化顶层设计，开展规章制度合法性规范性审查，全面清理行政议事协调机构。开展组织机构职能梳理，厘清学校内部组织机构职责职能边界，建立责任清单。成立机构改革工作组，启动机构改革。

深化学科专业调整，完成11个学部组建工作，优化学科布局，与重庆市第九人民医院、重庆市公共卫生救治中心、重庆市精神卫生中心合作成立医学研究院，并为三个医疗机构挂牌附属医院，共建医学学科。成立人工智能学院，服务国家和地方信息产业发展。

深化人事制度改革，启动首批"含弘人才特设岗位"遴选，出台《编制内人员聘用管理办法》《编制外人员聘用管理办法》。

推进"十三五"规划落实，完成"十三五"中期检查，启动编制《发展战略规划（2021—2035）》。

【人才培养与教育教学改革】 全面启动一流本科教育建设，开展教育思想大讨论，出台《一流本科教育建设实施方案》，编制《课程思政建设实施方案》。深化本科生"大类培养"改革，出台《本科大类培养及专业分流改革实施方案（试行）》，完成"植物生产类"跨学院大类招生、培养试点。加强专业内涵建设，全面启动专业认证工作，地理科学、英语、化学3个师范专业接受第二级认证进校考查。响应"卓越拔尖计划2.0"，完善拔尖创新人才培养，新增4个创新实验班。推进教育教学改革，积极推广"翻转课堂"等混合式教学模式，获国家教学成果奖二等奖2项。推进研究生培养模式创新改革，进一步扩大博士研究生培养单位招生自主权；拓展研究生联合培养，与澳大利亚迪肯大学合作，挂牌成立中外（农业）大数据联合研究中心，联合培养双学位博士；与中国农业科学院联合培养博士研究生项目实现首次招生；与百度时代网络技术（北京）有限公司（百度）签订"大数据与人工智能卓越人才"订单式联合培养协议。研究生发表高水平论文近1000篇。加强创新创业教育，成立创新创业学院。在“创青春”全国大学生创业大赛中获银奖2项、铜奖4项,创历史最好成绩。本科学生在各类竞赛中表现优异,获“小平科技创新团队”、中国青少年科技创新奖、全国第五届大学生艺术展演优秀组织奖等各类荣誉10余项。

【招生就业】 2018年招收本科学生9892人、硕士研究生3464人、博士研究生418人;毕业本科学生9395人、硕士研究生3364人、博士研究生263人。本科生就业率88.77%,研究生就业率91.37%。

【学科专业建设】 推进“双一流”建设,构建以一流学科为牵引、优势学科为支撑、特色学科为增长点的三类学科体系。围绕一流学科核心建设任务,组建前沿交叉学科研究院生物学研究中心,遴选8个团队。学位授权点申报工作成果丰硕,新增应用经济学、马克思主义理论、体育学、世界史、地理学、计算机科学与技术、水产、兽医学、药学9个一级学科博士学位授权点;新增法学、机械工程、材料科学与工程、纺织科学与工程、水产、药学、图书情报与档案管理7个一级学科硕士学位授权点。

【科研工作】 全年获批国家重点研发计划项目、国家自然科学基金项目、国家社科基金项目、教育部人文社科研究项目等各级各类项目1500余项,到校科研经费超过5亿元。其中,获重点研发专项3个,课题11个,立项经费1.1亿元,在全国高校重点研究项目立项及经费排名第11位;首次获“十三五”国家科技重大专项重点课题1个;获批国家社科基金项目56项(其中国家社科基金重大项目4项),居重庆市高校第一,在全国高校排名第16位;教育部人文社科研究项目35项(其中教育部重大攻关项目1项),在全国高校排名第10位。新增省部级平台13个,新建国家民政部等共建研究基地3个。伊朗研究中心、希腊研究中心入选南京大学全国智库索引平台(CTTI)来源智库,全校入选智库总数达到5个。全校发表国内外T类论文45篇,三大检索和CSSCI论文近3000篇,出版学术著作132部,获国家授权专利209项。获重庆市科学技术成果奖9项、重庆市第九次社会科学优秀成果奖58项、重庆市第六届发展研究优秀成果奖15项。

【人才人事工作】 高层次人才工作成果丰硕,2018年引进或培养“长江学者奖励计划”“千人计划”“万人计划”等国家级人才20人,入选省部级人才计划7人。新进人员质量稳步提升,2018年新进教职工251人,其中有海外经历122人、有博士后经历55人。博士后工作成效良好,获批国家自然科学积极项目和国家社科基金项目50项,占学校总获批数1/3;入选重庆市“博士后创新人才支持计划”3人。优化教师及其他专业技术人员职务评审,晋升正高级职务71人、副高级职务153人。

【社会服务】 全年新签订校地合作协议21项、校企8项,新建战略合作关系4项,与10个规模企业建立产学研合作关系,初步形成综合大学校地合作格局。继续服务乡村振兴战略,实施服务项目14项,总经费965万元。2018年新签项目224项,签约经费5649万元,较上年同期增长17%;到账经费4010万元,较上年同期增长19%。与北碚区校地合作“升级版”格局初步形成,出台《北碚区西南大学深化校地合作工作实施意见》,建立定期走访会商、信息通报等制度;启动合作事项23项,签约共建西南大学(重庆)产业技术研究院,打造环创业创意街区、国家柑桔公园等。推动科技成果转移转化,签订技术转让等合同271份,合同金额7053余万元。大学科技园创业孵化功能增强,入驻企业200多家。为地方培训各类干部和人员1.8万余人次。

【国际(境)合作与交流】 全年与16个国家和地区的高校及教育机构共签署协议31份(含续签);新增7个学生海外交流学习基地;共派出1419名学生赴海外参加多种形式交流学习项目,增幅达37.9%;新增植物科学与技术本科中外合作办学项目,新增与意大利圣心大学等联合培养学分项目3项;招收各类国际学生2236人,生源国别95个。获批高等学校学科创新引智计划(111计划)1项,国家重大科技专项外国人才引进计划1项、“111计划”培育项目2项,“一带一路”教科文卫引智计划1项,高端外国专家项目(文教类)7项。新成立作物有害生物可持续控制和农业大数据2个国际合作联合实验室。汉语国际推广工作成效明显,泰国孔敬大学孔子学院获评2018年度全球“先进孔子学院”。

【校园建设】 落实中央“放管服”改革,提高学校内部治理水平。多方筹措办学经费,全年收入38.83亿元。完善工作程序，提升采购和招投标效益。基本完成化学化工与药学试验楼、出版大楼工程、荣昌校区教学实验楼、荣昌校区学生活动中心等工程，推进竹园学生宿舍（三期）、分子发育生物实验室等工程建设。加强校园信息化建设，完成智慧校园二期、智慧教室建设，入选重庆市第一批智慧校园建设示范高校。推动大型仪器设备共享，成立分析测试中心。优化资源配置，规范合同管理，完成公务用车专项处置工作、公房有偿使用工作，推进校中村土地征收工作。建立安全工作例会制度，完成公共区域高清监控升级改造，新装摄像头190余个，完成30栋楼消防设备安装建设。加强网络安全技术防护和隐患排查整改。进一步改善医疗环境条件，积极开展艾滋病防控工作，重庆市首家校园驾驶人体检站在学校投入使用。关心离退休老同志生活，落实离退休老同志政治待遇。

【西南大学负责人名录】

党委书记：舒立春
校　　长：张卫国（10月任党委副书记）
党委副书记：徐晓黎
　　　　安春元
　　　　李　华（纪委书记）
　　　　潘　洵（10月任职）
副校长：李　明（10月离任）
　　　　温　涛（10月任职）
党委常委、副校长：陈时见
　　　　王永才（10月离任）
　　　　周常勇（10月离任）
　　　　丁忠民（10月离任）
　　　　靳玉乐
　　　　崔延强
　　　　王进军（10月任职）

（撰稿：曾卓益熳　复核：秦　松　审稿：张卫国）

科　　技

科技工作

【概况】 北碚区科学技术委员会(以下简称科委),是北碚区政府主管全区科技工作的主管部门。有行政编制9个,有领导班子成员3人。有非常设机构:国家可持续发展先进示范区领导小组办公室。内设机构有办公室、科技管理科、知识产权科、防震减灾科。下属事业单位北碚区生产力促进中心,并加挂成果转化中心,有事业编制6个。

【创新主体培育】 重点推进"双高"、科技型企业培育工作,通过孵化提升、众创培育等方式做强一批以高新技术企业和高成长性企业为核心的科技型企业。重庆至善信息技术有限公司、重庆市吉德环保工程有限公司、重庆和贯科技有限公司3家民营科技型企业在科创板挂牌上市。截至年底,全区有效期内的国家级高新技术企业达到93家,市级科技型企业达到366家,2018年申报高新技术产品108项,获批82项。

【研发平台建设】 围绕前沿科技发展方向和全区产业发展需求,支持培育一批"高层次、大资本、国际化"的研发平台。2018年,重庆浦洛通基因医学研究院有限公司(民营企业)成功获批为重庆市新型高端研发机构,获得市科技局1000万元的政策资金支持。新增资源植物保护与种植创新、软物质材料化学与功能制造等领域的市级重点实验室3个。截至年底,全区共有各类科技研发平台92个。

【科研项目管理】 依据《重庆市科研项目管理办法》(渝科委发〔2018〕9号)和中共重庆市委办公厅、重庆市人民政府办公厅《关于进一步完善我市财政科研项目资金管理等政策的实施意见》(渝委办发〔2017〕31号),对《北碚区科技计划项目管理办法》(碚科委发〔2014〕29号)进行修订,出台《北碚区科研项目管理办法》(北碚科委发〔2018〕26号),将科研项目分为基础研究与前沿探索项目、技术预见与制度创新项目、技术创新与应用示范项目三个类别,同时对《北碚区科研项目资金管理办法》进行修订。

【科技计划项目】 进行2批区级科技计划项目的申报、评审工作,共计下达科技计划项目31项,资助金额总计129.45万元。

【高交会参展】 第十三届中国重庆高新技术成果交易会暨第九届中国国际军民两用技术博览会于6月21日—24日在重庆国际会议展览中心举行。北碚区参展面积达240平方米(展位编号2A2T－03、2A3T－03),与渝北区、江北区和南岸区为邻。展区分为校地合作、高新技术两大板块,通过产品展示和视频文字图片相结合的方式,展现全区在建设高新产业基地和科教文化高地上取得的成果。该届高交会展区面积、参展规模均为北碚区历届高交会参展之最。

【科普宣传】 北碚青少年科普实践基地、重庆市地勘局208地质队地学科普中心等3家科普基地2018年成功获批市级科普基地,全区共有13家市级科普基地。重庆市蚕业科学技术研究院、重庆市地勘局208水文地质工程地质队等6项科普活动和科普作品获得市级项目资金共计45万元。重庆自然博物馆获重庆市科普基地科普工作考核一等奖,重庆市北碚区博物馆、西南大学天文地质馆等5家科普基地获二等奖,共获得奖励资金35万元,北碚区科委获优秀组织奖。重庆市地勘局208水文地质工程地质队主编的《地质科普丛书》(一套2册)获评2018年重庆市优秀科普图书(全市共10部作品获奖)。举办科技活动活动周宣传活动,并将活动展示成果制成《科技活动周巡礼》画册,举办北碚区首届科普讲解大赛,召开科普活动研讨会,完成2017年度全区科普统计等工作。

【科技扶贫】 定期对柳荫镇麻柳河村10户结对帮扶对象走访送温暖、宣讲扶贫政策。积极联系科技专家在柳荫镇合兴村、永兴村、麻柳河村开展蜡梅种植、小家禽养殖等实用技术扶贫培训，帮助种养殖户解决生产过程中遇到的困难。支持三圣镇观赏食用两用桃研究与推广，带动周边产业发展。对口支援万州龙驹镇分水村灌溉引水工程建设项目资金10万元，参加市科委扶贫集团在万州龙驹镇举办的“2018年的电商消费扶贫‘赶年节’活动”，组织工会采购龙驹镇农产品4000元。

知识产权

【专利资助奖励】 完成2017年度专利资助奖励兑现工作，涉及专利3270件，涉及金额300.453万元。

【知识产权优势企业建设】 新培育国家知识产权示范企业1家。新培育市级知识产权优势企业2家，累计达14家。2家企业获市专利风险防控示范项目资助，4家企业获市企业技术创新专利导航资助，2家单位获市高价值专利培育计划项目资助，共获得市知识产权局项目支持145万元。

【知识产权维权保护】 重庆自贸区涉及的8个区县签订《中国(重庆)自由贸易试验区知识产权协作执法与联合执法工作协议》，建立跨区域行政执法联动机制。区打击侵权和假冒工作领导小组办公室发挥统筹协调作用，合力高效推进全区打击侵权假冒工作。

【知识产权质押融资】 明确对科技型企业取得的专利权质押贷款，按同期人民银行贷款基准利率的50%给予贴息，取得政策层面的突破。充分运用重庆市两江知识产权投融资服务平台，通过开展宣传培训、探索融资模式和为企业提供多层次精准服务，帮助10家企业实现专利质押贷款6400万元。

【专利主要指标】 截至10月，北碚区专利申请2658件，专利授权1956件。其中，发明专利申请944件，发明专利授权438件。企业专利申请1703件，企业专利授权1399件。全区有效发明专利2146件，每万人发明专利拥有量为26.63件，居全市第3。在全市上半年发布的《重庆区县知识产权发展状况报告》中显示，北碚区创造指数为90.11%，创造效率较好，居全市第二。

防震减灾

【台站管理】 加强对柳荫台站、歇马台站的管理，积极配合市地震局做好日常维护和监测数据的传输和存取，保证仪器设备安全正常运行。积极协助市地震局推进办理重庆市地震烈度速报与预警工程项目新建基准站土地预审等相关手续。

【示范单位创建】 积极开展防震减灾科普示范单位创建工作，组织重庆第二十三中学校积极申报2018年市级防震减灾示范单位，加强对歇马大磨滩小学、天生街道西南大学南社区的指导，做到创建一个、带动一片、辐射全区，示范单位创建工作成绩明显。

【防震减灾宣传】 组织开展第十个国家防灾减灾日宣传周活动，多部门联合开展以“行动起来，减轻身边的灾害风险”为主题的科普知识集中宣传活动、“北碚区2018年全国防灾减灾日宣传活动暨地震应急疏散演练”活动、“减少灾害损失，创建美好生活”为主题的第29个国际减灾日系列宣传活动，在大型商场等场所滚动播出“5·12”汶川大地震纪念视频。积极组织参加2018年重庆市中学生防灾减灾知识竞赛，在主城片区竞赛中北碚区参赛代表队获得二等奖。广泛开展防震减灾知识进学校、进家庭、进村社活动，提高公众地震应急避险和自救能力。向学校、社区发放防震减灾宣传资料5000余份。根据文件《重庆市地震局关于2018年度区县地震工作部门防震减灾工作目标考核结果的通报》(渝震发〔2018〕83号)，区2018年度防震减灾工作目标考核获得优秀。

【科委负责人名录】

党组书记、主任：高　黎
知识产权局局长：高　黎
副主任：宋晓辉
副主任：向　鲲
纪检组长：丁方华

科研院所

【中科院重庆绿色智能研究院】 中国科学院重庆绿色智能技术研究院 Chongqing Institute of Green and Intelligent Technology, Chinese Academy of Sciences(以下简称“重庆研究院”)是中国科学院、国务院三峡办、重庆市人民政府三方共建的中国科学院直属科研机构。

重庆研究院位于重庆市北碚区水土高新园，占地约21.53公顷。设立学术委员会和战略咨询委员会，下设电子信息技术研究所、智能制造技术研究所、三峡生态环境研究所、生物医药与健康研究所(筹)。

重庆研究院遵循一个发展定位，即发挥国家科研机构的骨干和引领作用，致力于解决三峡生态与环境、智能制造领域的关键、核心、共性技术，协同国内外创新要素，提升长江上游地区创新能力，支撑区域经济与环境可持续和谐发展。

重庆研究院有职工约400人，其中，中科院院士、国家千人计划、国家杰青、国家新世纪百千万人才、国家万人计划科技创新领军人才、科技部科技创新领军人才、973首席科学家、863首席专家等国家级人才13人，中科院百人计划12人、中科院西部之光46人、中科院青年创新促进会成员21人。具有海外留学背景的高层次人才百余人。

重庆研究院重点开展“绿色三峡”“3D打印技术”“石墨烯材料与应用”及“零误差计算理论及应用”“大规模自适应智能视觉分析系统”“精准医疗关键技术与装备”“基于机器工人与工业大数据的绿色智能制造系统”等方面研究；注重开展形式多样的成果转移转化，加快科研成果落地，先后在石墨烯、人脸识别技术等领域，开展科技成果转移转化。

4月，中国科学院与重庆市签订合作协议，共建集科研、教育和社会服务三位一体的中国科学院大学重庆学院。

重庆学院以培养经济社会发展急需的科学家、工程师和创业者为重点，是一所多学科交叉融合、具有国际视野和国际影响力的科教创产融合发展的学校，规划设立临床医学院、人工智能学院、资源环境学院、机器人与智能制造学院、双创学院等7个二级学院和2个附属医院。以研究生教育为主体，逐步达到在校生3000人的办学规模。

【重庆材料研究院有限公司】 重庆材料研究院有限公司(原名重庆仪表材料研究所、重庆材料研究院，以下简称重材院)是我国专门从事仪器仪表功能材料共性基础技术研究、应用技术研究及产业化开发的综合性研究机构。

位于“两江新区”北碚同兴工业园，占地面积约13.33公顷，有科研生产设备仪器共计1100多台，固定资产原值54735万元。职工总数363人，专业技术人员222人，其中，教授级高级工程师22人，高级工程师47人。研发人员占比达60%。

【重庆市蚕科院】 编制《重庆市蚕业科学技术研究院科研管理制度汇编》，收录科研管理制度13个。新制定《科研财务助理管理办法》《科技成果转移转化管理办法》《财政科研项目资金管理信息内部公开办法》《科研项目会议费管理办法》。

完善人才队伍，在册专业技术人员69人，其中高级职称18人、中级职称23人、初级职称14人、新进人员14人。特聘研究员5人。1名同志转正科，新提升2名副科干部，2名同志通过农业副高级职称评审。

加强科研管理。完成现有168个蚕品种的保存与继代，引进2个家蚕新品种，完善现有220个桑树品种的保护工作，引进6个桑品种。自主选育的家蚕新品种“渝科9号”获得四川省家蚕品种审定委员会新蚕品种审定合格证书。完成国家茧丝绸发展专项《蚕种保护中心自动控制系统及设施设备升级建设》项目、完成重庆市社会事业与民生保障科技创新专项项目《优质、省力双限性家蚕新品种选育与推广》的研究、饲料桑健康养殖草鱼关键技术研究与示范、桑枝叶综合利用关键技术研究与示范、桑黄适宜栽培菌种筛选及栽培技术研究、果桑功能物质分析研究以及桑枝扦快速繁育优良桑品种苗木技术等课题研究。组织申报国家级科研项目1个，市级科研项目21个。完成项目结题23个。

推进公益履职。开展科技活动周及全国科普日活动，接待受众约21600余人次。开展“蚕业科普研学之旅”活动15期、“亲子科普游”9期，接待学生3000余人次、家庭250余组，开展科技使者走进学校、社区、农村4次。制作蚕业科普影视作品1部，研发科普文创产品2项；设计科普研学课程10余套。获得2018年重庆市全国科普日优秀组织单位奖。先后到涪陵、黔江、云阳、万州、合川、铜梁、潼南、江津、奉节及院原蚕区等地开展技术推广与培训指导，受益蚕农达7000余人次。繁育各级蚕种5.3万余张，蚕种冷库处理10万余张，出口土库曼斯坦8.5万张。

科技成果。接受申请和受理专利2个，家蚕新品种审定1个，发表科技论文15篇，主执笔起草重庆市《丰产桑园栽培技术规程》通过专家审定。

文　化

【综 述】 北碚区文化委员会，是原北碚区文化广电新闻出版局和北碚区体育局于2014年12月合并组建而成，负责管理北碚辖区内的文化艺术、广播影视、新闻出版、文化遗产、体育工作等。内设办公室、文化文物科、体育科、广电科、产业科、法规科6个机构；下辖1个参公单位（文化市场行政执法大队）、6个全额拨款事业单位（文化馆、图书馆、博物馆、美术馆、广播电视监测中心、缙云体育中心）和1个国有企业重庆银泰影院有限公司（2018年9月17日重庆银泰影院有限公司正式移交至重庆缙融资本运营管理有限公司），同时对广播电视台和网络公司负有监管职责。全系统在编在岗人员114人。

【重点工作】 2018年，北碚区文化委坚定瞄准巩固国家公共文化服务体系示范区创建成果和建设文化高地两大目标，结合“深入推进两学一做常态化制度化”，与助推全区中心工作紧密结合，顺利推动各项文化体育工作有序进行。

服务全区中心工作。助推缙云山综合整治，完成缙云山地区文化遗址的现状调查，整理发现40处文化遗址和自然景观。围绕生态文明主题，创作出歌曲《山里人爱唱山里的歌》《山水重庆》《好客嘉陵》，舞蹈《巴山夜雨》等作品。助推民营经济发展，牵头摸清全区老旧厂房和自然博物馆周边基本情况，按照“1＋4＋X”思路围绕闲置老旧厂房策划一批文创招商项目，围绕重庆自然博物馆提出“一圈两带”产业布局构想。助推深化校地合作，积极推进环西南大学文化产业发展，与西南师范大学出版社合作策划并申报数字文化创意产业园项目。主动对接万生126文化发展有限公司深入洽谈新房子片区文创梦想馆项目。举办校地合作文艺交流演出、“随物宛转——李东仁油画作品展”等活动。

助推示范区深度创建。推动重大设施建设，联合西南大学音乐学院积极争取重庆音乐厅落户蔡家区域。推进艺术中心项目选址城南新城。启动滨江路休闲体育公园项目。完善基层公共设施，新建24小时自助图书馆1个，新增优谷朗读亭1个。完成7个社区体育健身点建设和372套直播卫星安装任务，更新农民体育健身工程器材122件。助推主题文化体育公园建设，积极推进音乐、工业遗址等主题文化公园建设。

文艺精品创作。围绕宣传贯彻习近平新时代中国特色社会主义思想和党的十九大精神等重大主题，创作一批文化艺术精品。群舞《丑角》成为全市唯一入选第十二届全国舞蹈展演作品。评书《评彩说礼》荣获第六届重庆市曲艺大赛文学奖和第六届重庆市戏剧曲艺大赛一等奖。两江艺术团圆满完成德国杜塞尔多夫中国节访演活动，参加市级以上各类主题性宣传文化活动70余场次。

培育文体活动特色品牌。积极培育品牌活动。成功举办全国部分文化馆联盟优秀合唱团展演暨第二十五届“缙云之声”合唱节，持续举办周末文化广场、非物质文化遗产巡演、第四届碚城同读一本书、行走中的美术馆和童声话碚城等五个品牌活动。积极筹备行·聚北碚HEROS自行车赛，组织开展曲艺名家闹元宵10周年、第三届全民读书月等各类文化体育活动100余场次，丰富基层群众活动，组织开展政府购买文化服务进基层800余场，放映惠民电影1700余场次。积极承办市级以上赛事活动。成功承办“寻找最美朗读者”——重庆市首届诵读大赛、全国青少年足球联赛（U19组）重庆赛区比赛等市级以上文化体育活动。

【文化遗产保护】 深入挖掘卢作孚企业家精神，充实完善卢作孚纪念馆展陈内容，策划卢作孚企业家精神巡展。建成北碚历史文化专题陈列馆项目。保护利用一批重点文物，修复22种/31件珍贵书画，出版《北碚图书馆藏方志珍本丛刊》《北碚月刊》影印版。启动金刚碑历史文化街区保护工程和嘉陵江三峡乡村建设旧址群、国立复旦大学重庆旧址消防工程。完成偏岩古镇禹王庙、武庙的文物修缮工程。开展公众教育活动，承办复旦大学纪念抗战内迁80周年系列活动。联合区教委开展“研学旅行”活动。扩大非遗项目影响力，“北泉板凳龙”荣登《人民日报》（海外版）和《重庆日报》（农村版）头版，北碚刺绣亮相2018韩国冬奥会中国文化嘉年华活动。

【文化产业发展】 推进“放管服”改革，率先在全区办理告知承诺制事项1项，确定“最多跑一次”事项47项，马上办理事项12项，办理审批业务88件。加强招商引资工作，修订完善《文化产业招商引资优惠政策》，联合区财政局出台《北碚区文化产业发展专项资金管理办法》。按照“推进一批、策划一批、储备一批、引进一批”的工作思路，推进建设莫氏7度等3个文创园区，签约项目8个、协议引资金额约416亿元，对接企业30余家、洽谈项目17个、策划储备项目10个。牵头完成芒果TV《勇敢的世界》、湖南卫视《快乐哆来咪》等综艺节目的录制。搭建企业交流营销平台，组织近150家企业加入重庆惠民消费联盟，拉动北碚区文化消费700余万元。举办第三届缙云文创市集，直接拉动消费271.6万元。

【乡村文化】 深入挖掘乡建文化，组织举办“乡村振兴背景下——北碚乡建文化的挖掘和利用”座谈会。出版《乡建记忆》图册。开展乡村文化遗产普查，完成东阳片区文化资源专项普查项目，发现各类人文旧址、自然景观等47处。推动打造“一镇一品”，对全区17个街镇的特色文化进行深入调研，计划打造特色文化示范街镇、村。

抓基层阵地效能。完成国家文化创新工程项目——基本公共文化服务实施标准监测机制验收。选派17名业务骨干到各街镇分馆担任业务副馆长。建设完善街镇分馆运行管理系统、区文化馆总馆远程培训系统和区图书馆总馆专题发布推送系统。在金刀峡镇探索将文化站委托给社会组织营运管理。

【党群组织建设】 2018年，重庆市北碚区文化委员会严格落实党建工作党委主体责任。强化理论学习，认真组织学习贯彻习近平新时代中国特色社会主义思想和党的十九大精神，加强党员干部思想教育。营造良好政治生态，坚持民主集中制原则，对孙政才恶劣影响和薄熙来、王立军流毒问题认真剖析，引导广大干部群众更加自觉地维护以习近平同志为核心的党中央权威。坚持党组织生活，积极开展双创活动，严格落实“双报到双报告三考评”。不断加强群团工作凝聚力，认真落实党建带工建、团建方针，加强对工会、共青团的领导，充分发挥工会桥梁纽带作用，切实为职工办好事，解难事，做实事。打好脱贫攻坚战。投资30万元为村级活动阵地购置体育器材122件，新安装在13个街镇的20个村；与区委宣传部、区食药监分局、区征地办共同筹措25万扶贫资金完善龙王村活动中心室内设备及修建文化舞台。委系统30名职工干部深入柳荫镇和30户扶贫户开展“一对一”帮扶。认真做好乡村振兴工作，制定《北碚区文化委员会乡村文化振兴工作方案》。

公共文化服务体系

【北碚区文化馆】 北碚区文化馆始建于1950年2月，前身为1937年设立的“民众教育馆”，历史悠久，文化底蕴厚重，享有重庆市“百年社文第一馆”的美誉，是文化部第一批命名的国家一级文化馆并保持至今，整体综合实力名列重庆市同行业前茅，在全国享有较高的知名度和美誉度。2018年，北碚区文化馆有在编职工34人，设置专业技术岗16人，管理岗2人，工勤岗16人。截至12月，全馆实有在岗职工34人，常年外聘人员45人。其中，在编业务人员16人、大专以上学历32人、正高级职称1人、副高级职称5人、中级职称8人。内设综合办公室、公共文化部、创作调研部、大型活动部、事业服务部、两江艺术团6个部门。

北碚区于6月建成文化馆总分馆制，其模式为“街镇分馆＋联盟合作（协作）分馆”，有1个文化馆总馆、17个街镇分馆及学校、企业、部队等其他行业系统的社会分馆若干个。

北碚区文化馆利用总馆资源优势带动分馆建设，将17个街镇文化馆分馆统一标识、统一服务规范、统一业务流程等，根据各分馆实际情况和需求，配送文化演出活动、辅导培训、展览展示、文化讲座、政策宣讲等文化服务，开展人员业务培训，重点体现分馆的数字化、体系化、制度化。充分发挥互联网等现代信息技术优势及数字文化馆优势资源，建设数字文化站，并完善远程教学与培训系统，推进总馆与街镇分馆公共数字文化资源和服务联动共享。总馆每年送演出、送讲座、送展览等服务到分馆不少于6场,到每个街镇分馆辅导培训不少于1次。总馆保证每年12次以上的街镇文化指导员培训,并不定期举行总分馆联盟活动。

数字文化体验厅免费接待群众10万余人次,接待全国文化同行参观学习交流13批次。开展各类文化惠民展演活动90余场次,开展各类文化辅导培训217场次,开展美术、书法、摄影等主题展览活动12场次共计300余天,展出作品1200余幅,受众10万余人次。

【北碚图书馆】 北碚图书馆由爱国实业家卢作孚先生创办于1928年5月27日,1945年11月定名为北碚图书馆。北碚图书馆馆舍面积10055平方米,有在编职工25名,其中,高级职称4名,中级职称11名。经历年的收藏整理,北碚图书馆形成以文史典籍为特点的藏书体系,所藏历史文献分为古籍善本、地方志、革命历史资料、抗战版文献和地方文献等五个学术专藏,馆藏文献累计67万册。北碚图书馆建有文化信息资源共享工程支中心、北碚区古籍保护中心、24小时自助图书馆等,办有"碚城同读一本书""北碚全民读书月""缙云文化大讲堂""碚贝亲子故事会""碚童故事林"等品牌阅读项目。2018年,北碚图书馆新建24小时自助图书馆1个、馆外图书流通点3个、阅读角2个,新增朗读亭1个、电子漂书柜1台。北碚图书馆荣获国家"一级图书馆"(2018年8月)、"全民阅读示范基地"(2018年12月)、"重庆市优秀妇女之家"(2018年5月)等市级以上奖项,连续第6年被评为"重庆市公共图书馆免费开放绩效评价一等奖"(2018年12月)。

【北碚区博物馆】 北碚区博物馆位于重庆市北碚区云清路77号B座一楼,在编人数9人,核定编制10人,退休1人。内设综合部、业务部、安保部3个部门。自建馆以来,北碚区博物馆坚持"保护为主、抢救第一、合理利用、加强管理"十六字方针,以"保护、传承、服务、教育"为发展理念。有基本陈列馆8个:北碚历史文化综合陈列馆(2018年12月28日开馆)、卢作孚纪念馆(2012年6月9日开馆)、四世同堂纪念馆(2010年11月24日开馆)、梁实秋纪念馆(2012年10月开馆)、晏阳初纪念馆(2012年开馆)、抗战时期荣誉军人自治实验区陈列馆(2012年开馆)、国立复旦大学重庆旧址(2012年开馆)、中国科学社生物研究所(2018年5月20日开馆)。总占地面积10300.6平方米,展厅面积3298.62平方米,藏品总量1.5万件(套),各文物景点全年接待市民参观502947人次。推动市级文保单位陈家大院保护性修缮工作,完成金刀峡禹王庙、武庙保护修缮项目和嘉陵江三峡乡村建设旧址群消防工程;完成"北碚往事——历史文化综合陈列馆"陈列布展,并对外开放;完成缙云山、东阳片区文物资源普查,编制成果集;出版《北碚乡建记忆》论著。拥有以川剧戏服、陶瓷器为主的馆藏文物988件(套)。

【北碚区美术馆】 北碚区美术馆坐落红楼。有在编人员1人,聘用人员8人。在2018年重庆市区县(自治县)"三馆一站"免费开放绩效考核中获得二等奖。馆内设常规展厅4个,用于举办各类文化艺术作品展览;藏品陈列厅1个,用于美术馆藏品的陈列展览;常年开展各类普及性艺术讲座、对象化服务、艺术辅导培训、巡展等活动;全年实行免费对外开放。

2018年,共举办"意在笔先"苏甦副教授热带雨林线描写生展、澄怀味象——唐楚孝中国山水画师生作品展、书香廉韵、清风碚城——北碚区2018年廉政书画展等公共文化艺术展览16场次,展出作品1238件,接待参观人数15807人次。持续培养以"行走中的美术馆"为主题的品牌活动,通过活动展板、拍全家福、写对联等形式,深入基层街道、乡镇、社区、院坝,全年开展流动性展览25次,服务人数5万余人次;举办普及性艺术讲座12次,如中国写意花鸟画与写生、"寻证初心 砥砺前行"红色革命历史遗迹遗址寻访写生等;开展各类培训共计22场次,服务人次共计642人次。

建立"北碚区美术馆"微信公众平台,扩大对外沟通与宣传力度,更好地满足公众文化需求。

【重庆银泰影院有限公司】 重庆银泰影院有限公司(原北碚区电影发行放映公司),在编人员18人,内设经理室、办公室、财务室、影城、放映队5个部门。根据《中共重庆市北碚区委办公室重庆市北碚区人民政府办公室关于印发〈区级党政机关和事业单位所属企业集中统一监管实施方案〉的通知》(北碚委办〔2018〕63号)文件要求,9月17日重庆银泰影院有限公司正式移交至重庆缙融资本运营管理有限公司。经营面积5000平方米,2018年营业总收入1070万元,与上年同期相比减少194万元,减幅15.35%。公司旗下保利万和北碚影城内设5个豪华影厅540个座位,是北碚区首家全进口数字设备影城;公司旗下惠民电影先锋队,承担全区农村惠民电影放映和社区公益电影放映的任务,连续多年获评全市先进集体。2018年在全区118个行政村及64个社区完成农村惠民放映1737场,观影112140人次;完成社区惠民放映306场,观影24480人次;完成农民工惠民放映15场,观影2700人次;已完成全年指标任务100%。

【街道(镇)综合文化服务中心】 2018年,北碚区17个街道(镇)综合文化服务中心全面提升基层文化阵地服务效能,17个街镇综合文化站、109个村文化室、66个社区文化室全部实行免费开放,总开放面积达32956.29平方米,免费开放服务人数215625人次;街道(镇)综合文化服务中心、社区文化室配置电脑834台,服务群众87552人次。全面依托基层阵地开展丰富多彩的文化活动,惠民电影放映1737场,各类文艺演出917场,全年共计开展各项阅读活动628场,年服务群众20万余人次。开展全域街镇图书借阅通借通还"一卡通"服务,建立25个基层点,实行图书统一业务管理、统一编码、统一平台;依托数字文化馆,建设网络型文化馆总分馆,开展网络直播远程培训,提供公共文化物联网网上点单、配送服务,实现供需有效对接通过政府向社会力量购买服务的方式,实现向每个街镇每年配送6场流动文化服务,向每个村(社区)每年配送4场流动文化服务,扶持民间团队的同时进一步丰富群众文化生活。探索数字资源在基层推广应用。完善区级公共数字文化服务"碚壳"平台功能,建设完善街镇分馆运行管理系统、区文化馆总馆远程培训系统和区图书馆总馆专题发布推送系统,推进区级总馆与街镇分馆公共数字文化资源和服务联动共享。积极推广北温泉街道、天生街道、歇马街道、童家溪镇4个数字文化站。深化"一镇一品""一村一韵"等特色文化建设;持续打造金刀峡消夏艺术节、静观蜡梅文化节等活动,推进特色乡村旅游;不断挖掘当地特色民间艺术表演,推进"群众文化艺术节""缙云文化村村行""非物质文化遗产特色民间艺术迎春汇演"等文化品牌活动,将更多优质文艺产品送到基层,提升基层文化供给水平,丰富基层群众文化生活。

群众文化活动

【文艺活动】 以北碚区文化馆与重庆两江艺术团为依托,2018年开展市、区级文化展演、文化交流及文化展览服务活动258场次,受众30万余人次。以"深入生活·扎根人民""送欢乐下基层""三下乡"等为主题,依托缙云文化村村行、周末文化广场、"我们的节日"、公共文化物联网配送等特色活动平台,利用春节、元宵节、劳动节、端午节等传统节假日,深入基层街镇、村社、学校、企业、部队开展文化活动,进一步提高全民文化素养,满足人民群众享受文化服务、参与文化活动的需求。

【缙云文化大讲堂】 以北碚图书馆为依托,创办于2012年,是北碚区精心打造的一个公益性文化服务品牌。以弘扬人文精神,提升城市品质为宗旨,通过邀请社会各界贤达,每月举办2期免费文化讲座,以构建多元文化交流平台,满足市民多层面文化需求。2018年,先后邀请梁钦宁、晏鸿国、刘重来、温铁军等名家做客缙云文化大讲堂,在馆内开展讲座共24期,下基层送讲座18期,群众参与人数近4000人次。

【群众文化艺术节】 北碚区群众文化艺术节是由中共北碚区委宣传部、区文化委员会、区妇女联合会联合主办,区文化馆具体实施的大型群众性文化活动,旨在为广大群众及文艺爱好者搭建展示自身才艺、享受文化乐趣的宽广舞台,是北碚区文化馆服务群众、服务基层,推动全民艺术普及,繁荣发展群众文化的重要载体。9月份启动群众文化艺术节,持续至10月19日结束。经过17个镇街海选片区的激烈角逐,有20支队伍,500名文艺爱好者进入广场舞"星级争霸赛"决赛,最终评选出3支优秀队伍代表北碚区参加主城片区联动展演。

【缙云欢乐大舞台】 围绕公共文化服务工作,以满足群众精神文化需求,提升广大群众获得感和幸福感为目标,不断丰富文化活动形式、扩大文化服务半径,全方位、多角度、深层次推动全民艺术普及。2018年,北碚区文化馆以"缙云欢乐大舞台"为服务载体,依托物联网配送服务机制、文化志愿者志愿服务体系以及政府购买公共文化服务平台，面向基层街镇、村社、学校、部队、企业及特殊群体广泛开展“缙云欢乐大舞台”文化惠民展演活动20余场次。向基层群众展示并分享北碚区经济发展取得的成果，宣传党的十九大会议精神和国家出台《公共文化服务保障法》等政策措施，提升社会群众享受并参与现代化公共文化服务体系建设的积极性和参与度。

【缙云文化村村行】 北碚区文化馆认真践行“深入推进两学一做常态化制度化”学习教育，依托缙云欢乐大舞台、渝州大舞台、全民艺术普及、公共文化物联网配送、周末文化广场、“我们的节日”等平台，开展“深入生活·扎根人民”“百姓梦想大舞台”“送欢乐下基层”“三下乡”等“缙云文化村村行”文化惠民演出活动80余场次，受众12万人次；开展辅导培训惠及群众近2万人次，提升基层开展群众文化活动的能力；举办北碚区民间工艺作品展，北碚区群众书画展，“免费开放”服务成人美术班的优秀国画展，国家艺术基金2017年度传播交流推广项目——软笔书法作品数字化展览，复兴儿童线描画展，多彩北碚摄影展、西南大学、北碚与合川三地书画展等惠民展览展示12场次，展出作品1200余幅，受众10万余人次。

【重庆两江艺术团】 重庆两江艺术团是由重庆两江新区管委会社发局、两江集团、中共北碚区委、北碚区政府共同行政指导，中国文化馆协会舞蹈委员会、重庆市文联、重庆市舞蹈家协会艺术指导的国有文化演出机构。该团是一支以舞蹈为主体，音乐、曲艺、戏剧、小品、杂技、魔术为辅助专业的演出团体。有演职人员60余人。

2018年，重庆两江艺术团积极参与央视特别节目《唱响新时代》直播演出；参加2018年重庆市春节联欢晚会录制和CCTV音乐频道《唱响新时代》国庆特别节目录制；参加“到人民中去”——中国舞协文艺志愿服务团“送欢乐 下基层”赴城口慰问演出暨“阳光计划”文艺扶贫系列活动、第十二届全国舞蹈展演、第八届重庆市乡村文艺会演；承担中国首届温泉与气候养生旅游国际研讨会文艺演出、2018年春季及秋季送演出进基层活动、“美好新时代 文化润巴渝”——重庆市优秀剧目巡演《巴渝风韵》文艺演出等国家、市级各类主题性文化活动共计71场次，受到主办单位充分肯定。完成德国杜塞尔多夫中国节访演任务；参加第十六届中国西部民歌（花儿）歌会、第六届“百馆联动”系列活动、2018年中国文化馆年会、重庆市群星奖获奖作品巡演、中秋非遗传习活动、戏剧曲艺展演活动等文化交流活动，推动区域文化资源共建共享、互联互通。

文艺创作

【音乐】 依托北碚区文化馆、北碚音乐家协会，积极组织参加CCTV音乐频道《唱响新时代》国庆特别节目录制，举办全国部分文化馆联盟优秀合唱团展演暨重庆·北碚第二十五届“缙云之声”合唱节、2018年北碚区第十六届本土原创音乐会、北碚区2019年新年音乐会。创作扶持并打造的女声独唱《好客嘉陵》荣获第八届重庆市乡村文艺会演音乐类一等奖、音乐类网络人气奖；表演唱《快递慢点》荣获重庆市庆祝改革开放四十周年优秀群众文艺节目展演暨全国第十八届群星奖重庆选拔活动音乐类三等奖。刊物出版上，团结区内音乐爱好者开展音乐创作活动，全年出刊《民众艺苑》1期，刊印500册，有效扩大北碚文化影响力。

【美术书法】 依托北碚区文化馆、北碚图书馆、北碚区美术馆三个场馆，积极发挥辖区高校和区美术书法协会资源，组织参加第六届“百馆联动”系列活动“改革开放40周年文化建设成果大联展”和“奋进新时代”庆祝改革开放40周年——重庆市文化馆美术书法摄影干部作品展等大型会展活动，美术作品《早春二月》《情系陕北》《都市风韵》《菡萏香消翠叶残》成功入展。举办北碚区群众书画展，西南大学、北碚与合川三地书画展，“描绘新时代 共筑中国梦”——庆祝改革开放40周年美术作品展等常规展览展出活动，展出书法美术摄影作品1000余件。

2018 年美术书法作品获奖情况一览表

序号	授奖内容	授奖单位	获奖作品	获奖作者	授奖时间
1	入选“梦的起点——全国首届学院派优秀毕业生作品展”	文化部艺术发展中心、中国画创作研究院主办	《紫宸蔼瑞》	刘成侃	2018 年 1 月
2	入选“向人民汇报酉戌丰年——重庆市美术作品迎春展”	重庆美术馆、重庆市美术家协会主办	《积雪浮云端》	刘成侃	2018 年 2 月
3	2018 重庆文化节——记忆·重庆民居中国画作品展	重庆市文化委员会、重庆美术馆主办	《天风郎朗》	刘成侃	2018 年 7 月
4	第六届川陕甘渝黔晋蒙文化“百馆联动”系列活动“改革开放 40 周年文化建设成果大联展”入展	第六届川陕甘渝黔晋蒙文化百馆联动组委会	《情系陕北》	蓝　华	2018 年 9 月
5	第六届川陕甘渝黔晋蒙文化“百馆联动”系列活动“改革开放 40 周年文化建设成果大联展”入展	第六届川陕甘渝黔晋蒙文化百馆联动组委会	《早春二月》	范　雷	2018 年 9 月
6	向人民汇报——重庆市美术作品迎春展览·2019	重庆市美术家协会、重庆画院	《峨眉山月之弥天花雨》	刘成侃	2018 年 12 月
7	“清风润万家”家庭廉政文化书画比赛中获“优胜奖”	重庆市妇女联合会、中共重庆市委直属机关工作委员会、重庆市文学艺术界联合会主办	《缙云清风》	刘成侃	2018 年 12 月
8	“‘奋进新时代’庆祝改革开放 40 周年——重庆市文化馆美术书法摄影干部作品展”入选	重庆市文化和旅游发展委员会	《菡萏香消翠叶残》	蓝　华	2018 年 12 月
9	“‘奋进新时代’庆祝改革开放 40 周年——重庆市文化馆美术书法摄影干部作品展”入选	重庆市文化和旅游发展委员会	《都市风韵》	范　雷	2018 年 12 月

【摄影】 北碚区文化馆组织开展拥抱新时代的光影——秀美北碚摄影展、庆祝建军 91 周年暨“多彩北碚”摄影展、书写新时代 描绘中国梦——纪念改革开放四十年书画摄影作品展等常规摄影展示展览活动 3 场次，惠及 3 万余人次；开展民众讲堂——《摄影艺术作品赏析》讲座 1 期，惠及现场摄影爱好者 70 余人次；开展老年艺术大学春、秋季摄影培训班 2 期，成人艺术培训摄影班 6 班次，培训 178 人次。

2018 年摄影作品获奖情况一览表

序号	授奖内容	授奖单位	获奖作品	获奖作者	授奖时间
1	“‘奋进新时代’庆祝改革开放 40 周年——重庆市文化馆美术书法摄影干部作品展”入选	重庆市文化和旅游发展委员会	《筑梦》	王　飞	2018 年 12 月

【舞蹈】 依托北碚区文化馆、重庆两江艺术团、北碚舞蹈家协会，组织参与国家、市级各类文化活动，促进文化资源的交流共享，大力弘扬社会主义核心价值观，赢得群众口碑。参加 2018“瑞泰杯”戴爱莲群星璀璨人人跳重庆舞蹈展演，舞蹈作品《新居》荣获“表演之星”称号；参加“第十二届全国舞蹈展演”，舞蹈《丑角》成为重庆唯一入围最终展演的舞蹈节目；参加“欢跃四季 舞动巴渝”全国广场舞展演活动重庆市集中展演，原创都市广场舞《巴山渝水》荣获集中展演最高奖；参加重庆市庆祝改革开放四十周年优秀群众文艺节目展演暨全国第十八届群星奖重庆选拔活动，群舞《梨园群丑》《嘿呀佐》分别荣获舞蹈类二等奖、三等奖。利用春节、元宵、五一、建军节、国庆等节假日面向全区基层、群众先后举办北碚区迎春文艺晚会、“我们的中国梦”——文化进万家“曲艺名家闹元宵”10 周年走进蔡家新区文艺演出、北碚区庆祝“五一”“六一”“七一”“十一”群众文艺演出、北碚区政府购买公共文化演出服务进基层、百姓大舞台群众文艺展演等文化惠民展演活动和志愿服务活动 90 余场，惠及 8 万余人次。

【戏剧曲艺】 北碚区文化馆积极组织开展“传统戏曲进校园”活动，惠及1000余人次。开展成人艺术培训京剧班3班次，培训学员60人次。定期在学校和社区开展戏剧曲艺类讲座，在基层文化示范点(基地)及街镇综合性文化服务中心开展川剧辅导培训和座唱活动等，全年计29场次。2018年，评书《说“彩”评“礼”》分别在第六届重庆市戏剧曲艺大赛中荣获曲艺类一等奖、在重庆市庆祝改革开放四十周年优秀群众文艺节目展演暨全国第十八届群星奖重庆选拔活动中荣获曲艺类二等奖；辅导川剧《白鳝观景》在2018“家乡文化我传承”全国少年儿童传统艺术表演大赛中荣获三等奖。

广播电视电影

【保利万和北碚影城】 影城内设5个豪华影厅540个座位，是北碚区首家全进口数字设备影城；全年完成票房收入605万元，与上年同期相比减少167万元，减幅21.63%；卖品收入72万元，与上年同期相比减少25万元，减幅25.77%。

【城市电影建设】 北碚区城市电影院建设初具规模，截至年底，区内有全数字放映城市电影院7家(北碚万达影城、北碚越界影城、北碚UME影城、北碚大渝影国际电影城、保利万和北碚影城、北碚创兴影城、北碚嘉星影城)、屏幕54张、座位数6381个，全年放映电影106000场次，票房收入4287.1万元，放映场次同比增加16.5%，票房收入同比增长7%。

【电影惠民工程】 2018年，118个行政村及64个社区放映惠民电影1737场次，观影人次112140，完成指标任务100%。截至年底，北碚区室内惠民电影固定放映点已建设完成10处，占区内镇街数的59%，超过市文旅委下达的每年10%的设立要求。

【广播电视】 2018年，区文化委全力提升广播电视行政服务能力，加强对辖区广播电视播出传输单位(重庆北碚广播电视台、重庆广播电视有线网络公司北碚分公司、北碚区广播电视监测中心)广播电视网络安全监管能力，广播电视宣传指导能力，有线、无线、直播卫星广播电视收听收看公共服务能力，切实以保障广播电视安全播出为使命，以夯实广播电视公共文化服务基础，满足广大人民群众精神文化需求为己任，大力发展现代传播体系，稳步推进全区广电事业全面和谐发展。

【重庆北碚广播电视台】 有1套自办广播频率《重庆嘉陵之声北碚广播》(FM97.4、FM102.1)，两个频率同步播出；有2个自办电视节目频道(北碚综合频道和北碚文化旅游频道)。2018年，《北碚新闻》节目播出新闻1960余条、《北碚新时空》播出2200余条新闻，截至12月底，电视外宣在央视用稿6条，市级台用稿385条，广播外宣在市级台用稿430条，名列全市区县台第一名。《974民生直通》《童声话碚城》《话农点金》《城市·COM》《出发，我们的新农村》《诗韵北碚》等品牌自办栏目都有明显的目标受众群体，2018年，获国家级、市级奖共12个，其中，参与承制的《记住乡愁》第三季作品，获得第二十五届中国电视文艺“星光奖”纪录片大奖。纪录片《携手并肩》获第十二届“纪录·中国”创优评析三等奖。广播栏目《出发，我们的新农村》是全市区县唯一一个获得政府资助的广播栏目。

【重庆广播电视有线网络公司北碚分公司】 负责全区有线电视建设和营运。2018年，北碚分公司面对激烈的竞争压力，坚持以网格化经营为中心，转变观念，创新思维，寻求突破。完成安全防控工程“重庆市公安局北碚区分局背街小巷视频监控系统”项目，建设点位1573个，为社会治安和稳定发挥积极作用。充分发挥市文委在北碚区金刀峡镇开展的《TV+农村留守儿童家长远程守护试点项目》所取得的试点经验，与街镇政府部门展开深入合作，与天生街道、金刀峡镇等签订智慧社区战略合作协议，推进全区信息化建设发展。协助区文化委成功举办“缙云文创市集”活动，整合美的、海尔、海信等多个家电品牌，销售收入突破200万元。积极响应北碚区乡村振兴战略行动计划，在农村信息化建设中，继续完善广播电视“村村通”，开展光纤到自然村社覆盖工程，以用户为核心推行街镇网格化实施建设。截至11月，经营总收入8500万元，数字电视用户13万户。

【广播电视监测中心】 系全额拨款事业单位，正科级，核定事业编制3名。负责全区广播电视台(站)有线、无线、卫星广播电视节目的日常监测；负责全区广播电视广告、信息网络视听节目及车载、楼宇电视的监管工作；负责广播电视预警信息的发布和安全播出重大以上事件、事故上报工作，并在紧急情况下对全区广播电视覆盖网的运行管理和资源实施统一调配，为全区广播电视科学管理、决策提供信息和依据。2018年，加大广告内容播出的监管力度，强化广播电视广告内容和广告播出的审核程序，规范广告发布行为，特别对商业广告、公益广告条次及时长加强监管，严格履行节目备案播出制度；加大公共视听载体监管，与本辖区重点户外大屏的责任单位签订安全责任书；加大网络视听节目内容的监督管理，对全区网站进行定期排查、监测。

【天府后峰山广播电视发射台】 至建设完成中央广播电视节目无线数字化覆盖工程后，有无线数字发射机2台、模拟信号电视发射机2台，无线数字广播发射机1台、调频立体声广播发射机1台，承担着12套中央、4套本地、3套中央广播节目的无线数字发射工作，同时，保留2套模拟电视、1套模拟广播节目的发射任务，可覆盖北碚区80%以上的行政区域，有效解决城乡居民听广播、看电视问题。

图　书

【文献资源建设】 全年投入90万元，新增纸质书刊25413册、电子图书4000余册、视听资源1T。

【古籍文献保护及利用】 修复22种、31件珍贵书画，出版《北碚图书馆藏方志珍本丛刊》《北碚月刊》，完成古籍地方志数字化工作，建成历史文献数据库并将方志板块对外开放。

【24小时自助图书馆】 新建24小时无人值守自助图书馆1个，内设3000册图书、20个阅览座席、1台自助借还办证机，满足读者错时阅读时间和空间需求。

【文化信息资源共享工程】 积极响应重庆市分中心开展的各项活动和阶段性任务，加强基层服务示范点建设。对全区17个街镇、58个社区公共电子阅览室进行维护，利用基层电子阅览室开展网络培训5次、网络电视培训1次。利用节假日开展共享工程优秀资源展播、网络书香过大年、全国乡村春晚百县万村网络联动直播等活动近百次，受众人数上万。

【读者服务】 2018年免费开放空间达3798平方米、阵地17处、项目20项，接待到馆群众473897人次、书刊外借223343册次、电子阅览234681分钟，开展线上培训10场、线下培训6场，推送线上服务信息157篇。

【全民阅读】 以建馆九十周年为契机，以“碚城同读一本书”“全民读书月”系列活动为主线，开展缙云文化大讲堂41场、碚贝亲子故事会10场次，征文、演讲、集章、听书、知识竞赛等全民阅读推广活动123场次，参与群众38万余人次。

【基层辅导】 开展基层文化专干培训2次、群众辅导62场次、流动服务17次、讲座18场，开展“春日书香润夕阳”“梦想心愿，夏乡之泉”等志愿服务活动，开展“音你而生”“常青e路 幸福夕阳”“红叶梦・双江汇”等特殊人群文化惠民活动。

文化遗产保护

【文物保护】 2018年成功推动市级文保单位陈家大院保护性修缮工作，举办“芳华再现・陈家大院的前世今生”大型艺术采风活动。完成文物安全巡查APP系统升级安装，实现各街镇巡查任务全覆盖和文物安全责任书签订。建立文物安全巡查管理机制，全面推进馆内馆外文物巡查考核工作，全年开展重点文物大排查2次，不可移动文物安全巡查1562次，处理文物险情隐患7次。

梳理文物保护单位状况，开展第三批市级文物保护单位、第八批国家级文物保护单位和馆藏文物数字化保护的申报工作。组织专家对金刚碑历史文化街区设计方案进行评审、施工。启动金剑寺牌楼抢险修缮和24中军需学校、逊敏书院、端蒙书院、温泉寺等文物保护单位的抢险修缮设计工作，完成金刀峡禹王庙、武庙保护修缮项目、嘉陵江三峡乡村建设旧址群消防工程验收工作；启动嘉陵江三峡乡村建设旧址群（红楼、清凉亭、晏阳初、柏林楼、农庄、数帆楼、磐室、竹楼）安防工程方案编制工作，和抗战时期复旦大学重庆旧址消防工程；完成峡防局旧址安防工程实施方案编制、文物库房智能防盗门及囊匣盒套招标工作。

在各级刊物上发表关于文物保护、社会教育、地方历史的学术论文5篇，出版《北碚乡建记忆》论著。

【教育服务】 先后开办2018年“最美童声”春秋两季语言艺术培训班；举办2018年北碚区第四届“小小讲解员”故事大赛；录制童声话碚城历史文化教育类电视栏目，共计播出87期；馆校联动，与中山路教育集团合作开展《大美·卢作孚》美育课程，进一步探索馆校共建新思路，并作为中国博物馆青少年教育课程优秀教学设计向国家文物局进行申报；与复旦大学联合举办“抗战内迁80周年纪念活动”，被授予“学生学习实践基地”“教育培训基地”，与中小学校开展“研学旅行”，接待区内各中小学参观51次，6756人次，利用暑假组织开展“长江宜昌行，重走作孚路”三峡研学夏令营及游园总结大会；联合重庆师范大学考古专业人才完成区内缙云山、东阳片区文化资源专项普查工作，形成《缙云山历史文化资源》普查成果集，编撰《缙云山诗歌故事集》。

【陈列展示】 完成北碚往事——历史文化陈列资料搜集、布展设计、施工并于12月28日正式对外开放，培养并完成该项目的专业讲解任务；全面搜集挖掘金刚碑街区的历史文化资源，推动金刚碑历史文化街区打造项目，组织专家对设计方案进行评审并顺利施工；结合“5·18”国际博物馆日、文创市集，举办“推进全民健身 建设幸福北碚——纪念卢作孚举行辖区第一次运动会九十周年”街展。接受高孟先亲属和社会捐赠4次，文物共计194件(套)。

【文化宣传】 2018年先后以北碚地方自然风光、文化遗址建筑、小朋友剧社戏服、历史人文、重要文献等各类元素，联合西南大学美术学院学生制作8个系列56款20000余件(套)文创产品，参展第八届中国博物馆及相关产品与技术博览会、重庆市静观蜡梅文化艺术节、缙云文化集市，获得好评。北碚历史文化综合陈列展正式建成开放，重庆电视台、重庆日报、华龙网、上游新闻、北碚电视台多家媒体争相报道，梨视频等自媒体也自发进行拍摄宣传，并在轻轨广告屏等平台进行播放。同时为使北碚历史文脉得到进一步的推广和普及，全年共计开展讲解1448场，免费讲解764场，接待人数50.29万人次。

【非物质文化遗产】 北碚区文化馆积极举办“曲艺·雅韵”等非遗专题文化讲座；组织社区川剧票友开展川剧座唱活动；开设民间工艺剪纸培训班；参加文化馆联盟非遗传习活动。“北泉板凳龙”荣登《人民日报》(海外版)和《重庆日报》(农村版)头版。北碚区非遗刺绣项目亮相2018韩国冬奥会中国文化嘉年华活动。北碚区市级非遗保护项目北泉水磨手工面制作技艺、重庆泡菜传统制作技艺和区级非遗项目蝶花牌怪味胡豆荣幸入选重庆市第二届非遗博览会最受市民欢迎非遗项目50强。北碚区非遗项目市级传承人梁素携剪纸《吊脚楼》《蒲公英》《挚爱》三幅作品成功入围第五届中国非物质文化遗产博览会传统工艺比赛决赛。北碚玄竹堂雕刻艺术有限公司、重庆巴江水香点食品有限公司成功获评重庆市第三批市级生产性保护示范基地。截至年底，北碚区市级非物质文化遗产生产性保护性基地数量达到3个，全区拥有重庆市级及以上非遗保护项目21项、区级99项，涵盖民间文学、传统音乐、传统舞蹈、传统戏剧、曲艺、传统体育、游艺与杂技、传统美术、传统技艺、传统医药、传统民俗等10大类别。拥有市级代表性传承人11人、区级187人。

文化产业

【概况】 2018年，北碚区文化委紧紧围绕建设文化高地的总体目标，进一步解放思想、转变思路、多措并举，积极推动文化产业快速发展，逐渐成为北碚区经济的重要组成部分和新的增长点。

产业统计。配合区统计局开展第四次全国经济普查工作，核查以文化产业为主营业务的市场主体2936个，组织6家文化企业升规纳统，规上文化企业27家，其中，营业额达亿级企业5家，新三板上市并进行主板上市辅导企业1家。有市级文化产业示范基地4个、文化产业园3个、民营文化小巨人2家、乡村文化乐园2家，纳入市级小微文化企业培育计划32家。协助区政协开展民营经济发展公众问卷调查工作，择取5个类别文化企业单位进行产业问卷调查。翔实摸底资源。系统梳理辖区资源存量及优势，结合全域旅游、乡村振兴、文博文物利用等工作，探索发展新途径。开展全区闲置老旧厂房及周边资源摸底调查，形成调查分析报告和可利用资源台账。对关闭矿山、废旧厂房、闲置物业、文博场馆等资源进行梳理，策划开发利用项目。积极向市级主管部门沟通对接，策划《北碚区重庆对外文化贸易基地建设方案》《北碚区重庆数字文化创意产业园建设方案》《爱情文化特色小镇》等项目。

培育消费理念。推荐支持国有文博单位和具代表性文化企业开展文创产品开发试点，大力引导非遗文创等社会企业进行创意开发，累计开发文创产品150余类，支持拓展旅游景区、酒店、高校、邮政网点等销售途径，年销售总额达2000余万元。参与筹办中国首届温泉与气候养生旅游国际研讨会，策划布展文化长廊，展示区内非遗艺术品90余件。开展第三届重庆文化旅游惠民消费季北碚分会场系列活动，结合中国花木之乡·静观第十六届蜡梅文化艺术节暨花木交易博览会，强化文旅企业宣传推广；策划组织北碚区第四届“缙云文旅市集”，40余家文化企业参加，宣传推广60余类非遗创意及其他文化服务产品，直接拉动消费200余万元；鼓励指导文化、旅游商户建立网络销售渠道，举办文化、旅游消费特色活动，与6家影院、图书销售企业合作，制发15万元惠民消费现金券，培育文化消费。

【产业培育】 完成2018年专项资金组织申报、专家评审等工作，组织企业申报市级文化产业发展专项资金、市级体育产业发展专项资金和市级体育产业示范项目，西南师范大学出版社有限公司等11家文体企业共获得市级扶持资金87万元。争取区级财政对文化产业扶持资金200万元，联合区财政局制定出台《北碚区文化产业专项资金管理办法》，扶持重庆龙凤三号国际科普文创园等11个文化产业项目共计59万元。修订《北碚区招商引资产业扶持政策》中文旅引资政策。推荐重庆龙凤三号科普文创微企园成功申报区级微型企业孵化园。持续组织企业参加重庆文化产业博览会，宣推文化企业及项目12个、文化产品20余类近200件。推荐企业参加“中国印象·秀美重庆”文化艺术国际巡游巴黎、俄罗斯行系列活动。牵头区级领导走访调研民营企业9家，协调解决问题12个；协调办理民营经济发展相关交办、转办件4件；采取实地走访、会议座谈等形式走访调研企业70余家次，收集相关建议意见20余条。

【产业招商】 积极参加第十四届中国（深圳）国际文化产业博览会、重庆第七届文化产业博览会、文旅部第十二期精品项目对接会、嘉陵江文化旅游产业论坛等产业活动，主动参与区委、区政府组织开展的世界温泉暨气候养生论坛、渝商年会、智汇北碚人才周等重大活动，紧密对接目标企业，2018年签约恒大康养小镇、莫氏7度文创园、鄉根乡舍精品民宿等8个项目，协议引资金额400余亿元。牵头完成芒果TV《勇敢的世界》、湖南卫视《快乐哆来咪》等综艺节目的录制。全年共接待30余家企业赴碚考察、洽谈项目17个，策划储备北山文创公园、静观花木文化产业基地、文博场馆运用项目、当代集团足球小镇等重点文体项目10个。

【文创产品】 充分利用卢作孚等纪念场馆科普教育基地优势，将四世同堂文化长廊开辟为“多鼠斋”茶艺、咖啡、休闲书吧及培训室，投入公益性教学使用中。制作完成《寻味北碚》文化遗产保护宣传片，联动西南大学美术学院学生共同提取北碚地方戏剧、风景、历史人物、重要文献等各类元素，设计制作“北碚岁月”“多鼠斋”等8个系列56款20000余件（套）文创产品，在全国第八届博物馆及相关产品技术博览会、重庆市蜡梅文化节、重庆市缙云文创市集等展示平台上广受观众好评，荣获“重庆市十大文博创意产品奖”“品质文博”等奖项。

【宣传推介】 制作招商手册和招商宣传片，用定向邮寄、实地拜访、活动现场派发等方式广泛开展招商宣传活动。组织企业参加第七届重庆文化产业博览会，宣推文化企业及项目12个、文化产品20余类近200件。与重庆日报集团合作，第七届重庆文化产业博览会、第三届文旅惠民消费季期间对北碚进行专题报道，生动展示北碚人文旅游资源、文化产业发展成就。

文化执法

【文化执法大队】 北碚区文化市场行政执法大队行使由北碚区文化委员会授权的文化市场行政处罚以及相关的行政强制、监督检查职能。经北碚区编委核定行政执法专项编制9人，有在编人员9人。机构主要职责为承担全区文化市场管理工作及区“扫黄打非”工作小组办公室的工作任务。

2018年，区文化市场行政执法大队在区委、区政府的坚强领导和上级主管部门的指导下，严格按照区文化委党委制定的“1961”工作思路，以“扫黄打非”为工作抓手，坚持专项治理与综合治理、集中行动与日常监管、依法管理与教育引导、网下清查与网上净化相结合，全面规范全区文化市场经营秩序，净化全区文化环境。全年共出动执法人员 4609 人次，检查文化经营单位 1229 家次，责令改正 24 家次，立案调查案件 23 件，办结 23 件。截至年底，共向市总队报送各类简报 24 篇，其中 13 篇被市总队采用。在重庆市文化市场综合执法岗位练兵技能竞赛活动中，北碚区文化执法大队获优秀组织奖，1 名执法人员获个人三等奖。

【行政审批】 坚定“简政放权、放管结合、优化服务”的工作理念，开展“最多跑一次”，将 3 项备案事项纳入“多证合一”改革范围，将全部审批事项纳入“最多跑一次”清单，制定“证照联办”清单 2 项，“马上办”13 项。推进“证照分离”改革试点，在重庆自贸区蔡家区域将 4 项行政审批实行告知承诺制，并在全区率先实行。将 4 项行政审批实行提高透明度和可预期性，将 1 项行政审批实行强化准入监管在蔡家自贸区，制定出 22 项行政审批事项权力清单和服务指南，进一步优化审批流程，减少审批要件，让蔡家自贸区的事项在材料齐全的情况下 1 个工作日内办完手续。落实“网上办”要求，加快推进“互联网＋政务服务”，梳理上报政务服务事项 238 项，其中，行政权力 223 项，公共服务 12 项。全年共审批 101 件，办结率达 100%。在 2016 年的基础上精简材料 31%，压缩时限 80%。完成年检单位 213 家，换证 35 件。

【日常检查】 2018 年对查缴政治性非法出版物保持高压态势，切实维护意识形态安全，持续加强对全区印刷复制企业的日常监管，封堵和查缴传播政治谣言、制造思想混乱、误导群众情绪、破坏社会稳定、危害国家统一、煽动民族分裂、诬蔑社会主义制度的政治性出版物。将明察暗访和突击检查相结合，共派出执法人员 1315 人次，检查书店、报刊亭等出版物经营单位 120 家次，印刷复制企业 265 家次，行政处罚 4 家次，收缴非法出版物 171 本；通过清查网络文化市场，清理网络有害信息 21 条，收缴非法出版物 51 本；通过群众举报，收缴含有违反意识形态安全的台历 61 本。

【专项检查】 以打击网络淫秽色情和低俗信息为重点开展“净网”“剑网”专项行动。多次召集区委网信办、区公安分局、区电信、移动、联通等单位负责同志召开专题研究会议，分析全区网上“扫黄打非”问题，严格按照各单位的职能职责，分工协作，齐抓共管。截至年底，共巡查网页 3500 余个，查处 2 家网站违法违规行为，清除网络有害信息 240 余条，切实维护干净清朗的网络环境。

持续开展“护苗”专项行动，努力营造校园周边良好文化环境。通过日常巡查及专项检查出动执法人员 1813 人次，检查校园及周边书店、报刊亭等 485 家次，行政处罚立案调查 11 起案件，办结案件 11 起，警告 11 家次，依法查办校园及周边违法违规经营的网吧 10 家，取缔无证照非法经营出版物经营单位 1 家，收缴有害青少年身心健康的暴力、恐怖、色情、迷信等出版物 183 本，非法承印印刷品 291 册；在中、高考期间，扎实开展歌舞娱乐场所噪声专项整治工作，联合区环保局在夜间对西南大学附属中学、兼善中学、江北中学 3 个高考考场附近的歌舞娱乐场所的噪声进行实地检测，为考生营造良好的学习、生活环境。

【市场监管】 为确保文化市场安全有序运行，与全区所有网吧、歌舞娱乐场所、电影放映场所签订《北碚区公共文化经营场所安全管理责任书》，要求严格落实安全主体责任，开展自查自纠、隐患排查，切实消除安全隐患，指导各行业建设《安全生产标准化管理台账》，进一步规范各经营单位的安全管理；在元旦、春节、全国两会、国庆节、圣诞夜等重要时间节点，落实 24 小时值班制度，保障文化市场安全有序；严厉打击非法营业性演出活动，查处重庆道思文化传播有限公司等 2 起未经批准举办的营业性演出。

【法规宣传】 持续加强工作宣传，积极营造浓厚舆论氛围。全年共召开 4 次文化市场经营单位法律法规及消防安全培训会，提高文化经营单位安全生产和守法经营的意识与能力；以“4·26”世界知识产权宣传日、“6·26”国际禁毒日、“12·4”法制宣传日等活动为契机，通过开展讲座、张贴宣传画、宣传资料等形式积极宣传文化市场管理相关法律法规。推进“扫黄打非”进基层活动。北温泉街道云清路社区被评为重庆市“扫黄打非”进基层示范标兵，天生街道、水土街道和润家园社区被评为重庆市“扫黄打非”进基层第二批示范点。截至年底，扫黑除恶专项斗争共发放调查问卷 400 余份，发放各类宣传资料 5000 余份，播放宣传视频 1 万余次，排查问题线索 52 条。

体　育

【概况】 截至年底，公共体育设施面积增加45116平方米。其中，政府公共体育设施面积增加40216平方米，社会公共体育设施面积增加4900平方米。全区公共体育设施面积存量1563522.17平方米，2018年全区每万人公共体育设施面积达到19963.24平方米，健身器材明显增多，群众健身条件得到显著改善。公共体育设施免费开放率达93.7%。全区有街镇体协17个，单项运动协会（分会）19个，社会体育指导员1642名，建立全民健身服务队20支，队员500余人。定期开展登山、游泳、乒乓球、羽毛球、足球、篮球、自行车等群众喜闻乐见的活动。

【体育设施建设】 全区共建成乡镇健身广场12个（其中2个获得全国乡镇健身广场示范点），社区健身点24个，健身步道20条（其中6条获得重庆市体育局资助命名），农体工程136个、健身路径353条，基本形成“一刻钟健身圈”，体育惠民取得实效。缙云体育中心体育场每日上午6:00—14:00免费对外开放；体育馆羽毛球场每日上午7:00—12:00免费对外开放；全民健身长廊、健身广场健身器械每日24小时对外免费开放；老城体育场每日6:00—22:00免费对外开放。

【体育组织与管理】 6月，举办北碚区社会体育指导员培训班，完成110人社会体育指导员培训，授予二级运动会员称号59人。充分发挥区老体协、羽毛球协会、门球协会、武术协会、网球协会、体育舞蹈协会等体育社团组织的作用，以体育社团组织为依托，社区体育骨干为核心，形成体育行政部门、街道、社区（体育社团组织）三级体育组织网络。

【全民健身】 全年组织开展群众体育活动100余次，举办2018行·聚北碚“重庆农商行杯”HUGE国际公路自行车公开赛、“中国体育彩票杯”2018金刀峡溪降系列赛、2018年北碚区“森林城市·幸福家碚——中国体育彩票杯”迎新春群众登高活动、“美好生活·精彩澄江”2018年澄江旅游推广季暨乡村健康跑活动等区级大型综合性体育赛事13次。区足球、武术、钓鱼、羽毛球、篮球、乒乓球、自行车等协会（分会）深入村（社区）组织举办群众喜闻乐见的常规项目，举行2018年全民健身周系列活动、奥园优氧跑、“万达杯”5人制足球比赛暨万达啤酒狂欢节、2018年北碚区老中青少羽毛球锦标赛、2018年“平安北碚杯”机关男子篮球赛等赛事活动，丰富群众活动形式，提升全民健身层次，扩大体育爱好者和参与者队伍。

【公益性、品牌赛事】 2018年举办公益性体育赛事活动5次，超额完成任务。以场馆对外开放、全民健身为主题，承办2018北碚区缙云体育中心场馆免费开放日活动暨3VS3篮球比赛、5人制足球比赛、重庆市篮球协会第29届中老年“体彩杯”篮球比赛、2018“云动重庆杯”重庆市羽毛球俱乐部联赛总决赛、2018全国青少年足球超级联赛U19系列活动等大型活动5次。

【业余训练】 田径项目梯队建设逐步恢复。小学以西南大学附属小学、朝阳小学为龙头，人民路小学、蔡家小学、状元小学、中山路小学、澄江小学、水土小学、静观小学为基础。中学以西南大学附属中学为主线，兼善中学、江北中学、朝阳中学、王朴中学为辅。平时在各训练点训练，每周训练时间不低于5次，周末、暑假优秀后备人才苗子集中在体育中心训练。

足球项目按照市体育局《足球改革发展实施方案》《足球中长期发展规划（2016—2050年）》文件精神，北碚区业余体校积极与加博体育公司合作，引进体育产业优势资源来推动北碚区足球的发展。西南大学附属中学女足是全国试点学校。北碚区小学训练点有西南大学附属小学、朝阳小学、人民路小学、华光小学、红岩小学、澄江小学、中山路小学，中学有职教中心、兼善中学、江北中学、朝阳中学，其中加博有训练点5个（兼善中学、西南大学附属小学、人民路小学、职教中心、中山路小学）。

排球项目上，北碚区业余体校与区教委合作成立排球联盟，共有西南大学附属小学、华光小学、梅花山小学、天生桥小学、施家梁小学、实验小学、双凤桥小学、黄桷小学7所参加，为排球发展和后备人才输送打下基础。

西南大学附属中学作为北碚区业余体校的武术项目训练点，2018年参加重庆市锦标赛获得8个单项冠军、10个亚军、13个季军的好成绩。

围棋项目是北碚区业余体校最早引进的体育产业。正翰围棋学校在北碚区办校6年，学校有学员200人左右，免费培训学员达到6000多人。

【组织市级比赛】 2018年北碚区体育局积极参加市级各类比赛，4—11月参加重庆市第八届全民健身运动会钓鱼、半程马拉松、登山、足球、乒乓球、柔力球、桥牌、羽毛球、游泳、太极拳、广播体操、围棋、中国象棋、骑跑两项、轮滑15个项目的比赛；8月，参加2018年“全民健身日”重庆市公开水域游泳比赛；10月，参加2018年重庆市拔河锦标赛；12月，参加“思恒杯”2018乒乓球邀请赛；8—10月，参加重庆市第一届智力运动会2个项目的比赛。

【学校体育】 2018年全区共有市级俱乐部13个：职教中心、西南大学附属中学、兼善中学、西南大学附属小学、朝阳小学、区体校、江北中学、人民路小学、朝阳中学、122中学、澄江小学、状元小学、锦程青少年俱乐部，其中有6个为国家级俱乐部。共有重庆市传统项目学校8所：朝阳小学的传统项目为田径、篮球；人民路小学传统项目为田径、足球；重庆市兼善中学传统项目为田径、足球；重庆市江北中学传统项目为田径、游泳；西南大学附属中学传统项目为田径、艺术体操；朝阳中学的传统项目为田径、篮球；西南大学附属小学的传统项目为田径；职教中心的传统项目为田径、足球。

【获奖情况】 重庆市第八届全民健身运动会：登山第二名，柔力球团体第二、公开套路第一，桥牌团体第二；羽毛球混双第二，游泳三个第一、两个第五，太极拳个人第二、第六、第八；广播体操第二名；围棋团体第三；轮滑U12组冠军。重庆市35届“山城杯”桥牌公开赛团体第二名；公开水域比赛团体第二名；拔河锦标赛区县组团体第三名。重庆市第十五届传统武术精英赛取得7金、16银、23铜。重庆市第一届智力运动会象棋比赛公开组团体第三名、个人第三名。

2018年，北碚区青少年业余体校运动员先后参加重庆市青少年田径、足球、武术、网球、跆拳道、篮球锦标赛各项比赛，取得较好的成绩。重庆市青少年儿童阳光体育大会，全校田径项目儿童组获5个冠军，青少年组获1个冠军；重庆市青少年武术套路锦标赛，学校西南大学附属中学代表队共获得8个冠军、10个亚军、13个季军；全国中学生跆拳道联赛总决赛荣获男子68公斤冠军及男子+73公斤冠军；全国中学生武术锦标赛，校西南大学附属中学代表队最终以4金、4银、5铜的优异成绩获得团体总分第四名。

【体育彩票】 2018年，北碚区体育彩票销售总量8480.26万元，销售网点共84个。全年销售总量同比增长68.53%，任务完成率154.19%。

【区文化委员会负责人名录】

党委书记、主任，体育局局长(兼)：欧阳俊

党委委员、副主任：陈　阳

专职副书记：曾　毅

党委委员、驻文化委纪检组组长：陈骊珠

党委委员：董进波

党委委员、副主任：肖　蓓

党委委员、副主任：吴　兵

党委委员、文化市场行政执法大队大队长：张　裴

北碚广播电视台

【概况】 北碚广播电视台拥有2个广播频率(FM97.4、FM102.1)、2个电视频道(综合频道、文旅频道)。设三室四中心：办公室、总编室、财务室、电视新闻中心、广播节目中心、频道运营中心、技术播出中心。

【栏目设置】 综合频道：《北碚新闻》《一周新闻回顾》《话农点金》《安全视窗》《诗韵北碚》等自办节目。《剧说囧事》《档案》《光影纵横》《生活帮》等引进节目。

文旅频道：《北碚新闻》《一周新闻回顾》《诗韵北碚》《缙云文化大讲堂》《话农点金》《童声话碚城》《新娱乐在线》《科学伴我行》《安全视窗》等自办节目。《案件聚焦》《畅游天下》《光影纵横》《新中华德育故事》《档案》《生活帮》等引进文化旅游类节目。

综艺频道全天播出时长共17小时。其中，电视剧10小时，引进节目3小时，自办节目2.5小时，公益广告、商业广告及其他资讯约1.5小时。

影视频道全天播出17小时。其中，电视剧9小时，引进节目4小时，自办节目2小时，公益、商业广告及其他资讯约2小时。

【新闻报道】 围绕区委、区政府中心工作，北碚广播电视台把握舆论导向、挖掘典型事例、深化主题报道。电视新闻中心先后开设《关注智博会》《扫黑除恶进行时》等20多个新闻专栏，1—12月《北碚新闻》共播出新闻1960余条。广播节目中心《北碚新时空》节目共播出2200余条新闻。不断丰富新闻宣传内容，全力

做好对外宣传工作，截至12月底，北碚广播电视台电视外宣在央视用稿6条，市级台用稿385条(其中，《重庆新闻联播》135条，联播排名在全市10名左右)，发稿数量、发稿位次、重头稿件均有明显跃升，超额完成外宣工作任务。同时，增加重庆电视台“第1眼”APP栏目新媒体稿件投送量，每月“第1眼”采用北碚稿件均在10条以上。广播外宣在市级台用稿430条，持续名列全市区县台第一名。

【精品节目】 频道运营中心与央视合作承制的《记住乡愁》第五季《北碚老街 志存高远 敢为人先》于1月22日在中央电视台中文国际频道播出；纪录片《丰碑》在全市第八届党员教育教学课件观摩交流活动中被评为二等奖作品；广播栏目《出发，我们的新农村》是全市区县唯一一个获得政府资助的广播栏目；广播节目中心获2018年度重庆市广播电视创新创优栏目引导扶持；电视新闻中心与重庆电视台合作，共同完成了新闻类大型直播节目——《这里是重庆》北碚专辑；高质量完成制作各类专题片、汇报片23部，其中，《1分钟北碚》《扫黑除恶在行动》等多部作品受到区主要领导及相关部门肯定和好评。北碚广播电视台自办的《974民生直通》《童声话碚城》《话农点金》《城市·COM》《出发，我们的新农村》《诗韵北碚》等品牌栏目推出一批有思想、有温度、有品位的作品，栏目影响进一步扩大。

【播出安全】 围绕安全播出、网络安全、安全保卫等工作，完善预案，强化演练，加强值守，人防技防到位，确保“两会”、节假日等重保期安全播出，全年未发生任何安全责任事故。配合广播改版，对水岚垭广播发射机房进行搬迁，顺利完成设备安装及调试工作，扩大广播覆盖范围。

【巡查整改】 2018年，区委第一巡察组对北碚广播电视台进行巡察，针对性反馈巡察意见六类28个问题。台党委高度重视区委巡察组反馈意见，对标对表整改。各牵头整改部门对照反馈意见指出的问题细化成具体的整改清单，逐一进行整改落实。突出标本兼治、着眼长远，建立和完善一批有效管用的规章制度和长效机制，其中，制定完善9项规章制度，整改工作取得阶段性成果并不断向纵深推进。

2018年广播电视节目创优获奖表

序号	姓名	作品名称	获奖名目	发奖单位	时间
1	段立新 项 琦 张红钢 龙飞玥	广播专题《出发，我们的新农村》	第四届重庆市区县广播电视好新闻奖二等奖	重庆市新闻工作者协会	2018年6月
2	于希斌 项 琦 张红钢 龙飞玥 李军燕	广播访谈《学生该上课外补习班吗?》	第四届重庆市区县广播电视好新闻奖二等奖	重庆市新闻工作者协会	2018年6月
3	李秋艳 吴 佳 张红钢 刘向阳	电视消息《北碚静观镇：从卖花木到“卖”风景》	第四届重庆市区县广播电视好新闻奖二等奖	重庆市新闻工作者协会	2018年6月
4	宋一骄 张 擂 张红钢 李军燕 吴 佳	电视消息《西南大学在全球首次绘制出斜纹夜蛾精细基因图谱》	第四届重庆市区县广播电视好新闻奖二等奖	重庆市新闻工作者协会	2018年6月
5	兰 天 吴 佳 刘向红 张红钢	电视消息《孔雀“看家护院”成功破获一起盗窃案》	第四届重庆市区县广播电视好新闻奖二等奖	重庆市新闻工作者协会	2018年6月

序号	姓名	作品名称	获奖名目	发奖单位	时间
6	于希斌 项　琦 宋一骄 张红钢	作品《西南大学在全球首次绘制出斜纹夜蛾精细基因图谱》	2017年度“重庆市广播电视优秀作品”(新闻类)	重庆市 文化委员会	2018年9月
7	刘卫国	纪录片《丰碑》	全市第八届党员教育教学课件观摩交流活动中二等奖	中共重庆市委组织部	2018年4月

【北碚广播电视台负责人】

党委书记、台长:胡亚明

党委副书记:汪路长

党委委员、副台长:文小川

党委委员、副台长:曾永昕

党委委员、总工程师:罗　丁

北碚报社

【概况】 北碚报社系北碚区委宣传部下属副处级全额拨款事业单位,共有员工19人,其中编制人员7人,临聘人员12人,下设办公室和新闻部两个部门。4月报社办公地点从天生新村18号搬迁至北碚广电大楼。

一年来,北碚报社在区委宣传部的坚强领导下,着力推进媒体融合,在建成“1+5”现代传播体系基础上,《北碚报》数字报手机版正式上线,新媒体矩阵再添新平台。《北碚报》每周二、周五出刊,全年共出版发行100期,每期发行量1.62万份,实行免费赠阅。

【主题宣传】 北碚报社严格按照市委宣传部、原市文化委统一部署和区委宣传部工作要求,以深入学习贯彻习近平新时代中国特色社会主义思想和党的十九大精神为主线,紧紧围绕学习贯彻习近平总书记参加重庆代表团审议时重要讲话精神和全国两会精神,以“把党的十九大精神全面落实在重庆大地上”“推动重庆各项事业沿着习近平总书记指引的方向奋力前行”两大主题为统领,扎实开展“三大攻坚战”“八项行动计划”“兴调研转作风促落实”“智能化:为经济赋能为生活添彩”“打造旅游业发展升级版”“大力发展民营经济”“在行动”“看效果”“改革开放40周年”等系列宣传报道,以更响亮的主旋律、更充沛的正能量,激励全区干部群众拥抱新时代、践行新思想、实现新作为。

报社紧扣区委区政府中心工作,全力讲好北碚发展故事。围绕大力发展民营经济、“营造一流营商环境、推动高质量发展”解放思想大讨论和走访服务民营企业,推出系列评论5篇、政策解读文章10余篇,深入挖掘部门街镇工作亮点,组织多篇典型报道。围绕乡村振兴和城市提升,开设“城市综合治理百日攻坚”和“乡村振兴北碚行动”专栏,聚焦“两违”整治、城市文明行动、乡村“五大振兴”等重点工作,推出系列深度报道。围绕校地合作,持续做好西南大学产业研究院设立和《创业英雄汇》重庆站海选等动态报道,刊发《“党建+校地合作” 引领文明新风尚》等重点稿件。围绕打造旅游业发展升级版、加快建设休闲度假目的地,组织“大策划、大手笔、大篇幅”深度解读类专题报道,推出整版《北碚区全域旅游发展策划、规划、行动实施方案》亮点解读、《北碚旅游手绘地图》,连二版《北碚旅游:打好“五张牌” 唱响“四季歌”》,制作刊登多幅“北碚,陪你一辈子”旅游形象广告。围绕缙云山国家级自然保护区生态环境综合整治工作,严格按照区委和整治工作领导小组办公室要求,组织实施好“规定动作”宣传,按“1361”时序,及时报道工作动态,采写刊发系列工作通讯和人物特稿。围绕智博会,开设专栏专题,持续挖掘推出一批智能制造和智慧城市建设的典型报道,大力宣传北碚大数据智能化引领创新驱动发展的举措成效。围绕中国首届温泉与气候养生旅游国际研讨会、全国重庆商会会长会议暨知名企业北碚行、北碚区第四届人才活动周暨首届“智汇北碚行动”等重大活动,加大整体策划,组织采写推出10多个专版和一系列重点稿件,全方位、立体式、多元化的融媒体报道营造浓厚舆论氛围。围绕区“两会”,提前安排部署,抽调精兵强将,打造策采编发全媒体流程,及时跟进报道“两会”动态,并集中展示北碚区经济社会发展成果。

【媒体融合】 一年来,北碚报社积极争取政策、资金和人才等全方位支持,大力推进新媒体平台建设。

《北碚报》数字报手机版正式上线，并入驻“上游新闻”APP和“北碚发布”微信公众号、“缙享北碚”APP，新媒体矩阵再添新平台。所属新媒体在同步开展全区重大主题宣传的基础上，更加注重理念创新、策划创新、形态创新、技术创新，内容建设稳步提升，生产一批爆款作品。如微信作品《3月9日起，到静观踏春赏花，你的不二之选》《好消息！北碚将再添一所“双一流”大学》等多条内容阅读量破万，《恒大牵手北碚，400亿打造旅游健康小镇》阅读数达6万多，网友评论点赞总量千余次；“缙享北碚”APP下载量和活跃度双双位居全市第一，《北碚 从你的流光溢彩中走过》获重庆APP联盟单月“双十佳”。

【管理机制】 报社严格落实意识形态工作责任制，增强“四个意识”，坚决维护习近平总书记核心地位、坚决维护党中央权威和集中统一领导，牢牢把握正确政治方向和舆论导向，加强阵地建设与管理，旗帜鲜明坚持真理，立场坚定批驳谬误，不给错误思想和言论提供传播渠道，确保意识形态安全、刊播安全和网络安全。

建立健全管理、用稿和审读等相关制度，涵盖部门工作职责、岗位职责、会议制度、学习制度、财务管理制度、工资及绩效考核制度、奖惩制度、考勤制度、请(休)假制度等一系列制度和规定。在日常工作中，严格按照规章制度，以制度管人。

严格遵守党的宣传纪律，严格遵守办报的有关法律、法规，在采编、出版、发行等方面无违法违规现象。年内出版的报纸内容符合新闻出版有关规定要求，无舆论导向错误等发生。

认真落实中央“八项规定”精神，严格规范政务新闻审签流程，提升重点时政报道水平，确保区领导活动和会议相关报道准确、规范、及时、可读性强。

【先进典型报道】 始终坚持把版面留给基层一线，把笔触对准普通百姓，重点策划新春走基层、总编辑走基层、重点建设项目蹲点、走访民营企业、新闻调查等多种形式，组织编辑记者深入发展一线，走进田间地头，融入普通群众，关注报道火热的生产生活实践，聚焦各行业各街镇工作典型和先进人物，做大做亮“碚城故事”“记者在身边”“走进北碚知名文艺家”“筑梦北碚他乡人”等品牌栏目，推出《村民自筹资金修建致富路》《静观镇：着眼花卉苗木“小产业” 谋划乡村振兴“大文章”》《柳荫镇东升村：美丽乡村“回来了”》《山地里刨出“金疙瘩”》等一批接地气、有温度的新闻稿件，切实增强可读性和感染力。

【队伍建设】 主动对接市级主流媒体和先进区县媒体，前往实地考察，学习借鉴媒体融合发展的好做法。安排班子成员、中层干部和业务骨干，积极参加市委宣传部、原市文化委、市记协和市报协等行业主管部门举办的各类学习研讨、工作交流和业务培训10余场次，开阔视野与格局，完善理论构架，提高实践水平。提升政治理论水平，定期组织学习党的十九大报告、《习近平新时代中国特色社会主义思想三十讲》《习近平新闻思想讲义》等著作和中央、市委重要会议精神。开展内部大学习大交流系列活动，以问题为导向，定期邀请市内知名编辑记者、技术能手，为全体干部职工开展讲座培训和实战指导。通过丰富多样的学习培训，让采编人员不断掌握新知识、熟悉新领域、开拓新视野，真正增强脚力、眼力、脑力、笔力。

【主要荣誉】 在第七届重庆市区县报好新闻奖评选中，《北碚报》15件作品获奖，其中一等奖2件、二等奖6件、三等奖7件。《为了我们的青山绿水》等6件作品获评2018年北碚区“十佳好新闻”。60余件作品被新华社、人民日报等中央重点媒体采用或作为重要新闻线索予以报道。

10月，报社记者1名被新华社表彰为首批“优秀签约摄影师”。1人获评2018年北碚区外宣贡献突出新闻工作者，4人获评2018年北碚区十佳新闻工作者。

【北碚报社负责人名录】

法人代表、报社社长：黄值山

重庆自然博物馆

【概况】 重庆自然博物馆由民国时期的“中国西部科学院”“中国西部博物馆”演变而来，是中国历史最悠久的自然博物馆之一，是首批全国科普教育基地。2018年被教育部命名为全国中小学生研学实践教育基地。馆区包含已建成开放的新馆和位于北碚区文星湾42号的老馆(全国重点文物保护单位“中国西部科学院旧址”)两部分，总占地面积16.4公顷，在国内同类博物馆中规模位居前列。新馆展区面积16252

平方米，基本陈列以“地球・生物・人类”为主题，下设地球厅、进化厅、恐龙厅、动物厅、环境厅、重庆厅6个基本陈列厅。馆藏自然标本涵盖动物学、植物学、古生物学、古人类学、矿物学、岩石学、土壤学等多个学科，登记在册藏品共计94880件/套，其中珍贵藏品2728件/套，以中生代古脊椎动物化石、西部的地区珍稀动植物标本，以及种类丰富的矿物晶体标本最具特色。

馆内设有地球科学部、生命科学部、展示教育部、信息资料部、技术开发部、中国西部科学院旧址陈列馆、办公室、保卫科等8个部门，人员事业编制数70人，实际在编人员63人，其中，专业技术人员占职工总数的75%，高级职称人员占专业技术人员的26%。

【设施建设】 争取项目资金1000余万元，进行设施设备改造，提升硬件环境条件。

推进自然博物馆（二期）建设前期工作。召开规划设计思路市级专家论证会，论证二期建设实施模式及设计方向。进行相关设计需求的招标工作，编制预可行性研究报告。

推进博物馆信息化建设和智能化发展。开展互联网＋自然博物馆科普教育资源开发与应用，开展公共信息化管理服务平台建设。加强智能化管理，完成微信导览功能、开通个人参观网上预约服务，实现自助取票、门票打印、停车场系统、无线Wi-Fi认证等功能服务。对科普活动、特展、电影、客流统计系统等功能进行开发。

完善基础设施。实施“新馆建筑及广场维修工程”“广场馆名标识雕塑工程”，开展屋面防水治漏工程、多功能厅LED屏幕采购、建筑及广场灯光灯饰等基建项目，完善设施，保障安全。

【藏品征集管理】 建设岩化标本科技共享平台，签订项目任务书，加强藏品资源管理；提交国家岩矿化石标本资源共享平台中心数据库1000件岩矿标本的数据标准化录入和1600条目录信息数据输录。

建立藏品资产管理台账。全馆可移动文物普查数据3007件/套，馆藏2788件（动物标本1606，植物标本344，古生物化石标本838件）珍贵藏品建档率达到100%。其中96件/套在中国数字植物标本——植物标本资源共享平台公开。完成老馆动物、古生物标本库房向新馆藏品库房的搬迁工作，按科学分类系统入柜保存。委托康华公司开展藏品固定资产管理工作，建立7309件藏品的资产管理台账，逐步将藏品的采购、入库、验收、入账、使用、折旧等形成完善的、全方位的、动态化管理。

征集具有收藏价值的化石标本。根据馆藏和研究需求，到梁平、柳荫、沙坪坝等地开展野外化石点调查、鉴定等工作3批次；围绕熊猫展览，征集古生物化石30件，其中，古脊椎动物化石25件，古无脊椎动物化石5件。接受捐赠古生物化石87件（组），其中，恐龙化石57件、无脊椎动物5件、岩矿标本4件、恐龙蛋化石1窝8枚及哺乳动物化石等。接受捐赠11427件动物标本（昆虫标本11277件、软体动物标本150件）。

【学术研究】 与国内外相应研究机构建立定期工作交流机制，全年接待故宫博物院、中国地质博物馆、山西地质博物馆、澳大利亚堪培拉国立恐龙博物馆、斯里兰卡国家政策与经济事务部对华合作代表、美国恐龙科普教育家等36个单位来馆参观交流、调研，共计约364人次。

完成岩化标本科技共享平台建设项目申报、重庆科委项目“民族民间文化资源传承与开发利用集成与应用示范”项目申报。

2月，获重庆市社会科学规划普及项目“《科学魂，强国梦——战时重庆科学》展览展示项目”立项（负责人侯江），8月结项。8月获重庆市社会科学规划项目“重庆城市文化建设背景下博物馆发展策略研究”（青年项目，负责人江帆）。主持环保部项目“生物多样性示范观测”及科技部项目“植物标本数字化与共享”2项，参与市农业科学研究院项目“西南地区野生花灌木资源收集及花境应用研究”及市林业局项目“重庆市名木古树调查”2项。

编辑《2018年全国科普场馆文化创意产品开发研讨会论文集摘要》1本；出版《大熊猫的前世今生——长江都督史前熊猫大发现》专著1部；全年发表科研论文26篇（其中，核心期刊6篇，英文5篇，日文1篇）。

【专题展览】 引进展览《达尔文星球VR科普展》1个；输出展览《云阳普安恐龙科普展》《恐龙大发现化石展》2个；合作办展《重阳花开书画展》《大地瑰宝地矿精品展》《乡村振兴的历史先声——中国乡村建设百年探索展》3个；推出原创展览《科学魂，强国梦——中国西部科学院旧址历史陈列》《大熊猫的前世今生》2个。

5月18日，原创展览《科学魂，强国梦——中国西部科学院旧址历史陈列》在中国西部科学院旧址历史陈列正式开馆。全年先后接待复旦大学文博学院、民生公司研究室、作孚学社、国家天文台、美国哈佛大学费正清研究中心、布朗大学、加州理工大学、中国古动物馆、中国地质博物馆、甘肃地质博物馆等中外专家学者20余批次，接受5000余名公众参观。

【科普教育】 新馆2018年免费开放318天，接待观众1500975人次(其中青少年观众368420人次)，接待团队287个，提供义务讲解327场(团队)，定时定点讲解9583(厅/次)。特展厅参观人数约50万人。全年新注册志愿者614人，实际到岗工作1222人次，累计工作时长11756小时，为志愿者累计提供培训504小时，参与培训1305人次。全馆无重大安全责任事故。

科普活动。全年围绕地球日、博物馆日、科技周、六一、中秋等主题日开展各类科普活动106场/次。其中，开展“重庆环保形象‘渝小环’首发活动”“创新引领时代，智慧点亮生活”“关爱贫困”等公益活动19次，活动涉及重庆18个深度贫困乡镇儿童，以及彭水、江津区、渝北区聋哑学校超过1000名贫困儿童、残障人士。举办“2018年全国科普场馆文化创意产品开发研讨会论坛”1次；举办专题学术讲座《征程：从鱼到人的生命之旅》(王原)、《再现远古生物的风采》(欧阳辉)、《侏罗纪恐龙在中国》(姜金恺)、《恐龙骨骼里的秘密》(姜金恺)、《作孚文化论坛——方凤富画艺讲座》(方凤富)5次；举办科普小讲座12场次、送展到学校到社区40场次，超过10万公众收益。

举办“2018年度环球自然日——青少年自然科学知识挑战活动”科普活动。6—7月举办重庆分站比赛，共接待1467支团队上万人参加初赛，268组近2000名选手参与决赛，决出一等奖31组、二等奖44组、三等奖64组；科普绘画赛一等奖24名、二等奖36名、三等奖61名。7月19—25日组织进入总决赛的队伍赴武汉参加全球总决赛，成为参赛选手及获奖最多的地区。

研学活动。自主开发课程30套。依托《达尔文星球》特展，与树人小学、状元碑小学、课堂内外、渝中区青少年活动中心等多家学校及教育机构建立馆校合作关系，并开展“小小恐龙考古学家”“爬行动物大变身”研学活动，参与人数3000余人。2月，《小小古生物学家》《鹅卵石漂流记》获2015—2017年度中国博物馆青少年教育课程优秀案例推介展示活动“优秀”教学设计。

参与市、区两级重要文化活动。开展518国际博物馆日暨第九届文化遗产宣传月活动，重庆市第五届科普讲解大赛暨全国选拔赛，《邮票上的恐龙》获2017年度重庆市博物馆展览项目优秀奖；参加重庆市第五届科普讲解大赛暨全国选拔赛，2名讲解员、2名志愿者在决赛中荣获个人优秀奖；重庆自然博物馆志愿者团队被授予重庆市先进巾帼志愿服务组织、北碚区最佳志愿服务组织和服务岗。

【内部管理】 改革与法治工作。推动博物馆法人治理改革试点工作。贯彻中央关于公益性文化单位法人治理改革政策，草拟上报《重庆自然博物馆理事会章程》《重庆自然博物馆理事会组建工作方案》，按要求推进改革的任务。向社会普及法律常识。设置法治文化项目(法制宣传LED屏)1项，开展法治文化活动“普法宣传月”1次。制定并上墙张贴社会服务管理细则《重庆自然博物馆定时定点讲解服务细则》《重庆自然博物馆服务用语规定》。编订《重庆自然博物馆内控制度》1本，新增财务管理制度6个。参加全市年度法治理论知识考试和有关法治知识竞赛，参考率、合格率100%。

【文化旅游融合】 承办2018年全国科普场馆文化创意产品开发研讨会。全国30个省市自治区、120余家单位、280名参会代表出席，共商科普场馆文化创意产品开发工作，推动成立科普文创联盟。

全年合作开发15种文创产品。依托馆藏资源、合作开展文创，实现总产值约1000万元，其中，馆内895.7万元，馆外合作促成交易216万元；全馆文创自有收入约399万元。产值比去年同期增长26.2%。恐龙系列产品荣获“首届重庆市文化旅游十大特色产品”。

分别与黄金游轮公司开展合作，送展览和文创产品上邮轮，吸引游客上万人；与重庆材料研究院、吉和开发公司合作，推进文旅工作的深入，和北碚区文化和旅游发展委员会在嘉陵风情步行街合作开展文化集市活动，参加人数近5万人。

【文化志愿服务】 构建参与广泛、内容丰富、形式多样、机制健全的文化志愿服务体系。重庆自然博物馆有注册志愿者 4289 人，其中 2018 年新注册志愿者 614 人。2018 年重庆自然博物馆志愿者到岗工作 1222 人次，累计工作时长 11756 小时，先后参与博物馆常规开放接待，科普周、科普日、环境日、地球日、环球自然日重庆赛区决赛接待服务。

【重庆自然博物馆负责人名录】

馆　长：欧阳辉

党支部书记、常务副馆长：谭顺满

副馆长：董　政

（江　帆）

档案工作

【概况】 北碚区档案局与北碚区档案馆合署办公。实行一个机构，两块牌子，局长兼任馆长。内设办公室、档案管理科两个职能科室。有行政编制 2 名，参公编制 6 名，工勤人员 1 名。北碚区档案局（馆）位于北碚区双元大道 196 号（北碚区行政中心 6 楼）。全局（馆）使用面积合计 3100 平方米，标准密集架 1600 立方米。至年底，北碚区档案馆馆藏全宗 267 个，馆藏档案 97834 卷（2001 年前计量单位）、250131 件（2001 年起计量单位），资料 3000 册。

【业务工作】 2018 年，北碚区档案局对区司法局、区安监局、水土园区管委会等 20 家单位就 2016 年度、2017 年度各门类档案归档、管理情况进行行政执法检查指导工作。对金刀峡镇、柳荫镇、复兴街道、东阳街道等 11 个街镇和区城乡建委等机关单位开展档案工作现场调研。针对全区机关事业档案工作中存在的问题，形成《北碚区档案局关于街镇档案工作调研报告》和《北碚区档案工作调研报告》等报告。4 月，与区农委针对 2017 年全区精准扶贫档案工作中存在的问题，在人民财产保险北碚支公司会议室联合召开北碚区 2018 年贫困户精准脱贫保暨档案工作培训会。5 月，对三圣镇、柳荫镇及其所属贫困村的精准扶贫档案进行指导检查。7 月，对江东、江西两个片区开展精准扶贫档案业务培训。10 月，对静观镇、歇马镇等相关街镇的村（社区）开展文书档案和精准扶贫档案业务工作培训。11 月，联合区扶贫办完成对全区涉扶贫工作村的排查指导，形成意见反馈各街镇，并抄送区扶贫办。

完成馆藏破产企业人事工资档案数字化工作。完成馆藏的重庆缙云食品厂、重庆煤矿安全仪器厂等 8 家破产单位的人事、工资档案的抢救保护和数字化工作，累计完成 A4 幅面数据量 25 万余页。

开展市属企业退休人员档案接收工作。在与区内市属企业签订人员接收四方协议的基础上，启动人员档案及相关数字化数据接收工作。接收重百北碚商场、北部公交公司、富皇水泥、天府煤矿等 12 家国有市属企业的退休人员人事档案，共计 14705 卷。

开展“6·9 国际档案日”宣传活动，发放宣传资料 2000 余份。推动“放管服”工作，按时完成行政许可事项、公共服务事项相关信息的编制和公布工作，启动行政服务中心与缙云体育中心分管档案联网查阅系统建设，让数据多跑路，群众少跑路。在土地确权工作中，将档案数据下发到街镇，避免群众往返奔波。推进民营经济发展工作，开展“解放思想”大讨论和现场调研。2 次参与重大建设项目档案验收工作。启动数字档案馆建设研究工作，列入区数字城市建设规划。

开展馆藏档案开放鉴定工作，截至年底，对区档案馆馆藏的区委办（全宗号 1）、区教育局（全宗号 34）区劳动局（全宗号 130）涉及区人民政府、区委组织部、区民政局、区人事局、劳动局等 24 个单位 1981—1987 年到期的文书档案进行开放鉴定，共鉴定档案目录 20107 件，其中开放档案 590 件，鉴定延期开放档案 1745 件。

【档案利用】 做好利用效果及利用效果典型事例记载。截至 12 月，全局 3 个档案查阅办公地点（行政中心、区行政服务中心、缙云体育中心档案分馆）共接待群众 5500 余人（次），提供档案资料 13000 余卷（册），为领导决策、解决纠纷、落实工龄和经济建设提供大量翔实可靠的依据，利用档案化解林权、果农征地、工资福利、财产纠纷、干部身份等矛盾纠纷 100 余起。

发挥档案教育作用，与北碚电视台合作，拍摄制作《北碚档案揭秘》7 个微纪录片。

【区档案局负责人名录】

党组书记、局长：邵基华

副局长：傅　春

　　　　陈小飞

地方志

【概况】 北碚区地方志办公室(以下简称区志办)为参公事业单位,有编制5人,内设综合科1个,截至年底,在编5人。区志办主要负责《北碚区志》《北碚年鉴》及地情资料编纂工作,全面记载北碚区自然、社会等各方面的大事、要事、新事。

【北碚年鉴】 完成《北碚年鉴(2018)》编纂工作。5月完成初稿编辑,6月进行样稿排版,10月完成《北碚年鉴(2018)》校稿、送审及付印公开出版前期工作。

【第二轮《北碚区志》编纂】 完成《北碚区志(1986—2005)》公开出版送审工作。2月,向各相关单位收集反馈修改稿和书面审读意见,送保密局按照保密相关规定进行保密审查。3月,邀请区县专家评审,根据专家意见进行补充完善。4月,送区相关领导征求意见。5月,送样书至市志办审核并通过评审。10月,通过市政府出版审批。12月,获得出版书号。

【部门志、行业志编修】 指导《北碚区志·公安志》《北碚区志·旅游志》《北碚区志·水利志》等部门志送审稿的审核修改工作。4月,进行《重庆市志·农特产品志》的资料收集,《"巴山夜雨"与北碚之考证》《北碚"张飞古道"考证》在《重庆地方志》2018年第二、三期发表。

【区志办负责人名录】

主　任:蒋明洲

副主任:李　卫

(廖　敏)

卫生　计生

2018年，北碚区认真贯彻落实全市“363”工作路径和“十件事”工作部署，结合工作实际，全面推动各项重点任务圆满完成，健康北碚建设取得明显成效。截至12月，全区共有三甲医院2个(市九院、区中医院)，公共卫生机构3个(区妇幼保健院、区疾控中心、区卫生计生监督执法局)，社区卫生服务中心5个，乡镇卫生院12个，企事业职工医院11个，民营医疗机构205个(其中三级专科医院1个，二级医院4个，一级医院5个)，村卫生室106个。全区编制床位数5318张，执业(助理)医师2939人、注册护士3117人。按常住人口计算，全区每千常住人口拥有执业(助理)医师3.87人、注册护士3.65人，医护比1∶1.06，医师队伍较为稳定。区卫生计生委直属医疗卫生单位共22个，编制数2084人，实有在编人员1830人，聘用人员2045人；高级职称392人，中级职称851人；博士研究生15人，研究生学历263人。

【党建工作】 加强政治理论学习。推进“两学一做”学习教育常态化制度化，通过中心组学习、主题党日活动、干部职工大会等，广泛开展习近平新时代中国特色社会主义思想、党的十九大精神等专题学习讨论250余次，举办党组织书记全覆盖培训班，牢固树立“四个意识”，提高政治站位。加强党风廉政建设。在区中医院召开专题(扩大)民主生活会及警示教育会，邀请纪检专家、法官检察官在全系统举办专题讲座，经常性开展党风廉政专题教育。深入开展落实中央八项规定精神坚决整治“四风”、纠正医疗购销领域和医疗服务中不正之风等专项整治行动，组织开展7家委属党组织党风廉政专项检查“回头看”，严肃查处违规违纪行为，立案查处1起，诫勉谈话2人，党内警告处分1人。加强医德医风建设。以庆祝8月19日首个“中国医师节”为契机，积极开展北碚区优秀医师、优秀医务工作者评选宣传活动，举办“百医百瞬”摄影比赛、“医声医事”征文比赛，开展大型义诊为民服务活动，积极弘扬行业正能量，教育影响医务工作者，努力营造尊医重卫浓厚氛围。全面开展巡视整改工作。按照市委巡视组和区委巡视整改要求，主动认领问题11个，并详细制定整改方案，召开动员部署会，在全系统全面开展基层党建、意识形态、乱发津补贴等巡视整改工作。巡视整改工作基本完成，整改效果明显。认真领会全市加强公立医院党的建设会议精神，在全系统层层开展传达学习活动，仅市九院和区中医院学习传达25次，进一步统一思想，凝聚共识。制定并下发《关于加强全区公立医院党的建设工作的实施意见》，加强公立医院党建工作的领导和指导。市九院、区中医院分别修改完善党委和行政领导班子议事决策制度，并将党建工作要求写入医院章程。

同时，层层落实意识形态工作责任制，扎实做好对口帮扶和援外工作，切实加强信访稳定、财务管理、干部保健等工作，创新开展党外知识分子统战工作，充分发挥老干部和工会、团委、妇联作用，形成推动卫生计生事业发展强大合力。

【医疗管理体系】 按照《医疗质量管理办法》，初步建立“区卫生计生委—医疗机构—科室”组成的医疗质量管理网络，“监督执法局—协管单位—医疗机构”组成的监督管理网络。工作部署到位。区卫生计生委召开年度医疗管理工作会议，印发医疗管理要点，明确年度工作目标，有序推进工作。将医疗机构医疗质量管理情况和监督检查结果纳入医疗机构及其主要负责人考核的关键指标，并与医疗机构校验、医院评审、评价以及个人业绩考核相结合，确保工作落实。工作指导到位。依托市九院、区中医院的优质资源，成立8个区级质量控制中心，通过指导、培训等方式，对医疗机构医疗服务开展质量控制，初步形成宗旨观念更加明确、患者安全意识更加强化、服务流程更加优化、诊疗行为更加规范的医疗服务质量持续改进机制。质量控制到位。区卫生计生委围绕医疗质量管理办法、医疗管理重点工作等，就医疗质量安全约谈机构50余家次，检验质控、病历处方点评等覆盖57

家医疗机构。

【医改重点工作】 加强医疗联合体建设。推进市九院、区中医院与5个社区卫生服务中心、12个镇卫生院组建医联体，促进优质资源“下沉”，带动基层服务能力提升。市九院、区中医院下转病人较去年同期增长10%，开展面向基层的首诊50个病种能力培训，培训基层医护人员146人。开展制定医院章程试点。确定4个医疗机构（市九院、区中医院、瑞慈医院、丰江医院）作为试点单位，完成医院章程制定，进一步建立健全现代医院管理制度。规范执业行为。各级医疗机构按照《医疗机构手术分级管理办法（试行）》，建立健全手术分级管理工作制度，开展手术项目与级别和诊疗科目相适应。全区按照《重庆市第二类医疗技术目录（2018年版）》开展第二类医疗技术的医疗机构3家，备案开展第二类医疗技术14项（次）。不断强化学科专科建设。市九院、区中医院巩固三甲医院内涵，抓核心技术建设，打造国家级学科、专科建设项目7个，市级学科、专科建设项目22个，九院儿童孤独症康复治疗中心等在全市乃至我国西部拥有较大影响力。

【医疗服务】 印发《北碚区进一步改善医疗服务行动计划（2018—2020年）实施方案》《北碚区进一步改善医疗服务行动计划制度建设指导意见》，持续改善群众看病就医感受。

建立5项医疗工作制度。建立预约诊疗制度，通过电话、互联网等方式，市九院、区中医院预约时段能够精确到1小时，二级医疗机构开展预约诊疗服务全覆盖，部分基层医疗机构通过群工系统网络能够开展预约诊疗服务。拓展远程医疗服务，市九院建立远程医疗中心，向医联体内医疗机构提供远程会诊、远程影像、远程心电等服务，远程诊疗达到400余人次。实施检查检验结果互认，各级各类医疗机构按照《北碚区医学检验检查结果互认工作方案》，开展检查检验结果互认工作。市九院、区中医院全面启动检查检验结果互认，5家基层医疗机构纳入检查检验结果互认范围。推进临床路径管理制度，市九院、区中医院等医疗机构加强临床路径管理工作，增加住院患者临床路径管理比例，共开展医院临床路径206个。

建立5项诊疗模式。多学科诊疗模式（MDT）。针对5项疑难复杂疾病、多系统多器官疾病，市九院、区中医院建立多学科诊疗团队，为住院患者提供多学科诊疗服务，提升疾病综合诊疗水平和患者医疗服务舒适性。连续医疗服务。以医联体为载体，在医联体内实现电子健康档案和电子病历信息共享，为患者提供健康教育、疾病预防、诊断、治疗、康复、护理和随访等连续医疗服务。急诊急救服务。依托市九院急救医疗分中心，完成航空医学救援直升机停机坪建设，与17个街（镇）分中心形成网络，构建快速、高效、全覆盖的急危重症医疗救治体系。医疗机构内部专业统筹协调，通过院前—院内多科室间联动，为患者提供医疗救治绿色通道和一体化综合救治服务，提升重大急性病医疗救治质量和效率。日间手术服务。两所三甲医院完善工作制度和工作流程，逐步开展日间手术，日间手术病种达18种。护理、药学延伸服务。二级以上医疗机构开展医院优质护理服务、药学服务，基层医疗卫生机构在上级医联体单位指导下逐步推进。市九院依托“一体化”医联体建设，依托直属社区卫生服务中心探索为患者提供上门护理、居家护理指导等服务。

【急危重症救治中心】 围绕5种严重疾病救治，依托市九院先后建立5个区级急危重症救治中心：胸痛中心、卒中中心、危重孕产妇救治中心、危重儿童和新生儿救治中心。救治危重患者700余例。

【行业作风建设】 部门联动形成合力。积极协调发改、人社、食药监、监察等12个区级部门，建立部门联席会议制度，贯彻落实专项治理“五年规划”。在5所二级以上公立医院开展北碚区医疗系统民生监督及过度诊疗专项整治行动，全面开展北碚区卫生健康行业作风整治专项行动。点评处方378份，评审病历118份，对不合理用药、违反诊疗常规的医务人员，责令医院进行不良执业计分处理。强化监督打造立体网络。常态开展党风廉政专项检查、医疗机构内部审计、医务人员不良执业记分等工作，建立健全五大阳光机制，即：医药产品阳光采购、医药产品阳光使用、医药产品阳光推介机制、医疗服务阳光收费、信息阳光公开。将行业作风定责到岗位、定事到人头、定时到节点、定量见实效，推行“四定五督”工作法，努力构建“横向到边、纵向到底、合纵连横”的立体监督格局。抓机制建设。推进“三合理”（合理用药、合理检查、合理诊疗），常态开展病历、处方点评。制定出台《医务人员外出参加学术活动管理办法(试行)》,规范医务人员外出参加学术活动。树立典型形象,涌现出"全国群众满意乡镇卫生院"蔡家医院、柳荫医院等先进单位,重庆市首届"最美医务工作者"万荣珍、北碚区"十佳医生"戢炳金等先进典型。

【法制宣传】 推进法制政府建设。加强法律法规宣传教育,近4000人次参加法制培训和考试。深化放管服改革,实行一次性告知及告知承诺制,审批时限压缩率平均达到60%以上,"最多跑一次"事项占比达93 %,提供免费复印等便民措施,累计向业务申请人推送审批服务评议评价短信561条,受理并办理审批件2792件,同比增长29.74%。全面加强行业作风建设。在连续开展北碚区"十佳护士""十佳医生"评选宣传活动基础上,以隆重庆祝首个"中国医师节"为契机,开展北碚区优秀医师、优秀医务工作评选宣传,以及摄影、征文比赛活动,积极弘扬行业正能量。深入开展医疗卫生系统民生监督暨过度诊疗专项整治行动,严格医德医风考评,严格执行医务人员不良行为记分管理办法,规范诊疗行为。做好宣传舆论工作。在北碚报、北碚电视台设置《卫生与健康专栏》和《健康北碚在行动》栏目,开展专题宣传报道60期,在人民网、华龙网等市级及以上主流媒体正面宣传报道18次,加强网上舆情管控,积极稳妥处置负面舆情。

【妇幼服务】 2018年完成宫颈癌检查5359人,完成率89.32%,乳腺癌检查3410人,完成率85.25%。孕前优生健康检查1033对,完成率91.99%。修订完善《重庆市北碚区危重孕产妇预警管理救治和转诊工作方案》,全面开展妊娠风险筛查与评估,严格进行高危专案管理,畅通危急重症转诊救治绿色通道,继续邀请市级产、儿科专家对危重孕产妇、新生儿死亡病历进行评审。2018年前三季度共计管理危重孕产妇64例,急诊接诊27例,转入区级危重孕产妇救治中心37例,转市级危重孕产妇救治中心7例,孕产妇死亡0例,抢救成功率100%。在市九院建立区级孕产妇和新生儿危急重症救治中心,负责全区危重孕产妇和新生儿的救治、会诊、转诊及技术指导工作。构建及时有效、合理有序、分工合作的危重新生儿救治和转会诊网络,形成畅通的危重新生儿救治和转会诊绿色通道。截至年底,区级危重新生儿救治中心成功救治危重新生儿81例。全区孕产妇死亡率为0,新生儿死亡率2.00‰,婴儿死亡率3.10‰,5岁以下儿童死亡率4.19‰。邀请市级产科专家举办了孕期保健、妊娠高血压、产后出血等方面的产科质量提高培训班。严格控制剖宫产率。制定《北碚区2018年控制剖宫产率实施方案》,实行剖宫产月报制度,定期深入基层产科对剖宫产控制工作进行督导,全区剖宫产率持续下降。

【疾病防控】 传染病防治工作。截至年底,北碚区连续保持13年无霍乱疫情发生的佳绩。全区报告法定传染病4640例,报告发病率584.01/10万,较去年同期上升15.54%。其中乙类传染病共报告发生1695例,报告发病率213.34/10万,较去年同期下降9.41%;死亡34例(艾滋病33例、肺结核1例),死亡率4.28/10万,病死率2.01%。报告发生丙类传染病2945例,报告发病率370.67/10万,较去年同期上升37.30%,无死亡病例。2018年1月1日—10月30日共现场处置各类传染病疫情103起。经调查确定突发公共卫生事件4起,均为一般级事件。

免疫规划工作。规范疫苗接种。强化接种门诊规范化建设,为适龄儿童提供安全、有效的预防接种服务,"八苗"接种率97.90%。全区仅报告1例麻疹,无风疹、流脑、乙脑病例发生;共报告疑似麻疹病例25例,排除麻疹病例24例;对46例疑似预防接种异常反应进行调查处理。完成2018年脊髓灰质炎灭活疫苗查漏补种工作,经过对全区12911适龄儿童摸底调查,补种60人次,补种率98.36%,达到预期目标。妥善处理问题疫苗事件。问题疫苗事件发生后,立即行动,成立疫苗处置工作领导小组,下设现场应急维稳组、专家组,做好疫苗封存和应急购;加强门诊督导,规范门诊管理;掌握底数,规范做好公众健康咨询追踪工作;做好舆情收集和分析,加强正面宣传,及时回应关切,确保社会稳定。

巩固慢病示范区成果。开展"北碚区首届职业人群健走激励大奖赛"和"三减三健专项行动"。持续深入开展慢性病监测、培训、督导、宣传等工作,截至年底,全区报告粗死亡率为556.35/10万、恶性肿瘤登记和心脑血管事件报告发病率分别为413.64/10万和317.22/10万;儿童口腔疾病综合干预项目工作圆满完成。

【精神障碍患者工作】 全区在册严重精神障碍患者2823人,管理率91.18%,规范管理率87.96%。推进严重精神障碍患者联合服务管理。组织各街镇和基层单位相关人员召开2次培训会，开展专项督查1次。建立健全信息交换工作机制，联合服务管理小组每月向镇街综合管理小组上报，镇街综合管理小组定期对各联合服务管理小组履职尽责情况进行督导检查，并每月向区联席会议办公室上报，区联席会议办公室经过汇总分析，及时将信息通报各相关单位，确保各部门、各镇街、辖区精防机构的严重精神障碍患者信息畅通，做到及时发现一例、登记一例、管理一例、不漏一例。持续做好随访管理，22家基层医疗卫生机构和联合服务管理小组对全区严重精神障碍患者开展定期随访管理，实行"发现一例，治疗一例，管理一例"，根据病情动态实施分类管理，联席会议办公室每周对街镇随访情况进行抽查，并点对点反馈，患者管理率、规范管理率、面访率、服药率稳中有升。做好精神病人应急处置工作。区精神卫生中心和天府矿务局职工总医院常年开通严重精神障碍患者应急处置"绿色通道"，与公安机关、镇街综治及民政专干、基层精防医生一道开展应急处置工作，共处置156人次，各种紧急或危险情况均得到有效处置。抓好精神病人医疗救治救助。在扎实做好资助患者参保的基础上，对病情加重确需住院治疗的患者，按照"医保先报、符合条件的医疗救助、政府兜底"的做法，充分利用686项目资金、区残联贫困精神病人救治项目、区民政局流浪精神病人救助项目等渠道，解决患者诊断、治疗、救助、康复等经费，确保严重精神障碍患者不因贫困或流浪而得不到救治。强化重点时段患者管控。把病情不稳定、危险等级高的患者作为服务管理的重点，实行该住院治疗的必须住院治疗，并每日研判调度，因人施策落实管控措施，严防肇事肇祸案(事)件发生；对在敏感区域上访的患者，联合服务管理小组制定针对性稳控方案，及时做好患者及家属的化解疏导、教育安抚及救治工作。在重大会议、活动、节假日等重点敏感时段期间，对所有公安机关列管的严重精神障碍患者加大随访力度，对全区19名肇事肇祸重点精神病人坚持日点名，对下落不明的严重精神障碍患者组织力量查找患者下落，对长期下落不明，符合条件的，启动命案侦破机制，按规定程序录入全国失踪人员数据系统。全区在碚病情危险性评估3级及以上的患者全部在控。

【卫生监督专项整治】 开展"双随机一公开"工作。2018年国家系统随机抽取263家，监督完成262家，任务完成259家，其中4家停业关闭，监督完成率99.62%，完结率100%，处罚案件15件，罚没金额9400元，并按要求及时在北碚区政府网上公开检查结果。开展专项监督检查行动。共开展中医医疗机构传染病防治和感染防控专项检查、医疗废物与医疗污水处置专项监督检查、"校园蓝盾2018"专项监督检查、婴幼儿沐浴场所专项监督检查、夏季重点公共场所卫生专项检查、直饮水专项监督检查等12个专项监督检查，共计出动监督员903人次，监督检查606户次，处罚案件48件，罚款6.4万元。做好特殊时期保障工作。中、高考期间出动卫生监督员24人次，对3所中、高考考点学校和3家定点中、高考住宿单位开展拉网式监督检查。学校春秋季监督检查，共出动监督员144人次，春季检查学校共170所、秋季检查学校共186所。托幼机构卫生现状调查，共出动检查人员42人次，对全区106所托幼机构进行拉网式监督检查。扎实做好其他工作。截至12月24日，共受理卫生行政许可394件，办结394件。对1207家公共场所单位进行量化分级评定，其中，A级8家、B级76家、C级1123家。严格执法。全年共查处违法案件137件，同比增长18.1%；罚没款共计24.26万元，同比增长15.97%。

【家庭医生签约服务】 完善服务机制。进一步完善家庭医生签约服务机制，以老年人、孕产妇、0～6岁儿童、慢性病人等10类人群为重点，扎实开展个性化签约服务。在全区基层医疗机构推行"家庭医生签约服务区"，试点"1+1"医防融合服务模式，做实家庭医生签约服务。建档立卡贫困户和计划生育特殊家庭签约率达100%。创新服务模式。实行差异化的服务模式，满足签约居民的多样化的卫生服务需求。就医方面，健康服务团队按照协议为签约居民提供全程服务、上门服务、错时服务、预约就医等多种形式的服务。转诊方面，家庭医生团队预留一定比例的上级医院专家号、预约挂号、预留床位等资源，方便签约居民优先就诊和住院，为转诊患者建立绿色转诊通道。用药方面，对于签约的慢性病患者，可酌情延长单次配药量，减少病人往返开药的频次。对于下转病人，可根据病情和上级医疗机构医嘱按规定开具药物。优化服务方式。完成家庭医生签约服务软件，将签约服务纳入信息化管理，及时录入服务信息。以重庆

12320信息服务为基础开发家庭医生APP居民端，家庭医生通过与移动公卫APP同签约居民互动，上门随访，动态更新数据，有效提高家庭医生签约服务效率。静观镇中心卫生院家庭医生签约服务工作接受国家卫健委督导考核。

【爱国卫生运动】 持续开展城乡环境卫生综合整洁行动，完成4个市级卫生镇复评，通过购买服务方式推进病媒生物防制工作，大力推动“厕所革命”，筹集各类资金968万元，完成农村卫生厕所改造4854口。

【队伍建设】 启动“三名工程”建设。为培养和造就一批在区内拔尖、在地区有影响和带动作用的名(中)医、名科、名院，召开建设卫生强区实施名(中)医名科名院工程动员会，正式启动“三名工程”建设，力争到2023年培育北碚名(中)医15～20名、名科5～10个、名院3～5家，助推北碚卫生强区建设；开展2018年基层医疗卫生单位领导干部能力提升专题培训。组织基层医疗卫生单位院长、社区卫生服务中心主任、科级后备干部、公共卫生业务骨干共计49人赴四川大学华西医院为期5天专题培训班，并在培训结束后组织基层单位主要领导、后备干部共计31名参训人员召开座谈会，了解掌握培训学习情况，提升学习应用能力，13名学员代表在座谈会上畅谈培训学习的收获与体会；开展首个“中国医师节”评选活动。积极参加重庆市尊医重卫先进集体、优秀医师、优秀医务工作者评选工作，全系统4名医务人员荣获表彰，并开展北碚区优秀医师、优秀医务工作者评选宣传工作，评选出10名“北碚区优秀医师”、10名“北碚区优秀医务工作者”；规范科级领导干部选拔任用。按照区委组织部、区人力社保局关于印发《重庆市北碚区机关和事业单位科级领导干部选拔任用工作办法》和《重庆市北碚区公务员科级非领导职务晋升办法》的通知(碚委组〔2015〕221号)精神，整理规范十八大以来卫生计生系统选拔任用的科级领导干部资料，并迎接市委巡视组的督查；五是开展部分委属基层医疗单位科级领导干部选拔任用和调整。

【人才引进】 开展2018年考核招聘工作，市九院和区中医院分别赴高校招聘专业技术人员；完成8名2013年订单定向免费培养生的安置工作；开展2018年公开招聘事业单位工作人员(卫生类)工作；完成北碚区2017年下半年公开遴选(选聘)机关事业单位工作人员考察、录用2人；完成北碚区2017年四季度公开招聘和考核招聘(往届生)卫生事业单位紧缺专业技术人员聘用工作，其中公开招聘25人，考核招聘17人；完成2018年基层医疗卫生机构考核招聘9名专业技术人员体检、考察和聘用手续办理工作。

【远程培训】 开展第三批次大轮训督导工作，全年共计开展督导14次；顺利完成第二轮第二批次重庆市暨三峡库区“基层卫生人员远程培训”考试工作，系统11家乡镇卫生院、东阳医院共122人参加培训，经考试考核，成绩合格率为99%；开展第二轮第三批次全市暨三峡库区基层卫生医务人员能力提升大轮训工作，系统10家乡镇卫生院、东阳医院共128人参加培训。

【职称管理】 积极开展2018年全市卫生技术高级职称申报工作，委属单位48人申报高级职称(其中：正高职称15人，副高职称33人)；完成全国卫生专业技术资格考试(北碚区)现场确认，共确认939人(其中初级士94人，初级师531人，中级314人)；完成2018年4月份事业单位竞聘上岗工作(358人)；办理2017年全国卫生专业技术资格考试和护士执业资格考试(北碚区)合格人员资格证书，共482人；完成2018年全国护士执业资格考试(北碚区)成绩合格证明的发放，共17人。

【生育关爱】 “全面两孩”政策稳步实施。持续加大“全面两孩”政策宣传力度，主动加强计划生育服务工作，提升妇幼服务能力水平，形成鼓励按政策生育浓厚氛围，全年生育服务登记3963人，二孩登记1888人，符合政策生育率达99.75%。计生惠民政策全面落实。实施“新家庭计划”项目，开通计生特殊家庭绿色就医通道，实行全覆盖家庭医生签约服务，落实分类管理和精准帮扶，兑现扶助资金3612.17万元。计生特殊家庭关爱成为全市品牌。依托北碚区真情会所和真情联谊会，探索创建“政府支撑全力推动、协会参与真情互动、会员帮扶积极互动、会所提供丰富活动”的北碚关爱模式，保持计生特殊家庭到市进京“零上访”纪录，该项工作经验在全国作交流发言。

【出生人口性别比】 加大打击“两非”和“关爱女孩”宣传力度，加强医疗机构法制教育，增强行业自律。

联合区食药监分局，组织区卫生计生监督执法局开展整治“两非”专项检查工作，全区出生人口性别比为101.48∶100，处于正常水平。

【流动人口管理】 督促镇街开展FIS平台流动人口信息交换工作，确保全区协查、通报反馈率达到市卫计委要求。截至年底，全区提交协查490条，提交率达98.88%，反馈协查145条，反馈率达97.93%；提交通报255条，提交率达94.1%，接收通报9条，接收率达100%。完成全国流动人口动态监测工作，天生、北温泉、蔡家岗、歇马等4个街道共10个监测点完成入户调查问卷200份，全部录入国家流动人口动态监测网站，确保工作顺利完成。

【健康扶贫】 高站位推动健康扶贫工作。把健康扶贫工作作为一项政治任务，纳入区级重点民生实事统筹推进，印发《北碚区农村贫困住院患者区域内先诊疗后付费实施方案》《北碚区农村贫困人口大病专项救治工作实施方案》等政策文件8个，落实健康扶贫基金80万元，推动健康扶贫工作开展。建立落实多重保障机制。加强部门联动，建立形成基本医保、大病保险、民政医疗救助、健康扶贫医疗基金、精准脱贫保、医院垫付等多重保障机制，实施“三个一批”行动计划，推行“一站式结算”平台，“先诊疗后付费”救治515人次，农村贫困人口住院、门诊个人自付比例严格控制在要求范围之内。创新帮扶措施。市九院率先完成建档立卡贫困户看病就医自动识别系统建设试点，借鉴其经验和做法，推动完成17家基层医疗卫生机构HIS系统改造，实现建卡看病就医自动识别和提醒，为精准控制患者自付比例提供便利。建立结对帮扶对象健康台账，有针对性地开展送医送药及诊疗服务，帮扶工作受到帮扶对象高度认可。

北碚区卫生计生系统负责人名录表

姓名	性别	工作单位	职务	备注
万朝学	男	北碚区卫生和计划生育委员会	党工委书记、主任	
张　卫	男	北碚区卫生和计划生育委员会	党工委专职副书记	
汪力华	男	北碚区爱卫办	主任(兼)	
		北碚区卫生和计划生育委员会	副主任	
梁　进	男	北碚区卫生和计划生育委员会	副主任	
杨明芳	女	北碚区卫生和计划生育委员会	副主任	2018.04离任
魏昭明	女	北碚区卫生和计划生育委员会	区纪委派驻 区纪检组组长	
陈　琳	男	北碚区卫生和计划生育委员会	副主任	
周洪琴	女	北碚区计划生育协会	秘书长	
阳　光	男	重庆市第九人民医院	院长	
王　毅	男	重庆市第九人民医院	党委书记、副院长	
龙　攀	男	重庆市第九人民医院	党委副书记	
颜维华	男	重庆市第九人民医院	总会计师	
朱在枝	男	重庆市第九人民医院	纪委书记	
王　佾	男	重庆市第九人民医院	副院长	
高小玲	男	重庆市第九人民医院	副院长	
谢文义	男	北碚区中医院	院长	
安　杰	男	北碚区中医院	党委书记	
周　愚	男	北碚区中医院	副院长	
何　臣	男	北碚区中医院	副院长	
王　林	男	北碚区中医院	副院长	
万　鹏	男	北碚区中医院	副院长	
王年斌	男	北碚区中医院	纪委书记	
杜小燕	女	北碚区疾病预防控制中心	主任	
周玉福	男	北碚区妇幼保健计划生育服务中心 (北碚区妇幼保健院)	(主任)院长	
于海滨	男	北碚区卫生计生监督执法局	局长	

(潘先明)

社会生活

民　　政

【概况】 2018年，市民政局支持北碚区各项民政专项经费12609万元发展民政事业，北碚区在推动社会组织党建工作等方面探索创新，区民政工作在2018年度全市民政工作综合考评中被评为“优秀”，并函告区委、区政府予以表彰。

北碚区民政局机关有行政编制17人，机关工勤编制1人，实有行政工作人员15人，工勤工作人员1人。其中，局长、党委书记1人，党组成员、老龄办主任1人，纪检组长1人，正处级干部1人，副局长3人，调研员1人，副调研员1人，科室主要负责人4人，主任科员2人，副主任科员1人，科员1人；机关工勤人员1人。设5个内设机构：党政办公室、救灾救助科、优抚安置科、社会事务管理科、基层政权和社区建设科。局下属有12个事业单位，其中，参照公务员管理事业单位4个，财政全额拨款事业单位4个、差额拨款事业单位3个、自收自支事业单位1个，共有在编工作人员95人。

【社会救助】 坚持“兜底线”，城乡低保应保尽保。严格执行法规和政策，坚持按户施保，应保尽保。2018年保障城乡低保81083户次115457人次，发放保障金5032.3万元。加强低保核查管理，全年共核查比对8429人，查出不符合救助条件1878人。完成年度调标工作，城市低保补差水平提高到518元，农村低保补差水平提高到367元。

坚持“救急难”，困难救助及时有效。制定与全市相对统一的临时救助标准。为提高困难群众抵御抗风险能力，补充完善区临时救助政策，制定与全市相对统一的临时救助标准，特殊困难对象救助高限提高到15万元。2018年临时救助1053人，发放救助金540.4万元。将支出型贫困家庭纳入社会救助。对因患重特大疾病、因学等特殊原因造成困难的家庭及时给予社会救助，纳入城乡低保23户44人，纳入医疗救助96人，纳入临时救助48人。2018年医疗救助10.9万人次，救助金额2518.2万元。开展“民政惠民济困保”。首次参保人数17781人。理赔1199件，赔款金额合计199.5万元，简单赔率高达120.86%。做好防灾减灾救灾工作。全年下拨救灾资金28.372万元，紧急转移安置人口1050人，倒房重建5户17间，维修55户156间。下拨冬令春荒资金43万元，救助受灾人员1790人，发放越冬救灾棉被3400床、防寒服2500件，价值67.45万元。加强救灾物资库建设，救灾物资仓库储备达紧急转移安置6000人所需标准。

坚持“织密网”，保障特困群体。2018年供养农村特困人员1320人，城市特困人员1673人，累计发放供养金2518.2万元；救助经济困难高龄失能老年人10668人次，发放养老服务补贴213.36万元；供养孤儿14人，艾滋病病毒感染儿童6人，累计发放生活费28.488万元。2018年发放残疾人两项补贴458.4万元，惠及2709名贫困残疾人和4750名重度残疾人。

【社区建设】 2018年新增社区1个，撤销行政村2个，至年末，全区共有107个行政村、74个社区。完成市属国有企业社会化职能移交工作。对24个村(社区)便民服务中心建设项目补助各级资金567万元。继续推进基层民主自治工作，开展全区村(社区)书记、主任培训和村(居)务监督委员会主任培训，提升基层干部能力水平。指导修订完善村规民约和居民公约等社会规范，建立城乡社区民主协商流程和清单，落实“三社联动”工作机制。建立村(社区)四职干部补贴动态增长机制，加大基层岗位吸引力。规范村(社区)证明事项，取消35项证明事项。持续推动“三社联动”机制落实。全面完成2017—2018年社会工作服务项目，对2018—2019年38个项目立项，补助资金531万元，对社工项目进行绩效管理。实施“种子”社会工作人才培育项目，出台考取社会工作职业资格证书激励政策，101人取得社会工作职业资格证书。开展民政系统扫黑除恶专项斗争工作。

【社会福利】 慈善事业健康发展，2018年北碚区慈善会捐赠收入145.1万元，捐赠支出172.5万元，救助困难群众2335人次。2018年福利彩票销售量1.55亿元，比上年度下降12%。

【老年服务】 实施“千百工程”，计划从2018年到2020年全区新建18个社区养老服务站，重点打造5个市级示范社区养老服务中心，2018年完成6个社区养老服务站和1个市级示范社区养老服务中心建设。投入330万元，实施东阳敬老院和澄江敬老院提档升级工程，在保障农村特困人员集中供养需求的前提下，为低收入、高龄、独居、失能、失独及其他农村老年人提供便捷可享的社会化养老服务。继续开展2018年养老机构服务质量建设专项行动，确保养老机构54项基础性指标全部合格。加强养老机构安全管理。着力助推社会力量参与养老事业发展，新增5所养老机构，新增床位519张，重点社会办养老项目“四联优侍美林高龄社养护中心”和“重庆德瑞万寿福居养老护理中心”取得许可，正式投入运营。加强农村留守老年人关爱服务工作，建立农村留守老人信息台账和定期探访制度。

【优抚安置】 按时足额发放各类资金，确保优抚安置对象权益。2018年，发放重点优抚对象抚恤补助经费、烈属优待金、60岁老兵生活补助费等共3592人，3095万元；发放城乡义务兵家庭优待金440人，437.4万元，现役军人立功授奖奖励67人次，11万元；发放医疗补助3429人次，291.2万元；为15名优抚对象解决“住房难”，为因灾损坏的住房补助15.95万元；接收安置退役士兵203人，发放退役士兵一次性自主就业金514万元；退役士兵(四类人员)安置率100%；组织49名重点优抚对象市内短期疗养。投入45万元，对王朴烈士陵园、张自忠烈士陵园提档升级改造。春节和八一建军节期间，为驻碚部队送去36万余元慰问品及慰问金。

【社会组织】 2018年，成立社会团体4家、民办非企业单位14家，注销民办非企业单位3家，社会团体变更登记13家，民办非企业单位变更登记15家。全市率先成立北碚区社会组织综合党委，全年新发展成立1个行业协会党支部，现有再生资源行业协会党支部等5个支部。社会组织党组织覆盖率75.4%，其中单建党组织24个。

【地名普查】 2018年，市政府正式批准同意歇马、水土、复兴撤镇设街道。新审批地名23条，完成全国地名词典编撰、北碚最美地名故事编撰工作，启动北碚地名志编撰工作，有序推动地名普查成果转化。

【结婚离婚】 2018年共办理结婚登记5542对，离婚登记4017对，补领登记证2108件。

【殡葬服务】 2018年，全区殡仪馆火化3377具，免除282名困难群众丧葬费38万元。城区殡仪服务中心建成投入使用。开展文明治丧专项整治工作。

【区民政局负责人名录】

党委书记、局长：王春燕
党委委员、区老龄办主任：袁顺颖
党委委员、副局长：史建忠
党委委员、派驻纪检组长：邓洪英
党委委员、副局长：张　平
党委委员、副局长：刘晓亮(兼区救灾办主任)
军队离退休干部管理中心主任：朱敬松

人民生活

【城乡居民收入】 2018年，北碚区城镇常住居民人均可支配收入38563元，同比增加2988元，增长8.4%。农村常住居民人均可支配收入18897元，同比增加1480元，增长8.5%。

【城乡消费水平】 2018年北碚区城镇常住居民人均生活消费支出为27288元，同比增长7.1%。反映城镇居民生活质量的恩格尔系数(食物消费与总消费支出的比重)2018年为28.1%，比上年下降0.1个百分点。2018年每百户城镇居民家庭拥有耐用消费品分别为：洗衣机120台；电冰箱117台；彩色电视机196台；组合音响40.2套；照相机74台；空调器182.5

台。2018 年农村常住居民人均生活消费支出为 15260 元,比上年增长 11.7%。反映农民生活质量的恩格尔系数为 36.3%,比上年下降 3 个百分点。2018 年每百户农村居民家庭拥有耐用消费品分别为:洗衣机 74.3 台;电冰箱 95 台;彩色电视机 125 台;照相机 8.7 台;摩托车 26.8 台。

【城乡居民消费结构】 2018 年北碚区城镇常住居民人均各大类消费支出为:食品烟酒支出 7669 元,同比增长 6.9%;衣着类支出 2450 元,同比增长 1.8%;居住类支出 4316 元,同比增长 5.8%;生活用品及服务类支出 2091 元,同比增长 6.6%;交通通信类支出 4037 元,同比增长 6.2%;教育文化娱乐类支出 3475 元,同比增长 10.8%;医疗保健类支出 2630 元,同比增长 11.2%;其他用品和服务支出 619 元,同比增长 10.8%;北碚区城镇居民的消费水平在不断提高,消费结构也趋于更合理,以通讯、教育文化娱乐、医疗保健为主的服务消费已逐渐成为居民家庭消费的重要组成部分。2018 年农村常住居民人均各大类消费支出分别为:食品烟酒支出 5541 元,同比增长 3.1%;衣着类支出 1191 元,同比增长 15.1%;居住类支出 2781 元,同比增长 43.8%;生活用品及服务类支出 1100 元,同比增长 9.3%;交通通信类支出 1507 元,同比增长 9.3%;教育文化娱乐类支出 1682 元,同比增长 10.5%;医疗保健类支出 1139 元,同比增长 3.1%;其他用品和服务支出 318 元,同比增长 3.2%。

老龄工作

【概况】 北碚区老龄工作委员会办公室(以下简称区老龄办)有行政编制 3 人,实有工作人员 4 人。2018 年,北碚区老龄办围绕“五个老有”老龄工作目标,认真履职、积极作为,开展老龄问题研究及老龄化国情教育,维护老年人合法权益,丰富老年人精神文化生活,促进老龄事业健康持续发展。

【惠老政策】 1 月起,百岁老人一次性生日慰问金由原来的 1000 元提高到 2000 元。全年发放 80～89 岁低保老人高龄补贴共计 169100 元;发放 90～99 岁老人高龄补贴共计 3443900 元;发放 100 岁老人营养补贴共计发放 232800 元。全年发放惠老资金 3845800 元。2018 年底,全区百岁老人首次超过 60 位。

【国情教育】 联合教育部门统一安排部署,组织全区 65 所中小学开展敬老爱老助老活动。组织全体教职员工认真学习相关文件,深刻领会其精神;利用升旗仪式时间向学生介绍有关传统佳节的知识,比如重阳节的由来、重阳节的风俗、现代重阳节所提倡尊老、爱老的美德。通过宣传让学生了解并记住这些传统节日;要求班主任老师利用班会课时间对学生做进一步的宣传,要求学生用实际行动报答亲情、报答长辈们对自己的爱;以少先队大队部的名义向全校学生提出倡议:了解父母,尊敬老人,从自身做起,从点滴做起,真心实意地为身边老人做几件实事。

【敬老月活动】 积极组织策划主题为“营造敬老爱老社会氛围、纪念改革开放 40 周年”的敬老月活动。

夯实慰问活动。慰问高龄老人,对辖区内高龄老人、百岁老人开展节日走访慰问活动。共计慰问 200 余人次,慰问物资共计 4 万余元。慰问困难老人,积极开展为贫困、失能、留守、空巢、失独老人献爱心、解难事、办实事活动。全区共计走访慰问困难老人 670 余户,慰问物资共计 15 万余元,解决老人生活困难 17 件次。慰问养老院,积极发动和组织爱心企业、志愿者团队、文化演艺团体等社会力量走进养老院,为老人们送上节日慰问和文化盛宴。慰问活动共计 43 次,文化演出 21 次,惠及老人 2000 余人次。开展送医送药活动,发动辖区医院、市内医药公司为养老院老年人开展送医送药活动 13 场次,惠及老人 870 余人次。

宣传活动。在中心集镇、学校、文化广场、养老院等地采取挂横幅、贴标语、发放资料等多种形式,宣传《老年人权益保障法》等法律法规和相关政策,动员社会力量参与。通过政府购买服务的方式,为有条件的偏岩古镇购买敬老主题川剧演出节目,通过喜闻乐见的表现形式宣传敬老文化。各基层老年协会自行组织具有地方特色的文娱活动共同庆祝“老年节”,老人自发精心编排节目,包括歌舞、时装表演、快板、小品等节目,真正做到老人主动参与、老人过自己的节日。

文艺展示。组织全区“纪念改革开放 40 周年”主题老年书画摄影展,展出共计 200 余件作品;开展老年大学文艺演出展示活动,通过老年大学学员的现学现演,展示北碚区老年教育的实力与风采;组织片区主题体育赛事和游园活动，展示老年人晚年风采，参与老人达1000余人次。

【基层老年协会工作】 协调推进基层老年人协会规范化建设，不断丰富老年人的精神文化生活。在落实基层老年协会组织建设的同时，对全区基层老年协会的制度建设进行检查。看各种制度是否装订成册，财务、物资管理等主要制度是否上墙，是否按时间规定学习党的路线、方针、政策、法律、法规，是否按议事决策制度管理协会，财务物资管理制度是否科学规范。对全区基层老协的经费来源情况、使用管理情况、活动场所、设施进行检查。注重基层老协的作用发挥情况。区老龄办把基层老年协会的作用发挥情况视为做好老龄工作的重中之重。启动农村留守老人关爱示范点建设，依托基层老年协会这一载体开展创建工作，预拨专项资金用于5个示范点的创建扶持，不定期派人到基层开展调研、指导工作，不断推进规范化创建工作。

【区老龄办负责人名录】

主　任：袁顺颖

北碚老年大学

北碚老年大学秉行办好老年人满意的教育为宗旨，不断提高教育教学质量和学校管理水平，强化服务。10月，被中国老年大学协会远程教育工作委员会授予全国老年远程教育示范区。

【学校建设】 为满足更多老年学员的需求，更好与社会接轨，学校在2018年新增戏曲、智能手机、乐理知识、普通话、太极扇5个专业，同时瑜伽、声乐、交谊舞、柔力球、时装、二胡、中医、古筝、太极9个专业招收新班。学校规模多达36个专业，138个班，学员6399人次；机关职工班同时开学（12个专业，21个班，学员825人）。支持老年大学分校建设，批准设立万寿分校；歇马解放台社区分校开办声乐班；合理组织安排北碚老年大学·温泉城文化教育培训基地的教学和第二课堂活动；加强班级学员的管理，制定实施班级学员限额制度；3月起对学校工作人员实行工作考核制度；修整舞台和室外教学场地（250平方米）活动雨篷，更换装修声乐教室，搬迁改造钢琴教室，添置了教学用电钢琴9台，整修舞蹈把杆，添置合唱站台、活动展示牌，完善雨篷场地排水设施，配合机关事务管理中心规范完善学校环境设施，整修更新门厅和校务公开栏；为适应老年教育的新发展，新聘教师3人；坚持每周校务会和教学汇总交流；坚持每学期一次全校班长会，让班长参与学校管理成为常态；坚持每学期一次全校教职工座谈会，集思广益听取教师的建议；严格执行财务报账制度和物资器材购置、登记制度；坚持校务公开，收费表格按期公示，接受学员监督；学委会召开工作总结会，顺利完成学委会换届工作；重视消防工作，对学校全体工作人员进行消防知识培训，对学校的消防器材进行适时检查、登记和更换；召开二片区工作总结会；与湖北省襄阳市老年大学协会进行交流学习文艺演出；按要求分别参加中国老年大学协会、重庆市老年大学协会的会员代表大会、常务理事会、老年教育理论研讨会和校长研修班学习；参加成都市双流老年大学建校三十周年校庆活动；南川区委组织部、老干局、老年大学领导、区人大代表、区政协委员来校参观考察，进行全方位交流。

【教学展示】 综合部教学展示内容丰富：器乐合奏、摩登舞、藏族舞、拉丁舞、交谊舞、柔力球表演、茶艺表演、古诗词吟唱、英文诵读、男声独唱、现代京剧、萨克斯演奏、时装表演等14个节目进行展示；舞蹈部展示大型健身韵律操舞、形体舞、响扇舞、蒙古舞、民族舞，学校舞蹈队《不忘初心》舞蹈、时装队《祝福祖国》时装秀等12个节目参加演出；太极部共有太极、瑜伽、养生气功、中医保健等22个班1000多名学员参加展示；声乐部教学展示活动有声乐部各班、缙松声乐班、歇马分校声乐班、合唱班、合唱团等16个节目参加。

【文艺展演和竞赛活动】 参加北碚区2018年迎春文艺晚会、慰问武警部队、社区文艺演出、重庆市“全民健身日”启动仪式展演等活动，受主办单位和现场观众高度赞誉；准备11个节目参与北碚区委宣传部、北碚区文化委主办的“百姓大舞台”北碚老年大学专场文艺演出。参加各种比赛成绩优异。舞蹈队：重庆大剧院“乌兰图雅杯”广场舞大赛，荣获一等奖；“康美三七杯”2018年全国广场舞大赛（重庆站）比赛，获“特等奖”；2018“泰瑞杯”戴爱莲群星璀璨人人跳舞蹈展演活动，获“最佳星级组织奖”“表演之星奖”“优秀指导教师奖”；2018年重庆市老年人健身秧歌比赛，获

"优胜奖";"中泰杯"第十七届中老年舞蹈大赛总决赛,获"一等奖";"舞比睛彩"重庆市首届广场舞电视大赛总决赛,获"最佳地域特色奖";2018年全国广场舞大赛总决赛取得好成绩。合唱团:"益安宁丸"重庆市第二届合唱大赛,获"梅花金奖";王丹老师获"最佳伴奏"奖;"缙云之声"职工歌咏比赛,获"金奖"。时装队:第六届全国老年大学文艺汇演,获"荷花奖"。太极队:重庆市第八届全民健身运动会柔力球比赛,获集体规定套路第一名;2018年中国柔力球公开赛(重庆渝北站),获规定套路社会组"一等奖"。摄影班学员余梅作品,获中宣部"最美中国人摄影展"优秀作品;谭红钢、包月海作品,分别获重庆日报"我爱重庆"主题摄影优秀奖。

【二三课堂活动】 书法国画专业与民生银行联合举办"民生杯"书画摄影手工展,展出作品400余件(幅);学校师生和通江县空山镇群众一起举办"2018年渝通两地空山之夏文艺联欢会",受到当地群众的热烈欢迎和一致好评;高质量完成中央电视台《记住乡愁栏目》北碚专题片到校摄录任务;参加市篮协第29届中老年"体彩杯"篮球比赛开幕式演出,组织600余名学员到现场为比赛喝彩助威;与三圣镇政府一道举办"重阳登高,三圣有约"敬老健步行活动;与万达广场联合举办的2018年"夕阳红"诗朗诵竞赛获得圆满成功,100名学员提交诗词散文作品100篇,演绎当代老年人对祖国、对学校、对老师、对亲人、对夕阳的热爱,充分展现北碚老年大学风采。

【北碚老年大学负责人名录】

校　　长:卢兆林

常务副校长:周万清

副 校 长:许光友

(张云海)

旅游管理

【机构概况】 北碚区旅游局是区政府主管全区旅游工作的职能部门，内设机构3个，分别是办公室、经济发展科、安全监督科，核定行政编制6名，科级职数3名，行政工勤编制1人。下属事业单位2个，分别是北碚区旅游执法大队（参照公务员法管理事业单位，核定参公编制7名，科级职数2名）、北碚区旅游发展促进中心（核定事业编制10名。其中：主任1名、副主任1名，科级领导职数2名）。截至2018年底有干部职工17名。

【旅游资源】 北碚生态环境优良，森林覆盖率接近50%。有青山、秀水、奇峡、美泉、名城，享有“都市花园”的美誉，是全国首批风景名胜区、全国优秀旅游城市、国家园林城区，曾获中国人居环境范例奖和联合国人居环境署授予的迪拜国际人居环境良好范例奖。同时，北碚人文底蕴深厚，有西南大学、卢作孚纪念馆、老舍故居、梁实秋故居（雅舍）、晏阳初旧居、张自忠烈士陵园、复旦大学、西部科学院旧址，有邓小平、刘伯承、贺龙旧居等人文景观和抗战陪都遗址104处。全区拥有国家A级旅游景区6个（其中4A级景区4个，3A级景区2个），全国农业旅游示范点2个，有悦榕庄、柏联、心景、两江云顶等知名品牌和星级饭店11家。2018年，全区接待过夜游客300.36万人次，同比增长29.99%；实现旅游实际收入80.07亿元，同比增长31.77%。

【规划制定】 明确休闲度假旅游产业发展定位。根据区旅游产业发展需要，编制全域旅游规划，进一步推动全域旅游规划与城市规划、土地规划、交通规划、村域规划等有机融合，加快实现全区旅游发展“一张图”推进。编制全域旅游规划。对照市政府批复的全域旅游创建示范区和缙云山北温泉市级度假区工作要求，在全市率先编制完成《北碚区全域旅游发展规划》，明确全区休闲度假旅游产业的发展定位和空间布局。发展定位是高颜值、微度假的都市休闲度假目的地。旅游产业空间布局是“一带两区四板块”，“一带”即城市滨江休闲产业带，“两区”即缙云山温泉度假区和金刀峡生态度假区，“四板块”即西山创意农业板块、东山乡村旅居板块、都市田园休闲板块、东阳田园客厅板块，形成区旅游产业发展的作战地图，指明项目招商、产业升级的发展方向。理清旅游发展正负面清单。对自然保护区、风景名胜区、“四山”禁建区、生态红线、基本农田、饮用水源保护区等限制性政策范围进行梳理叠合，理清旅游产业发展的正负面清单，形成产业发展管控边界。加强规划执行。全区各部门、街镇和园区以全域旅游规划为指引，细化全域旅游实施方案，落实全域旅游重点任务，启动西山坪、缙云山等片区专项规划编制，静观、澄江、东阳、金刀峡、柳荫、三圣等涉旅街镇在村镇规划编制中将道路基础设施、现代农业开发、水利设施建设布局、游客导入和游线组织等统筹考虑，完成全区35个行政村规划编制，推动规划落地落实。

【旅游招商】 强力招商，签约落地一批重点旅游项目。区旅发委根据区政府下达的招商引资目标任务，积极开展旅游项目招商引资工作。全年累计签约恒大国际温泉旅游健康小镇、伴烟翠生态休闲园、鄉根乡舍精品民宿、通航集团“通航+养生”项目、中安两江温泉文旅健康城、协信温泉度假酒店、缙岭麓泉等7个项目，协议引资金额约533亿元，接待企业70余批次，开展外出考察洽谈12次，储备四川港航集团、驴妈妈旅游集团、上海绿地集团、山东好客文化旅游发展有限公司等重点项目。在建项目：金刚碑历史文化街区启动核心区修缮工程；鄉根乡舍精品民宿项目开展内部装修；伴烟翠生态休闲园完成前期营业准备工作。签约项目：恒大国际温泉旅游健康小镇项目于5月31日完成第一宗土地招牌挂并启动土地整治工作；通航集团“通航+养生”项目、中安两江温泉文旅健康城、协信温泉度假酒店、缙岭麓泉等项目在中国首届温泉与气候养生旅游国际研讨会期间签约。重点对接项目:四川港航金刀峡片区旅游综合开发项目进入协议审查阶段;中投静观田园综合体、多利健康田园小镇项目均进入商务谈判阶段;当代集团足球俱乐部训练基地及体育公园项目进一步完善项目方案。

【旅游产品】 打好生态、温泉、人文、滨江、乡村五张牌,全力打造一批具有引领性、前瞻性的景区景点,推动全区旅游发展从单一景点景区向综合旅游目的地转变。打好"生态"牌。以缙云山国家级自然保护区生态环境综合整治为契机,累计拆除违法建筑841处、172505平方米,实施景观提升工程,全面推进缙云山国家级自然保护区总体规划实施细则、缙云山片区旅游策划、总体规划及产业提档升级规划编制工作,聚焦"生态康养、研学探秘、体育旅游、人文旅居"等功能,推进缙云山—北温泉市级度假区建设。打好"温泉"牌。启动北温泉景区提档升级,加快建设金刚碑—北温泉巡河步道,成功举办中国首届温泉与气候养生旅游国际研讨会,促成世界温泉与气候养生联合会重庆代表处、亚太(重庆)温泉与气候养生旅游研究院正式落户北碚,推动温泉旅游产业走向国际化。打好"人文"牌。实施陈家大院、偏岩古镇禹王庙等5处文物保护修缮,启动世界佛学苑汉藏教理院旧址、中国科学社生物研究所、逊敏书院保护修缮工程,完成缙云山和东阳片区文物资源调查,挖掘开发融入《四世同堂》、老舍先生等创意元素的盅、罐、书签、文具、丝巾、手机壳等20余类文创产品,人文历史景区和文创产品开发不断深入。打好"滨江"牌。发挥嘉陵江北碚段沿江风光资源优势,积极推进滨江休闲产业带建设。北碚老城段完成毛背沱公园、南京路片区外立面风貌改造以及碚东大桥转盘引道、朝阳东路、碚峡北路工程建设。蔡家段建成五彩滨江公园一期工程。包装对接协合文旅项目、郭家沱居住项目、滨江商业综合体、特色文化商业街区、龙凤溪旅游综合体等项目,加快引进和培育亲水娱乐、文化休闲、美食购物等休闲业态。打好"乡村"牌。充分发挥都市现代农业生产、生活、生态功能,全力推进农旅深度融合。全年累计打造休闲农业园(农业公园)40个,澄江镇北泉村被农业部确定为全国休闲农业和乡村旅游示范村,静观镇获批全国农业产业强镇,西山坪片区获评2018年全市农旅融合示范区,静观镇、金刀峡镇、三圣镇被确定为全市一二三产业融合发展试点镇,乡村旅游逐步成为北碚休闲度假旅游业的靓丽名片。

【产业融合】 积极推动旅游与交通建设、农业、文化、商贸等加强融合,产业转型升级步伐不断深入。在交通建设领域,重点改造省道S108静观至金刀峡旅游公路,建成重庆最长彩色公路,成为新晋网红打卡地,交通和旅游景区联系更加紧密。美丽乡村交通走廊建设全面启动,东西山环线、西山坪环线、虎头山乡村旅游通道等旅游环线公路正在加快建设,新开工胜天湖景区、偏岩古镇等乡村旅游公路132千米,区域内联系景区的路网逐步形成,"快旅慢游"体系加速构建。在农林水利领域,结合实施乡村振兴、脱贫攻坚、壮大村级集体经济等工作,整合市、区各类政策和资金,编制出台《北碚区创建美丽乡村示范村实施方案》,召开北碚区首批美丽乡村示范村创建竞争性陈述评审会议,确定柳荫镇东升村、金刀峡镇胜天湖村和天府镇中心村3个首批美丽乡村示范村创建对象,启动美丽乡村示范村创建。全面推进三权分置、林权流转、林业社会化服务等3项林权综合改革,开展林权流转交易和林改创新试点,引导红豆杉产业园加快打造森林康养基地,推动森林民宿、特色康养等产业发展。全面推行河长制,完成双凤溪、马河溪、山王溪流域水体整治和马鞍溪水库水质提升工程,启动梁滩河流域生态修复治理,推动水利观光、游憩等旅游产品开发。在文化体育领域,联合湖南卫视广播电视台芒果TV和网易影业在天府镇拍摄录制全国首档真人竞技综艺节目《勇敢的世界》,承办全国青少年足球联赛(U19组)重庆赛区比赛、"我们的世界杯—北碚万达广场首届5V5足球比赛"、金刀峡溪降等赛事活动。在商贸领域,完成老城区智慧商圈建设和碚峡路业态调整方案,启动朝阳滨江、天生丽街、九号好吃街3条特色街区建设,传统美食"兼善三绝"荣登"首届中国金牌旅游小吃"重庆美食榜,特色菜品"缙云醉鸡"被评为重庆乡村名食名特和重庆乡村名宴,八旺、家福获得重庆老字号称号。

【宣传营销】 围绕新的旅游宣传口号和主题LOGO,在重庆电视台投放《巴山夜雨地 温泉故里游》旅游形象宣传广告片,在重庆日报刊发《愉悦游北碚 美美"森"呼吸》专版推介宣传北碚休闲度假旅游资源,与95.5交通广播、96.8重庆之声等广播媒体合作,策划推出《休闲北碚》旅游宣传专版,上线赏花休闲、民宿体验等专题广播宣传栏目。举办"山水之城美丽之地2018全国重点网络媒体重庆行"等媒体宣传采风活动，参加全市四季旅游新闻发布会集中宣传推介北碚旅游资源和产品，《两千亩李花绽放 游人徜徉美景》《金刀峡溪降 享受刺激清凉》《水中喝茶 体验古镇慢生活》被央视《朝闻天下》《第一时间》报道。与腾讯大渝网、新华网、华龙网、今日头条、猪八戒网等各大主流媒体和新媒体合作，在微信朋友圈、微博、APP客户端等投放旅游宣传广告200余条，推出掌上营销、指尖营销，深度报道和宣传北碚旅游资源，带动旅游产品销售。端午节3天假期帮助海宇云水温泉售出温泉票3万余张，创收120万余元。改版升级“休闲北碚”微信公众号，累计推送北碚旅游宣传信息1000余条，上线北碚生态旅游微官网，推出休闲攻略、碚享美食、酒店住宿、特色民宿、北碚有礼五大板块，实现住宿、美食、特产等网上预订。结合中国首届温泉与气候养生旅游国际研讨会举办，邀请新华社、人民网、光明日报、中国旅游报、香港大公报、香港商报以及网易、搜狐等30多家国内外媒体开展宣传报道，累计刊发新闻稿117篇，组织重庆国际传播中心向境外媒体在Insgram、YouTube、Twitter、Facebook等境外社交平台刊推送宣传通稿7篇，国内外媒体转载600余篇，进一步宣传推介北碚“巴山夜雨地，温泉故里游”的城市旅游形象。采取市场化方式，支持街镇和旅游企业举办偏岩古镇猪羊鼎特色民俗活动、西山坪赏花节、蜡梅文化旅游节、“踏春赏花·香约静观”主题活动、“美好生活·睛采澄江”乡村健康跑活动、缙云山登山季、静观果蔬采摘节、偏岩古镇消夏文化艺术节、首届“中国农民丰收节”、2018大学生城市定向缙云山徒步节等节会营销活动。

【综合整治】 及时高效处理游客投诉。2018年，共接听旅游咨询、情况反映及旅游投诉电话536个，接受投诉31件，接待旅游投诉者、信访人员126人次，为游客挽回直接损失1.1万元，办结率100%。全面推动“放管服”改革工作，一般旅行社设立审批时间由原来的21天缩短到8天，推行网上审批备案工作。新(改)建旅游厕所17座，其中新建15座，改建2座。开展联合执法。联合交通、城管、公安、工商、质监、西南大学及相关街镇，在缙云山、金刀峡、西山坪、西南大学等片区和重点区域持续开展联合执法和旅游综合整治30余次，累计检查旅游企业120家次，出动检查人员586人次，对旅行社门店、景区景点、星级宾馆进行全面检查。强化安全监管。聘请安全监管三方服务机构，对全区A级旅游景区、星级宾馆开展行业安全评估检查，举办消防、反恐、防灾减灾、综合安全等安全知识专项培训4次，开展反恐、消防、溺水、索道故障、防洪度汛等应急救援演练5次，在黄金周、小长假及旅游旺季等重点时段，联合公安、消防、安监等部门和属地街镇开展安全专项检查，累计出动检查人员272人次，检查单位92家次，查出隐患172项，发出整改通知文书56份，行政处罚2家次，罚款0.25万元，完成整改160项，整改率93.02%，全区未发生一例旅游安全事故。

【区旅游局负责人名录】

主　任：寇韦弦

副主任：李　绚

　　　　邹文彬

缙云山风景名胜区北碚管理处

【概况】 缙云山风景名胜区北碚管理处管辖范围为北温泉景区和嘉陵江小三峡风光带，北温泉景区面积2.2平方千米，嘉陵江小三峡风光带面积29.85平方千米。管理处有编制数15人，退休职工98人，在职职工13人。领导职数一正两副。内设综合科和建管科，负责管理处日常管理工作。

【景区整改提升】 北温泉景区历史悠久，针对游客中心、标志标识、停车场、旅游厕所等基础设施老旧缺损，景区游览面积过小、景区植物老化及宣传品、景区讲解、旅游商品软件服务不到位等问题，北温泉景区逐步开展提档升级工作，改建游客中心、旅游厕所、大众泳池，打造北温泉二期、石刻园及五大名楼周边景观，优化景区游览线路、新建景区游览步道，更新旅游导视标识系统，全面提升景区品质。

【景区保护管理】 严格按照《风景名胜区条例》规定，对景区建设行为进行严格审批、规范。认真学习缙云山风景名胜区(2016—2030)总规，工作中充分利用总规加强景区管理，办理前置审批1件，对景区内违法行为约谈1起，制止违法行为3起，移送司法机关案件1起。重点抓好景区病虫害防治、绿化管护、森林防火、危岩监测等工作。制定2018安全管理的工作方案、健全景区安全应急预案和安全制度、成立安全生产领导小组，实行领导24小时带班值班制度；完成每周2次景区巡查工作和每月4次安全检查工作，每月召开1次安全会议。组织2次消防安全培训演练，全年未发生安全事故。严格按照景区生态环境保护管理规定的要求，完善景区保护管理制度。高度重视植树造林与森林植被抚育，禁止景区内乱砍滥伐行为存在；重视森林火灾和病虫害防治，定期检查虫害发生情况，全年大面积开展竹蝗虫防治和松材线虫防治1次，清楚枯死松材线虫死树60余株，安装森林防火监控设备，保障森林植被健康生长。景区数字化基础设施配置安装到位，完成景区视频监控系统接入区、市旅游局监控平台及区公安监控平台，信息监管系统得到初步完善。做好景区森林防火及地灾数字化视频监控系统，信息监管服务用于应急救援、运行监控调度、人员巡查监控、资源环境监测、规划建设管理、多媒体展示等应用系统，完成景区数字化案件进入数字化中心平台派发到各镇街的衔接工作。

【综合整治】 加强摸底排查。配合北温泉街道、东阳街道、澄江镇对辖区范围内的原住民住房情况、经营性农家乐违规经营情况进行摸底排查，做好相关登记工作，并据实统计上报。加大巡查力度。建立完善巡查机制，由周巡查改为日巡查，做到点面结合，每日安排人员对北温泉景区及小三峡风光带进行巡查，重点巡查景区范围内的乱搭乱建、倾倒弃土、开山采石、损绿毁绿、乱排污的行为。加大查处力度。经景区工作人员巡查，发现并现场制止多起违法行为。发现制止澄江镇上马台小垭口的非法采砂厂间断采砂，按要求整改复绿；发现制止龙凤桥街道白庙子碚金路段有人私自倾倒建筑装修垃圾，移交街道执法队；发现制止北泉街道北泉社区松林坡有人借危房修复名义进行乱搭乱建，通知相关镇街进行查处；制止澄江镇北泉村原腾扬、姊妹农家乐以装修、外立面整治名义乱搭乱建，移交相关镇街处理；制止北泉村村民乱砍香樟13株，移交澄江派出所立案侦查。开展景区“百日攻坚”专项行动。修复木质栏杆200米，木质地面500平方米，硬质铺装300平方米，更新景区植物300株，补栽地被300平方米，摆放鲜花2000盆。冲洗景区地面2000平方米；清理水面漂浮物1000平方米；清理景区死树危树11株。加大资源保护。严格按照景区生态环境保护管理规定的要求，完善景区保护管理制度。建立数字化监控系统，安装8个摄像头，加强对核心景区的监控；加强景区古树名木的巡查保护，建立档案；加强景区内建设项目及农村集体土地上房屋建设管理前置审批工作。

【信访稳定】 针对北温泉网络舆情、信访问题，加强与信访办、网信办的联系，收到群众投诉，以书面形式对当事人的诉求和疑虑进行回复，并与当事人进行面谈，或陪同实地走访查看北温泉公园现状及柏联经营情况。加强对北温泉风景区的管理与保护工作，督促柏联集团做好酒店区域内景点的开放与维护，提升服务水平。

【数据统计】 2018年，北温泉景区共接待游人15.3万人(其中温泉游客2.7万人，总收入2550.64万元)。无超规划游客容量的天数和时段。制定风景区公众聚集场所应急疏散预案，确保在旅游高峰期、节假日、庙会和其他公众聚集活动的安全有序，切实保障景区财产安全和游客人身安全。

【风景名胜资源保护】 年度风景区森林资源符合风景名胜区规划、土地利用规划，不存在土地利用调整或变更的情况。高度重视植树造林与森林植被抚育，不允许景区内乱砍滥伐行为存在；保护景区内古树名木，进行摸底调查、挂牌登记；重视森林火灾和病虫害防治，定期检查虫害发生情况，安装森林防火监控设备。

【缙云山风景名胜区北碚管理处负责人名录】

处长：王文友

重庆缙云山国家级自然保护区管理局

【概况】 重庆缙云山国家级自然保护区位于重庆市北碚区嘉陵江小三峡之温塘峡西岸，距重庆市中心35千米，面积7600公顷，海拔200～952.2米。保护区内植物资源丰富，部分植物起源古老，珍稀濒危植物繁多，据调查，缙云山保护区有植物2407种，其中国家珍稀濒危植物有83种，有缙云四照花、缙云槭、北碚榕等模式植物35种，是长江中上游地区典型的亚热带常绿阔叶林区和植物种基因库。具有较高的保护价值和科学研究价值，是开展森林科考研究、生态教学实习及环境保护教育等活动的基地。

缙云山林海苍茫，奇峰耸翠，九峰峥嵘排空，素有“川东小峨眉”之称。缙云山有保存较为完好的始建于南朝刘宋景平元年(423年)的缙云寺庙，有晚唐石照壁、宋代牌坊、清代那伽窟等古代石刻，有原中国佛教协会会长太虚大师创建的“世界佛学苑汉藏教理院”遗址和原中共西南局夏季办公旧址，有重建的白云观、绍龙观道教文化园区，有风景迷人的黛湖、狮子峰、香炉峰、佛光岩、舍身岩、白云竹海等自然景观。

【生态环境综合整治】 制定《缙云山管理局市属国有林生态环境综合整治工作方案》《强监管、补短板，务实推进生态环境综合整治专项活动工作方案》《重庆缙云山国家级自然保护区生态环境综合整治“回头看”工作方案》《重庆缙云山国家级自然保护区监管工作“回头看”方案》，明确生态环境综合整治、专项行动及“回头看”的工作总体要求、整治原则、整治重点、整治措施及组织保障。组建工作专班，对违法违规蚕食、占用市属国有林地问题进行全面调查摸底，查清临时占用国有林地问题，并建立台账。

多措并举，全力整治。完成临时占地问题整改。对社会单位和个人临时违法违规蚕食、占用国有林地问题，提出分类施策、依法整改、覆土复绿等分类处置建议并开展整治，完成蚕食林地问题整改16处，督促15家业主拆除围墙、围栏、标识牌等设施。清理违规经营。推进确界立标。强化重点区域管控。修正保护区矢量化地形图。形成保护区精确矢量化地形图，为分区管理提供依据。推进景区旅游秩序综合整治。发布整治通告，建立景区大门智慧停车系统和网络售票系统。建成景区原住民亲属数据库，设立农家乐接待中心，建立农家乐停车区，增设便民平价服务超市、特色旅游商品超市和自动售货机。严格门票管理，从8月27日起禁止农家乐在景区大门喊客揽客，游客一律购票进入景区，取消在农家乐住宿游客的门票优惠；建立缙云山景区大门管理秩序综合整治区级相关部门和街镇的常态协作机制。在景区大门常态保持10人以上执法力量，定点定线常态巡逻，及时处置突发状况。

强化督导，督促整改。6月5日起，向缙云庄园酒店有限公司、市地理信息中心、金湖湾度假村等先后下发《林政执法整改告知书》16份。管理局班子成员分别带队到自然资源部交办的北碚区64个点位、沙坪坝区7个点位、璧山区1个点位逐一开展现场督查，督促加快整改。对国家林业和草原局交办的(2017至2018年度)卫星遥感监测涉及缙云山国家级自然保护区的6个图斑开展现场督查，提出明确整改要求。

10月11日至11月11日，开展“强监管、补短板，务实推进生态环境综合整治专项行动”。按照《专项行动工作方案》要求，全局干部职工分为旅游景区组、国有林区组、大保护区组、信息工作组4个工作组，分别深入保护区国有林区域、大保护区(北碚片区、沙坪坝片区、璧山片区)开展实地巡查和交叉检查。

开展“回头看”，推进深度整改。对景区大门秩序整治、市属国有林内缙云等6个保护站生态环境综合整治、项目准入监管、生态环境综合整治监管开展“回头看”。通过督促检查，及时发现存在的问题，提出相应的整改措施，全面落实问题整改。

【基础设施建设】 完成森林防火视频监控预警指挥系统建设项目立项。启动森林防火物资库及植物标本馆装修工程。启动局办公楼、黛湖保护站维修整治工程。完成缙云塔维修及亮化工程和保护区生态修复与治理工程的设计、招标工作。启动缙云山景区大门维修改造设计。添置办公设施，改善办公条件，加强自身能力建设。完成林业危旧房改造项目景观工程改造，积极推进产权证办理。申报缙云山保护区生态环境综合整治项目及2019年视频监控建设、运维和智慧旅游市级政务信息化项目。

【作风建设】 注重建章立制。针对全局存在的主要问题，强化制度约束和考核管理，制定《采购工作实施办法》《工程项目管理办法》等29项制度。坚持从严管理。制定《“三重一大”决策制度实施办法》《财务管理制度》《固定资产管理制度》等制度，从严贯彻执行单位的各项规章制度，不断提升自身素质和工作能力。坚持量化考核。坚持思想政治建设。组织政治学习会17次、专题培训2次。坚持三会一课制度，召开总支委员会30次、组织生活会9次、党日活动13

次、党员大会6次、党课4次。五是坚持筑牢党建阵地。完成党建室装修改造，建立党建文化走廊；确定党员发展对象1人，吸纳入党1人，按期转正1人。全年统计，心得体会收到288篇，党建理论考试1次合格率92%，廉政考试1次合格率100%。

【灾害防控】 狠抓森林防火，实现保护区连续57年无一般以上森林火灾发生的工作目标。严格落实"一岗双责制"，实行"局、科、站、护林员"四级责任制，层层落实森林防火责任。签订《森林防火安全责任书》92份，悬挂宣传横幅240余条，发放防火宣传单20万份，出动宣传车300余次，宣传受教育人员达35万人次。落实专人对视频监控、林火监测预警、应急指挥管理系统进行24小时值守，确保森林火灾实时监控。严格火源管理，制止村民烧灰积肥等生产性用火13起，制止林内吸烟1500余次，收缴火种(打火机)4500余个。强化应急值守，严格执行领导带班和24小时值班制度。完成3500米防火道清理。严防林业有害生物。开展2018年春、秋两季枯死松木普查工作。开展樟蚕、松毛虫、黄脊竹蝗药物防治工作。开展2次飞机施药防治松墨天牛以及马尾松毛虫、黄脊竹蝗等林业有害生物工作，防治面积约50000亩次。开展3次人工施药防治黄脊竹蝗工作。松毛虫和竹蝗虫情得到有效控制，未发生大面积灾害。

【保护执法】 接受国家级保护区管理评估和绿盾2018专项巡查。迎接生态环境部、自然资源部、国家林业和草原局等七部委组织开展的长江经济带国家级自然保护区管理评估工作。迎接生态环境部组织的"绿盾2018"专项巡查组，对保护区涉及的相关问题的巡查及整改工作，巡查组给予充分肯定。加强林政执法，加大环保监督执法工作力度。严厉打击破坏森林资源违法行为。2018年春笋生笋期间，开展巡查护笋专项行动，查处盗窃竹笋、草药等案件6件(其中移交区森林公安局集体林案件2件)，处罚金额5620元。开展"绿盾2017"自然保护区专项行动反馈问题的核查、整改工作。参加保护区违法违规问题联合执法巡查4次，发现问题及时处置。

【自然教育平台】 打造自然教育活动品牌。与少年先锋报社等单位联合承办第四届重庆市梦想课堂自然笔记大赛的闭幕式以及第五届重庆市梦想课堂自然笔记大赛的开幕式活动。结合植树节、国际森林日、科技周等开展笔记缙云山之笔记缙云萌蛛、缙云探秘——森林小侦探特训营、漫步缙云——秋叶私语等为主题的系列自然体验实践活动。开展自然笔记大赛作品评选，组织专家从4万余份参选作品中，评选出与主题贴近、与自然融和的特等奖、一、二、三等奖及优秀奖作品共计316个。合作开发完成缙云山科普课程6套，邀请全市6个学校8个年级10个班500多人参加课程实践。开展科研和监测工作。积极实施极小种群野生动植物拯救保护项目，安装野外分布点防护栏400余米、保护标识牌7块。开展缙云黄芩的无性繁殖试验，完成850株缙云黄芩幼苗的野外栽植，有效扩大缙云黄芩的野外种群。协助北京林业大学完成国家重点研发课题"三峡库区面源污染农业综合防控及植被消减技术与示范"三个实验现场的选点、施工监督工作。与重庆大学合作，成功申报"重庆都市区'四山'生态监测、保育与恢复技术研究与示范"项目。

增强自然教育服务能力。完成缙云保护站自然教育展示栏项目建设。完成保护区大门至缙云寺、大门至625微波台、中心花园至狮子峰、香炉峰至相思岩4条线路的植物解说牌、植物解说牌二维码及NFC语音解说系统建设及挂牌。派员参加全国林业和草原局科技活动周暨第十四期"自然体验培训师"培训，推进自然教育硬件软件的双向提升，进一步增强自然教育服务能力。

【生态旅游】 强化基础设施建设。完成7000米给水工程建设、2000余米旅游步道防滑整治和中心花园绿化维护工作。完成景区内8处公共卫生间的维修，更换破旧设施设备，新增1座移动厕所。完成有安全隐患休闲桌椅、木栈道和安全护栏等设施设备的拆除及更换工作。完成景区沿山步道旅游标识牌的清理，新安装旅游标识标牌140块。完善景区大门停车场设施。促进生态共享。2018年元旦、春节、植树节、环保纪念日等共免费开放18天，接待游客约3.4万人，根据重庆市物价局文件《重庆市物价局关于降低我市5A级景区及市管4A级景区门票价格的通知》(渝价〔2018〕159号)缙云山景区门票于2018年10月1日起从15元/人降至12元/人。吸纳原住民从事资源管护、生态旅游服务、景区保洁、保安等工作，促进社区和谐。

【脱贫攻坚】 协调落实200公顷森林质量精准提升、1个林业站标准化建设、200公顷木本油料林、400公顷退耕还林工程、333.33公顷天保工程封山育林、生态护林员公益岗、生态效益补偿等7大林业扶贫项目;指导、督促完成7个项目的规划设计。

【缙云山管理局负责人名录】

局　　长:严合章

党总支书记:王太强

副 局 长:李建华

石　鑫

杨小平

(王久红)

街道　镇

街道 镇

天生街道

【概况】 天生街道地处北碚老城区，辖区面积 7.3 平方千米，常住人口 12.9 万人，辖区有西南大学等社会单位 100 余个，是北碚的经济、文化中心。街道机关设有九科一所一中心，在职在编职工 38 人，退休干部 26 人。街道下辖 9 个社区，共有社区干部 112 人。街道党工委直属党组织 13 个，党支部 60 个，其中，社区党支部 29 个、非公党支部 28 个，共管理党员 2435 人。

【党建工作】 从严落实管党治党责任，深学笃用习近平中国特色社会主义思想和党的十九大精神。开办基层党支部书记集中培训班，各级党组织书记讲党课 130 余次，开展主题党日活动 720 余次，推送信息 2400 余条。中心组专题学习 13 次，领导带头开展专题宣讲 36 场。强化基层党组织规范化建设。狠抓城市基层党建工作，将区委 10 条措施细化为 18 条逐一落实；持续推进在职党员“两报到、两报告、三考评”工作；长效打造辖区 4 个党建示范点；持续开展后进基层党组织整顿工作。实行“四个一批”党员发展管理工作。全年共发展党员 13 人，预备党员转正 12 人。为 48 个非公企业和 4 个社会组织党组织选派党建指导员。依托智慧街道网络平台建设、街道—社区—楼院三级网格体系，创新社会治理，收集综合治理、社会事务、社会保障、城市管理等方面信息 2377 条，实现所有基层事务网上网下全覆盖。严格落实“一人多岗”“轮流值班”“全员走访入户”、社区每周例会制度，全天候受理群众诉求和解决群众问题。群工系统办结事项 642 件，群众满意率 100%。

【经济发展】 2018 年，规模企业工业总产值 43.01 亿元，同比增长 10%；社会消费品零售总额 92.75 亿元，同比增长 13.2 %；新增私营企业 506 家、个体工商户 1550 家。开展“营造一流营商环境，推动高质量发展”解放思想大讨论，形成相关心得体会和调研报告 16 篇。组建促进民营经济发展工作小组，出台促进民营经济发展工作措施，建立分管领导定点联系企业制度，与辖区 24 个重点企业结对子，进行重点帮扶。定期走访、座谈，解决企业实际困难。常态化邀请税务、工商等部门业务科室为企业授课，搭建企业与职能部门沟通的桥梁。坚持“服务发展”理念，创优服务环境，设立民营经济发展基金，举办“天生美食节”等活动，支持引导天生商会暨天生民营经济协会发挥平台作用，促进企业间开展经营合作，互惠互利。

【校地合作】 以产业升级为抓手，推行“校地合作＋”模式，投入 2000 万元，实施西南大学(重庆)产业技术研究院建设项目，搭建孵化平台。推动天生丽街提档升级项目建设，加快辖区商业业态转型升级。规范校园周边秩序，美化校园周边环境，依托“两品牌一学校三课堂两基地”，构建实践平台，开展多层面主题活动，营造“人人都是营商环境、个个代表城市形象”氛围，推动校园城市环境友好共享互动。

【城镇建设】 开展城市管理“百日攻坚”专项行动。取缔占道经营 20 多年的新村支路和占道经营 10 多年的碚峡路通道 2 个违规菜市场，取缔占道固定摊位 37 个。提升基础设施和人居环境。完成碚峡路农贸市场周边、鱼塘湾农贸市场周边人行道路、新村支路周边道路环境整治；铺设路面 2000 余平方米，硬化路面约 3200 平方米，整修地下管网 1000 余米，修整花台 163 处。采用新型纳米材料在云泉路沿线试点涂刷美化墙面。拆除违建 7063 平方米，完成进度为 110.19%。推进生态文明建设，开展环保“五大行动”，做好植绿补绿工作，种植小型灌木 100 余株，栽植麦冬等地被植物 2 万余斤、面积 6000 多平方米，安装花台栅栏 1000 米，清理枯砍危树 135 棵。实施梁滩河沿岸菜地和垃圾清理工作，完成菜地清理 80 多亩、拆除菜棚 31 个，清理河面及沿岸垃圾 7 吨，彻底清理梁滩河天生段约 4 千米的岸边种植行为。

【民生事业】 在全区率先实行“居站分离”改革试点，减少群众跑路事项，提高政务服务效率。率先通过政府购买第三方服务方式开展助残工作，引入社工机构介入残疾人居家托养服务项目，为 42 户残疾人家庭提供个性化服务。

街道全年救济救助和慰问困难人群 4037 人次，共计 107 万余元。为各类民政优抚对象 3673 人次发放生活救助金，共计 403.58 万余元，办理各类居民服务 1087 人次。严格落实各项就业政策措施，为 23 人办理创业担保贷款 430 万元，城镇新增就业人员 3093 人，城镇新增登记失业人员 603 人，失业率为 0.89%。发放低保金 391 余万元。举办“社区邻里节”、“做合格党员，我为党旗添光彩”庆“七一”建党 97 周年文艺演出、庆祝改革开放四十周年职工运动会、趣味运动会等文体活动 60 余次。

【安全稳定】 加强法治建设，结合重点地区整治、扫黑除恶专项斗争工作，开展尊法宣传，排查出疑似涉恶线索 3 条。

街道全年刑事案件 638 件，同比下降 6.18%。完善人民调解、行政调解、司法调解联动工作体系，运用法治思维和法治方式解决问题，化解多起群体性事件，引导 2 起重点群体案件有节有制上访；健全社会矛盾纠纷定期排查调处、协商沟通机制，创新“1＋3”矛盾纠纷排查化解工作机制。全年共接访群众 310 件(次)，受理群众来信来访 37 批 76 人次，化解突出矛盾纠纷 13 起。加强监督检查，开展危化品和烟花爆竹“打非治违”专项行动、夏季消防检查专项行动、电动摩托车专项整治、安全生产大排查大整治大执法、今冬明春火灾防控等 20 余项专项行动，检查单位、企业、门店“三合一”场所 1532 余家，发现一般安全隐患 145 起，当场整改完成 121 处，限期整改 24 处，行政罚款 1500 元。推进重点行业领域专项整治，实现安全生产亡人事故零目标。健全突发事件和各类灾害应急管理机制，在北碚区人防商场开展人员密集场所消防应急疏散演练，提高预防预警和应急救援处置能力，安全稳定状况持续改善。

【天生街道负责人名录】

党工委书记：潘　勇
党工委副书记、办事处主任：刘　颖
党工委委员、人大工委主任：林 琳（女）
党工委专职副书记：袁　凤(女)
党工委委员、办事处副主任：况　勇
胡永军
刘潺潺
王红玉(女)
党工委委员、政法书记：蔡廷波
党工委委员、组织委员：王美静(女)
党工委委员、纪工委书记：陶必禄
党工委宣传委员、统战委员：周四海

朝阳街道

【概况】 朝阳街道位于北碚老城下半城，辖区面积 2.34 平方千米，辖区户籍人口 2.93 万，流动人口 1.7 万人，户数 1.4 万户。辖 7 个社区，党总支及以上组织数 8 个，基层党支部 44 个，非公党组织 8 个，党员人数 1475 名。辖区有社会单位 39 家(如九院、中医院、中山路小学和区特殊教育学校等)；有工业企业 43 家，其中规模以上 1 家；商业企业 497 家，其中限额以上 7 家。街道机关内设科室 8 个，有干部职工 33 名，退休职工 31 名。

【民营经济】 按照市委“三个率先一个努力”要求，改善营商环境，开展精准服务，提出服务企业群众“8 条承诺”、深化放管服改革“9 项制度”和加快民营经济发展“10 条措施”，成立朝阳商会党支部，新增市场主体 821 家。全年实现社会消费品零售总额 589965 万元，增长 17.4%；住宿餐饮业营业额 75423 万元，增长 19.1%；连锁经营总额 256684 万元，增长 17.8%；限上商贸企业完成直报任务 18724 万元；规上工业总产值 11242 万元。

【校地合作】 围绕建设环西南大学创新创业生态圈，建设新房子文化创业创意街区，引进文创企业 4 家，新增市场主体 68 家。重庆北碚文创梦想馆正式签约，中山文投、乡建文化博物馆等项目有序推进，与西南大学中国乡村建设学院、西大出版社等 18 个学院和单位开展 20 个项目合作。投入 50 余万元实施西大周边环境整治，牵头在 10 栋西南大学教师宿舍安装电梯。

【城市管理】 助推滨江休闲带建设，朝阳东路、碚东大桥连接道通车，滨江路下穿道完成工程量的90%，滨江带状公园主体完工，体育公园完成工程量的80%。完成362户房屋征收拆迁，拆除沿线违章建筑2.8万平方米，针对南京路片区1667户居民和504家商铺开展协调工作。推进泰吉滨江到北碚宾馆段的特色街区建设，南京路片区风貌整治主体完工，全面启动南京路历史文化街区建设。开展城市提升“百日攻坚”，投入150余万元，开展静宁路等背街小巷整治，整治路面7200平方米，解决基础设施问题150余个，处理死危树及修枝210棵，清理绿地并补绿1.5万多平方米，处理违停车辆200余辆，签订“门前三包”责任书1000余份，持续推进装修工马路市场整治。拆除违章建筑19870平方米，全面完成拆违任务。深入实施河长制，清除嘉陵江192平台亭棚1.7万平方米、取缔非法经营者75户，取缔河滩非法经营者33户，清除菜地2万平方米，在马鞍溪河岸新植绿9600平方米。

【安全稳定】 推进扫黑除恶专项斗争。成功抗击“7.13”洪峰过境。定期召开安全稳定排查化解例会，排查化解矛盾纠纷400余件，实现“到区行政中心规模性上访、到市政府集访、到京非访”零目标。开展安全生产执法检查104次，督促整改隐患37处，未发生安全事故。截至11月，辖区刑事案件下降13.6%，其中三类可防性案件下降23.4%，实现安全生产零死亡和无到市到京集访非访目标。

【社会民生】 发放低保金169.94万元、慰问金11.04万元。临时救助150人次，发放救助金26.47万元。“稻草援助”资金救助38人次，发放资金9800元。安装老旧住宅电梯28部。完成街道公共服务中心、河嘉村社区便民服务中心、解放路社区便民服务中心建设。建成新房子社区养老服务站。购买公共文化服务演出20场，“缙云竹梆舞”获全国广场舞展演活动重庆市集中展演优秀奖。

【党建工作】 组织建设方面，推进“两学一做”常态化制度化，将习近平新时代中国特色社会主义思想和党的十九大精神纳入“三会一课”和“主题党日”学习，深入开展“不忘初心，牢记使命”主题教育。新成立党支部3个，11名预备党员转正，发展4名预备党员。党建引领社会治理方面，将网格化党建作为创新社会治理的重要抓手，通过“党建＋发展、党建＋城管、党建＋民生、党建＋综治”推进“党建引领，多网合一”。建立“楼栋长组织楼栋、业委会组织小区、网格长组织网格、居委会组织社区”的分级自治体系，收集群众诉求894件、解决852件。意识形态方面，切实加强党工委中心组学习，严格落实意识形态责任制，引导党员干部牢固树立“四个意识”，坚定“四个自信”，严守政治纪律和政治规矩，坚决维护以习近平同志为核心的党中央权威和集中统一领导。坚决肃清孙政才恶劣影响和薄熙来、王立军流毒。大力推进防邪工作。

【朝阳街道负责人名录】

党工委书记：谢智慧
党工委副书记、办事处主任：蔡明德
人大工委主任：许正伟
党工委专职副书记：胥　兵
党工委委员、纪工委书记：马小东
党工委委员、办事处副主任：童其志
王　静（女）
秦　新
陈　默
蒋　娟（女）
办事处副主任：胡　丹（女）
党工委委员、政法书记：刘继昌

（银　铃）

北温泉街道

【概况】 北温泉街道位于缙云山麓，嘉陵江畔，北接4A级国家自然保护区缙云山，东邻嘉陵江，依山傍水，自然环境优越。街道辖区面积26.8平方千米，分别由城南和城北两大块组成（建成区近22平方千米），下辖3个行政村，17个村民小组，8个社区，110个居民小组，是北碚区政治、经济、文化、金融中心。截至8月，街道共有常住人口10.1万人、户籍人口7.5万人，农村人口3100余人。

街道有领导班子成员12人，正处级非领导职务干部1人、副处级非领导职务干部5人。编制总数61人，在编实有人数55人，其中，男性28人，女性27人，平均年龄42.7岁。村（社区）“两委”班子成员75

人，专职工作者10人；其中男性18人、女性67人；大专以上学历62人，占74.5%，平均年龄40岁。

街道党工委下有党组织122个，其中，党委9个，党总支5个，党支部108个，有非公企业党组织55个。辖区党员总数2851人，其中，男性1935人，女性916人；60岁及以上1417人，占49.7%，36岁至59岁1036人，占36.34%，35岁及以下398人，占13.96%；大专及以上学历929人，占32.58%，高中中技764人，占26.8%，初中及以下1158人，占40.62%。2018年发展党员16名，其中非公党组织11人。

街道规上工业企业实现总产值20.83亿元，出口产品交货值5.18亿元；限上商贸企业实现社零总额3.84亿元，营业总收入18.56亿元。辖区内新增市场主体2711户，其中民营企业620户，个体工商户2091户。注册商标328件。

【党建工作】 号召全体干部认真学习贯彻习近平新时代中国特色社会主义思想和党的十九大精神，牢固树立“四个意识”，坚定“四个自信”，严守政治纪律和政治规矩。高度重视意识形态工作，掌握意识形态工作领导权、话语权，确保工作落实到位、阵地管控到位，全年班子召开中心组理论学习13次、专题研究意识形态工作7次。推进基层党建建设，落实“三会一课”等党内制度，班子全年研究党建工作议题50余项；对11个村（社区）“两委”班子展开全覆盖回访及分析研判；推进华光社区书记抓基层党建创新项目建设，积极探索破题非公党建发展及城市大党建构建等。强化干部队伍建设，树立正确选人用人导向，注重机关干部梯次培养及村（社区）后备干部培养，全年新提拔任用科级干部2名。加强党风廉政建设，严格遵守中央八项规定精神，反对“四风”，落实巡视巡察整改相关工作，研究制定整改方案，落实责任人限期销号，按要求全面清理清退违规发放津补贴。坚持举一反三，制定完善相关制度，实现以制度管人管事。加强法治建设，坚持依法办事，号召全体干部职工全面遵法学法守法用法。

【缙云山生态环境综合整治】 统一思想认识，强化责任担当，攻坚“一区四线”拆违整治，实行挂图作战，倒逼推进，街道累计拆除“一区四线”违建253处、50856平方米。坚持拆违与环境品质提升同步推进，实施拆违还绿、清脏播绿、造景添绿，完成原白云村办公室拆除后园林景观打造、恩和竹楼覆土复绿及白云一条街绿化美化工程；完成白云停车场、三合院生态停车场升级改造，以及白云农家乐一条街路面油化、外立面粉刷施工等；修剪沿线灌木3.5千米，修缮破损步道2.2千米，清运垃圾416车次、3258吨。做深做细做透群众思想工作，通过召开党员大会、社员大会、入户约谈等方式，倾听群众诉求，强化宣传引导，理顺群众情绪，争取群众的理解与支持，整治工作开展后未发生一例上访集访事件。配合巴渝民宿公司对白云农家乐一条街进行提档升级。

【民营经济发展】 开展解放思想大讨论，提高干部群众思想认识；通过成立领导小组、建立例会机制、落实系列文件等对街道民营经济发展作详细部署。建立领导班子联系服务民营企业制度，深入企业调研走访，收集企业在发展中遇到的困难及问题，及时研判对策建议，增强服务的精准性。班子成员累计走访企业260余家，收集问题87个，研究解决方案72个。营造良好营商环境，督促干部积极作为、靠前服务，发挥商会的桥梁纽带作用，协助重庆众彩商业管理公司打造九号好吃街特色街区。组织开展好全国第四次经济普查工作，清查单位4357个，个体工商户4695个。1—11月街道规上工业企业实现总产值16.17亿元，限上商贸企业实现社零总额3.76亿元，营业总收入17.45亿元；辖区内新增市场主体2497户，其中，民营企业558户，个体工商户1939户。新注册商标328件。1—10月完成区级分成税收6512.08万元，为年度任务的91.03%。

【城市环境】 对接市政管理职能下沉，整合力量，理顺体制，推进城市管理精细化。开展城市管理“百日攻坚”行动。由各分管领导担任“街长”，各科室负责人、各村（社区）书记、主任担任“路长”，建立“马路办公”常态化机制。划分责任区域，集中清理整治背街小巷乱堆杂物、毁绿种菜、墙面油污、店招破损等；拆除违规设置的广告牌；集中力量巡查整治城南周边游摊；多管齐下规范嘉陵风情步行街摩托车停放；打造新石坑小区背街小巷整治示范点等。攻坚行动街道累计投入资金178万元，出动执法人员4134人次，整治背街线路总长34千米。加大“两违”整治力度。围绕“严控新增、消除存量”工作目标，与各村（社区）签订“两违”工作目标责任书，优化考核机制，强化村（社区）属地管理责任，健全“两违”建筑举报奖励制度，以高压态势控违拆违。全年累计整治违法建筑 867 处，67214.49 平方米，完成市级交办任务 4.4 万平方米。改善生态人居环境。接受中央环保部对马鞍溪黑臭水体的专项督查；推进落实河长制工作，完成辖区嘉陵江、马鞍溪等 8 条河流一档一策的编制，加强日常巡查，做好河道环保排污及清理，推动辖区水生态环境持续改善。

【社会稳定】 开展各领域安全生产大排查大整治大执法行动，聘请专业机构对辖区企业、建筑施工、危化品、消防等行业领域以及城南步行街商圈等场所进行重点检查，督促企业履行主体责任，形成排查、治理、复查闭环管理。同步加强食药品安全、公共交通安全、森林防火、地质灾害防治等工作，全年辖区未发生安全生产责任事故。全面保障信访稳定，落实定期排查、积案化解、领导包案等工作机制，坚持每月召开安全稳定工作例会，对团结、白云、张家沟、荣事达、小屋基、涉军等不稳定群体及重点人头进行动态稳控。广泛宣传发动“扫黑除恶”专项斗争工作，将“扫黑除恶”与缙云山综合整治、社会综治管理、基层政权建设相结合。开展“敲门行动”，加强对邪教人员的转化教育。创新试点华光社区综治·网格化服务“双中心”建设。社区矫正工作稳步加强，戒毒康复工作争优创先，流动人口管理措施有力，普法教育工作有序推进。

【民生事业】 贯彻落实乡村振兴战略，加强金刚、人民基础设施建设，做好精准扶贫相关工作；完成26.85千米农村公路维修养护；启动人民村锅浸路改建工程；谋划推进金刚村集体经济发展壮大工作；完成农村土地确权颁证 930 余户。深化“放管服”改革，加强公共服务中心规范化建设，建立健全信息公开、一次性告知、顶岗补位、首问负责、代理代办、文明服务等制度，受理群工系统事项 338 件，办结 335 件。落实各项民生政策，发放各类民政资金 274.8 万元、城乡低保金 290.8 万元、小额贷款 265 万元、临时救助金 23.6 万元，新增就业人员 2915 人；完成金刚村三格式农村改厕任务 40 个；全面宣传发动文明治丧专项整治工作；采集辖区退役军人和其他优抚对象相关信息 2000 余条，完成 283 名精神障碍患者一人一档建档工作。加强物业管理，坚持依法行政，调处物业矛盾纠纷 180 余次，加强业委会、业主大会指导和过程监督，与 12 家国有企业签订职工住房物业分离移交实施协议。组织开展文化体育活动 130 余场次，加强精神文明建设，推进志愿者服务工作，践行社会主义核心价值观，投入资金约 34 万元倾心打造华光社区基层示范点。

【北温泉街道负责人名录】

党工委书记：冯　昊

党工委副书记、办事处主任：喻云贵

党工委委员、人大工委主任：张　伟

党工委委员、专职副书记：周春华

党工委委员、办事处副主任：张　泳

韩　锋

甘信勇（武装部长）

办事处副主任：胡泽鑫

党工委委员、政法书记：姬全智

党工委委员、纪工委书记：刘　灵

党工委委员、组织委员：柳秀苇

党工委委员、宣传、统战委员：陈　立

（杜　葭）

龙凤桥街道

【概况】 龙凤桥街道地处中梁山脉，位于龙凤溪与嘉陵江交汇处，东接施家梁镇，南接沙坪坝区，西临北温泉街道，北接北碚主城区。辖区面积 31.73 平方千米，南北长 8.4 千米，东西宽 6.1 千米。辖区有 4 个行政村和 3 个居民委员会，截至年底，城乡总人数为 26036 人，城镇人口 16613 人，农村人口 9351 人，其中少数民族 72 人。

街道党工委下设直属党组织 10 个，其中，党总支以上党组织 7 个，党支部 3 个，社区（村）下属党支部 23 个（非公有制经济党支部 6 个），党员 1039 人。街道办事处下设党政办公室、财政办公室、经济发展办公室、社会事务办公室、规划建设管理环保办公室、社会治安综合治理委员会办公室 6 个党政综合办事机构，农业服务中心、综合文化服务中心、劳动就业社会保障服务所 3 个事业单位，在编干部职工 56 人。

【党建工作】 落实意识形态工作责任制。分析研判意识形态工作 5 次，制定完善意识形态相关制度 13

项。充实街道、社区(村)、网格员三级意识形态工作队伍,规范阵地管理,随时关注重点领域及群体思想动向,全年未发生意识形态领域问题。深入学习习近平新时代中国特色社会主义思想和党的十九大精神。开展中心组学习21次、理论测试4次、宣讲活动200余场次,领导班子成员下村进社讲党课16次,2篇理论文章入选区《"营造一流营商环境 推动高质量新发展"解放思想大讨论优秀成果汇编》。坚决肃清孙政才恶劣影响和薄熙来、王立军流毒,引导干部群众牢固树立"四个意识"和"四个自信"。夯实基层党建基础。压实管党治党责任,制定党支部书记落实全面从严治党责任清单,党组织书记培训全覆盖,调整抓党建工作不力的村党总支书记1人。制定《党员日常管理意见》并实行积分管理,党员信息采集率达99%,规范发展农村青年党员2名。指派党建督导员2名、指导员6名全覆盖社区(村)、非公党组织联点指导,反馈并落实整改意见9次131条,非公组织覆盖88%。贯彻落实《北碚区城市基层党建10条措施》,整合校、地、企资源,创新阵地建设,完成龙凤社区、龙车村基层党建示范点打造。龙车村后进党组织整顿满意度89%,群兴村后进整顿持续巩固,核查某单位不实国土证一个,挽回国有资产200余万元。加强党风廉政建设。切实推进党风廉政建设"两个责任"落实,严格落实中央八项规定精神,坚决反对"四风"。完成调研文章1篇,在"拥抱新时代、践行新思想、实现新作为、全面加强基层党风廉政建设"理论征文活动中获得优秀组织奖。开展党纪党规教育25场次、约谈429人次;开展扶贫、民生领域排查,收集群众意见建议17条;下村接访群众20余次,收集反映问题89件,逐一开展梳理调查;开展各类监督检查34次,发现问题25个,完成问题线索处置18件,移交问题线索7件,开展问责11人。积极支持、配合区委第一巡察组开展巡察工作。加强干部队伍建设。严格落实"二十字"好干部标准,调整中层干部4人、社区干部4人,公开招聘社区(村)后备干部8名。开展法律法规、纪律作风等培训300余人次,完善机关、社区(村)干部"双述双评",开展党员干部涉权事项公开,街道风清气顺、积极干事创业良好氛围已然形成。

【民营经济】 开展"兴调研转作风促落实"活动和"营造一流营商环境,推动高质量发展"解放思想大讨论,出台民营经济发展考评表彰办法。建立企业联系帮扶制度,定期召开民营企业座谈会,走访、贴近辖区企业40家次,收集意见90余条,协调解决凤凰岭休闲生态产业园用地矛盾、龙达光学厂电力扩容、森鹏橡塑制品公司安全标准化建设等企业发展问题,引导重庆龙凤三号国际科普文创园建立特设党支部,成功创建"重庆市文化产业示范基地"、共青团重庆市委"青创空间"。树立"马上就办,办就办好"服务意识,落实专人代办群众、企业事项,协助小微企业开展执照办理、社保费率调整等工作,争取4家区级部门对辖区企业点对点扶持,落实区级微型企业孵化园补助30万元。街道新增企业165家、个体户263户。

【城乡建设】 提升宜居城市水平。以"两违"整治为抓手,提升城市品质,全年共拆除"两违"8.5万平方米,超额完成目标任务8600平方米,利用拆违空间打造市民休闲广场、建设停车场,进一步完善城市服务功能。筹集资金200余万元,开展城市综合管理"百日攻坚":实施龙凤路、龙凤广场、团结桥提档升级和212国道兼善中学对面边坡绿化整治,改实行门前新"四包"和季度"五长"星级考评,引导全民参与城市管理,相关工作经验在全区现场工作会上交流推广;实施电箱美化,用"槽上石"打造街头小景4处,利用龙凤桥小学破损危房地基打造《挺进报》精神主题城市浮雕,城市文化得到传承。争取资金1500余万元,完成烂泥沟背街小巷整治,实施群兴路地下管网、市政设施综合整治及石槽门、衡器厂家属区环境整治,既改善片区人居环境、缓解干群关系,又为化解历史遗留问题找到抓手及突破口。一纵线建设交地8万平方米,白洁滩三支路改建拆迁完成摸底。

落实乡村振兴战略。统筹推进槽上、槽下项目建设,筑牢发展壮大村级集体经济、打造"休闲度假目的地"之基。不断完善农村基础设施建设,投资2500余万元启动槽上疏干区管网配套工程;开展槽上燃气入户项目工程招标前期工作;启动建设农村"通畅"道路13.18千米、"通达"道路3.15千米,凤凰村6条农村"通畅"道路验收通车,其余"通畅""通达"工程有序推进;投资近200万元实施龙兴路安全隐患治理和北回路冷水沟桥改建,争取资金40万元修复长滩村牛尾沱组便道、水渠,消除夹角地影响,方便群众出行。进一步充实村集体及经济,完成山水林田湖草整治规划,指导龙车村流转土地80万平方米进行集约经营,稳步推进凤凰军事影视主题公园、凤凰岭休闲生态产业园及长滩、凤凰特色民宿打造。进一步规范村级公墓管理。

【社会保障】 抓实脱贫攻坚动态调整，协调5家区级帮扶单位，建立龙凤桥街道贫困户帮扶基金，落实产业、医疗等各项帮扶政策，11户贫困户实现正常脱贫。落实惠民惠农政策，发放城乡低保、优抚金及各类救助金352万元，推进50户农村改厕、农村危房改造、地灾点整治。推动18家国有企业74栋职工住宅楼移交整改，有7家国有企业住宅楼整改通过验收。开展各类文体活动43场次，成功创建龙凤、燎原市民学校示范点，壹基金志愿服务岗被评为北碚区2018年"最美志愿服务站(岗)"。开展平安建设及扫黑除恶专项斗争，持续推动、化解乡镇企业公司职工工龄认定、长滩村150户群众征地未安置等历史遗留问题，建设龙凤社区"综治·网格"双中心，实施"家在社区·乐享龙凤"党建创新项目，龙凤社区煤安小区代表北碚区接受中央信访工作督查检查。街道全年未发生安全生产事故，被评为2018年度全区安全生产工作先进单位，全区"五个一批"重点项目——城区殡仪服务中心建成投用，快速路一纵线建设有序开展。

【龙凤桥街道负责人名录】

党工委书记：袁　锋

党工委副书记、办事处主任：王　科

党工委委员、人大工委主任：江红莉(女)

党工委委员、专职副书记：孙　景

党工委委员、办事处副主任：张志敏(女)

办事处副主任：蒋　娅(女)

武装部长，党工委委员、办事处副主任：邹　武

党工委委员、办事处副主任：张凤蛟

党工委委员、纪工委书记：曾德强

党工委委员、政法书记：李永强

党工委委员、组织委员：黄贵强

党工委委员、宣传统战委员：罗静秋(女)

党工委委员、主任助理：史有福

(张辉霞)

东阳街道

【概况】 东阳街道位于嘉陵江北岸，与北碚中心城区一江之隔，东西群山林木苍翠，景色秀丽。地理坐标为东经106°23′22″～106°27′30″，北纬29°49′00″～29°55′50″，东与天府镇相邻，南临嘉陵江与龙凤桥街道和朝阳街道相望，西与北温泉街道和澄江镇以嘉陵江分界，北与合川区草街街道和土场镇接壤，辖区面积47.84平方千米，地理位置优越，自然旅游资源和人文旅游景观丰富，休闲度假旅游开发潜力巨大。(G75)兰海高速公路，乌(海)江(津)线(原仪北公路)、G351(原盐东路)和襄渝、遂渝、兰渝、兰渝枢纽线及正在修建的重庆铁路枢纽东环线等纵横交错的公路铁路贯穿其中，水陆交通便捷，是北碚区主城的重要组成部分和开发辐射的北大门。

东阳街道办事处内设机构7个，下属事业单位3个，行政编制数(含党政领导)34名，实有33名，事业单位编制数31名，实有27名。

街道党工委下设基层党委3个、党总支10个，党支部57个。街道下辖7个行政村126个村民小组，7个社区居委会63个居民小组。

【党建工作】 坚持政治优先抓党建。旗帜鲜明讲政治，牢固树立"四个意识"，坚定"四个自信"，落实"两个维护"、实现"三个确保"。坚决肃清孙政才恶劣影响和薄熙来、王立军流毒，营造风清气正的良好政治生态。坚持知行合一，不折不扣落实党中央的决策和部署。强化党的思想建设。深入学习宣传党的十九大精神和习近平新时代中国特色社会主义思想，开展专题学习会议和宣讲活动54场次。落实意识形态工作责任制，牢牢掌握意识形态的领导权和指导权，签订责任书23份，强化阵地管控，开展网络安全宣传周活动。推进党的基层建设。认真学习领会全国、全市、全区组织工作会议精神，贯彻落实新时代党的组织路线。推进"两学一做"学习教育常态化、制度化，着力加强支部标准化规范化建设，落实好《党支部工作条例》，开展学习党章党规、志愿服务、扶贫帮困、文明在行动、缅怀先烈等支部主题党日活动。开展党建工作月度轮流现场会9次，加大党建工作考核和督查力度，督办事项75件次，解决事项52件次，切实推进各项工作落实。加强人才队伍建设，严格贯彻新时期好干部标准，选拔本土人才7名，发展党员7名。强化后进基层党组织整顿，党员群众对整顿效果满意率为88%。开展党风廉政建设和反腐败斗争。切实履行党风廉政建设"主体责任""监督责任"和"一岗双

责”，严守政治纪律和政治规矩，自觉遵守中央八项规定精神等纪律规定。认真开展违反中央八项规定精神突出问题专项整治行动，重点围绕加班费、值班费等8项问题对照检查。驰而不息反“四风”，整顿和改进工作作风。加强巡视巡察整改，实行整改工作月工作例会和周五工作进展汇报制。针对性约谈667人次。建立街道重点工作周清月结台账，对区级重点交办任务进行跟踪督办；开展扶贫领域、党员干部涉权事项等专项督查9批次，发现问题33个，逐一整改落实到位。

【经济发展】 实施乡村振兴战略。坚持“两山”理论，开展西山坪片区旅游发展、桑蚕旅游产业发展、沿江文化街区等规划建设工作。市级农旅融合示范项目基本建成。争取项目4个、补助资金240万元，推进特色效益农业发展。盘活资产，发展壮大村级集体经济，完成磨心坡村物业租赁项目和西山坪村精品果园项目建设。支持民营经济发展。大力招商，成功引进莫氏7°、新北盛、奇吉、须弥养生源、明道5家企业入驻东阳。成立领导小组，落实领导联系民营企业制度，开展集中走访精准服务民营企业242家，积极开展思想大解放讨论活动，解决民营企业问题62个，努力营造一流营商环境。

【民生事业】 提升城乡品质。全面开展“百日攻坚”行动，制定城乡管理长效机制，修订管理考核办法，加强主干道和村(社区)清扫保洁和冲洗，完成东阳高速出口至银翔大道段的综合改造和景观提升工程；完成天府丽正道路综合改造，消除消防安全隐患；建成5座违停系统，完成黄桷至大新复旦背街综合整治；拆除违建38余例5100余平方米。全面推行河长制，坚持常态巡河，安装公示牌24块，对18处入河排污口进行普查，完成嘉陵江东阳段、车盘溪天府民居段河道沿线种植的清理和复绿20余公顷。加强交通等基础设施建设。加快实施“四好农村路”建设，完成设计32.5千米，招标18.5千米，实施12.6千米。G351(盐东路段)道路扩宽改造完成，邵白路、灰草路、东合路、东阳支线、天府民居桥梁工程等动工建设，东阳环线完成清裱等工作。铁路东环线正线征地24.3公顷，临时用地21.7公顷，签订货币安置协议36户。完成西山坪片区通讯覆盖和部分村的天然气管网方案设计等。着力改善民计民生。实施西山坪抗旱应急工程，保障居民生活用水。持续做好脱贫攻坚结对帮扶工作，入户走访300余次，为贫困群众25户68人补助资金6.8万元，解决桃花山村35余万元资金缺口问题。完成23户危旧房改造，6户农村残疾人危房改造，180户农村厕所改造。争取区级福彩资金140万元用于创市级敬老院标准化建设。丰富群众文化生活。积极开展丰富多彩的文体活动，打造“东阳金钱板”特色文化项目，完成天府民居南北社区打造宣传思想文化示范点建设项目，天府民居南社区被评为“最美志愿服务村(居)”，西山坪村被评为区级文明村镇。

【安全稳定】 开展扫黑除恶专项斗争行动。充分利用宣传标语、横幅、巡逻广播、LED等进行广泛宣传，发放宣传资料3万余份，开展宣传活动61场，扫黑除恶宣传家喻户晓。多部门联动，通过线索排查、分析研判、责任倒查等机制，综合施策。持续做好信访稳定工作。推进网格化管理，开展天府民居综治网格化“双中心”建设。加强社会稳定风险评估和矛盾纠纷排查化解，稳控重点人员，圆满完成“两会”、智博会等重要活动和节点的安保维稳工作，全年无到市进京的非访、集访现象发生。成功化解污水管破裂、租用地复垦补偿、土地流转费等矛盾纠纷36件。维护辖区社会治安秩序，刑事发案同比下降19.6%。维护辖区安全。加大安全监管力度，保证辖区无重大安全事故发生。整合安全监管力量，通过专家参与检查执法，对安全生产、道路交通、消防安全、森林防火、地灾防范等进行有效监管，排查安全隐患190起，整改168起，行政处罚9起；组织防洪抢险工作，转移群众50余人、物资200多吨，确保辖区生命财产安全。

【东阳街道负责人名录】

党工委书记：杨长春
党工委副书记、办事处主任：王国华
党工委委员、人大工委主任：聂真华
党工委专职副书记：潘先亮
党工委委员、纪工委书记：孔　华(女)
党工委委员、办事处副主任：毛　平
　　　　　　　　　　　　　刘　刚
党工委委员、武装部长、办事处副主任：刘向东
党工委委员、组织委员：奚　艳
办事处副主任：顾　焱

党工委委员、宣传委员、统战委员(兼):刘　颖
党工委委员、政法书记:张继雄

蔡家岗街道

【概况】 蔡家岗街道于2017年6月21日成立,辖区面积45.75平方千米,下辖10个社区、122个居民小组,5个行政村、76个村民小组。辖区人口17万余人,其中户籍人口4.6万人。辖区内现有小学5所、中学2所、综合医院4所、敬老院1家以及重庆市刑侦总队、蔡家消防中队等24家社会单位。街道共有7个机关党支部,50个社区(村)党组织、8个非公企业党组织,共有党员1614人。街道机关内设8个行政科室,3个事业站所,有干部职工113人。社区(村)有干部151人。

【党建工作】 落实从严治党主体责任。提高政治站位,自觉践行"两个维护",坚决肃清孙政才恶劣影响和薄熙来、王立军流毒,推进街道全面从严治党向纵深发展。坚持党建工作与业务工作同谋划同部署,层层压实管党治党责任,分级签订党建工作责任书、党风廉政责任书和意识形态责任书,制定督查督办清单,确保党的建设各项工作落实落地。守牢意识形态阵地,从严管理街道218个微信和QQ工作群,无意识形态责任事故发生。深化落实统战、民族宗教和党管武装工作。推动基层党建规范化。严肃规范党内政治生活,开展街道中心组学习13次、专题报告会4次,领导班子成员带头讲党课78次,以"三会一课"支部主题党日活动为载体,把学习教育融入日常,运用QQ群、微信群推送微党课88期。新建党组织3个,新发展党员11名。全面落实《北碚区加强城市基层党建工作10条措施》,构建街道、社区两级区域化党建格局,以党建为统揽整合驻地机关事业单位力量,线上以大蔡家群众服务中心微信群为载体,基层收集反映身边的问题,有关部门及时响应、快速解决。线下通过定期召开党建联席会议,沟通协调解决辖区内重点难点问题。全年网络问政、群工系统反映问题数量同比下降12%。扎实推进汪家堡社区后进基层党组织整顿和社会治安重点地区挂牌整治工作。进一步加强干部队伍建设,为基层选派"第一书记"2人,面向社会公开招录社区专职工作者和村后备干部19人,深化"党员红袖标"等党员志愿服务品牌。持续深化党风廉政建设。开展专项整治,重点梳理出街道党员干部亲属经商情况14条,清理"一家两制"问题1个,明确党员干部回避机制。巩固落实中央八项规定精神和区委"3+3"专项整治成果,针对"疑是违规吃喝"问题开展专项整治,班子成员集中学习、专题部署、带头表率。规范财经纪律,强化基层干部队伍廉政建设,规范解决社区、村工作午餐问题,细化财务管理制度具体办法,对财务报销、工程项目、政府采购、票据电子化等方面的专业知识作详细规定和解读,划定红线、设定底线、拟定准线,切实做到财经符合审计,工程(作)符合程序。廉政警示教育常态化,认真开展对全体干部作风建设专项约谈和问题约谈,组织全体机关干部、社区(村)干部近200人次到重庆市廉政教育基地学习,开展班子、支部、科室廉政警示教育,把不敢腐、不能腐的观念根植于心。严格落实巡视巡察问题整改。全力配合市委巡视延伸和区委巡察工作,针对区委巡视巡察反馈的24项问题和上轮巡察未整改的问题,逐项研究整改措施,建立台账,制定整改方案,明确责任领导和责任人,实行限时销号办结制。同时,坚持以点带面、举一反三,推动整改工作落细落实。24个问题整改完毕,列入长期整改18个。

【经济发展】 辖区有规上企业(含园区)59家,其中世界500强12家,中国500强10家,2018年规模以上工业企业实现总产值111.86亿元,限上商业销售额52.3亿元。围绕深化"放管服"改革,营造良好营商环境,街道出台服务民营企业十二条、发展壮大民营经济九项行动等措施,抽调专人开设办证服务快线做好企业服务工作,推行"全域通办、民事直办、网络预办、错延时办、四色督办"五办服务,依托自贸试验区加大招商引资力度,全年共引进企业1344家,注册资金84.78亿元,完成率146%。新增个体工商户1645户,注册资本9168万元,完成率122%。完成辖区税收21亿元,四个主体税种收入11.57亿元,实现区级收入1.99亿元,完成年初目标任务的167%。

【城市建设】 强力整治市容乱象,以"五域一线"为重点开展集中攻坚整治,取缔拆除汪家堡、中庚城等区域占道经营96处,投入近100万元对212沿线进行绿化整治。投入100余万元启动实施蔡家老街、竹林湾片区品质提升工程。开工建设汪家堡临时农贸市

场和赶集市场，城区餐厨垃圾集中收运基本实现全覆盖，市容环境改善明显，受理城市环境投诉同比下降27%。整治存量违建21万平方米，完成率100%。加快完善市政设施，竹林湾公厕建成投用，投入180余万元完成2个邮票广场建设，完成社区体育文化公园、市民休闲广场各1个。投入30余万元，打造蔡家老街风情记忆小游园，修筑蔡家历史人文长廊，深受群众好评。城市管理"百日攻坚"初见成效，城市人居环境得到进一步提升。

【民生事业】 重视各类社会保障工作，完善一体化平台数据库，建档贫困户、低保户、残疾人等实现全部入库，开展救助56人次共计267043元，发放城乡低保476360元，实现应保尽保和公示全覆盖。加快改善农村基础设施，投入310万元完成银庆路3千米道路的拓宽及油化工程，投入115万元完成瓦房子后路1.28千米改建工程。投入30余万补助解决三溪村500户村民天然气安装，完成400户农村居民饮用水改造，完成改厕43户，农村人居环境得到进一步改善。狠抓"文明治丧"，通过入户走访、召开楼栋议事会等方式做到家喻户晓，建立楼栋、社区、街道三级联动响应机制，街道未发生一起占用公共区域违规治丧的行为，同时积极为文明治丧群众办理补贴补助，得到群众理解、配合和支持。

【社会治理】 建立辖区风险隐患排查评估制度，每月分街道、社区(村)、楼栋三级召开矛盾纠纷排查会，做到有效排查、先期预警、提前化解。妥善处置辖区物业纠纷、农民工欠薪、血液透析事件、原乡镇企业职工集访等方面的稳定风险27起(次)，同时注重网络舆情监控，有效维护辖区和谐稳定。

【安全环保】 深入开展安全生产"大排查、大整治、大执法"行动，定期开展风险研判，重点在工贸及危化企业、道路交通、消防等领域开展拉网式排查，整治和消除各类安全隐患600余处(条)。加大环境保护力度，落实"河长制"，完成山王溪、马河溪整治并顺利通过验收和"回头看"。启动底洞沟流域综合整治。贯彻落实好全区环境保护大会精神，加强对中梁山的保护和农村环境卫生整治，农村环境卫生考核排名稳居全区前三。

【蔡家岗街道负责人名录】

党工委书记：刘明刚

党工委副书记、办事处主任：刘　学

人大工委主任：郭世彤

党工委专职副书记：郝进杰

党工委委员、纪工委书记：王　忠

党工委委员、办事处副主任：余晓明

党工委委员、宣传委员、统战委员：胡尚国

党工委委员、办事处副主任、武装部长：邓作彬

办事处副主任：詹佑停

党工委委员、办事处副主任：罗鹏丹

党工委委员、政法书记：银　亮

党工委委员、组织委员：王亚丹

歇马街道

【概况】 歇马街道位于北碚区西南部，东临龙凤桥街道，南与沙坪坝区回龙坝镇和凤凰镇接壤，西枕缙云山与璧山区七塘镇交界，距北碚区行政中心5千米。属于北碚中心城区组成部分和北碚新城建设拓展区。于1月撤镇设街，辖区面积58.58平方千米，下辖8个社区、68个居民小组，10个行政村、187个村民小组。辖区常住人口约10万人；户籍人口5.6万人，其中，城区人口3万人，农村人口2.6万人。

2018年，街道一二三产业总产值101.8亿元，同比下降2.58%，其中规模以上工业企业总产值21.11亿元，同比下降2.8%，利润总额5600万元；限额以上商贸企业营业额1.78亿元，同比增长7.87%；公共财政预算收入7786万元。

【党建工作】 深入学习宣传贯彻习近平新时代中国特色社会主义思想和党的十九大精神。领导班子成员带头，组建学习宣传辅导小组18个，开展党的十九大精神集中宣讲45场次，中心组集中学习讨论12次，基层党支部开展专题学习讨论1176次；街道书记讲党课10次，班子成员讲党课148次，基层党组织书记讲党课302次。推进"两学一做"学习教育常态化制度化落实，组织开展习近平总书记系列重要讲话精神主题知识竞赛2次，举办主题文艺汇演8场次，利用QQ、微信等移动网络平台推送"微党课"1200余节次，确保习近平新时代中国特色社会主义思想和党的

十九大精神入脑入心。落实基层党建工作任务。对标补短整改，针对2017年查摆梳理4项问题和市委巡视反馈7个方面问题，逐一整改落实。严肃党内政治生活。街道党工委书记带头以普通党员身份参加支部活动，基层党支部规范落实“三会一课”，开展主题党日1800余次。不断完善工作机制，贯彻《北碚区城市基层党建10条措施》要求，召开党建工作例会10次，党建联席会议制度在街道和8个社区全面落实。下派非公党建指导员67名，按要求对辖区企业进行走访，开展指导。强化基层组织规范，新成立社区党组织4个、非公党组织3个，撤销不规范基层党组织4个。严格落实基层党组织书记任前联审、任职报备、变动报告、台账管理制度。全年新发展党员15名；进一步规范党费收缴管理使用，按时足额收缴党费19.36万元；1个社区“后进”党组织整改扎实有效。培养年轻干部，严格按程序选拔任用青年科级干部10人，通过专技中级职称评审1人；公招村(社区)专职干部、后备干部54人。

【民营经济】 全力助推民营经济发展，建立企业联络员制度，班子成员一对一帮扶重点民营企业，与17个村社区签订年度民营经济发展目标责任书。坚持去存量、促新增，清理已建闲置厂房45370平方米，新发展企业703家，个体工商户1362家，分别完成年度目标任务的113.38%和109.83%。全面学习贯彻中央、市、区民营企业座谈会精神，领导班子成员带头，成立15个工作组，全覆盖开展民营企业走访调研，收集意见建议，切实帮助企业解决困难。实现北碚首个“九三专家工作站”落户歇马，为经济发展献智助力。

【乡村振兴】 加快推进“四好农村路”建设。在建农村公路2条、2.7千米。有序实施乡村振兴重点项目。3千米梁滩河环形健身步道项目一期工程完工，二期工程有序推进；小虎路拓宽及沿线风貌整治一期工程加紧推进，拆除厂房15家、2335.58平方米，完成景观规划设计。推动旅农融合发展。获批农业产业发展资金项目2个，总投资250万元，补助资金130万元；东风村成功申请创建“北碚区乡村振兴试验示范村”，完成东风村白土坝“半岛荷塘”都市休闲观光农业项目规划设计，配合区政府和西南大学柑桔研究所推进国家柑桔公园规划建设，配合市区相关部门做好缙云山规划，培育乡村旅游发展新业态。打好脱贫攻坚战。建卡贫困户3户脱贫，持续帮扶巩固，完成农村危旧房改造9户，“两不愁、三保障”全面落实。

【城镇建设】 创新管理模式。全面推行城市管理街长制，成立街长制工作领导小组及统筹办公室，以城市考核区域为主划分5个街区，形成领导小组抓总，统筹办具体负责，街区分片包干落实的“1＋1＋5”工作机制。以街长制为核心，进一步向下细化城区网格，引入路长制、巷长制，以网格员、志愿者为骨干设立路长28名、巷长82名，探索“大城众管”。强化高压监管。坚持问题导向，整合机关、村社区、城管及社会单位力量充实街区队伍，日均投入100余人次，开展动态巡查，着力整治各街区“脏乱差”问题。全年开展大规模市容环境综合整治行动8次，规范占道经营门店153个，占道临摊156个，拆除篷、亭、伞盖250处、破损广告185个，市容秩序明显好转。强力推进“两违”整治，全面完成27万平方米市级存量整治任务。打好污染防治攻坚战。完成中央环保督察双凤溪黑臭水体整治，新建污水管网1000米，清淤3600米，实现双凤溪沿线20家工业企业污水管网全部接入；完成辖区全国第二次污染源普查工作，关停高污染企业8家。打造特色亮点。投入资金1200万元，实施碚青路人行道、道路景观带、3D彩绘墙等重点亮点工程，建成3D彩绘墙320平方米，建成8000平方米临时停车场、2000平方米碚青路绿色停车场和3000平方米综合夜市，建成6500平方米状元小学城市门户景观带、1万平方米东风花苑休闲公园，全年新增城市绿地和社区公园8处、24350平方米，完成背街小巷路面“白改黑”18126平方米。推进建设野猫岩足球场改造等项目。房地产业发展。全年新开工商品房60万平方米，同比增长334%；商品房销售面积20万平方米，同比增长23.15%，实现销售收入20亿元，同比增长45.99%。

【民生事业】 社会保障体系日趋完善。城乡合作医疗保险参保3.9万人，城乡居民家庭医生签约2.1万人，完成年度目标任务的116%，完成农村厕所改造189户；发放各类帮扶救助金365.3万元，惠及10497人；实现城镇新增就业2126人，城镇登记失业率控制在2%以内。社区建设。歇马社区正式挂牌成立，社区“两委”班子完成组建并投入运行，紫云台社区和缙云新居公租房社区筹建工作顺利推进。政务服务不断优化。改扩建"一站式"服务大厅，增设服务窗口3个，修改完善一次性告知制、首问责任制等办事规章，面向社会公开发布行政服务指南，完成94项行政服务事项清理。文体事业提档升级。举办"我们的中国梦"等大型主题文体活动5场，政府购买文化服务进基层72场，解放台社区参加全国部分文化馆联盟优秀合唱团展演暨第二十五届"缙云之声"合唱节获银奖，状元碑社区居民王昌力获评为"重庆十大最美家乡人"。开展全民阅读活动4场，街道图书馆接待读者2300余人次。落实社会体育指导员85名，实现18个村社区全覆盖。

【征地拆迁】 征地扫尾攻坚完成农户3户。Ⅰ标准分区三期、Ⅰ标准分区二期补征地按要求推进；快速路一纵线北碚段部分节点工程进场施工；棚改一期、二期、歇马旧城改造及配套项目顺利推进，完成240户、22351.96平方米；同兴工业园区拓展区（歇马小湾片区）正式获批并启动一期征地。重点项目建设秩序维护工作稳步推进，全年解决炮损、阻工、用地纠纷等各类矛盾问题98件，一横线歇马段、朝阳中学城南校区、亿达创智广场、骑龙安置房、公租房等重点项目有序建设。

【缙云山综合整治】 6月4日习近平总书记对缙云山相关问题作出批示后，按照市委、区委总体部署，歇马街道迅速成立由党政主要领导任组长的整治工作领导小组，下设"5+2"工作小组，所有班子成员分片包干、责任到人，街道、村社干部100余人投入缙云山国家级自然保护区综合整治工作中。整治工作明确"突出重点、两头（农荣村和虎头村）并举，先易后难、分批实施"工作思路，坚持一手抓违建拆除，一手抓生态环境恢复，通过为期7个月的集中攻坚，缙云综合整治工作取得阶段性成效。街道涉及第1—5批重点整改清单的56个问题全部拆除到位。自然保护区内累计拆除建构筑物181处、40041.97平方米，其中实体建筑25319.32平方米；清运建筑垃圾30756.7吨，覆土复绿48857平方米；拆除养殖场6家、7750.64平方米，畜禽养殖问题彻底肃清；完成63户近1万平方米树脂瓦坡屋顶改造。

【歇马街道负责人名录】

党工委书记：姚参军（2月任职）

党工委副书记、办事处主任：谭华为（2月任职）

党工委委员、人大工委主任：谭述彬（2月任职）

党工委委员、宣传、统战委员：郑朝晖（2月任职）

党工委委员、组织委员：胡捷星（2月任职）

党工委委员、政法书记：万　勇（2月任职）

党工委委员、纪工委书记：何巨澜（2月任职）

党工委委员、办事处副主任：喻尚林（2月任职）

陈争勇（2月任职）

党工委委员、办事处副主任：李仕兵（11月挂职）

张美弟（2月任职）

水土街道

【概况】 2018年1月，根据《重庆市人民政府关于撤销北碚区歇马镇、水土镇、复兴镇，设立歇马街道、水土街道、复兴街道的批复》（渝府〔2018〕1号）和《中共重庆市北碚区委员会重庆市北碚区人民政府关于撤销歇马镇、水土镇、复兴镇，设立歇马街道、水土街道、复兴街道相关工作的通知》（北碚委〔2018〕11号）文件精神完成撤镇设立街道。水土街道机关内设党政办、社事办、经发办、综治办、建设办、财政办、食药监办及安监办8个科室；事业下设农业服务中心、文化服务中心、社保所3个直属单位。水土街道机关核定行政编制39名，事业单位核定编制39名。截至年底，水土街道实有行政人员36人、事业人员34人。

【经济发展】 全年实现工业总产值389亿元，其中规模以上工业总产值378亿元；固定资产投资125亿元；城镇居民人均可支配收入38421元；农村居民人均可支配收入18984元；税收27.14亿元。

【招商引资】 签约中国科学院大学重庆学院、西南药业两江产业基地、腾讯西南总部数据中心等项目121个（用地项目7个、楼宇及标准厂房项目78个、金融结算项目36个），协议投资443.48亿元，协议产值421.72亿元。新开工中德产业园、发那科机器人等多个项目。

【征地拆迁】 开展兴调研转作风促落实行动，保障各类发展用地，攻克征地拆迁扫尾379户。完成132460平方米东环铁路正线征地及新增临时用地工作。整治违法建筑7处、2.2万平方米。平稳实施400套安置房分房接房。安置房预登记1516户、1965套。新启动征地工作涉及5个村民小组、约699333.33平方米征地,签字率达80%以上。

【民营经济】 发展企业288家,个体工商户426家,完成年度目标任务140%。完成第四次经济普查前期清查工作,清查企业795家,其中法人668个、产业127个;个体户1900户,对新申请注册商标的3个法人、18个注册证号给予一次性奖励14400元。办理小微企业和困难企业社会保险缴费调减22户。办理就业创业小额贷款13户、190万元。深入开展民营企业集中走访精准服务,走访民营企业351家,解决相关问题125个。

【环境保护】 完成第二次污染源普查、自然保护地排查建档。建立生态环境巡查监管执法常态,实现辖区江河库、山林路管护零盲区。切实整改落实中央环保督察反馈问题,着力解决生活污水二三级管网、饮用水源保护等突出问题。

【城乡管理】 健全城乡环境卫生管理考核长效。开展城市管理"六进"系列活动,九龙正街人行道、江北中学公交站场及周边环境、飞马5组垃圾坑、辖区嘉陵江沿岸裸土复绿等完成整治。

【乡村振兴】 启动涵养区(城市规划区外)乡村规划。4.5千米"水天路"油化改造竣工。3.3千米"库屋路"完成工程量50%。投资560万元的规划区外人饮工程通过两江经济评审。完成涉及3个村、60口农村厕所改造工作。发展土地集约经营,实现多经收入1632万元。全面推进1799户、3.284平方千米土地承包经营权确权颁证登记工作。

【社会保障】 办理社保3.77万人。发放城乡低保等困难补助332.5万元。动态脱贫全面完成。开展技能培训(素质培训)1165人。举办就业招聘会13场次,提供岗位1265个。屋基五保家园、1200平方米和润家园社区便民服务中心建成投用。兴仁村、挑灯村完成撤村。启动新成立和悦家园、和泽家园社区申报工作。开展群众文化活动40场次。

【安全生产】 成功应对"7.13"嘉陵江防洪应急抢险问题,无安全事故发生。排查整改各类安全隐患431条,处罚企业8家,罚款1.67万元。6000平方米江北火柴厂危旧厂房应急排危工程竣工。完成屋基村1组等3处地灾点勘测设计。健全网格服务管理体系,排查化解突出矛盾纠纷61件。

【扫黑除恶专项斗争】 构建多形式、全范围立体宣传模式,组织集中宣传、面对面宣传教育群众超过2000人,张贴标语横幅、海报,发放宣传资料、问卷超过1万份,充分营造扫黑除恶良好氛围。发挥社会治安综合治理体制机制优势,平行推进三个层面扫黑除恶摸排研判,全面落实"有黑扫黑,无黑除恶,无恶治乱",辖区刑事案件发案率同比下降6%,受到中央扫黑除恶督导组充分肯定。

【党建工作】 抓好主流意识形态工作,将党章、习近平新时代中国特色社会主义思想、《纪律处分条例》等纳入各级学习教育重要内容。全面整改市委巡视和区委巡察反馈意见,坚决肃清孙政才恶劣影响和薄熙来、王立军流毒,党员干部作风加快转变,"两个维护"主体意识持续增强。坚持一切工作到支部,认真落实《党支部工作条例(试行)》。扎实推进中组部5个专项任务:认真解决发展党员违规违纪问题,发展党员11人、转正10人;抓好军队退役人员党员教育管理,接收5人关系;探索园企、政企共建新路,新建万寿社区联合党委,协同推进园区21个非公企业党组织党建工作;推进党组织带头人队伍整体优化提升,全覆盖培训二级支部以上书记,选优配强农村本土人才12名;采取撤并方式,消除集体经济"空壳村"2个。建立街道、社区党建联席会议制度,打造和欣家园安置社区"安居和欣,五美家园"素质提升、万寿公租房社区"四融四心工作法"党建引领社会治理品牌。

【水土街道负责人名录】

党工委委员、书　记:汪坤福

党工委委员、副书记、办事处主任:常先志(3月任职)

党工委委员、人大工委主任:朱敬美(2月任职)

党工委委员、专职副书记:徐世友(2月任职)

党工委委员、办事处副主任:王承平(3月任职)

殷清勇(3月任职)

殷　芳(3月任职)

党工委委员、办事处副主任、武装部长：熊　箭(2月任职)

党工委委员、宣传委员、统战委员、人大工委副主任：马　杰(2月任职)

党工委委员、纪工委书记：华剑隽(2月任职)

党工委委员、政法书记：黎　明(2月任职)

党工委委员、组织委员：刘　阳(2月任职)

(吴　蕾)

复兴街道

【概况】 复兴街道位于北碚区东北部，东、南面与渝北区接壤，北连静观镇、三圣镇，西邻水土街道，距北碚主城区23千米。辖区面积63.9平方千米，下辖8个行政村、130个村民小组，5个社区、17个居民小组。常住人口约3.6万人，户籍人口约3.8万人。街道领导班子成员共12人，其中男性11人，女性1人，平均年龄44岁。街道下设党政办、经发办、社事办、综治办、规建环保办、财政办、食药监办、安监办8个行政办公室和农业服务中心、文化服务中心、劳动就业社会保障服务所3个事业单位。编制总数71人，其中行政编制34人，实有34人；事业编制36人，实有31人；工勤编制1人，实有1人。街道直属党组织18个，其中村党组织8个，社区党组织5个，机关党组织1个，离退休党组织3个，单位党支部1个。辖区非公企业党组织由水土园区统一管理。辖区党员总数1140名，其中女性286人、男性854人；平均年龄58.65岁，60岁以上604人、占比52.98%。

复兴街道全域划入两江新区，其中32平方千米为水土园区建设规划范围。辖区交通便利，绕城高速、渝广高速、三环高速穿境而过，龙门大桥、悦复大道等路桥建成投用，一刻钟即可到达北碚、渝北城区、江北机场；轨道交通6号线支线、东环铁路在建。

复兴街道于1月撤镇设立街道。复兴素以书画之乡、武术之乡闻名，有2个市级非物质文化遗产——“复兴农村儿童线描画”和“复兴贺家拳”。

【党建工作】 深入学习贯彻党的十九大精神和习近平新时代中国特色社会主义思想。以专题民主生活会、中心组学习、主题党日等形式深学笃用党的十九大精神和习近平新时代中国特色社会主义思想。开展“兴调研、转作风、促落实”活动，形成调研报告11篇。开展宣传十九大的文艺演出13场次，牢固树立“四个意识”和“四个自信”。扎实落实意识形态工作责任。坚持党管意识，与26个单位签订责任书，将落实意识形态工作纳入领导干部述职述廉考核内容。开展专题集中学习12次、意识形态专题测试2期；督查村(社区)和重点阵地场所30场次，建立督查台账和问题台账，逐一整改销号。规范基层党组织建设。太山、龙门、书院社区便民服务中心建成投用，完成19个党支部的组建、换届选举工作；调整、任免基层党组织书记、副书记及委员50多人，选派第一书记1人。完成后进基层党组织整顿转化工作。加强干部队伍建设。新提拔科级干部5人，调整科级干部岗位5人；公开选拔村(社区)专职工作人员7人，储备后备干部21人。集中组织村(社区)干部自主培训3天200余人，选送30名书记、党务干部参加区的党务工作培训。推进党风廉政建设。认真落实党工委主体责任和纪工委监督责任，强化“一岗双责”。全力配合区委巡察，立行立改巡视巡察反馈问题，制定整改措施78条和92条，落实责任领导、责任科室、责任人和整改时限；健全完善《“三重一大”事项集体决策制度(试行)》《财务报销制度》等10余个制度机制，实现立行立改、标本兼治。

【重点工程】 全力服务园区及重点项目建设。集中力量、加快推进征地拆迁攻坚扫尾，完成企业拆迁8个、其他农房和企业专项48个，配合司法强拆农户1户；全面清理拆除已签未拆企业和农房6.3万平方米；新分房198套、定向商品房预登记201套，新发放房产证3474份。大力保障重点项目建设，协调提供东环铁路临时用地14.27公顷、三环高速临时用地5.33公顷；完成三项电力迁改、旱复线天然气迁改、长寿至水土输气管道等项目用地协调和农户迁建；调处施工纠纷100余次，排除堵工30余次，参与节点工程施工保障3次，确保轨道交通6号线支线二期、后河竹溪河景观整治等48个国家、市级重点项目有序推进。

【城乡环境综合治理】 开展城市综合管理“百日攻坚”行动，投入150余万元，完成老街管线整治、外墙修缮、市政设施修补等工作，处置存量垃圾6000余吨，改造公厕1座。落实街长、路长、巷长和“门前三包”责任制度，集中整治无证流动摊点360余摊次，跨门槛经营220余起。协调水土园区投入资金640万元，启动实施老场镇道路、管网改造项目。引入市场化运作机制，投入资金77万元/年，完成场镇清洁服务外包和农村垃圾清运外包。加强土地看护管理，拦截劝返外来渣车600余辆次，查扣非法运渣车辆30余辆。

【乡村振兴】 全面启动各村村庄规划和栀子村美丽乡村示范村规划。争取两江新区农村人居环境改善项目资金5600万元。加快推进“四好”农村路建设，完成农村公路施工图设计10条22.6千米，学堂堡路等4条农村公路油化工程7.2千米进场施工，何伙路等3条新建农村公路3.5千米大部分完工。投资38万元改善5个村的饮水供应和安全。投资50万元推行农村清扫保洁奖惩考核机制，全面落实河长制，改善农村环境卫生状况。巩固脱贫攻坚成果，开展大排查走访3007户，加强政策扶持和产业帮扶，为建卡贫困户稳定脱贫提供保障。

【改善营商环境】 深化“放管服”改革，优化整合审批服务窗口，清理政务服务清单110项，制定政务服务指南110项，分批制定公布“最多跑一次”事项清单55项。公示政务服务事项二维码，推行“互联网＋政务服务”。服务民营经济发展，实地走访、调研民营企业55家，集中开展民营企业发展座谈4次。截至目前新注册企业16家，个体工商户105户。

【改善民生】 开展技能和素质培训14期1365人，城镇新增就业1164人，城镇登记失业率控制在2%以内。发放各类补助金868.4万元，惠及1867户3860人。持续推进“厕所革命”，完成农村改厕240户。保障3户农村贫困残疾人家庭的住房安全，对204名精神病患者实施分级分类服务管理，完成997名残疾人信息动态更新，对1200余人退役军人和其他优抚对象进行信息采集。开展各类文体活动60余场次，复兴贺家拳应邀接受中央电视台专题拍摄；复兴轮滑登上国家级领奖台。

【社会稳定】 以太山社区为试点，创新推动综治·网格化服务管理双中心建设，并在全区推广。开展“扫黑除恶”专项斗争宣传筛查等工作，发现涉恶线索1起，立案查处1起。扎实推进信访基础工作，处理各类信访案件147件，回复率和办结率100%，群众满意率95%；着力化解群体性矛盾，华府小区办证历史遗留问题全面消除，安置房质量整改、老场镇炮损等问题平稳推进；全年未发生一起到市、进京非访集访。全面落实安全生产监管责任，全年未发生安全生产责任亡人事故。

【复兴街道负责人名录】

党工委书记：杨福平
党工委副书记、办事处主任：胡自磊
党工委委员、人大工委主任：谭其志
党工委委员、专职副书记：王建彬
党工委委员、组织委员：王继海
党工委委员、宣传、统战委员：何太明
党工委委员、政法书记：吕兴建
党工委委员、纪工委书记：刘志刚
党工委委员、办事处副主任：伍章兵
党工委委员、办事处副主任：杨万中
叶晓音（女）

党工委委员、办事处副主任、武装部长：李仕军（武装部长）

静观镇

【概况】 静观镇是“中国花木之乡”“中国蜡梅之乡”“全国重点建设小城镇”“全国特色景观旅游名镇”、国家3A级旅游风景区、重庆市中心镇、统筹城乡集中示范点、十佳宜居小城镇、国家农业产业强镇、全区乡村振兴试验示范镇。“静观”二字取自古谚语“万物静观皆自得”。辖区面积72.5平方千米，辖15个村、2个社区。全镇户籍人口54320人，其中农业人口43556人。全年一般公共预算收入中税收分成收入完成1873万元，同口径增长79.2%；固定资产投资增长10.8%，社会消费品零售总额增长15.8%；农村居民人均纯收入预计18290元，同比增长7.6%。

静观有500多年花木种植历史，是全国花卉艺术五大流派之一——川派花卉艺术的发源地，以蜡梅、罗汉松、黑塔子桩头盆景、人工蟠扎造型、园林艺术见长。静观物产丰富，北碚静观中华小米、北碚静观素心蜡梅、北碚静观醋、北碚静观金钩豆瓣、北碚静观草鞋等土特产远近闻名。静观旅游资源丰富，境内有塔坪寺、蜡梅AB园、伴烟翠、泊村、对山居、春和景明、重庆温泉谷、王朴烈士陵园、陶花源、花漾栖谷、山里院等景点。

【“三农”工作】 特色产业融合发展。成功申报国家农业产业强镇、区乡村振兴示范镇，素心村被确定为乡村振兴示范村，全年争取中央、市、区项目资金3960万元。围绕“中国花木之乡”“中国蜡梅之乡”持续做大花木特色产业，获全市农村一二三产业融合试点乡镇一等奖。启动编制全镇花木产业规划和乡村振兴规划，系统谋划产业布局。实施蜡梅抢救保护性工程，拓展种植面积53余公顷，建成万全、素心2个蜡梅精品示范园。苗木种植结构进一步优化，玫瑰、小型盆栽、花艺花材等家庭花卉、高端花材初具雏形，草坪在市场占比进一步提升。新开发蜡梅酒等农特产品6个，蜡梅花茶、蜡梅精油、蜡梅鲜切花礼盒、静观小米等农特产品市场影响力不断提升，建成农村电商综合服务站点4个，加工产值占比上升。农旅融合快速发展，伴烟翠、泊村、对山居、春和景明等一批高品质酒店、民宿建成开业。成功举办春赏花、夏摘果、冬赏梅系列旅游节庆活动，特别是十六届蜡梅节高规格举办、全媒体宣传，在全市全国形成巨大反响，仅新华社直播的插花比赛观看人数就超过110万人，静观影响力、美誉度大幅提升，全年预计接待游客超过50万人次，旅游综合收入超过1亿元。农村基础设施建设。全面启动28.4千米通畅、34千米通达公路建设，完成建设任务的60%。硬化生产生活便道33.3千米，修复水毁便道6处、水毁河道11处。完成中华和睦疏干区供水工程并投入使用。基本完成中华村土地整治项目。完成金堂村滴水岩、罗坪村南北沟危岩治理。完成双塘、大坪、陡梯190口卫生改厕任务。全面实施农村电网改造升级工程。农业资产确权。完成约21.33平方千米农村承包土地摸底调查、外业指界工作。完成625个山坪塘、20个农村人饮工程和小型农田水利工程设施量化确权，完善15个饮水安全工程审计。深入开展素心、罗坪、中华农村集体产权制度改革试点工作。全镇15个村清产核资和确权颁证工作有序推进。村级集体经济发展。按照资金项目化、项目股份化的工作思路，成功申报吉安、和睦2个区级集体经济发展示范村，争取资金各50万元，吉安村项目基本建设完成。试点推进素心、万全2个镇级示范村项目建设。其他各村集体经济增收措施稳步推进，消除集体经济空壳村12个。精准脱贫攻坚。坚持问题导向，层层压实扶贫责任，严格对标对表“两不愁三保障”要求，建立结对帮扶制度，11户未脱贫户全部由镇领导帮扶，152名镇村干部月月入户，“一户一策”落实脱贫措施和扶贫政策，全年发放产业扶持补助资金36.5万元，55名贫困学生列入教育资助计划，改造农村危房17户，帮助7户13人成功脱贫，返贫率、贫困发生率保持为零。

【重点工作】 民营经济发展。深入开展“营造一流营商环境推动高质量发展”大讨论大调研大走访活动，全面派驻民营企业党建指导员和营商环境信息员，全覆盖走访民营企业2轮678家次，帮助协调解决民营企业发展问题113个。大力发扬“马上就办”精神，深化“放管服”改革，制定服务群众行为规范，编发便民服务手册，全面优化营商环境，助推民营经济健康发展。新发展企业158家，个体471家，新增注册商标154个。帮助31家花木业主融资2470万元，发放创业担保贷款535万元。校地合作。与西南大学食品科学学院开展蜡梅食品加工和花茶研发，与菩璞生物达成战略合作意向。在全区率先完成镇科协“1+3”换届试点，素心村成为重庆市科学技术协会“村会合作”助力乡村振兴项目示范点，广泛开展产业策划、花木发展等领域合作，为产业发展注入了新的活力。招商引资。中投“静观田园”综合体项目签约落地，预计投资60亿元。探索能人返乡创业机制，镇主要领导带队拜访外出知名企业家，8人初步达成返乡投资创业意向。引进插花花艺企业1个，带动花艺材料种植50余户。举办新乡贤共话乡村振兴座谈会暨招商推介会，签约金额1.8亿元。作为北碚区唯一代表在第18届中国西部(重庆)国际农交会上签约1.5亿元。重点项目。渝广、三环高速静观互通建成投用。省道S108道路改造工程实现通车。江北机场导航站完成建设。区“五个一批”项目幸福99国际健康颐养中心(品鉴康养小镇)项目顺利建设。台农园城市规划建设、重庆铁路枢纽东环线工程征地签字率分别达98.9%、94.6%。基本完成铜思500kV线路异地迁建集中安置点建设项目。花园二社等征地项目扫尾工作有序推进。

【城乡建设】 完善场镇基础设施。启动镇总规、城市控规规划编制工作。开工建设静观污水处理厂、台农园污水处理厂和农贸市场提升工程。改造场镇公厕8个，延伸水仙街道路452平方米，整治人行道487平方米，规范停车位划线，新增设停车位257个，新增垃圾箱体20个。完成云汉大道、渝广高速静观段景观提升工程和场镇绿化补植。提高城乡管理水平。坚持“马路办公”，开展“文明在行动·静观更洁净”和城市综合管理“百日攻坚”行动，全面整治乱摆摊设点、乱停乱放等城市顽疾，拆除违规广告牌300余处，整治老街杂乱线网1000余米。完成餐饮油烟和露天烧烤整治。餐厨垃圾实现分类收运处理。建立健全城乡环境卫生巡查、考核、微信互动、城乡垃圾收运治理、村庄保洁等工作机制，农村生活垃圾治理通过国家验收。拆除存量违法建筑5736平方米，拆除新增违法建筑1处20平方米。重点整治“大棚房”违规业主6家。强化生态环境保护。严格保护耕地，严守生态保护红线。推进环保“五大行动”，做好污染防治。整改落实中央环保督察反馈问题，开工建设2.5千米场镇污水管网。落实河长制，集中清理河道存量垃圾140余吨、疏通河道20.2千米，限期整改大肚子河违规加盖、静观柳荫双河口河道养鸭污染问题。推进全国第二次污染源普查试点工作。协助处理环保违规违法企业10余起，共处罚金57.2万元。完成金堂村七一水库周边约33.33公顷荒山绿化造林。大坪村成功申报区级“绿色新村”。

【社会民生】 强化社会保障。开展农村低保腐败和作风问题专项整治，实现低保公平公正公开、应保尽保。通过困难群众帮扶一体化机制救助1137人，向低保、特困人员、重度残疾、优抚对象等困难群体发放各类补助救助金1240万元。新建九堰、双塘、和睦3个养老服务站。完成农村贫困残疾人危房改造5户。城镇新增就业900人，登记失业率控制在2%以内。城乡居民医疗保险完成全年目标任务的98%，城乡居民养老保险完成全年目标任务的115%。统筹社会事业。支持教育协调发展，有效保障校园周边环境安全。全面落实计生卫生政策，以计生赶场、“5·29”系列活动为载体，广泛宣传“全面二孩”政策。完成孕优检查及“两癌”筛查任务。推动家庭医生签约服务。开展文明治丧专项整治工作。开展群众性文化活动，政府购买公共文化服务、举办各类文体活动86场次，成功举办“庆祝改革开放40周年——舞动新时代·幸福跳起来”广场舞蹈大赛等活动。兴城社区健身点、和睦村、罗坪村健身路径完成建设。开展“文明市民”“文明家庭”“文明院落”“文明小区”等争创评选活动。

【安全稳定】 安全生产。严格落实“党政同责、一岗双责”安全生产责任制，进一步加强安全生产和农产品、食品药品的监督管理。严防严控“非洲猪瘟”，整治潲水养猪场3个。完成兴城、志达社区微型消防站建设，静观专职消防队成为北碚区安全生产应急救援队。举办2018年静观镇人民防空疏散演练，开展森林防火、地质灾害等应急培训、演练21次。加大消防、交通、企业等安全检查力度，执法检查112家次，执法检查人次、应急救援次数大幅提升，罚款金额均较去年翻番，确保安全生产“零目标”，荣获北碚区安全生产优秀奖。社会治安。坚持“五步”工作法抓信访稳定，有效解决一批信访问题，实现到市进京非访“零目标”。利用矛盾纠纷排查调处机制，排查矛盾纠纷138件，矛盾纠纷化解率达97.8%。调解各类矛盾纠纷519件，调解兑现442.2万元，调解率达100%。落实“谁执法谁普法”责任制，深入开展“七五”普法宣传教育。深化网格化服务管理，建成集真村综治·网格化服务管理“双中心”示范点。深入开展扫黑除恶专项斗争，充分发挥群防群治、专职巡逻队作用，大力整治兴城社区华渝路及周边治安乱点，社会治安秩序好转，治安案件发生率比去年同期下降36%。

【静观镇负责人名录】

党委书记：吴镜熙
党委副书记、镇长：刘云中
党委委员、人大主席：雷林强
党委委员、专职副书记：范绍兴
党委委员、纪委书记：费良木
党委委员、副镇长：明　韩
　　　　　　　　　李亨东
镇人大副主席：黄小彬
党委委员、政法书记：周先云
党委委员、宣传统战委员：陈　骄
党委委员、武装部长、副镇长：王志强
党委委员、组织委员：汪　韧

施家梁镇

【概况】 施家梁镇位于北碚区东南面，嘉陵江西岸观音峡口。距北碚市区7千米，距离区政府驻地行政中心约9千米。东与水土镇隔江相望，南与蔡家岗镇接壤，西与中梁山脉相倚，北与龙凤桥街道毗邻。辖区面积20.14平方千米。国道212线和渝武高速公路从镇域通过，重庆绕城高速公路横贯施家、狮子两个村，并设有一互通式立交桥。全镇辖4个行政村，1个社区居委会，共4531户，户籍人口10973人，常住人口7190人。

镇政府下设党政办、经发办、社事办、综治办、财政办、规建环办、食药监办、安监办、农业服务中心、文化服务中心、社保所11个职能部门。共有行政编制28名，政法专项编制1名，事业单位编制21名。镇党委下设直属党组织7个，其中：党委2个，党总支3个，党支部2个，共有党员540人。

辖区内水、电、气、闭路电视和通信网络覆盖全镇，水陆交通方便，区位优势明显，是重庆市蔡家组团的重要组成部分。

【党建工作】 坚持以习近平新时代中国特色社会主义思想为指导，全面学习贯彻落实党的十九大和习总书记系列重要讲话精神，结合全国、全市和全区组工会议精神，深化落实"两点"定位、"两地""两高"目标和"四个扎实"要求。组织全镇党员干部认真学习贯彻党章，严守政治纪律和政治规矩，提高政治站位，树牢"四个意识"，坚定"四个自信"，落实"两个维护"，实现"三个确保"，彻底肃清孙政才恶劣影响和薄熙来、王立军流毒，创良好政治生态。全年开展党委中心组学习12次，成立镇基层党建工作指导组，落实党建工作要点17条，主持召开镇党委会14次，专题研究部署组织、人事、意识形态、党风廉政等方面重点工作32项。讲党课4场，依托"施家讲习所"，开展专题培训7期，用好用活新时代文明实践中心，开展各类宣讲43场。落实"三会一课"、支部主题党日、党员民主评议等基本制度，结合20个网上"微支部"抓党员教育，推进"两学一做"学习教育常态化制度化。推行"最多跑一次""马上就办"的工作作风，代办业务452件。执行"2+2+4"约谈制度，把问题提醒在前、警示在前、解决在前，实施例行约谈27次188人，专项约谈22次120人，问题约谈2次3人。

【经济发展】 坚持镇级领导联系重点企业制度，开展集中走访精准服务民营企业活动，全力构建"亲""清"新型政商关系。全覆盖走访辖区162家企业，帮助协调解决民营企业发展问题87个。积极召开民营企业座谈交流会、银企座谈会、企业用地难协调会，针对企业发展难题精准施策。严格执行"马上就办""最多跑一次"工作要求，落实专人为辖区企业提供代办服务，强化政策奖扶，进一步优化营商环境。根据全镇在两江蔡家新区的功能定位和发展特色，整合辖区闲置厂房等优质要素，配合蔡家管委会积极与企业联系洽谈，新建神驰集团工业园、启迪协信北碚科技城项目、海斯坦普重庆汽车零部件2期项目等8个项目成功签约。全年新注册民营企业30家，个体工商户60户。启动并完成全国第四次经济普查单位清查阶段性工作。全镇实现工业经济生产总值46.97亿元，主营业务收入43.34亿元，固定资产投资6000万元，完成税收1.65亿元。

【基础设施】 筹资金近9000万元投入民生工程。完成三胜大岚垭公路、大板路及大板路延伸段3条"四好农村路"改建工程，有效解决8个社2000余名群众出行难问题；完成背街小巷整治面积1万平方米，铺设人行便道2700平方米，安装及修复路灯76盏，增设160个垃圾收运处理设施，改造电力线路1.5千米；建成场镇污水管网5.2千米，污水提升泵站一座，临时污水处理罐体两个，日处理规模达550吨；启动全长约10千米的污水管网二期及2座二类公厕新建和4座公厕改建工程；完成施家梁村30个标准化三格式化粪池的改扩建工作；实施乡村振兴战略，建成狮子村、三胜村日间养老服务站，为辖区老人提供保健理疗、文化康养、休闲娱乐、精神慰藉等全方位服务；施家村、狮子村发展壮大村级集体经济试点项目如期完工。

【城乡环境整治】 开展环保"五大行动""文明在行动·施家更洁净"工作，开展国道212沿线、绕城高速沿线等区域环境集中整治5次，市政综合执法检查5次，查处各类环保投诉18件，清运城乡生活垃圾约2800余吨，垃圾转运率和集中处理率均达到100%，农村垃圾收运整治工作名列全区前列。大力实施提升城市品质“百日攻坚”专项行动，升级绿化景观、修复破旧设施5000余平方米。规范整治7家废品回收站、3个洗车点、11家汽修店、40家工贸企业和餐饮门店，国道212沿线生产经营秩序持续改善。严格落实河长制工作要求，各级河长巡河472次，整改巡河问题15个。严厉整治13家畜禽养殖反弹户，采取有力措施做好非洲猪瘟防控工作。强化查违拆违，拆除存量违法建筑6496平方米，查处“两违”行为10起。开展“大棚房”整治工作。

【民生事业】 升级改造施家梁村、施家社区便民服务中心，支持施家梁中心幼儿园建设。落实惠民政策，关爱困难群体，对289户困难家庭实施救助，发放各类救助款项9.29万元；慰问辖区内困难群众96人次，发放慰问金3.52元；发放残疾人补贴9.72万元；发放城乡低保、城乡特困供养和优抚对象抚恤等资金217万元；发放计划生育奖扶、特扶金90.15万元。新增就业人员963名，登记失业率控制在2.0%以内；城乡居民养老保险完成100%、医疗保险完成92.1%，家庭医生签约率达任务数的103%；辖区公共卫生、残疾人帮扶、精神障碍患者服务管理与救助、殡葬改革及文明治丧等工作得到进一步强化。丰富群众精神文化生活，组织开展各类文化体育活动34场，施家双竹年宵荣获北碚区非物质文化遗产传承金奖，施家社区健身点投入使用，镇文化广场改造即将启动，文体服务设施不断升级。

【社会治理】 开展安全生产教育培训，提高企业安全生产意识。深入推进安全生产“大排查、大整治、大执法”工作，安全检查覆盖辖区各行业重点监管领域，覆盖率100%，全年未发生重大安全生产事故，被区安委会评为优秀单位。积极开展城乡接合部工贸企业整治行动。全年共实施安全生产监督行政处罚7家，食品药品行政处罚3家，关停搬迁废品回收及机械加工厂5家。开展国家食品安全示范城市创建工作，提高群众知晓率和满意度。落实矛盾纠纷摸排化解制度，全年共排查复杂疑难矛盾22件，化解不稳定因素19个，有效避免群体性事件发生。加强网格化服务管理，健全100人网格管理队伍，发现各类问题149件。充分发挥治安巡逻队巡防作用，全年获区巡管办“一案一奖”奖励17次。完成16辆黄标车淘汰整治。强化应急管理工作，完善和修订应急预案21个，组织应急演练4次，预警信息发布平台点击率和转发率均达到100%。网络问政办结率100%。监控并及时处理网络舆情信息16条。完成镇、村两级公共法律服务体系建设。坚持矛盾纠纷定期排查工作机制，积极发挥人民调解、代表调解作用，全力化解矛盾。深入推进施家村民主自治示范。开展校地合作，融合网格化智慧平台、“雪亮工程”等技术手段，建成社区综治·网格化服务管理“双中心”，进一步提升网格化服务管理水平，连续18年保持到区级以上零集访纪录。开展扫黑除恶专项斗争，发动群众与黑恶势力犯罪作斗争，走访居民、企业员工1万余人次。强化宣传引导，助推北碚区创建全国禁毒示范城市。加强食品药品监管，保障辖区群众饮食用品安全。强化重点行业、重点领域、重点时段安全监管，全年未发生重大安全生产事故。

【施家梁镇负责人名录】

党委书记：文继宏
党委副书记、镇长：官勤利
党委委员、人大主席：彭伦贵
党委委员、党委专职副书记：彭智慧
党委委员、纪委书记：罗瑛瑛（女）
党委委员、政法书记、副镇长：邓严华
党委委员、武装部长、副镇长：辛军
党委委员、组织委员：黄　琦
党委委员、宣传统战委员：赵建川
副镇长：唐亚敏（3月任职）

童家溪镇

【概况】 童家溪镇位于北碚区东南部，北靠两江蔡家新区，南与沙坪坝区井口工业园接壤，东临嘉陵江，与两江礼嘉国际商贸区隔江相望，西靠中梁山脉，经济地理位置优越。辖区面积22.7平方千米，辖2个村、3个社区，户籍人口约1.7万人，常住人口达3万人以上。童家溪镇发展起步较早，是同兴工业园（全市首批特色工业园）的启动片区，本土企业较多，产业基础较好，产业结构主要包括汽（摩）制造、建筑材料、工业包装，以及高品质住宅开发等。镇内有工业企业176家，规模以上工业企业33家，2018年实现规模以上工业总产值51.4亿元。

童家溪镇内设8个行政办公室，3个事业站所，行政编制29个（其中领导职数7个，配备不占领导职数的副处级专职副书记、组织委员、宣传委员各1名，统战委员实行兼职），事业编制29个。

【民营经济】 集中走访精准服务解决企业难题，班子成员分片包干落实责任，走访478家企业，收集企业问题建议240个，落实处理238个。坚持每年镇财政投入20万元奖励高新技术发展，有高新技术企业13家，国家知识产权优势企业3家，市级知识产权优势企业2家。银钢集团获知识产权示范企业，事达金仑入库国家科技型中小企业，银钢集团和栢嘉电缆获名牌产品各1件。全年新增高新技术产品11件、重大新产品2件，共有3人荣获“碚城工匠”称号。成立民营市场主体发展领导小组，聚焦融资难融资贵的问题，召开民营企业金融贷款产品推介会，30余家企业现场达成融资意向，签约到位资金1000余万元。落实“放管服”要求，为企业提供工商注册代办服务，新增企业200家、个体户230家。全年新培育规上工业企业4家、限上商贸企业2家，长江造型即将上市。

【城市建设】 率先完成国道212线综合整治，清理杂物164车、杂草8.2万余平方米，整治绿化土地5.4万平方米，新建、维修花台7300米，栽种苗木230余万株，播撒花种6.4万平方米，解危整形行道树450余棵。开展“百日攻坚”行动，督促44家违规经营户搬迁，规范经营20家，拆除违章搭建3000平方米，坚决取缔国道212线违规经营的低端业态。完成国道212线环境卫生清扫保洁提标提质，精细作业维护洁净美观的城市面貌。启动停车场、人行道提档升级工程，消除交通堵点和安全隐患。全力做好清扫保洁工作，全镇城乡环境卫生考核始终位列同组前三。推进“两违”整治，完成市级拆违任务103处，拆除违建57914平方米，制止新增违建40余起。重拳治理山王溪黑臭水体，顺利迎接国家生态环境部检查。完成井口水厂饮用水水源一二级保护区扩界任务，顺利通过全国集中式饮用水水源地环境保护第二轮专项督查。全面落实“河长制”，全年镇村河长累计巡河510次。

【城乡发展】 推进二横线征地拆迁工作，完成房屋拆迁42户、企业拆迁18户、清理补偿搬迁坟墓70座，保障隧道口施工及时进场，为二横线建设排除阻碍。同兴村建筑公司承接各类建筑项目实现盈利10万元。稳妥推进土地确权登记办证工作。兑现耕地地力保护补贴6.3万余元。完成3.9千米高标准生产生活便道建设。开展脱贫攻坚大排查，累计走访摸排1351户，全镇无扶贫建卡贫困户。成功解决黄角、砖房和水井等渝黔铁路遗留问题。

【民生事业】 城镇新增就业1437人，失业率为1.5%。城乡养老保险参保基金征收任务全面完成，城乡医疗保险参保率达96%。累计发放各类救助资金25.74万元，惠及群众260人次，筹集助学金3.2万元，资助贫困学生20人次。争取三峡后扶项目库资金1004万元、区财政配套180万元，建设污水管网二期项目。投入450万元改扩建苏黄路、张家山路。争取区福彩资金20万元，改造建设村天成社区便民服务中心，成立苏家湾社区青少年社工室。筹集资金10万元升级118中礼堂条件。新建、维修人行道1600米，国道212线步行条件得到改善。苏家湾社区“道德讲堂”成功申报区级精品课程，同兴老街小景打造、文化挖掘，焕发生机活力。超额完成家庭医生签约工作，在全区率先为特殊群体购买签约服务包。全镇65名严重精神障碍患者纳入联合服务管理，严防肇事肇祸。

【平安建设】 开展扫黑除恶专项斗争，加强治安防控，依法打击各类违法犯罪，提高社区矫正水平，提升群众安全感。优化网格化服务管理，探索实施“网格化+”工作模式，及时收集处置群众反映事项420件。坚持矛盾纠纷排查例会机制，排查矛盾纠纷30件，成功化解27件。加大办信办案力度，办结72件，办结率96%。开展重点行业领域安全生产大排查大整治大执法，排查整治安全隐患944项，行政处罚0.99万元，全年未发生较大以上安全生产事故。深入开展国家食品安全示范城市创建工作，全年未发生食品药品安全事故。综合做好森林防火、汛期防洪、非洲猪瘟防控等工作。

【党建工作】 学习贯彻习近平新时代中国特色社会主义思想和党的十九大精神，牢固树立“四个意识”，坚定“四个自信”，落实“两个维护”。严格落实“三会一课”、支部主题党日等基本制度，组织召开专题民主生活会，坚决肃清孙政才恶劣影响和薄熙来、王立军流毒。推进"两学一做"学习教育常态化制度化，教育引导党员干部讲纪律守规矩。严格落实意识形态"一岗双责"。深化青年导师帮带工作，将导师制推广到12家重点企事业单位，打造导师工作室和日联党建活动中心。机关、村(社区)导师组坚持深入一线，主动作为。通过机关严格的选人用人程序，10名青年干部获得晋升。成功承办全区导师制工作现场会。导师制工作相继被人民日报、重庆日报、市委内参报道。

【童家溪镇负责人名录】

党委书记：赵　娅(女)

党委副书记、镇长：刘骥(2月任职)

邓继胜(2月离任)

党委委员、人大主席：向　文

镇党委、专职副书记：曾祥喜(2月任职)

唐富强(2月离任)

党委委员、宣传委员、统战委员：汪小波

副镇长：谭茂国

党委委员、武装部长、副镇长：万　成

党委委员、纪委书记：贺显良

党委委员、组织委员：明　姝(女)

党委委员、政法书记、副镇长：赖学礼

党委委员、镇长助理、派出所所长：刘仲洋

澄江镇

【概况】 澄江镇有11个行政村、2个社区；全镇总人口34079人，其中，城镇人口14696人，农村人口19383人；土地面积6400公顷，耕地面积1726.67公顷，森林面积2106.67公顷(其中镇村林地1733.33公顷)，辖区面积72平方千米。

澄江镇政府下设党政办、经发办、社事办、综治办、财政办、规建环办、食药监办、安监办8个办公室，农业服务中心、文化服务中心、社会保障事务所3个站所。行政在编33人，事业在编31人，编外人员22人。

2018年，全镇紧扣建设"澄江生态休闲旅游区"目标，推动缙云山自然保护区生态环境综合整治、民营经济发展、"三变"改革等重点工作，推进乡村振兴，不断提升城镇品质。完成增值税和所得税收入1.8亿元；规上企业完成总产值8.3亿元，同比增长36.85%；全年接待游客80万人次，同比增长7%，乡村旅游收入约2000万元；农村常住居民人均可支配收入18205元，同比增长9%。

【党建工作】 强化党建引领，召开党委会53次，行政办公会38次；打造北泉村党建示范点。配齐配强工作队伍，在全镇本土人才中公开选拔后备干部6人；强化干部理论武装，围绕习近平总书记重要论述等开展专项学习，全年开展党务工作培训2次，培训基层党支部书记、党建指导员、入党对象共计130余人次，全镇累计开展学习44场，参与1800余人次，镇领导及二级班子以轮流领学的方式开展党委中心组学习40次，同比增长27.5%；选派党建指导员25名，深入非公企业和社会组织开展思想政治工作。全年累计收到入党申请7人，入党积极分子16人，发展对象5人，发展党员6人；累计收缴党费9.86万元，返还非公企业党组织2017年党费约1.52万元。

【经济发展】 乡村振兴。加快推动北碚区乡村振兴战略示范镇、市第三批特色景观旅游名镇建设。举办"美好生活·睛采澄江"2018年澄江旅游推广季暨乡村健康跑活动，首日吸引游客6千余人；完成史家村"黄金谷"一期66.67余公顷50万株树苗栽植；编制上马台村规划，上马台村李花园花开美景在央视媒体播出，营销推广66.67余公顷云雾香脆李园，澄江乡村旅游知名度得到提升。

"三变"改革。五一村被确定为北碚区唯一的市级"三变"改革试点村，完成试点方案制定，成立樱泉花香专业合作社并建立股权分配制度，种植沃柑53.33余公顷，林下南瓜33.33余公顷、儿菜26.67余公顷，完成仙女湖大坝主体建设和五彩莲池基础建设，实现村集体和村民收入双增长。

全域旅游。打造市级全域旅游示范镇。完成60.87公顷温泉城二期Ⅰ标准分区项目97%的住房货币安置协议签订和70%的房屋拆除工作，完成党校项目2.47公顷征地拆迁和补偿安置工作，完成中石盘项目房屋拆除工作，完成丰子岩水库项目15.73余公顷的张榜公示、完成89%住房货币安置协议签订工作；温泉城二期Ⅰ标准分区、党校、丰子岩水库项目进场施工，首届温泉与气候养生旅游国际研讨会议在澄江镇举办。

民营经济。扎实开展"集中走访·精准服务"活动，走访企业285家，解决问题150个；招大商、优商，为企业提供入驻“包办”服务，招商洽谈100余次，签约5个；全年新增个体工商户180户，新注册企业90家。成立澄江镇第四次经济普查领导小组，遴选普查员、普查指导员21人，高质量完成经济普查工作，年末，全镇有各类法人单位、产业活动单位332家，从事第二产业和第三产业个体经营户827户。

【城镇建设】 继续推进改善农村人居环境示范片项目，完成缙云乡趣工程建设和美丽宜居示范村庄建设。35户农户开展创建整洁庭院活动，完成村庄亮化工程。民权村成功创建绿色示范村庄。完成11户D级危房改造、2户C级危房加固维修和1户无房户建房。建成2.1千米污水管网和150米雨水管网，基本形成三花石片区污水管网设计方案，确定二期污水处理厂建设方案。2018年在建通畅道路18条总里程约32千米，涉及5个村，总投资约6000万，其中新建或改建13条总里程约25千米。新开挖通达道路总里程约16千米，涉及7个村。争取一事一议资金420万元，其中美丽乡村200万元，共涉及7个村，包括民权村农民创业观光园主体部分和柏林村美丽乡村项目污水处理二期主体部分等。

【生态文明】 开展缙云山生态环境综合整治。按照市委、区委“全面、干净、彻底”的要求，全镇干部“5＋2”、“白＋黑”、挂图作战、打表推进、一一销号，累计拆除缙云山国家级自然保护区内违建筑物84处、25854平方米，“四线”范围内373处、70210平方米；覆土10154平方米，复绿8479平方米；回收减灾安居房55套。以“破除旧缙云，建设新缙云”为目标，着力推进缙云村区间提升，探索人与自然和谐、环境更加友好、监管更加科学、百姓更加富裕的美丽乡村建设之路。深入开展“城市综合管理百日攻坚”行动。开展专项整治行动21次，整治沿街骑门摊和占道经营摊位680余个，取缔人行道不合理停车区5处，处理乱停乱放318起，拆除场镇周边违章建筑300余平方米。全面落实河长制，协助做好壁北河治理，在全区城乡综合治理考核中名列前茅。

【民生事业】 社会保障工程。发放特困、低保等救助资金781万余元，廉租房配租91户、126人；完成医疗等各类保险征收任务，城乡居民医疗保险工作获得区一等奖，城乡居民小额人身保险完成率居全区第一；城镇登记失业人员再就业733人，职业培训255人；完成退伍军人信息采集，大力援助残疾人，对留守儿童、老人全面摸底，建立台账，强化特殊人群扶助。开展扶贫专题培训，受益人数42人；全年4户脱贫，脱贫率100%。发放产业补助资金12.8万元，惠及农村困难群众44户128人；贫困户子女享受教育资助19人；通过培训、介绍等就业2人，公益岗位就业2人。

医疗文卫工程。成功申报运河村、柏林村社区教育精品课程2项，组织各类文体活动40余次，丰富群众文化生活。完善村（居）务管理和村（社区）干部教育培训制度。发放计生等奖扶特扶资金329万余元。修建三格式无害化卫生厕所191口，建成转龙村养老服务站，精品级养老机构——高龄社正式投入运营。

百姓安居工程。争取资金近640万元解决2万人饮水问题，实施上马台村母亲水窖巩固提升工程、小桥水库清淤工程、运河村大茶沟山坪塘整治工程、上马台村铁厂沟社石鸭子塘整治工程及史家村、民权村、上马台村人饮水毁修复工程等。

【安全稳定】 全年镇党政领导公开接访50批次，公开接待来访群众400余人次，及时交办各类问题21件，办结群众来信来访267件次。成功化解市区积案3件。定期召开矛盾纠纷排查暨群众工作例会，排查各类重点矛盾纠纷38件次，及时处置率100%，化解稳控率达94%以上，未发生一起非访、集访事件及个人极端案事件。做好“七五”普法宣传，建立集多项司法行政职能为一体的“窗口化”服务平台，调解民间纠纷300余件，成功率达96%，累计涉及金额达800余万元。加大对安置帮教、社区戒毒等特殊人群的管理力度，确保全年“零犯罪”。开展扫黑除恶专项斗争，设置举报箱49个，召开院坝会200余场，摸排并查结涉黑设恶线索20余条。深化食品安全示范城市创建，开展联合执法4次，食品快检123批次，立案处罚3家，行政处罚2家。设立6个卡点，24小时严防死守“非洲猪瘟”。强化森林防火宣传和值守，实现全年无森林火灾。制定安全隐患点巡查制度，对20个地质灾害隐患点实行网格监管。妥善应对“7·12”洪峰过境，汛期安全得到保障。建立交通安全共管机制，大力开展212国道澄江段专项整治；加大非煤矿山、危险化学品、工贸企业排查整治力度，督促中石油澄江加油站彻底整改安全隐患。

【党风廉政】 持续加大党性教育，全面彻底肃清孙政才恶劣影响和薄熙来、王立军流毒，开展党内教育95次，教育培训党员干部8529人次，例行约谈301人次、专项约谈171人次。高度重视缙云山综合整治工作中的党风廉政建设，公开举报电话和邮箱，开展专项督查6次，处理问题线索8条；打造北泉村廉情工作站；严格执行八项规定，“三公”支出持续下降。

【澄江镇负责人名录】

党委书记：陈绍墉

党委副书记、镇长：刘宣华

党委委员、人大主席：杨　杰

党委专职副书记：姜　波

党委委员、武装部长、副镇长：吉海云

副镇长：蒋志勇

党委委员、政法书记、副镇长：丁翠霞(女)

党委委员、纪委书记：谢　艳(女)

党委委员、宣传、统战委员：舒建川

党委委员、组织委员：刘海波

天府镇

【概况】 天府镇位于北碚城区东北部，嘉陵江北岸，华蓥山主峰南侧。东与静观镇、水土镇相连，南靠嘉陵江边与龙凤桥街道隔江相望，西南与东阳街道接壤，西北与合川区土场镇交界，北边与合川区清平镇连界。辖区面积54平方千米，其中城镇2.5平方千米。地形呈典型南北走向的“一山三岭二槽”分布，西边称为坝下，中部为前槽，东边为后槽。地形东高西低，约在海拔175～830米之间。地质结构主体是石灰石岩层，大多数区域为喀斯特地貌，地下溶洞较多。全年平均气温在16.8℃～18.5℃之间，森林覆盖率达66%。前槽的代家沟、后峰岩、文星场地形开阔，是全镇政治、经济、文化及商贸中心。镇政府设在后峰岩。

全镇辖8个行政村、1个社区，含167个村民小组、20个居民小组，总户数15138户，总人口35003人，其中，农村7712户，19088人；城镇7426户，15915人。辖区内有工业企业55个，其中年总产值2000万以上规模企业有7个。学校3所，其中，小学1所，幼儿园2所。医疗卫生机构21个。农贸市场2个。辖区有省级公路仪北路，区属道路文代路和文干路，通村道路后芹公路、沙石公路 、刘小路和代青路等。交通实现全面畅通，村级公路通村率为100%。

天府镇设8个行政办公室，3个事业站所，行政编制34个(其中领导职务10个)，司法专项编制1个，事业编制41个。

天府镇全年完成工业总产值7.06亿元，同比增长6%，规模以上工业企业总产值5.2亿元，同比增长2%；实现农业总产值5563万元；预计完成本级财政收入4731万元；实现农民人均可支配收入17064元，增长9%。

天府镇大春粮食作物以玉米、稻谷、红苕为主；小春以油菜、胡豆为主。多经作物以蔬菜、水果、蚕桑、茶叶为主。养殖业以家畜、家禽、鱼、蚕为主。林地面积达26.7平方千米，经济树种以核桃、皮球硬桃、脆红李、青脆李、琯溪蜜柚等为主。

【基础设施】 推进“四好农村路”建设，完成通畅公路建设6.1千米，在建22千米；完成通达公路建设8.7千米，在建15千米。农田水利基础建设不断完善。投入资金130万元，完成代家村供水管网改造6千米。投入资金70万元，安装山坪塘防护网1.6千米。开展脱贫攻坚大排查，查摆整改问题19个。争取扶贫项目资金100万元推进农村公路建设。落实扶贫专项资金35.6万元，惠及贫困户132户356人。投入资金12万元，完成4户贫困户危房改造。全年实现2户7人贫困人口脱贫。稳步推进美丽乡村建设，争取项目资金1000万元，启动中心村美丽乡村示范村建设项目，以点带面，着力发展壮大村级集体经济。深化农业农村改革。农村土地承包经营权确权登记颁证、集体资产清产核资等基础性工作基本完成。指导8个村以村委会名义注册成立公司，建立旅游重点项目库，探索乡村振兴新模式。

【城乡环境】 深化校地合作，加快编制规划，完成天府镇总体规划研究。加强城乡环境综合治理。拆除亭棚伞74处、违搭违建6000余平方米。投入70余万元，新建天府桂花园市场。启动场镇风貌节点规划设计，打造一批精品示范工程。投入300余万元，完成文干路沿线7.2千米公路美化、靓化、亮化工程。开展城市综合管理“百日攻坚”行动，投入380余万元，逐步改善农村环境卫生，农村生活垃圾治理实现全覆盖。扎实治理地质灾害，投入65万元，完成石家村板栗湾滑坡治理工程。推进采煤沉陷区综合治理工作。积极开展农村危旧房紧急避险工作，完成过渡搬迁200余户，发放临时搬迁租房补助68.46万元。成功申报全国第三批重点采煤沉陷区综合治理工程试点项目。

【社会民生】 社会保障更加有力。城镇新增就业849人，城乡养老、医保参保率超过90%，城镇登记失业率控制在2%以内。全年累计发放各类社会补助救助资金1262万元，惠及困难群众3043名。文化惠民，完成镇综合文化服务中心改建工程。全年购买公共文化服务36次，举办展览2场，开展文化惠民活动70余次。社会治理更加完善。持续抓好"四议两公开一监督""四务"公开等村级制度落实，指导9个村（社区）完善村民自治章程和村规民约。成功创建全国社区戒毒示范点乡镇。开展扫黑除恶专项斗争。推进天府社区综治·网格化双中心建设。坚持有黑扫黑、无黑除恶、无恶治乱，严厉打击各类违法犯罪活动，辖区治安案件、刑事案件分别下降33%、44%。推进依法治理，扎实开展"七五"普法活动，举办专题讲座5次，受众1200余人次。

【安全生产】 全年开展各类安全检查巡查922个次，排查整治安全隐患364条。深入开展工业企业有限空间、涉尘涉爆、农村道路交通、易燃易爆危险化学品等重点行业领域大排查大整治大执法，实施经济处罚5.21万元，有效防范安全生产事故。持续开展矿山复绿、矸石山滑坡隐患整治等环境恢复治理。全年未发生生产安全亡人事故，安全生产形势平稳可控。

【党建工作】 坚持用习近平新时代中国特色社会主义思想和党的十九大精神武装头脑、指导实践、推动工作，严守政治纪律和政治规矩，对照市委"十破十立"要求，充分发挥党委理论中心组、民主生活会、组织生活会等作用，坚决肃清孙政才恶劣影响和薄熙来、王立军流毒，不断涵养风清气正的政治生态。严格落实意识形态工作责任制，意识形态阵地不断巩固，主流舆论不断壮大。扎实推进全镇统战工作，促进非公经济健康发展，不断巩固民族团结，维护宗教领域和谐稳定。基层党建基础不断夯实。持续推进"两学一做"学习教育常态化制度化，累计开展主题党日活动440余次，发展党员8名，评议党员1100余人次。选派43名党建指导员服务非公企业，非公企业党组织覆盖率达90%。完成天府社区基层党建示范点建设和大田村后进基层党组织整顿工作，基层党组织规范化、标准化建设不断加强。又稳又好完成支部换届工作。干部队伍建设不断加强。全年调整机关中层干部、选拔村（社区）后备干部29人次，常态化开展村（社区）两委班子分析研判，干部队伍年龄结构、梯次不断优化。党风廉政主体责任全面落实。坚持每个季度开展党风廉政学习教育。坚决贯彻执行中央八项规定精神，严肃查处"四风"和群众身边的腐败问题。全年立案调查3件，开除党籍1人，党内严重警告1人，党内警告1人，诫勉谈话1人，通报批评3人，问题约谈56人次，党风政风明显好转，政治生态不断净化。完成巡视巡察反馈意见整改。深刻领会习近平总书记关于巡视工作重要论述，以高度的政治自觉、强烈的政治担当抓整改，巡视巡察反馈意见整改71项问题整改完成。

【天府镇负责人名录】

党委书记：陈　政
党委副书记、镇长：赖生平
党委委员、人大主席：赵　伟
党委委员、专职副书记：杨精位
党委委员、纪委书记：宗　浪（9月离任）
党委委员、政法书记：童芋力
党委委员、副镇长：余云川
　　　　　　　　　胡　艳
党委委员、武装部长、副镇长：李　稳
党委委员、组织委员：罗　山
党委委员、统战委员、宣传委员：鲁仕武
镇长助理：周定武

柳荫镇

【概况】 柳荫镇地处北碚东北部，距北碚城区36千米，辖区面积64.17平方千米，辖7村1社区，总人口2.4万人。南临石坝、三圣、静观，东靠渝北茨竹，西与合川清平接壤，北与偏岩、金刀峡镇相连。辖区内有注册企事业单位及个体工商户342家，小学2所，中学1所，医院1所，银行3家。

机关内设党政办(党建办)、经发办(旅游产业办)、社事办、食药监、规建环办(市容办)、财政办、综治办、安监办8个机构。设立机关行政编制33名(其中政法专项1名),配备正处级领导职位3个(书记、镇长、人大主席),配备副处级领导职位7个(专职党委副书记、纪委书记1名、副镇长3名、组织委员1名、宣传统战委员1名),正科级领导职务8名,副科级领导职务2名,工青妇按相关章程设置。全镇下设农业服务中心、文化服务中心、劳动就业社会保障服务所3个事业单位,编制人数25名。

【脱贫攻坚】 按照"五个统一、四个注重"原则,采取集中和分散相结合方式,改造农村危旧房107户。开展产业扶贫。发放产业扶持资金48万元,发动23户建卡贫困户申请小额贷款115万元。采取"村企+农户"模式,在永兴、合兴实施红枫、蜡梅、山桐子3个千亩产业扶贫项目,持续强化永兴核桃产业管护,以产业带动脱贫增收。落实帮扶措施。开展脱贫攻坚大排查,查摆整改问题89个。就业帮扶及技术培训385人。扎实开展区、镇382名干部结对帮扶225户贫困户工作。为214户616人建卡贫困户购买精准脱贫保。为223户享受政策的贫困户免费开通网络电视。顺利通过市级脱贫攻坚交叉检查考核。

【产业发展】 成功申报并完成3个特色效益农业项目。投入700万元在合兴实施高标准农田建设,完成招投标。争取资金200万实施国土绿化提升行动。完成西河、永兴、合兴3000亩森林抚育工作。农旅融合水平得到提升。安装柳荫场镇段和碚金路沿线旅游导视牌、多向指路标、村级道路指示牌19个,镇域导览图2个,各村特色界碑7个,旅游导示标识系统逐步完善。指导猕猴桃、冬枣等企业对农产品进行包装设计,开展观光采摘活动。与"重庆购物狂"合作,建立线上线下宣传营销渠道。完成全镇闲置国有资产和集体资产清理,开展清产核资、资产评估、股权量化,推进资源变资产、资金变股金、农民变股东"三变改革"。指导7个村注册成立村集体公司,建立"三会"制度,以"村集体公司+专业合作社+农户"合作模式,发展壮大村级集体经济。明通村柳豪农业公司通过策划包装本村大米、小面、蜂蜜等农产品,实现年收入10万余元。推进土地确权颁证工作。完成全镇7个村、169个社、7750户入户调查摸底和现场指界工作。推进经济普查工作。完成全镇8个普查小区、246个单位和532个个体户的清查工作。

【招商引资】 成立旅游产业办具体负责招商引资日常工作,制定《柳荫镇招商引资(试行)办法》等相关文件,健全完善招商项目落地服务机制,营造良好招商环境。全年共接待招商团队120批次,签订协议8家,落地4家,投资达2000万元,预计投资规模达8000万元以上,其中鄉根乡舍等2家民宿酒店对外营业。

【民营经济】 强化服务助推民营经济。深入落实"柳荫的事,马上就办",积极构建"亲""清"新型政商关系,持续优化营商环境。全覆盖开展集中走访精准服务民营企业活动,解决反映问题73件。全年新增企业23家,专业合作社5个,个体户104家。

【乡村建设】 成功申报北碚区首批美丽乡村建设示范村、乡村振兴文化示范村,争取资金1500万元,启动东升村美丽乡村"一心一场三台四院五道"建设项目;与四川美术学院合作,成立四川美术学院艺术与乡村研究院·村社艺术基地(柳荫),举办中波互鉴与互建:巴渝原乡、中国渠乡"光与音"、竹编陶艺等在地工坊活动3期。东升村被评为北碚区绿色新村。搭建政企村联动平台。与重庆云动公司合作,成立重庆柳映田园文化旅游发展有限公司,对东升村美丽乡村建设进行科学策划、资源挖掘、市场营销,打造东升村田园综合体,以点带面推动明通、麻柳河片区协调发展。有序推进农村房屋彩钢拆除及改造工作。启动水渠文化挖掘,中干渠明通段纳入北碚区古建筑文化名目。

【基础设施建设】 加快推进"四好农村路"建设,完成红梅路、金刀峡下峡口道路等5条11.1千米道路建设,完成永大路、永合路等6条23.8千米道路招投标,启动东山旅游环线柳荫段建设,彩化碚金路柳荫段3.8千米,安装道路防护栏15千米。投入13万元建成永兴村板沟2、7社抗旱水池,完成大堡顶、摩天坡抗旱水池建设工程前期设计,启动麻柳河支流双河段中小河流整治设计,投入100万实施西河村农村饮水安全巩固提升工程,完成13个急需的水利设施维修。完成合川电厂二期2号机组220kV送出工程柳荫段塔基永久性占地补赔偿工作。完成场镇河堤猪市堡段堤顶2000平方米路面整治，安装沿河护栏200米。整治麻柳河村庙堡4社河堤70余米。投入100万元修复“6·9”暴雨损毁路段和设施27处。完成永兴村3口抗旱水池建设，启动西河村人饮巩固提升工程前期设计。全面推行河长制，辖区12条河流、1座水库得到有效管护。

投入100万元完成柳江街背街小巷环境综合整治。办理114户规划许可证，整治拆除“两违”建筑3151平方米。处理环保投诉7起，整改中央环保督察反馈问题1起，新建柳荫中学至柳荫小学、远君大楼至农业银行300米污水管网。完成泰邦建材公司石灰岩矿弃渣场复绿。

新建垃圾箱体基座66个，新增垃圾箱体24个、垃圾桶110个，农村生活垃圾实现集中清运处理。在全区率先开展环境卫生综合整治“百日攻坚”行动。投入5万元采购垃圾箱体、垃圾推车、垃圾桶等环卫设施设备，向区城管局争取垃圾箱体85个、分类垃圾果皮箱100个、垃圾推车34个，实现村级垃圾箱体收运全覆盖。招聘3名城市协管员，聘用4名保洁人员，加大城乡卫生保洁和管理力度。修建农村改厕化粪池265口。不断提升场镇品质，坚持规划引领，配合市、区规划局推进镇总体规划修编工作。新(修)建碚金路沿线和场镇污水管网1800余米，流转河堤周边土地约1.07公顷，场镇河堤整治项目基本完成。推进集镇规划征地项目7.2公顷土地招拍挂前期工作。安装以“柳叶”元素定制设计的路灯103盏。启动场镇3座二类公厕及场镇入口步道建设工程。柳江街划定停车位39个。加强生态环保，全面落实河长制，辖区12条河流实现“一河一档”全覆盖，常态化开展河流治污工作和巡河志愿服务活动。会同区水利局开展执法工作7次。完成污染源普查和大气污染物监测设备建设。认真做好中央环保督察问题整改和档案资料归档工作，废弃矿山修复项目有序推进。排查“大棚房”问题4个并完成整改。完成西河村垮房子滑坡治理。积极做好自然保护地大排查大整治和森林督查问题整改。完成公益林管护1400公顷。

【社会民生】 城镇新增就业1245人，农村劳动力转移就业70人，就业困难群体就业90人，城镇登记失业率控制在2%以内。持续推进“4050”困难群体助保工程。全年发放农村低保金195.78万元，城市低保金23.4万元，救灾救助资金38.8万元，城乡低保、特困实现应保尽保。落实特困人员和精神障碍患者监护管理职责。全年购买公共文化服务32次，组织开展文体活动77场次，开展文明家庭、孝善家庭、志愿服务之星展览16场。成功举办“不忘初心跟党走·孝满柳荫筑未来”、永兴村首届乡邻节和北碚区2019年“三下乡”走进柳荫志愿服务等大型活动。持续巩固充分就业村(社区)创建成果。做好退役军人等优抚对象信息采集工作。

【平安稳定】 积极推进全国禁毒示范城市和国家食品安全示范城市创建工作。深入开展扫黑除恶专项斗争，辖区社会和谐稳定。迎接中央信访专项督查和中央、市委扫黑除恶专项督查。成功调解矛盾纠纷482件，完成全年多个节点的维稳任务。处置突发情况4起。化解历史遗留案件2件。深化“枫桥经验”实践行动，完成柳荫社区综治网格双中心建设。开展乡村道路交通安全联合执法11次、非法营运专项整治行动3次。大排查大整治安全隐患90个。开展地质灾害演练22次。食品药品办案率相比2017年提高20%。完成7个交通劝导站标准化建设。积极开展校园及周边安全隐患排查整治工作。顺利通过“七五”普法中期迎检。不断提升应急管理水平，安全生产形势保持稳定。

【柳荫镇负责人名录】

党委书记：丁小兵
党委副书记、镇长：陈黎明
党委委员、人大主席：蒲天顺
党委专职副书记：颜小艳(女)
党委委员、纪委书记：李映秀(女)
党委委员、副镇长、武装部长：张　毅
副镇长：庹文中
党委委员、副镇长、政法书记：石万里
党委委员、组织委员：辛　鹏
党委委员、宣传委员、统战委员：涂小彬

三圣镇

【概况】 三圣镇位于北碚区东部，地处华蓥山南麓，东与渝北区兴隆镇相连，南与复兴镇接壤，西与静观镇毗邻，北与柳荫镇相接。辖区面积 61.22 平方千米，辖 10 个行政村，2 个社区居委会，总人口 26515 人，其中城镇人口 2889 人，农村人口 23626 人。镇党委下辖 16 个直属党组织，859 名党员，其中非公有制经济党组织 2 个。

三圣镇政府有在编职工 62 人，其中行政编制 30 人(编制数 33)，机关工勤编制 1 人(编制数 1)，事业编制 31 人(编制数 32)。政府下设 8 个办公室：党政办公室、财政办公室、经济发展办公室、规划建设管理环保办公室、社会事务办公室、社会治安综合治理委员会办公室、安全生产监督管理办公室、食品药品监督管理办公室。3 个事业单位：农业服务中心、文化服务中心、劳动就业社会保障服务所。

【经济发展】 2018 年，全年完成分成税收 917.86 万元；实现工业总产值 23.48 亿元，同比增长 43.37%；农村年人均可支配收入 17228 元，同比增长 8.5%。

【基础设施建设】 三环高速三圣出口建成通车，G351 三圣界至场镇段完成升级改造。东山环线三圣段全线开工建设，向北路完成油化。新开工“四好农村路”25.8 千米，建成 8.6 千米。建成通达路 5.2 千米、便民路 16 千米。完成卫东、春柳、茅庵、古佛等村农综项目建设，治理土地 486.67 公顷。

【乡村振兴】 编制完成三圣镇产业规划初步方案，完成楼房村乡村振兴示范点规划方案。启动楼房村乡村振兴示范点项目建设，加强校地合作，成立西南大学中国乡村建设学院三圣乡村振兴工作室。“竹林里”红豆杉民宿项目基本建成。加快东山环线产业带建设，栽种桃树、桂花、樱花等树种 5 万余株。春柳村发展壮大集体经济试点项目落地见效。茅庵村“公司+农户”的“三变”改革初见成效。完成全镇集体土地承包经营权确权登记颁证外业指界工作。

【城乡综合管理】 实施兴圣社区、石坝社区基础设施提档升级，新(改)建污水管网 2060 米，铺设人行道砖 7000 平方米，安装路灯 44 盏，栽植行道树 221 棵，硬化背街小巷 800 平方米，新增绿化面积 1800 平方米。常态化开展场镇秩序整治，占道经营、乱停乱放现象得到有效遏制。投用石坝垃圾压缩站、公厕，新增垃圾箱体 55 个、手推车 60 个、垃圾桶 150 个、果皮箱 100 个。开展城乡环境综合管理“百日攻坚”专项行动，城乡存量垃圾基本消除。持续推进“两违”整治，拆除违法建筑 23 宗、793 平方米。改造农村无害化卫生厕所 50 户。镇村两级河长巡河 1032 人次，解决涉河问题 46 个。定期开展辖区企业环保巡查，发出整改通知 12 份。全面完成污染源普查前期工作。

【民营经济】 “放管服”改革深入推进，大力推行审批服务“马上办、网上办、就近办、一次办”，梳理审批服务事项 61 项，进一步压缩审批手续和时限。整合审批服务事项，实现社保、民政、国土、不动产登记等业务“一站式”办理。建立党政领导调研走访制度，集中走访民营企业 203 家，解决问题 61 个。新注册企业 40 家、个体工商户 100 户、商标 53 件。

【民生保障】 深入开展 225 户贫困户结对帮扶，完成农村危房改造 32 户，发放扶贫产业补助 51.6 万元，30 户贫困户纳入低保兜底。为全镇 788 名贫困对象免费购买医疗保险。建立镇级扶贫帮困爱心基金，对 14 户特殊困难群众和 5 户未脱贫建卡贫困户开展定向帮扶。打造扶贫产业示范基地 3 个，产业扶贫示范户 5 户，带动 284 人实现就业。开展脱贫攻坚大排查，查摆整改问题 22 个。发放城乡低保及各类救助资金 790 余万元。加强低保、五保等特殊困难群众的动态管理。政府购买公共文化服务 54 场次，成功举办“爱在七夕”“重阳登高”等三圣有约系列活动。食品药品监管工作成效明显。深入开展扫黑除恶专项斗争，处理举报线索 8 条。启动综治·网格化服务管理“双中心”建设。全国禁毒示范城市创建工作有序推进。建立矛盾纠纷排查工作周清月结制度，优化整合网格化队伍，强化“三基”工作。累计接访群众 1000 余人次，成功化解矛盾纠纷 19 件，辖区社会稳定可控。严格落实安全生产责任制，构建安全生产“三级网络”监管体系，未发生一般及以上安全生产事故。

【党建工作】 全面落实“两学一做”学习教育。固定每月 15 日为全镇主题党日，严格执行“三会一课”制度，全镇47个基层党组织生活常态化、制度化。创新学习方式。各级干部进村入户宣讲场次144场，领导干部讲党课和支部书记交叉上党课累计28次。梳理《基层党组织标准化规范化建设标准》22项内容清单，117条具体内容，推动基层党支部学习教育“严且实”，全年发展党员9名，收缴党费61860元，选派非公党建指导员10名，全覆盖培训支部书记82人次。

【党风廉政】 制定完善“四定五督”工作清单及各类基础台账。落实“2＋2＋4”约谈制度，开展各类约谈540人次。开展各类党纪党规教育26次、1200人次。开展各项监督检查34次，累计发现问题33个。全年报送移送和处置问题线索4件，立案1件，问责干部7人。畅通监督举报途径，共受理群众举报12件，其中区纪委交办10件，镇纪委自办2件，办结11件，调查属实的问题2个。

【三圣镇负责人名录】

党委书记：杨　华

党委副书记、镇长：余德军（2月任职）

刘　骥（2月离任）

党委委员、人大主席：谭　荣

党委专职副书记：王瑞芳（女）

党委委员、宣传委员、统战委员：李双君（女）

党委委员、政法书记、副镇长：刘险峰（2月任职，12月辞职）

吕兴建（2月离任）

党委委员、纪委书记：郑　令

党委委员、组织委员：罗文才

党委委员、武装部长、副镇长：罗　云

副镇长：周巡友

（刘　博）

金刀峡镇

【概况】 金刀峡镇东接渝北区茨竹镇，西、南与柳荫镇相邻，北靠合川区三汇镇，东北与四川省华蓥市交界，行政区划面积74.19平方千米，金刀峡镇下辖8村1社区，有46个村民小组，共6242户。2018年末户籍人口15554人，常住人口10209人，耕地面积2.4万亩，森林面积7万余亩，森林覆盖率达58％，境内资源丰富，有金刀峡、偏岩古镇、胜天湖、溶洞、石林、森林等旅游资源。

2018年，金刀峡镇党委、政府围绕发展目标，利用镇域内的优良资源，坚持党建引领，大力推动基础设施建设、脱贫攻坚战、产业发展、农村环境整治等工作，全力迈向“产业兴旺、生态宜居、乡风文明、治理有效、生活富裕”的乡村振兴目标。

【脱贫攻坚】 全镇按照“四进七不进、一出三不出”“两不愁三保障”和“八步，两评议两公示一比对一公告”的识别标准和程序，坚持公开公平公正原则，完成全镇下辖8个村、45个社的动态调整工作，共完成11户33人的脱贫任务，未有返贫、新识别贫困户。经2018年自然增减，全镇有享受政策的贫困户211户565人，其中未脱贫7户17人。五马村山羊养殖及小华蓥村新增饮水管道项目，共计投入资金70万元。

【民营经济】 完成40户民营企业、80个个体工商户的民营市场主体发展目标任务。通过向外推广自身优质资源和打造良好的营商服务环境，不断吸引企业目光到镇洽谈合作事宜，同重庆渝麓文化旅游开发有限公司、慢漫崖居等企业签订框架协议，北汽重安智慧停车服务（重庆）有限公司、重庆渝麓文化旅游开发有限公司、九色鹿（重庆）农业发展有限公司等企业注册落地在金刀峡镇。制定民营企业走访计划，走访全镇116家民营企业，通过走访同企业交心谈心，了解企业实际需求，共收到企业所反馈的困难及问题81个，现场解决9个，后期解决困难和问题11个，剩余61个困难、问题帮助企业与各区级部门协调推进。

【乡村振兴】 推动“互联网＋”、乡村振兴工作，初步建设金刀峡智慧乡镇综合管理服务平台，录入金刀峡镇地理位置、人口、特殊人群等基本信息，以智慧党政、智慧服务、智慧农业、智慧旅游等功能为党委政府提供直观的数据可视化技术及精细化的管理手段，为百姓村民提供更便捷智能安全的互联网民生应用，助力政府管理效能提升。

【产业发展】 开展农村一二三产业融合试点奖励资金项目。扶持金刀岭、金领地、帮盛等农业企业，结合旅游带动产业发展，深挖传统文化内涵，推进招商和本土企业培育工作，带动小华蓥村红樱桃、石寨村脐橙、五马村山羊等种养殖产业助力脱贫攻坚，推动全镇经济向好，群众增收致富。

【环境保护】 牢固树立生态环保理念，强化水资源保护，有效保护金刀峡镇的饮用水源，每月对饮用水源开展巡查工作。推进环保“五大行动”，治理道路扬尘、建筑扬尘，成立竹溪河清洁队，发动环保志愿者开展各类清扫活动。实施小塘村环境综合整治项目、小塘村污水处理厂及配套管网建设项目；督促偏岩社区、永安村两委配合实施金刀峡镇场镇建成区环境综合整治项目、团田堡1号桥、新湾桥等大型基础设施建设项目。加强对饮用水源地胜天水库的保护，实施场镇缺失污水管网改造项目，保护黑水滩河环境。

【旅游发展】 打造旅游品牌，统筹发掘全镇旅游资源，树立自有品牌，利用旅游节气活动，完善场镇周边基础设施，培育新的旅游产业，增强游客接待能力，将单一的消夏活动演变成“春赏花、夏消暑、秋摘果、冬有节”的四季旅游品牌。举办消夏文化艺术节、蔬果采摘等旅游特色活动，偏岩古镇周边区域接待游客32万人次，较2017年游客接待人数近乎翻倍，日均接待6500人，周末高峰期日接待游客量达1.8万人次以上，实现旅游收入4400万。5月协助重庆苍鹰文化体育公司举行巴渝十二峰越野跑“华蓥山·宝鼎峰”站比赛，吸引百余名爱好者到镇参加比赛。

【特色小镇】 按照市建委关于全市特色小城镇2018年建设的相关工作要求，金刀峡镇积极准备项目申报资料，编制2018年特色小城镇项目申报方案、申报演示ppt、申报陈述材料等，通过积极争取，成功申报2018重庆市市级特色小城镇建设项目。实施北碚区金刀峡镇偏岩街街区环境综合整治项目，公厕改造及污水管网建设进场施工，河道绿化项目施工图审查完毕。

【安全防控】 开展安全生产执法检查和综合督查工作。全年累计开展安全执法检查446人次、765车次，道路隐患排查27次，劝导督查79次，煤矿、非煤矿山13次，烟花爆竹经营单位及布点检查9次，共查出安全隐患144条，下达《整改通知单》43份。全年共排查、处理各类矛盾纠纷244件，调处金额52万余元，其中，基层化解126件，由镇司法所等职能部门参与调处118件，调处率达100%；领导干部接访、走访166件。深入开展扫黑除恶专项斗争行动，开展宣传走访全覆盖，群众知晓率达到100%；开展各类宣传320余次（其中院坝会180余次）、发放宣传资料2.5万余份、悬挂标语100余条，排查各类线索530余次。

【民生实事】 金刀峡镇共有特困人员325名，其中，农村特困人员112人，城市特困人员213人，累计发放特困人员生活补贴240.6万元；发放各种优抚优待金124.96万元，解决优抚对象医疗救助16.44万元。推进石寨敬老院改建项目建设进度，9月13日完成竣工验收，12月20日消防验收合格；加快配套设施的安装，完成五马、七星洞、永安3个村农村幸福院的建设及验收工作。全年发放低保金2546673元、慰问金199770元。

【文化事业】 开展公共文化服务进基层文艺演出18场次、展览和培训18场次。完成万年台、禹王庙修缮保护工程，并通过市、区验收。将偏岩老侃民俗文化中心、王凤炳书屋、吴伯秀留守儿童学堂等纳入免费开放点范畴，整修、装饰完毕，新增王凤炳读书室1间、梦想课堂1间，投入使用。

【金刀峡镇负责人名录】

党委书记：胡光耀
党委副书记、镇长：李　彬
党委委员、人大主席：曾　进
党委专职副书记：谢强兵
党委委员、纪委书记：朱　溢
党委委员、政法书记、副镇长：唐维政
党委委员、武装部长、副镇长：万　旭
副镇长：胡天均
党委委员、组织委员：唐豫陈
党委委员、宣传统战委员：孙洪波

人　物

徐运征同志先进事迹

徐运征同志，男，汉族，重庆市梁平人，1966 年 6 月出生，大学学历，1984 年 8 月参加工作，1992 年 6 月加入中国共产党，生前系中共重庆市北碚区委常委、区政府常务副区长。历任四川省梁平县统计局干部，县委办公室秘书、科长，县人事局副局长；梁平县委常委、县委办公室主任，县委常委、政法委书记，县委常委、县政府常务副县长；忠县县委常委、常务副县长；北碚区委常委、政法委书记，区委常委、区直机关党工委书记，区委常委、蔡家组团（同兴工业园区）管委会党组书记、主任，区委常委、区政府副区长、两江水土投资公司总经理等职务。2018 年 11 月 29 日下午，徐运征同志在检查指导缙云山国家级自然保护区生态环境综合整治工作中，突发疾病晕厥，经抢救无效，不幸因公去世，年仅 52 岁。2018 年 12 月 21 日，区委追授徐运征同志为“北碚区优秀共产党员”（北碚委发〔2018〕41 号）。

一、信念坚定，勇于担当，是习近平新时代中国特色社会主义思想的践行者。徐运征同志坚定“四个自信”，自觉做共产主义的坚定信仰者和忠实实践者。牢固树立“四个意识”，坚决维护以习近平同志为核心的党中央权威和集中统一领导，坚决贯彻党中央决策部署和市委、区委工作要求。他坚持与时俱进，自觉学习贯彻党的路线方针政策，以先进的政治理论武装头脑，积极参加区委中心组学习、区政府党组政治学习；坚持利用业余时间学习财税、金融、生态环保等法律法规政策和业务知识，不断提高自己的业务能力。作为领导干部，他在三个区县担任过常务副区（县）长，政治站位高，有很强的领导才能，工作经验丰富，有魄力，长期临危受命，牵头处理急难险重问题。在任北碚区委常委、区政府常务副区长期间，他负责统筹推进全区发展改革、财税、融资控债、国资国企、征地拆迁、“两违”整治、国土资源、重大项目、棚户改、困难企业帮扶、缙云山综合整治、校地合作、“放管服”改革、人力社保、审计、统计、法制、应急管理、安全生产、采煤沉陷区治理、重点群众信访稳定等重点工作。面对繁重的工作任务和复杂的工作局面，他从不退缩，勇于担当，奋发有为，锐意进取，用勤奋、实干、严谨向组织交出一份又一份合格的答卷。

二、不畏艰辛，勇挑重担，是急难险重任务的担当者。徐运征同志始终坚持攻坚克难，平常时刻看得出来、关键时刻冲得上去，他所从事的工作都是“背石头上山”的重活累活，需要比别人付出更多的艰辛和努力，但他始终把工作当事业干，总有使不完的劲。2018 年 6 月，他又兼任区缙云山自然保护区生态环境综合整治工作领导小组常务副组长，并亲自担任领导小组办公室主任，负责处理日常事务。他既当指挥员，又当战斗员，坚决扛起缙云山自然保护区生态环境综合整治工作的重任。即便这样，他原有的日常工作一样没有落下。他干工作总是任劳任怨、亲力亲为，直到逝世前一天的深夜还在与同事一起研究缙云山生态环境综合整治的工作推进方案，谋划缙云山后续工作。他亲自参与从缙云山综合整治政策制定、方案审查、整治推进到检查验收的每一个环节，主持召开专题会议 30 余次、到缙云山现场办公 80 余次，亲自研究制定《重庆市北碚区缙云山国家级自然保护区生态环境综合整治工作方案》《北碚区缙云山国家级自然保护区违法违规建筑分类处置的指导意见》等政策文件，反复几十次修改完善 218 个突出生态环境问题整治方案，做到“一户一策，一案一法”。他坚持向市工作推进组建言献策，为全市缙云山综合整治工作贡献北碚智慧。他不畏艰辛、勇挑重担，在综合整治工作中敢于直面矛盾和问题，直接负责联系整治任务最重、难度最大的澄江镇片区、歇马片区综合整治工作，并对全区综合整治工作中的重点、难点问题亲自研究推进，多次主动与缙云山农家乐业主集体座谈对话，多次不厌其烦地与重点违建业主零距离交流，宣讲综合整治政策，动员业主配合整治工作；亲自包案处置整体拆除恩和竹楼、葵莲养心谷等重点违建，多次与天台寺主持、原缙云山小学业主、三益公司别墅业主、减灾安置房业主座谈交流，亲自制定具体整治方案并推动实施，为缙云山综合整治工作取得阶段性成效立下了汗马功劳。

三、心系百姓，服务基层，是人民群众的服务员。徐运征同志心中时刻记着群众利益，始终坚持人民利益高于一切，把为人民谋幸福作为工作的出发点和落脚点，把群众当亲人，用心用情为群众办实事、解难事，用自己的“辛苦指数”换来群众的“幸福指数”。2016年以来，他负责联系北碚天府采煤沉陷区综合治理工作。天府镇以前是全市重要能源矿产基地，但随着区域发展定位的战略调整和能源矿产行业的逐步退出，天府镇可持续发展面临的问题和矛盾日益突出。为全面了解天府镇经济社会发展情况，他先后深入天府镇村社调研40余次，面对面听取群众意见10余次，还多次利用周末和节假日独自一人深入群众家中了解群众诉求。他多次与专业地质勘探机构研究天府场镇建设的规划，最终规划6个“安全岛”为避险安置明确了地点；他多方筹集资金2000余万元并亲自发动群众，为天府镇群众铺就了一条“致富路”——天水路；他亲自登门协调银行、税务等单位，说服金融、税务机构在天府镇继续保留服务网点，方便群众生产生活；他亲自研究场镇节点建设、临时菜市场规划修建，不断加大对天府镇的基础设施建设投入；他安排工作人员挨家挨户走访群众，对存在严重居住安全隐患的群众全部实施了临时搬迁避让措施。就在他去世前的2个月，他赴国家发展改革委参加第三批国家重点采煤沉陷区综合治理专家论证评审，推动天府成为全市第二个国家重点采煤沉陷区综合治理试点区，为天府镇的后续发展奠定了基础。

四、恪尽职守，直面问题，是社会矛盾的化解者。徐运征同志具有很强的群众工作能力，善于运用法律思维，结合实际，着眼长远，从根本上化解各种矛盾，赢得干部群众的信任。长期以来，他始终置身矛盾化解的最前沿，积极主动化解全区重点项目建设阻工、企业改制、困难企业历史遗留问题、征地拆迁安置、农民工欠薪、劳动争议案件、安全生产事故等引发的不稳定因素，牵头负责涉军群体、颐尚温泉业主群体、原洗衣机厂棚改群体、九院嘉陵村棚改群体、非法集资利益受损群体、养老保险诈骗案利益受损群众等群体的稳控化解工作。先后牵头平稳处理了新城丝房座屋还建房征地拆迁涉稳工作、北温泉团结村依法强制施工、柳荫工农水库上百人群体聚集事件、柳荫镇柳南街88号违法建筑司法处置、文星湾旺德旺城拆迁户群体性信访维稳、重庆轻工业学校征地拆迁历史遗留问题、香溪美林小区房地产开发遗留问题等一大批难点问题和信访历史遗留问题，妥善处置了中庚城、横河川仪、佳程广场等一批重大项目阻工问题，有力推进了全区经济发展，维护了社会安全稳定。

五、爱岗敬业，忘我工作，是社会主义现代化事业的奉献者。徐运征同志参加工作30多年来，为了工作，舍小家、顾大家。在单位，他常常每天最早一个到岗，最晚一个离岗，中午往往没有时间休息，忙起来经常顾不上吃饭。他把单位当成家，把工作当成事业，工作、吃、住全都在办公室里，有时甚至一周不回一次家。2018年4月，他因病需要住院治疗，但是白天仍然带病坚持工作，晚上8、9点下班后才赶回医院输液治疗，第二天早晨5、6点起床治疗后又准时到单位上班。一周后，他病情稍有好转便要求医院办理出院手续，改为口服药物治疗。出院后，他又继续忘我工作。10多天后，由于前期治疗不彻底，加之过于劳累导致旧病复发。五一节期间，他带病坚持到岗值班。在参加市政府总值班室视频点名时，他疼痛难忍，一手紧紧压住腹部，一手放在桌面支撑身体，额头冒出了汗珠。工作人员劝他赶快去医院看病，他却要继续坚持。在将他送到医院时，他已经痛得无法站立，并失去了意识，在医院治疗1整天才稍微恢复意识。医院要求严格住院治疗，但他却仍然坚持白天工作、晚上住院治疗，没有因为生病耽误工作。2018年9月2日，他不慎摔倒，左腿膝盖着地，疼痛难忍。9月3日，到医院诊断为半月板损伤、膝盖韧带拉伤，医院要求卧床休息半个月以上。此时正值缙云山综合整治的攻坚阶段，他冒着膝盖落下残疾的风险，仅仅在采取冰敷等简单措施后，于当天就投入到工作中。身边同志反复劝他休息，但他以工作为重，拒绝休息。9月4日一大早，他又拄着双拐出现在区委常委会会场上并汇报了缙云山综合整治工作进展情况。同事们都劝他住院治疗，可他却说“忙完了就去，忙完了就去！”

六、严以律己，以德修身，是廉洁奉公的示范者。徐运征同志坚持以德修身、严以律己，是领导心中忠诚可靠的好助手，是同事心中团结共事的好战友，是下属心中可亲可敬的好领导，是群众心中敬业奉献的好公仆。他身处领导岗位，时刻紧绷律己之弦，时刻秉持敬畏之道。他十分注重家风家教，父亲、弟弟、妹妹至今还在农村老家务农或外出打工。珍视“朋友关系”、不要“利益关系”，是他做人和交友的原则。他到北碚区任职后公开表态：“谁要是打着我的旗号搞工程，你们要马上拒绝，我没有这样的亲戚和朋友！”

徐运征同志以他的实际行动践行了他的入党誓

言。他也赢得了他工作过的地方的干部群众和接触过的社会人士的广泛赞许和肯定，大家对他的因公离世深感悲痛。在徐运征同志治丧期间，他曾经工作过的梁平区、忠县的各级领导（包括老领导）、同事、朋友，他曾经联系服务过的企业事业单位负责人，北碚区各部门、单位负责人，村社干部、群众上千人自发前往吊唁和参加遗体告别仪式。

（区政府办公室）

2018年度先进人物表

姓名	性别	出生年月	荣誉称号	获奖者单位	获奖时间	颁奖单位	备注
王凤元	男	1969年10月	重庆市五一劳动奖	区城市管理局综合行政执法支队	2018年04月	重庆市总工会	渝工发〔2018〕4号
刘玉河	男	1987年11月	重庆市五一劳动奖	国网重庆市电力公司北碚供电分公司	2018年04月	重庆市总工会	渝工发〔2018〕77号
任鸿秀	女	1969年10月	重庆市五一劳动奖	重庆骑龙饮食文化有限责任公司	2018年04月	重庆市总工会	渝工发〔2018〕4号
蒋　华	女	1964年07月	重庆市五一劳动奖	北碚区人民路小学	2018年04月	重庆市总工会	渝工发〔2018〕4号
周海洪	女	1981年07月	重庆市五一劳动奖	神驰机电股份有限公司	2018年04月	重庆市总工会	渝工发〔2018〕4号
张　静	男	1986年10月	第二届全国检察机关刑事执行检察业务能手	区检察院	2018年10月	最高人民检察院	高检执检〔2018〕46号

附　　录

2018 年北碚区缙云山国家级自然保护区生态环境综合整治

2018 年 6 月初，习近平总书记对缙云山国家级自然保护区违建突出问题作出重要批示。市委、市政府主要领导第一时间赴缙云山调研部署整治工作，并多次现场检查指导、批示指示。区委、区政府落实保护自然、保障民生方针，精准施策、标本兼治，全力推进综合整治工作取得阶段性成效。

一、提高政治站位，坚决扛起生态文明建设的政治责任

区委、区政府将缙云山国家级自然保护区综合整治工作作为一项重大政治任务，落实市委常委会、市政府常务会关于自然保护区生态环境综合整治的安排部署，学习《关于陕西省委、西安市委在秦岭北麓西安境内违建别墅问题上严重违反政治纪律以及开展违建别墅专项整治情况的通报》，成立由区委、区政府主要负责同志担任双组长的工作领导小组，强力推进综合整治工作。11 月 29 日国家自然资源督察成都局检查综合整治工作后，北碚区委、区政府对标对表深化整改，扎实开展综合整治工作“回头看”，持续深入开展后续整改集中攻坚，一批剩余复杂问题取得重大突破。召开区委常委会会议、区政府常务会议、综合整治工作领导小组会议、专题会议等 100 余次，研究安排综合整治工作。区级领导每周带队到缙云山自然保护区现场办公，督促检查，协调解决具体问题。建立区领导联系街镇综合整治工作责任制度，全区共抽调 207 名干部，先后成立 37 个工作小组深入一线，加班加点全力攻坚，加快推进综合整治工作。区人大常委会、区政协充分发挥职能作用，主动参与，积极支持，深入开展调研，加强监督检查，全力助推综合整治工作。

二、坚持“两保”方针，全力推进缙云山综合整治工作

区委、区政府坚持保护自然、保障民生方针，按照“1361”工作要求，紧紧围绕缙云山国家级自然保护区违建突出问题，全面清理，全面核查，全力整改，全力攻坚，取得阶段性成效。

（一）全面清理核查突出问题。完成缙云山北碚境内 1987 宗宅基地及农村居民住房、64 宗集体建设用地、124 宗国有建设用地、11 宗设施农用地、6 宗棚房或管理用房，共计 2192 个（宗）建构筑物以及 160 家农家乐的清查核实工作，逐一建立整治工作台账，同步掌握了解群众主要诉求。11 月 29 日国家自然资源督察成都局检查综合整治工作后，区委、区政府按照国家自然资源督察成都局和市“回头看”专项核查反馈意见，对保护区内生态环境突出问题再次进行全覆盖清理核查。缙云山自然保护区北碚境内新华社内参清样反映、中央环保督察反馈、绿盾行动发现、自然资源部交办和自查发现的“五类”违法建筑共 205 宗，全部列入整治清单。

（二）全力开展违法建筑综合整治。组织赴陕西省西安市学习秦岭北麓西安境内违建别墅整治工作，对标对表对缙云山自然保护区内 205 宗、66276.73 平方米违法违规建筑进行综合整治。截至 12 月 31 日，完成整治 59585.32 平方米（其中：拆除 34432 平方米，农房调整 12435.7 平方米，没收违法收入交其使用 2751.94 平方米，封闭 1053.5 平方米，没收建筑交国资办 1829.6 平方米，收回 6499.75 平方米）；完成 177 宗宅基地和农房审批手续（总数 181 宗）。一批重点难点问题取得重大突破：古秀山庄违建全部拆除，收回原缙云山小学国有土地使用权，缙云村 55 套解危安置房签订协议并收回，依法依规处置三益公司别墅问题，完善天台寺相关审批手续。

（三）同步修复生态提升环境品质。在拆除违法建筑的同时修复生态提升环境品质，累计覆土复耕复绿 6.6 万平方米。引导原住民主动退出自然保护区，拓展生态空间。累计整体拆除房屋 45 处，关停（搬迁）企业 12 家，拆除 40 家企业违建厂房 1.71 万平方米，搬迁拆除养殖场 7 户，清退天台寺租用土地 56.22 亩。开展缙云山市容环境综合整治，完善道路安全设施，规范标识标牌，铺设彩色沥青人行步道 3.2 千米，栽种各类花卉绿植 20 多万株（盆）。开展农家乐违规经营行为专项整治和景区旅游管理秩序专项整治，责令涉嫌违规经营的34家农家乐停业。缙云山景区环境品质大幅提升。

（四）切实加强民生保障。坚持一手抓整治，一手抓民生，加大困难群众救助帮扶力度。向符合条件的村民发放生态扶持和生产发展补助资金209万元、各类救助资金110余万元。保障村民住房安全，对部分存在安全隐患的房屋进行搬迁过渡和危房改造，对村民房屋漏水问题进行坡屋顶改造和防水处理。改善群众交通条件，对自然保护区内原有主要道路和白云社、三合院停车场升级。做好转移就业，聘请150名当地村民担任巡山守卡护林员，在增加收入的同时引导群众积极参与缙云山生态环境保护。

（五）严肃监督执纪问责。按照“人事并处”的原则，严肃追究有关责任人责任，坚决杜绝虚假整改、表面整改、敷衍整改，确保整改和追责工作落实到位。共处置有关问题线索和信访举报36件（其中立案10件）；查处党员干部和公职人员46人（其中：党纪政务处分11人、诫勉15人、通报20人及4个单位），批评教育111人。

（六）全力确保安全稳定。围绕“零上访、零事故”和“三个不发生”目标，做好缙云山综合整治期间的安全稳定工作。组织24支专业队伍拆违，确保拆违作业安全。245名护林守卡人员加强林区巡逻管控，确保缙云山森林资源安全。加强食品、药品监管，确保食品药品安全。加大信访维稳工作力度，全区社会大局保持和谐稳定。

（区缙云山生态环境综合整治办）

2018 年北碚区校地合作

2018 年，北碚区政府与西南大学校地双方在原有的合作基础上，结合西南大学“双一流”建设和北碚经济社会发展实际，按照“资源共享、优势互补，务实合作、互惠互利，校地搭台、科技唱戏”的原则，高规格、全方位、大力度推动校地合作，努力为科技创新按下“快进键”，打造校地合作“升级版”。

一、完善合作机制。一是高度重视。校地共同成立深化校地合作工作领导小组，在区政府办和西南大学校地合作处设立办公室，北碚区政府印发《深化校地合作工作的意见》《支持西南大学“双一流”建设的实施方案》，增强工作的计划性、系统性。二是紧密联系。校地双方主要领导亲自推动、分管领导多次研究，相关部门常态化开展对接，形成良好的相互走访、工作会商、信息通报等制度，双方共召开 5 次深化校地合作工作对接会，研究推动重大事项。三是加强宣传。在人民网、《重庆日报》等媒体平台宣传校地合作成果，推出《北碚与西南大学共建四大平台助推科技成果转化》《北碚校地合作推动智能化产业发展》等 80 余篇报道。四是推动落实。建立深化校地合作工作联络人员制度、工作月报制度和月督查制度，定期梳理推进情况、督促合作事项落地落实。

二、推进平台建设。一是加快建设产研院。推进产研院办公场地建设，基本完成林业局原办公楼、高创中心主楼等楼宇改造工程，绿化与地面铺装工程、灯饰工程等进入收尾阶段。加强产研院运作模式研究，筛选首批入驻孵化项目。二是策划打造环西南大学创新创业生态圈。拟定《建设环西南大学创新创业生态圈工作方案》，并上报市政府，获市政府主要领导肯定性批示。以亿达创智广场、天生科创街区、朝阳文创大道等区域为重点，引进和培育新业态，做实做大智力增值型经济。三是推进大学科技园提档升级。促成大学科技园与国内知名孵化运营商深入对接，引进深圳航天工业技术研究院落户。截至年底，在园企业达到 273 家，其中信息产业企业 64 家。四是推动北碚国家柑桔公园建设。完成北碚国家柑桔公园整体规划，启动节水灌溉系统项目施工，河道整治、公园主干道白改黑、科研大楼建设等重点项目按计划有序推进。

三、开展项目合作。一是深化乡村振兴领域合作。签订乡村振兴专项合作协议，确定澄江镇全域和静观镇素心片区作为乡村振兴合作示范点。依托西南大学专业团队，编制北碚区《农业产业结构调整实施方案》《国家区域性柑桔良种繁育基地建设规划》。聘请西南大学专家指导全区农业生产及脱贫攻坚工作。校地共同申报实施野生树莓等农林科研项目。二是深化基础教育领域合作。合作组织开展区教育系统校级领导干部课程领导力提升、班主任心理健康教育能力提升等培养培训项目，共建全日制教育硕士研究生实践基地。三是深化文化体育领域合作。校地携手参展重庆市首届体育产业博览会，联合编纂《北碚文化丛书》，共建历史文化陈列馆，共同举办中国乡村建设百年探索展暨专家研讨会、“缙云之声”合唱节、新年音乐会、西大师生美术作品展等文化艺术活动。四是深化卫生健康领域合作。加强区内医院与西南大学在医学教学、硕士培养、科研项目申报方面的合作，推动市九院作为西南大学非直管附属医院。共建“儿童孤独症临床康复治疗中心”“卫生经济协同创新中心”等机构。

四、强化载体支撑。一是强化科技金融服务。组建由北碚区政府、市科技金融集团、西南大学三方共同发起的首期 1000 万元“嘉陵创客”种子基金。落实科技创新券政策，累计为区内科技型企业和西南大学科技成果转化项目兑付支持资金 83.2 万元。修订科技创新产业扶持政策，对新认定的重点实验室、工程技术研究中心（工程实验室）、新型研发机构，给予一次性奖励。二是强化智力资源开发。挂牌成立重庆自贸试验区蔡家区域西南大学一西南政法大学金砖国家法律研究院。校地共同举办北碚区第四届人才活动周暨“智汇北碚行动”、创新创业成果展、高校学生北碚行、人力资源服务论坛 4 大活动，承办“创业英雄汇”重庆站海选。推动北碚智库建设，常态化接收西南大学教授到区内单位挂职。三是组织志愿服务活动。组建“蓝精灵”赛会志愿者服务队，选拔西大志愿者参加中国首届温泉与气候养生旅游国际研讨会、全国重庆商会会长会议等服务工作。组织西南大学学生参与“四点半课堂”、暑期“三下乡”活动。四是促进学生实习实训。与西南大学部分学院签订就业实习合作协议。组织640余名西南大学学生到区内的企事业单位实习，提供暑期带薪实习岗位78个。新增高校毕业生就业见习基地39家，累计达到180家。

五、优化办学环境。一是推进校园周边业态优化调整。编制《北碚区西大周边商业业态提升概念性规划》《天生丽街提档升级深化实施方案》。旺德旺城、天生丽街部分区域已启动业态调整和外观美化。二是推进“校中村”征收。经有关部门多次协调，与精益塑料签订搬迁协议，与邱地建材、缙云织造的商谈取得突破性进展。三是推进校园周边环境整治。定期对缙云商贸城开展综合整治，在商贸城周边建立物理隔离。完成西大周边天桥涂装，拆除不规范人行护栏。加大道路交通巡逻频次，清理施划交通标志标线。在校园周边重要节点设置灯饰景观、补栽更换绿植。在天生路沿线开展专项整治行动，处罚违停摩托车400余辆，拆除违规户外广告牌30余块。

六、稳妥解决相关问题。针对西南大学反映需北碚区支持解决的问题，区委区政府及时组织相关部门开会研究、协调处理。对竹园学生宿舍（三期）项目核发工程规划许可证，对数学大楼、工科实验大楼核发建设用地规划许可证；协调北碚水厂会同西南大学基建处采取工程措施解决；协调有关部门对邱地建材地块影响宿舍楼施工的变压器进行迁移，确保学校工程建设正常开展；西大五号门彩虹桥下两侧公交停车站建成投用；解决临街房屋外墙修复、山语城幼儿园办学许可证问题。

（区校地合作办）

2018 年重庆市北碚区
国民经济和社会发展统计公报

2018 年，北碚区委、区政府坚持以习近平新时代中国特色社会主义思想为指导，紧紧围绕总书记对重庆提出的“两点”定位、“两地”“两高”目标和营造良好政治生态、做到“四个扎实”的重要指示要求，坚持稳中求进工作总基调，以推进供给侧结构性改革为主线，着力打好“三大攻坚战”，实施“八项行动计划”，全区经济保持平稳健康发展，各项社会事业取得新进步。

一、综合

初步核算，全年实现地区生产总值[2] 551.79亿元，比上年增长 5.7%。按产业分，第一产业增加值下降 2.1%，对经济增长的贡献率为-1.1%；第二产业增长 2.4%，贡献率为 23.7%；第三产业增长 10.7%，贡献率为77.4%。

按常住人口计算，全区人均 GDP 达到 68257 元，比上年增长 4.7%。

截至 2018 年，全区共有各类市场主体[3] 5.02 万户，比上年增长 14.5%。其中，内资企业 1.59 万户，民营市场主体 4.85 万户。

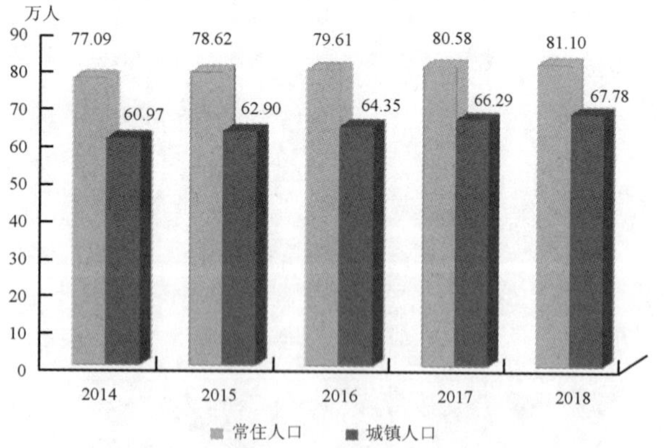

图 1　近五年常住人口及城镇人口情况

全年出生人口 5361 人，人口出生率为6.62‰，人口自然增长率 0.53‰。出生婴儿性别比（以女性为100，男性对女性的比例）为 102.9。年末户籍总人口 63.57 万人。常住人口 81.10 万人，其中城镇人口 67.78 万人，占 83.6%（常住人口城镇化率）。

二、农业

全年实现农林牧渔业总产值 20.45 亿元，比上年下降 1.3%。其中，种植业 17.90 亿元，下降 1.4%；林业 0.28 亿元，增长 3.1%；牧业 1.15 亿元，下降 4.4%；渔业 0.62 亿元，增长 0.8%；农林牧渔服务业 0.50亿元，增长 6.0%。

全年粮食种植面积 13.92 万亩，油料种植面积 0.86万亩，蔬菜种植面积 12.95 万亩，瓜果种植面积 0.31 万亩。

全年粮食产量 4.50 万吨，比上年减产1.9%；油料产量 0.97 万吨，减产 22.2%；蔬菜产量 20.11 万吨，减产 4.9%；水果产量2.46万吨，增产 1.8%；出栏生猪 2.48 万头；出栏家禽 55.42 万只；肉类总产量0.29 万吨；牛奶产量 0.09 万吨；水产品产量 0.49 万吨。

表 1　2018 年主要农产品产量

产品名称	单位	产量	比上年增长/%
粮食产量	万吨	4.50	−1.9
油料产量	万吨	0.97	−22.2
蔬菜产量	万吨	20.11	−4.9
牛奶产量	万吨	0.09	−65.6
水果产量	万吨	2.46	1.8
出栏生猪	万头	2.48	−5.4
出栏家禽	万只	55.42	−5.3
肉类总产量	万吨	0.29	−5.6
#猪肉	万吨	0.19	−4.1
水产品产量	万吨	0.49	−1.4

三、工业和建筑业

全年 252 家规模以上工业企业总产值同比下降 0.3%。其中，汽车制造业下降 37.2%，摩托车制造业下降 16.3%，电子制造业增长11.3%，装备制造业下降 7.8%，化医行业增长 12.6%，材料行业增长30.1%。分经济类型看，国有独资企业增长 8.2%；有限责任公司增长 1.3%；外商及港澳台商投资企业增长 3.3%；私营企业下降 9.7%。全年规模以上工业战略性新兴产业产值同比增长 13.5%，高技术产业产值同比增长 11.1%。

全年规模以上工业企业完成销售产值 725.00 亿元；实现利润总额 62.52 亿元；实现主营业务收入 711.45亿元。

表 2　2018 年主要工业产品产量

产品名称	单位	产量	比上年增长/%
发电量	亿千瓦·时	15.89	12.3
汽车整车	万辆	1.68	−59.6
摩托车整车	万辆	35.45	11.9
发动机	万千瓦	1309.63	3.4
液晶显示屏	亿片	1.29	55.5
灯具及照明装置	万套	166.97	−45.6
工业自动调节仪表与控制系统	万台	84.05	9.9
光学仪器	万台	53.21	−29.1
铝材	万吨	2.21	23.3
水泥	万吨	206.96	10.8

全年实现建筑业增加值 76.10 亿元，比上年增长 8.6%。年末具有资质等级的总承包和专业承包建筑业企业 79 家，全年实现注册地建筑业总产值 155.22 亿元。

四、固定资产投资

全年固定资产投资比上年增长 14.1%。分产业看，第一产业投资下降 67.4%，第二产业投资增长 3.4%，第三产业投资增长 19.1%。分版块看，基础设施建设投资增长 148.7%，工业投资增长 3.4%，房地产开发投资下降10.3%。民间投资占全区固定资产投资比重为 44.0%。

全年住宅投资 141.45 亿元，下降 5.0%；办公楼投资 2.80 亿元，下降 59.5%；商业营业用房投资15.13亿元，增长 2.1%。年末商品房空置 1 年以上面积为 58.81万平方米，下降15.8%，其中住宅空置 1 年以上面积为 24.77 万平方米，下降 35.6%。

五、国内贸易

全年批发和零售业实现增加值 26.30 亿元，比上年增长 5.7%，占全区生产总值的4.8%；住宿和餐饮业实现增加值 13.91 亿元，增长 0.3%，占全区生产总值的 2.5%。

全年社会消费品零售总额比上年增长5.7%。按行业分，批发和零售业实现零售额增长 7.7%，住宿和餐饮业下降 3.6%。

在限额以上法人企业商品零售额中，石油及制品类增长 98.1%；家用电器和音像器材类增长27.8%；五金、电料类增长 18.5%；体育、娱乐用品类增长15.1%；服装、鞋帽、针纺织品类增长 6.4%；饮料类增长 1.5%；中西药品类增长 0.8%；粮油、食品类下降4.7%；日用品类下降 5.9%；金银珠宝类下降 7.1%；文化办公用品类下降 20.2%；汽车类下降 21.5%；化妆品类下降 30.2%；建筑及装潢材料类下降41.2%。

六、对外经济

全年招商引资新签约项目 172 个，签约金额 1390 亿元。其中，第一产业签约项目 2 个，签约金额0.62亿元；第二产业签约项目 98 个，签约金额 345.9 亿元；第三产业签约项目 72 个，签约金额 1043.48 亿元。

实际利用外资 4.38 亿美元，比上年下降 4.9%。全年完成货物进出口总额(海关数据)101.58 亿元，增长5.5%。其中出口额 37.66 亿元，下降 15.9%。全年服务外包离岸执行额1.30亿美元，比上年增长 7.0%。

七、交通、邮电和旅游

全年交通运输、仓储和邮政业实现增加值 17.83 亿元，比上年增长 26.6%，占全区生产总值的3.2%。年末，全区公路里程达1447.84千米(含农村公路)。其中，高速公路 85.80 千米，一级公路 51.99 千米，二级公路 110.56 千米。全年公路、水路货物周转量 22.97亿吨千米，增长 7.9%，客运周转量 2.97 亿人千米，下降 16.1%。公交营运线路网长度达到661.10 千米，公共汽车数(双燃料)达 1197 辆。

全年完成邮电业务总量 15.87 亿元，比上年增长 98.9%。其中，邮政业务总量 1.07 亿元，增长9.7%；电信业务总量 14.80 亿元，增长 111.3%。

全年移动电话用户 93.84 万户，比上年增长 8.1%，其中 4G 移动电话用户 67.62 万户，增长 8.1%。计算机互联网宽带接入用户28.29万户，增长 14.4%。

成功举办中国首届温泉与气候养生旅游国际研讨会。重庆市自然博物馆被评为国家一级博物馆，全区 2A 级以上(含 2A)景区 6 处。星级酒店共 5 家，星级酒店客房总数 626 间，床位数 1047 张。全年接待过夜游客300.36万人次，增长 30.0%，实现旅游实际收入 80.07 亿元，比上年增长 31.8%。

八、财政与金融

全年实现一般公共预算收入(含水复)41.95亿元，比上年增长 9.1%。其中税收收入 35.71 亿元，增长 17.0%。

全年一般公共预算支出58.57亿元，比上年增长3.1%。其中，一般公共服务、教育、社会保障和就业、医疗卫生与计划生育、城乡社区分别支出5.49亿元、12.27亿元、6.35亿元、6.74亿元和3.67亿元。

全年实现金融业增加值38.50亿元，比上年增长6.3%，占全区生产总值的7.0%。年末，金融机构57家。其中，银行16家，保险公司18家，证券公司2家，担保公司2家，小额贷款公司12家。年末，银行本外币存款余额684.07亿元，比年初增长6.8%，其中住户存款456.36亿元，比年初增长7.7%。本外币贷款余额554.02亿元，比年初增长16.4%，其中非金融企业及机关团体贷款327.72亿元，比年初增长15.5%。保费总收入20.97亿元，比上年增长14.7%。

九、城市建设

年末市政道路长度达148.00千米，道路面积381.91万平方米。园林绿地面积3438公顷，公园绿地面积1546公顷，新增42公顷。建成区绿化覆盖面积为3007公顷，覆盖率达40%。人均公园绿地面积达26.68平方米。

表3　2018年商品房建设和销售

指　标	单位	绝对量	比上年增长/%
施工面积	万平方米	1378.94	9.7
#住宅	万平方米	1071.41	12.8
办公楼	万平方米	33.82	−42.0
商业营业用房	万平方米	97.98	−8.3
新开工面积	万平方米	412.10	55.3
#住宅	万平方米	307.77	63.8
办公楼	万平方米	18.04	121.1
商业营业用房	万平方米	23.35	11.5
竣工面积	万平方米	297.08	59.2
#住宅	万平方米	251.87	83.3
办公楼	万平方米	3.80	—
商业营业用房	万平方米	29.48	11.3
销售面积	万平方米	269.89	14.8
#住宅	万平方米	236.09	14.7
办公楼	万平方米	1.89	−74.8
商业营业用房	万平方米	11.28	36.3

全年商品房施工面积1378.94万平方米，比上年增长9.7%。竣工面积297.08万平方米，增长59.2%。实现商品房销售面积269.89万平方米，增长14.8%。商品房销售额255.74亿元，增长54.2%。建成安置房20.5万平方米，完成城市棚户区改造823户5万平方米，配租公租房4680套。

十、教育和科学技术

全年3所普通高校本专科招生1.25万人，在校4.72万人，毕业1.16万人。研究生招生0.39万人，在校1.21万人，毕业0.36万人。7所中等职业学校招生0.86万人，在校1.99万人，毕业0.54万人。18所普通中学招生1.18万人，在校3.36万人，毕业0.94万人。47所小学招生0.60万人，在校3.31万人，毕业0.45万人。

年末有效期内高新技术企业93家，新增高新技术产品82个。实施国家级科研项目190项，市级项目329项。全区科技成果登记数6项。专利申请量2658件。其中，发明专利440件，实用新型专利959件，外观设计专利304件。获得专利授权1956件。其中，发明专利438件，实用新型专利1171件，外观设计专利347件。全区知识产权优势企业数2家，专利质押融资额实现6400万元。

十一、文化、卫生[4]、体育

全区共有艺术表演团体20个，区级博物馆8个，文化馆(站)18个，公共图书馆1个，藏书65.8万册。广播、电视综合人口覆盖率均达100%。

年末全区共拥有卫生机构371家。其中，医院24家，卫生院11家，门诊部9家，疾病预防控制中心1家，妇幼保健院1家，卫生监督所1家，社区卫生服务中心12家，村卫生室106家，个体诊所201家。卫生机构床位5243张，比上年增长5.6%，其中医院床位4272张，卫生院床位512张。拥有卫生机构人员6783人，比上年增长6.5%，其中执业医师和执业助理医师2232人，注册护士2432人。

全区共有标准体育场1个、体育馆1个、游泳池(馆)33个。年末青少年体育俱乐部17个，全民健身路径353条。等级裁判员650人，等级运动员59人。全年举办区级运动会50场，参加运动员2.80万人次。国民体质抽检合格率95%。

十二、人民生活、就业和社会保障

全区居民人均可支配收入35076元，比上年增长9.3%。城镇常住居民人均可支配收入38563元，增长8.4%；农村常住居民人均可支配收入18897元，增长8.5%。

全区居民人均消费支出25155元，比上年增长

8.3%。城镇常住居民人均消费支出 27288 元，增长 7.1%；农村常住居民人均消费支出 15260 元，增长 11.7%。全区居民恩格尔系数为 29.0%，比上年下降 0.4 个百分点，其中城镇为 28.1%，农村为36.3%。

表 4　2018 年居民人均可支配收入

指　　标	全区居民		城镇常住居民		农村常住居民	
	绝对量（元）	比上年增长（%）	绝对量（元）	比上年增长（%）	绝对量（元）	比上年增长（%）
人均可支配收入	35076	9.3	38563	8.4	18897	8.5
工资性收入	20256	-6.7	22089	-9.2	11753	9.8
经营净收入	3325	69.6	3358	93.1	3171	9.5
财产净收入	2439	5.0	2794	3.7	790	4.9
转移净收入	9056	48.4	10322	51.3	3183	3.8

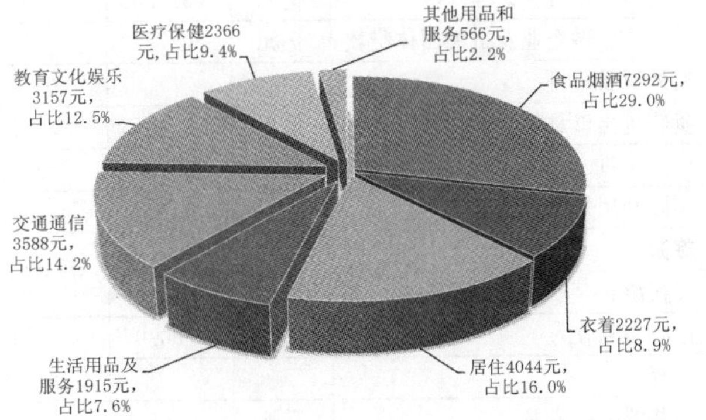

图 2　2018 年居民人均消费性支出及构成

全年城镇新增就业人数 2.53 万人，城镇登记失业率为 2.1%。

年末，全区养老保险参保人数 59.92 万人，征收养老金 17.34 亿元，发放养老金31.45亿元。居民医疗保险参保总人数 67.06 万人[5]。其中，城乡居民合作医疗保险参保人数 43.35 万人。工伤保险参保人数 21.25 万人，征收工伤保险基金 7388 万元，发放工伤保险金 8101 万元。失业保险参保人数 15.06 万人，全年征收失业保险基金 4962 万元，发放失业保险金 7409 万元。

年末，全区城市最低生活保障人数为 4599 人，农村最低生活保障人数为 4630 人。全年发放低保金 5406.90 万元，其中农村低保金 2267.40 万元。年末全区有各类社会福利院 22 个，福利床位 2354 张，收养 1043 人。

十三、资源、环境和安全生产

全年总降雨量 924.20 毫米，比上年下降 21.7%。公共供水总量 2.27 亿立方米[6]，供电总量 40.74 亿千瓦·时，天然气供应总量1.94亿立方米。

初步核算，全年全区规上工业企业综合能源消费量 75.78 万吨标准煤，同比下降 3.1%。消耗原煤 25.47万吨，下降 19.1%。天然气消费 3.38 亿立方米，增长 4.9%。电力消费 22.03 亿千瓦·时，下降3.5%。

年末森林覆盖率 50.58%。全年空气质量优良天数 310 天，同比增加 27 天，细颗粒物（PM2.5）浓度下降9.8%，空气质量综合指数、噪声环境质量居主城区第一。城市生活污水集中处理率和城镇生活垃圾无害化处理率分别达到 93.5%和 99.0%。区域环境噪声平均值（昼间）51.80 分贝。

全年各类生产安全事故共死亡 25 人，比上年下降 3.8%。其中，商贸制造业死亡人数 5 人，占比 20.0%，建筑业死亡人数 4 人，占比 16.0%；道路交通死亡人数 12 人，占比48.0%。

注释：

[1]　本公报中数据均为初步统计数，部分数据因四舍五入的原因，存在着与分项合计不等的情况，未做机械调整，最终数据以《北碚统计年鉴2019》为准。

[2]　地区生产总值、各产业增加值绝对数按现价计算，增长速度按 2015 年不变价格计算。

[3]　市场主体不含水土、复兴片区数据。

[4]　2017 年起，卫生事业相关指标新增村卫生室、个人诊所数据。

[5]　生育保险已于 2017 年 9 月正式并入医疗保险，人数无法单独提供。

[6]　2018 年起，公共供水总量为全域口径。

资料来源：本公报中城镇房屋建设数据来自区住房城乡建委；市政道路及园林绿化数据来自区城市管理局；环境质量数据来自区生态环境局；公路里程、交通运输数据来自区交通局；邮电业务总量数据来自区邮政分公司和区电信分公司；固定电话、移动电话、宽带数据来自电信、移动、联通分公司；文化、体育、旅游数据来自区文化旅游委；对外贸易经济数据来自区商务委；财政数据来自区财政局；存贷款数据来自各在碚银行，其余金融数据来自区金融办；科技数据来自区科技局；普通高等教育数据来自西南大学、重庆师范大学初等教育学院和重庆青年职业技术学院；中小学及中职数据来自区教委、重庆市天府技工学校和中国人民解放军总参谋部信息化部直属工厂职业技术

学校；卫生数据、出生人口及相关数据来自区卫生健康委；户籍人口数据来自区公安分局；就业和社会保障数据来自区人社局、区医保局和区民政局；安全生产数据来自区应急局；气象数据来自区气象局；水电气数据分别来自区水利局、国网重庆市电力公司北碚供电分公司、重庆市燃气公司北碚分公司、重庆川港燃气有限公司和正能燃气有限公司；其他数据来自区统计局。

2018 年北碚区国民经济主要统计指标

指　　标	单　位	2018 年	比上年增长/%
人口			
年末户籍总人口	万人	63.57	0.9
常住人口	万人	81.10	0.6
城镇化率	%	83.58	1.3 点
人口自然增长率	‰	0.53	−1.2 点
国民经济核算			
地区生产总值(GDP)	亿元	551.79	5.7
＃建筑业	亿元	76.10	8.6
交通运输、仓储和邮政业	亿元	17.83	26.6
批发和零售业	亿元	26.30	5.7
住宿和餐饮业	亿元	13.91	0.3
金融业	亿元	38.50	6.3
房地产业	亿元	35.41	5.5
人均 GDP	元	68257	4.7
固定资产投资			
投资总额	亿元	—	14.1
＃房地产开发投资	亿元	—	−10.3
财政			
辖区税收总收入	亿元	65.22	11.2
一般公共预算收入	亿元	41.95	9.1
＃税收收入	亿元	35.71	17.0
一般公共预算支出	亿元	58.57	3.1
农业			
耕地面积	公顷	11016.86	−2.5
农林牧渔业总产值	亿元	20.45	−1.3
主要农产品产量			
粮食产量	万吨	4.50	−1.9
肉类总产量	万吨	0.29	−5.6
蔬菜产量	万吨	20.11	−4.9
水产品产量	万吨	0.49	−4.1
规模以上工业			
销售产值	亿元	725	—
利润总额	亿元	62.52	—
主营业务收入	亿元	711.45	—

续表

指　　标	单　位	2018 年	比上年增长/%
交通运输、邮电			
公路、水路货运量	万吨	2114	12.5
公路、水路客运量	万人	586	−14.0
公路、水路货运周转量	万吨千米	229653	7.9
公路、水路客运周转量	万人千米	29688	−16.1
邮电业务总量	亿元	15.87	98.9
国内贸易			
社会消费品零售总额	亿元	—	5.7
＃批发和零售业	亿元	—	7.7
住宿和餐饮业	亿元	—	−3.6
金融			
银行本外币存款余额	亿元	684.07	6.8
＃住户存款	亿元	456.36	7.7
银行本外币贷款余额	亿元	554.02	16.4
＃非金融企业及机关团体贷款	亿元	327.72	15.5
对外贸易			
货物进出口总额(海关数)	亿元	101.58	5.5
＃出口	亿元	37.66	−15.9
实际利用外资	亿美元	4.38	−4.9
旅游			
过夜游客	万人次	300.36	30.0
旅游实际收入	亿元	80.07	31.8
教育			
公共图书馆藏书	万册	65.8	2.0
普通中小学学校数	个	65	0
普通中小学在校生人数	万人	6.67	6.9
普通中小学专任教师数	人	4823	2.7
卫生			
卫生机构数	个	371	4.8
卫生机构人员数	人	6783	6.5
卫生机构床位数	张	5243	5.6
人民生活、就业			
全体居民人均可支配收入	元	35076	9.3
＃城镇常住居民人均可支配收入	元	38563	8.4
农村常住居民人均可支配收入	元	18897	8.5
全体居民人均消费性支出	元	25155	8.3
＃城镇常住居民人均消费性支出	元	27288	7.1
农村常住居民人均消费性支出	元	15260	11.7
城镇登记失业率	%	2.1	−0.07 点
园林绿化			
森林覆盖率	%	50.58	—
园林绿地面积	公顷	3437.61	3.3
人均公园绿地面积	平方米	26.68	−1.1